Betriebs-Berater Schriftenreihe

Maklerrecht

von

Dr. Detlev Fischer
Richter am Bundesgerichtshof a. D., Karlsruhe

6., völlig neu bearbeitete und erweiterte Auflage 2021

Fachmedien Recht und Wirtschaft | dfv Mediengruppe | Frankfurt am Main

1. bis 4. Auflage erschienen unter dem Titel Maklerrecht anhand der höchstrichterlichen Rechtsprechung

Bibliografische Information der Deutschen Nationalbibliothek

Die Deutsche Nationalbibliothek verzeichnet diese Publikation in der Deutschen Nationalbibliografie; detaillierte bibliografische Daten sind im Internet über http://dnb.de abrufbar.

ISBN 978-3-8005-1759-6

dfv'Mediengruppe

© 2021 Deutscher Fachverlag GmbH, Fachmedien Recht und Wirtschaft, Frankfurt am Main

www.ruw.de

Satzkonvertierung: Lichtsatz Michael Glaese GmbH, 69502 Hemsbach

Druck und Verarbeitung: WIRmachenDRUCK GmbH, 71522 Backnang

Vorwort zur 6. Auflage

Bereits nach einem Jahr ist eine Neuauflage dieses Buches notwendig. Neben dem sich zwischenzeitlich ergebenden Aktualisierungsbedarf liegt dies daran, dass erstmals der Gesetzgeber das Immobilienmaklerrecht des Bürgerlichen Gesetzbuches mit der Einfügung von vier Bestimmungen wesentlich erweitert hat: Das Gesetz vom 12. Juni 2020 über die Verteilung der Maklerkosten bei der Vermittlung von Kaufverträgen über Wohnungen und Einfamilienhäuser führt erstmals zwingende Regelungen zur Tragung der Maklerkosten ein. Die damit verbundenen Neuerungen und hieraus sich ergebende Fragestellungen werden eingehend in einem zusätzlichen Kapitel erläutert.

In der Zwischenzeit sind ferner gewichtige Grundsatzentscheidungen des Bundesgerichtshofs zum Alleinauftrag und zur Problematik der Unterbrechung des Kausalverlaufs zwischen Maklerleistung und Abschluss des Hauptvertrags ergangen, die umfassend in die bisherigen Erläuterungen einbezogen wurden. Darüber hinaus wurde das Kapitel zur Kausalität gänzlich neu gefasst und wesentlich erweitert. Das Gleiche gilt für den Komplex Nebenpflichten im Maklervertrag, dem nunmehr zwei eigenständige Kapitel gewidmet sind.

Karlsruhe, im Oktober 2020   Detlev Fischer

Aus dem Vorwort zur 1. Auflage

Das Maklerrecht hat im Bürgerlichen Gesetzbuch mit seinen drei allgemeinen Bestimmungen (§§ 652–654 BGB) nur eine völlig lückenhafte gesetzliche Regelung erfahren. Bereits der historische Gesetzgeber ging davon aus, dass die Rechtsprechung die Einzelheiten des Maklerrechts regeln werde. Auch der moderne Gesetzgeber hat bislang davon abgesehen, die gesetzlichen Ausgangsbestimmungen weiter zu konkretisieren. So ist das Maklerrecht bis heute eine durch und durch richterrechtlich geprägte Rechtsmaterie geblieben, die in erster Linie durch die Rechtsprechung des Maklerrechtssenats des Bundesgerichtshofs gestaltet wird. Die vorliegende Darstellung knüpft hieran an und gibt das durch die höchstrichterliche Rechtsprechung entwickelte Maklerrecht in seiner heutigen Ausgestaltung wieder. Breiten Raum kommt dem Immobilienmaklerrecht zu, weil aus diesem Rechtsbereich die meisten Entscheidungen stammen. Das übrige Maklerrecht, etwa bezogen auf Unternehmenskaufverträge, Arbeitsvermittlungs sowie das Versicherungsvermittlungsrecht, darf dabei nicht unberücksichtigt bleiben. Auch für diese Rechtsgebiete ergehen Entscheidungen, die allgemein gültige, für das gesamte Maklerrecht maßgebliche Aussagen zum Inhalt haben.

Das vorliegende Buch ist aus meiner langjährigen Beschäftigung mit dem Maklerrecht hervorgegangen, zunächst als Mitglied des für das Maklerrecht zuständigen 15. Zivilsenats des Oberlandesgerichts Karlsruhe (1996–2002), dann als Vorsitzender einer Kammer für Handelssachen am Landgericht Karlsruhe (2002–2005) und schließlich seit 2005 als Dozent für Maklerrecht im Deutschen Anwaltsinstitut. Dieses Werk richtet sich an die mit dieser Rechtsmaterie befassten Juristen, aber gleichermaßen auch an Makler und deren Kunden.

Karlsruhe, im August 2010   Detlev Fischer

Inhaltsverzeichnis

Anhang

I. Einleitung

1. Rudimentärer Normenbestand des Maklerrechts

Das zivilrechtliche Maklerrecht hat nicht nur seinen Niederschlag im *Bür-* **1** *gerlichen Gesetzbuch* gefunden, sondern erfährt durch Bestimmungen des *Handelsrechts* – insbesondere zum Recht des Handelsmaklers – sowie des verbraucherschutzorientierten *Wohnungsvermittlungsgesetzes* (WoVermittG) nicht unerhebliche Modifikationen und Ergänzungen. Ferner sind im Bereich der Arbeitsvermittlung Bestimmungen des SGB III und für den Versicherungsmakler Regelungen aus dem VVG zu beachten. Die nachfolgenden Ausführungen sind schwerpunktmäßig auf das Recht des *Immobilienmaklers* einschließlich des *Wohnungsvermittlers* ausgerichtet. Dies ist in der Praxis der Hauptanwendungsbereich des Maklerrechts.[1] Berücksichtigt werden aber auch die übrigen Bereiche dieses Rechtsgebiets.

a) Maklerrecht als Richterrecht

Das Maklerrecht gilt zu Recht als Rechtsgebiet, dessen eigentliche Konturen **2** sich nicht aus dem Gesetzestext, sondern erst durch die zu diesem Vertragstyp im Wege der Rechtsfortbildung entwickelten Rechtsgrundsätze verlässlich erschließen lassen.[2] Maklerrecht ist mithin in seinen wesentlichen Zügen Richterrecht.[3] Dies liegt in erster Linie daran, dass der historische Gesetzgeber sich darauf beschränkt hat, zum Maklervertragsrecht lediglich drei allgemeingültige Bestimmungen aufzustellen, die ein allzu weitmaschiges Regelungswerk darstellen.[4] *Peter Schwerdtner* hat in diesem Zusammenhang anschaulich von einer embryonalen Ausgestaltung in den §§ 652–654 BGB gesprochen.[5] *Hans Reichel* hat zu diesem Befund in seinem Grundlagenwerk *Die Mäklerprovision* bereits vor mehr als 100 Jahren treffend be-

---

1 MünchKomm-BGB/*H. Roth*, 8. Aufl. 2020; § 652 Rn. 2, 10; Soergel/*Engel*, BGB, 13. Aufl. 2012, Vor § 652 Rn. 2.
2 MünchKomm-BGB/*H. Roth*, § 652 Rn. 2; Soergel/*Engel*, BGB, Vor § 652 Rn. 2; *D. Fischer*, NZM 2011, 529.
3 *Ibold*, Maklerrecht, 3. Aufl. 2015, Rn. 8; *Würdinger*, JZ 2009, 349; *D. Fischer*, FS Bamberger, 2017, S. 35.
4 MünchKomm-BGB/*H. Roth*, § 652 Rn. 2; Soergel/*Lorentz*, BGB, 12. Aufl. 1999, Vor § 652 Rn. 2.
5 Vgl. *Schwerdtner/Hamm*, Maklerrecht, 5. Aufl. 2008, S. 1.

merkt: „Das Meiste und Beste bleiben der Wissenschaft und der Praxis überlassen."[6]

3 Der durch das Schuldrechtsmodernisierungsgesetz neu geschaffene Untertitel 1 „Allgemeine Vorschriften" erfasst zwar auch die Vorschrift des § 655
BGB. Diese Bestimmung, welche die richterliche Herabsetzung des Maklerlohns bei unangemessener Höhe vorsieht, betrifft aber nach herrschender
Ansicht nur die bislang seltenen Fälle der Vermittlung von Dienstverträgen.[7]
Daher besteht das allgemeine Maklerrecht des BGB nach wie vor nur aus
drei Bestimmungen. Es kann daher nicht überraschen, dass sich das Makler-
recht zu einer *„Domaine der Rechtsprechung"*[8] entwickelt hat. Sie hat im
Maklerrecht außer dem unvollständigen Normenbestand noch einen ande-
ren, vielfältigen Anknüpfungspunkt gefunden: Das Recht der Allgemeinen
Geschäftsbedingungen. Für dieses Rechtsgebiet war und ist das Maklerrecht
seit jeher eine überaus reichhaltige Fundgrube.[9] So hat die höchstrichterliche
Rechtsprechung zu maklerrechtlichen Geschäftsbedingungen das spätere
AGB-Gesetz entscheidend beeinflusst, insbesondere auch zu allgemeinen
Grundsatzfragen.[10]

4 Auch im Übrigen hat das Schuldrechtsmodernisierungsgesetz keine wesentlichen Abänderungen erbracht. Die Ergänzungen bestehen im Wesentlichen
darin, die bisherigen §§ 15–18 des Verbraucherkreditgesetzes als Untertitel 2
„Vermittlung von Verbraucherdarlehensverträgen und entgeltlichen Finan-
zierungsleistungen" in das BGB einzufügen. Abgesehen von der Aufnahme
amtlicher gesetzlicher Überschriften hat der Gesetzgeber der Schuldrechtsreform keine weiteren Eingriffe vorgenommen.[11] Auf den ersten Blick er-

---

6 *H. Reichel*, Die Mäklerprovision, 1913, S. III.
7 BGH, Urt. v. 12.5.2016 – I ZR 5/15, NJW 2016, 3233 Rn. 19; OLG Naumburg, Urt. v.
 29.6.2012 – 10 U 7/12, NJW-RR 2013, 564, 566; LG Hamburg, Urt. v. 22.1.2010 – 322
 O 341/09, NZM 2011, 284, 286; Palandt/*Sprau*, BGB, 79. Aufl. 2020, § 655 Rn. 1;
 Soergel/*Engel*, BGB, Vor § 655 Rn. 2; Staudinger/*Arnold*, Neubearb. 2016, § 655
 Rn. 15; für eine analoge Anwendung dieser Bestimmung auf Immobilienmaklerverträge dagegen MünchKomm-BGB/*H. Roth*, § 655 Rn. 10 (Alleinauftrag); *Hamm/
 Schwerdtner*, Maklerrecht, 7. Aufl., Rn. 789 ff.; *D. Fischer*, NZM 2011, 529, 537; *ders.*,
 WuB 2017, 211, 212.
8 Baumbach/Hopt/*M. Roth*, HGB, 39. Aufl. 2020, § 93 HGB Rn. 1; *D. Fischer*, FS
 Schlick, 2015, S. 135, 136.
9 *Zopfs*, Das Maklerrecht in der höchstrichterlichen Rechtsprechung, 3. Aufl. 1996,
 Rn. 3a.
10 Vgl. BGH, Urt. v. 28.2.1973 – IV ZR 34/71, BGHZ 60, 243; *F. Hauß*, Anm. BGH LM
 § 652 BGB Nr. 43.
11 Die bemerkenswerte Zurückhaltung des Gesetzgebers ging sogar soweit, dass – wohl
 unbeabsichtigt – die überholten, ursprünglich aus dem niederdeutschen Sprachgebrauch stammenden Bezeichnungen Mäkler, Mäklerlohn, Mäklervertrag beibehalten

staunt dies, weil bekanntlich die Reform des Maklerrechts in der 8., 9. und 10. Legislaturperiode eine breite rechtspolitische Diskussion ausgelöst hatte. Aber auch der in der 10. Periode eingebrachte Gesetzentwurf vom 16.2.1984[12] wurde nicht verabschiedet.[13] Mit Ausnahme des Postulats der konstitutiven Erfolgsabhängigkeit der Maklerprovision als zwingendes Recht erschöpfte sich dieser Entwurf überwiegend in einer Kodifizierung der bisherigen Rechtsprechung, so dass für den Gesetzgeber der Schuldrechtsmodernisierung allenfalls unter dem Gesichtspunkt der Transparenz Reformbedarf bestand.

Die Sonderstellung des Maklervertragsrechts zu den sonstigen gegenseiti- **5** gen schuldrechtlichen Vertragstypen beruht ferner auf dem Umstand, dass es sich um ein *Drei-Personen-Verhältnis* handelt, bei dem der Makler gegen Entgelt zwischen zwei anderen Personen einen Vertragsabschluss (sog. *Hauptvertrag*) herbeiführen soll. Hierbei steht der Makler in der Mitte, so dass demnach anderweitige Pflichtenstrukturen bestehen, als in einem rein zweiseitigen Austauschverhältnis.[14] Hinzu kommt, dass der Makler sich vielfach als *Doppelmakler* betätigen will, dies aber dem potenziellen Maklerkunden mitunter nicht hinreichend deutlich zu erkennen gibt, so dass für den Kunden möglicherweise der Eindruck entsteht, die Gegenseite (des Hauptvertrages) habe die Provision zu entrichten.

b) Aufgabenstellung des Maklerrechtssenats des Bundesgerichtshofs

Die richterrechtlich geprägte Rechtsmaterie wird in erster Linie durch die **6** Rechtsprechung des Maklerrechtssenats des Bundesgerichtshofs gestaltet. Aufgabe des Maklerrechtssenats ist es, für die Wahrung der Rechtseinheit in der instanzgerichtlichen Judikatur zu sorgen, grundsätzliche Rechtsfragen zu klären und eine zeitgemäße Fortbildung des Maklerrechts in Deutschland zu gewährleisten.[15] Das Maklerrecht macht bekanntlich nur etwa 10–15%

---

wurden. Erst die Maklerkostenrechtsnovelle im Jahre 2020 hat die Bezeichnungen an den allgemeinen Sprachgebrauch im Rechtsalltag angeglichen, BT-Drucks. 19/15827, S. 2.

12 BT-Drucks. 10/1014, abgedruckt auch in ZIP 1984, 379–386 einschließlich Stellungnahme des Bundesrats sowie Gegenäußerung der Bundesregierung.

13 *Dehner*, NJW 1991, 3254.

14 Soergel/*Lorentz*, BGB, § 654 Rn. 2. Deshalb kommt auch der Verwirkung des Lohnanspruches nach § 654 BGB eine tragende Bedeutung für das Maklerrecht zu, vgl. hierzu *D. Fischer*, NZM 2001, 873.

15 Vgl. *D. Fischer*, FS Kayser, 2019, S. 183, 184 ff.

des Geschäftsanfalls eines Zivilsenats aus.[16] Damit eignet es sich als Ausgleichsmasse, um einer Überlastung eines besonders stark betroffenen Zivilsenats im Bundesgerichtshof zu begegnen. Daher wurden für das Maklerrecht im Laufe der Jahrzehnte immer wieder andere Zivilsenate zuständig.[17]

7 Unmittelbar nach Errichtung des Bundesgerichtshofs zum 1.10.1950 wurde der erste Geschäftsverteilungsplan, in starker Anlehnung an den des Reichsgerichts, beschlossen.[18] Das Maklerrecht wurde dem II. Zivilsenat zugewiesen.[19] Dieser Senat war seit jeher für bedeutsame Bereiche des privaten Wirtschaftsrechts zuständig.[20] Er wird als handels- und gesellschaftsrechtlicher Senat bezeichnet und befindet sich, jedenfalls teilweise, in der Nachfolge des am 5.8.1870 in Leipzig eröffneten Bundes- später Reichsoberhandelsgericht und nach Errichtung des Reichsgerichts zum 1.10.1879 zu dessen I. Zivilsenat, später II. Zivilsenat.[21] Die Zuordnung des Maklerrechts zum II. Zivilsenat kennzeichnete dessen Bedeutung als Teil des Wirtschaftsrechts. 1959 wurden die Maklersachen an den zum 1.10.1956 errichteten VII. Zivilsenat abgegeben, der traditionell für das (Bau-)Werkvertragsrecht zuständig ist. Bereits zum 1.1.1962 trat ein neuer Zuständigkeitswechsel ein. Der ebenfalls zum 1.10.1956 errichtete VIII. Zivilsenat, der seitdem schwerpunktmäßig für das Kaufvertragsrecht zuständig ist, erhielt zusätzlich die Maklerrechtssachen. Sechs Jahre später, zum 1.12.1968, übernahm der IV. Zivilsenat das Maklerrecht in seinen Zuständigkeitsbereich.[22] In diesem Senat verblieb es mehrere Jahrzehnte. Erst 1995 wechselten die Maklersachen zum III. Zivilsenat, der nicht nur für das Staatshaftungsrecht zuständig ist, sondern auch das gewichtige Geschäftsbesorgungsrecht betreut. Mit Wirkung zum 1.1.2014[23] ist die Zuständigkeit – bezogen auf Neueingänge – nunmehr auf den I. Zivilsenat übergegangen, der im Bundesgerichtshof für das Wettbewerbs- und Urheberrecht zuständig ist, aber mit dem Transport-

---

16 Nach der Übersicht über den Geschäftsgang bei den Zivilsenaten des Bundesgerichtshofes im Jahre 2019 – Jahresstatistik, S. 7 – gingen beim I. Zivilsenat 244 Revisionen und Nichtzulassungsbeschwerden ein, hiervon 42 Maklersachen (2018: 40; 2017: 34; 2016: 37; 2015: 46; 2014: 29 Sachen); zuvor waren es beim III. Zivilsenat 42 (2013), 26 (2012), 23 (2011), 20 (2010), 34 (2009) und 19 (2008) Maklersachen, Jahresstatistik a. a. O., S. 20.

17 *D. Fischer*, FS Kayser, 2019, S. 183, 184 ff.

18 *D. Fischer*, JZ 2010, 1077, 1087.

19 *Haidinger*, DRiZ 1960, 309; Keßler, DRiZ 1975, 294, 298.

20 *Stimpel*, in: 25 Jahre Bundesgerichtshof, 1975, S. 13.

21 *Keßler*, DRiZ 1975, 294, 299; Stimpel, in: 25 Jahre Bundesgerichtshof, 1975, S. 13.

22 *Keßler*, DRiZ 1975, 294, 302.

23 Vgl. BGH, Geschäftsverteilungsplan 2014, I. ZS Ziff. 13.

recht auch wirtschaftsrechtliche Bezüge aufweist.[24] Wie die zwischenzeitlich ergangenen Entscheidungen belegen, wurde auch dieser Zuständigkeitswechsel im Sinne der Kontinuität der höchstrichterlichen Rechtsprechung vollzogen.[25]

Zum Maklerrecht zählen neben dem gewichtigen Immobilienmaklerrecht **8** auch die Randgebiete, wie etwa das Recht des Versicherungsmaklers, das Ehe- und Partnervermittlungsrecht und die Arbeitsvermittlung. Entscheidungen zum Versicherungsmaklerrecht können auch für das Immobilienmaklerrecht von Bedeutung sein, wenn sie allgemeinmaklerrechtliche Fragen betreffen und die entwickelten Grundsätze auch auf andere Bereiche des Maklerrechts übertragbar sind.[26] So haben etwa die Grundsatzentscheidungen zur Höhe des bei Widerruf des Maklervertrages geschuldeten Wertersatzes[27] und zur Frage der Verwirkung des Maklerlohns bei Verwendung unzulässiger Allgemeiner Geschäftsbedingungen[28] zur Fortentwicklung des gesamten Maklerrechts beigetragen.[29]

Der größere Teil der Entscheidungen bezieht sich auf Nichtzulassungsbe- **9** schwerden, die keinen Erfolg haben. Diese Beschlüsse müssen nach § 544 Abs. 4 Satz 2 2. HS ZPO nicht begründet werden.[30] Von dieser Befugnis macht auch der Maklerrechtssenat regelmäßig Gebrauch. Die mit den Nichtzulassungsbeschwerden angegriffenen Berufungsurteile weisen vielfach nur einzelfallbezogene tatrichterliche Bewertungen auf, die regelmäßig keinen Grund für die Zulassung der Revision geben können.[31] Ob die für den Provisionsanspruch erforderlichen Voraussetzungen vorliegen, hängt in erster Linie von den Umständen des Einzelfalls ab, deren Gewichtung und Würdigung dem Tatrichter obliegt und die nur einer eingeschränkten revisionsrechtlichen Nachprüfbarkeit durch den Bundesgerichtshof zugänglich sind. Hierin zeigt sich die Verantwortung und Beurteilungskompetenz des Tat-

---

24 *D. Fischer*, NZM 2016, 117, 119.
25 *D. Fischer*, NJW 2016, 3281, 3286.
26 *D. Fischer*, NJW 2012, 3283, 3284.
27 BGH, Urt. v. 19.7.2012 – III ZR 252/11, BGHZ 194, 150 Rn. 19 = NJW 2012, 3428, hierzu *Schlick*, FS Detlev Fischer, 2018, S. 449, 455 ff.
28 BGH, Urt. v. 19.5.2005 – III ZR 322/04, NJW-RR 2005, 1423, 1424 (keine Verwirkung).
29 *D. Fischer*, WM 2016, Sonderbeilage Nr. 1, S. 3.
30 BGH, Beschl. v. 19.1.2004 – II ZR 108/02, NJW 2004, 1531; *D. Fischer*, JZ 2010, 1077, 1078.
31 *D. Fischer*, NZM 2018, 483, 484.

richters.[32] Der Anteil mit Gründen versehener maklerrechtlicher Entscheidungen ist daher ausgesprochen gering.[33]

c) Reform des Maklerrechts

aa) Allgemeine Erwägungen

10 Die Frage nach einer Reform des Maklerrechts wird in letzter Zeit wieder öfter gestellt. So wird beispielsweise die Forderung nach Einführung des Schriftform-[34] oder des Textformerfordernisses[35] für den Immobilienmaklervertrag erhoben. Für das Verbraucherrecht ist dies zu begrüßen, für den Rechtsverkehr zwischen Unternehmen, der schnell und ohne formbedingte Hemmnisse handeln und entscheiden muss (vgl. § 350 HGB), dagegen nicht.[36] In der rechtspolitischen Diskussion wird ferner erörtert, dass der Makler nur tätig sein darf, wenn er hierzu auch „beauftragt" ist.[37] In diesem Zusammenhang ist an eine Regelung gedacht, wie sie bereits seit Langem im Wohnungsvermittlungsrecht (§ 6 WoVermittG) gilt. Auch eine Abschaffung der Tätigkeit als Doppelmakler wird gelegentlich befürwortet.

bb) Bestellerprinzip im Wohnungsvermittlungsrecht

11 Das Bestellerprinzip ist im Immobilienmaklerrecht eine neue Rechtsfigur, die erstmals beschränkt auf das im WoVermittG kodifizierte Wohnungsvermittlungsrecht zum 1.6.2015 eingeführt wurde.[38] Sie bedeutet eine deutliche Einschränkung des Grundsatzes der Vertragsfreiheit.[39] Danach soll derjenige die Vergütung des Maklers tragen, der ihn als ersten „bestellt" hat. Dass die Formulierung „bestellen" mit der im Maklerrecht vielfach üblichen Bezeichnung „beauftragen" – so wird der vertraglich gebundene Maklerkunde in der Praxis unter Anlehnung an das Auftragsrecht (§§ 662, 675 BGB) als

---

32 *D. Fischer*, NJW 2013, 3410, 3414.
33 *D. Fischer*, NZM 2011, 529, 530.
34 Etwa *Würdinger*, JZ 2009, 349, 350; ferner *Bethge*, AIZ 2013, 14, 15; *Koch*, Der Provisionsanspruch des Immobilienmaklers, 2. Aufl. 2014, S. 55.
35 So § 653a Abs. 1 Satz 3 BGB des Gesetzesentwurfs der Grünen vom 26.9.2018, BT-Drucks. 19/4557, S. 3; § 656a BGB des Referentenentwurfs des Bundesministeriums der Justiz und für Verbraucherschutz.
36 *D. Fischer*, NZM 2014, 449, 450.
37 Vgl. *Bethge*, ZMR 2014, 931.
38 Einzelheiten hierzu Kap. XII. Zum Referentenentwurf vgl. *Derleder*, NZM 2014, 263.
39 *D. Fischer*, IMR 2016, 446; *Wichert*, ZMR 2019, 1.

Auftraggeber bezeichnet[40] – nicht gleichzustellen ist, ergibt sich aus dem Bestreben, mit dem Bestellerprinzip einen neuen Ansatz für die Tragung der Maklerkosten zu finden. Mit den allgemeinen Grundsätzen der Vertragslehre, wie sie im BGB seit je her niedergelegt sind, lässt sich das Bestellerprinzip nicht ohne Weiteres vereinbaren. Das BGB spricht aus guten Gründen nicht von einer Bestellung oder von einem Besteller, wenn es um Vertragsanträge geht. Dies gilt insbesondere für die Inanspruchnahme provisionspflichtiger Maklerdienstleistungen. Den Begriff Besteller kennt das BGB bislang nur im Werkvertragsrecht und im neuen Bauvertragsrecht. Er bezeichnet konkret denjenigen, der die Werkleistung in Auftrag gibt (§ 631 Abs. 1 BGB). Deshalb wird im aktuellen maklerrechtlichen Schrifttum die Bezeichnung Bestellerprinzip von nicht wenigen Autoren in Anführungszeichen gesetzt.[41] Nach dem im § 2 Abs. 1a WoVermittG eingeführten Bestellerprinzip darf der Mieter die Maklerprovision nur noch dann tragen, wenn er selbst einen Makler mit der Wohnungssuche beauftragt hat und dieser ausschließlich nach außen suchend tätig wird. Abreden, durch die der Wohnungssuchende verpflichtet wird, eine vom Vermieter oder einem anderen Berechtigten geschuldete Maklerprovision zu zahlen, sind unwirksam.[42]

cc) Bestellerprinzip beim Erwerb von Wohnimmobilien

Im rechtspolitischen Bereich wurde vielfach gefordert, das Bestellerprinzip auch auf den Erwerb von Wohnimmobilien zu erstrecken.[43] **12**

So schlug der Gesetzesentwurf der Grünen vom 26.9.2018 in § 653a BGB die Einführung des Bestellerprinzips bei dem Erwerb von Wohnimmobilien vor, allerdings unter Verwendung des mehrdeutigen Begriffs „bestellen".[44] Ferner sollte die Maklerprovision für derartige Vermittlungsgeschäfte auf 2 % des Kaufpreises beschränkt werden (§ 653a Abs. 4 BGB). Das in § 653a Abs. 2 Satz 2 BGB vorgesehene Provisionsverbot für Verflechtungsfälle, **13**

---

40 BGH, Urt. v. 25.10.1967 – VIII ZR 215/66, BGHZ 48, 344, 346; Urt. v. 12.7.2018 – I ZR 152/17, NJW 2019, 1223 Rn. 13; Urt. v. 21.11.2018 – I ZR 10/18, NJW 2019, 1803 Rn. 40; *D. Fischer*, NZM 2019, 201, 202.

41 *Drasdo*, NJW-Spezial 2015, 481; *Duchstein*, NZM 2015, 417; *Hufen*, NZM 2015, 2014, 663; *Ibold*, Maklerrecht, Rn. 185a; *Hamm/Schwerdtner*, Maklerrecht, Rn. 29; ferner *Magnus/Wais*, JZ 2016, 183; *Wichert*, ZMR 2019, 1.

42 Allgemein zu den Vorentwürfen *Klenner*, ZRP 2013, 98; *D. Fischer*, NJW 2013, 3410; zur geltenden Fassung *D. Fischer*, NJW 2015, 1560.

43 So der Anfang 2017 vorgelegte Studie des Instituts der deutschen Wirtschaft (IW) in Köln, vgl. FD-MietR 2017, 385164 sowie die Beschlussfassung der SPD-Bundestagsfraktion vom 13.1.2017, hierzu GE 2017, 197, 198; ablehnend *D. Fischer*, IMR 2016, 446, 450.

44 BT-Drucks. 19/4557, S. 3.

wenn also der Makler nicht Dritter ist,[45] sondern mit der Verkäuferseite wirtschaftlich verbunden ist, führt zur Durchsetzung der bisherigen höchstrichterlichen Verflechtungsjudikatur. Sie ist bislang nur dispositives Richterrecht[46] und wird im Rechtsalltag vielfach durch sog. erweiternde Provisionsabreden umgangen. Diese Rechtssätze in zwingendes Gesetzesrecht zu überführen, ist eine wirksame Verbraucherschutzmaßnahme. Zu diesem Gesetzesentwurf fand am 8.5.2019 vor dem Ausschuss für Recht und Verbraucherschutz des Deutschen Bundestags eine Sachverständigenanhörung mit teils befürwortenden, teils ablehnenden Stellungnahmen statt.[47] Die zweite und dritte Lesung dieses Gesetzesentwurfs erfolgte am 14.5.2020. Wie zu erwarten war, wurde dieser Entwurf von der Mehrheit der Regierungskoalition abgelehnt.

14 Der im Februar 2019 in die Ressortabstimmung gelangte Referentenentwurf des Bundesministeriums der Justiz und für Verbraucherschutz sah die Einführung des Bestellerprinzips unter Anlehnung an die gesetzliche Regelung in § 2 Abs. 1a WoVermittG im Rahmen eines neuen Untertitels 4 Vermittlung von Kaufverträgen über Immobilien als § 656c BGB (Lohnanspruch gegen den Käufer nur bei Suchauftrag) vor. Gleichzeitig wurde die überfällige sprachliche Umstellung der maklerrechtlichen Bestimmungen von „Mäkler, Mäklervertrag und Mäklerlohn" auf die in der Rechts- und Alltagsprache üblichen Bezeichnungen vorgenommen. Diesen Entwurf hat das Ministerium nicht weiterverfolgt, nach dem sich die Koalitionsparteien am 18.8.2019 darauf verständigt haben, von der Einführung des Bestellerprinzips abzusehen, stattdessen die Käuferseite durch eine hälftige Provisionsteilung beim Erwerb von Wohnimmobilien zu entlasten.

dd) Schwächen des Bestellerprinzips

15 Bereits in der rechtspolitischen Diskussion zur Einführung des Bestellerprinzips im Wohnungsvermittlungsrecht wurde beanstandet, dass das rechtspolitische Ziel einer tatsächlichen Entlastung des Wohnungssuchenden durch das Provisionsverbot (Entgeltverbot) nicht ohne weiteres durchsetzbar ist. Das Gesetzesziel, den Wohnungssuchenden von der Provisionspflicht zu entlasten, ist nur dort erreichbar, wo die Miete bereits den von der Mietpreisbremse vorgegebenen Höchstsätzen entspricht. Ansonsten bleibt es dem Vermieter unbenommen, bei der Kalkulation der Miethöhe wirtschaftliche

---

45 BGH, Urt. v. 24.1.2019 – I ZR 160/17, NJW 2019, 1596 Rn. 60.
46 Hierzu im Einzelnen nachfolgendes Kap. V Rn. 35 ff.; ferner *D. Fischer*, FS Bamberger, 2017, S. 35, 36.
47 GE 2019, 624; FD-MietR 2019, 417246.

Nebenkosten, wie entstandene Vermieterprovisionen, vollständig miteinzubeziehen.[48] Auch das Bundesverfassungsgericht hat eine derartige Handhabung nicht beanstandet.[49] Für den Immobilienerwerb gilt dies noch in einem wesentlich breiteren Ausmaß, weil aus ordnungspolitischen Gesichtspunkten und aus verfassungsrechtlichen Gründen eine Regulierung der Kaufpreise nicht in Betracht zu ziehen ist. Daher ist hier eine „Einpreisung" entstandener Verkäuferprovisionen in den Kaufpreis naheliegenderweise zu erwarten.[50] Auch die Begründung des Gesetzesentwurfs der Grünen räumte dies offen ein.[51] Mit der Erhöhung der Kaufpreise steigen auch weitere auf den Kaufinteressenten entfallende Nebenkosten, wie die Grunderwerbssteuer sowie die Grundbuch- und Notarkosten, weil sich die anfallenden Gebühren und Steuern nach der jeweiligen Höhe des Kaufpreises richten.[52] Mithin wird der Käufer nicht entlastet, sondern ist unmittelbar an der Kostentragung beteiligt.

Das mit der Einführung des Bestellerprinzips verbundene Verbot der Doppeltätigkeit führt ferner dazu, dass der Erwerber, entgegen der bisherigen Rechtslage und üblichen Einschaltung eines Doppelmaklers, keinen vertraglichen Anspruch auf die Beratung dieses Maklers mehr hat. Die Tätigkeit des Immobilienmaklers weist vielfältige beratungsrelevante Bezüge auf.[53] So hat er, um eine sachgemäße Interessenwahrnehmung zu gewährleisten, den Auftraggeber nicht nur über dasjenige aufzuklären, was unerlässlich ist, um ihn vor Schaden zu bewahren, sondern auch über alle dem Makler bekannten Umstände, die für die Entschließung des Auftraggebers von Bedeutung sein können.[54] Daher wird der Erwerber in vielen Fällen gezwungen sein, kostenpflichtig auf einen eigenständigen Käufermakler zurückzugreifen.

16

---

48 *D. Fischer*, IMR 2016, 446, 450; *Wichert*, ZMR 2019, 1.
49 BVerfG, Beschl. v. 29.6.2016 – 1 BvR 1015/15, BVerfGE 142, 268 = NJW-RR 2016, 1349 Rn. 70.
50 *D. Fischer*, NJW 2018, 3287; *Wichert*, ZMR 2019, 1, 2.
51 BT-Drucks. 19/4557, Satz 3 zu Abs. 3.
52 *D. Fischer*, NJW 2018, 3287; *Wichert*, ZMR 2019, 1, 2.
53 *D. Fischer*, NZM 2019, 201, 205.
54 BGH, Urt. v. 8.7.1981 – IVa ZR 244/80, NJW 1981, 2685 f.; Urt. v. 28.9.2000 – III ZR 43/99, NJW 2000, 3642; Urt. v. 18.1.2007 – III ZR 146/06, NJW-RR 2007, 711 Rn. 11; Beschl. v. 18.4.2013 – V ZR 231/12, juris Rn. 16; Beschl. v. 10.11.2016 – I ZR 235/15, WuM 2017, 48 Rn. 20; Urt. v. 12.7.2018 – I ZR 152/17, NJW 2019, 1223.

ee) Gesetz zur Verteilung der Maklerkosten vom 12.6.2020

17 In Ausführung der Verständigung vom 18.8.2019 wurde im Bundesjustizministerium ein zweiter Referentenentwurf erstellt, der einen neuen Untertitel 4 „Vermittlung von Kaufverträgen über Wohnungen und Einfamilienhäuser" vorsieht. Hierin wird die Textform für Vermittlungsverträgen zwischen natürlichen Personen und Maklern als Unternehmer eingeführt (§ 656a RegE), die hälftige Provisionsteilung bei Einschaltung eines Doppelmaklers zwingend angeordnet (§ 656c Abs. 1 Satz 1 RegE) und die sprachliche Anpassung der maklerrechtlichen Bestimmungen wieder aufgenommen. Eine Überwälzung der Maklerkosten auf die andere Partei des Kaufvertrages ist nur zulässig, wenn die überwälzende Partei zur Zahlung der Maklerprovision mindestens in gleicher Höhe verpflichtet bleibt (§ 656d Abs. 1 RegE).

18 Am 9.10.2019 hat die Bundesregierung diesen Entwurf als Regierungsentwurf beschlossen.[55] Am 18.10.2019 wurde der Entwurf dem Bundesrat zugeleitet.[56] Dieser hat eine umfangreiche Stellungnahme mit zahlreichen Modifikationen vorgelegt,[57] wozu die Bundesregierung eine Gegenäußerung erstellt hat.[58] Die erste Lesung des Entwurfs im Bundestag fand am 18.12.2019 statt. Am 27.1.2020 hat der Rechtsausschuss des Bundestags zum Gesetzentwurf eine Sachverständigenanhörung abgehalten. Die zweite und dritte Lesung erfolgte am 14.5.2020. Mit den Stimmen der Regierungskoalition wurde der Entwurf nach den Beschlussempfehlungen und den damit verbundenen Modifikationen des Rechtsausschusses angenommen. Der Bundesrat hat am 5.6.2020 den vom Bundestag gefassten Gesetzesbeschluss gebilligt. Das Gesetz wurde am 12.6.2020 vom Bundespräsidenten ausgefertigt und am 23.6.2020 im Bundesgesetzblatt verkündet.[59] Die Reform tritt am 23.12.2020 in Kraft.

2. Allgemeine Grundbegriffe

19 Aufgabe des Maklers ist es, Anbieter und Nachfrager von Immobilien oder sonstigen Gegenständen des Wirtschaftslebens zum Zwecke eines Vertragsabschlusses zusammenzuführen.[60] Der Vertragspartner des Maklers wird als *Auftraggeber* oder auch vielfach als *Maklerkunde* bezeichnet. Der vom Mak-

---

55 FD-MietR 2019, 421442; Becklink 2014341.
56 BR-Drucks. 520/19.
57 BT-Drucks. 19/15827, Anlage 3, S. 26–34.
58 BT-Drucks. 19/15827, Anlage 4, S. 35–39.
59 BGBl. I, 1245.
60 BGH, Urt. v. 16.12.2004 – III ZR 119/04, BGHZ 161, 349, 358; *D. Fischer*, WM 2016, Sonderbeilage Nr. 1, S. 3.

ler nachzuweisende oder zu vermittelnde Vertrag, den der Kunde abzuschließen wünscht, wird *Hauptvertrag* genannt.

Die Vergütung des Maklers wird in den §§ 652–656d BGB als *Maklerlohn* **20** bezeichnet, im Rechtsalltag ist überwiegend von *Provision* und mitunter auch von *Courtage* die Rede. Das Wohnungsvermittlungsgesetz spricht von *Entgelt*; neuerdings wird allerdings auch die unscharfe Bezeichnung Vermittlungsentgelt verwendet.[61]

Im Maklerrecht sind für die Tätigkeit des Maklers unterschiedliche Begriffe **21** gebräuchlich, die nachstehend kurz erläutert werden.

a) Nachweismakler

§ 652 BGB spricht von zwei Tätigkeitsarten des Maklers: Zum einen der **22** *Nachweis der Gelegenheit* zum Abschluss eines Vertrages sowie zum anderen die *Vermittlung* eines Vertrages. Bei der Nachweistätigkeit hat der Makler dem Kunden lediglich Vertragsabschlussinteressenten zu benennen, ohne dass er hierbei auf die Vertragsverhandlungen Einfluss nehmen muss. Unter Nachweis ist eine Mitteilung des Maklers an seinen Kunden zu verstehen, mit der dieser in die Lage versetzt wird, in konkrete Verhandlungen über den von ihm angestrebte Hauptvertrag einzutreten.[62] Der Nachweismakler hat in der Regel ein Weniger an Tätigkeit zu entfalten als der Vermittlungsmakler.[63]

b) Vermittlungsmakler

Die Tätigkeit des Vermittlungsmaklers setzt regelmäßig einen bereits erfolg- **23** ten Nachweis voraus. Der Vermittlungsmakler hat im Anschluss hieran auf die Abschlussbereitschaft des potenziellen Vertragspartners seines Kunden final einzuwirken.[64] Die Begriffe Nachweismakler und Vermittlungsmakler werden im Rechtsalltag – in der Kautelarpraxis sowie selbst durch den mo-

---

61 In § 2 Abs. 5 Nr. 2 WoVermittG findet sich nunmehr die Bezeichnung Vermittlungsentgelt. Sie bezieht sich nicht nur auf den Vermittlungsmakler, sondern erfasst auch den Nachweismakler, *D. Fischer*, NJW 2015, 1560, 1562.

62 BGH, Beschl. v. 28.9.1995 – III ZR 16/95, NJW-RR 1996, 113; Urt. v. 16.12.2004 – III ZR 119/04, BGHZ 161, 349, 355; Urt. v. 3.7.2014 – III ZR 530/13, NJW-RR 2014, 1272 Rn. 15; Urt. v. 17.12.2015 – I ZR 172/14, NJW 2016, 2317 Rn. 20.

63 OLG Bamberg, Urt. v. 19.8.2011 – 6 U 9/11, n. v.

64 BGH, Urt. v. 2.6.1976 – IV ZR 101/75, NJW 1976, 1844; Urt. v. 4.6.2009 – III ZR 82/08, NJW-RR 2009, 1282 Rn. 8; Urt. v. 21.11.2018 – I ZR 10/18, NJW 2019, 1803 Rn. 30.

dernen Gesetzgeber – mitunter nicht hinreichend auseinandergehalten.[65] So weist die Legaldefinition des § 1 WoVermittG dem Begriff Wohnungsvermittler die Funktion eines Oberbegriffes zu,[66] der beide Tätigkeitsbereiche umfasst.[67] Im Anschluss hieran verwendet § 2 Abs. 1 Satz 2, Abs. 1a WoVermittG neuerdings die Bezeichnung Vermittlungsvertrag. Die amtliche Überschrift des neuen Untertitels 4 zu den §§ 656a–656d BGB weist ebenfalls den Begriff Vermittlung im weiteren Sinne auf. Gerade im Hinblick hierauf erscheint es nicht fernliegend, dass eine als Vermittlungsauftrag bezeichnete Abrede unter Umständen auch bereits bei Vorliegen einer reinen Nachweistätigkeit einen Provisionsanspruch auslösen kann.[68] Gleiches gilt für die Verwendung der Begriffe Vermittlung,[69] Vermittlungsleistung[70] oder Vermittlungsprovision.[71]   Diese   Interpretation   entspricht   dem   üblichen Sprachgebrauch in vielen (Immobilien-)Maklerverträgen.[72] Dies gilt auch dann, wenn Vertragsparteien in einer notariellen Urkunde erklären, ihnen sei eine „Vermittlungstätigkeit" des Maklers bekannt; auch insoweit kann im

---

65 OLG Saarbrücken, Urt. v. 17.9.2015 – 4 U 131/14, NJW-RR 2016, 58, 59; *D. Fischer*, NJW 2007, 183.

66 Ebenso *Schulz*, WoVermG 2010, § 1 Rn. 2; ähnlich Bamberger/Roth/*Kotzian-Marggraf*, BGB, 4. Aufl. 2019, § 652 Rn. 2, der in diesem Zusammenhang von einem Vermittlungsvertrag im weiteren Sinne spricht.

67 § 1 WoVermittG: Wohnungsvermittler ist, wer den Abschluss von Mietverträgen über Wohnraum vermittelt oder die Gelegenheit zum Abschluss von Mietverträgen über Wohnraum nachweist. Ebenso nunmehr § 481b Abs. 1 BGB Teilzeit-Wohnrechte-Vermittlungsvertrag, § 655a BGB Darlehensvermittlungsvertrag sowie § 656 BGB Heiratsvermittlung und der dazugehörige Untertitel 3 Ehevermittlung, ferner § 35 SGB III (private Arbeitsvermittlung). Anders wiederum der Sprachgebrauch in § 59 VVG: Versicherungsvermittler   sind   Versicherungsvertreter   und   Versicherungsmakler (Abs. 1) sowie: Versicherungsmakler ist, wer gewerbsmäßig für den Auftraggeber die Vermittlung oder den Abschluss von Versicherungsverträgen übernimmt (Abs. 3).

68 BGH, Urt. v. 21.11.2018 – I ZR 10/18, NJW 2019, 1803 Rn. 33; OLG Karlsruhe, Urt. v. 31.3.2005 – 15 U 20/03, ZMR 2005, 965, 969; OLG Schleswig, Urt. v. 12.6.2014 – 16 U 134/13, n. v.; OLG Saarbrücken, Urt. v. 15.10.2014 – 1 U 113/13, BeckRS 2014, 19875; Urt. v. 17.9.2015 – 4 U 131/14, NJW-RR 2016, 58, 59; *D. Fischer*, NJW 2007, 183; *Hamm/Schwerdtner*, Maklerrecht, Rn. 280, 283.

69 So OLG Hamm in tatrichterlich zulässiger Auslegung, bestätigt durch BGH, Urt. v. 6.7.1994 – IV ZR 101/93, NJW-RR 1994, 1260, 1261; ebenso OLG Karlsruhe, Urt. v. 31.3.2005 – 15 U 20/03, ZMR 2005, 965, 969; OLG Saarbrücken, Urt. v. 17.9.2015 – 4 U 131/14, NJW-RR 2016, 58, 59; vgl. ferner zum Begriff vermitteltes Geschäft bei Versicherungsmaklern, wonach eine Provision bereits bei der Herstellung von Geschäftskontakten anfallen kann: BGH, Urt. v. 3.3.2011 – III ZR 330/09, BeckRS 2011, 06091.

70 Vgl. BGH, Urt. v. 21.11.2018 – I ZR 10/18, NJW 2019, 1803 Rn. 33.

71 OLG München, Urt. v. 5.4.1995 – 15 U 4943/94, NJW-RR 1996, 239; MünchKomm-BGB/*H. Roth*, § 652 Rn. 214; Palandt/*Sprau*, BGB, § 652 Rn. 11.

72 OLG Karlsruhe, Urt. v. 31.3.2005 – 15 U 20/03, ZMR 2005, 965, 969; OLG Saarbrücken, Urt. v. 17.9.2015 – 4 U 131/14, NJW-RR 2016, 58, 59.

Einzelfall die Annahme einer Nachweistätigkeit in Betracht kommen.[73] In diesem Sinn wird der Begriff der Vermittlung auch in Bezeichnungen wie Partnervermittlung, Wohnungsvermittlung und Immobilienvermittlung verwendet.[74]

Fehlt eine ausdrückliche Konkretisierung der von dem gewerblichen Makler **24** zu erbringenden Leistungen, handelt es sich im Zweifel sowohl um einen Nachweis- als auch um einen Vermittlungsvertrag.[75]

Im Einzelnen ist dies aber stets eine Frage der *Auslegung* des konkreten Mak- **25** lervertrages.[76] Maßgeblich ist der Parteiwille.[77] Die Auslegung kann leicht zu einem restriktiven Ergebnis führen,[78] zumal die in Betracht kommenden Formulierungen zumeist vom Makler stammen und deshalb der Erklärungsempfängerhorizont des Maklerkunden heranzuziehen ist. Im Zweifel handelt es sich bei einem Immobilien-Maklervertrag sowohl um einen Nachweis- als auch einen Vermittlungsvertrag.[79] Lässt sich ein Makler Provision für Nachweis und Vermittlung versprechen, dann soll er den vollen Maklerlohn bereits durch eine der beiden Tätigkeiten, wenn auch nur eine erfolgreich und ursächlich gewesen ist, verdienen.[80]

In der Praxis ist es üblich, dass der Makler sich sowohl als Nachweis- wie **26** auch Vermittlungsmakler betrauen lässt.[81] Eine Beschränkung auf die reine Nachweistätigkeit ist ohnehin für den Makler ungünstig, weil er als Nachweismakler den weiteren Verlauf des Weges zum Hauptvertrag nicht ohne

---

73 OLG Saarbrücken, Urt. v. 17.9.2015 – 4 U 131/14, NJW-RR 2016, 58, 59.
74 OLG Saarbrücken, Urt. v. 15.10.2014 – 1 U 113/13, BeckRS 2014, 19875.
75 OLG Hamm, Urt. v. 27.2.2014 – 18 U 111/13, NJW-RR 2014, 1272; OLG Saarbrücken, Urt. v. 15.10.2014 – 1 U 113/13, BeckRS 2014, 19875; *D. Fischer*, NJW 2007, 183; *Hamm/Schwerdtner*, Maklerrecht, Rn. 234.
76 BGH, Urt. v. 23.10.1980 – IVa ZR 45/80, NJW 1981, 277, zur Abgrenzung Vermittlungsvertrag und anderweitige Geschäftsbesorgung bei Verwendung des Begriffes Vermittlung; ferner grundsätzlich *Dehner*, Maklerrecht, 2001, Rn. 81; MünchKomm-BGB/*H. Roth*, § 652 Rn. 59 (Trend zum Nachweismakler).
77 BGH, Urt. v. 21.11.2018 – I ZR 10/18, NJW 2019, 1803 Rn. 33.
78 So tendenziell OLG Schleswig, Urt. v. 21.7.2006 – 14 U 55/06, NJW 2007, 1982, 1984, bezogen auf ein Maklerexposé, in dem nur von einem erbrachten Nachweis die Rede war.
79 *Seydel/Heinbuch*, Maklerrecht, 4. Aufl. 2005, Rn. 5; *D. Fischer*, NJW 2007, 183; Soergel/*Engel*, BGB, § 652 Rn. 18.
80 OLG Koblenz, Urt. v. 14.10.1993 – 5 U 473/93, NJW-RR 1994, 824; *Seydel/Heinbuch*, Maklerrecht, Rn. 5.
81 Gebräuchlich ist die Formulierung: *„Für meine Maklertätigkeit (Nachweis und/oder Vermittlung) erhalte ich eine Provision in Höhe von …%.“*, MünchKomm-BGB/ *H. Roth*, § 652 Rn. 59; ferner *W. Mäschle/E. Mäschle*, Immobilien-Maklervertrag, 3. Aufl., S. 3.

Weiteres beeinflussen und insbesondere die notwendigen Zusatzinformationen nicht unmittelbar selbst erlangen kann. Im Übrigen ist es erfahrungsgemäß das Bestreben jedes gewerblichen Maklers, möglichst bis zum Abschluss des Vertrages mit dem Dritten an den Verhandlungen beteiligt zu bleiben, schon um zu verhindern, dass der Auftraggeber versucht, aus dem Maklervertrag auszubrechen.[82]

c) Vertrauensmakler

27 Der Vermittlungsmakler gilt als Vertrauensmakler, wenn er im Rahmen eines Alleinauftrags über einen längeren Zeitraum mit der Maklertätigkeit betraut wird.[83] Angesichts seiner besonderen Vertrauensstellung gegenüber dem Kunden darf er nicht ohne Weiteres auch für die Gegenseite als Vermittlungsmakler tätig werden.[84]

d) Doppelmakler

28 Ist der Makler sowohl gegenüber dem Verkäufer als auch dem Käufer vertraglich gebunden, dann wird von Doppeltätigkeit des Maklers gesprochen; er selbst wird als Doppelmakler bezeichnet. Er wird vom allgemeinen Maklerrecht mit der Sonderbestimmung des § 654 BGB ausdrücklich angesprochen. Seinem Wortlaut ist zu entnehmen, dass eine Doppeltätigkeit für beide Seiten grundsätzlich zulässig ist.[85] Für das Handelsmaklerrecht ist die Doppeltätigkeit in § 98 HGB ausdrücklich als (dispositives) Leitbild normiert.[86] Im Immobilienbereich ist das Tätigwerden für beide Seiten weitgehend üblich,[87] gleichwohl sind hierbei vom Makler besondere Verhaltensweisen zu beachten, wozu insbesondere die Verpflichtung zu strenger Unparteilichkeit

---

82 BGH, Urt. v. 19.4.1967 – VIII ZR 91/65, NJW 1967, 1365, 1366.
83 BGH, Beschl. v. 26.3.1998 – III ZR 206/97, NJW-RR 1998, 992; *Hamm/Schwerdtner*, Maklerrecht, Rn. 1012.
84 BGH, Urt. v. 22.4.1964 – VIII ZR 225/62, NJW 1964, 1467; Beschl. v. 26.3.1998 – III ZR 206/97, NJW-RR 1998, 992.
85 BGH, Urt. v. 25.10.1967 – VIII ZR 215/66, BGHZ 48, 344, 346; BGH, Beschl. v. 26.3.1998 – III ZR 206/97, NJW-RR 1998, 992; *Ibold*, Maklerrecht, 3. Aufl. 2015, Rn. 140.
86 Vgl. Baumbach/Hopt/*M. Roth*, HGB, § 93 Rn. 33 f.; Staub/*Thiessen*, HGB, 5. Aufl. 2008, Vor § 93 Rn. 6.
87 BGH, Beschl. v. 30.4.2003 – III ZR 318/02, NJW-RR 2003, 991; OLG Hamm, Urt. v. 5.7.1993 – 18 U 258/92, NJW-RR 1994, 125; OLG Rostock, Urt. v. 1.10.2008 – 1 U 98/08, MDR 2009, 194; OLG München, Urt. v. 16.5.2012 – 20 U 245/12, n. v.; OLG Saarbrücken, Urt. v. 17.9.2015 – 4 U 131/14, NJW-RR 2016, 58; Palandt/*Sprau*, § 654 Rn. 4a.

gehört.[88] Mit der Einführung des Bestellerprinzips im Wohnungsvermittlungsrecht gilt dort allerdings nunmehr ein faktisches Verbot der Doppeltätigkeit.[89]

e) Zivilmakler

Als Zivilmakler werden die Makler bezeichnet, die sich mit Geschäften bürgerlich-rechtlicher Art befassen, wozu insbesondere Grundstücksgeschäfte, Hypothekengeschäfte sowie Darlehensverträge zählen. Der Begriff hat neuerdings an Schärfe und Bedeutung verloren, weil seit der Handelsrechtsreform von 1998 die gewerbsmäßig tätigen Makler, auch wenn sie nicht im Handelsregister eingetragen sind, Kaufleute i. S. v. § 1 Abs. 2 HGB sind. **29**

f) Handelsmakler

Der Handelsmakler befasst sich mit den in § 93 HGB aufgeführten Geschäften. Hierzu gehören die Vermittlung von Verträgen über Anschaffung oder Veräußerung von Waren, Versicherungen, Güterbeförderungen oder sonstige Gegenstände des Handelsverkehrs. Zu den letztgenannten Geschäften zählen etwa Beteiligungen an Abschreibegesellschaften, Gegenstände des gewerblichen Rechtsschutzes oder die Vermittlung von Verträgen mit Werbeagenturen.[90] Nach der gesetzlichen Ausgestaltung ist der Handelsmakler reiner Vermittlungsmakler.[91] Eine Nachweisleistung löst, soweit keine entsprechende zusätzliche Abrede nach § 652 BGB besteht, keine Provisionspflicht aus.[92] Der Unterschied zum Zivilmakler besteht ferner darin, dass sich der Handelsmakler nur mit Vertragsgegenständen des Handelsverkehrs befasst. Ergänzend zu den Regelungen des Maklerrechts im BGB finden auf den Handelsmakler die Sondervorschriften der §§ 94–104 HGB Anwendung. § 93 Abs. 2 HGB stellt ausdrücklich klar, dass die Tätigkeit des Grundstücksmaklers, auch wenn sie lediglich für Kaufleute geschieht, nicht in den Anwendungsbereich des Rechts des Handelsmaklers fällt. **30**

Die Unterscheidung zwischen Handelsmakler und Zivilmakler ist historisch bedingt und wird in heutiger Zeit zu Recht angesichts der vielfältigen Über- **31**

---

88 BGH, Urt. v. 25.10.1967 – VIII ZR 215/66, BGHZ 48, 344, 348; Palandt/*Sprau*, § 654 Rn. 5.
89 *D. Fischer*, WuM 2016, 391, 392.
90 MünchKomm-BGB/*H. Roth*, § 652 Rn. 18; Staudinger/*Arnold*, Vorbem. zu §§ 652 ff. Rn. 24.
91 Baumbach/Hopt/*M. Roth*, HGB, § 93 Rn. 33; Staub/*Thiessen*, HGB, § 93 Rn. 32 ff.
92 MünchKomm-BGB/*H. Roth*, § 652 Rn. 18.

schneidungsmöglichkeiten als überholt angesehen.[93] Vermittelt ein Handelsmakler einen Vertrag über etwas, was nicht zu den Gegenständen des Handelsverkehrs zählt, kommen auf das Geschäft allein die maklerrechtlichen Vorschriften des BGB zur Anwendung. Dasselbe gilt, wenn sich der Handelsmakler schon für den Nachweis einer Abschlussmöglichkeit eine Provision ausbedungen hat.[94]

32 Betrifft die Maklertätigkeit einen Vertragsgegenstand aus dem Bereich des Handelsmaklers – etwa die Suche nach der Gelegenheit zum Abschluss eines Unternehmenskaufs – und ist auch hier zwischen den Vertragsparteien streitig, ob lediglich eine Nachweis- oder eine Vermittlungsleistung die Provisionspflicht auslösen soll, so kann als Auslegungskriterium auch darauf zurückgegriffen werden, dass die Maklertätigkeit des Handelsmaklers vertragstypisch auf eine Vermittlungsleistung ausgerichtet ist.[95]

33 Der Krämermakler ist als Kategorie unter den Handelsmaklern für die Vermittlung von Warengeschäften im Kleinverkehr tätig und nach § 104 HGB nicht verpflichtet, Schlussnoten zu erteilen und Tagebuch zu führen.

g) Versicherungsmakler

34 Der Versicherungsmakler (§ 59 Abs. 3 VVG) ist Handelsmakler (§ 93 Abs. 1 HGB). Er wird im Unterschied zum Versicherungsvertreter regelmäßig vom Versicherungsnehmer beauftragt und ist im Rahmen eines Maklervertrages mit dienst- und werkvertraglichen Elementen dessen Interessen- und häufig auch Abschlussvertreter.[96] Sein Provisionsanspruch richtet sich vielfach nur gegen den Versicherer und hängt von der Aufnahme der Prämienzahlungen ab.[97] Als Interessenvertreter des Versicherungsnehmers ist der Versicherungsmakler zudem zu einer umfassenden Betreuung aller Versicherungsinteressen seines Kunden und zu einer entsprechenden Beratung in Bezug auf den von ihm vermittelten Versicherungsvertrag verpflichtet.[98]

---

93 *Brandt*, Das Recht des Immobilienmaklers, S. 7; MünchKomm-BGB/*H. Roth*, § 652 Rn. 18 (wenig einsichtig und wirkt gekünstelt).
94 Baumbach/Hopt/*M. Roth*, HGB, § 93 Rn. 13; Staudinger/*Arnold*, Vorbem. zu §§ 652 ff. Rn. 26.
95 *D. Fischer*, NJW 2007, 183.
96 BGH, Urt. v. 10.3.2016 – I ZR 147/14, BGHZ 209, 256 = NJW 2016, 3366 Rn. 18.
97 OLG Hamm, Urt. v. 28.11.1996 – 18 U 82/96, NJW-RR 1997, 1482.
98 BGH, Urt. v. 22.5.1985 – IVa ZR 190/93, BGHZ 94, 356, 359; Urt. v. 20.1.2005 – III ZR 251/04, BGHZ 162, 67, 78; Urt. v. 12.12.2013 – III ZR 124/13, NJW 2014, 1655 Rn. 13; Urt. v. 26.3.2014 – IV ZR 422/12, WM 2014, 851 Rn. 25; Urt. v. 26.7.2018 – I ZR 274/16, NJW 2019, 935 Rn. 11; OLG Karlsruhe, Urt. v. 29.5.2007 – 15 U 68/04, NJOZ 2008, 1522, 1523.

3. Öffentlich-rechtliches Maklerrecht

Für das Maklerrecht gilt, ebenso wie für Dienstleistungsbereiche ähnlicher **35** Berufsgruppen, dass das zivilrechtliche Vertragsrecht durch öffentlich-rechtliche Normen ergänzt wird. Zu den letztgenannten Normen gehören insbesondere die Berufsausübungsregelungen der Makler- und Bauträgerverordnung (MaBV) sowie allgemeine öffentlich-rechtliche Normen aus dem Gewerberecht, insbesondere der Gewerbeordnung (GewO).[99] § 34c Abs. 1 GewO zählt eine Reihe von Geschäften auf, hinsichtlich derer die gewerbsmäßige Vermittlung des Abschlusses von Verträgen oder der Nachweis der Gelegenheit zum Abschluss von Verträgen einer behördlichen Erlaubnis bedarf. Hierzu gehören insbesondere Kaufverträge über Grundstücke, grundstücksgleiche Rechte und Mietverträge über gewerbliche Räume oder Wohnräume sowie Darlehensverträge. Die erteilte Gewerbeerlaubnis kann wegen erwiesener Unzuverlässigkeit des Maklers, etwa bei wirtschaftlicher Leistungsunfähigkeit,[100] widerrufen werden. Fehlt eine Erlaubnis nach § 34c GewO oder liegt ein Verstoß gegen Vorschriften der MaBV vor, wird hiervon die zivilrechtliche Wirksamkeit des Maklervertrages grundsätzlich nicht berührt.[101] De lege ferenda sollte die Erteilung einer Gewerbeerlaubnis für Immobilienmakler zusätzlich von einem Sachkundenachweis abhängig sein.[102]

Große Bedeutung kommt als öffentlich-rechtlicher Regelung dem Geld- **36** wäschegesetz (GwG) zu.[103] So ist der Immobilienmakler nach §§ 2 Abs. 1 Nr. 10, 3 Abs. 2 Nr. 2 GwG bei der Annahme von Bargeld ab einem Betrag von 15.000 € verpflichtet, den Bargeldgeber zu identifizieren. Die hierfür notwendigen Feststellungen sind aufzuzeichnen und mindestens fünf Jahre aufzubewahren.[104]

Nach § 16a der Energieeinsparverordnung (EnEV) muss der Verkäufer bei **37** Immobilienanzeigen Pflichtangaben über die Art des Energieausweises, des Energieverbrauchs, des wesentlichen Energieträgers, des Baujahrs und der

---

99 Einzelheiten hierzu bei *Weiss*, Öffentlich-rechtliche Grundlagen des Maklerbetriebs, in: Sailer/Kippes/Rehkugler, Handbuch für Immobilienmakler und Immobilienberater, 3. Aufl. 2017, S. 539–596; ferner Staudinger/*Arnold*, Vorbem. zu §§ 652, 653 Rn. 71.
100 VGH Bayern, Beschl. v. 8.2.2017 – 22 C 16.1107, BeckRS 2017, 102315.
101 Einzelheiten nachstehendes Kap. II Rn. 46, 49.
102 Vgl. Gesetzgebungsentwurf v. 2.11.2016, BT-Drucks. 18/10190. Bei der Verabschiedung des Gesetzes wurde der zunächst vorgesehene Sachkundenachweis unverständlicherweise gestrichen, BT-Drucks. 18/12831.
103 *Griebel*, NZM 2012, 482; *Willlems/Jankowski*, ZfIR 2014, 847.
104 *Mäschle*, Maklerrecht, 3. Aufl., S. 69.

Energieeffizienzklasse aufnehmen. In der Instanzrechtsprechung war umstritten, ob diese bußgeldbewehrte Pflicht auch den Immobilienmakler trifft.[105] Dies ist, wie nunmehr auch der Bundesgerichtshof bestätigt hat,[106] angesichts des eindeutigen Wortlauts der Vorschrift zu verneinen.[107] Gleichwohl muss auch der Makler in seinen Anzeigen entsprechende Angaben aufnehmen, weil ein Fehlen der Angaben als Unterlassen nach § 5a Abs. 2 Nr. 1 UWG zu werten ist.[108]

105 Nachweise bei *Heiliger*, IMR 2016, 529.
106 BGH, Urt. v. 5.10.2017 – I ZR 232/16, NJW-RR 2018, 424 = WM 2018, 1904 Rn. 13 ff.
107 OLG München, Urt. v. 8.12.2016 – 6 U 4725/15, ZfIR 2017, 236, 238, hierzu BGH, Urt. v. 5.10.2017 – I ZR 4/17, BeckRS 2017, 141966; *Mäschle*, Maklerrecht, S. 58.
108 BGH, Urt. v. 5.10.2017 – I ZR 232/16, NJW-RR 2018, 424 = WM 2018, 1904 Rn. 30 ff.

II. Grundsätzliches zum Maklervertrag

1. Überblick

Der Maklervertrag des BGB ist auf den Austausch von Leistungen gerichtet: **1**
So erbringt der Makler mit seiner Nachweis- oder Vermittlungsleistung eine
Dienstleistung, während der Maklerkunde regelmäßig eine Vergütung in
Form einer Geldzahlung schuldet. Sie macht üblicherweise einen bestimmten Prozentsatz des Kaufpreises oder des Mietzinses des zu besorgenden
Hauptvertrages aus.

2. Rechtsnatur des Maklervertrages

Der Maklervertrag weist als Austauschvertrag die Besonderheit auf, dass er – **2**
bezogen auf die Vergütungspflicht des Maklerkunden – als *einseitig verpflichtender Vertrag* ausgestaltet ist.[1] Eine Tätigkeitsverpflichtung des Maklers ist danach nicht vorgesehen,[2] obwohl sie aus der Sicht des Kunden wünschenswert erscheint. Der Makler ist lediglich berechtigt, entsprechende
Tätigkeiten zu entfalten. Im Regelfall wird aber der Makler ohnehin aus eigenem (Provisions-)Interesse umfassend tätig werden, weil eine Vergütungspflicht nur im *Erfolgsfalle*, also bei Abschluss des nachzuweisenden oder zu
vermittelnden Hauptvertrages für den Kunden, besteht. Andererseits ist der
Maklerkunde nicht verpflichtet, die angediente Maklerleistung anzunehmen; es ist seine Sache, ob er die Abschlussgelegenheit auch tatsächlich umsetzt.[3] Im Hinblick auf die *Abschlussfreiheit des Maklerkunden* steht einem
Makler auch kein Schadensersatzanspruch nach § 280 BGB zu, wenn der
Grundstückseigentümer trotz Stellung eines Kaufinteressenten nicht bereit
ist, sein Grundstück zu veräußern, und dadurch dem Makler ein Anspruch
auf Zahlung der Maklerprovision entgeht.[4]

---

1 MünchKomm-BGB/*H. Roth*, § 652 Rn. 3; Soergel/*Engel*, Vor § 652 Rn. 3; *Brandt*, Das
  Recht des Immobilienmaklers, S. 5; *Hamm/Schwerdtner*, Maklerrecht, Rn. 27.
2 BGH, Urt. v. 24.1.2019 – I ZR 160/17, NJW 2019, 1596 Rn. 29.
3 BGH, Urt. v. 9.11.1967 – VIII ZR 170/64, NJW 1967, 198, 199; Urt. v. 20.3.1984 – IVa
  ZR 223/83, NJW 1985, 2477; Urt. v. 21.10.1987 – IVa ZR 103/86, NJW 1988, 967, 968;
  Urt. v. 17.4.1991 – IV ZR 112/90, NJW-RR 1991, 915; Urt. v. 20.2.2003 – III ZR 184/02,
  NJW-RR 2003, 699; Urt. v. 28.5.2020 – I ZR 40/19, WM 2020, 1356 Rn. 20; OLG Koblenz, Beschl. v. 23.5.2012 – 2 U 644/11, MDR 2012, 1396; OLG Dresden, Beschl. v.
  1.12.2016 – 4 U 752/16, MDR 2017, 638.
4 OLG Dresden, Beschl. v. 1.12.2016 – 4 U 752/16, MDR 2017, 638.

3 Unabhängig von diesen Besonderheiten bestehen aber für die Vertragspartner bestimmte Treuepflichten, die im Verletzungsfall zu entsprechenden Sekundäransprüchen – wie Schadensersatz- und Unterlassungsverpflichtungen – führen können.

4 Neben der Qualifizierung als einseitig verpflichtender Vertrag kann der Maklervertrag auch als besonderer Geschäftsbesorgungsvertrag angesehen werden.[5] Nach der herrschenden Meinung gilt dies jedenfalls dann, wenn der Maklervertrag als Maklerdienst- oder Maklerwerkvertrag ausgestaltet ist.[6] Nach anderer Ansicht soll dagegen der Maklervertrag als kaufähnlicher Vertrag bewertet werden, weil nicht die Arbeitsleistung des Maklers im Vordergrund stehe, sondern die vom Makler angebotene und vom Kunden genutzte Gelegenheit zum Vertragsabschluss.[7] Diese Qualifikation, der bereits gesetzessystematische Gründe entgegenstehen, ist zu Recht vereinzelt geblieben.

5 Wird ein unentgeltliches Tätigwerden des Maklers vereinbart, was insbesondere bei Verkäufern und – im Hinblick auf das Bestellerprinzip nunmehr nur noch bezogen auf Gewerbeflächen – bei Vermietern nicht unüblich ist, so kann gleichwohl von einem Abschluss eines Maklervertrages ausgegangen werden. Die Provisionspflicht ist grundsätzlich abdingbar.[8] Jedenfalls wäre bei Annahme eines Auftrags (§ 670 BGB) die Pflichtenstruktur des Vertragsverhältnisses an den Wertungen des Maklerrechts zu messen.[9]

---

5 OLG Rostock, Beschl. v. 1.7.2008 – 1 U 27/08, OLGReport 2009, 192, 193; *D. Fischer*, NZM 2014, 449, 450. Vgl. auch *Esser*, Besonderes Schuldrecht, 4. Aufl., 1971, S. 192, der von Geschäftsbesorgung besonderer Art spricht; ferner *Heße*, NJW 2002, 1835, 1838 zur Maklertätigkeit als Geschäftsbesorgung sowie die h. M. zu § 116 InsO, wonach der Maklervertrag als Geschäftsbesorgungsvertrag im Sinne dieser Bestimmung anzusehen ist, *Tintelnot*, in: Kübler/Prütting/Bork, InsO, 2008, §§ 115, 116 Rn. 17; *Uhlenbruck/Sinz*, InsO, 15. Aufl. 2019, §§ 115, 116 Rn. 3; *Wirth/Mintas*, ZInsO 2012, 1002, 1004 (Versicherungsmaklervertrag); a. A. HK-InsO/*Marotzke*, 10. Aufl. 2020, § 116 Rn. 4; *Harke*, Besonderes Schuldrecht, Rn. 152, verneint generell für den Maklervertrag den Charakter eines Geschäftsbesorgungsvertrages; nach ihm liegt die Qualifizierung als Werkvertrag nahe.
6 BGH, Urt. v. 5.5.1971 – IV ZR 40/70, WM 1971, 966, 967 (Versicherungsmaklervertrag); Urt. v. 17.10.1990 – IV ZR 197/89, NJW-RR 1991, 627, 628 (Finanzierungsvermittlung); Soergel/*Benicke*, BGB, 13. Aufl., § 675 Rn. 49.
7 *Reuter*, NJW 1990, 1321, 1324; Staudinger/*Arnold*, Vorbem. zu § 652 ff. Rn. 4.
8 *Hamm/Schwerdtner*, Maklerrecht, Rn. 79; *Ibold*, Maklerrecht, Rn. 21; a. A. Staudinger/*Arnold*, Vorbem. zu § 652 Rn. 18.
9 *Hamm/Schwerdtner*, Maklerrecht, Rn. 80, unter Hinweis auf BGH, Urt. v. 12.2.1981 – IVa ZR 94/80, NJW 1981, 1444.

Im Rechtsalltag wird vielfach durch entsprechende Zusatzverpflichtungen **6** der Maklervertrag aus der vorstehenden Enge herausgeführt, was im Nachfolgenden näher auszuführen ist.

3. Maklerdienstvertrag

Beim Maklerdienstvertrag kann die Kombination von Elementen des Makler- **7** und des Dienstvertrages zu unterschiedlichen Ergebnissen führen. Der Vertrag kann so ausgestaltet werden, dass zwar der Makler eine Tätigkeitsverpflichtung übernimmt, dass ihm aber selbst ein Vergütungsanspruch nur unter den Voraussetzungen des § 652 BGB zusteht. In diesem Falle kann der Makler keine Vergütung für seine Tätigkeit als solche fordern, sondern nur eine Maklerprovision beim tatsächlichen Zustandekommen des Hauptvertrages.[10] Bei dem geschuldeten Tätigwerden handelt es sich um ein aktives Bemühen um den erfolgreichen Abschluss des in Rede stehenden Hauptvertrages.[11] Diese Vertragsgestaltung findet sich vor allem beim Makleralleinauftrag, der nach der höchstrichterlichen Rechtsprechung[12] den Charakter eines Maklerdienstvertrages hat, bei dem jedoch nach allgemeiner Auffassung der Makler nur bei erfolgreichen Bemühungen einen Maklerlohn verlangen kann. Möglich ist jedoch auch eine Vertragsgestaltung, bei der lediglich die Tätigkeit als solche vergütet wird, bei der mithin das Entgelt unabhängig vom Erfolg der Bemühungen des Vermittlers zu zahlen ist.[13] AGB-Klauseln eines Maklerdienstvertrages sind bei der Prüfung nach § 307 Abs. 2 Nr. 1 BGB am gesetzlichen Leitbild des § 652 BGB zu messen.[14]

4. Maklerwerkvertrag

Auch der Maklerwerkvertrag ist ein besonderer, im Gesetz nicht geregelter **8** Vertragstyp, der sowohl Elemente des Maklervertrages als auch solche des Werkvertrages enthält. Seine rechtliche Beurteilung richtet sich in erster Linie nach dem Parteiwillen.[15] Soweit die Parteien keine ausdrücklichen oder stillschweigenden Vereinbarungen getroffen haben, sind teils die Vorschriften über den Maklervertrag, teils die über den Werkvertrag ergänzend heran-

---

10 BGH, Urt. v. 21.10.1987 – IVa ZR 103/86, NJW 1988, 967, 988.
11 Vgl. BGH, Urt. v. 13.1.2011 – III ZR 78/10, NJW 2011, 1726 Rn. 11.
12 BGH, Urt. v. 21.10.1987 – IVa ZR 103/86, NJW 1988, 967, 988; Urt. v. 24.1.2019 – I ZR 160/17, NJW 2019, 1596 Rn. 29.
13 BGH, Urt. v. 21.10.1987 – IVa ZR 103/86, NJW 1988, 967, 968.
14 Vgl. BGH, Urt. v. 21.10.1987 – IVa ZR 103/86, NJW 1988, 967, 988 zu § 9 Abs. 2 Nr. 1 AGB-Gesetz.
15 BGH, Urt. v. 21.10.1987 – IVa ZR 103/86, NJW 1988, 967, 988.

zuziehen, und zwar jeweils diejenigen, die dem Wesen des Maklerwerkvertrages am besten entsprechen.[16] Wird ein Finanzierungsvermittlungsvertrag in der Form eines Maklerwerkvertrages abgeschlossen, dann hat sich der Makler nicht nur zu Bemühungen um die Finanzierung, sondern zur Herbeiführung des Finanzierungserfolgs verpflichtet.[17] In gleicher Weise wie bei den Maklerdienstverträgen muss zwischen den Maklerwerkverträgen unterschieden werden, bei denen sich die Vergütungspflicht nach Werkvertragsgrundsätzen, und solchen, bei denen sie sich nach § 652 BGB richtet.[18] AGB-Klauseln eines Maklerwerkvertrages sind bei der Prüfung nach § 307 Abs. 2 Nr. 1 BGB am gesetzlichen Leitbild des § 652 BGB zu messen.[19]

5. Alleinauftrag

9 Für schwierige Objekte ist ein Alleinauftrag oft die einzige Möglichkeit, einen Makler zu finden. Das Risiko, Arbeit und Kosten umsonst zu tragen, wenn der Hauptvertrag ohne seine Vermittlung oder Nachweis abgeschlossen wird, will der Immobilienmakler bei derartigen Objekten im Regelfall nicht übernehmen.[20] Deshalb, aber auch für anderweite Objekte, kommt dem Alleinauftrag im Immobilienmaklerbereich eine entscheidende Bedeutung zu.[21] Im Rechtsalltag wird unterschieden zwischen dem einfachen und dem qualifizierten Alleinauftrag.

a) Einfacher Alleinauftrag

10 Grundsätzlich ist der Makler nicht verpflichtet, für seinen Auftraggeber tätig zu werden.[22] Schließt er allerdings einen Makleralleinauftrag,[23] so liegt ein Maklerdienstvertrag vor, der eine Tätigkeitspflicht des Maklers begründet[24] und dem Maklerkunden untersagt, weitere Makler mit der Suche nach geeig-

---

16 BGH, Urt. v. 21.10.1987 – IVa ZR 103/86, NJW 1988, 967, 988.
17 BGH, Urt. v. 21.10.1987 – IVa ZR 103/86, NJW 1988, 967, 988.
18 BGH, Urt. v. 21.10.1987 – IVa ZR 103/86, NJW 1988, 967, 988.
19 BGH, Urt. v. 21.10.1987 – IVa ZR 103/86, NJW 1988, 967, 988 zu § 9 Abs. 2 Nr. 1 AGB-Gesetz.
20 Erman/*D. Fischer*, BGB, 16. Aufl. 2020, § 652 Rn. 20; vgl. BGH, Urt. v. 9.11.1966 – VIII ZR 170/64, NJW 1967, 198, 199.
21 *D. Fischer*, IMR 2019, 254.
22 BGH, Urt. v. 24.1.2019 – I ZR 160/17, NJW 2019, 1596 Rn. 29.
23 MünchKomm-BGB/*H. Roth*, § 652 Rn. 245 ff.; Erman/*D. Fischer*, § 652 Rn. 20 ff.;
24 BGH, Urt. v. 24.1.2019 – I ZR 160/17, NJW 2019, 1596 Rn. 29; Urt. v. 28.5.2020 – I ZR 40/19, WM 2020, 1356 Rn. 14 zVb in BGHZ.

neten Vertragspartnern zu beauftragen.[25] Kommt der Makler dieser Tätigkeitspflicht nicht oder nicht in angemessener Weise nach, kann der Auftraggeber den Alleinauftrag kündigen.[26] Auch kommt für ihn in Betracht, Schadensersatz nach § 280 BGB zu verlangen.[27] Gibt der Auftraggeber, der
einem Makler einen Alleinauftrag für eine bestimmte Zeit erteilt hat, das
Objekt einem anderen Makler an die Hand, verstößt er gegen seine Pflichten
aus dem Maklervertrag und ist, wenn er das Objekt mit Hilfe des anderen
Maklers verkauft, dem ersten Makler gemäß § 280 BGB zum Schadensersatz verpflichtet.[28]

Ein Makleralleinauftrag ist etwa anzunehmen, wenn der Maklerkunde sich **11**
verpflichtet, für die Laufzeit des Vertrages alle Verhandlungen über den
Makler führen zu lassen und auf sein Recht verzichtet, mehrere Makler nebeneinander zu beauftragen.[29] Ein derartiger Vertrag wird als einfacher
Makleralleinauftrag bezeichnet.[30] Durch einen einfachen Alleinauftrag wird
der Kunde nicht gehindert, selbst nach Interessenten zu suchen.[31] Im Gegensatz zum Handelsvertreter bleibt der Makler auch dann weisungsunabhän-
gig, wenn er einen Alleinauftrag hat.[32] Der Alleinauftrag wird teilweise auch
als *Festauftrag* oder *Alleinverkaufsrecht* bezeichnet.[33] Ein einfacher Alleinauftrag kann auch im Rahmen von Allgemeinen Geschäftsbedingungen vereinbart werden.[34] Die Darlegungs- und Beweislast für das Zustandekommen
eines Alleinauftrags trägt regelmäßig der Makler.[35]

---

25 BGH, Urt. v. 9.11.1966 – VIII ZR 170/64, NJW 1967, 198, 199; Urt. v. 24.1.2019 –
   I ZR 160/17, NJW 2019, 1596 Rn. 29; Urt. v. 28.5.2020 – I ZR 40/19, WM 2020, 1356
   Rn. 14; MünchKomm-BGB/*H. Roth*, § 652 Rn. 4.
26 OLG Frankfurt a. M., Urt. v. 6.5.2011 – 19 U 18/11, ZIP 2011, 1929.
27 OLG Frankfurt a. M., Urt. v. 6.5.2011 – 19 U 18/11, ZIP 2011, 1929.
28 BGH, Urt. v. 22.2.1967 – VIII ZR 215/64, NJW 1967, 1225, 1226; Urt. v. 28.5.2020 –
   I ZR 40/19, WM 2020, 1356 Rn. 30.
29 BGH, Urt. v. 28.5.2020 – I ZR 40/19, WM 2020, 1356 Rn. 14 unter Bezugnahme auf
   BGH, Urt. v. 8.4.1987 – IVa ZR 17/86, NJW-RR 1987, 944; Urt. v. 24.1.2019 – I ZR
   160/17, NJW 2019, 1596 Rn. 29.
30 BGH, Urt. v. 28.5.2020 – I ZR 40/19, WM 2020, 1356 Rn. 20.
31 BGH, Urt. v. 28.5.2020 – I ZR 40/19, WM 2020, 1356 Rn. 46.
32 BGH, Urt. v. 1.4.1992 – IV ZR 154/91, NJW 1992, 2818, 2819.
33 Erman/*D. Fischer*, § 652 Rn. 20; *Koch*, Der Provisionsanspruch des Immobilienmaklers, S. 39; *Hamm/Schwerdtner*, Maklerrecht, Rn. 979, dort auch die weitere Bezeichnung „an die Hand gegeben".
34 BGH, Urt. v. 5.4.1978 – IV ZR 160/75, WM 1978, 791, 792; Urt. v. 28.5.2020 – I ZR
   40/19, WM 2020, 1356 Rn. 20; Erman/*D. Fischer*, § 652 Rn. 21; Soergel/*Engel*, § 652
   Rn. 168; *Ibold*, Maklerrecht, Rn. 149. Zu den hierbei zulässigen AGB-Verlängerungs-
   und Kündigungsklauseln Kap. VII Rn. 8–15.
35 BGH, Urt. v. 9.11.1966 – VIII ZR 170/64, NJW 1967, 198, 199; Erman/*D. Fischer*,
   § 652 Rn. 25.

b) Qualifizierter Alleinauftrag

12 Von einem *qualifizierten Alleinauftrag* wird gesprochen, wenn der Kunde zusätzlich verpflichtet ist, jeden Interessenten, der sich unmittelbar an ihn wendet, an den alleinbeauftragten Makler zu verweisen.[36] Er bedeutet eine Stärkung der Rechtsstellung des Maklers und kann nur durch eine Individualabrede wirksam vereinbart werden.[37] Diese Verpflichtung kann individualvertraglich durch eine Provisionsklausel gesichert werden, wonach der Auftraggeber bei Abschluss eines Hauptvertrages ohne Zuziehung des Maklers die vereinbarte Provision zu zahlen hat.[38] Eine Regelung als AGB-Klausel ist dagegen unwirksam.[39] Für die Annahme eines qualifizierten Alleinauftrags reicht allein die Vereinbarung einer „Ausschließlichkeit zum Vertrieb" nicht aus.[40] Der qualifizierte Alleinauftrag wird auch als *erweiterter Alleinauftrag* bezeichnet.[41]

13 Die Unterschiede zwischen den Begriffen Alleinauftrag und qualifizierter Alleinauftrag sind mitunter Zeugen und auch Prozessbeteiligten nicht hinreichend bekannt. Bei Beweisaufnahmen hinsichtlich des Inhalts eines vereinbarten Maklerauftrages ist hierauf besonders zu achten; dies kann gegebenenfalls auch zur Notwendigkeit einer Wiederholung der Beweisaufnahme in zweiter Instanz führen.[42]

6. Abgrenzung zwischen Maklervertrag und Anwaltsvertrag

14 Nicht selten ist im Rechtsalltag festzustellen, dass ein Rechtsanwalt auch eine Maklertätigkeit vornimmt. Dies gilt insbesondere für den Finanzie-

---

36 OLG Frankfurt a. M., Urt. v. 6.5.2011 – 19 U 18/11, ZIP 2011, 1929.
37 BGH, Urt. v. 8.5.1973 – IV ZR 158/71, BGHZ 60, 377, 379 ff.; Urt. v. 27.3.1991 – IV ZR 90/90, NJW 1991, 1678, 1679; Urt. v. 13.6.1996 – III ZR 40/96, NJW-RR 1996, 1276, 1277; Erman/*D. Fischer*, § 652 Rn. 22.
38 OLG Frankfurt a. M., Urt. v. 6.5.2011 – 19 U 18/11, ZIP 2011, 1929.
39 BGH, Urt. v. 28.1.1987 – IVa ZR 173/85; BGHZ 99, 374, 377; v. 27.3.1991 – IV ZR 90/90, NJW 1991, 1678, 1679; LG Lüneburg, Urt. v. 30.11.2010 – 9 O 190/10, ZMR 2011, 307.
40 LG Dortmund, Urt. v. 18.11.2009 – 2 O 103/09, NJW-RR 2010, 1357.
41 *Koch*, Der Provisionsanspruch des Immobilienmaklers, S. 42.
42 Vgl. BGH, Urt. v. 26.1.1994 – IV ZR 39/93, NJW-RR 1994, 511. Wird im Maklerprovisionsprozess die Aussage eines erstinstanzlich vernommenen Zeugen vom Berufungsgericht anders gewürdigt, so muss der Zeuge erneut vernommen werden, BGH, Beschl. v. 30.11.2011 – III ZR 165/11, GuT 2012, 486, 487.

rungs- und Immobilienbereich.[43] Zur Abgrenzung zwischen den beiden Vertragstypen ist darauf abzustellen, ob der Anwalt im Rahmen der zu erbringenden Maklerleistungen seinem Auftraggeber rechtlichen Rat von nicht völlig unerheblicher Bedeutung zu Teil werden lassen soll.[44] Die Einordnung eines Vertrages als Anwalts- oder Maklervertrag unterliegt nicht der privatautonomen Vereinbarung; auf die Rechtsvorstellungen der Vertragsparteien kommt es nicht an.[45] Es herrscht *Typenzwang*.[46]

a) Anwaltsdienstvertrag

Ist der einem Rechtsanwalt erteilte Vermittlungsauftrag in nicht unwesentlichem Umfang rechtsberatender Natur, stellt sich der zwischen ihm und seinem Auftraggeber abgeschlossene Vertrag in seiner Gesamtheit als Anwaltsdienstvertrag (§§ 611, 675 BGB) dar, welcher die Maklertätigkeit mitumfasst.[47] Etwas anderes gilt nur dann, wenn die rechtsberatende Tätigkeit völlig in den Hintergrund tritt und keine oder nur eine ganz untergeordnete Rolle spielt.[48] Der bloße Hinweis darauf, der Anwalt werde nicht als solcher, sondern als Makler tätig werden, genügt für die Herauslösung eines solchen Geschäfts aus der allgemeinen Anwaltstätigkeit nicht.[49] Rechtsberatende Tätigkeiten im Zusammenhang mit einem Vermittlungs- oder Nachweisauftrag können Verhandlungen mit Verwaltungsbehörden,[50] Überprüfen

15

---

43 *D. Fischer*, NJW 2016, 3220.
44 BGH, Urt. v. 16.9.1971 – VII ZR 312/69, BGHZ 57, 53, 55; Urt. v. 5.4.1976 – III ZR 79/74, WM 1976, 1135, 1136; Urt. v. 16.2.1977 – IV ZR 55/75, WM 1977, 551, 552; Urt. v. 10.6.1985 – III ZR 73/84, NJW 1985, 2642; Urt. v. 31.10.1991 – IX ZR 303/90, NJW 1992, 681, 682.
45 BGH, Urt. v. 5.4.1976 – III ZR 79/74, WM 1976, 1135, 1136; Urt. v. 16.2.1977 – IV ZR 55/75, WM 1977, 551, 552; v. 10.6.1985 – III ZR 73/84, NJW 1985, 2642; Münch-Komm-BGB/*H. Roth*, § 652 Rn. 35; *Ibold*, Maklerrecht, Rn. 49; *D. Fischer*, NJW 2016, 3220, 3222.
46 *Hamm/Schwerdtner*, Maklerrecht, Rn. 180; Staudinger/*Arnold*, Vorbem. zu §§ 652 ff. Rn. 56; *D. Fischer*, NJW 2016, 3220, 3222.
47 BGH, Urt. v. 10.6.1985 – III ZR 73/84, NJW 1985, 2642.
48 BGH, Urt. v. 10.6.1985 – III ZR 73/84, NJW 1985, 2642; Beschl. v. 30.6.1988 – III ZR 145/86, BGHR BGB § 652 I Maklervertrag 1; Urt. v. 31.10.1991 – IX ZR 303/90, NJW 1992, 681, 682; MünchKomm-BGB/*H. Roth*, § 652 Rn. 35; *Thode*, WM 1989, Sonderbeilage Nr. 6, S. 6.
49 BGH, Urt. v. 13.6.1996 – III ZR 113/95, BGHZ 133, 90, 95 = NJW 1996, 2499.
50 BGH, Urt. v. 5.4.1976 – III ZR 79/74, WM 1976, 1135, 1136; Urt. v. 16.2.1977 – IV ZR 55/75, WM 1977, 551, 552; Urt. v. 10.6.1985 – III ZR 73/84, NJW 1985, 2642.

von Vertragsentwürfen[51] oder Beendigung bestehender Verträge, um einen neuen Hauptvertrag abschließen zu können,[52] sein.[53]

16   Im Zweifel ist, sofern nicht deutliche und zwingende Gründe entgegenstehen, davon auszugehen, dass die Partei, die anstelle eines Maklers einen Rechtsanwalt mit der Vermittlung eines (Kauf-) oder Darlehensgeschäfts beauftragt hat, ihn in eben dieser Eigenschaft zuzieht, mithin von ihm erwartet, dass er bei seinem Tätigwerden insbesondere auch ihre rechtlichen Interessen betreut.[54] Diese *Auslegungsregel* ist nicht schon dann unanwendbar, wenn es dem Mandanten nicht um die Leistung rechtlichen Beistands geht. Maßgeblich ist insoweit der Empfängerhorizont des Rechtsanwalts. Für ihn muss klar ersichtlich sein, dass der Mandant lediglich Maklerdienste wünscht.[55] Die Auslegungsregel greift aber dann nicht mehr ein, wenn feststeht, dass es dem Auftraggeber nicht um eine anwaltliche Leistung geht.[56] Folge der Qualifikation als Anwaltsdienstvertrag ist, dass der Rechtsanwalt keine Maklerprovision, sondern nur eine anwaltliche Vergütung fordern kann, in der die Vergütung für seine Maklertätigkeit aufgeht.[57] Diese Vergütung ist, anders als beim Maklervertrag (§ 652 BGB), nicht erfolgsbezogen.[58]

17   Mit einer komplexen Vertragsgestaltung befasste sich der Bundesgerichtshof in einer Entscheidung vom 12.5.2016.[59] Die auf Vergütung klagende Anwaltsgesellschaft verpflichtete sich zu Dienstleistungen im Zusammenhang mit dem Rohstoffeinkauf von Hackschnitzeln und Landschaftspflegeholz und hatte dem Auftraggeber unterschriftsreife Verträge zu dessen möglichst kostengünstiger Belieferung zu vermitteln. Zum Leistungsumfang gehörte ferner die Erstellung, Prüfung und Verhandlung der Lieferantenverträge mit

---

51   BGH, Urt. v. 16.2.1977 – IV ZR 55/75, WM 1977, 551.
52   BGH, Urt. v. 5.4.1976 – III ZR 79/74, WM 1976, 1135, 1136 (Kiesgrubenpachtvertrag).
53   *E. Wolf,* WM 1978, 1282.
54   BGH, Urt. v. 16.2.1977 – IV ZR 55/75, WM 1977, 551, 552; Urt. v. 10.6.1985 – III ZR 73/84, NJW 1985, 2642; OLG Saarbrücken, Urt. v. 14.11.2001 – 5 U 384/99, VersR 2004, 507, 508; die hiergegen gerichtete Revision hat der Bundesgerichtshof nicht angenommen, BGH, Beschl. v. 1.10.2003 – IV ZR 297/01; OLG Hamm, Urt. v. 12.4.2011 – 28 U 159/10, BeckRS 2011, 14911.
55   BGH, Urt. v. 10.6.1985 – III ZR 73/84, NJW 1985, 2642.
56   BGH, Urt. v. 17.4.1980 – III ZR 73/79, NJW 1980, 1855, 1856; OLG Hamm, Urt. v. 2.3.1995 – 28 U 134/94, NJW-RR 1995, 951.
57   BGH, Urt. v. 16.9.1971 – VII ZR 312/69, BGHZ 57, 53, 56 = NJW 1971, 2227; Staudinger/*Arnold,* Vorbem. zu §§ 652 ff. Rn. 56.
58   BGH, Urt. v. 26.10.1955 – VI ZR 145/54, BGHZ 18, 340, 345.
59   BGH, Urt. v. 12.5.2016 – IX ZR 241/14, WM 2017, 537 Rn. 15.

für den Auftraggeber günstigen Bedingungen. Dieses Vertragsverhältnis, das die Anwaltsgesellschaft auch zur rechtlichen Beratung und Vertretung des Auftraggebers verpflichtete, wurde als Handelsvertretervertrag bewertet; ein Maklervertrag wurde im Hinblick darauf, dass die Gesellschaft nicht unparteiisch zwischen beiden Teilen des abzuschließenden Geschäfts zu vermitteln hatte, verneint.[60] Nach den vorstehend angeführten Kategorien dürfte es sich bei dem Vertragsverhältnis um einen echten Anwaltsvertrag gehandelt haben, allerdings angereichert mit zusätzlichen Dienstleistungsverpflichtungen. Ob die Vermittlungsleistungen nach der getroffenen Vertragsgestaltung ein eher handelsvertreter- oder maklerrechtliches Gepräge aufwiesen, ist im Hinblick auf den Typenzwang und der daraus folgenden Einstufung des Vertragsverhältnisses als echten Anwaltsvertrag unerheblich.[61] Der Gesichtspunkt des unparteiischen Maklers ist nur dann bedeutsam, wenn der Makler berechtigt ist, auch für die andere Seite tätig zu werden, mithin als Doppelmakler zu handeln.[62] Dies war aber der Anwaltsgesellschaft im Hinblick auf die ihr aufgegebene Interessenwahrnehmungspflicht gegenüber der Auftraggeberin, zumindest vertragsimmanent, untersagt.[63] Hieraus folgt, wie auch vom Bundesgerichtshof zutreffend bewertet, dass ein Verstoß gegen das Verbot, widerstreitende Interessen zu vertreten, bei der vorliegenden Vertragsgestaltung ausschied.[64]

b) Maklervertrag

Eine reine Maklertätigkeit auf der Grundlage eines Maklervertrages des Anwalts kommt mithin nur in besonderen Ausnahmefällen in Betracht.[65] Die Anforderungen an eine derartige Fallgestaltung sind verschieden, je nachdem, ob der Anwalt als Nachweis- oder Vermittlungsmakler tätig werden soll.[66] Ein Maklervertrag kann ohne Weiteres angenommen werden, wenn sich die Maklertätigkeit auf eine reine Nachweisleistung bezieht. Bei einem Vermittlungsauftrag müssen dagegen konkrete Anhaltspunkte für den Ausschluss einer anwaltlichen Tätigkeit vorliegen.[67]

18

---

60 BGH, Urt. v. 12.5.2016 – IX ZR 241/14, WM 2017, 537 Rn. 16.
61 *D. Fischer*, WM 2019, Sonderbeilage Nr. 1, S. 4.
62 *Dehner*, Maklerrecht, 2001, Rn. 175.
63 *D. Fischer*, WM 2019, Sonderbeilage Nr. 1, S. 5.
64 BGH, Urt. v. 12.5.2016 – IX ZR 241/14, WM 2017, 537 Rn.14 ff.
65 Staudinger/*Arnold*, Vorbem. zu §§ 652 ff. Rn. 57. In diesem Zusammenhang wird auch von einem unechten Rechtsberatervertrag bzw. Anwaltsvertrag gesprochen, vgl. *D. Fischer*, WM 2014, Sonderbeilage Nr. 1, S. 3.
66 Staudinger/*Arnold*, Vorbem. zu §§ 652 ff. Rn. 57; *D. Fischer*, NJW 2016, 3220, 3222.
67 Staudinger/*Arnold*, Vorbem. zu §§ 652 ff. Rn. 57; *D. Fischer*, NJW 2016, 3220, 3222.

19 Eine Rechtsberatung für den Käufer kann etwa dann nicht angenommen werden, wenn der Anwalt als einseitiger Interessenvertreter des (Grundstücks-)Verkäufers auftritt. Dies gilt umso mehr, wenn der Kaufinteressent seinerseits einen anderen Rechtsanwalt mit der Wahrnehmung seiner Interessen beauftragt hat und damit zum Ausdruck bringt, dass er den makelnden Anwalt nicht als Rechtsberater in Anspruch nehmen will und dessen Aufgabe auf eine reine Maklertätigkeit beschränkt sein soll.[68] Ebenfalls scheidet ein Anwaltsvertrag aus, wenn sich der Auftrag des Anwalts darin erschöpft, den Kontakt zwischen den Parteien des Hauptvertrages herzustellen oder einen potenziellen Vertragspartner unter Einsatz persönlicher Verbindungen für ein (Darlehens-)Geschäft zu interessieren.[69] Nichts anderes gilt, wenn der Anwalt, der ein Grundstück „an der Hand" hat, sich als Makler geriert und sich in Anzeigen als Ansprechpartner für Kaufinteressenten benennt.[70] Auch im Falle einer Anlageberatung oder -vermittlung kann die rechtsberatende Tätigkeit völlig in den Hintergrund treten, so dass ein Anwaltsvertrag ausscheidet.[71] Eine solche Beratung kann der Tätigkeit eines Nachweismaklers nahestehen, ihr im Einzelfall sogar gleichkommen, nämlich dann, wenn es dem Auftraggeber nur darum geht, von Objekten und Vorhaben Kenntnis zu erhalten, die für die von ihm vorgesehenen Investitionen geeignet sind.[72] Ist mit Abschluss des Kaufvertrages die Maklertätigkeit des Anwaltes beendet und der Provisionsanspruch fällig, soll eine anschließende anwaltliche Dienstleistung, wie etwa die Entgegennahme des Kaufpreises auf ein Anwaltskonto und dessen anschließende Verwendung nach den Vorgaben des Kaufvertrages, nicht mehr geeignet sein, einer Honorarvereinbarung für die Vermittlung des Kaufvertrages den Charakter eines Maklervertrages zu nehmen.[73]

20 Folge der Qualifikation als Maklervertrag ist, dass der Rechtsanwalt keine anwaltliche Vergütung, sondern nur eine Maklerprovision fordern kann. Dies gilt selbst dann, wenn bei Vertragsabschluss der Anwalt erklärt, er werde sein Honorar nach der Anwaltsgebührenordnung berechnen.[74] Diese Ver-

---

68 BGH, Urt. v. 31.10.1991 – IX ZR 303/90, NJW 1992, 681, 682.
69 BGH, Urt. v. 2.7.1956 – II ZR 75/55, WM 1956, 1240, 1241; Staudinger/*Arnold*, Vorbem. zu §§ 652 ff. Rn. 57.
70 OLG Hamm, Urt. v. 12.4.2011 – 28 U 159/10, BeckRS 2011, 14911.
71 BGH, Urt. v. 17.4.1980 – III ZR 73/79, NJW 1980, 1855; MünchKomm-BGB/*H. Roth*, § 652 Rn. 35.
72 BGH, Urt. v. 17.4.1980 – III ZR 73/79, NJW 1980, 1855, 1856: Investitionen in Übersee, insbesondere Kanada.
73 BGH, Urt. v. 22.2.2001 – IX ZR 357/99, NJW 2001, 1569, insoweit in BGHZ 147, 39 nicht abgedruckt.
74 OLG Hamm, Urt. v. 2.3.1985 – 28 U 134794, NJW-RR 1995, 951, 952.

gütung ist, anders als beim Anwaltsvertrag, erfolgsbezogen (§ 652 BGB). Kommt der vorgesehene Hauptvertrag nicht zustande, scheidet mithin ein Vergütungsanspruch des Anwalts aus.[75]

7. Zusammenarbeit mehrerer Makler

Der Maklerbegriff des BGB setzt keine höchstpersönliche Nachweis- oder **21** Vermittlungstätigkeit voraus. Makler ist auch, wer sich bei Durchführung des Auftrags seiner Hilfskräfte bedient. Insoweit gelten die allgemeinen Grundsätze.[76] Daneben treten häufig folgende im Gesetz nicht geregelte, daher allein aus den Abmachungen zu bestimmende und abzugrenzende[77] Sonderverbindungen auf:

a) Untermakler

Der vom Auftraggeber beauftragte Makler (Hauptmakler, Erstmakler) kann **22** sich zur Erfüllung seiner Tätigkeit eines Untermaklers (Zweitmaklers) bedienen. Dieser ist Erfüllungsgehilfe des Hauptmaklers.[78] Es gilt die Haftungsfolge des § 278 BGB.[79] Der Untermakler soll dem Hauptmakler in seinem Bestreben helfen, die Provision zu verdienen.[80] Der Untermaklervertrag ist ein Vertrag eigener Art,[81] ein Hilfsvertrag zum Maklervertrag.[82] Es handelt sich um ein partiarisches Rechtsverhältnis besonderer Art.[83] Der Untermakler steht regelmäßig zum Auftraggeber in keinem Vertragsverhältnis.[84]

---

75 BGH, Urt. v. 2.7.1956 – II ZR 75/55, WM 1956, 1240, 1241; Urt. v. 17.4.1980 – III ZR 73/79, NJW 1980, 1855, 1856.
76 Erman/*D. Fischer*, Vor § 652 Rn. 12.
77 BGH, Urt. v. 14.10.1981 – IVa ZR 152/80, NJW 1982, 1052.
78 RGZ 148, 356; BGH, Urt. v. 26.10.1977 – IV ZR 177/76, WM 1978, 245; Urt. v. 24.9.1996 – XI ZR 318/15, NJW-RR 1997, 116; OLG Hamburg, Urt. v. 29.1.1954 – 1 U 354/53, BB 1954, 173; OLG Hamm, Urt. v. 1.3.1999 – 18 U 149/98, NJW-RR 2000, 59; *Seydel/Heinbuch*, Maklerrecht, Rn. 155.
79 Erman/*D. Fischer*, Vor § 652 Rn. 13.
80 *Mormann*, WM 1971, 1076.
81 RG, JW 1929, 3497; Staudinger/*Arnold*, Vor §§ 652 ff. Rn. 32; *Zerres*, ZfIR 2004, 361, 362.
82 OLG Hamburg, Urt. v. 29.1.1954 – 1 U 354/53, BB 1954, 173; OLG Stuttgart, Urt. v. 15.11.2000 – 3 U 213/99, NJW-RR 2002, 52; *Seydel/Heinbuch*, Maklerrecht Rn. 155; *Ibold*, Maklerrecht, Rn. 165.
83 BGH, Urt. v. 26.10.1966 – VIII ZR 80/64, BB 1966, 1367 = MDR 1967, 40; OLG Düsseldorf, Urt. v. 7.1.1994 – 7 U 276/92, OLGReport 1994, 93; OLG Stuttgart, Urt. v. 15.11.2000 – 3 U 213/99, NJW-RR 2002, 52.
84 *Seydel/Heinbuch*, Maklerrecht, Rn. 155.

Er erhält seine Provision vom Hauptmakler – zumeist eine Beteiligung an der vom Auftraggeber erhaltenen Provision – nicht für den Nachweis der Gelegenheit zum Abschluss oder für die Vermittlung eines Vertrages, sondern für die Hilfe, die er diesem leistet.[85] Der Provisionsanspruch des Untermaklers hängt davon ab, dass der Provisionsanspruch des Hauptmaklers auch durchsetzbar ist.[86]

23   Der Untermakler kann Aufwendungen nur dann vom Hauptmakler verlangen, wenn insoweit zwischen ihnen eine Abrede gemäß § 652 Abs. 2 Satz 1 BGB zustande gekommen ist.[87] Der Hauptmakler wird durch den Untermaklervertrag nicht in seiner Entschließungsfreiheit beschränkt.[88] Er hat insbesondere keine Pflicht, tätig zu werden, um dem Untermakler die Beteiligung an der Provision zu sichern.[89] Entspricht es der Interessenlage des Hauptmaklers, kann er unter Umständen auch auf die Provision verzichten. Grenze ist hier aber der Arglisteinwand durch den Untermakler.[90] Dem Untermakler obliegen gegenüber dem Hauptmakler Treuepflichten, die auch nach Beendigung des Untermaklerverhältnisses fortwirken.[91] Es soll jedoch keine Pflichtverletzung vorliegen, wenn der Untermakler einen selbstständigen Maklervertrag mit dem Auftraggeber des Hauptmaklers abschließt.[92] Die Rechtsgrundsätze des § 654 BGB sind auf den Untermaklervertrag anzuwenden.[93]

---

85 OLG Hamburg, Urt. v. 29.11.1963 – 1 U 62/63, MDR 1964, 595.
86 BGH, Urt. v. 28.5.1969 – IV ZR 788/68, Urteilsumdruck S. 11; OLG Stuttgart, Urt. v. 15.11.2000 – 3 U 213/99, NJW-RR 2002, 52; Palandt/*Sprau*, Vorbem. § 652 Rn. 1; *Zerres*, ZfIR 2004, 361, 363.
87 BGH, Urt. v. 9.11.1964 – VII ZR 103/63, NJW 1965, 293, 294; Erman/*D. Fischer*, Vor § 652 Rn. 13; Soergel/*Engel*, § 652 Rn. 182.
88 BGH, Urt. v. 28.2.1968 – VIII ZR 6/66, BB 1968, 729.
89 Erman/*D. Fischer*, Vor § 652 Rn. 13.
90 AG Arnsberg, Urt. v. 19.9.2001 – 14 C 63/01, ZMR 2003, 851, 852; *Seydel/Heinbuch*, Maklerrecht, Rn. 155.
91 RGZ 148, 354 (Kundenschutz).
92 BGH, Urt. v. 26.10.1966 – VIII ZR 80/64, BB 1966, 1367 = MDR 1967, 40.
93 Staudinger/*Arnold*, Vor §§ 652 ff. Rn. 36; Palandt/*Sprau*, § 654 Rn. 8; *Hamm/Schwerdtner*, Maklerrecht, Rn. 42; *D. Fischer*, NZM 2001, 873, 882; a. A. MünchKomm-BGB/*H. Roth*, § 652 Rn. 271, die dort zitierte Entscheidung BGH, Urt. v. 26.10.1966 – VIII ZR 80/64, BB 1966, 1367, hat die Frage der Anwendbarkeit des § 654 BGB offengelassen.

b) Zubringergeschäft

Beim Zubringergeschäft verpflichtet sich der Zubringermakler, einem ande- **24** ren, nämlich dem Hauptmakler, Auftraggeber zuzuführen.[94] Er hat lediglich dem Hauptmakler Möglichkeiten zum Abschluss eines Maklervertrages aufzuzeigen.[95] Im Gegensatz zum Untermaklervertrag erfolgt keine Zusammenarbeit zwischen Hauptmakler und Zubringer.[96] Der Zubringer soll den Hauptmakler nicht bei der Erfüllung des Maklervertrages unterstützen, sondern ihm erst zum Abschluss eines Maklervertrages verhelfen.[97] Der Zubringer wird an der später vom Hauptmakler verdienten Provision prozentual beteiligt. Er hat einen Lohnanspruch auch gegen den Erwerber des Hauptmaklerunternehmens, wenn die Zubringerdienste an den früheren Inhaber erbracht wurden und der Abschluss des Hauptvertrages erst nach Geschäftsübertragung erfolgt (§§ 25, 26 HGB).[98] Hauptmakler und Zubringer haben keine Pflicht zum Tätigwerden.[99] Es ist eine Frage der Auslegung, ob ein Zubringer- oder ein Gemeinschaftsgeschäft vorliegt.[100]

c) Gesamtmakler

Werden mehrere Makler von einem Auftraggeber gemeinsam mit dem **25** Nachweis oder der Vermittlung eines Geschäfts beauftragt, sind diese Mitmakler (Gesamtmakler). Sie erhalten bei erfolgreicher Tätigkeit gemeinsam eine einzige Provision. Sie sind Gesamtgläubiger (§ 428 BGB).[101] Eine Aufteilung erfolgt unter den Mitmaklern, die häufig in einem Gesellschaftsverhältnis zueinander stehen. Werden mehrere Makler unabhängig voneinander mit einem Objekt beauftragt, so sind sie keine Mitmakler. Jeder hat seine eigenen Vertragsbeziehungen zu dem Auftraggeber. Da hier eine mitursächliche Tätigkeit mehrerer Makler möglich ist, muss der Auftraggeber gegebe-

---

94 BGH, Urt. v. 22.5.1963 – VIII ZR 254/61, BB 1963, 835; Urt. v. 28.2.1968 – VIII ZR 6/66, BB 1968, 729; anders, nur lockere Zusammenarbeit: OLG Düsseldorf, Urt. v. 7.1.1994 – 7 U 276/92, OLGReport 1994, 93.

95 *Mormann*, WM 1971, 1076.

96 BGH, Urt. v. 22.5.1963 – VIII ZR 254/61, BB 1963, 835.

97 *Mormann*, WM 1971, 1076.

98 BGH, Urt. v. 13.3.1974 – IV ZR 170/72, MDR 1974, 741.

99 BGH, Urt. v. 28.2.1968 – VIII ZR 6/66, BB 1968, 729; Erman/*D. Fischer*, Vor § 652 Rn. 16a; *Zerres*, ZfIR 2004, 361, 363.

100 BGH, Urt. v. 22.5.1963 – VIII ZR 254/61, BB 1963, 835, 836; Urt. v. 14.10.1981 – IVa ZR 152/80, NJW 1982, 1052 = DB 1982, 170; Staudinger/*Arnold*, Vor §§ 652 ff. Rn. 41 f.

101 Erman/*D. Fischer*, Vor § 652 Rn. 16a; *Werneburg*, ZHR 100, 210 ff., 216 ff.

nenfalls auch an mehrere Makler unabhängig voneinander eine volle Provision zahlen.[102]

d) Gemeinschaftsgeschäft

26   Bei einem Gemeinschaftsgeschäft haben sich mehrere Makler zu einer gleichberechtigten Zusammenarbeit dergestalt zusammengeschlossen, dass sie sich untereinander die von ihren Auftraggebern gewünschten Geschäfte mitteilen und die Auftraggeber als Vertragspartner zusammenführen. Die Makler eines Gemeinschaftsgeschäfts sind nicht für denselben Auftraggeber, sondern jeweils für eine andere Partei des Hauptvertrages tätig.[103] Der jeweilige Makler ist grundsätzlich kein Erfüllungsgehilfe des anderen.[104] Daher kann jeder Makler die volle Provision von seinem Auftraggeber verlangen, nicht jedoch, wenn er ohne Wissen seines Auftraggebers einen Dritten einschaltet, der für die Gegenseite des Auftraggebers als Makler tätig ist.[105] Im Innenverhältnis der Makler wird die Gesamtprovision regelmäßig geteilt, sofern nichts anderes vereinbart wurde.[106] Dies gilt auch dann, wenn nur *eine* Provision entsteht.[107] Bei einem Gemeinschaftsgeschäft zweier Grundstücksmakler muss der Makler, der mit dem Käufer verhandelte, darlegen, dass er einen Maklervertrag zu den Bedingungen geschlossen hat, wie sie der abgesprochenen Provisionsforderung des den Käufer vertretenden anderen Maklers entsprach, weil er sonst Schadensersatz in Höhe der dem anderen Makler entgangenen Provision zahlen muss.[108] Inwieweit die Makler berechtigt sind, dem Auftraggeber einen selbst gefundenen Interessenten zuzuführen, ist dem jeweiligem Gemeinschaftsvertrag zu entnehmen. Regelmäßig besteht keine Verpflichtung, allein die Interessenten über den anderen Makler zu suchen. Die unter den Maklern ausgetauschten Angebote müssen so substanziiert sein, dass der andere Makler erkennen kann, ob sein

---

102 Erman/*D. Fischer*, Vor § 652 Rn. 16a; *Werneburg*, ZHR 100, 213 f., 218 f.

103 BGH, Urt. v. 18.6.1986 – IVa ZR 7/85, NJW-RR 1987, 171.

104 OLG Karlsruhe, Urt. v. 7.8.1997 – 19 U 22/96 (9. ZS in Freiburg i. Br.), NJW-RR 1998, 996 f.

105 OLG Karlsruhe, Urt. v. 7.8.1997 – 19 U 22/96 (9. ZS in Freiburg i. Br.), NJW-RR 1998, 996 f.

106 OLG Düsseldorf, Urt. v. 7.1.1994 – 7 U 276/92, OLGReport 1994, 93; *Seydel/Heinbuch*, Maklerrecht, Rn. 155; *J. Breiholdt*, BB 1993, 600; a. A. *Pauly*, NZM 2006, 161, 163.

107 BGH, Urt. v. 22.5.1963 – VIII ZR 254/61, BB 1963, 835; *Seydel/Heinbuch*, Maklerrecht, Rn. 155.

108 BGH, Urt. v. 18.6.1986 – IVa ZR 7/85, NJW-RR 1987, 171.

Auftraggeber als Vertragspartner in Betracht kommt. Allein die Nennung eines Objekts reicht nicht aus.[109]

Das Verhältnis der am Gemeinschaftsgeschäft beteiligten Makler ist unter- **27** einander vertraglich geregelt.[110] Für die dem Immobilienverband Deutschland (IVD) angehörenden Makler gelten die aufgestellten Geschäftsgebräuche für Gemeinschaftsgeschäfte.[111] Die Geschäftsgebräuche sind aber weder Rechtsnormen noch Handelsbräuche und können deshalb nicht unmittelbar Bestandteil des Gemeinschaftsvertrages werden; es bedarf der vertraglichen Einbeziehung.[112] Eine Kündigung des Gemeinschaftsgeschäfts aus wichtigem Grund gemäß § 314 BGB ist zulässig.[113] Überlässt ein am Gemeinschaftsgeschäft beteiligter Makler dem anderen nach Austausch der Objekte die alleinige Weiterführung der Vermittlertätigkeit, ist dieser Erfüllungsgehilfe des untätigen Maklers mit der Rechtsfolge des § 278 BGB.[114] Handelt der allein tätige Makler dabei einseitig im Interesse seines Auftraggebers, so bedeutet dies eine Verletzung der Treuepflicht gegenüber dem anderen Auftraggeber, so dass Letzterer dieses Verhalten dem von ihm beauftragten Makler über § 278 BGB entgegenhalten kann.[115] § 654 BGB ist auf das Gemeinschaftsgeschäft anwendbar.[116]

e) Franchise-System

Maklergeschäfte können auch nach dem Franchise-System getätigt werden. **28** Hierbei schließt ein Makler als Franchise-Geber mit anderen Maklern, den Franchise-Nehmern, Verträge ab, nach denen den Franchise-Nehmern gegen Zahlung einer Vergütung gestattet wird, ihre Maklerleistungen unter dem Markenzeichen des Franchise-Gebers anzubieten. Die Franchise-Nehmer sind ferner verpflichtet, das vom Franchise-Geber vorgegebene Service-Pa-

---

109 OLG Hamburg, Urt. v. 10.4.1972 – 14 U 179/71, MDR 1973, 225.
110 BGH, Urt. v. 14.10.1981 – IVa ZR 152/80, NJW 1982, 1052.
111 Vgl. BGH, Urt. v. 9.7.1969 – IV ZR 797/68, WM 1969, 1261, 1262 (Kundenschutz).
112 BGH, Urt. v. 14.10.1981 – IVa ZR 152/80, NJW 1982, 1052; Urt. v. 18.6.1986 – IVa ZR 7/85, NJW-RR 1987, 171; OLG Düsseldorf, Urt. v. 19.12.1997 – 7 U 119/97, NJW-RR 1998, 1666; MünchKomm-BGB/*H. Roth*, § 652 Rn. 289; Staudinger/*Arnold*, Vorbem. §§ 652 ff. Rn. 45; anders noch Staudinger/*Reuter* Rn. 45 (Handelsbrauch); *Seydel/Heinbuch*, Maklerrecht, Rn. 155; *Zerres*, ZfIR 2004, 361, 368; *Pauly*, NZM 2006, 161, 162.
113 Erman/*D. Fischer*, Vor § 652 Rn. 16a.
114 OLG München, Urt. v. 25.10.1960 – 5 U 583/60, JR 1961, 95, 97; Erman/*D. Fischer*, Vor § 652 Rn. 16a.
115 OLG München, Urt. v. 25.10.1960 – 5 U 583/60, JR 1961, 95, 97; Erman/*D. Fischer*, Vor § 652 Rn. 16a.
116 Staudinger/*Arnold*, Vorbem. §§ 652 ff. Rn. 48; *D. Fischer*, NZM 2001, 873, 882.

ket im Rahmen ihrer Unternehmenstätigkeit zu verwenden.[117] Die Franchise-Nehmer schließen ihre Maklerverträge im eigenen Namen und auf eigene Rechnung ab.[118]

8. Form des Maklervertrages

a) Grundsatz der Formfreiheit

29 Der Regel der Formfreiheit schuldrechtlicher Verträge folgend besteht auch für den Maklervertrag grundsätzlich kein Formerfordernis. Der Maklervertrag kann demnach mündlich, insbesondere durch konkludentes Handeln, abgeschlossen werden. Der *rechtstatsächliche Befund* geht wohl dahin, dass mündliche Verträge überwiegend im Rahmen der Doppeltätigkeit hinsichtlich des zweiten Maklerkunden zustande kommen, während der ursprüngliche Auftraggeber vielfach an Hand eines schriftlichen (Allein-)Auftrags gebunden wird.[119] Liegt allerdings kein Vermarktungsauftrag für den Makler vor, was für eine Maklertätigkeit nach § 652 BGB auch nicht erforderlich ist,[120] herrscht der konkludente Vertragsabschluss vor.[121] Damit sind vielfältige Beweisprobleme verbunden, die den Gerichtsalltag prägen.[122]

30 Wegen des Beweisinteresses des Maklers, der im Provisionsprozess für die Anspruchsvoraussetzung Maklervertragsabschluss die volle Darlegungs- und Beweislast trägt,[123] ist es diesem aber dringend anzuraten, den Vertrag in *schriftlicher Form* abzuschließen.[124] Dies ist insbesondere im Hinblick auf die sog. *Unklarheitenregel*[125] geboten.[126] Gleichwohl wird auch von Makler-

---

117 Staudinger/*Arnold*, Vorbem. §§ 652 ff. Rn. 51 ff.; *Ibold*, Maklerrecht, Rn. 166.

118 Staudinger/*Arnold*, Vorbem. §§ 652 ff. Rn. 51 ff.; *Ibold*, Maklerrecht, Rn. 166.

119 *Seydel/Hainbuch*, Maklerrecht, Rn. 20; *D. Fischer*, NZM 2011, 529, 530.

120 *Hamm/Schwerdtner*, Maklerrecht, Rn. 82; *Engel*, MDR 2009, 1090, 1091. Im Bereich der Wohnraumvermittlung ist allerdings nach § 6 Abs. 1 WoVermittG ein „Auftrag" erforderlich, Einzelheiten hierzu Kap. XII Rn. 14 ff.

121 Vgl. etwa die Entscheidungen des jetzigen Maklerrechtsenats, BGH, Urt. v. 17.12.2015 – I ZR 172/14, NJW 2016, 2317 Rn. 13 f.; Urt. v. 7.7.2016 – I ZR 30/15, NJW 2017, 1024 Rn. 14; Urt. v. 7.7.2016 – I ZR 68/15, NJW-RR 2017, 368 Rn. 12; Beschl. v. 24.11.2016 – I ZR 37/16, BeckRS 2016, 116281 Rn. 17 f.; Urt. v. 12.1.2017 – I ZR 198/15, WM 2017, 1120 Rn. 24; Urt. v. 13.12.2018 – I ZR 51/17, WM 2019, 1985 Rn. 12.

122 Sehr anschaulich in diesem Zusammenhang OLG Koblenz, Beschl. v. 13.5.2013 – 3 U 412/13, MDR 2013, 764.

123 BGH, Urt. v. 25.9.1985 – IVa ZR 22/84, BGHZ 95, 393, 401.

124 *Ibold*, Maklerrecht, Rn. 22; *D. Fischer*, NZM 2011, 529, 530.

125 Hierzu im Einzelnen Kap. III Rn. 6 ff.

126 *D. Fischer*, NZM 2011, 529, 530.

seite vielfach aus „atmosphärischen Gesichtspunkten", was wohl auch den Regeln moderner Vermarktungsstrategie entspricht,[127] bewusst auf die Schriftform verzichtet.[128]

b) Ausnahmen vom Grundsatz der Formfreiheit

aa) Textform

Mit Wirkung zum 1.6.2015 müssen Maklerverträge über den Nachweis oder die Vermittlung von Wohnungsmietverträgen die Textform aufweisen (§ 2 Abs. 1 Satz 2 WoVermittG). Der Gesetzeswortlaut spricht zwar von Vermittlungsvertrag. Dieser Begriff ist aber entsprechend der Legaldefinition in § 1 Abs. 1 WoVermittG als Oberbegriff zu verstehen und erfasst mithin nicht nur Vermittlungsverträge im engeren Sinne, sondern auch Verträge über den Nachweis von Wohnraum.[129] **31**

Mit Wirkung zum 23.12.2020 unterliegen Maklerverträge über die Vermittlung von Wohnimmobilien der Textform (§ 656a BGB). Im Gegensatz zu den Bestimmungen der §§ 656b–656d BGB ist der persönliche Anwendungsbereich der Formvorschrift nicht auf Verbraucher beschränkt. Auch dann, wenn juristische Personen Wohnimmobilien erwerben, unterliegen sie dem Formerfordernis des § 656a BGB. Gleiches gilt für die Veräußerung von Wohnimmobilien durch juristische Personen.[130] **32**

Maklerverträge, welche nicht den Anforderungen der Textform (§ 126b BGB) genügen, sind gemäß § 125 Satz 1 BGB nichtig.[131] Der Vergütungsanspruch des Maklers setzt mithin den Abschluss eines wirksamen Wohnungsimmobilienvermittlungsvertrags bzw. eines wirksamen Wohnungsvermittlungsvertrags voraus.[132] **33**

---

127 Vgl. hierzu OLG Rostock, Urt. v. 7.9.2005 – 6 U 211/04, NJW-RR 2006, 857: Danach soll die Provisionsforderung nicht allzu deutlich in den Vordergrund gerückt werden.

128 *D. Fischer*, NZM 2011, 529, 530.

129 *D. Fischer*, WuM 2016, 391, 394.

130 BT-Drucks. 19/15827, S. 17.

131 BT-Drucks. 19/15827, S. 17 (zu § 656a BGB); AG Dülmen, Urt. v. 22.3.2016 – 3 C 348/15, WuM 2016, 374 (zu § 2 Abs. 1 Satz 2 WoVermittG); *D. Fischer*, NJW 2020, 1268; allgemein Palandt/*Ellenberger*, § 125 Rn. 12.

132 Vgl. BGH, Urt. v. 13.3.2019 – I ZR 134/18, BGHZ 221, 266 = NJW 2019, 3231 Rn. 11 zu § 2 Abs. 1 WoVermittG.

bb) Schriftform

34   Ist eine Gemeinde Maklerkundin, so kann der Maklervertrag nach öffentlich-rechtlichen Bestimmungen dem Schriftformerfordernis unterliegen.[133] Auch wenn Nichtigkeit des Maklervertrages bei Verstoß gegen das Schriftformerfordernis anzunehmen ist, kommt bei dieser Fallgestaltung ein gesonderter Provisionsanspruch aus § 354 HGB in Betracht.[134]

35   Die aus § 34 GWB i.V. m. § 18 Abs. 1 Nr. 2 GWB a. F. abgeleitete Schriftform für den *Makleralleinauftrag*[135] ist mit Inkrafttreten der GWB-Novelle am 1.1.1999 ersatzlos entfallen.[136] Formwidrig zustande gekommene Verträge bleiben aber für den früheren Geltungszeitraum (also vor 1999) weiterhin nichtig.[137] Bei nichtigen Verträgen dieser Art ist aber unter Umständen ein gesetzlicher Provisionsanspruch aus § 354 HGB anzunehmen.[138] Dies gilt dann, wenn die Vorschrift, aus der sich die Nichtigkeit des Vertrages ergibt, nicht dem Schutz einer Vertragspartei dient.[139]

36   Gemäß § 655b Abs. 1 Satz 1 BGB unterliegt der *Darlehensvermittlungsvertrag* mit einem Verbraucher dem Schriftformerfordernis. Bei Nichtbeachten des Formerfordernisses ist der Darlehensvermittlungsvertrag nichtig (§ 655b Abs. 2 BGB).[140] Mit Rücksicht auf den Schutzzweck der Vorschrift ist jedweder Vergütungsanspruch des Kreditvermittlers ausgeschlossen. Demnach scheiden bei dieser Fallgestaltung auch etwaige Ansprüche aus Bereicherungsrecht sowie aus § 354 HGB aus.[141]

37   Der *Arbeitsplatz-Vermittlungsvertrag* zwischen einem Vermittler und einem Arbeitssuchenden ist gleichfalls an das Schriftformerfordernis gebunden (§ 296 Abs. 1 Satz 1 SGB III) und führt bei Nichteinhaltung zur Unwirksam-

---

133   BGH, Urt. v. 4.4.1966 – VIII ZR 102/64, MDR 1966, 753; OLG Frankfurt a.M., Urt. v. 30.9.2015 – 19 U 19/15, BeckRS 2016, 01846 zu § 71 Abs. 2 GemO HE.

134   OLG Hamm, Urt. v. 22.4.1996 – 18 U 189/95, VersR 1996, 1496, 1498; *Zopfs*, Maklerrecht, Rn. 16.

135   OLG Karlsruhe, Urt. v. 14.9.1994 – 6 U 91/94 (Kart), NJW-RR 1995, 237, bestätigt durch BGH, Beschl. v. 21.2.1995 – KZA 29/94; BGH, NJW-RR 1998, 1260.

136   BGH, Urt. v. 22.4.1999 – III ZR 95/98, NJW-RR 1999, 998, 999.

137   Vgl. BGH, Urt. v. 22.4.1999 – III ZR 95/98, NJW-RR 1999, 998, 999; *Dehner*, NJW 2000, 1986, 1987.

138   OLG Hamm, Urt. v. 22.4.1996 – 18 U 189/95, VersR 1996, 1496, 1498; ebenso nunmehr BGH, Urt. v. 7.7.2005 – III ZR 397/04, BGHZ 163, 332, 338.

139   BGH, Urt. v. 7.7.2005 – III ZR 397/04, BGHZ 163, 332, 338 mit Bezugnahme auf BGH, Urt. v. 28.9.1961 – II ZR 186/59, MDR 1962, 31: Fehlen der Genehmigung nach Art. 53 MilRegG.

140   BGH, Urt. v. 10.5.2012 – III ZR 234/11, WM 2012, 1117 Rn. 17.

141   BGH, Urt. v. 7.7.2005 – III ZR 397/04, BGHZ 163, 332, 335.

keit (§ 297 Nr. 1 SGB III).[142] Gemäß § 484 Abs. 1 BGB unterliegt auch der *Teilzeit-Wohnrechte-Vermittlungsvertrag*, wenn der Kunde Verbraucher ist, der schriftlichen Form. Wird diese nicht eingehalten, ist der Vertrag nichtig.[143]

cc) Beurkundungsform

Nach der höchstrichterlichen Rechtsprechung bedarf ein Maklervertrag der **38** notariellen Beurkundung gemäß § 311b Abs. 1 BGB, wenn der Maklerkunde verpflichtet sein soll, ein vom Makler nachgewiesenes Grundstück zu erwerben.[144] Gleiches gilt, wenn der Maklerkunde sich verpflichtet, sein Grundstück zu bestimmten Bedingungen an einem vom Makler zugeführten Interessenten zu verkaufen.[145] Der Mangel der nach § 311b BGB zu beachtenden Form löst die Nichtigkeitsfolge des § 125 Satz 1 BGB aus. In analoger Anwendung von § 311b Abs. 1 Satz 2 BGB gilt der Formmangel des Maklervertrages als geheilt, wenn eine formgerechte Beurkundung des Hauptvertrages erfolgt.[146] Die Analogie überbrückt demnach die Personenverschiedenheit von Makler- und Hauptvertrag.[147]

Ferner hat die höchstrichterliche Rechtsprechung für bestimmte *Klauselty-* **39** *pen*[148] – wie Vertragsstrafen, qualifizierte Provisionsklauseln, Maklerbemühungsentgelte, Aufwendungsentgelte sowie Reservierungsabreden – dann eine Formbedürftigkeit nach § 311b BGB angenommen, wenn die Höhe des Entgeltes so bemessen ist, dass der Kunde infolge unangemessener Druckausübung zum Abschluss des Immobilien-Hauptvertrages gedrängt wird. Die Einzelheiten sind weiter unten zu erörtern.[149]

---

142 BGH, Urt. v. 18.3.2010 – III ZR 254/09, MDR 2010, 637 Rn. 15; ferner BSG, Urt. v. 6.4.2006 – B 7a AL 56/05 R, NJW 2007, 1902, 1903.

143 Palandt/*Weidenkaff*, § 484 Rn. 2.

144 BGH, Urt. v. 4.10.1989 – IVa ZR 250/88, NJW-RR 1990, 57.

145 BGH, Urt. v. 1.7.1970 – IV ZR 1178/68, NJW 1970, 1915, 1916; Urt. v. 18.12.1970 – IV ZR 1155/68, NJW 1971, 557; OLG Dresden, Beschl. v. 1.12.2016 – 4 U 752/16, MDR 2017, 638.

146 BGH, Urt. v. 28.1.1987 – IVa ZR 45/85, NJW 1987, 1628; Urt. v. 2.2.1994 – IV ZR 24/93, NJW-RR 1994, 559; Auflassung und Eintragung in das Grundbuch sind dagegen nicht erforderlich.

147 MünchKomm-BGB/*H. Roth*, § 652 Rn. 68.

148 MünchKomm-BGB/*H. Roth*, § 652 Rn. 64 ff.

149 Siehe Kap. VII.

9. Sonstige Nichtigkeitsgründe des Maklervertrages

40 Auch aus anderweitigen Gründen kann ein Maklervertrag unwirksam sein. Hierzu gehören insbesondere die Nichtigkeitsgründe nach den Bestimmungen der § 134 und § 138 BGB. Als weitere Unwirksamkeitsgründe sind Anfechtungstatbestände wegen Irrtums (§ 119 BGB) oder arglistiger Täuschung (§ 123 BGB) zu nennen. Hinsichtlich des Ehevermittlungsvertrages geht § 656 BGB davon aus, dass der Vertrag zwar rechtlich wirksam ist und demnach auch sekundäre Schutz- und Unterlassungsverpflichtungen zu begründen vermag.[150] Lediglich die Vergütungsvereinbarung gilt nach § 656 Abs. 1 Satz 1 BGB als unverbindlich und hat den Rechtscharakter einer Naturalobligation.

a) Anwendungsbereich des § 134 BGB

41 Adressat eines gesetzlichen Verbots ist vielfach der Makler oder ein Dienstleister, der Maklerdienste anbietet, nicht auch der Maklerkunde. Ein Verstoß gegen ein gesetzliches Verbot, das nur einen der Vertragsbeteiligten betrifft, führt in der Regel nicht zur Nichtigkeit des Rechtsgeschäfts, wenn das gesetzliche Verbot nur die eine Seite der Beteiligten in ihren Handlungen beeinflussen und vom Abschluss eines Vertrages abhalten soll. Nur dann ist ausnahmsweise die Folgerung gerechtfertigt, ein Rechtsgeschäft sei nach § 134 BGB nichtig, wenn es mit Sinn und Zweck des Verbotsgesetzes unvereinbar wäre, die durch das Rechtsgeschäft getroffene Regelung hinzunehmen und bestehen zu lassen.[151]

aa) Verstoß gegen Tätigkeitsverbot für Notare

42 Gemäß § 14 Abs. 4 BNotO ist es *Notaren* untersagt, Darlehens- und Grundstücksgeschäfte zu vermitteln, wobei der Begriff „vermitteln" auch eine reine Nachweistätigkeit miterfasst.[152] Gleichgültig ist es, ob es sich um eine einmalige oder ständige, entgeltliche oder unentgeltliche Leistung handelt. Nach zutreffender Ansicht ist ein hiermit nicht in Einklang stehender Vertragsabschluss gemäß § 134 BGB nichtig,[153] unabhängig davon, ob der Notar

---

150 Beispielsweise Vermittlung eines vorbestraften Heiratsschwindlers.

151 BGH, Urt. v. 10.12.1975 – VIII ZR 306/74, BGHZ 65, 368, 370; Urt. v. 12.5.2016 – IX ZR 241/14, NJW 2016, 2561 Rn. 10.

152 *Dehner*, Maklerrecht, Rn. 22; *D. Fischer*, NJW 2016, 3220, 3221.

153 BGH, Urt. v. 22.3.1990 – IX ZR 117/88, NJW-RR 1990, 948; Urt. v. 22.2.2001 – IX ZR 357/99, BGHZ 147, 39, 41; Staudinger/*Arnold*, Vorbem zu § 652 Rn. 60; *Dehner*, Maklerrecht, Rn. 38; *Hamm/Schwerdtner*, Maklerrecht, Rn. 183; a. A. Staudinger/*Reuter*, Vorbem zu § 652 Rn. 60.

den vermittelten Vertrag auch beurkundet hat.[154] Dieses Verbot erstreckt sich auch auf Rechtsanwälte, die mit einem (Anwalts-)Notar in einer Sozietät verbunden sind.[155]

bb) Verstoß gegen das Rechtsdienstleistungsgesetz

Ein Maklervertrag, der gegen das bisherige Rechtsberatungsgesetz verstößt, **43** ist grundsätzlich nach § 134 BGB nichtig.[156] Allerdings war der Makler gemäß Art. 1 § 5 Ziffer 1 RBerG berechtigt, für Kunden rechtliche Angelegenheiten zu erledigen, die mit einem Geschäft seines Gewerbebetriebes in unmittelbaren Zusammenhang stehen.[157] Für das seit 1.7.2008 geltende Rechtsdienstleistungsgesetz (RDG) sind entsprechende Grundsätze anwendbar. Nach § 5 Abs. 1 RDG ist die Rechtsdienstleistung zulässig, wenn sie als Nebenleistung zum Tätigkeitsbild des Maklers gehört.[158] Ob eine Nebenleistung vorliegt, ist nach ihrem Inhalt, Umfang und sachlichen Zusammenhang mit der Haupttätigkeit unter Berücksichtigung der Rechtskenntnisse zu beurteilen, die für die Maklertätigkeit erforderlich sind.[159] So darf ein Vermittlungsmakler, selbst ausgearbeitete Entwürfe für den Hauptvertragsabschluss seinen Kunden zur Verfügung stellen.[160] Aber auch ein reiner Nachweismakler ist befugt, derartige Entwürfe zu erstellen, weil der Hauptvertragsabschluss Voraussetzung für das Entstehen der Nachweisprovision ist.[161] Makler sind gemäß § 4 Nr. 5 StBerG berechtigt, zu einschlägigen steuerlichen Fragen Auskünfte zu erteilen und zu beraten.[162]

---

154 BGH, Urt. v. 22.3.1990 – IX ZR 117/88, NJW-RR 1990, 948, 949, hat Nichtigkeit „jedenfalls dann" angenommen, wenn der Notar selbst die Beurkundung vornimmt.

155 BGH, Urt. v. 22.2.2001 – IX ZR 357/99, BGHZ 147, 39, 44; *D. Fischer*, NJW 2016, 3220, 3221.

156 MünchKomm-BGB/*H. Roth*, § 652 Rn. 84, auch für das neue Rechtsdienstleistungsgesetz; *Mäschle*, Maklerrecht, S. 140, unter Bezugnahme auf BGHZ 37, 258, 262.

157 BGH, Urt. v. 19.4.1974 – I ZR 100/73, NJW 1974, 1328 (Wettbewerbsrechtssenat).

158 BGH, Urt. v. 6.10.2011 – I ZR 54/10, WM 2012, 356 Rn. 21 (I. Zivilsenat, Wettbewerbsrechtssenat, Finanzdienstevermittler); OLG Karlsruhe, Urt. v. 8.10.2009 – 4 U 113/09 (4. ZS in Freiburg i. Br.), NJW-RR 2010, 994, 995.

159 Vgl. BGH, Urt. v. 6.10.2011 – I ZR 54/10, WM 2012, 356 Rn. 21 (I. Zivilsenat, Wettbewerbsrechtssenat, Finanzdienstevermittler).

160 BGH, Urt. v. 19.4.1974 – I ZR 100/73, NJW 1974, 1328 (I. Zivilsenat, Wettbewerbsrechtssenat); OLG Hamm, Urt. v. 19.6.1969 – 2 Ss 235/69, MDR 1970, 73.

161 OLG Hamm, Urt. v. 19.6.1969 – 2 Ss 235/69, MDR 1970, 73 (Pachtvertrag hinsichtlich eines Gewerbebetriebs); OLG Köln, Urt. v. 8.8.2000 – 24 U 38/00, OLGReport 2001, 25, 28; *Deckenbrock/Henssler*, Rechtsdienstleistungsgesetz, 4. Aufl. 2015, § 5 Rn. 72 ff.

162 BGH, Urt. v. 12.7.2018 – I ZR 152/17, NJW 2019, 1223 Rn. 13; OLG Köln, Urt. v. 8.8.2000 – 24 U 38/00, OLGReport 2001, 25, 28; *D. Fischer*, NJW 2019, 1182, 1185.

44 Grundstückmakler dürfen ihre Kunden in Grundbuchangelegenheiten beraten,[163] Gaststättenmakler sind berechtigt, Anträge auf Schankerlaubnis zu stellen.[164] Ein Versicherungsmakler, der beauftragt ist, eine private Vorsorgeversicherung zu vermitteln, ist befugt, die Notwendigkeit und die Angemessenheit der jeweiligen Verträge für den Kunden zu prüfen.[165] Hierzu gehört auch zu untersuchen, ob und inwieweit ein Kunde bereits in der Sozialversicherung abgesichert ist. Nur auf dieser Grundlage kann ein Versicherungsmakler einen Kunden sachgerecht über den Abschluss privater Vorsorgeverträge beraten.[166] Schadensregulierungsmaßnahmen als gemäß § 5 Abs. 1 RDG erlaubte Nebenleistung darf ein Versicherungsmakler nur im Auftrag des Versicherungsnehmers, nicht dagegen für den Versicherer vornehmen.[167]

45 Ein Maklervertrag, in dem sich der Makler verpflichtet, einen Preisnachlass zu vereinbaren, ist nicht wegen Verstoßes gegen das Rechtsdienstleistungsgesetz nichtig, weil das Verhandeln eines Preisnachlasses keine rechtliche Prüfung erfordert, sondern als Ergebnis des Verhandlungsgeschicks des Maklers anzusehen ist.[168]

cc) Verstoß gegen gewerberechtliche Erlaubnispflicht

46 Die gewerbsmäßige Tätigkeit als Immobilienmakler ist gemäß § 34c Abs. 1 Nr. 1 GewO erlaubnispflichtig. Schutzzweck dieser Bestimmung ist es, den Maklerkunden vor unzuverlässigen Maklern und somit vor unseriösen Geschäftspraktiken zu bewahren. Ein Verstoß hiergegen soll aber nach der höchstrichterlichen Rechtsprechung nicht zur Nichtigkeit des Maklervertrages nach § 134 BGB führen.[169]

---

163 MünchKomm-BGB/*H. Roth*, § 652 Rn. 77; *Seydel/Heinbuch*, Maklerrecht, Rn. 184; *Deckenbrock/Henssler*, Rechtsdienstleistungsgesetz, § 5 Rn. 75.

164 BGH, Urt. v. 5.4.1967 – Ib ZR 56/65, NJW 1967, 1562, 1563; *Deckenbrock/Henssler*, Rechtsdienstleistungsgesetz, § 5 Rn. 75.

165 OLG Karlsruhe, Urt. v. 8.10.2009 – 4 U 113/09 (4. ZS in Freiburg i. Br.), NJW-RR 2010, 994, 995.

166 OLG Karlsruhe, Urt. v. 8.10.2009 – 4 U 113/09 (4. ZS in Freiburg i. Br.), NJW-RR 2010, 994, 995.

167 BGH, Urt. v. 14.1.2016 – I ZR 107/14, NJW-RR 2016, 1056 Rn. 19, 24, anders noch zugunsten des Versicherers die Vorinstanz OLG Köln, Urt. v. 11.4.2014 – 6 U 187/13, GRUR-RR 2014, 292.

168 OLG Bamberg, Beschl. v. 10.1.2013 – 6 U 60/12 mit Bezugnahme auf die Vorinstanz LG Coburg, Urt. v. 30.10.2012 – 23 O 261/12, n. v.

169 BGH, Urt. v. 23.10.1980 – IVa ZR 33/80, BGHZ 78, 269, 272; Urt. v. 18.9.1997 – III ZR 226/96, NJW 1998, 62, 64; ebenso OLG Hamm, Urt. v. 30.11.2006 – 24 U 65/06, NJOZ 2008, 2002; a. A. *Weishaupt*, JuS 2003, 1166, 1168.

dd) Verstoß gegen Tätigkeitsverbot für Steuerberater

Gleiches gilt für einen *Steuerberater*, der entgegen § 57 Abs. 4 Nr. 1 StBG **47** Maklertätigkeit ausübt. Auch bei einer derartigen Fallgestaltung hat der Bundesgerichtshof die in Betracht kommende Nichtigkeit des Maklervertrages verneint.[170]

ee) Gewerbsmäßige Betätigung eines Rechtsanwalts als Makler

Die gewerbsmäßige Betätigung eines Rechtsanwalts als Makler ist mit dem **48** Anwaltsberuf regelmäßig nicht vereinbar (§ 14 Abs. 2 Nr. 8 BRAO), weil sich hier die Gefahr von Interessenkollisionen deutlich abzeichnet.[171] Dies gilt insbesondere für den Versicherungsmakler,[172] Finanzierungsmakler[173] und dem Immobilienmakler.[174] Sie kann zum Entzug der Zulassung führen.[175] Es gehört zum anwaltlichen Alltagsgeschäft, individuelle Vermögenspositionen zu erstreiten oder zu verteidigen, wobei häufig – etwa im Zusammenhang mit einer steuerlichen Beratung – Dispositionen über Geld- und Immobilienvermögen zu prüfen und durchzuführen sind. Im Hinblick darauf, dass der Anwalt in seinem Zweitberuf als Makler an der Umschichtung des Vermögens verdienen kann, besteht die Gefahr, dass er im eigenen Provisionsinteresse dem Mandanten eine derartige Umschichtung empfiehlt, was er als unabhängiger Rechtsanwalt nicht darf. Dies gilt insbesondere dann, wenn der Rechtsanwalt prüfen soll, ob es für einen Mandanten ratsam ist, eine Immobilie zu veräußern oder ein Mietverhältnis mit einem Mieter zu beenden. Kann er als Immobilienmakler an der Vermittlung eines Käufers oder eines neuen Mieters eine Provision verdienen, besteht die Gefahr, dass er sich bei seiner anwaltlichen Beratung davon nicht ganz freimacht. Da beim Makler die Gefahr der Interessenkollision typischerweise gegeben ist, weil – anders als bei anderen Zweitberufen – üblicherweise die

---

170 BGH, Urt. v. 23.10.1980 – IVa ZR 28/80, BGHZ 78, 263, 264; vgl. auch BGH, Urt. v. 25.9.2014 – IX ZR 25/14, DB 2014, 2583 Rn. 18.

171 BGH, Beschl. v. 13.10.2003 – AnwZ (B) 79/02, NJW 2004, 212 (Anwaltssenat); Beschl. v. 8.10.2007 – AnwZ (B) 92/06, NJW 2008, 517 Rn. 10 (Anwaltssenat); Urt. v. 12.5.2016 – IX ZR 241/14, NJW 2016, 2561 Rn. 24.

172 BGH, Beschl. v. 8.10.2007 – AnwZ (B) 92/06, NJW 2008, 517 Rn. 8 (Anwaltssenat).

173 BGH, Beschl. v. 8.10.2007 – AnwZ (B) 92/06, NJW 2008, 517 Rn. 8 (Anwaltssenat).

174 BGH, Beschl. v. 13.10.2003 – AnwZ (B) 79/02, NJW 2004, 212 (Anwaltssenat).

175 BGH, Beschl. v. 13.10.2003 – AnwZ (B) 79/02, NJW 2004, 212 (Anwaltssenat); Beschl. v. 8.10.2007 – AnwZ (B) 92/06, NJW 2008, 517 Rn. 10 (Anwaltssenat); ferner AGH Berlin, Urt. v. 25.3.2015 – II AGH 6/14, NZM 2015, 830, 831 (bezogen auf die Tätigkeit eines Rechtsanwalts als Geschäftsführer einer Immobilienvermittlungsgesellschaft, die ihre Geschäftstätigkeit – ohne liquidiert oder aufgelöst zu werden – einstellte, hierzu *D. Fischer*, IMR 2016, 34).

anwaltliche Tätigkeit Berührungspunkte mit der Maklertätigkeit aufweist, ist der Maklerberuf mit der Anwaltstätigkeit unvereinbar.[176] Die Wirksamkeit eines insoweit abgeschlossenen Maklervertrages wird hierdurch allerdings nicht berührt.[177] Das gebietet die Sicherheit des Rechtsverkehrs. Wer etwa die Dienste eines Grundstücks- oder Versicherungsmaklers in Anspruch nimmt, wird häufig nicht erkennen können, ob sein Gegenüber ein Rechtsanwalt ist, der einem standesrechtlichen Verbot zuwiderhandelt.[178] Demgegenüber kann die Tätigkeit als *Personalvermittler* neben der Zulassung als Rechtsanwalt möglich sein, wenn aufgrund der konkreten Gestaltung die Gefahr einer nicht unabhängigen Rechtsberatung nicht vorliegt.[179]

ff) Verstoß gegen Vorschriften der Makler- und Bauträgerverordnung

49 Verstöße gegen die schriftlichen Hinweisverpflichtungen – u. a. hinsichtlich der geforderten Maklerprovision – aus § 11 Satz 1 i.V.m. § 18 Abs. 1 Nr. 8 MaBV sollen ebenfalls keine Nichtigkeit des Maklervertrages begründen.[180]

gg) Verstoß gegen § 6 Abs. 1 WoVermittG

50 Zum Schutze des Wohnraumsuchenden sieht § 6 Abs. 1 WoVermittG vor, dass ein Makler Wohnräume ohne Auftrag des Vermieters oder eines sonstigen Berechtigten nicht anbieten darf.[181] Nach dem Schutzzweck dieses Verbotstatbestands soll dem Wohnraumsuchenden Zeit und Unkosten für vergebliche Besichtigungen von Wohnräumen erspart werden.[182] Vorsätzliche wie auch fahrlässige Verstöße gegen dieses Verbot stehen nach § 8

---

176 BGH, Beschl. v. 13.10.2003 – AnwZ (B) 79/02, NJW 2004, 212 (Anwaltssenat); Beschl. v. 8.10.2007 – AnwZ (B) 92/06, NJW 2008, 517 Rn. 10 (Anwaltssenat); Beschl. v. 25.11.2013 AnwZ (Brfg) 10/12, NJW-RR 2014, 22 Rn. 10; Urt. v. 12.5.2016 – IX ZR 241/14, NJW 2016, 2561 Rn. 24.

177 BGH, Urt. v. 8.6.2000 – III ZR 186/99, NJW 2000, 3067, 3068; Urt. v. 22.2.2001 – IX ZR 357/99, NJW 2001, 1569; Urt. v. 12.5.2016 – IX ZR 241/14, NJW 2016, 2561 Rn. 26; *D. Fischer*, NJW 2016, 3220, 3221. Allgemein zur Problematik und Abgrenzung Anwaltsvertrag/Maklervertrag vgl. vorstehend Rn. 14 ff.

178 BGH, Urt. v. 12.5.2016 – IX ZR 241/14, WM 2017, 537 Rn. 26; *D. Fischer*, WM 2019, Sonderbeilage Nr. 1, S. 5.

179 BGH, Beschl. v. 25.11.2013 AnwZ (Brfg) 10/12, NJW-RR 2014, 22 Rn. 15 ff.

180 OLG Frankfurt a. M., Urt. v. 29.11.1978 – 7 U 76/78, NJW 1979, 879.

181 Der Begriff des Auftrags in § 6 Abs. 1 WoVermittG ist unpräzis; gemeint ist eine Zustimmung des Berechtigten, zu den Einzelheiten Kap. XII Rn. 14 ff.

182 So die durchaus lebensnahe Begründung des Regierungsentwurfs zum WoVermittG, BT-Drucks. VI/1549, S. 13 zu § 6. *Dehner*, Maklerrecht, Rn. 346, spricht dagegen von einer unlogischen Begründung, ohne allerdings hierbei deutlich zu machen, dass es sich um eine Erwägung im Gesetzgebungsverfahren handelte.

Abs. 1 Nr. 3 WoVermittG unter Bußgeldsanktion. Unter wettbewerbsrechtlichen Gesichtspunkten ist ein derartiges Fehlverhalten als Zuwiderhandeln gegen eine Markverhaltensregelung gemäß § 3a (= § 4 Nr. 11 UWG a. F.) sowie als irreführende Werbung nach § 5 UWG unstatthaft.[183] Nach Ansicht des OLG Köln soll ein allgemeiner Handelsbrauch unter Immobilienmaklern bestehen, wonach es als anstößig gilt, Objekte ohne Zustimmung des Verfügungsberechtigten anzubieten.[184]

Nach der überwiegenden Ansicht in Rechtsprechung[185] und Schrifttum[186] **51** soll ein schuldhafter Verstoß gegen § 6 Abs. 1 WoVermittG allerdings nicht zur Nichtigkeit des Maklervertrages führen.[187] Der Bundesgerichtshof[188] erhielt kurze Zeit nach Einführung des neuen Revisionsrechts erstmals Gelegenheit, zu dieser Problematik grundsätzlich Stellung zu nehmen. In deutlicher Anlehnung an eine frühere obergerichtliche Entscheidung[189] wird hierbei für maßgeblich erachtet, dass eine erfolglose Besichtigung der Wohnung ohnehin nicht einen Provisionsanspruch zu begründen vermag. Hat da-

---

183 *D. Fischer*, NZM 2005, 731, 732; vgl. KG, Urt. v. 11.12.1981 – 5 U 5338/80, DB 1982, 2079, zur gleichgelagerten Fallgestaltung der Anzeigenwerbung bezüglich eines Grundstückes ohne Auftrag des Eigentümers; ferner OLG Köln, Urt. v. 12.3.1982 – 6 U 8/12, WRP 1982, 356; Staudinger/*Arnold*, Vorbem zu § 652 Rn. 69. Nach Ziffer 2 der RDM-Wettbewerbsregeln (abgedruckt bei *Seydel/Heinbuch*, Maklerrecht, S. 278, 279) wurde das Anbieten von Objekten ohne Zustimmung des Verfügungsberechtigten ebenfalls als unlauter bewertet.

184 OLG Köln, Urt. v. 12.3.1982 – 6 U 8/12, WRP 1982, 356.

185 BGH, Urt. v. 25.7.2002 – III ZR 113/02, BGHZ 152, 10; OLG Frankfurt a. M., Urt. v. 29.11.1978 – 7 U 76/78, NJW 1979, 878, 879; OLG Karlsruhe, Urt. v. 9.4.1976 – 2 U 149/75, NJW 1976, 1408; LG Köln. Urt. v. 21.9.1973 – 9 S 36/73, MDR 1974, 143; AG Hamburg-Altona, Urt. v. 5.2.2008 – 315A C 284/07, ZMR 2008, 641, 642.

186 *Baader/Gehle*, WoVermittG, 1993, § 6 Rn. 26; *Schulz*, WoVermG, § 6 Rn. 34; *Ibold*, Maklerrecht, Rn. 80; MünchKomm-BGB/*H. Roth*, § 652 Rn. 75; Palandt/*Sprau*, § 652 Rn. 8; Soergel/*Engel*, BGB, Vor § 652 Rn. 10; *Seydel/Heinbuch*, Maklerrecht, Rn. 315; Staudinger/*Arnold*, § 652, 653 Rn. 48.

187 Soweit der Makler unterschiedliche Objekte anbietet, die teilweise mit Berechtigung und ohne Berechtigung i. S. v. § 6 Abs. 1 WoVermittG im Bestand geführt werden, kommt nicht die Nichtigkeit des Maklervertrages insgesamt, sondern die Nichtigkeit des Provisionsversprechens für den Nachweis dieser Wohnung in Betracht, so OLG Karlsruhe, Urt. v. 9.4.1976 – 2 U 149/75, NJW 1976, 1408, im Anschluss an *Benöhr*, NJW 1973, 1286. Anders dagegen *Dehner*, der danach differenzieren will, ob der Maklervertrag dadurch zustande kommt, dass der Mietinteressent auf die Anzeige antwortet, in der das unzulässige Angebot enthalten ist. Bietet dagegen der Makler erst nach dem Zustandekommen des Maklervertrages, der sich nicht auf ein bestimmtes Objekt bezog, ein Objekt ohne Berechtigung an, so soll dies die Gültigkeit des Maklervertrages nicht berühren, *Dehner*, Maklerrecht, Rn. 346.

188 BGH, Urt. v. 25.7.2002 – III ZR 113/02, BGHZ 152, 10, 11.

189 OLG Karlsruhe, Urt. v. 9.4.1976 – 2 U 149/75, NJW 1976, 1408.

gegen der Nachweis zum Abschluss eines Mietvertrages geführt, so habe sich die Gefahr eines unnützen Zeit- und Kostenaufwandes nicht verwirklicht. Der Bundesgerichtshof sieht zwar, dass eine Nichtigkeitsfolge über § 134 BGB dem generalpräventiven Zweck dienen könnte, dem Makler durch eine solche Nichtigkeitssanktion von vorneherein jeden Anreiz für einen Wohnungsnachweis ohne Vermieterauftrag zu nehmen.[190] Gleichwohl wird diesem naheliegenden Ansatz nicht gefolgt und darauf abgestellt, dass dieser Zweck „bereits in ähnlicher Weise" durch die Bußgeldandrohung des § 8 Abs. 1 Nr. 3 WoVermittG[191] erreicht werden könne und durch das Absehen der Nichtigkeitsfolge vermieden werde, eine ungerechtfertigte – jedenfalls durch den Zweck des § 6 Abs. 1 WoVermittG nicht gedeckte – Begünstigung des Wohnungssuchenden zu verhindern.[192]

52 In Zeiten der knappen Ressource Recht erscheint dieser Lösungsansatz auch deshalb nicht überzeugend, weil für Provisionstatbestände der hier in Rede stehenden Art durch eine stringente Anwendung des § 134 BGB sowohl einschlägige Provisionsklagen[193] als auch Bußgeldverfahren deutlich eingeschränkt werden könnten.[194] Mit der Einführung des Bestellerprinzips kommt dieser Problematik kaum noch eine praxisrelevante Bedeutung zu.[195] Wenn der Makler dem Wohnungssuchenden im Bereich des Ausschließlichkeitsprinzips aufgrund eines originären Suchauftrages ohne Zustimmung des Vermieters eine Wohnung anbietet, so besteht nach der Neuregelung des § 2 Abs. 1a WoVermittG ohnehin kein Provisionsanspruch, weil das Zustimmungserfordernis eine Provisionsentstehungsvoraussetzung ist.[196] Greift dagegen das Bestellerprinzip zulasten des Vermieters ein und ist er alleine provisionspflichtig, so liegt notwendigerweise auch seine Zustimmung vor.

---

190 Für die Nichtigkeitsfolge haben sich deshalb zu Recht ausgesprochen: LG Hannover, Urt. v. 2.5.1991 – 16 S 273/90, NJW-RR 1991, 1295; *Dehner*, Maklerrecht, Rn. 346; *Dehner*, ZfIR 2002, 893, 895; *D. Fischer*, NZM 2005, 731, 732; *Hamm/Schwerdtner*, Maklerrecht, Rn. 195; *Tonner*, JZ 2003, 158, sowie früher bereits *Benöhr*, NJW 1973, 1286.

191 Dass die Bußgeldandrohung unzureichend ist, zeigt *Tonner*, JZ 2003, 158, 159, zutreffend auf.

192 BGH, Urt. v. 25.7.2002 – III ZR 113/02, BGHZ 152, 10, 11 im Anschluss an OLG Karlsruhe, Urt. v. 9.4.1976 – 2 U 149/75, NJW 1976, 1408.

193 Bei Verstößen nach § 134 BGB müssen für die hier gegebene Fallgestaltung – um einen Gleichlauf der rechtlichen Bewertung zu erhalten – auch Bereicherungsansprüche nach § 812 Abs. 1, § 818 Abs. 2 BGB verneint werden. Näheres hierzu Kap. III Rn. 40 ff.

194 *D. Fischer*, NZM 2005, 731, 733.

195 Ebenso *Hamm/Schwerdtner*, Maklerrecht, Rn. 82.

196 *D. Fischer*, WuM 2016, 391, 395.

b) Anwendungsbereich des § 138 BGB

aa) Sittenwidrigkeit hinsichtlich des Inhalts des Maklervertrages

Die Vereinbarung einer Maklerprovision kann einen Sittenverstoß i. S. d. **53**
§ 138 BGB begründen, wenn die Kommerzialisierung in dem betreffenden
Lebensbereich anstößig ist. In diesem Sinne wird die Vereinbarung eines
Anwalts mit einem Nichtanwalt über die Zahlung von Provisionen für vermittelte Mandate als nichtig angesehen.[197] Gleiches gilt für die entgeltliche
Vermittlung von Patienten an einen Arzt.[198] Hierbei ist von maßgeblicher
Bedeutung, dass das besondere, möglicherweise intimste Lebensbereiche
tangierende Vertrauen, welches der Mandant dem Anwalt und der Patient
dem Arzt entgegenbringen sollte, es verbietet, diese Verhältnisse zum Gegenstand entgeltlicher Akquisition zu machen. Hieraus lässt sich aber kein
allgemeines Verbot für Angehörige sonstiger freier Berufe herleiten, für die
Erlangung von Aufträgen die entgeltlichen Dienste eines Maklers in Anspruch zu nehmen.[199]

Abreden, die als Maklerverträge getarnt dazu dienen, Schmiergeld an den **54**
Maklerkunden weiterzuleiten, sind wegen Sittenwidrigkeit nach § 138 BGB
nichtig.[200] Dies gilt insbesondere dann, wenn es sich um die Bestechung von
Angehörigen des öffentlichen Dienstes handelt.[201] Ein erweiterter (qualifizierter) Alleinauftrag, der den Maklerkunden zeitlich unbegrenzt und unbe-
grenzbar an den Makler bindet, ist als sittenwidriger Knebelungsvertrag
nach § 138 BGB nichtig.[202] Ein Provisionsversprechen, das der unentgeltliche Berater der Verkäuferseite vom Kaufinteressenten verlangt, ohne hiervon die Verkäuferseite zu unterrichten, kann wegen des damit verbundenen
Vertrauensbruchs sittenwidrig sein.[203]

---

197 BGH, Urt. v. 18.3.1999 – III ZR 93/98, NJW 1999, 2360.
198 BGH, Urt. v. 18.3.1999 – III ZR 93/98, NJW 1999, 2360; OLG Hamm, Urt. v.
    22.10.1984 – 2 U 172/83, NJW 1985, 679. Kein nichtiger oder sittenwidriger Vermitt-
    lungsvorgang liegt aber vor, wenn die vergütungspflichtige Nutzung einer Internet-
    plattform als „virtueller Marktplatz" zur Abgabe von Gegenangeboten von Zahnärz-
    ten bei eingestellten Heil- und Kostenplänen von Patienten angeboten wird, BGH,
    Urt. v. 23.3.2011 – III ZR 69/10, NJW 2011, 2209 Rn. 14 f., 17.
199 BGH, Urt. v. 18.3.1999 – III ZR 93/98, NJW 1999, 2360.
200 BGH, Urt. v. 28.11.1990 – IV ZR 258/89, WM 1991, 645.
201 BGH, Urt. v. 8.5.1985 – IVa ZR 138/83, BGHZ 94, 268, 273; *Dehner*, Maklerrecht,
    Rn. 42.
202 BGH, Urt. v. 2.2.1994 – IV ZR 24/93, NJW-RR 1994, 559; *Dehner*, Maklerrecht,
    Rn. 374. Nach *Dehner* gilt dieser Grundsatz aber nicht nur für den erweiterten Allein-
    auftrag, sondern auch bereits für den einfachen Alleinauftrag. Ebenso nunmehr BGH,
    Urt. v. 28.5.2020 – I ZR 40/19, WM 2020, 1356 Rn. 22.
203 BGH, Urt. v. 25.6.1986 – IVa ZR 234/84, NJW-RR 1986, 42, 43.

55   Im Hinblick auf § 1 Prostitutionsgesetz ist ein Maklervertrag über den Nachweis oder die Vermittlung von Prostitution nicht sittenwidrig. „Eskort-Agenturen" und entsprechende Unternehmen können daher Provisionsansprüche geltend machen.[204]

56   Auf welche Weise der Makler die Informationen beschafft hat, die er für seine Maklerdienste, insbesondere für Nachweisleistungen, benötigt, ist für die Wirksamkeit des Maklervertrages ohne Belang. Selbst die verbots- oder sittenwidrige Beschaffung macht den Maklervertrag weder zu einem Vertrag mit sittenwidrigem Inhalt noch zu einem sittenwidrigen Verhalten gegenüber dem Maklerkunden.[205]

bb) Sittenwidrigkeit hinsichtlich der Provisionshöhe

57   Die höchstrichterliche Rechtsprechung ist zurückhaltend bei der Beurteilung, ob eine vereinbarte Provision der Höhe nach als wucherähnlich i. S. v. § 138 Abs. 1 BGB zu beanstanden ist. Dies wurde beispielsweise bejaht bei einer Provision von DM 1.000.000 für die Vermittlung eines Darlehens über DM 6.000.000.[206] Zwar macht allein der Umstand, dass die versprochene Provision im Verhältnis zur üblichen außergewöhnlich hoch ist, den Maklervertrag noch nicht sittenwidrig. Maßgeblicher Ausgangspunkt für die Beantwortung der Frage, ob ein auffälliges Missverhältnis im Sinne des § 138 Abs. 1 BGB vorliegt, ist gleichwohl die Gegenüberstellung von üblicher und vereinbarter Maklerprovision.[207] Erreicht oder übersteigt die vereinbarte Provision das Mehrfache – beispielsweise das Fünffache – der üblichen Provision,[208] dann wird die Entscheidungs- und wirtschaftliche Bewegungsfreiheit des Geschäftspartners zu stark eingeengt. Ein derartiges Missverhältnis macht den Maklervertrag sittenwidrig; es lässt den Schluss auf eine verwerfliche Gesinnung des Maklers zu.[209]

---

204 NK-BGB/*Wichert*, 3. Aufl. 2016, § 652 Rn. 45; *Dehner*, NJW 2002, 3747, 3748; a. A. MünchKomm-BGB/*H. Roth*, § 652 Rn. 69; Staudinger/*Arnold*, §§ 652, 653 Rn. 51.

205 BGH, Urt. v. 10.7.1985 – IVa ZR 15/84, NJW 1986, 50; Staudinger/*Arnold*, §§ 652, 653 Rn. 51.

206 BGH, Urt. v. 22.1.1976 – II ZR 90/75, WM 1976, 289, 290: Die übliche Vermittlungsprovision wurde hierbei mit 3 % = DM 180.000,– angenommen.

207 BGH, Urt. v. 16.2.1994 – IV ZR 35/93, BGHZ 125, 135, 137.

208 Als übliche Maklerprovision für die Vermittlung von Grundstücken kommt ein Satz von 3 % des Grundstücksverkaufspreises in Betracht, vgl. Palandt/*Sprau*, § 653 Rn. 3; *Seydel/Heinbuch*, Maklerrecht, Rn. 148; vgl. im Einzelnen nachstehend Kap. III Rn. 84 ff.

209 BGH, Urt. v. 16.2.1994 – IV ZR 35/93, BGHZ 125, 135, 140; Urt. v. 8.3.2012 – IX ZR 51/11, NJW 2012, 2099 Rn. 19 (Insolvenzrechtssenat); wegen der weiteren Einzelheiten vgl. Kap. III Rn. 96–101.

Für Übererlösklauseln hat der Bundesgerichtshof eine Bewertung als sitten- **58** widrig nach § 138 Abs. 1 BGB regelmäßig verneint, weil die Höhe der als Betrag des Übererlöses zugesagten Maklerprovision nicht absehbar und Verdienst des Maklers gewesen ist.[210] Eine angemessene Ausgewogenheit hat er allerdings zu Recht nicht angenommen, wenn die Vergütungsvereinbarung mehr als das Achtfache der einfachen Verkäuferprovision ausmachte und der Makler bereits bei Abschluss der Übererlös-Provisionsabrede Kenntnis hatte, dass der Kaufinteressent bereit war, statt des vom Verkäufer angesetzten Preises von DM 200.000 für das in Rede stehende Grundstück DM 450.000 zu zahlen.[211] Wenn dem Makler bei Abschluss des Maklervertrages bereits der Kaufinteressent bekannt ist und er weiß, dass der Interessent bereit ist, den dann erzielten Kaufpreis zu zahlen, ist der Makler (vor-)vertraglich verpflichtet, den Verkäufer hierauf hinzuweisen.[212] Kommt er dieser Unterrichtungspflicht nicht nach, besteht für den Verkäufer ein schadensersatzrechtlicher Freistellungsanspruch. Dies bedeutet, dass der Anspruch aus der Übererlösabrede entfällt; der Makler hat aber Anspruch auf die (orts-) übliche Provision.[213] Ein Verstoß gegen diese Unterrichtungspflicht ist zugleich eine schwerwiegende Treuepflichtverletzung, die zur Verwirkung der Provision nach § 654 BGB führen kann.[214] Ist die Provision verwirkt, hat der Kunde nichts zu zahlen. Auch im Übrigen hat der Makler einen geschäftsunerfahrenen Kunden bei Vereinbarung einer Übererlösabrede über den tatsächlichen Verkehrswert des Grundstücks und den erzielbaren Preis aufzuklären.[215]

c) Anfechtung des Maklervertrages

Die allgemeinen Grundsätze über die Anfechtbarkeit einer Willenserklärung **59** gelten auch für Maklerverträge.[216] Als Eigenschaftsirrtum i.S.d. § 119

---

210 BGH, Urt. v. 16.4.1969 – IV ZR 784/68, WM 1969, 886, 887; Urt. v. 25.6.1969 – IV ZR 793/68, NJW 1969, 1628, 1629; ebenso KG, Urt. v. 10.2.2000 – 10 U 4183/98, NZM 2001, 481.
211 BGH, Urt. v. 16.2.1994 – IV ZR 35/93, BGHZ 125, 135, 140.
212 BGH, Urt. v. 16.2.1994 – IV ZR 35/93, BGHZ 125, 135, 137.
213 *Seydel/Heinbuch*, Maklerrecht, Rn. 66; *Ibold*, Maklerrecht, Rn. 58; zumeist 3 %, vgl. nachstehendes Kap. III Rn. 83 ff.
214 MünchKomm-BGB/*H. Roth*, § 652 Rn. 73; nachstehendes Kap. VIII Rn. 35.
215 OLG Düsseldorf, Urt. v. 16.2.1996 – 7 U 50/95, NJW-RR 1996, 1012; Urt. v. 5.2.1999 – 7 U 132/98, NJW-RR 1999, 1140, 1141; *Ibold*, Maklerrecht, Rn. 58; Schreiber/Ruge/*Tyarks*, Kap. 5 Rn. 77.
216 *D. Fischer*, NJW 2018, 3287, 3288.

Abs. 2 BGB kann beispielsweise die (fehlende) Sachkunde eines Immobilienmaklers in Betracht kommen.[217] Eine Anfechtung nach § 123 BGB ist etwa dann möglich, wenn im Maklervertrag täuschende und irreführende Begriffe verwendet werden.[218] Ferner ist dies anzunehmen, wenn bei einem zulässigen Doppelauftrag der Makler seinen Kunden vorspiegelt, er erhalte von der Gegenseite keine Provision.[219] Voraussetzung der Nichtigkeit (§ 142 BGB) ist jeweils eine wirksame, insbesondere fristgerechte Anfechtung des Maklervertrages.

60 Das OLG Hamm hat sich mit Urteil vom 8.2.2018[220] zur Problematik der Anfechtbarkeit eines Immobilienmaklervertrages wegen arglistiger Täuschung geäußert. Wenn der Verkäufermakler seinen Kunden nicht darüber aufklärt, dass er zugleich als „Projektentwickler" ein eigenes wirtschaftliches Interesse am Abschluss eines Erwerbsvertrages hat, der bestimmten Architekten ermöglicht, eine bereits getätigte Planungsleistung dem Erwerber gegenüber entgeltlich zu erbringen, ist dies eine schwerwiegende (vor-)vertragliche Pflichtverletzung und begründet den Anfechtungsgrund der arglistigen Täuschung.[221] Eine herkömmliche Maklerklausel, die sich im Wesentlichen auf die Kausalität der erbrachten Maklerleistung bezieht, kann im Regelfall nicht als Bestätigung des anfechtbaren Maklervertrages (§ 144 BGB) bewertet werden.[222]

61 Das OLG Hamm bewegt sich mit dieser Entscheidung im Rahmen der höchstrichterlichen Judikatur zur Aufklärungspflicht des Maklers über vertragsrelevante Umstände.[223] Zu Recht wird betont, dass bei einer schwerwiegenden Aufklärungspflichtverletzung neben einem Anfechtungsgrund auch die Verwirkung der Provision (§ 654 BGB) eingreift. Ist die einjährige Anfechtungsfrist ausgelaufen, bleibt es bei dieser Rechtsfolge.[224] Sie ist oh-

---

217 *Koch*, Der Provisionsanspruch des Immobilienmaklers, S. 86.
218 OLG Frankfurt a. M., Urt. v. 16.12.1959 – 6 U 96/59, NJW 1960, 485, 486; Münch-Komm-BGB/*H. Roth*, § 652 Rn. 87.
219 OLG Köln, Urt. v. 11.3.1971 – 14 U 129/70, NJW 1971, 1943, 1944; *Koch*, Der Provisionsanspruch des Immobilienmaklers, S. 86.
220 OLG Hamm, Urt. v. 8.2.2018 – 18 U 41/17, ZMR 2018, 722, 724.
221 OLG Hamm, Urt. v. 8.2.2018 – 18 U 41/17, ZMR 2018, 722, 724.
222 OLG Hamm, Urt. v. 8.2.2018 – 18 U 41/17, ZMR 2018, 722, 724.
223 Zuletzt BGH, Urt. v. 12.7.2018 – I ZR 152/17, NJW 2019, 1223 Rn. 12 m. w. N.
224 *D. Fischer*, IMR 2019, 83; sowie nachstehendes Kap. IX zu den Nebenpflichten des Maklers.

nehin für den Maklerkunden vorteilhafter, weil im Hinblick auf den Strafcharakter der Verwirkung[225] nur die Provisionspflicht entfällt, die Vertrags-
rechte des Kunden aber im Übrigen fortbestehen.

d) Rechtsfolgen der Nichtigkeit des Maklervertrages

Mit Urteil vom 7.7.2005 hat sich der Bundesgerichtshof[226] eingehend mit **62**
der Frage befasst, ob dem Makler bei Nichtigkeit des Vertrages gesetzliche
Vergütungsansprüche zustehen. Danach kommt bei einem nichtigen Maklervertrag, sofern der Nichtigkeitsgrund auf einer Schutznorm zugunsten des
Maklerkunden beruht, regelmäßig weder aus Bereicherungsrecht noch aus
anderweitigen gesetzlichen Grundlagen ein Zahlungsanspruch des Maklers
in Betracht.[227]

Ob das Bereicherungsrecht dem Makler überhaupt einen Anspruch geben **63**
kann, ist, wie der Bundesgerichtshof ausdrücklich betont, zweifelhaft. Hierbei ist insbesondere auch die Risikoverteilung im Zusammenhang mit der
Regelung über die Begründung und das Entstehen der Maklerprovision in
§ 652 BGB zu beachten. Die Privatrechtsordnung kennt grundsätzlich keine
Pflicht zur Vergütung ungefragt überlassener Informationen; ein Entgelt ist
dafür lediglich auf vertraglicher Grundlage zu zahlen.[228] Das Maklerrecht ist
insbesondere dadurch geprägt, dass die bloße Ausnutzung von Maklerwis-
sen für sich genommen noch keinen Anspruch auf Vergütung begründet. Für
eine Vermittlungstätigkeit des Maklers gilt nichts wesentlich Anderes.[229] Im
Hinblick darauf, dass für einen etwaigen Bereicherungsanspruch, gerichtet
auf ein Entgelt im Sinne einer Maklerprovision, zumindest auch alle diejenigen Voraussetzungen und Einschränkungen gelten müssten, die – außer der
Kaufmannseigenschaft des tätig gewordenen Maklers – für einen gesetzlichen Anspruch nach § 354 HGB anerkannt sind, kommen nach Ansicht des
Bundesgerichtshofs nur wenige Fallgestaltungen in Betracht, in denen ein
Bedürfnis für die Heranziehung von § 812 BGB als Anspruchsgrundlage neben Vertrag oder § 354 HGB gegeben sein könnte.

---

225 *D. Fischer*, IMR 2018, 439; sowie nachstehendes Kap. VIII zur Provisionsverwir-
     kung.
226 BGH, Urt. v. 7.7.2005 – III ZR 397/04, BGHZ 163, 332, 336 = WM 2005, 1696.
227 *D. Fischer*, WM 2016, Sonderbeilage Nr. 1, S. 6.
228 BGH, Urt. v. 7.7.2005 – III ZR 397/04, BGHZ 163, 332, 336 = WM 2005, 1696 unter
     Bezugnahme auf BGH, Urt. v. 23.9.1999 – III ZR 322/98, NJW 2000, 72, 73.
229 BGH, Urt. v. 7.7.2005 – III ZR 397/04, BGHZ 163, 332, 336 = WM 2005, 1696.

64   Den in Rede stehenden Fragenkreis hat der Bundesgerichtshof wegen fehlender Entscheidungserheblichkeit nicht abschließend beantwortet. Er hat aber darauf hingewiesen, aus der angesprochenen Risikoverteilung als notwendige (Mindest-)Voraussetzung für eine bereicherungsrechtlich relevanten Leistung des Maklers an den Empfänger ergebe sich, dass nicht nur die maßgebliche Maklertätigkeit des Maklers aus der Sicht des „Empfängers" – mithin des am Geschäftsabschluss Interessierten, – als Leistung an ihn erscheinen konnte,[230] sondern auch, dass der Makler annehmen durfte, für diese Tätigkeit eine Vergütung zu erhalten. Das erfordert wenigstens eine Willensübereinstimmung über den Umfang und die Entgeltlichkeit der Maklertätigkeit; der Leistungsempfänger muss als Nachfrager einer entgeltlichen Leistung die Leistung entgegennehmen.[231]

65   Für einen gesetzlichen Provisionsanspruch aus § 354 HGB gilt im Hinblick auf § 652 BGB und die sich daraus ergebende Risikozuordnung Ähnliches wie für Bereicherungsansprüche aus § 812, § 818 Abs. 2 BGB. Allerdings kann nach der höchstrichterlichen Rechtsprechung die Vorschrift des § 354 HGB grundsätzlich auch für die Provision eines Maklers, wenn es an einem wirksamen Maklervertrag fehlt, anwendbar sein.[232] Die Provisionspflicht setzt aber voraus, dass zwischen Makler und dem am Geschäftsabschluss Interessierten ein Verhältnis besteht, das die Tätigkeit des Maklers rechtfertigt.[233] Das wird im Allgemeinen mit dem Satz umschrieben, § 354 HGB verhelfe dem Makler, sofern er Kaufmann ist, nur dann zu einer Provision, wenn er „befugterweise" für den Interessenten tätig wird.[234] Dem Interessenten muss auf jeden Fall erkennbar sein, dass die Maklerdienste gerade für ihn geleistet werden.[235] Hierfür wird im Regelfall eine vertragliche Grund-

---

230 BGH, Urt. v. 7.7.2005 – III ZR 397/04, BGHZ 163, 332, 337 = WM 2005, 1696 unter Bezugnahme auf BGH, Urt. v. 25.9.1985 – IVa ZR 22/84, BGHZ 95, 393, 399 = WM 1985, 1344.

231 BGH, Urt. v. 7.7.2005 – III ZR 397/04, BGHZ 163, 332, 337 = WM 2005, 1696.

232 BGH, Urt. v. 7.7.2005 – III ZR 397/04, BGHZ 163, 332, 337 = WM 2005, 1696 unter Bezugnahme auf BGH, Urt. v. 19.11.1962 – VIII ZR 229/61, WM 1963, 165, 167; Urt. v. 11.6.1964 – VII ZR 191/62, NJW 1964, 2343; Urt. v. 4.4.1966 – VIII ZR 102/64, WM 1966, 621, 623; Urt. v. 25.9.1985 – IVa ZR 22/84, BGHZ 95, 393, 398 = WM 1985, 1344.

233 BGH, Urt. v. 7.7.2005 – III ZR 397/04, BGHZ 163, 332, 338 = WM 2005, 1696 unter Bezugnahme auf BGH, Urt. v.19.11.1962 – VIII ZR 229/61, WM 1963, 165, 167.

234 BGH, Urt. v. 7.7.2005 – III ZR 397/04, BGHZ 163, 332, 338 = WM 2005, 1696 unter Bezugnahme auf BGH, Urt. v. 4.4.1966 – VIII ZR 102/64, WM 1966, 621, 623; Urt. v. 25.9.1985 – IVa ZR 22/84, BGHZ 95, 393, 398 = WM 1985, 1344.

235 BGH, Urt. v. 7.7.2005 – III ZR 397/04, BGHZ 163, 332, 338 = WM 2005, 1696 unter Bezugnahme auf BGH, Urt. v. 25.9.1985 – IVa ZR 22/84, BGHZ 95, 393, 398 = WM 1985, 1344.

lage erforderlich sein.[236] Es bedarf allerdings nicht in jedem Fall eines gültigen Vertrages, sofern keine Bedenken gegen die Wirksamkeit des Maklerge-
schäfts wegen Einigungs- oder Willensmängeln (§§ 145ff., 104ff., 116ff.
BGB) bestehen und die Vorschrift, aus der sich die Nichtigkeit ergibt – etwa
bei formellen Mängeln eines abgeschlossenen Maklervertrages –, nicht den
Schutz einer Vertragspartei betrifft.[237]

---

236 BGH, Urt. v. 7.7.2005 – III ZR 397/04, BGHZ 163, 332, 338 = WM 2005, 1696 unter
   Bezugnahme auf BGH, Urt. v. 23.9.1999 – III ZR 322/98, NJW 2000, 72, 73.
237 BGH, Urt. v. 7.7.2005 – III ZR 397/04, BGHZ 163, 332, 338 = WM 2005, 1696 unter
   Bezugnahme auf BGH, Urt. v. 28.9.1961 – II ZR 186/59, MDR 1962, 31: Fehlen der
   Genehmigung nach Art. 53 MilRegG.

III. Begründung und Auflösung des Maklervertrages

1. Überblick

Maklerverträge können wie andere zivilrechtliche Verträge nicht nur durch **1** ausdrückliche, sondern auch durch konkludente Willenserklärungen zustande kommen. Soweit eine Provisionsabrede nach § 652 BGB stillschweigend durch schlüssiges Verhalten getroffen sein soll, stellt die höchstrichterliche Rechtsprechung hieran strenge Anforderungen.[1] Da regelmäßig Formfreiheit besteht, kann die Willenserklärung auch mündlich oder in elektronischer Form nach § 126a BGB erfolgen. Textform nach § 126b BGB – etwa reiner Austausch von E-Mails – ist gleichfalls zulässig.[2]

Während insbesondere im allgemeinen Dienstleistungsbereich durch Be- **2** stimmungen wie § 613 und § 632 BGB zugunsten der Dienstleistenden die Vermutung für ein entgeltliches Tätigwerden besteht, gelten im Maklervertragsrecht im Hinblick auf das mögliche Tätigwerden des Maklers auch für die andere Seite des angestrebten Hauptvertrages hiervon abweichende, von der höchstrichterlichen Rechtsprechung entwickelte besondere Rechtsgrundsätze.

Die Auflösung des Maklervertrages ist gleichfalls im Gesetz nicht unmittel- **3** bar angesprochen. Hier wird auf Grundsätze des Auftragsrechts zurückgegriffen, insbesondere, was die Befugnis zum Widerruf angeht. Im Übrigen wird der Maklerkunde durch seine Abschlussfreiheit hinreichend geschützt.

2. Ausdrücklicher Vertragsabschluss

Der Abschluss eines Maklervertrages erfolgt zunächst nach den allgemeinen **4** Regeln des BGB.[3] Aufgrund ausdrücklicher Willenserklärungen, insbesondere im Rahmen schriftlicher Erklärungen, zustande gekommene Maklerverträge dienen der Rechtssicherheit und vermeiden regelmäßig umfang-

---

1 BGH, Urt. v. 3.5.2012 – III ZR 62/11, NJW 2012, 2268 Rn. 10 unter Bezugnahme auf BGH, Urt. v. 22.9.2005 – III ZR 393/04, NJW 2005, 3779, 3780; ebenso Urt. v. 7.7.2016 – I ZR 30/15, NJW 2017, 1024 Rn. 17; Beschl. v. 24.11.2016 – I ZR 37/16, BeckRS 2016, 116281 Rn. 17; Urt. v. 12.1.2017 – I ZR 198/15, WM 2017, 1120 Rn. 25; Urt. v. 13.12.2018 – I ZR 51/17, WM 2019, 1985 Rn. 12; vgl. ferner OLG Koblenz, Beschl. v. 13.5.2013 – 3 U 412/13, MDR 2013, 764.
2 OLG Oldenburg, Urt. v. 16.6.2010 – 5 U 138/09, NJW-RR 2010, 1717, 1718; *Seydel/Heinbuch*, Maklerrecht, Rn. 20; *Engel*, MDR 2009, 1090, 1092.
3 Erman/*D. Fischer*, Vor § 652 Rn. 17; MünchKomm-BGB/*H. Roth*, § 652 Rn. 47.

reiche Beweiserhebungen im nachfolgenden Provisionsprozess. Trotz vielfacher Empfehlungen, insbesondere für den schriftlichen Abschluss eines Maklervertrages,[4] sind sie im Rechtsalltag recht selten und überwiegend nur beim (qualifizierten) Alleinauftrag anzutreffen.

3. Stillschweigender Vertragsabschluss

5 Lässt sich eine ausdrückliche Vereinbarung im Provisionsprozess nicht feststellen, so ist weiter zu prüfen, ob ein Maklervertrag nach § 652 BGB stillschweigend durch schlüssiges Verhalten geschlossen wurde.[5] Dem stillschweigenden Abschluss des Maklervertrages kommt im Rechtsalltag zentrale Bedeutung zu; er ist mit vielfachen Beweisproblemen im Provisionsprozess verbunden.[6] Aus dem Bezirk des Kammergerichts ist etwa bekannt, dass bei Verbrauchergeschäften kaum eine schriftliche Vereinbarung vorliegt. Aber auch im gewerblichen Bereich gibt es allenfalls in einem Zehntel der Fälle eine schriftliche Abrede.[7]

6 Um den Besonderheiten bei der Anbahnung des Maklervertrages angemessen Rechnung zu tragen, hat die höchstrichterliche Rechtsprechung die allgemeinen Regeln der Vertragslehre zu Recht um einen weiteren, maklerspezifischen Rechtssatz ergänzt.[8] Danach ist es Sache des Maklers, etwaige Unklarheiten auf Seiten des Interessenten aus dem Wege zu schaffen, was in der Regel nur durch ein *ausdrückliches Provisionsverlangen* hinreichend verlässlich geschehen kann.[9] Ein Interessent, der in Kenntnis eines derartigen eindeutigen Provisionsverlangens die Dienste des Maklers in Anspruch nimmt, gibt damit grundsätzlich in schlüssiger Weise zu erkennen, dass er

---

4 *Seydel/Heinbuch*, Maklerrecht, Rn. 20; *Ibold*, Maklerrecht, Rn. 22; *D. Fischer*, NZM 2011, 529, 530; *Würdinger*, NZM 2017, 545, 546.
5 BGH, Urt. v. 13.12.2018 – I ZR 51/17, WM 2018, 1985 Rn. 12.
6 *D. Fischer*, NJW 2016, 3281.
7 *Ehlert*, BABl. 2017, 423.
8 Zuweilen wird dies im Schrifttum als „ungewöhnlich strenge Anforderungen" kritisiert, so MünchKomm-BGB/*H. Roth*, § 652 Rn. 46; *E. Wolf*, WM 1985, Sonderbeilage Nr. 3, S. 3, 5. *Reuter*, NJW 1990, 1321, 1322, spricht gar von einem Sonderrecht, ebenso *Hamm/Schwerdtner*, Maklerrecht, 6. Aufl., Rn. 135; nunmehr zu Recht aufgegeben, *Hamm/Schwerdtner*, Maklerrecht, 7. Aufl., Rn. 134.
9 BGH, Urt. v. 25.9.1985 – IVa ZR 22/84, BGHZ 95, 393, 395; Urt. v. 4.10.1995 – IV ZR 163/94, NJW-RR 1996, 114; Urt. v. 17.9.1998 – III ZR 174/97, NJW-RR 1999, 361, 362; Urt. v. 4.11.1999 – III ZR 223/98, NJW 2000, 282, 283; Urt. v. 17.12.2015 – I ZR 172/14, NJW 2016, 2317 Rn. 13; Urt. v. 7.7.2016 – I ZR 30/15, NJW 2017, 1024 Rn. 17; Beschl. v. 24.11.2016 – I ZR 37/16, BeckRS 2016, 116281 Rn. 17; Urt. v. 13.12.2018 – I ZR 51/17, WM 2019, 1985 Rn. 12; *D. Fischer*, NZM 2011, 529, 530: Ausdrücklichkeitsgebot.

den in dem Provisionsbegehren liegenden Antrag auf Abschluss eines Maklervertrages annehmen will.[10]

a) Allgemeine Grundsätze

Das reine Gefallenlassen oder die Entgegennahme von wesentlichen Maklerdienstleistungen rechtfertigt nicht in jedem Fall und nicht ohne Weiteres die Annahme eines stillschweigenden Vertragsabschlusses.[11] Wer sich an einen Makler wendet, der mit „Angeboten"[12] werbend im geschäftlichen Verkehr auftritt, erklärt damit noch nicht schlüssig seine Bereitschaft zur Zahlung einer Maklerprovision für den Fall, dass ein Hauptvertrag über das angebotene Objekt zustande kommt.[13]   7

Die Grundsätze über das ausdrückliche Provisionsverlangen, ein maklerkundenfreundliches Postulat, das auch als *Unklarheitenregel*[14] bezeichnet wird, wurden bereits recht früh in der Rechtsprechung des Reichsgerichts[15] entwickelt und schränken den Regelungsgehalt des § 653 BGB, wonach die Vermutung für eine stillschweigende Einigung über die Entgeltlichkeit besteht,[16] deutlich ein. Verbleibende Unklarheiten gehen somit zulasten des Maklers,[17] so dass trotz Vorliegens wesentlicher Nachweis- und/oder Vermittlungsleistungen eine vertragliche Provision nicht verlangt werden kann.[18]   8

---

10 BGH, Urt. v. 17.9.1998 – III ZR 174/97, NJW-RR 1999, 361; Urt. v. 6.12.2001 – III ZR 296/00, NJW 2002, 817; Urt. v. 16.11.2006 – III ZR 57/06, NJW-RR 2007, 400 Rn. 13; Beschl. v. 24.11.2016 – I ZR 37/16, BeckRS 2016, 116281 Rn. 17; OLG Schleswig, Urt. v. 25.9.2009 – 14 U 66/09, MDR 2010, 561.

11 BGH, Urt. v. 4.10.1995 – IV ZR 163/94, NJW-RR 1996, 114; Urt. v. 17.9.1998 – III ZR 174/97, NJW-RR 1999, 361, 362; Urt. v. 17.12.2015 – I ZR 172/14, NJW 2016, 2317 Rn. 13; OLG Karlsruhe, Urt. v. 8.8.2003 – 15 U 41/02, NZM 2004, 395, 396; OLG Schleswig, Urt. v. 25.9.2009 – 14 U 66/09, MDR 2010, 561.

12 Vgl. zum Begriff BGH, Urt. v. 28.9.1982 – IVa ZR 12/82, WM 1983, 1287, 1289.

13 BGH, Urt. v. 3.5.2012 – III ZR 62/11, NJW 2012, 2268 Rn. 10.

14 Staudinger/*Arnold*, BGB, §§ 652, 653 Rn. 4; Soergel/*Lorentz*, BGB, § 652 Rn. 9; Baumbach/Hopt/*M. Roth*, HGB, § 93 Rn. 16; *Ibold*, Maklerrecht, Rn. 13, 29; Schreiber/Ruge/ *Tyarks*, Kap. 5 Rn. 28; *Reuter*, NJW 1990, 1321, 1323; *D. Fischer*, NZM 2002, 480; *Oechsler*, Vertragliche Schuldverhältnisse, 2. Aufl. 2017 Rn. 1251; vgl. aber auch *D. Fischer*, NZM 2011, 529, 530: Ausdrücklichkeitsgebot.

15 RG, WarnRspr 1910 Nr. 318; JW 1917, 101; weitere Nachweise bei *Dehner*, Maklerrecht, Rn. 28.

16 Palandt/*Sprau*, § 653 Rn. 2.

17 Nach allgemeinen Grundsätzen trägt ohnehin der Makler als Anspruchssteller die volle Darlegungs- und Beweislast für das Zustandekommen eines Maklervertrages, vgl. BGH, Urt. v. 25.9.1985 – IVa ZR 22/84, BGHZ 95, 393, 401.

18 OLG Rostock, Urt. v. 7.9.2005 – 6 U 211/04, NJW-RR 2006, 857, spricht in diesem Zusammenhang davon, es entspräche den Regeln moderner Vermarktungsstrategien, die

9 Die Unklarheitenregel ist ein maklerspezifischer Rechtssatz.[19] Sie wird mitunter auch als *verdeckte Formvorschrift* bewertet;[20] mit der AGB-rechtlichen Unklarheitenregel des § 305c Abs. 2 BGB[21] darf sie nicht verwechselt werden. Während die AGB-rechtliche Regel sich auf den Inhalt einer mehrdeutigen Vertragsklausel bezieht, geht es bei der maklerrechtlichen Regel um die vorgelagerte Frage, ob ein konkludenter Vertragsabschluss vorliegt.[22]

b) Einzelne Fallgruppen

aa) Vertragsabschluss mit einem Kaufinteressenten

10 Nach der höchstrichterlichen Rechtsprechung darf der Kaufinteressent, soweit ihm Gegenteiliges nicht bekannt ist, davon ausgehen, dass der Makler das Objekt von dem Verkäufer an die Hand bekommen hat und deshalb mit der angetragenen Weitergabe von Informationen eine Leistung für den Verkäufer erbringen will.[23] Ohne Weiteres braucht ein Interessent in einem solchen Fall nicht damit zu rechnen, dass der Makler auch von ihm eine Provision erwartet. Selbst die Besichtigung des Verkaufsobjekts zusammen mit dem Makler reicht bei dieser Sachlage für einen schlüssigen Vertragsabschluss nicht aus.[24]

11 Anderes gilt nur dann, wenn der Makler den Kaufinteressenten unmissverständlich auf eine von ihm im Erfolgsfall zu zahlende Käuferprovision hingewiesen hat. Der Makler muss eindeutig zum Ausdruck bringen, dass er Makler des Käufers sein will, um auszuschließen, dass der Kaufinteressent ihn für den Makler des Verkäufers halten könnte.[25] Ein Kaufinteressent, der

---

Provisionsforderung nicht allzu deutlich in den Vordergrund zu rücken. Die damit verbundenen Risiken hat der Makler zu tragen.

19 *D. Fischer*, NJW 2011, 3277, 3278.
20 *Oechsler*, Vertragliche Schuldverhältnisse, Rn. 1251. Die Abgabe eines ausdrücklichen Provisionsbegehrens im Wege mündlicher Erklärung ist freilich gleichermaßen zulässig, aus Beweisgründen aber nicht empfehlenswert.
21 Hierzu BGH, Urt. v. 5.5.2010 – III ZR 209/09, BGHZ 185, 310 Rn. 14; Urt. v. 20.1.2016 – VIII ZR 152/15, NJW-RR 2016, 526 Rn. 1
22 *D. Fischer*, NJW 2016, 3281, 3282.
23 BGH, Urt. v. 25.9.1985 – IVa ZR 22/84, BGHZ 95, 393, 395; Urt. v. 6.12.2001 – III ZR 296/00, NJW 2002, 817; Urt. v. 11.4.2002 – III ZR 37/01, NJW 2002, 1945; Urt. v. 22.9.2005 – III ZR 393/04, NJW 2005, 3779, 3780; Urt. v. 3.5.2012 – III ZR 62/11, NJW 2012, 2268 Rn. 10; Urt. v. 17.12.2015 – I ZR 172/14, NJW 2016, 2317 Rn. 13.
24 BGH, Urt. v. 16.11.2006 – III ZR 57/06, NJW-RR 2007, 400 Rn. 12; Urt. v. 3.5.2012 – III ZR 62/11, NJW 2012, 2268 Rn. 10; *Hogenschurz*, MDR 2013, 253.
25 BGH, Urt. v. 7.7.2016 – I ZR 30/15, NJW 2017, 1024 Rn. 17; Urt. v. 12.1.2017 – I ZR 198/15, WM 2017, 1120 Rn. 25.

in Kenntnis des eindeutigen Provisionsverlangens, beispielsweise in einem ihm übersandten Objektnachweis oder Exposé, die Dienste des Maklers[26] in Anspruch nimmt, gibt damit grundsätzlich in schlüssiger Weise zu erkennen, dass er den in dem Provisionsbegehren liegenden Antrag auf Abschluss eines Maklervertrages annehmen will.[27] Eine konkludente Annahmeerklärung des Maklerkunden kann auch in der Bitte um eine Reservierungsbestätigung, in der Anforderung von Zusatzinformationen über das in den Blick genommene Objekt [28] oder in dem Verlangen, ein Kaufangebot an den Verkäufer weiterzuleiten, liegen.[29] Gleiches gilt für die Bitte um Vereinbarung eines Besichtigungstermins.[30] Der Vertragsabschluss erfolgt in einem derartigen Fall nicht erst, wenn der Kaufinteressent den Besichtigungstermin wahrnimmt.[31] Mit der Bitte um die Vereinbarung eines Besichtigungstermins fordert der Interessent den Makler zur Benennung der Anschrift des Objekts auf. In der Preisgabe dieser Information liegt eine Maklerleistung, die der Interessent entgegennimmt.[32] Um die daran anknüpfenden Rechtsfolgen zu vermeiden, muss der Interessent ausdrücklich vor Inanspruchnahme der Maklerdienste deutlich machen, eine solche Willenserklärung nicht abgeben zu wollen.[33]

Ein Angebot auf Abschluss eines Maklervertrages ist grundsätzlich noch **12** nicht in einer Zeitungs- oder Internetanzeige des Maklers zu sehen. Ein Vertragsabschluss kommt deshalb regelmäßig noch nicht dadurch zustande,

---

26 Etwa die Durchführung eines Besichtigungstermins, BGH, Urt. v. 7.7.2016 – I ZR 30/ 15, NJW 2017, 1024 Rn. 23; Urt. v. 7.7.2016 – I ZR 68/15, NJW-RR 2017, 368 Rn. 20; Urt. v. 12.1.2017 – I ZR 198/15, WM 2017, 1120 Rn. 26; OLG Hamm, Urt. v. 27.11.2000 – 18 U 56/00, NZM 2001, 905, 906; OLG Frankfurt a. M., Beschl. v. 11.7.2012 – 19 U 78/12, IMR 2012, 515 (Kurzwidergabe).

27 BGH, Urt. v. 17.9.1998 – III ZR 174/97, NJW-RR 1999, 361, 362; Urt. v. 6.12.2001 – III ZR 296/00, NJW 2002, 817; Urt. v. 16.11.2006 – III ZR 57/06, NJW-RR 2007, 400 Rn. 13; Urt. v. 3.5.2012 – III ZR 62/11, NJW 2012, 2268 Rn. 10; Urt. v. 17.12.2015 – I ZR 172/14, NJW 2016, 2312 Rn. 13; Urt. v. 7.7.2016 – I ZR 30/15, NJW 2017, 1024 Rn. 22.

28 OLG Naumburg, Urt. v. 29.6.2012 – 10 U 7/12, NJW-RR 2013, 564.

29 BGH, Urt. v. 17.12.2015 – I ZR 172/14, NJW 2016, 2317 Rn. 17; *D. Fischer*, NJW 2016, 3281 f.

30 BGH, Urt. v. 7.7.2016 – I ZR 30/15, NJW 2017, 1024 Rn. 23; Urt. v. 7.7.2016 – I ZR 68/15, NJW-RR 2017, 368 Rn. 20; Urt. v. 12.1.2017 – I ZR 198/15, WM 2017, 1120 Rn. 26.

31 BGH, Urt. v. 7.7.2016 – I ZR 30/15, NJW 2017, 1024 Rn. 23; *D. Fischer*, NJW 2015, 3278, 3279; *ders.*, NJW 2017, 1219, 1220.

32 BGH, Urt. v. 7.7.2016 – I ZR 30/15, NJW 2017, 1024 Rn. 23.

33 BGH, Urt. v. 4.10.1995 – IV ZR 163/94, NJW-RR 1996, 114, 115; Urt. v. 3.5.2012 – III ZR 62/11, NJW 2012, 2268 Rn. 10; Urt. v. 7.7.2016 – I ZR 30/15, NJW 2017, 1024 Rn. 22; Urt. v. 7.7.2016 – I ZR 68/15, NJW-RR 2017, 368 Rn. 19.

dass ein Makler mit Zeitungs- oder Internetanzeigen werbend im geschäftlichen Verkehr auftritt und sich der Interessent daraufhin von sich aus an ihn wendet. Es handelt sich bei solchen Inseraten lediglich um eine *invitatio ad offerendum*, denn damit wendet sich der Makler an einen unbestimmten Kreis von potenziellen Interessenten.[34] Eine dadurch veranlasste Kontaktaufnahme des Interessenten mit dem Makler kann aber dann zum Abschluss eines Maklervertrages führen, wenn der Makler sein Provisionsverlangen im Inserat bereits ausdrücklich und unmissverständlich erklärt hat. Weist er in einem Zeitungs-[35] oder im Internetinserat[36] eindeutig auf die fällig werdende Maklerprovision hin, so dass der Interessent von einer eigenen Provisionspflicht ausgehen muss, und erhält dieser auf seine daraufhin erfolgte Anfrage Namen und Anschrift des Verkäufers, löst dies den Anspruch auf Zahlung der Provision aus.[37] Die Bezugnahme des Interessenten auf diese Anzeige bestimmt dabei den Inhalt des Nachweis- oder Vermittlungsersuchens so, dass der Makler von einem Angebot auf Abschluss eines solchen Maklervertrages ausgehen kann, nachdem er sein Provisionsverlangen zunächst ohne Preisgabe der Vertragsgelegenheit in seinem Inserat hinreichend deutlich geäußert hatte.[38] Der Vertragsabschluss kommt daher auch bei dieser Fallgestaltung mit der Aufnahme der Tätigkeit des Maklers gemäß § 151 BGB zustande,[39] wobei bei zeitgleich erfolgter Nachweisleistung oder der Anbe-

---

34 BGH, Urt. v. 21.5.1971 – IV ZR 52/70, WM 1971, 1098, 1099; Urt. v. 25.9.1985 – IVa ZR 22/84, BGHZ 95, 393, 395; Urt. v. 3.5.2012 – III ZR 62/11, NJW 2012, 2268 Rn. 11; Urt. v. 7.7.2016 – I ZR 30/15, NJW 2017, 1024 Rn. 15; OLG Rostock, Urt. v. 7.9.2005 – 6 U 211/04, NJW-RR 2006, 857, 858; MünchKomm-BGB/*H. Roth*, § 652 Rn. 50; Staudinger/*Arnold*, §§ 652, 653 Rn. 11; *D. Fischer*, NJW 2009, 3210.

35 BGH, Urt. v. 3.5.2012 – III ZR 62/11, NJW 2012, 2268 Rn. 11; Urt. v. 7.7.2016 – I ZR 30/15, NJW 2017, 1024 Rn. 17; OLG Köln, Urt. v. 11.1.1993 – 10 U 21/92, NJW-RR 1993, 764; MünchKomm-BGB/*H. Roth*, § 652 Rn. 50; Staudinger/*Arnold*, §§ 652, 653 Rn. 11; Soergel/*Engel*, BGB, § 652 Rn. 13; *Hamm/Schwerdtner*, Maklerrecht, Rn. 102; *Dehner*, NJW 1997, 18, 19; *D. Fischer*, NZM 2002, 480, 481.

36 BGH, Urt. v. 3.5.2012 – III ZR 62/11, NJW 2012, 2268 Rn. 11; Urt. v. 7.7.2016 – I ZR 30/15, NJW 2017, 1024 Rn. 17; Urt. v. 13.12.2018 – I ZR 51/17, WM 2019, 1985 Rn. 12; LG Hamburg, Urt. v. 19.5.2008 – 311 O 32/07, WE 2008, 186; *D. Fischer*, NJW 2009, 3210, 3211; Staudinger/*Arnold*, §§ 652, 653 Rn. 11; Soergel/*Engel*, BGB, § 652 Rn. 16; *Hamm/Schwerdtner*, Maklerrecht, Rn. 102.

37 BGH, Urt. v. 3.5.2012 – III ZR 62/11, NJW 2012, 2268 Rn. 11; Urt. v. 12.1.2017 – I ZR 198/15, WM 2017, 1120 Rn. 25; ebenso Anm. *Hogenschurz*, ZfIR 2012, 545; *H. Roth*, LMK 2012, 334936; *D. Fischer*, NJW 2009, 3210.

38 BGH, Urt. v. 3.5.2012 – III ZR 62/11, NJW 2012, 2268 Rn. 11; Urt. v. 13.12.2018 – I ZR 51/17, WM 2019, 1985 Rn. 12; MünchKomm-BGB/*H. Roth*, § 652 Rn. 54; *D. Fischer*, NJW 2009, 3211; a. A. OLG Brandenburg, Urt. v. 13.11.2008 – 12 U 90/08, NJW-RR 2009, 1145, 1146.

39 Vgl. BGH, Beschl. v. 24.9.2009 – III ZR 96/09, NJW-RR 2010, 257 Rn. 3.

raumung eines Besichtigungstermins hierin auch eine Annahmeerklärung des Maklers gesehen werden kann.[40]

Die Kontaktaufnahme des Interessenten aufgrund einer konkreten Objektan- **13** zeige kann aber unter Umständen auch nur *allgemeinen Informationszwecken* dienen und darf dann nicht als schlüssige Vertragserklärung gewertet werden.[41] Maßgeblich sind die Umstände des Einzelfalls. Im Provisionsprozess sollte aus Sicht des Maklers klargestellt werden, dass die Bezugnahme auf die Anzeige als vertragsrelevante Erklärung des Interessenten zu werten ist. Hierfür ist es notwendig den genauen Text des Inserats, das ein ausdrückliches Provisionsverlangen enthalten muss, in den Prozess einzuführen und die objektbezogenen Umstände der Kontaktaufnahme darzulegen.[42] In Übereinstimmung mit diesen Grundsätzen hat das OLG Düsseldorf[43] mit Urteil vom 13.6.2014 ausgeführt: Fordert der Interessent etwa per E-Mail ein konkretes Exposé beim Makler an, gibt er ein konkludentes Angebot ab, welches der Makler wegen seines in der Anzeige enthaltenen Provisionsverlangen von seinem Empfängerhorizont als Antrag zum Abschluss eines provisionspflichtigen Maklervertrages verstehen darf. In der anschließenden Übersendung des Exposés an den Kunden liegt die Annahmeerklärung des Maklers.[44]

In einem Nichtzulassungsbeschwerde-Beschluss vom 24.11.2016 hat der **14** Maklerrechtssenat sich erneut zur Problematik des konkludenten Vertragsabschlusses geäußert und darauf hingewiesen, dass ein Kaufinteressent, der in Kenntnis eines eindeutigen Provisionsverlangens, beispielsweise in einem ihm übersandten Objektnachweis oder Exposé, die Dienste des Maklers in Anspruch nimmt, damit grundsätzlich in schlüssiger Weise zu erkennen gibt, dass er den in dem Provisionsbegehren liegenden Antrag auf Abschluss eines Maklervertrages annehmen will.[45] Wird der Makler in Kenntnis eines zuvor geäußerten Provisionsverlangens in einem Interessenbekundungs-

---

40 BGH, Urt. v. 13.12.2018 – I ZR 51/17, WM 2019, 1985 Rn. 12; *D. Fischer*, NJW 2012, 3283, 3284; vgl. auch *Hogenschurz*, MDR 2013, 253, 254.
41 Dies bedarf aber einer eingehenden tatrichterlichen Würdigung; vgl. BGH, Urt. v. 7.7.2016 – I ZR 68/15, NJW-RR 2017, 368 (zu allgemein die Vorinstanz OLG Jena, Urt. v. 4.3.2015 – 2 U 205/14, MMR 2015, 438, hierzu *D. Fischer*, NJW 2015, 3278, 3279; *ders.* NJW 2017, 1219, 1220).
42 *D. Fischer*, IMR 2017, 204.
43 OLG Düsseldorf, Urt. v. 13.6.2014 – 7 U 37/13, NZM 2015, 225: Internetanzeige.
44 OLG Düsseldorf, Urt. v. 13.6.2014 – 7 U 37/13, NZM 2015, 225; ebenso *D. Fischer*, NJW 2012, 3283, 3284; *W. Mäschle/E. Mäschle*, AIZ 2015, H. 6, 50 ff. zur Problematik das Exposé: Vertragsangebot oder Vertragsannahme.
45 BGH, Beschl. v. 24.11.2016 – I ZR 37/16, BeckRS 2016, 116281 Rn. 17 unter Bezugnahme auf BGH, Urt. v. 3.5.2012 – III ZR 62/11, NJW 2012, 2268 Rn. 10.

schreiben aufgefordert, eine Objektbesichtigung zu organisieren und weitere Informationen zu übermitteln, kommt ein Maklervertrag zustande. Entgegen der Ansicht der Vorinstanz hindert eine Unklarheit über die Person des Vertragspartners des Maklers das Zustandekommen des Maklervertrages nicht.[46] Die Beschwerde führte gleichwohl nicht zur Zulassung der Revision, weil der Makler mit dem Erwerber des vermittelten Hotelobjekts und Beklagten des Provisionsprozesses keinen Maklervertrag abgeschlossen hatte, sondern mit einem anderen Unternehmen, welches das Interessenbekundungsschreiben unterzeichnet hatte. Auch diese Fallgestaltung zeigt nachdrücklich auf, dass es jedenfalls bei Großprojekten – Erwerb einer Hotelanlage zu 20.000.000 € – im Maklerinteresse ist, hinsichtlich des Vertragsabschlusses und der Maklerleistung eine beweisfeste Dokumentation zu führen.[47] Zudem ist es Sache des Makleranwalts, im Provisionsprozess den zutreffenden Provisionsschuldner zu verklagen. Unter Heranziehung der Grundsätze über die persönliche Kongruenz[48] wäre der in Rede stehende Auftraggeber auch Provisionsschuldner gewesen, nicht aber der verklagte Erwerber des Hotelobjekts.[49]

15   Die Übergabe eines Exposés in einem Gesprächstermin reicht zur Annahme eines Maklervertragsabschlusses durch schlüssiges Verhalten nicht aus, selbst wenn der Kunde nach Entgegennahme des Exposés das Gespräch fortsetzen sollte. Denn der Makler kann nicht davon ausgehen, dass der Kaufinteressent ein überreichtes Exposé sogleich durchliest und die Courageforderung des Maklers zur Kenntnis nimmt.[50] Ein Maklervertrag kann daher unter diesen Umständen nur dadurch zustande kommen, dass der Kunde nach der Übergabe des Exposés in Kenntnis des Provisionsverlangens weitere Maklerleistungen in Anspruch nimmt und das Angebot auf Abschluss eines Maklervertrages dadurch schlüssig angenommen wird.[51] Im Übrigen gilt aber zugunsten des Maklers der Erfahrungssatz, der Kunde werde nach Erhalt eines Exposés dessen Inhalt auch zur Kenntnis nehmen.[52] Deshalb ist der Einwand

---

46 BGH, Beschl. v. 24.11.2016 – I ZR 37/16, BeckRS 2016, 116281 Rn. 18.
47 Hierzu *D. Fischer*, IMR 2017, 203.
48 Hierzu nachstehendes Kap. V Rn. 89 ff.
49 *D. Fischer*, NZM 2018, 483, 485.
50 BGH, Urt. v. 28.11.1990 – IV ZR 258/89, NJW-RR 1991, 371; OLG Schleswig, Urt. v. 21.7.2006 – 14 U 55/06, NJW 2007, 1982, 1983; Urt. v. 25.9.2009 – 14 U 66/09, MDR 2010, 561; *Hamm/Schwerdtner*, Maklerrecht, Rn. 103; *Würdinger*, NZM 2017, 545, 546.
51 OLG Schleswig, Urt. v. 21.7.2006 – 14 U 55/06, NJW 2007, 1982, 1983; Urt. v. 25.9.2009 – 14 U 66/09, MDR 2010, 561.
52 BGH Urt. v. 16.11.2006 – III ZR 57/06, NJW-RR 2007, 400 Rn. 17; *D. Fischer*, NJW 2007, 3107, 3108; Schreiber/Ruge/*Tyarks*, Kap. 5 Rn. 30.

des Maklerkunden, er habe ein in einer Internetanzeige enthaltenes ausdrückliches Provisionsverlangen überlesen, im Hinblick auf den maßgeblichen Empfängerhorizonts des Maklers unbeachtlich.[53] Zu Recht geht der Bundesgerichtshof in diesem Zusammenhang von dem Erfordernis einer lebensnahen tatrichterlichen Beurteilung aus. So erscheine es ausgeschlossen, dass der potenzielle Käufer einer Immobilie allein aufgrund der Angabe, es stehe ein Einfamilienhaus mit Einliegerwohnung in einer Anliegerstraße zum Verkauf, eine Besichtigung vereinbare, ohne dem in derselben E-Mail enthaltenen Hinweis auf eine Anzeige im Internet nachzugehen.[54]

Ein stillschweigender Abschluss eines Maklervertrages hinsichtlich eines **16** zwischenzeitlich bezüglich der Größe und der Eigentumsverhältnisse veränderten Grundstücks, welches dem Kunden bereits Jahre zuvor provisionspflichtig angeboten wurde, erfordert gleichfalls ein ausdrückliches (neues) Provisionsverlangen. Auch insoweit besteht jedenfalls im Hinblick auf die veränderten Umstände eine zulasten des Maklers gehende Unklarheit.[55]

Mit Grundsatzurteil vom 17.12.2015 hat der Bundesgerichtshof [56] die Un- **17** klarheitenregel zu Recht auf eine weitere Fallgestaltung erstreckt:[57] Der Makler, der einem Interessenten das Exposé eines anderen Maklers übergibt, bringt damit grundsätzlich nicht zum Ausdruck, dass er im Erfolgsfall selbst eine Provision beansprucht. Er gibt damit kein Angebot auf Abschluss eines Maklervertrages mit ihm selbst ab. Da es Sache des Maklers ist, gegenüber dem Interessenten für klare Verhältnisse darüber zu sorgen, für wen er Maklerdienste leisten will,[58] erfordert ein Provisionsverlangen, wenn der Makler das Exposé eines Dritten übergibt, eine ausdrückliche Erklärung, dass er selbst eine provisionspflichtige Maklerleistung für den Interessenten erbringen will. Geschieht dies nicht, kann die Übergabe eines fremden Exposés, selbst wenn ihr ein Besichtigungstermin nachfolgt, nicht als Angebot auf Abschluss eines Maklervertrages im eigenen Namen angesehen werden.[59]

---

53 LG Oldenburg, Urt. v. 16.5.2013 – 5 O 3605/12, ZMR 2014, 335, 336; *D. Fischer*, NJW 2014, 3281, 3282.
54 BGH, Urt. v. 12.1.2017 – I ZR 198/15, WM 2017, 1120 Rn. 29.
55 OLG Frankfurt a. M., Urt. v. 25.3.2011 – 19 U 217/10, NJW-RR 2011, 1500, 1501.
56 BGH, Urt. v. 17.12.2015 – I ZR 172/14, NJW 2016, 2317; hierzu *D. Fischer*, NZM 2016, 478.
57 *D. Fischer*, WuB 2017, 96.
58 BGH, Urt. v. 17.12.2015 – I ZR 172/14, NJW 2016, 2317 Rn. 36 unter Bezugnahme auf BGH, Urt. v. 17.9.1998 – III ZR 174/97, NJW-RR 1999, 361, 362.
59 BGH, Urt. v. 17.12.2015 – I ZR 172/14, NJW 2016, 2317 Rn. 36.

18   Nichts anderes gilt, wenn der Makler, der ein fremdes Exposé übergibt, mit dem Interessenten bereits in anderem Zusammenhang durch einen Maklervertrag verbunden ist. Ein solchermaßen durch schlüssiges Verhalten zustande gekommener Vertrag begründet eine Provisionspflicht des Interessenten jedoch nur für solche Objekte, bei denen der Makler erkennbar in eigenem Namen für ihn Maklerleistungen erbringt.[60] Ein derartiger, durch schlüssiges Verhalten zustande gekommener Maklervertrag kann nicht erweiternd ausgelegt werden. Auch insoweit verbleiben Unklarheiten, die der Makler auszuräumen hat.[61] Der Maklerkunde, der von einem Makler das Exposé eines dritten, ihm unbekannten Maklers erhält, kann aufgrund der Umstände annehmen, dass es sich bei dem Exposé-Ersteller um einen Verkäufermakler handelt und dass der ihm gegenüber tätige Makler in dessen Auftrag tätig wird.[62] Will der Makler auch für solche Objekte eine Vergütung beanspruchen, die ihm durch einen dritten Makler benannt worden sind, muss er dies gegenüber dem Interessenten unmissverständlich zum Ausdruck bringen.[63]

19   Die überaus vielschichtige Entscheidung vom 17.12.2015 zeigt eindrucksvoll auf, dass bei einer Gemengenlage von mehreren beteiligten Maklern – im Streitfall waren es allein drei unterschiedliche Vermittlungsunternehmen mit ihren jeweils geltend gemachten Provisionsansprüchen – anhand der Unklarheitenregel strikt zu prüfen ist, bei welchem Makler die Voraussetzungen für die Annahme eines wirksamen Vertragsabschlusses vorliegen.[64] Die in Rede stehenden drei Vertragsbeziehungen müssen deshalb voneinander abgeschichtet werden, so dass auf der jeweiligen Leistungsebene festzustellen ist, ob und zu welchem Zeitpunkt gegenüber dem Kunden wirksame Vertragsverhältnisse begründet und hinreichende, den Provisionsanspruch auslösende Maklerleistungen erbracht wurden.[65]

20   Die Grundsätze über das Gebot eines ausdrücklichen Provisionsverlangens (Ausdrücklichkeitsgebot/Unklarheitenregel) gelten auch in den Regionen, in denen üblicherweise der Käufer die Gesamtprovision zu tragen hat.[66]

---

60 BGH, Urt. v. 17.12.2015 – I ZR 172/14, NJW 2016, 2317 Rn. 37.
61 *D. Fischer*, WuB 2017, 96, 97.
62 BGH, Urt. v. 17.12.2015 – I ZR 172/14, NJW 2016, 2317 Rn. 37.
63 BGH, Urt. v. 17.12.2015 – I ZR 172/14, NJW 2016, 2317 Rn. 39.
64 *D. Fischer*, NZM 2016, 478, 479.
65 *D. Fischer*, WuB 2017, 96.
66 OLG Frankfurt a. M., Urt. v. 10.10.1979 – 7 U 11/79, AIZ 1981, 74; *Hamm/Schwerdtner*, Maklerrecht, Rn. 89.

Nach zutreffender Ansicht des OLG Frankfurt a. M.[67] sind die vorgenannten Grundsätze auch im Bereich der Personalvermittlung zu berücksichtigen.

bb) Vertragsabschluss mit einem Mietinteressenten

Die Grundsätze über das Gebot eines ausdrücklichen Provisionsverlangens **21** gelten nicht nur für die Vermittlung oder Nachweis eines Grundstückskaufs, sondern auch dann, wenn der Makler einen Mietvertragsabschluss über Gewerbe- oder Praxisräume nachzuweisen oder zu vermitteln hat.[68]

cc) Vertragsabschluss mit einem Verkaufsinteressenten

Darüber hinaus sind diese Grundsätze auch dann zu beachten, wenn der **22** Makler einen Vertragsabschluss mit einem Verkaufsinteressenten anstrebt. Bereits im Jahre 1960 hat der Bundesgerichtshof[69] entschieden, dass die Unklarheitenregel auch dann gilt, wenn der Makler unter Hinweis auf den ihm erteilten Vermittlungsauftrag eines Kaufinteressenten an einen ihm bekannt gewordenen verkaufsgeneigten Grundstückseigentümer herantritt und zwischen den beiden einen Kaufvertragsabschluss herbeiführt. Provisionspflichtig wird der Verkaufsinteressent nur, wenn ihm gegenüber der Makler ein ausdrückliches Provisionsbegehren gerichtet hatte. Über diese damals entschiedene Fallgestaltung hinausgehend wird im Schrifttum zutreffend davon ausgegangen, dass die Unklarheitenregel generell anzuwenden ist, wenn sich ein Verkaufsinteressent an den Makler wendet, um aus dessen Bestand Kaufinteressenten nachgewiesen zu erhalten. Auch für diese Fallgruppe besteht ein Bedürfnis nach Offenlegung der Provisionserwartung des Maklers.[70]

---

67 OLG Frankfurt, Urt. v. 1.10.2013 – 5 U 245/12, BeckRS 2014, 02431 – Kandidaten-Flash. Die hiergegen gerichtete Nichtzulassungsbeschwerde hat der Bundesgerichtshof mit (Formular-)Beschluss v. 21.8.2014 – III ZR 458/13 zurückgewiesen.

68 BGH, Urt. v. 13.12.2018 – I ZR 51/17, WM 2019, 1985 Rn. 13 bezüglich der Vermittlung eines Wohnungsmietvertrages vor Einführung des Bestellerprinzips; OLG Dresden, Urt. v. 2.9.1998 – 8 U 3692/97, NZM 1998, 1016; OLG Düsseldorf, Urt. v. 21.10.2011 – 7 U 160/10, MDR 2011, 1462, 1463; LG Dortmund, Urt. v. 23.1.2002 – 17 S 212/01, NZM 2003, 163; Palandt/*Sprau*, § 652 Rn. 5; *D. Fischer*, NJW 2012, 3283, 3284.

69 BGH, Urt. v. 4.7.1960 – VII ZR 221/59, BB 1960, 918 = BGH, LM § 652 BGB Nr. 8a = BeckRS 1960, 31188886.

70 Hamm/*Schwerdtner*, Maklerrecht, Rn. 112, 136; *Ibold*, Maklerrecht, Rn. 28; Palandt/*Sprau*, § 652 Rn. 4; *D. Fischer*, NJW 2012, 3080; vgl. auch BGH, Urt. v. 23.10.1980 – IVa ZR 27/80, NJW 1981, 279.

dd) Vertragsabschluss mit einem Kreditsuchenden

23   In der Übersendung einer Finanzierungsausschreibung an einen Kreditsuchenden, in der auf die Vergütungspflicht hingewiesen wird, kann ein Angebot auf Abschluss eines Finanzierungs-Maklervertrags liegen. Dieses Angebot kann der Kreditsuchende dadurch konkludent annehmen, dass er in Finanzierungsgespräche mit dem Darlehensvermittler eintritt.[71]

ee) Suchauftrag

24   Erteilt der Kunde dem Makler den Auftrag, ihm in einem bestimmten Gebiet geeignete Objekte zu benennen, handelt es sich um einen *Suchauftrag*. In Bezug auf die jeweils vorgeschlagenen Objekte kommen regelmäßig keine eigenständigen Maklerverträge zustande, sondern der Suchauftrag ist als einheitliches Vertragsverhältnis zu behandeln.[72]

25   Nach der bisherigen Rechtsprechung sollte die Unklarheitenregel allerdings dann keine Anwendung finden, wenn ein Kauf- oder Mietinteressent den Makler nicht wegen eines bestimmten – etwa von ihm in einer Anzeige vorgestellten – Objektes angesprochen hat, sondern ihn um Benennung einer Wohnung oder eines Hauses in einer bestimmten Gegend ersucht. Für die Fallgruppe des Suchauftrags – sollte, auch wenn über die Provisionspflicht nicht gesprochen wurde, kein Vertrauenstatbestand zugunsten des Kunden vorliegen, weil der Kunde als Kaufinteressent ein Tätigwerden für sich selbst wünscht[73] und damit von einer eigenen Vergütungspflicht ausgehen muss.

26   Der Bundesgerichtshof[74] hat im Jahre 2005 – in Abkehr früherer Rechtsprechung[75] – zu Recht festgestellt,[76] ein schlüssiger Vertragsabschluss könne

---

71   BGH, Urt. v. 5.3.2020 – I ZR 69/19, WM 2020, 1244 Rn. 10.

72   OLG Düsseldorf, Urt. v. 19.5.2017 – 7 U 158/16, MDR 2017, 1355 = BeckRS 2017, 133551; *D. Fischer*, NJW 2017, 1145.

73   OLG München, Urt. v. 7.10.2004 – 19 U 3559/02, NZM 2005, 71; OLG Koblenz, Urt. v. 14.5.1996 – 5 U 1099/95, NJW-RR 1997, 693; OLG Hamburg, Urt. v. 6.9.1995 – 13a U 15/94, NJW-RR 1996, 1463; OLG Hamm, Urt. v. 21.2.1994 – 18 U 87/93, NJW-RR 1994, 1540; LG Karlsruhe, Urt. v. 24.7.2003 – 5 S 214/01, NZM 2004, 307.

74   BGH, Urt. v. 22.9.2005 – III ZR 393/04, NJW 2005, 3779, 3780.

75   So die Rspr. des früher für das Maklerrecht zuständigen IV. Zivilsenats, Urt. v. 21.5.1971 – IV ZR 52/70, WM 1971, 1098, 1099; IVD-Rspr. A 103 Bl. 36; Urt. v. 16.5.1990 – IV ZR 64/89, NJW-RR 1990, 1269.

76   Zustimmend *Griziwotz*, ZfIR 2006, 58; *D. Fischer*, NJW 2007, 3107, 3108; ferner Bamberger/Roth/*Kotzian-Marggraf*, BGB, § 652 Rn. 17; NK-BGB/*Wichert*, § 652 Rn. 29; PWW/*Fehrenbacher*, BGB, 15. Aufl. 2020, § 652 Rn. 18; *Schulz*, WoVermG, § 2 Rn. 8.

aber auch dann nicht angenommen werden, wenn der Kunde ohne Bezugnahme auf ein Inserat oder ein sonstiges Einzelangebot des Maklers Kontakt zu diesem aufnimmt, um sich Objekte aus dessen „Bestand" benennen zu lassen. Auch bei einer derartigen Fallgestaltung liegt in der Objektangabe letztlich ein vom Makler ausgehendes Angebot vor, so dass der Interessent, selbst wenn ihm bewusst ist, dass er insoweit Dienste des Maklers entgegennimmt, mangels hinreichender Anhaltspunkte für das Gegenteil damit rechnen darf, die Objekte seien dem Makler schon von dem Verkäufer oder Vermieter an die Hand gegeben worden und mit diesem bestehe ein Maklervertrag.[77]

Anders liegt es nur bei einer weitergehenden Nachfrage von Maklerdienstleistungen seitens des Kunden,[78] insbesondere bei der Erteilung eines *eigenen Suchauftrags*.[79] Was genau unter dem Begriff eines Suchauftrags im vorgenannten Sinn zu verstehen ist, hat der Bundesgerichtshof nicht näher umschrieben. Der in diesem Zusammenhang gegebene Hinweis auf zwei obergerichtliche Entscheidungen,[80] zeigt aber, dass der Makler zur Erledigung eines derartigen Auftrags nicht auf eigenes Adressenmaterial zurückgreifen kann, sondern sich neue Objekte durch eigenständige Tätigkeit für seinen Kunden erschließen muss.[81] Nach der Auftragslage muss er mithin *„nach außen hin suchend tätig"* werden.[82] **27**

Der Bundesgerichtshof hat sich zu dieser Problematik im Jahre 2009 in einem knapp gefassten Zurückweisungsbeschluss nach § 552a ZPO[83] erneut geäußert und hierzu betont: Wendet sich ein Interessent dagegen an einen **28**

---

77 BGH, Urt. v. 22.9.2005 – III ZR 393/04, NJW 2005, 3779, 3780. A. A. *Althammer*, JA 2006, 242; *Pauly*, MDR 2006, 549, 550, die unter Rückgriff auf die allgemeine Vertragslehre die maklerrechtsspezifischen Besonderheiten nicht hinreichend würdigen. Ebenso MünchKomm-BGB/*H. Roth*, § 652 Rn. 56; Soergel/*Engel*, BGB, § 652 Rn. 11.

78 BGH, Urt. v. 22.9.2005 – III ZR 393/04, NJW 2005, 3779, 3780, unter ausdrücklicher Bezugnahme auf OLG Hamm, Urt. v. 21.2.1994 – 18 U 87/93, NJW-RR 1994, 1540; OLG Saarbrücken, Urt. v. 22.4.2004 – 8 U 430/03, OLGReport 2004, 420, 421.

79 Vgl. hierzu auch BGH, Beschl. v. 24.9.2009 – III ZR 96/09, NJW-RR 2010, 257; ebenso OLG Frankfurt a. M., Beschl. v. 16.2.2011 – 19 U 268/10, MietRB 2011, 280 (Kurzwiedergabe); OLG München, Urt. v. 12.12.2016 – 21 U 3086/15, BeckRS 2016, 20902, hierzu *D. Fischer*, IMR 2017, 78.

80 OLG Hamm, Urt. v. 21.2.1994 – 18 U 87/93, NJW-RR 1994, 1540; OLG Saarbrücken, Urt. v. 22.4.2004 – 8 U 430/03, OLGReport 2004, 420, 421.

81 OLG Saarbrücken, Urt. v. 22.4.2004 – 8 U 430/03, OLGReport 2004, 421.

82 OLG Hamm, Urt. v. 21.2.1994 – 18 U 87/93, NJW-RR 1994, 1540; OLG Saarbrücken, Urt. v. 22.4.2004 – 8 U 430/03, OLGReport 2004, 420, 421; OLG München, Urt. v. 12.12.2016 – 21 U 3086/15, BeckRS 2016, 20902; *Bethge*, BGHReport 2005, 1567; *D. Fischer*, IMR 2017, 78.

83 BGH, Beschl. v. 24.9.2009 – III ZR 96/09, NJW-RR 2010, 257.

gewerbsmäßigen Makler mit der Bitte, Dienste im Sinne eines Suchauftrags zu erhalten, so liegt hierin seitens des Kunden ein Angebot auf Abschluss eines Nachweismaklervertrages.[84] Zur Annahme eines solchen Antrags genügt es, wenn der Makler seine Tätigkeit aufnimmt. Der Zugang einer ausdrücklichen Annahmeerklärung ist gemäß § 151 Satz 1 BGB nicht erforderlich,[85] so dass für die Feststellung eines konkludenten Vertragsschlusses nicht einmal darauf abgestellt zu werden braucht, ob der Makler dem Kunden im Anschluss an dessen Angebot Informationen über geeignete Objekte übermittelt hat. Hier gelten mithin die klassischen Vertragsgrundsätze.

29   Im praxisorientierten Schrifttum wurde dieser Beschluss, der keinen amtlichen Leitsatz aufweist, als geradezu sensationell bezeichnet,[86] und als gewisse Abkehr zu der vorgenannten Entscheidung vom 22.9.2005 angesehen. Diese Bedeutung kommt der Beschlussentscheidung nicht zu.[87] Während die Entscheidung aus dem Jahre 2005 den – einmaligen – Kauf eines Einfamilienhauses eines Verbrauchers betraf, handelte es sich bei den Parteien der späteren Entscheidung um Kaufleute, ein Reiseunternehmen, welches für einen Filialbetrieb ein neues Lokal benötigte, und der gewerblich tätige Makler. Für den kaufmännischen Rechtsverkehr gilt zwar grundsätzlich auch die Unklarheitenregel, gleichwohl sind hier, nicht nur was die Eindeutigkeit des Provisionsbegehrens betrifft, sondern auch im Vorfeld, was die Anforderungen an den eigenständigen Suchauftrag angeht, weniger strenge Maßstäbe anzulegen.[88] Entscheidend war schließlich, dass der kaufmännische Kunde dem Makler für das gewünschte Objekt ein konkretes Suchprofil mit den maßgeblichen Kriterien übergab, das nach den tatrichterlichen Feststellungen des Berufungsgerichts[89] dahingehend verstanden werden konnte, dass sich die Suche nicht nur auf den aktuellen Bestand des Maklers beschränken, sondern im Sinne einer dienstvertraglichen Tätigkeitskomponente auch die zusätzliche Suche auf dem Markt mitumfassen sollte.[90]

30   Ein Maklerrahmenvertrag kann grundsätzlich nur dann angenommen, wenn der Interessent dem Makler einen Suchauftrag erteilt, der über dessen Ange-

---

84 BGH, Beschl. v. 24.9.2009 – III ZR 96/09, NJW-RR 2010, 257 Rn. 3 unter Bezugnahme auf BGH, Urt. v. 22.9.2005 – III ZR 393/04, NJW 2005, 3779, 3780.

85 BGH, Beschl. v. 24.9.2009 – III ZR 96/09, NJW-RR 2010, 257 Rn. 3 unter Bezugnahme auf BGH, Beschl. v. 13.3.1985 – IVa ZR 152/83; Urt. v. 10.7.1985 – IVa ZR 15/84, NJW 1986, 50, 51.

86 *Bethge*, Info M 2010, 139.

87 *D. Fischer*, NJW 2011, 3277, 3278.

88 *D. Fischer*, NJW 2011, 3277, 3278 unter Verweis auf *dens.*, NZM 2002, 480.

89 OLG Düsseldorf, Urt. v. 20.2.2009 – 7 U 51/08, BeckRS 2009, 27308.

90 *D. Fischer*, NJW 2011, 3277, 3278.

botsbestand hinausgeht. Nur dann, wenn der Kunde dem gewerbsmäßigen Makler einen über dessen „Bestand" hinausgehenden Suchauftrag erteilt, genügt die Aufnahme der Maklertätigkeit zur Annahme dieses Angebotes, weil dann der Kunde von einer vom Anbieter des Objekts provisionierten Leistung des Maklers noch nicht ausgehen kann.[91]

Liegt ein eigener Suchauftrag vor,[92] kommt die Unklarheitenregel nicht zur Anwendung. Wendet der Maklerkunde bei einer derartigen Fallgestaltung ein, er habe den Makler darauf verwiesen, sich die Provision bei der Gegenseite zu holen, dann trägt er für die damit geltend gemachte Unentgeltlichkeit des Maklervertrages die Beweislast.[93] **31**

c) Anforderungen hinsichtlich der Deutlichkeit des Provisionsverlangens

Welche Anforderungen an die Eindeutigkeit des Provisionsverlangens zu stellen sind, hängt von den Umständen des Einzelfalls ab.[94] Bei der Beantwortung, ob ein Hinweis ausreichend ist, kommt es nicht nur auf den Wortlaut an, sondern auch auf die Begleitumstände.[95] Es kann durchaus sein, dass ein und derselbe Text in dem einen Fall als hinreichend deutlich, im dem anderen Fall als unzulänglich zu bewerten ist.[96] Der Makler muss sich jedenfalls so klar ausdrücken, dass bei dem Interessenten kein Missverständnis entsteht.[97] In diesem Zusammenhang ist insbesondere darauf zu achten, aus welchem Verkehrskreis der jeweilige Interessent stammt.[98] Ist er ein Verbraucher (§ 13 BGB), so wird regelmäßig kein Anhaltspunkt dafür vorliegen, dass der Interessent immobilienbranchenbezogene Kenntnisse besitzt. Anders kann es bei Unternehmern (§ 14 BGB) sein, die häufig in Geschäfts- **32**

---

91 OLG Frankfurt a. M., Beschl. v. 16.2.2011 – 19 U 268/10, MietRB 2011, 280 (Kurzwiedergabe).

92 Auch hierfür trägt der Makler die Darlegungs- und Beweislast, BGH, Urt. v. 22.9.2015 – III ZR 393/04, NJW 2005, 3779, 3781; *D. Fischer*, IMR 2017, 78.

93 BGH, Beschl. v. 24.9.2009 – III ZR 96/09, NJW-RR 2010, 257 Rn. 4; *Mutschler*, Maklerrecht, 2013, S. 18.

94 BGH, Urt. v. 3.5.2012 – III ZR 62/11, NJW 2012, 2268 Rn. 12; Urt. v. 12.1.2017 – I ZR 198/15, WM 2017, 1120 Rn. 27.

95 BGH, Urt. v. 12.1.2017 – I ZR 198/15, WM 2017, 1120 Rn. 27; *D. Fischer*, NZM 2002, 480.

96 *Dehner*, Maklerrecht, Rn. 28, weist in diesem Zusammenhang zutreffend darauf hin, dass deshalb Präjudizien zu diesem Fragenkreis mit Vorsicht zu verwenden sind.

97 BGH, Urt. v. 2.7.1986 – IVa ZR 246/84, NJW-RR 1986, 1496, 1497; Urt. v. 3.5.2012 – III ZR 62/11, NJW 2012, 2268 Rn. 10; Urt. v. 12.1.2017 – I ZR 198/15, WM 2017, 1120 Rn. 27: *unmissverständlich*.

98 *D. Fischer*, NZM 2002, 480; ebenso *Seydel/Heinbuch*, Maklerrecht, Rn. 120.

beziehung zu Maklern treten oder sich im Immobilienbereich betätigen.[99] Besondere Zurückhaltung hinsichtlich der Anwendung der Unklarheitenregel im unternehmerischen Rechtsverkehr erscheint aber dann angebracht, wenn der jeweilige Maklerkunde nach seinem eigenen Unternehmensgegenstand sich selbst zuweilen als Makler betätigt, was gerade im gewerblichen Immobilienbereich nicht selten ist.[100]

33   Die Unklarheit bei bestimmten Provisionsklauseln[101] kann sich insbesondere daraus ergeben, dass für den Kaufinteressenten der Eindruck entsteht, die Klausel nehme auf die Verpflichtung des Verkäufers, Provision zahlen zu müssen Bezug bzw. der Verkäufer wolle u.U. seine bereits bestehende Provisionspflicht auf den Käufer – als Teil der Kaufvertragsregelung – abwälzen. Hier besteht dann für den verhandlungsstarken Käufer die Möglichkeit, diese vorgesehene Regelung bei den Vertragsverhandlungen möglicherweise abzuwehren.

34   *Beispiele aus der bisherigen Rechtsprechung für unklare Provisionsklauseln:*

– „Der Käufer trägt die Erwerbsnebenkosten, d.h. 5,25% Maklercourtage + MwSt, ca. 1% Notarkosten + MwSt" ist kein ausreichendes Provisionsverlangen gegenüber Käufer, weil der Hinweis möglicherweise als eine Freistellung von Verkäuferprovision verstanden werden könnte, BGH (Urt. v. 28.11.1990 – IV ZR 258/89), NJW-RR 1991, 371, unter Bezugnahme auf BGH, WM 1981, 495.
– „Kaufpreis DM 620.000,– Courtage: 3,42%" nicht hinreichend deutlich, OLG Hamm, NJW-RR 1994, 1078.[102]
– „3,42% Courtage vom Kaufpreis" nicht hinreichend deutlich, weil offen bleibt, ob an Makler oder an Verkäufer zu entrichten ist (Überwälzen bereits bestehender Provisionspflicht), OLG Hamm, NJW-RR 1995, 819.
– „Kaufpreis DM 900.000 + Provision" ebenfalls nicht ausreichend, OLG Hamm, NJW-RR 1999, 127.[103]

---

99 Hierzu etwa OLG Karlsruhe, Urt. v. 22.7.1998 – 15 U 42/98, NZM 1999, 231; OLG Köln, Urt. v. 8.8.2000 – 24 U 38/00, OLGReport 2001, 25, 27.
100 *D. Fischer*, NZM 2002, 480.
101 Um den damit verbundenen Unsicherheiten aus dem Weg zu gehen, ist es empfehlenswert wie folgt zu formulieren: *„Der Käufer zahlt im Erfolgsfalle an uns eine Käufermaklerprovision in Höhe von 3% aus Kaufpreis zuzüglich 19% Mehrwertsteuer."*
102 Demgegenüber hält *Münch*, MietRB 2013, 132, 134, den im Immobilienbereich vielfach verwendeten Begriff Courtage zu Recht für unmissverständlich; ebenso Schreiber/Ruge/*Tyarks*, Kap. 5 Rn. 35.
103 Das OLG Hamm hat mit Urt. v. 21.6.2012 – 18 U 17/12, NJW-RR 2013, 170 seine restriktive Rechtsprechungslinie, bezogen auf Internetangaben, aufgegeben. Für Anzei-

– „Provision: Vermittlungsprovision 5,95 % vom Kaufpreis" ebenfalls nicht ausreichend, OLG Oldenburg NJW-RR 2010, 1717, 1720.

Der Bundesgerichtshof hält demgegenüber zu Recht weniger strenge Anfor- **35** derungen für ausreichend.[104] Die Angabe: „*Provision 7,14 %*" direkt unter der Angabe der Vermarktungsart (Kauf) und des Kaufpreises drückt bereits ein eindeutiges Provisionsverlangen gegenüber dem Kaufinteressenten aus.[105] Dies kann nicht (auch) als bloßer Hinweis darauf missverstanden werden, dass der Makler im Erfolgsfalle von dem Verkäufer eine Provision in entsprechender Höhe zu beanspruchen hat. Dies umso weniger, als nicht ersichtlich ist, welches Interesse ein Makler daran haben könnte, dem Kaufinteressenten – ohne dass hierzu eine rechtliche Verpflichtung besteht – zu offenbaren, ob und in welcher Höhe er eine Provisionsvereinbarung mit dem Verkäufer getroffen hat.[106] Vielmehr ist bei einer solchen, auf den wesentlichen Inhalt eines Maklervertrages beschränkten Anzeige ohne Weiteres erkennbar, dass der Makler auch und gerade mit demjenigen in vertragliche Beziehungen treten will, der sich als Kaufinteressent an ihn wendet.[107]

Der Bundesgerichtshof[108] hat im Jahre 2014 seine Linie, dass an den Inhalt **36** eines hinreichend deutlichen Provisionsverlangens keine allzu engherzigen Maßstäbe anzulegen sind, insbesondere eine rein begriffsbezogene Betrachtungsweise nicht angezeigt ist,[109] erneut bekräftigt. Der streitgegenständlichen Regelung[110] könne nicht entgegen gehalten werden, sie sei nicht ausreichend, weil deren Wortlaut nicht zu entnehmen sei, wofür und unter welchen Voraussetzungen eine Maklerprovision zu entrichten sei. Auch könne nicht

---

gen außerhalb des Internets kann aber kein anderer Maßstab gelten, *D. Fischer*, NJW 2012, 3283, 3284.

104 *D. Fischer*, NJW 2012, 3283, 3284; vgl. auch BGH, Urt. v. 12.1.2017 – I ZR 198/15, WM 2017, 1120 Rn. 28: „Provision von 5,95 % vom Kaufpreis", OLG-Bezirk Frankfurt a. M.

105 BGH, Urt. v. 3.5.2012 – III ZR 62/11, NJW 2012, 2268 Rn. 13. Die Internet-Anzeige bezog sich auf ein Baugrundstück aus dem Landgerichtsbezirk Potsdam; ähnlich Urt. v. 12.1.2017 – I ZR 198/15, WM 2017, 1120 Rn. 27.

106 BGH, Urt. v. 3.5.2012 – III ZR 62/11, NJW 2012, 2268 Rn. 13.

107 BGH, Urt. v. 3.5.2012 – III ZR 62/11, NJW 2012, 2268 Rn. 13 mit Hinweis zur vergleichbaren Auslegung eines Objektnachweises als Provisionsverlangen: BGH, Urt. v. 4.11.1999 – III ZR 223/98, NJW 2000, 282, 283.

108 BGH, Urt. v. 3.7.2014 – III ZR 530/13, NJW-RR 2014, 1272 Rn. 14.

109 BGH, Urt. v. 3.5.2012 – III ZR 62/11, NJW 2012, 2268 Rn. 13; hierzu *D. Fischer*, NJW 2012, 3283, 3284, 3287.

110 Sie lautete wie folgt: „*Ich erkenne die Höhe der Provision in Höhe von 5 % des Kaufpreises zzgl. MwSt sowie deren Fälligkeit bei Kaufpreisfälligkeit eines notariellen Kaufvertrages an*", vgl. BGH, Urt. v. 3.7.2014 – III ZR 530/13, NJW-RR 2014, 1272 Rn. 2.

eingewandt werden, das Provisionsversprechen betreffe genau genommen nur die Höhe der Provision, wogegen die Pflicht zu deren Zahlung nicht geregelt sei. Ob der Kunde nach der Unterzeichnung noch weitere Leistungen des Maklers – etwa eine Vermittlungstätigkeit – erwartet habe, stelle die Verbindlichkeit der Erklärung nicht in Frage. Die Erklärung sei insoweit nicht unklar, sondern bringe deutlich zum Ausdruck, dass der Kunde für die erbrachten Nachweisleistungen des Maklers im Fall des Vertragsabschlusses eine Vergütung zahlen will.[111] Wer sich aber schriftlich dazu verpflichtet, eine Maklerprovision zu entrichten, wenn bereits erbrachte Maklerleistungen zum beabsichtigten Hauptvertrag führen, muss sich daran festhalten lassen.[112]

37   Der neue Maklerrechtssenat des Bundesgerichtshofs führt diese Judikatur fort. Der Hinweis, der Käufer habe im Erfolgsfall an den Makler eine anteilige Käuferprovision in Höhe von 3,57 % einschließlich 19 % Mehrwertsteuer zu zahlen, ist ausreichend.[113] Selbst der Hinweis auf eine Provision von 5,95 % vom Kaufpreis und deren Fälligkeit bei notarieller Beurkundung kann genügen.[114]

38   Kein eindeutiges Provisionsverlangen kann dagegen einer Makleranzeige entnommen werden, wenn sie in sich widersprüchlich ist. Dies gilt etwa dann, wenn zum einen angegeben wird, es falle für den Käufer keine Maklerprovision an, zum anderen jedoch darauf hingewiesen wird, der Käufer habe eine Courtage von 6,25 % zu zahlen.[115] In der Bezugnahme des Kaufinteressenten auf eine derartige Anzeige kann mithin kein Angebot auf Abschluss eines Maklervertrages gesehen werden.[116]

---

111 BGH, Urt. v. 3.7.2014 – III ZR 530/13, NJW-RR 2014, 1272 Rn. 14.
112 BGH, Urt. v. 3.7.2014 – III ZR 530/13, NJW-RR 2014, 1272 Rn. 14 unter Bezugnahme auf BGH, Urt. v. 10.10.1990 – IV ZR 280/89, NJW 1991, 490; ferner *D. Fischer*, NJW 2014, 3281, 3283.
113 BGH, Urt. v. 7.7.2016 – I ZR 68/15, NJW-RR 2017, 368 Rn. 17.
114 BGH, Urt. v. 12.1.2017 – I ZR 198/15, NJW 2017, 2337 Rn. 28 (Provisionsfall aus dem OLG-Bezirk Frankfurt a. M., doppelte Provision).
115 BGH, Urt. v. 7.7.2016 – I ZR 30/15, NJW 2017, 1024 Rn. 18; ebenso *D. Fischer*, NJW 2015, 3278, 3279: Die streitgegenständliche Anzeige war im „Textbaustein-System" erstellt; sie enthielt zunächst den Hinweis: *„Maklercourtage: Unsere Courtage beträgt 6,25 % des Kaufpreises inkl. gesetzlicher Mehrwertsteuer. Die Courtage ist vom Käufer zu zahlen und mit Vertragsabschluss in der genannten Höhe von uns verdient und bei Beurkundung fällig."* Wenige Zeilen darunter hieß es dagegen: *„Provision: Es wird keine Käufer-Maklerprovision verlangt."*
116 BGH, Urt. v. 7.7.2016 – I ZR 30/15, NJW 2017, 1024 Rn. 18; vgl. hierzu auch *D. Fischer*, NJW 2015, 3278, 3279.

Das erforderliche Provisionsverlangen muss naturgemäß möglichst frühzei- **39** tig gestellt werden, wobei auch ein Hinweis im Exposé[117] genügen kann. Gleiches gilt für eine Zeitungsanzeige,[118] soweit sich der Interessent auf die Anzeige hin beim Makler meldet.[119] Auch in einem Objektnachweis mit schriftlicher Bestätigung des Interessenten, das dieser vor Beginn der Objektbesichtigung zu unterzeichnen hat, kann ein entsprechender Hinweis auf die Provisionspflicht des Interessenten aufgenommen werden.[120]

d) Ausschluss anderweitiger Leistungsansprüche im Anwendungsbereich der Unklarheitenregel

Scheidet nach der Unklarheitenregel ein vertraglicher Vergütungsanspruch **40** des Maklers aus, so ist – um einen Gleichlauf der rechtlichen Bewertung zu erzielen[121] – kein Raum für die Annahme eines Zahlungsanspruches aus

---

117 BGH, Urt. v. 4.10.1995 – IV ZR 163/94, NJW-RR 1996, 114; Urt. v. 11.4.2002 – III ZR 37/01, NJW 2002, 1945; Urt. v. 16.11.2006 – III ZR 57/06, NJW-RR 2007, 400 Rn. 16; OLG Naumburg, Urt. v. 29.6.2012 – 10 U 7/12, NJW-RR 2013, 564. Es empfiehlt sich die Provision nach dem angesprochenen Interessentenkreis (Verkäuferprovision bzw. Käuferprovision) konkret zu bezeichnen, um auch insoweit der Unklarheitenregel angemessen Rechnung zu tragen, *Dehner*, Maklerrecht, Rn. 28, mit weiteren Beispielen.

118 BGH, Urt. v. 3.5.2012 – III ZR 62/11, NJW 2012, 2268 Rn. 12. Nach wettbewerbsrechtlichen Grundsätzen (§ 5 Abs. 1 Nr. 2 UWG) hat der inserierende Makler, der auch von den durch die Anzeige angesprochenen Interessenten Provision verlangen will, dies bereits in der Anzeige deutlich zum Ausdruck zu bringen, BGH, Urt. v. 16.11.1989 – I ZR 107/87, NJW-RR 1990, 423 – RDM; Urt. v. 13.12.1990 – I ZR 31/89, NJW-RR 1991, 561 – Finanz- und Vermögensberater; *Seydel/Heinbuch*, Maklerrecht, Rn. 328. Nach meinem Eindruck wird dieser Rechtssatz, der bei Befolgung in weiten Teilen die Unklarheitenregel praktisch hinfällig werden ließe, in der Makleranzeigen-Praxis vielfach missachtet.

119 Die Zeitungsanzeige mit Provisionsverlangen ist zwar eine bloße invitatio ad offerendum, die Bezugnahme des Interessenten auf die Zeitungsanzeige bestimmt aber den Inhalt des Nachweis- oder Vermittlungsersuchens, so dass der Makler von einem Angebot auf Abschluss eines Maklervertrages ausgehen kann, BGH, Urt. v. 3.5.2012 – III ZR 62/11, NJW 2012, 2268 Rn. 11; Urt. v. 12.1.2017 – I ZR 198/15, WM 2017, 1120 Rn. 25.

120 BGH, Urt. v. 4.11.1999 – III ZR 223/98, NJW 2000, 282, 283; Urt. v. 3.7.2014 – III ZR 530/13, NJW-RR 2014, 1272 Rn. 14; OLG Hamm, Urt. v. 21.6.2012 – 18 U 17/12, MDR 2012, 1333; OLG Naumburg, Urt. v. 29.6.2012 – 10 U 7/12, NJW-RR 2013, 564.

121 So *Hamm/Schwerdtner*, Maklerrecht, Rn. 211, hinsichtlich eines etwaigen Bereicherungsausgleichs; ferner Soergel/*Lorentz*, BGB, § 652 Rn. 25: § 812 kann nicht geben, was § 652 BGB aufgrund des Fehlens der gesetzlichen Voraussetzungen verwehrt.

sonstigen Rechtsgründen,[122] insbesondere nicht für gesetzliche Vergütungsansprüche.[123]

41   Ein Anspruch des Maklers aus *Leistungskondiktion* kommt bereits mangels eines Leistungsverhältnisses nicht in Betracht, weil die in Frage stehende Maklertätigkeit aus der Sicht des Bereicherungsschuldners als für den anderen Hauptvertragspartner erbrachte Leistung erscheinen wird.[124] Bei der Bestimmung des Leistungsverhältnisses kommt es entscheidend auf die Sicht aus der Position des Empfängers an.[125]

42   Das Vorliegen eines *Zahlungsanspruchs aus § 354 HGB*, dem angesichts des Umstands, dass nach neuem Recht (HandelsrechtsreformG) ohnehin die meisten Makler als Kaufleute i. S. d. § 1 Abs. 2 HGB anzusehen sind, heute weitreichende Bedeutung zukommt,[126] ist gleichfalls zu verneinen. Nach der höchstrichterlichen Rechtsprechung kommt ein Anspruch aus § 354 HGB nur in Betracht, wenn der Makler befugterweise für den Interessenten tätig wird.[127] Dies trifft aber nicht zu, wenn dies der Interessent nicht erkennen kann und deshalb ein Vertragsverhältnis ausscheidet.[128]

43   Für einen Aufwendungsersatzanspruch unter dem Gesichtspunkt einer *Geschäftsführung ohne Auftrag* wird es in den meisten Fällen bereits an einem

---

122 *D. Fischer*, NZM 2002, 480, 481.
123 BGH, Beschl. v. 23.2.2006 – III ZR 209/05, NJW-RR 2006, 656.
124 BGH, Urt. v. 25.9.1985 – IVa ZR 22/84, BGHZ 95, 393, 399.
125 BGH, Urt. v. 24.2.1972 – VII ZR 207/70, BGHZ 58, 184, 188; Urt. v. 25.9.1985 – IVa ZR 22/84, BGHZ 95, 393, 399; Urt. v. 12.12.1984 – IVa ZR 89/83, WM 1985, 359; *Hamm/Schwerdtner*, Rn. 209. Eine Bereicherung wegen Fehlens einer Vermögensverschiebung zu verneinen (so allerdings *Dehner*, Maklerrecht, Rn. 77; ebenso *Zopfs*, Das Maklerrecht in der neueren höchstrichterlichen Rechtsprechung, Rn. 18; ähnlich Staudinger/*Arnold*, §§ 652, 653 Rn. 58), erscheint dagegen bei hinreichender Würdigung der wirtschaftlichen Verhältnisse nicht überzeugend (ebenso MünchKomm-BGB/*H. Roth*, § 652 Rn. 88; Palandt/*Sprau*, § 652 Rn. 10; *Hamm/Schwerdtner*, Maklerrecht, Rn. 210), so dass ein Leistungskondiktionsanspruch unter dem Gesichtspunkt des Wertersatzes (§ 812 Abs. 1 Satz 1, § 818 Abs. 2 BGB) grundsätzlich in Betracht gezogen werden müsste (vgl. allerdings BGH, Urt. v. 7.7.2005 – III ZR 397/04, BGHZ 163, 332, 336, wonach bereicherungsrechtliche Ansprüche des Maklers regelmäßig als zweifelhaft anzusehen sind; ebenso *Schlick*, FS Detlev Fischer, 2018, S. 449, 461).
126 *Dehner*, Maklerrecht, Rn. 73.
127 BGH, Urt. v. 25.9.1985 – IVa ZR 22/84, BGHZ 95, 393, 398; Urt. v. 7.7.2005 – III ZR 397/04, BGHZ 163, 332, 338.
128 BGH, Urt. v. 7.7.2005 – III ZR 397/04, BGHZ 163, 332, 338; Urt. v. 31.3.1982 – IVa ZR 4/81, NJW 1982, 1523; vgl. auch BGH, Urt. v. 7.7.2016 – I ZR 30/15, NJW 2017, 1024 Rn. 36 ff.; ferner OLG Koblenz, Urt. v. 11.5.1984 – 2 U 52/83, NJW 1985, 2722; *Baumbach/Hopt*, HGB, § 354 Rn. 3.

fremden Geschäft fehlen.[129] Auch wird vielfach die Geschäftsbesorgung nicht dem wirklichen oder mutmaßlichen Willen des Geschäftsherrn (Maklerkunden) entsprechen. Im Übrigen ist der allgemein anerkannte Grundsatz maßgeblich, dass dann kein Aufwendungsersatzanspruch aus Geschäftsführung ohne Auftrag in Betracht kommt, wenn ansonsten die aus anderweitigen zivilrechtlichen Bestimmungen sich ergebende Risikoverteilung unterlaufen werden würde.[130]

4. Darlegungs- und Beweislast hinsichtlich des Vertragsabschlusses

Im Provisionsprozess trägt der Makler die Darlegungs- und Beweislast für **44** den Abschluss eines wirksamen Maklervertrages.[131] Aus Beweisgründen ist es ihm daher dringend anzuraten, den Abschluss des Vertrages durch ausdrückliche Erklärungen, am besten in Schriftform, vorzunehmen.[132] Ist streitig, ob für den Maklerkunden wirksam ein Vertreter gehandelt hat, so hat auch dies der Makler nachzuweisen.[133] Dem kann er durch Vorlage des Schriftverkehrs zwischen den Verhandlungspartnern genügen, wenn die Unterlagen nach §§ 133, 157 BGB dahingehend ausgelegt werden können, dass der Vertreter zumindest auch für den Kunden gehandelt hat. Der Umstand, dass die als Vertreter in Betracht gezogene Person Vertretungsmacht besitzt, etwa als Geschäftsführer einer Gesellschaft, reicht für die Annahme, er sei als Vertreter aufgetreten, nicht aus.[134] Maßgeblich ist alleine, ob von der Vertretungsmacht auch Gebrauch gemacht wurde.[135] Nimmt allerdings der Maklerkunde den Makler auf Schadensersatz wegen Nebenpflichtverletzung

---

129 MünchKomm-BGB/*H. Roth*, § 652 Rn. 92.
130 BGH, Urt. v. 23.9.1999 – III ZR 322/98, NJW 2000, 72, 73; Beschl. v. 23.2.2006 – III ZR 209/05, NJW-RR 2006, 656; Palandt/*Sprau*, § 677 Rn. 7a.
131 BGH, Urt. v. 25.9.1985 – IVa ZR 22/84, BGHZ 95, 393, 401; LG Tübingen, Urt. v. 12.1.2017 – 7 O 156/16, ZMR 2017, 722, 723; *Küpper*, in: Baumgärtel/Laumen/Prütting, Handbuch der Beweislast, 4. Aufl. 2019, § 652 Rn. 1, 2.
132 *D. Fischer*, NJW 2018, 1145.
133 OLG München, Urt. v. 7.12.2017 – 23 U 2440/17, BeckRS 2017, 134395; OLG Zweibrücken, Urt. v. 11.12.2018 – 5 U 65/18, BeckRS 2018, 36379; *Küpper*, in: Baumgärtel/Laumen/Prütting, Handbuch der Beweislast, § 652 Rn. 9; *D. Fischer*, IMR 2019, 164.
134 OLG München, Urt. v. 7.12.2017 – 23 U 2440/17, BeckRS 2017, 134395; OLG Zweibrücken, Urt. v. 11.12.2018 – 5 U 65/18, BeckRS 2018, 36379; *D. Fischer*, IMR 2019, 164.
135 *D. Fischer*, NJW 2019, 1182.

in Anspruch, ist der Kunde für den Vertragsabschluss darlegungs- und beweispflichtig.[136]

5. Zurückweisung eines ausdrücklichen Provisionsbegehrens

45   Auch wenn ein ausdrückliches Provisionsverlangen vorliegt, kann der Interessent dann nicht zur Provisionszahlung herangezogen werden, wenn er unverzüglich das Zahlungsverlangen mit hinreichender Deutlichkeit zurückweist.[137] Gleiches gilt, wenn der Interessent vor Abgabe des ausdrücklichen Provisionsbegehrens bereits erklärt hat, er sei nicht bereit, Maklerprovision zu entrichten.[138] Diese Weigerung des Interessenten wird im Schrifttum als *Widerspruch* oder *Protestation* bezeichnet.[139]

46   Erbringt der Makler in Kenntnis dieses Widerspruchs gleichwohl seine Maklerdienste, dann kann angesichts der eindeutigen Weigerung des Maklerkunden ein vergütungspflichtiges Vertragsverhältnis im Wege schlüssigen Verhaltens nicht angenommen werden.[140] Wird der Widerspruch erst nach Entgegennahme der Maklerdienste erklärt, ist dies allerdings zu spät. Es handelt sich hierbei lediglich um eine unbeachtliche Äußerung nach Vertragsabschluss.[141] Rechtliche Schwierigkeiten können sich ergeben, wenn der Widerspruch sich nicht gegen das ganze Provisionsbegehren richtet, sondern nur teilweise erhoben wird, beispielsweise gegen die Höhe des verlangten Provisionssatzes.

47   Der für das Zustandekommen eines Vertrages und damit auch für die Vertragserklärung des Kunden beweispflichtige Makler muss auch darlegen und

136 *Küpper*, in: Baumgärtel/Laumen/Prütting, Handbuch der Beweislast, § 652 Rn. 1; *D. Fischer*, IMR 2019, 164.
137 BGH, Urt. v. 3.5.2012 – III ZR 62/11, NJW 2012, 2268 Rn. 10 unter Bezugnahme auf BGH, Urt. v. 4.10.1995 – IV ZR 163/94, NJW-RR 1996, 114, 115; ferner Urt. 7.7.2016 – I ZR 30/15, NJW 2017, 1024 Rn. 22; Urt. v. 7.7.2016 – I ZR 68/15, NJW-RR 2017, 368 Rn. 19.
138 BGH, Urt. v. 11.4.2002 – III ZR 37/01, NJW 2002, 1945.
139 *Hamm/Schwerdtner*, Maklerrecht, Rn. 109; *D. Fischer*, NJW 2013, 3410, 3411; *Küpper*, in: Baumgärtel/Laumen/Prütting, Handbuch der Beweislast, § 652 Rn. 7.
140 BGH, Urt. v. 2.7.1986 – IVa ZR 246/84, NJW-RR 1986, 1496, 1497; Urt. v. 4.10.1995 – IV ZR 163/94, NJW-RR 1996, 114; Urt. v. 6.12.2001 – III ZR 296/00, NJW 2002, 817; Urt. v. 11.4.2002 – III ZR 37/01, NJW 2002, 1945; OLG Karlsruhe, Beschl. v. 30.3.2001 – 15 U 9/01, NZM 2002, 493; anders OLG Karlsruhe, Urt. v. 22.7.1998 – 15 U 42/98, NZM 1999, 231, bezogen auf eine Handelsgesellschaft als Kaufinteressentin, die wusste, dass der Makler nur eine Käuferprovision verdienen konnte.
141 OLG Düsseldorf, Urt. v. 13.6.2014 – 7 U 37/13, NZM 2015, 225 f.

beweisen, dass der Kunde keine Protestation eingelegt hat. Der Kunde hat im Rahmen der ihm obliegenden sekundären Darlegungslast konkret vorzutragen, wann und wie er den geltend gemachten Vorbehalt erklärt hat.[142]

a) Gesamtwiderspruch gegen ein ausdrückliches Provisionsbegehren

Auch bei Vorliegen eines unbeschränkten Widerspruchs ist es Sache des **48** Maklers, für klare Verhältnisse zu sorgen.[143] Will er keine kostenfreien Dienste erbringen, dann muss er – bezogen auf den zahlungsunwilligen Interessenten – seine Tätigkeit einstellen. Denn wenn er trotz eindeutiger Zurückweisung des Provisionsbegehrens seitens des Maklerkunden seine Dienstleistung fortsetzt, kann hieraus wiederum – jedenfalls aus der Sicht des nicht zahlungsbereiten Interessenten – geschlossen werden, dass dies deshalb geschieht, weil der Makler jedenfalls die Provision von der anderen Vertragsseite des Hauptvertrages erlangen will. Ein widersprüchliches Verhalten des Maklerkunden ist hierin – entgegen dem allgemeinen Grundsatz der *protestatio facto contraria*[144] – aufgrund der maklerspezifischen Besonderheiten, die im Rahmen der Unklarheitenregel zugunsten des Kunden zu würdigen sind, nicht zu sehen. Ein vertraglicher Provisionsanspruch zugunsten des weiterhin tätigen Maklers kann daher aus diesem Grundsatz nicht hergeleitet werden.[145] Aus den vorstehend dargelegten Gründen kann der Makler auch keinen Zahlungsanspruch aus sonstigen Rechtsgründen gegen den Interessenten geltend machen.

Mit den Anforderungen, die an einen Widerspruch des Kunden hinsichtlich **49** eines ausdrücklichen Provisionsbegehrens zu stellen sind, hat sich das OLG Frankfurt a. M.[146] in einem Beschluss vom 14.5.2012 befasst und ausgeführt,

---

142 *Küpper*, in: Baumgärtel/Laumen/Prütting, Handbuch der Beweislast, § 652 Rn. 7.
143 BGH, Urt. v. 11.4.2002 – III ZR 37/01, NJW 2002, 1945; ferner OLG Karlsruhe, Beschl. v. 30.3.2001 – 15 U 9/01, NZM 2002, 493: Die Weigerung des Maklerkunden, einen schriftlichen Maklervertrag zu unterzeichnen, und die hierin liegende Protestation, besteht im Zweifelsfall auch einen Tag später bei Gefallenlassen eines Besichtigungstermins noch fort.
144 BGH, Urt. v. 9.5.2000 – VI ZR 173/99, NJW 2000, 3429, 3431: Ein wirksamer Vertrag kommt auch dann zustande, wenn die Partei, die die Leistung in Anspruch nimmt, ausdrücklich erklärt, sie werde kein Entgelt bezahlen. Die Partei muss die objektive Erklärungsbedeutung ihres Verhaltens gegen sich gelten lassen, ihr Vorbehalt ist unbeachtlich, ebenso Palandt/*Ellenberger*, Einf. v. § 145 Rn. 26.
145 BGH, Urt. v. 2.7.1986 – IVa ZR 246/84, NJW-RR 1986, 1496, 1497; Urt. v. 11.4.2002 – III ZR 37/01, NJW 2002, 1945; *D. Fischer*, NZM 2002, 480, 481.
146 OLG Frankfurt a. M., BeckRS 2012, 23977; vgl. hierzu auch den im selben Verfahren ergangenen Hinweisbeschluss vom 21.3.2012, BeckRS 2012, 23976.

es genüge nicht, wenn der Objektinteressent zu Beginn des geschäftlichen Kontakts mitteilt, er sei nicht bereit, eine Maklerprovision zu entrichten. Die Wirkung der Protestation entfalle, wenn aus dem weiteren Verhalten des potenziellen Maklerkunden der Schluss zu ziehen sei, dass er im anschließenden Verlauf der Verhandlungen seine ablehnende Position aufgegeben habe. Im konkreten Fall wurde dies bejaht, weil der Makler sein Provisionsverlangen hinsichtlich eines Gewerberaummietobjekts wiederholt und der Mietinteressent hierauf weitere Maklerleistungen, u. a. eine zweite Objektbesichtigung, in Anspruch genommen hatte. Bei diesen Fallgestaltungen ist allerdings zu beachten, dass der Kunde nach einem eindeutigen Widerspruch dann nicht gehalten ist, diesen zu wiederholen, wenn dessen Wirkung noch andauert.[147] Auch insoweit gilt der Grundsatz, Unklarheiten gehen zulasten des Maklers.[148]

b) Teilweiser Widerspruch gegen ein ausdrückliches Provisionsbegehren

50 Nach welchen Grundsätzen der Widerspruch des Interessenten hinsichtlich eines ausdrücklichen Provisionsbegehrens zu beurteilen ist, wenn der Kunde sich nur gegen den geltend gemachten Provisionssatz oder die Höhe der begehrten Vergütung wendet, lässt sich nicht einheitlich beantworten.

aa) Vertragsabschluss auf der Grundlage des § 150 Abs. 2 BGB

51 Soweit der Maklerkunde im Rahmen seines Widerspruchs einen für ihn akzeptablen Provisionssatz nennt, gilt dies gemäß § 150 Abs. 2 BGB als Ablehnung des vom Makler gestellten Vertragsantrages, verbunden mit einem anderslautenden Vertragsantrag des Interessenten an den Makler. Geht der Makler hierauf ein, kommt der Maklervertrag auf der Grundlage des vom Kunden genannten Provisionssatzes zustande.[149]

bb) Dissens aufgrund der Auslegungsregel des § 154 Abs. 1 BGB

52 Schwierigkeiten bereitet dagegen die Fallvariante, bei der die Höhe des Provisionssatzes nach Widerspruch des Interessenten offen bleibt und der Mak-

---

147 *D. Fischer*, NJW 2013, 3410, 3411.
148 Vgl. BGH, Urt. v. 11.4.2002 – III ZR 37/01, NJW 2002, 1945, 1946; *D. Fischer*, NJW 2013, 3410, 3411.
149 *Dehner*, NJW 2000, 1986, 1989. Ist dies streitig, dann trägt der Makler die Beweislast dafür, dass die vom Kunden behauptete niedrigere Vergütungsabrede nicht zustande gekommen ist, MünchKomm-BGB/*H. Roth*, § 653 Rn. 12.

ler trotz der insoweit fehlenden Einigung seine Maklerdienste erbringt. Kann aus dem Verhalten der Beteiligten im Rahmen individueller Auslegung kein übereinstimmender vertraglicher Bindungswille hergeleitet werden,[150] so kommt die gesetzliche Auslegungsregel des § 154 Abs. 1 BGB zur Anwendung, wonach im Zweifel eine Einigung nicht anzunehmen ist.[151] Weiterbestehende Zweifel ließen sich im Übrigen auch unter Fortentwicklung der Unklarheitenregel[152] begründen, weil auch hier dem Makler entgegengehalten werden könnte, er habe trotz der ausstehenden Einigung und der damit verbundenen Unklarheit seine Dienste erbracht.

cc) Vertragsabschluss mit nachträglicher Provisionsbestimmung auf der Grundlage ergänzender Vertragsauslegung

Zugunsten des Maklers könnte das Verhalten der Beteiligten und die einzelnen Begleitumstände – insbesondere die einvernehmliche Durchführung des Vertrages[153] – aber auch dahingehend gewürdigt werden, dass der Kunde mit seinem nur teilweisen Widerspruch zu erkennen gibt, die noch offene Höhe der Provision werde später im Rahmen einer *gesonderten Vereinbarung* festgelegt.[154] Kommt eine derartige Vereinbarung, für deren Vorliegen der Makler nach allgemeinen Grundsätzen die volle Darlegungs- und Beweislast

53

---

150 Die Durchführung des (unvollständigen) Vertrages gilt allgemein als Indiz dafür, dass trotz Lücke kein Dissens i. S. d. § 154 Abs. 1 BGB vorliegt, BGH, Urt. v. 30.9.1992 – VIII ZR 196/91, BGHZ 119, 283, 288; Urt. v. 24.2.1983 – I ZR 14/81, NJW 1983, 1727, 1728; Palandt/*Ellenberger*, § 154 Rn. 2. In BGH, Urt. v. 6.12.2001 – III ZR 296/ 00, NJW 2002, 817, 818, wird allerdings darauf hingewiesen, dass bei der Frage der Unanwendbarkeit der Auslegungsregel des § 154 Abs. 1 BGB im Falle einer fehlenden Einigung über die Höhe der zu zahlenden Maklerprovision mehr Zurückhaltung geboten sein könnte.

151 *Dehner* verneint hierbei entgegen OLG Frankfurt a. M., Urt. v. 15.9.1999 – 19 U 61/ 99, NJW-RR 2000, 58, die Möglichkeit einer „Einigung dem Grunde nach". Jedenfalls dann, wenn Meinungsverschiedenheiten hinsichtlich der Höhe verblieben, käme § 154 Abs. 1 BGB zum Zuge, ausführlich dazu *Dehner*, NJW 2000, 1986, 1989. Im Anschluss hieran ebenso nunmehr Palandt/*Sprau*, § 652 Rn. 4, mit Bezug auf § 632 Rn. 7.

152 Ein unmittelbarer Fall der Unklarheitenregel dürfte nicht vorliegen, weil der Maklerkunde mit der teilweisen Zurückweisung des Provisionsbegehrens zu erkennen gibt, dass er selbst von einer – der Höhe nach allerdings nicht festgelegten – eigenen Provisionspflicht ausgeht.

153 BGH, Urt. v. 30.9.1992 – VIII ZR 196/91, BGHZ 119, 283, 288.

154 So BGH, Urt. v. 6.12.2001 – III ZR 296/00, NJW 2002, 817 bei Abänderung der Provisionsklausel 5,75 % durch handschriftlichen Vermerk des Interessenten „nach Vereinbarung".

trägt,[155] im Nachhinein nicht zustande, so stellt sich aber auch hier die Frage, ob angesichts der verbliebenen Lücke überhaupt von einem vergütungspflichtigen Vertragsverhältnis ausgegangen werden kann.

54   Um die Anwendung der Auslegungsregel des § 154 Abs. 1 BGB auszuschließen, muss aber noch hinzukommen, dass sich die verbliebene Vertragslücke ausfüllen lässt.[156] Hiergegen könnte sprechen, dass für eine nachträgliche Festlegung der Provisionshöhe nicht ohne Weiteres ersichtlich ist, nach welchen Kriterien der Vergütungsbetrag zu ermitteln ist. Ein Bestimmungsrecht des Maklers nach § 316 BGB mit der damit verbundenen weiten Obergrenze stünde ersichtlich weder mit den Vorstellungen und Wünschen des Maklerkunden noch mit der allgemeinen Interessenlage in Einklang.[157] § 316 BGB als gesetzliche Auslegungsregel kann deshalb nicht herangezogen werden.

55   Vielfach wird auch ein Rückgriff auf die übliche Provision nach § 653 Abs. 2 BGB ausscheiden. Dies gilt insbesondere dann, wenn sich der Widerspruch bereits gegen eine ortsübliche Provision gerichtet hat.[158] Bei einer derartigen Fallgestaltung liegt ein stillschweigender Ausschluss von § 653 Abs. 2 BGB nahe.[159]

56   Unter diesen Umständen erscheint die nachträgliche Festlegung der Vergütung als richterliche Vertragsgestaltung.[160]

57   Nach der durch Urteil vom 6.12.2001[161] erneut bestätigten Rechtsprechung des Bundesgerichtshofs[162] ist bei der geschilderten Fallgestaltung von einer bindenden Einigung der Parteien – gewissermaßen einer Kostengrundabrede[163] – auszugehen und die hinsichtlich der Provisionshöhe bestehende Lü-

---

155   Vgl. BGH, Urt. v. 25.9.1985 – IVa ZR 22/84, BGHZ 95, 393, 401; Urt. v. 25.5.1983 – IVa ZR 26/82, NJW 1984, 232.
156   BGH, Urt. v. 20.9.1989 – VIII ZR 143/88, NJW 1990, 1234, 1235; Urt. v. 20.6.2000 – IX ZR 434/98, NJW-RR 2000, 1658, 1659; Palandt/*Ellenberger*, § 154 Rn. 2.
157   BGH, Urt. v. 13.3.1985 – IVa ZR 211/82, BGHZ 94, 98, 102; Urt. v. 18.9.1985 – IVa ZR 139/83, NJW-RR 1986, 50, 51.
158   BGH, Urt. v. 18.9.1985 – IVa ZR 139/83, NJW-RR 1986, 51.
159   *D. Fischer*, NZM 2002, 480, 482.
160   Eine nicht schließbare Lücke hat der Bundesgerichtshof bei einer Abrede angenommen, nach der Werklohn auf der Grundlage betragsgemäß nicht festgelegter Freundschaftspreise entrichtet werden sollte, BGH, Urt. v. 20.6.2000 – X ZR 434/98, NJW-RR 2000, 1658, 1659.
161   BGH, Urt. v. 6.12.2001 – III ZR 296/00, NJW 2002, 817.
162   BGH, Urt. v. 30.9.1992 – VIII ZR 196/91, BGHZ 119, 283, 288.
163   Ähnlich auch OLG Frankfurt a.M., Urt. v. 15.9.1999 – 19 U 61/99, NJW-RR 2000, 58. Dort wird allerdings zu Unrecht auf § 653 Abs. 2 BGB zurückgegriffen und damit der teilweise Widerspruch des Interessenten nicht hinreichend gewürdigt.

cke durch *Auslegung* – notfalls nach den Grundsätzen der *ergänzenden Auslegung* – zu schließen. Dieser Lösungsansatz ist praxisnah[164] und lässt sich auch als ausgleichende Ergänzung zur kundenfreundlichen Unklarheitenregel[165] rechtfertigen. Die widerstrebenden Interessen und Erwartungshaltungen von Makler und Kunde können hierbei angemessen berücksichtigt werden, was bei Annahme einer fehlenden Bindungswirkung nach § 154 Abs. 1 BGB gerade nicht der Fall wäre.[166]

Die hiernach zu bestimmende *angemessene Maklervergütung* hat sich nach **58** den vom Bundesgerichtshof entwickelten Auslegungsmaßstäben innerhalb der Spanne der (noch) üblichen Vergütungen zu bewegen, wobei ein mittlerer Prozentsatz zugrunde zu legen ist. Berücksichtigungsfähig bei der Ermittlung der geschuldeten Vergütung sind ferner die besonderen Umstände der jeweiligen Fallgestaltung, insbesondere der Wert und die Art des vermakelten Objekts sowie die Leistungen und die Aufwendungen des Maklers, die Zu- und Abschläge zu dem Ausgangsbetrag rechtfertigen können.[167] Soweit sich der Maklerkunde gegen eine ihm angesonnene doppelte Provision gewehrt haben sollte und keine weiteren zusätzlichen Gesichtspunkte zur Bemessung der angemessenen Provision ersichtlich sind, bietet es sich – in Anlehnung an § 653 Abs. 2 BGB – an, den einfachen Provisionssatz in Ansatz zu bringen.[168] Ansonsten kommen Abschläge zwischen $1/3$ bis $1/2$ von dem Provisionsbetrag in Betracht,[169] den der Kunde mit seinem Widerspruch zurückgewiesen hat.

6. Inhalt des Maklervertrages

Der Inhalt des Maklervertrages, insbesondere, ob der Makler lediglich eine **59** Nachweisleistung oder eine Vermittlungsleistung oder beide Leistungen zu erbringen hat, bestimmt sich nach den Abreden der Vertragsparteien. Es kann vereinbart werden, dass der Makler eine Provision bereits dann ver-

---

164 Ähnlich *J. Breiholdt*, IBR 2002, 110.
165 In der Art einer reziproken Anwendung der Unklarheitenregel: Der Interessent lässt zwar erkennen, er sei „dem Grunde nach" zahlungsbereit, was er aber tatsächlich zu entrichten hat, bleibt unklar. Diese Unklarheit ist nun aber eher der Sphäre des Interessenten zuzuordnen.
166 *D. Fischer*, NZM 2002, 480, 482.
167 BGH, Urt. v. 13.3.1985 – IVa ZR 211/82, BGHZ 94, 98, 104.
168 Bei Einzelimmobilien wird eine einfache Provision vielfach mit 3 % aus dem Kaufpreis zuzüglich Umsatzsteuer angesetzt, Palandt/*Sprau*, § 653 Rn. 3; *Seydel/Heinbuch*, Maklerrecht, Rn. 148. Zu den Einzelheiten unten Rn. 83 ff.
169 Insoweit kann auch auf die Grundsätze des § 287 Abs. 2 ZPO zurückgegriffen werden, vgl. *D. Fischer*, NZM 2002, 480, 482.

dient, wenn er entweder eine Nachweis- oder eine Vermittlungstätigkeit für den Maklerkunden erbracht hat. Fehlt eine ausdrückliche Konkretisierung der von dem gewerblichen Makler zu erbringenden Leistungen, handelt es sich im Zweifel sowohl um einen Nachweis- als auch um einen Vermittlungsvertrag.[170] Dass der Makler im weiteren Verlauf auch die Angebote des Kunden für die Eigentümerin entgegennimmt und an sie weiterleitet, ändert nichts daran, dass (jedenfalls auch) ein Nachweismaklervertrag zustande gekommen ist. Entfaltet ein Makler nach dem Nachweis zusätzlich noch weitere Tätigkeiten, bedeutet dies nicht, dass er seinem Kunden gegenüber nunmehr weitergehende Verpflichtungen zur Vermittlung des Objekts übernimmt, erst recht nicht in dem Sinne, dass auch sein Provisionsanspruch von derartigen weitergehenden Leistungen abhängig sein soll.[171] Die Beauftragung mit der Suche nach einem Käufer ist im Zweifel ein Nachweismaklervertrag.[172]

60   Inhalt des Maklervertrages können bei entsprechender Vereinbarung auch zusätzliche Leistungen sein, wie etwa Beratung, Verhandlungsführung, Verwaltungs- und Abrechnungstätigkeiten sowie Mithilfe bei der Planung, Kalkulation sowie Finanzierung.[173]

61   Ein Maklervertrag kann ausnahmsweise auch im Wege eines Vertrages zugunsten Dritter (§ 328 Abs. 1 BGB) abgeschlossen werden, etwa zugunsten eines nahen Familienangehörigen, so dass das Familienmitglied berechtigt ist, Maklerdienste in Anspruch zu nehmen und der Maklerkunde bei einem erfolgreichen Maklertätigkeit gegenüber dem berechtigten Angehörigen zur Zahlung der vereinbarten Provision verpflichtet ist.[174]

7. Maklervertrag und kaufmännisches Bestätigungsschreiben

62   Die Grundsätze über die Wirkung des Schweigens auf ein kaufmännisches Bestätigungsschreiben gelten für einen Maklervertrag uneingeschränkt

---

170 OLG Hamm, Urt. v. 27.2.2014 – 18 U 111/13, NJW-RR 2014, 881, 882; *D. Fischer*, NJW 2007, 183; *Hamm/Schwerdtner*, Maklerrecht, Rn. 234.
171 OLG Hamm, Urt. v. 27.2.2014 – 18 U 111/13, NJW-RR 2014, 881, 882; vgl. auch OLG München, Urt. v. 26.2.2020 – 15 U 4202/19, IWRZ 2020, 143 = BeckRS 2020, 2231 unter Bezugnahme auf BGH, Urt. v. 19.4.1967 – VIII ZR 91/65, NJW 1967, 1365; *D. Fischer*, NJW 2020, 1268, 1269.
172 OLG Saarbrücken, Urt. v. 17.9.2015 – 4 U 131/14, NJW-RR 2016, 58, 60.
173 OLG Naumburg, Urt. v. 14.3.2018 – 4 U 58/17, VersR 2019, 614; Palandt/*Sprau*, § 652 Rn. 11.
174 Vgl. BGH, Urt. v. 17.10.2018 – I ZR 154/17, NJW 2019, 1226 Rn. 36; *D. Fischer*, NJW 2019, 1182.

dann, wenn beide Vertragsparteien Kaufleute sind.[175] Sie sind nach höchstrichterlicher Rechtsprechung allerdings auch beachtlich, wenn der Bestätigende oder der Bestätigungsempfänger nicht Kaufmann ist, aber in erheblichem Umfang am Geschäftsleben teilnimmt und erwartet werden kann, dass die Beteiligten nach kaufmännischer Sitte verfahren.[176] Diese Voraussetzungen liegen auch bei einem gewerbsmäßig tätigen Makler vor, wie der Bundesgerichtshof bereits vor der Handelsrechtsreform von 1998 ausgesprochen hat.[177] Gleiches kann für einen als Gastwirt auftretenden Lehrer als Maklerkunden gelten.[178]

Wird das Bestätigungsschreiben vom Empfänger widerspruchslos hinge- **63** nommen, muss er dessen Inhalt gegen sich gelten lassen, ohne Rücksicht darauf, ob das Schreiben den Inhalt der vorausgegangenen mündlichen Vereinbarung der Parteien richtig wiedergibt oder nicht. Durch das Schweigen des Empfängers wird der Vertrag nach Maßgabe des Bestätigungsschreibens geändert oder ergänzt; war noch kein Vertrag abgeschlossen, kommt er mit dem aus der Bestätigung ersichtlichen Inhalt zustande.[179] Der Widerspruch gegen ein kaufmännisches Bestätigungsschreiben muss nicht sofort, sondern unverzüglich (§ 121 BGB) erklärt werden. Regelmäßig kommt eine Widerspruchsfrist von ein bis zwei Tagen in Betracht.[180] Der Widerspruch muss dem Bestätigenden zugehen.[181] Die angeführten Grundsätze finden dann keine Anwendung, wenn der Bestätigende das Verhandlungsergebnis bewusst unrichtig wiedergibt oder das Bestätigungsschreiben inhaltlich so weit vom Verhandlungsergebnis abweicht, dass der Absender vernünftigerweise nicht mit dem Einverständnis des Empfängers rechnen kann.[182]

---

175 MünchKomm-BGB/*H. Roth*, § 652 Rn. 48; *Seydel/Heinbuch*, Maklerrecht, Rn. 23; *Koch*, Der Provisionsanspruch des Immobilienmaklers, S. 56.

176 BGH, Urt. v. 26.6.1963 – VIII ZR 61/62, BGHZ 40, 42, 43 f.; Urt. v. 11.10.1973 – VII ZR 96/72, WM 1973, 1376; Urt. v. 4.3.1976 – IV ZR 59/74, NJW 1976, 1402; *Koch*, Der Provisionsanspruch des Immobilienmaklers, S. 57.

177 BGH, Urt. v. 26.6.1963 – VIII ZR 61/62, BGHZ 40, 42, 44; ferner OLG Düsseldorf, Urt. v. 26.11.1993 – 7 U 260/92, NJW-RR 1995, 501; *Hamm/Schwerdtner*, Maklerrecht, Rn. 144 ff.

178 OLG Frankfurt a. M., Urt. v. 3.8.1999 – 17 U 123/96, NJW-RR 2000, 434, 435: individualvertragliche Vorkenntnisklausel im kaufmännischen Bestätigungsschreiben des Maklers.

179 Palandt/*Ellenberger*, § 147 Rn. 8.

180 Palandt/*Ellenberger*, § 147 Rn. 17; *Koch*, Der Provisionsanspruch des Immobilienmaklers, S. 57.

181 Palandt/*Ellenberger*, § 147 Rn. 17.

182 BGH, Urt. v. 26.6.1963 – VIII ZR 61/62, BGHZ 40, 42, 44; MünchKomm-BGB/*H. Roth*, § 652 Rn. 48.

8. Maklervertrag mit Eheleuten

64   Die Anmietung einer gemeinsamen Ehewohnung oder der Erwerb eines Einfamilienhauses ist unter Eheleuten ein Geschäftsvorgang, der, wie bei sonstigen Objekten dieser Art, vielfach unter Zuziehung eines Maklers erfolgt. Hierbei stellt sich nicht selten die Frage, ob der Makler auch von der Mieter- und Erwerberseite eine vertragliche Maklerprovision beanspruchen kann.[183] Da im Maklerprovisionsprozess vielfach streitig ist, ob beide Eheleute Auftraggeber des Maklers gewesen sind,[184] ist diesem Problembereich im Nachfolgenden näher nachzugehen.

a) Vertragsabschluss

65   Treten die Eheleute gegenüber dem Makler nicht gemeinschaftlich handelnd auf, so kommt ein Maklervertrag regelmäßig nur mit dem Ehegatten[185] zustande, der rechtsgeschäftlich verbindlich tätig wird.[186] Maßgeblich kann in diesem Zusammenhang insbesondere sein, wer die Kontaktaufnahme zu dem Makler vorgenommen hat,[187] an wen ein ausdrückliches Provisionsverlangen gerichtet wurde[188] und welche Person einen Besichtigungstermin vereinbart hat.[189] Aus dem veröffentlichten Fallmaterial der Instanzgerichte wird deutlich, dass die Judikatur – gewissermaßen in Fortführung der höchstrichterlichen Unklarheitenregel – strenge Anforderungen an eine konkludente Einbeziehung des anderen Ehegatten stellt.[190]

66   Der Umstand, dass der andere Ehegatte um die Durchführung eines Besichtigungstermins nachsucht, rechtfertigt noch nicht ohne Weiteres die Annahme, er selbst wolle Maklerdienste in Anspruch nehmen.[191] Auch insoweit hat der Makler klarzustellen, dass er von beiden Eheleuten Provision verlangen

---

183   *D. Fischer*, NZM 2014, 449, 450. Im Rahmen der Wohnraumvermittlung kommt eine Mieterprovision nunmehr nur bei Erteilung eines originären Suchauftrags (Bestellerprinzip) in Betracht.

184   Nicht zuletzt auch deshalb, um zu verhindern, dass der andere Ehegatte als Zeuge benannt werden kann, vgl. auch Bamberger/Roth/*Kotzian-Marggraf*, § 652 Rn. 17.

185   Die nachfolgenden Ausführungen lassen sich gleichermaßen auch auf Lebenspartner einer eingetragenen Lebenspartnerschaft übertragen; *D. Fischer*, FS Brudermüller, 2014, S. 189, 192.

186   *D. Fischer*, NZM 2014, 449, 451.

187   OLG Koblenz, Urt. v. 18.9.2003 – 5 U 306/03, NJW-RR 2004, 414 f.

188   OLG Hamm, Urt. v. 27.11.2000 – 18 U 56/00, NZM 2001, 905, 906; OLG Koblenz, Urt. v. 18.9.2003 – 5 U 306/03, NJW-RR 2004, 414 f.

189   OLG Koblenz, Urt. v. 18.9.2003 – 5 U 306/03, NJW-RR 2004, 414 f.

190   *D. Fischer*, NZM 2014, 449, 451.

191   *Hamm/Schwerdtner*, Maklerrecht, Rn. 150; *D. Fischer*, NZM 2014, 449, 451.

will.[192] Dass der andere Ehegatte an einem Besichtigungstermin teilgenommen hat, genügt erst recht nicht;[193] dies gilt auch dann, wenn der Makler nach der Besichtigung ein hierauf bezogenes Bestätigungsschreiben an beide Eheleute richtet.[194] Grundsätzlich hat der Makler auch hinsichtlich der Frage, ob beide Eheleute Auftraggeber und damit Vertragspartner sind, für die gebotene Klarheit zu sorgen.[195] Ein Makler, der nur die Unterschrift eines Ehegatten und keine weitere Erklärung namens des anderen Ehepartners oder gar dessen Unterschrift fordert, obwohl er hierzu die Möglichkeit gehabt hätte, gibt klar zu erkennen, dass er denjenigen als seinen Vertragspartner ansehen will, der den Maklervertrag auch unterschreibt.[196] Unerheblich ist es hierbei, wenn eingangs des Vertragsformulars beide Eheleute als Auftraggeber aufgeführt sind.[197] Dass der andere Ehegatte die nachgewiesene oder vermittelte Immobilie miterworben hat, ist für die Begründung eines Provisionsanspruchs ohne jede Bedeutung, denn es besagt nichts über den Abschluss eines Maklervertrages.[198]

b) Vertreterhandeln

Für die Annahme, dass der andere Ehegatte den gegenüber dem Makler auftretenden Ehegatten bevollmächtigt hat, einen Maklervertrag abzuschließen, müssen konkrete Anhaltspunkte vorliegen.[199] Dies gilt auch für den Umstand, ob der Ehemann zugleich als Vertreter der Ehefrau aufgetreten ist.[200] Insbesondere ist es bei Schriftstücken erforderlich, dass der unterzeichnende Ehegatte zugleich auch als Vertreter des anderen Ehegatten handeln wollte. So rechtfertigt die Unterschrift des Ehemannes unter einem Objektnachweis mit Provisionsabrede, der eingangs des vom Makler gestellten Formulars

67

---

192 *Hamm/Schwerdtner*, Maklerrecht, Rn. 151; *D. Fischer*, NZM 2014, 449, 451.
193 OLG München, Urt. v. 12.12.2016 – 21 U 3086/15, BeckRS 2016, 20902.
194 OLG Koblenz, Urt. v. 18.9.2003 – 5 U 306/03, NJW-RR 2004, 414, 415.
195 Bamberger/Roth/*Kotzian-Marggraf*, § 652 Rn. 17; *D. Fischer*, NZM 2014, 449, 451.
196 OLG Düsseldorf, Urt. v. 22.9.1995 – 7 U 230/94, NJW-RR 1996, 1524, 1525; OLG Jena, Urt. v. 6.4.2011 – 2 U 862/10, BeckRS 2011, 21389; *Ibold*, Maklerrecht, Rn. 23; *D. Fischer*, NZM 2014, 449, 451.
197 OLG Düsseldorf, Urt. v. 22.9.1995 – 7 U 230/94, NJW-RR 1996, 1524, 1525; OLG Jena, Urt. v. 6.4.2011 – 2 U 862/10, BeckRS 2011, 21389; *D. Fischer*, NZM 2014, 449, 451.
198 OLG Hamm, Urt. v. 27.11.2000 – 18 U 56/00, NZM 2001, 905, 906; *D. Fischer*, NZM 2014, 449, 451.
199 OLG Oldenburg, Urt. v. 16.6.2010 – 5 U 138/09, NJW-RR 2010, 1717, 1718; *D. Fischer*, NZM 2014, 449, 451.
200 OLG Karlsruhe, Urt. v. 20.12.2006 – 15 U 49/05, OLGReport Karlsruhe 2007, 646; *D. Fischer*, NZM 2014, 449, 451.

beide Eheleute als Auftraggeber benennt, nicht den Schluss, dass die bloße Unterschrift des Ehemanns ohne jeden Vertreterzusatz ein Provisionsversprechen auch im Namen der Ehefrau darstellen soll.[201] Maßgeblich sind auch insoweit die Umstände des jeweiligen Einzelfalls.[202] Bittet der eine Ehegatte mit einem von ihm unterzeichneten Schreiben den Makler, weitere Objektinformationen „an uns" zu übersenden, lässt sich hieraus nicht auf eine Vertretung des anderen Ehegatten schließen.[203]

c) Rechtsscheinhaftung

68   In Betracht kann auch die Möglichkeit einer Mitverpflichtung im Rahmen einer Rechtsscheinhaftung kommen, namentlich unter den Gesichtspunkten der Duldungs- oder Anscheinsvollmacht. Eine Duldungsvollmacht ist gegeben, wenn der Vertretene es wissentlich geschehen lässt, dass ein anderer für ihn wie ein Vertreter auftritt und der Geschäftsgegner dieses Dulden nach Treu und Glauben dahin versteht und auch verstehen darf, der als Vertreter Handelnde sei bevollmächtigt.[204] Formulierungen, wie etwa „unsere Entscheidung", „Maklergebühren werden wir begleichen" erwecken den Eindruck, der Erklärende sei auch von seiner Ehefrau ermächtigt worden, dem Makler eine Provision zuzusagen.[205] Das gilt umso mehr, wenn die Ehefrau zuvor an mehreren Besichtigungsterminen teilgenommen und sich auch selbst in die Auseinandersetzung um eine in Betracht kommende Maklerprovision eingeschaltet hatte. Daher kann unter diesen Umständen ein Rechtsschein im vorstehenden Sinne angenommen werden. Notwendig sind aber ferner hinreichende Anknüpfungspunkte dafür, dass die Erklärungen mit Wissen des anderen Ehegatten abgegeben worden sind.[206] Dies ist in erster Linie eine Frage der tatrichterlichen Würdigung, bedarf aber auch insoweit eigenständiger Umstände.[207]

69   Eine Anscheinsvollmacht liegt vor, wenn der Vertretene das Handeln des Scheinvertreters nicht kennt, er es aber bei pflichtgemäßer Sorgfalt hätte er-

---

201 OLG Düsseldorf, Urt. v. 22.9.1995 – 7 U 230/94, NJW-RR 1996, 1524, 1525; OLG Karlsruhe, Urt. v. 20.12.2006 – 15 U 49/05, OLGReport Karlsruhe 2007, 646; *D. Fischer*, NZM 2014, 449, 451.

202 *D. Fischer*, NZM 2014, 449, 451.

203 OLG München, Urt. v. 12.12.2016 – 21 U 3086/15, BeckRS 2016, 20902.

204 OLG Oldenburg, Urt. v. 16.6.2010 – 5 U 138/09, NJW-RR 2010, 1717, 1719.

205 OLG Oldenburg, Urt. v. 16.6.2010 – 5 U 138/09, NJW-RR 2010, 1717, 1719; *D. Fischer*, NZM 2014, 449, 451 f.

206 OLG Oldenburg, Urt. v. 16.6.2010 – 5 U 138/09, NJW-RR 2010, 1717, 1719; *D. Fischer*, NZM 2014, 449, 452.

207 *D. Fischer*, NZM 2014, 449, 452.

kennen und verhindern können und der andere Teil annehmen durfte, der Vertretene dulde und billige das Handeln des Vertreters.[208] Die damit erforderliche schuldhafte Verursachung des Rechtsscheins muss im Einzelnen festgestellt werden können. Ob und gegebenenfalls welche Möglichkeiten die Ehefrau hatte, die Erklärungen ihres Ehegatten zu verhindern, muss erkennbar sein.[209] Die oben unter Rn. 63 f. dargelegten Gesichtspunkte reichen auch insoweit nicht aus.

d) Mithaftung aus Schlüsselgewalt

Ist der Ehegatte nach den vorstehenden Grundsätzen nicht Vertragspartner des mit dem anderen Ehegatten abgeschlossenen Maklervertrages, kann dieser gleichwohl zur Zahlung der Maklerprovision verpflichtet sein, wenn eine Mithaftung nach § 1357 Abs. 1 BGB eingreift. **70**

Eine Mitverpflichtung des Ehegatten gemäß § 1357 Abs. 1 BGB setzt ein Geschäft zur angemessenen Deckung des Lebensbedarfs der Familie voraus. Der Anwendungsbereich der Norm ist damit auf solche Geschäfte beschränkt, über deren Abschluss die Ehegatten sich nach ihrem konkreten Lebenszuschnitt nicht vorher verständigen.[210] Über eine Verpflichtung zur Zahlung einer Maklerprovision im Zusammenhang mit dem Kauf eines Einfamilienhauses oder einer Eigentumswohnung pflegen sich Eheleute in der Regel vorher abzustimmen. Eine Haftung aus § 1357 BGB scheidet daher für eine derartige Provision aus.[211] Der Umstand, dass die zu erwerbende Immobilie der Familie als Wohnhaus oder Eigentumswohnung dienen soll, rechtfertigt nicht den Schluss, dass bei den damit im Zusammenhang stehenden Rechtsgeschäften generell keine Verständigung der Ehegatten zu erwarten ist.[212] Dies gilt insbesondere auch im Hinblick darauf, dass derartige Rechtsgeschäfte erhebliche finanzielle Verpflichtungen nach sich ziehen.[213] **71**

208 OLG Oldenburg, Urt. v. 16.6.2010 – 5 U 138/09, NJW-RR 2010, 1717, 1719.
209 OLG Oldenburg, Urt. v. 16.6.2010 – 5 U 138/09, NJW-RR 2010, 1717, 1719; *D. Fischer*, NZM 2014, 449, 452.
210 Palandt/*Brudermüller*, § 1357 Rn. 1; *D. Fischer*, NZM 2014, 449, 452.
211 OLG Oldenburg, Urt. v. 16.6.2010 – 5 U 138/09, NJW-RR 2010, 1717, 1718; OLG München, Urt. v. 12.12.2016 – 21 U 3086/15, BeckRS 2016, 20902; ferner OLG Düsseldorf, Urt. v. 22.9.1995 – 7 U 230/94, NJW-RR 1996, 1524; OLG Hamm, Urt. v. 27.11.2001 – 18 U 56/00, NZM 2001, 905, 906; OLG Jena, Urt. v. 6.4.2011 – 2 U 862/10, BeckRS 2011, 21389; OLG Jena, Urt. v. 11.5.2011 – 2 U 984/10, n. v.; Palandt/*Brudermüller*, § 1357 Rn. 13; PWW/*Weinreich*, BGB, § 1357 Rn. 10; *D. Fischer*, NZM 2014, 449, 452.
212 OLG Oldenburg, Urt. v. 16.6.2010 – 5 U 138/09, NJW-RR 2010, 1717, 1718.
213 OLG Oldenburg, Urt. v. 16.6.2010 – 5 U 138/09, NJW-RR 2010, 1717, 1718.

So hat die obergerichtliche Rechtsprechung die Verpflichtung zur Zahlung von Maklerprovisionen in Höhe von 13.660 DM,[214] 18.500 DM,[215] 9.280 €,[216] 15.000 €[217] und 82.110 €,[218] die jeweils im Zusammenhang mit dem Erwerb von Familienhäusern oder Eigentumswohnungen anfielen, nicht als Geschäft zur Deckung des Lebensbedarfs bewertet und eine Mithaftung aus § 1357 Abs. 1 BGB ausdrücklich verneint.[219]

72   Anders kann es demgegenüber im Falle einer Maklerprovision für die Vermittlung eines Wohnraummietvertrages sein. Im Hinblick auf die wesentlich geringeren Provisionen in diesem Bereich wird die erleichterte Wohnungssuche unter Zuhilfenahme eines provisionsberechtigten Maklers regelmäßig nicht als Grundlagen- und Investitionsgeschäft zu qualifizieren sein.[220] Daher kann für eine Wohnungsvermittlungsprovision eine Haftung nach § 1357 Abs. 1 BGB eingreifen.[221] In der instanzgerichtlichen Rechtsprechung wird hierbei auf die vom Bundesgerichtshof hervorgehobene subjektive Komponente[222] abgestellt und eine Mithaftung insbesondere dann angenommen, wenn es nach den gesamten Umständen des Einzelfalls ein Einvernehmen zwischen den Eheleuten über die Anmietung der Ehewohnung gegeben hat.[223] Maßgebliche Umstände in diesem Zusammenhang können etwa eine gemeinsame Besichtigung des nachgewiesenen Wohnobjekts durch die Eheleute, das Herunterhandeln der Maklerprovision durch den nicht vertraglich gebundenen Ehepartner[224] oder die Wahrnehmung eines vereinbarten Gesprächstermins durch den anderen Ehegatten[225] sein.

---

214 OLG Hamm, Urt. v. 27.11.2000 – 18 U 56/00, NZM 2001, 905, 906.
215 OLG Düsseldorf, Urt. v. 22.9.1995 – 7 U 230/94, NJW-RR 1996, 1524.
216 OLG Jena, Urt. v. 6.4.2011 – 2 U 862/10, BeckRS 2011, 21389.
217 OLG Oldenburg, Urt. v. 16.6.2010 – 5 U 138/09, NJW-RR 2010, 1717, 1718.
218 OLG München, Urt. v. 12.12.2016 – 21 U 3086/15, BeckRS 2016, 20902.
219 Ebenso *Hamm/Schwerdtner*, Maklerrecht, Rn. 150; *D. Fischer*, NZM 2014, 449, 452. Im Einzelfall kann aber auch bei Käuferprovisionen in Betracht kommen, dass das Geschäft auf einer erkennbaren Abstimmung der Eheleute beruht, vgl. BGH, Urt. v. 13.2.1985 – IVb ZR 72/83, BGHZ 94, 1, 9.
220 *D. Fischer*, NZM 2014, 549, 553.
221 LG Braunschweig, Urt. v. 26.9.1985 – 7 S 151/85, FamRZ 1986, 61 (1.260 DM); LG Darmstadt, Beschl. v. 25.8.2005 – 25 S 81/05, NJW-RR 2005, 1583, 1584 (1.740 €); Palandt/*Brudermüller*, § 1357 Rn. 1, 13; *D. Fischer*, NZM 2014, 549, 553; a. A. Bamberger/Roth/*Hahn*, BGB, § 1357 Rn. 19.
222 BGH, Urt. v. 13.2.1985 – IVb ZR 72/83, BGHZ 94, 1, 9.
223 LG Darmstadt, Beschl. v. 25.8.2005 – 25 S 81/05, NJW-RR 2005, 1583, 1584.
224 LG Darmstadt, Beschl. v. 25.8.2005 – 25 S 81/05, NJW-RR 2005, 1583, 1584.
225 LG Braunschweig, Urt. v. 26.9.1985 – 7 S 151/85, FamRZ 1986, 61.

Hieraus wird deutlich, dass die Eheleute den Maklervertrag als Geschäft zur gemeinsamen Deckung des Lebensbedarfs ansehen.[226]

9. Nachträglicher Abschluss eines Maklervertrages

In der höchstrichterlichen Rechtsprechung[227] ist anerkannt, dass ein Makler- **73** vertrag auch dann noch abgeschlossen werden kann, wenn der Makler seine Nachweis- oder Vermittlungsleistung bereits erbracht hat. Mit dieser praxisrelevanten Fragestellung hat sich der Bundesgerichtshof[228] mit Urteil vom 3.7.2014 anhand einer vom Maklerkunden unterzeichneten Nachweisbestätigung näher befasst.

Enthält eine Objektnachweisbestätigung ein hinreichend deutliches Provisi- **74** onsverlangen gegenüber dem Maklerkunden,[229] so kann der Kunde das darin liegende Angebot auf Abschluss eines Maklervertrages durch die Unterzeichnung der Bestätigung annehmen.[230] Der Umstand, dass zu diesem Zeitpunkt bereits Maklerleistungen erbracht worden sind, steht dem nicht entgegen. Denn ein Maklervertrag kann auch noch nach erfolgter Maklerleistung abgeschlossen werden.[231] Zwar ist in diesem Zusammenhang zu berücksichtigen, dass ein Makler, der sein Wissen ohne eindeutiges Provisionsverlangen oder zeitgleich mit dem Provisionsverlangen vorzeitig preisgibt, auf eigenes Risiko handelt und allein (ohne weitere Maklerleistungen) die Ausnutzung dieses Wissens durch den Kunden keinen Provisionsanspruch

---

226 LG Darmstadt, Beschl. v. 25.8.2005 – 25 S 81/05, NJW-RR 2005, 1583, 1584; *D. Fischer*, NZM 2014, 549, 553.
227 BGH, Urt. v. 18.9.1985 – IVa ZR 139/83, WM 1985, 1422, 1423; Urt. v. 10.10.1990 – IV ZR 280/89, NJW 1991, 490; Urt. v. 6.2.1991 – IV ZR 265/89, NJW-RR 1991, 686, 687; Urt. v. 6.3.1991 – IV ZR 53/90, NJW-RR 1991, 820, 821; Urt. v. 12.10.2006 – III ZR 331/04, NJW-RR 2007, 55 Rn. 12; Urt. v. 14.6.2016 – XI ZR 483/14, NJW-RR 2016, 1138 Rn. 32 (Bankenrechtssenat); ferner OLG Koblenz, Beschl. v. 19.12.2013 – 5 U 950/13, BeckRS 2014, 12970; Palandt/*Sprau*, § 652 Rn. 2; *Mutschler*, Maklerrecht, S. 71.
228 BGH, Urt. v. 3.7.2014 – III ZR 530/13, NJW-RR 2014, 1272 Rn. 14.
229 Vgl. zur diesbezüglichen Auslegung eines Objektnachweises auch BGH, Urt. v. 4.11.1999 – III ZR 223/98, NJW 2000, 282, 284; ferner BGH, Urt. v. 3.5.2012 – III ZR 62/11, NJW 2012, 2268 Rn. 13.
230 BGH, Urt. v. 3.7.2014 – III ZR 530/13, NJW-RR 2014, 1272 Rn. 14.
231 BGH, Urt. v. 3.7.2014 – III ZR 530/13, NJW-RR 2014, 1272 Rn. 14 unter Bezugnahme auf BGH, Urt. v. 18.9.1985 – IVa ZR 139/83, WM 1985, 1422, 1423; Urt. v. 10.10.1990 – IV ZR 280/89, NJW 1991, 490; Urt. v. 6.2.1991 – IV ZR 265/89, NJW-RR 1991, 686, 687; Urt. v. 6.3.1991 – IV ZR 53/90, NJW-RR 1991, 820, 821.

des Maklers begründet.[232] Soweit der Kunde deshalb regelmäßig keinen Anlass hat, noch nach Erhalt des Nachweises eine Vergütung zu übernehmen,[233] steht dies bei der vorliegenden Fallgestaltung der Annahme eines Maklervertrages nicht entgegen. Es ist Sache des Kunden, bei einem bereits voreilig erteilten Nachweis den anschließenden Abschluss des ihm angetragenen Maklervertrages zu verweigern.[234] Dies hat in der zu entscheidenden Fallgestaltung der Geschäftsführer der Kunden-Gesellschaft gerade nicht getan, sondern in eindeutiger Weise – durch Abgabe einer schriftlichen Erklärung – eine Provisionsverpflichtung für die Gesellschaft übernommen.[235]

75 Im Übrigen gilt aber, dass an die Auslegung einer Willenserklärung, mit der ein Käufer nachträglich – insbesondere nach Abschluss des Kaufvertrages – eine Provision verspricht – strenge Anforderungen zu stellen sind.[236] Gleichwohl ist es in der Praxis keineswegs selten, dass derartige Abreden vereinbart werden.[237]

10. Einzelfragen zur Provision

76 Bereits mit Abschluss des Maklervertrages besteht für den Makler eine *rechtlich geschützte Anwartschaft* auf den Provisionsanspruch, den er sodann durch die von ihm ausgeübte Tätigkeit verdient, wenngleich er ihn erst endgültig mit dem Eintritt des Erfolges, nämlich den Abschluss des Vertrages über das vermittelte oder nachgewiesene Objekt erwirbt.[238]

a) Allgemeine Grundsätze

77 Die Provision ist keine Vergütung für die Mühewaltung des Maklers, sondern ein Entgelt dafür, dass der Makler dem Auftraggeber die Möglichkeit

---

232 BGH, Urt. v. 3.7.2014 – III ZR 530/13, NJW-RR 2014, 1272 Rn. 14 unter Bezugnahme auf BGH, Urt. v. 25.9.1985 – IVa ZR 22/84, NJW 1986, 177, 178; Urt. v. 6.12.2001 – III ZR 296/00, NJW 2001, 817, 818.
233 OLG Karlsruhe, Beschl. v. 7.7.2004 – 15 U 7/03, NZM 2005, 72, 73.
234 BGH, Urt. v. 3.7.2014 – III ZR 530/13, NJW-RR 2014, 1272 Rn. 14; *D. Fischer*, NJW 2014, 3281, 3283.
235 BGH, Urt. v. 3.7.2014 – III ZR 530/13, NJW-RR 2014, 1272 Rn. 14.
236 OLG Düsseldorf, Urt. v. 18.4.1997 – 7 U 170/96, NJW-RR 1998, 564, 565; OLG Karlsruhe, Beschl. v. 7.7.2004 – 15 U 7/03, NZM 2005, 72, 73; Palandt/*Sprau*, § 652 Rn. 2; *Hamm/Schwerdtner*, Maklerrecht, Rn. 141 ff.; *Mutschler*, Maklerrecht, S. 71.
237 *Dehner*, Maklerrecht, Rn. 36.
238 BGH, Urt. v. 3.3.1965 – VIII ZR 266/63, NJW 1965, 964; Urt. v. 2.2.2016 – 1 StR 437/15, NStZ 2016, 286 Rn. 52 (1. Strafsenat).

zum Abschluss eines Geschäfts verschafft.[239] Nicht, was den Makler der Nachweis oder die Vermittlung an Mühe und Aufwand kostet, sondern was dem Auftraggeber der durch den Makler ermöglichte Geschäftsabschluss wert ist, begründet die Höhe der Maklerprovision.[240] Auch für die Vergütung des Maklers gilt der Grundsatz der Mischkalkulation.[241] Maßgeblich für die Bemessung der Provision ist grundsätzlich der im Maklervertrag niedergelegte Parteiwille.[242]

aa) Berechnungsarten

Die Provision wird üblicherweise nach einem Hundertsatz des vom Auftraggeber zu leistenden Vertragsentgeltes bestimmt.[243] Ist die Maklertätigkeit auf den Abschluss eines Mietvertrages gerichtet, so ist als Bezugsgröße üblicherweise auf die vereinbarte Monatsmiete abzustellen;[244] für die Wohnungsvermittlung ist die Höchstgrenze von zwei Monatsmieten, soweit der Wohnungssuchende die Provision zu tragen hat, zwingend vorgegeben.[245] Bei Immobilien aus dem Niedrigpreisbereich wird allerdings nicht selten kein aus der Kaufpreissumme abgeleiteter Prozentsatz vereinbart, sondern um den Aufwand des Maklers angemessen zu berücksichtigen, eine Festprovision.[246] Auch im Hochpreisbereich sind abweichende Gestaltungen nicht unüblich. Neben einer Festprovision kommt insoweit auch in Betracht, dass die Provision prozentual geringer ausfällt als bei Standardobjekten.[247]

78

---

239 BGH, Urt. v. 19.4.1967 – VIII ZR 91/65, NJW 1967, 1365, 1366.

240 BGH, Urt. v. 13.3.2003 – III ZR 299/02, NJW 2003, 1393, 1394; Jauernig/*Mansel*, § 652 Rn. 26.

241 AG Zittau, Zweigstelle Löbau, Urt. v. 9.6.2016 – Z 14 C 319/13, NZM 2017, 378.

242 BGH, Urt. v. 15.3.1995 – IV ZR 25/94, NJW 1995, 1738.

243 BGH, Urt. v. 19.4.1967 – VIII ZR 91/65, NJW 1967, 1365, 1366; Urt. v. 7.7.2016 – I ZR 30/15, NJW 2017, 1024 Rn. 45; Urt. v. 7.7.2016 – I ZR 68/15, NJW-RR 2017, 368 Rn. 42.

244 AG Hamburg-Harburg, Urt. v. 28.4.2016 – 646 C 197/15, ZMR 2016, 833, 834 (Drei Bruttomieten); vgl. auch *Hamm/Schwerdtner*, Maklerrecht, Rn. 779, 783; *Ibold*, Maklerrecht, Rn. 21.

245 Einzelheiten Kap. XII Rn. 60 ff.

246 AG Zittau, Zweigstelle Löbau, Urt. v. 9.6.2016 – Z 14 C 319/13, NZM 2017, 378; *D. Fischer*, NZM 2017, 348.

247 OLG Frankfurt a. M., Urt. v. 15.9.1999 – 19 U 61/99, NJW-RR 2000, 58 bezogen auf den Großraum Frankfurt a. M.; Soergel/*Engel*, BGB, § 653 Rn. 6; *D. Fischer*, NZM 2017, 348.

bb) Weitere Bezugsgrößen

79   Der Makler kann die von ihm abzuführende Umsatzsteuer vom Kunden nur dann verlangen, wenn dies vereinbart ist.[248] Bei der Bestimmung der Höhe des Provisionsanspruchs ist sie aber, soweit sie den Kaufpreis erhöht, Berechnungsgrundlage.[249] Hat der Verkäufer den Makler zu bezahlen, wird regelmäßig der ihm verbleibende Verkaufserlös (Barkaufpreis) heranzuziehen sein.[250] Nur Leistungen des Käufers, die als Teile des Kaufpreises zu gelten haben, sind zu berücksichtigen.[251] Bei Grundstücken gehören zum Kaufpreis auch solche Leistungen des Käufers, die üblicherweise als dessen Teil gelten, so etwa auch die Übernahme von Belastungen.[252] Dies gilt aber nicht für öffentliche Abgaben, wie etwa Grunderwerbssteuer oder Anliegerbeträge.[253] Soll der Verkäufermakler nach dem Maklervertrag seine Provision aus dem Verkaufspreis für ein veräußertes Unternehmen berechnen, dann ist normalerweise anzunehmen, dass die vom Käufer übernommenen Unternehmensschulden nicht zu diesem Verkaufspreis gehören, dieser vielmehr den Verkehrswert des Unternehmens bezeichnet, der seinerseits von der Differenz der in der Bilanz ausgewiesenen Aktiva und Passiva bestimmt wird.[254] Anderes kann gelten, wenn die Unternehmensschulden vom Käufer sofort zu tilgen sind. Für die Käuferprovision ist dann nicht nur der Kaufpreis, sondern auch der Wert der abzulösenden Verbindlichkeiten maßgeblich.[255]

80   Bei der Berechnung der Maklerprovision ist von dem Gesamtkaufpreis ein Teilbetrag für mitverkauftes, gesondert ausgewiesenes Zubehör nicht abzuziehen.[256] Die Provision erstreckt sich auf den gesamten Kaufpreisbetrag,

---

248 BGH, Urt. v. 4.4.1973 – VIII ZR 191/72, WM 1973, 677; OLG Düsseldorf, OLG-Report 1993, 317; *Ibold*, Maklerrecht, Rn. 120; *Hamm/Schwerdtner*, Maklerrecht, Rn. 785; *Seydel/Heinbuch*, Maklerrecht, Rn. 151; *Zopfs*, Maklerrecht, 3. Aufl., Rn. 56; *Münch*, MietRB 2013, 132, 135.
249 OLG Köln, OLGReport 2001, 25; OLG Karlsruhe, IVD-Rspr. A 122 Bl. 8; *Ibold*, Maklerrecht, Rn. 120; *Hamm/Schwerdtner*, Maklerrecht, Rn. 777.
250 BGH, Urt. v. 15.3.1995 – IV ZR 25/94, NJW 1995, 1738, 1739; OLG Stuttgart, Urt. v. 23.12.2009 – 3 U 126/09, NJW-RR 2010, 992, 994.
251 BGH, Urt. v. 14.6.1965 – VIII ZR 231/63, NJW 1965, 1755; OLG Stuttgart, Urt. v. 23.12.2009 – 3 U 126/09, NJW-RR 2010, 992, 994.
252 BGH, Urt. v. 7.5.1998 – III ZR 18/97, NJW 1998, 2277; Palandt/*Sprau*, § 652 Rn. 53.
253 BGH, Urt. v. 14.6.1965 – VIII ZR 231/63, NJW 1965, 1755; OLG Köln, OLGReport 2001, 25, 29; *Ibold*, Maklerrecht, Rn. 121.
254 BGH, Urt. v. 15.3.1995 – IV ZR 25/94, NJW 1995, 1738; Palandt/*Sprau*, § 652 Rn. 53.
255 OLG Düsseldorf, Urt. v. 8.10.1999 – 7 U 254/98, NJW-RR 2000, 1506, 1507.
256 AG Charlottenburg, Urt. v. 2.7.2014 – 231 C 51/14, GE 2014, 1532; *D. Fischer*, NJW 2015, 3278, 3282.

nicht nur auf den notariell beurkundeten Teil.[257] Der Begriff Verkaufsprovision bedeutet nicht, dass eine Provisionsforderung von der tatsächlichen Zahlung des Kaufpreises durch den Käufer abhängig ist.[258]

b) Übliche Provision

Die Höhe der Maklervergütung muss nicht ausdrücklich vereinbart werden. **81** Es genügt, dass sie im Wege der Vertragsauslegung feststellbar ist.[259]

aa) Gesetzliche Auslegungsregel

§ 653 Abs. 2 BGB regelt die Höhe der Vergütung, falls die Parteien hierzu **82** keine Vereinbarung getroffen haben. Es handelt sich um eine *gesetzliche Auslegungsregel*.[260] Danach gilt der taxmäßige Lohn und bei Fehlen einer Taxe die übliche Provision als vereinbart.[261] Bei Taxen handelt es sich um nach Bundes- oder Landesrecht zugelassene oder normierte Gebühren,[262] die es für das Maklergewerbe nicht mehr gibt.[263] Daher ist allein der *übliche Lohn* maßgeblich. Hierunter ist die *verkehrs-* und *ortsübliche Vergütung*, wie sie der allgemeinen Verkehrsgeltung bei den beteiligten Kreisen entspricht, zu verstehen.[264] Die übliche Provision ist auch wesentlicher Maßstab bei der Ermittlung, ob eine vereinbarte Provision, was ihre Höhe angeht, sittenwidrig ist.[265]

bb) Fehlen bundesweit üblicher Provisionssätze

Die Frage, welche Provisionshöhe als üblich anzusehen ist, lässt sich nicht **83** einheitlich beantworten, weil es keine bundesweit übereinstimmenden Pro-

---

257 LG Oldenburg, Urt. v. 13.4.2016 – 4 O 771/15, ZMR 2016, 585, 586; *D. Fischer*, NJW 2016, 3281, 3284.
258 OLG München, OLGReport 1992, 98; *Hamm/Schwerdtner*, Maklerrecht, Rn. 618.
259 OLG Schleswig, Urt. v. 17.5.2013 – 5 U 173710, ZMR 2014, 333, 334; *D. Fischer*, NJW 2014, 3281, 3286.
260 Bamberger/Roth/*Kotzian-Marggraf*, § 653 Rn. 3; Erman/*D. Fischer*, § 653 Rn. 5; Jauernig/*Mansel*, § 653 Rn. 1; *D. Fischer*, NJW 2015, 3278, 3282.
261 Bamberger/Roth/*Kotzian-Marggraf*, § 653 Rn. 8; *Hamm/Schwerdtner*, Maklerrecht, Rn. 770; *D. Fischer*, NJW 2015, 3278, 3282.
262 Soergel/*Engel*, § 653 Rn. 5; Staudinger/*Arnold*, §§ 652, 653 Rn. 181.
263 Erman/*D. Fischer*, § 653 Rn. 6; *Hamm/Schwerdtner*, Maklerrecht, Rn. 812.
264 OLG Frankfurt a. M., Urt. v. 15.9.1999 – 19 U 61/99, NJW-RR 2000, 58; Münch-Komm-BGB/*H. Roth*, § 653 Rn. 14; *Dehner*, Maklerrecht, Rn. 213; *D. Fischer*, NZM 2017, 348, 349.
265 Vgl. nachstehend unter Rn. 96 ff.

visionssätze gibt.[266] Zwar hat der Bundesgerichtshof[267] im Jahre 1994 ohne weitere Begründung und regionale Begrenzung ausgeführt, bekanntermaßen betrage die einfache, vom Verkäufer zu zahlende Provision üblicherweise 3% zuzüglich Umsatzsteuer, während die übliche Provision des Doppelmaklers kaum einmal 6% zuzüglich Umsatzsteuer übersteige.[268] In nachfolgenden Entscheidungen wurde dagegen zu Recht weicher formuliert und eine Spanne von 3% bis 5% des Grundstücksverkaufspreises als übliche Maklerprovision genannt.[269]

cc) Regional abweichende Provisionssätze

84 Eine nähere Durchsicht der Instanzjudikatur zeigt allerdings, dass es durchweg deutliche regionale Unterschiede gibt. Der genannte Satz von 3% des Grundstücksverkaufspreises zuzüglich Umsatzsteuer, wobei zwischen der Nachweis- und Vermittlungsprovision nicht differenziert wird, gilt etwa für Nordbaden[270] und generell hinsichtlich des OLG-Bezirks Stuttgart;[271] ebenso ganz überwiegend für Bayern,[272] für den Bereich des OLG-Bezirks Düsseldorf[273] sowie für die Stadt Köln.[274] Für Sachsen-Anhalt soll dagegen 4% des Kaufpreises zuzüglich Umsatzsteuer üblich sein.[275] Im Raum Bautzen und im übrigen Freistaat Sachsen ist eine 2,5% Verkäuferprovision und eine 3% Käuferprovision üblich.[276]

85 In manchen Bundesländern hat es sich durchgesetzt, dass der Käufer Provisionsanteile des Verkäufers mitzutragen oder auch insgesamt zu überneh-

---

266 *D. Fischer*, ZAP 2016, 841, 849.
267 BGH, Urt. v. 16.2.1994 – IV ZR 35/93, BGHZ 125, 135, 139 = NJW 1994, 1475.
268 Ebenso allgemein Palandt/*Sprau*, § 653 Rn. 3; *Seydel/Heinbuch*, Maklerrecht, Rn. 148; vgl. auch die allerdings nur nach Bundesländern aufgeschlüsselte, bei *Beuermann*, GE 2016, 1118, wiedergegebene Tabelle, nach der ganz überwiegend die jeweilige Provision 3% zuzüglich Umsatzsteuer beträgt; ferner Schreiber/Ruge/*Tyarks*, Kap. 5 Rn. 23.
269 BGH, Urt. v. 30.5.2000 – IX ZR 121/99, NJW 2000, 2669, in BGHZ 144, 343 insoweit nicht abgedruckt; Urt. v. 20.3.2003 – III ZR 184/02, NJW 2003, 699, 700.
270 OLG Karlsruhe, Urt. v. 22.7.1998 – 15 U 42/98, NZM 1999, 231.
271 OLG Stuttgart, Urt. v. 23.12.2009 – 3 U 126/09, NJW-RR 2010, 992, 994 (Hotel); LG Stuttgart, Urt. v. 23.3.2018 – 19 O 130/17, BeckRS 2018, 19810.
272 *Geser*, RechtsABC für Immobilienmakler, 10. Aufl., S. 193 auch hinsichtlich der Abweichungen im Regierungsbezirk Oberbayern; für München, *Lechner*, NZM 2013, 751, 754 (gerichtsbekannt).
273 *Ibold*, Maklerrecht, Rn. 21, 121.
274 OLG Köln, Urt. v. 30.9.2014 – 1 RVs 91/14, BeckRS 2014, 18661.
275 LG Stendal, Urt. v. 1.3.2001 – 22 S 150/00, NZM 2001, 1089.
276 AG Zittau, Zweigstelle Löbau, Urt. v. 9.6.2016 – Z 14 C 319/13, NZM 2017, 378, festgestellt aufgrund eines 2015 eingeholten Sachverständigengutachtens.

men hat.[277] So wird für den Bereich von Hamburg eine Käuferprovision von 6,25% genannt.[278] Für das Land Schleswig-Holstein gelten vergleichbare Sätze.[279] Auch unter dem Gesichtspunkt der Unangemessenheit i. S. d. § 655 BGB ist dieses marktwirtschaftliche Verhalten[280] nicht zu beanstanden.[281] Eine derartige vom Verkäufer ausgehende Bedingung ist allerdings von der jeweiligen Marktlage abhängig. Auch im Großraum Berlin/Brandenburg ist die Überwälzung der Provision auf den Käufer üblich; in diesem Bereich beträgt die Käuferprovision 7,14%.[282] In Hessen betrug bereits in den Fünfzigerjahren die ortsübliche – vom Käufer zu tragende – Maklerprovision 5% vom Kaufpreis, auch in den Folgejahren wurde die übliche Provision von mindestens 5% zuzüglich Umsatzsteuer nicht unterschritten.[283] Geringere Sätze können sich allerdings bei besonderen Fallgestaltungen ergeben, etwa bei Kaufpreisen von über 5 Mio. €, bei regelmäßiger Beauftragung durch einen Großkunden (namentlich bei Tankstellen-, Supermarkt-, Bauträgergrundstücken), oder, wenn die spätere Vermarktung der Einheiten im Alleinauftrag zugesagt werden.[284]

---

277 Vgl. OLG Schleswig, Urt. v. 22.1.2015 – 16 U 89/14, ZMR 2016, 412.

278 BGH, Urt. v. 7.7.2016 – I ZR 30/15, NJW 2017, 1024 Rn. 24 unter Bezugnahme auf die tatrichterliche Beurteilung der Vorinstanz, OLG Schleswig, Urt. v. 22.1.2015 – 16 U 89/14, ZMR 2016, 412 = BeckRS 2015, 02069.

279 OLG Schleswig, Urt. v. 22.1.2015 – 16 U 89/14, ZMR 2016, 412.

280 Anders dagegen die Wertung des Reformgesetzgebers zu § 2 Abs. 1a WoVermittG (Bestellerprinzip), hierzu *Duchstein*, NZM 2015, 417; *D. Fischer*, WuM 2016, 313.

281 So mittelbar OLG Schleswig, Urt. v. 22.1.2015 – 16 U 89/14, ZMR 2016, 412; ferner *D. Fischer*, NJW 2015, 3278, 3282.

282 OLG Brandenburg, Urt. v. 22.10.2003 – 13 U 127/00 (Rückläufer zu BGH, Urt. v. 6.12.2001 – III ZR 296/00, NJW 2002, 817): Hier wurde aufgrund eines Sachverständigengutachtens die ortsübliche Käuferprovision für 1997/1998 mit 6,33% bzw. 6,38% brutto ermittelt; vgl. neuerdings BGH, Urt. v. 3.5.2012 – III ZR 62/11, NJW 2012, 2268 Rn. 1: 7,14% Käuferprovision für das Jahr 2008 (Landgerichtsbezirk Potsdam); Urt. v. 12.5.2016 – I ZR 5/15, NJW 2016, 3233 Rn. 11: 6% nebst 19% Umsatzsteuer (Berlin); LG Berlin, Urt. v. 30.5.2013 – 9 O 540/11, ZMR 2014, 419; ebenso *Münch*, MietRB 2013, 132, 135.

283 OLG Frankfurt a. M., Urt. v. 15.9.1999 – 19 U 61/99, NJW-RR 2000, 58, festgestellt aufgrund eines 1998 eingeholten Sachverständigengutachtens; ebenso für den Raum Frankfurt a. M., Soergel/*Engel*, § 653 Rn. 6. In OLG Frankfurt a. M., Urt. v. 5.2.2008 – 18 U 59/07, OLG-Report 2008, 754, 755 wird zwar eine Spanne von 3% bis 5% genannt; die Bezugnahme auf BGH, Urt. v. 30.5.2000 – IX ZR 121/99, NJW 2000, 2669, in BGHZ 144, 343 insoweit nicht abgedruckt, zeigt aber, dass hier keine regionalspezifische Werte gemeint sind.

284 OLG Frankfurt a. M., Urt. v. 15.9.1999 – 19 U 61/99, NJW-RR 2000, 58, festgestellt aufgrund eines 1998 eingeholten Sachverständigengutachtens; vgl. auch *Dehner*, Maklerrecht, Rn. 211.

86 Ab dem 23.12.2020 ist zu beachten, dass ein gänzliches Überwälzen der Maklerprovision auf den anderen Teil des Hauptvertrages unzulässig ist, wenn es sich um den Erwerb von Wohnimmobilien durch einen Verbraucher handelt. Hier gilt der Halbteilungsgrundsatz, d.h. nur 50% der gesamten Provision darf auf den anderen Teil abgewälzt werden. Wird der Makler von beiden Seiten beauftragt (Doppelmakler), gilt ebenfalls der Halbteilungsgrundsatz.[285]

87 Ob bei der üblichen Provision die vom Makler zu entrichtende Umsatzsteuer hinzuzurechnen ist, ist bislang nicht abschließend geklärt. Die vorgenannten Beispiele zeigen aber, dass bei der üblichen Provision die zusätzliche Berechnung der Umsatzsteuer als üblich angesehen werden kann.[286]

dd) Ermittlung der üblichen Provision

88 Liegen dagegen keine hinreichende Werte vor, muss die übliche Provision – aufgrund eines Beweisantrags des Maklers – ermittelt werden.

89 Dies kann durch Einholung von Auskünften der örtlichen Industrie- und Handelskammer[287] oder durch Erhebung eines Sachverständigengutachtens[288] geschehen. Die Vorlage von Maklerinseraten anderer Unternehmen aus der in Rede stehenden Region kann gleichfalls als Beweismittel in Betracht kommen.[289] Eine unmittelbare Auskunft eines (örtlichen oder regionalen) Maklerverbandes sollte entgegen vielfacher Empfehlung[290] nicht erhoben werden.[291] Die Gefahr, dass verbandsbezogene Erwägungen die Auskunft beeinflussen und dies im Rahmen der Beweiserhebung – jedenfalls von Seiten des Maklerkunden – problematisiert wird, sollte von vornherein ausgeschlossen werden.[292] Auch enthalten die Auskünfte mitunter eher

---

285 Einzelheiten zur Maklerkostenrechtsnovelle 2020 finden sich im Kapitel XI.
286 *D. Fischer*, NZM 2017, 348, 350; ebenso Staudinger/*Arnold*, §§ 652, 653 Rn. 179; *Hamm/Schwerdtner*, Maklerrecht, Rn. 786.
287 LG Stendal, Urt. v. 1.3.2001 – 22 S 150/00, NZM 2001, 1089; Staudinger/*Arnold*, §§ 652, 653 Rn. 181; Erman/*D. Fischer*, § 653 Rn. 6.
288 OLG Frankfurt a.M., Urt. v. 15.9.1999 – 19 U 61/99, NJW-RR 2000, 58; OLG Brandenburg, Urt. v. 22.10.2003 – 13 U 127/00; *Seydel/Heinbuch*, Maklerrecht, Rn. 148.
289 Vgl. LG Rostock, Urt. v. 27.3.2020 – 3 O 673/19, Urteilsumdruck S. 4.
290 Bamberger/Roth/*Kotzian-Marggraf*, § 653 Rn. 8; MünchKomm-BGB/*H. Roth*, § 653 Rn. 14; Soergel/*Engel*, § 653 Rn. 7; Staudinger/*Arnold*, §§ 652, 653 Rn. 181; *Ibold*, Maklerrecht, Rn. 122; *Küpper*, in: Baumgärtel/Laumen/Prütting, Handbuch der Beweislast, § 653 Rn. 4; *Vollkommer*, JZ 1985, 879.
291 *D. Fischer*, NZM 2017, 348, 350.
292 Deutliches Unbehagen auch bei *Hamm/Schwerdtner*, Maklerrecht, Rn. 812; vgl. auch NK-BGB/*Wichert*, § 653 Rn. 8.

Preisempfehlungen als Aussagen über die tatsächlichen Vergütungsverhält-
nisse.[293]

Für die Ermittlung der Höhe der üblichen Provision ist nicht auf den Zeit- **90**
punkt des Hauptvertragsabschlusses abzustellen, sondern darauf, wann der
Maklervertrag zustande gekommen ist.[294] Die Beurteilung liegt auf tatrichterlichem Gebiet und kann in der Revisionsinstanz nur darauf überprüft werden, ob sie gegen gesetzliche Auslegungsregeln oder die Denkgesetze verstößt, erfahrungswidrig ist oder wesentlichen Tatsachenstoff außer Acht
lässt.[295] Dies gilt auch für die Frage, ob zusätzliche Leistungen erbracht wurden, die über die übliche Tätigkeit des Makler hinausgehen.[296]

Übliche Tätigkeiten sind neben Nachweis- und Vermittlungsleistungen sons- **91**
tige Beratungen, die Anberaumung eines Besichtigungs- oder Beurkundungstermins sowie das Einholen von Auskünften.[297] Die Beschaffung eines
Grundrisses gehört ebenso zu den typischen Leistungen eines Maklers, wie
die Erstellung einer Mieterliste und die Anfertigung eines Verkehrswertgutachtens.[298] Die Bestimmung des § 10 Abs. 3 Nr. 1 MaBV regelt allein Buch-
führungs- und Aufzeichnungspflichten des Maklers. Sie sagt nichts darüber
aus, welche Leistungen Makler darüberhinaus typischerweise sonst noch erbringen, um Geschäfte erfolgreich nachzuweisen oder zu vermitteln.[299] Zusätzliche, provisonserhöhende Leistungen können etwa aufwendige Pla-
nungstätigkeiten sein.[300] Darlegungs- und beweispflichtig hierfür ist der
Makler.[301] Ob Leistungen zur typischen Maklertätigkeit gehören, kann im
Provisionsprozess das angerufene Zivilgericht aus eigener Kenntnis entscheiden, wenn es regelmäßig mit maklerrechtlichen Streitigkeiten befasst ist.[302]

Lässt sich bei der Ermittlung der üblichen Provision ein genauer Wert nicht **92**
feststellen, sondern nur eine Spannbreite, etwa zwischen 3 % und 5 %, hindert dies eine Festlegung der Vergütung gemäß § 653 Abs. 2 BGB nicht.[303]

---

293 *Dehner*, Maklerrecht, Rn. 212.
294 Staudinger/*Arnold*, §§ 652, 653 Rn. 181; *Dehner*, Maklerrecht, Rn. 213.
295 BGH, Urt. v. 12.5.2016 – I ZR 5/15, NJW 2016, 3233 Rn. 11.
296 BGH, Urt. v. 12.5.2016 – I ZR 5/15, NJW 2016, 3233 Rn. 13.
297 *D. Fischer*, NZM 2017, 348, 350.
298 BGH, Urt. v. 12.5.2016 – I ZR 5/15, NJW 2016, 3233 Rn. 13.
299 BGH, Urt. v. 12.5.2016 – I ZR 5/15, NJW 2016, 3233 Rn. 15.
300 BGH, Urt. v. 30.5.2000 – IX ZR 121/99, NJW 2000, 2669, 2670 in BGHZ 144, 343 in-
    soweit nicht abgedruckt.
301 OLG Brandenburg, Urt. v. 14.10.2009 – 4 U 11/09, NJW-RR 2010, 635, 637.
302 BGH, Urt. v. 12.5.2016 – I ZR 5/15, NJW 2016, 3233 Rn. 15.
303 BGH, Urt. v. 13.3.1985 – IVa ZR 211/82, BGHZ 94, 98, 103; MünchKomm-BGB/
    H. Roth, § 653 Rn. 15; *Ibold*, Maklerrecht, Rn. 122.

Vielmehr hat das Gericht innerhalb der ermittelten Spanne, wenn diese nicht allzu groß ist, die im Streitfalle *angemessene Vergütung* selbst festzusetzen.[304] Der Tatrichter kann hierbei von einem mittleren Prozentsatz ausgehen und bei Vorliegen besonderer Umstände Zu- und Abschläge vornehmen. Das Bestimmungsrecht des Maklers nach § 316 BGB tritt hinter den vorrangigen Grundsätzen einer ergänzenden Vertragsauslegung zurück.[305]

ee) Festprovision für den Niedrigpreisbereich

93   Zum Niedrigpreisbereich gehören Immobilien, für die wegen ihres Zuschnitts und ihrer Lage außerhalb von Ballungsgebieten nur geringe Kaufpreise erzielt werden können. Betragsmäßig handelt es sich hierbei um Objekte, für die Preise bis zu 60.000 € gezahlt werden, wobei der untere Niedrigpreisbereich Immobilien mit Preisen bis zu 20.000 € erfasst.[306] Der Niedrigpreisbereich wird durch zwei Faktoren beeinflusst, zum einen der kostendeckenden Tätigkeit des Maklers sowie zum anderen der schweren Verkäuflichkeit derartiger Immobilien und dem damit verbundenen Aufwand des beauftragten Maklers.[307] Um den Besonderheiten dieses Immobilienbereichs Rechnung zu tragen, wird vielfach von der herkömmlichen Berechnungsart für die Maklerprovision abgesehen und statt eines Prozentsatzes vom Kaufpreis eine Festprovision vereinbart. Derartige Provisionen werden kundenseits vielfach als sittenwidrig (§ 138 BGB) beanstandet und sind Gegenstand von Rückforderungsklagen.[308] Zu Recht ist das AG Villingen-Schwenningen in diesem Zusammenhang davon ausgegangen, dass die Frage der Sittenwidrigkeit anhand einer Gegenüberstellung der vereinbarten und der ortsüblichen Provision zu prüfen ist.[309] Ferner ist die Frage der Üblichkeit daran zu messen, ob es sich um ein Grundstück aus dem Niedrig-

---

304 BGH, Urt. v. 13.3.1985 – IVa ZR 211/82, BGHZ 94, 98, 104; Urt. v. 6.12.2002 – III ZR 296/00, NJW 2002, 817, 818; *Vollkommer*, JZ 1985, 879, 882; a. A. *Dehner*, Maklerrecht, Rn. 215 (Bestimmungsrecht des Maklers nach § 316 BGB).

305 BGH, Urt. v. 13.3.1985 – IVa ZR 211/82, BGHZ 94, 98, 103; Urt. v. 6.12.2002 – III ZR 296/00, NJW 2002, 817, 818; MünchKomm-BGB/*H. Roth*, § 653 Rn. 15; *Vollkommer*, JZ 1985, 879, 882; *D. Fischer*, NZM 2002, 480, 482.

306 AG Zittau, Zweigstelle Löbau, Urt. v. 9.6.2016 – Z 14 C 319/13, NZM 2017, 378 festgestellt aufgrund eines 2015 eingeholten Gutachtens einer Sachverständigen für das Sachgebiet Immobilienvermittlungsleistungen; ähnlich LG Rostock, Urt. v. 27.3.2020 – 3 O 673/19, Urteilsumdruck S. 4 (Pauschalprovision).

307 LG Rostock, Urt. v. 27.3.2020 – 3 O 673/19, Urteilsumdruck S. 4; AG Zittau, Zweigstelle Löbau, Urt. v. 9.6.2016 – Z 14 C 319/13, NZM 2017, 378.

308 *D. Fischer*, NJW 2019, 1182, 1186.

309 AG Villingen-Schwenningen, Urt. v. 28.2.2018 – 11 C 100/17, ZMR 2019, 87, ebenso LG Rostock, Urt. v. 27.3.2020 – 3 O 673/19, Urteilsumdruck S. 4.

preisbereich oder dem Hochpreisbereich handelt. Aufgrund eines Sachverständigengutachtens gelangte das Gericht zum Ergebnis, dass die vereinbarte Festprovision von 3.750 € das Dreifache der ortsüblichen Provision nicht übersteige und mithin nicht sittenwidrig sei.[310] Das LG Konstanz hat sich dieser zutreffenden Beurteilung angeschlossen.[311] Für Sachsen wurde ein landesweiter Durchschnitt von 3.300 € Festprovision netto ermittelt. Für den unteren Niedrigpreisbereich sind Abreden über Fest- oder Pauschalprovisionen üblich.[312] Für Mecklenburg-Vorpommern wurde eine Festprovision in Höhe von 3.570 € einschließlich Umsatzsteuer für beanstandungsfrei erklärt.[313] Der Umstand, dass dieser Provisionssatz im Rahmen einer zulässigen Doppeltätigkeit jeweils als Verkäufer- und als Käuferprovision gefordert wurde, berührt die Wirksamkeit der Abreden nicht.[314]

ff) Keine Differenzierung zwischen einem professionellen Immobilienmakler und einem Gelegenheitsmakler

Bei der nach § 653 Abs. 2 BGB zu bemessenden üblichen Provision kommt **94** es grundsätzlich nicht darauf an, ob die Maklerleistung von einem hauptberuflich tätigen Immobilienmakler oder von einem Gelegenheitsmakler erbracht wird.[315] Beide Leistungen sind gleichwertig.[316] Es können sich aber unterschiedlichen Übungen herausgebildet haben und die Provision des Gelegenheitsmaklers niedriger sein als die des gewerbsmäßig tätigen Maklers.[317]

---

310 AG Villingen-Schwenningen, Urt. v. 28.2.2018 – 11 C 100/17, ZMR 2019, 87, 88.

311 Berufungsverfahren LG Konstanz – 61 S 20/18; das Verfahren endete mit der Berufungsrücknahme des Kunden, vgl. *Welzer*, ZMR 2019, 89; *D. Fischer*, NJW 2019, 1182, 1186.

312 AG Zittau, Zweigstelle Löbau, Urt. v. 9.6.2016 – Z 14 C 319/13, NZM 2017, 378; *D. Fischer*, NZM 2017, 348, 351.

313 LG Rostock, Urt. v. 27.3.2020 – 3 O 673/19, Urteilsumdruck S. 5, der Grundstückspreis betrug 21.000 €.

314 LG Rostock, Urt. v. 27.3.2020 – 3 O 673/19, Urteilsumdruck S. 6.

315 MünchKomm-BGB/*H. Roth*, § 653 Rn. 14; Erman/*D. Fischer*, § 653 Rn. 6; *Dehner*, Maklerrecht, Rn. 218; *Ibold*, Maklerrecht, Rn. 123; *Koch*, Der Provisionsanspruch des Immobilienmaklers, S. 166; a. A. Soergel/*Engel*, § 653 Rn. 8; Bamberger/Roth/*Kotzian-Marggraf*, § 653 Rn. 8: nur 50 % der für einen gewerblichen Makler üblichen Provision.

316 Staudinger/*Arnold*, §§ 652, 653 Rn. 175; *Dehner*, Maklerrecht, Rn. 218.

317 Erman/*D. Fischer*, § 653 Rn. 6.

gg) Örtlicher Anknüpfungspunkt

95 Fallen Geschäftssitz des Maklers und die Örtlichkeit des Objekts auseinander, so stellt sich die Frage, auf welchen Anknüpfungspunkt für die Bestimmung der Provisionshöhe abzustellen ist. Maßgeblich ist der Erfüllungsort zum Zeitpunkt des Abschlusses des Maklervertrages.[318] Dies ist der Geschäftssitz des Maklers.[319]

c) Sittenwidrige Provisionshöhe

96 Eine Provisionsvereinbarung ist sittenwidrig, wenn zwischen der Höhe der versprochenen Vergütung und der dafür zu erbringenden Leistung ein auffälliges Missverhältnis besteht und weitere Umstände hinzutreten, beispielsweise eine verwerfliche Gesinnung des Maklers oder eine Ausnutzung der schwierigen Lage des Geschäftspartners.[320] Erreicht oder übersteigt die vereinbarte Provision das Mehrfache – beispielsweise das Fünffache[321] – der üblichen Provision, dann wird die Entscheidungs- und wirtschaftliche Bewegungsfreiheit des Geschäftspartners immer mehr eingeengt. Dies spricht für ein auffälliges Missverhältnis.[322] Der maßgebliche Ausgangspunkt für die Beantwortung der Frage nach dem auffälligen Missverhältnis ist daher die Gegenüberstellung der vereinbarten und der üblichen Maklerprovision.[323]

97 Auf der Grundlage dieser Grundsätze hat das OLG Frankfurt a. M.[324] mit Urteil vom 5.2.2008 eine erfolgsabhängige Vermittlungsprovision in Höhe von 12 % des Verkaufspreises, die zudem im Rahmen eines Maklerdienstvertrages an eine weitere erfolgsunabhängige Vergütung in Höhe von 13.340 € geknüpft war, als sittenwidrig gemäß § 138 Abs. 1 BGB qualifiziert. Beträgt die vereinbarte Provision, ohne das besondere Umstände hinzutreten, 27,56 % des Kaufpreises und damit mehr als das Fünffache einer üblichen

---

318 Staudinger/*Arnold*, §§ 652, 653 Rn. 181; *Dehner*, Maklerrecht, Rn. 213; *Hamm/ Schwerdtner*, Maklerrecht, Rn. 813; *D. Fischer*, NZM 2017, 348, 351.

319 Staudinger/*Arnold*, §§ 652, 653 Rn. 181; *Dehner*, Maklerrecht, Rn. 213; *D. Fischer*, NZM 2017, 348, 351; a. A. *Hamm/Schwerdtner*, Maklerrecht, Rn. 813 (Örtlichkeit des Objekts).

320 BGH, Urt. v. 16.2.1994 – IV ZR 35/93, BGHZ 125, 135, 137; Urt. v. 30.5.2000 – IX ZR 121/99, NJW 2000, 2669, in BGHZ 144, 343 insoweit nicht abgedruckt.

321 BGH, Urt. v. 22.1.1976 – II ZR 90/75, WM 1976, 289.

322 BGH, Urt. v. 16.2.1994 – IV ZR 35/93, BGHZ 125, 135, 137.

323 BGH, Urt. v. 22.1.1976 – II ZR 90/75, WM 1976, 289, 290; OLG Brandenburg, Urt. v. 14.10.2009 – 4 U 11/09, NJW-RR 2010, 635, 636; *D. Fischer*, NZM 2017, 348, 351.

324 OLG Frankfurt a. M., OLGReport 2008, 754, 755.

Provision von 3 bis 5% des Kaufpreises, liegt Sittenwidrigkeit vor.[325] Nach Ansicht des LG Berlin[326] kann eine Provision, welche mehr als 100% über dem ortsüblichen Satz liegt, bei Hinzutreten weiterer Umstände als sittenwidrig zu beanstanden sein.

Unter den besonderen Voraussetzungen eines *Partnervermittlungsvertrages*,[327] bei dem das System der Vorauskasse im Hinblick auf § 656 BGB geschäftsüblich ist, kann eine ortsübliche Vergütung dann bereits als sittenwidrig zu beanstanden sein, wenn sie außer Verhältnis zur erbrachten Gegenleistung steht.[328] **98**

Ein Vertrag, durch den einem Dienstleister von einer Wohnungsbaugenossenschaft für die bloße Präsentation von Immobilien, die im Falle eines Erwerbs seitens der Wohnungsbaugenossenschaft durch Ausgabe von öffentlich geförderten Genossenschaftsanteilen vertrieben werden sollen, eine monatliche erfolgsunabhängige Vergütung erheblicher Größenordnung zugesagt wird, kann, wie der für das Insolvenzrecht zuständige IX. Zivilsenat des Bundesgerichtshofs[329] mit Urteil vom 8.3.2012 ausgeführt hat, wegen eines groben Missverhältnisses von Leistung und Gegenleistung sittenwidrig sein. Betont wurde in diesem Zusammenhang, dass bei einer Provisionsvereinbarung bereits das auffällige Missverhältnis von Leistung und Gegenleistung den Schluss auf eine verwerfliche Gesinnung zulässt.[330] **99**

Gemessen an diesen Grundsätzen ist eine Einzelprovision in Höhe von 6% nicht zu beanstanden. Das OLG Naumburg[331] hat mit Urteil vom 29.6.2012 eine derartige Einzelprovision im Hinblick auf die tatsächlich erbrachten Leistungen, nämlich Durchführung eines Besichtigungstermins und Erledigung verschiedener schriftlicher Anfragen des Kunden, als sehr hoch bezeichnet, aber eine Sittenwidrigkeit im Ergebnis zu Recht verneint. **100**

---

325 OLG Brandenburg, Urt. v. 14.10.2009 – 4 U 11/09, NJW-RR 2010, 635, 637. Das OLG Brandenburg geht aber davon aus, dass dem Makler Anspruch auf Zahlung der üblichen Provision zustehe. Dies dürfte bei vorsätzlichem Fehlverhalten, wie in der Entscheidung festgestellt, nicht in Betracht kommen, weil insoweit der Provisionsanspruch nach § 654 BGB verwirkt ist.
326 LG Berlin, Urt. v. 30.5.2013 – 9 O 540/11, ZMR 2014, 419 (Mehrerlösabführklausel).
327 Näheres hierzu nachstehendes Kap. XIV Rn. 2 ff.
328 BGH, Beschl. v. 14.6.2017 – III ZR 487/16, NJW-RR 2017, 1261 Rn. 17 (Partnerschaftsvermittlung).
329 BGH, Urt. v. 8.3.2012 – IX ZR 51/11, NJW 2012, 2099 Rn. 14 ff.
330 BGH, Urt. v. 8.3.2012 – IX ZR 51/11, NJW 2012, 2099 Rn. 19 unter Bezugnahme auf BGH, Urt. v. 16.2.1994 – IV ZR 35/93, BGHZ 125, 135, 140.
331 OLG Naumburg, NJW-RR 2013, 564, 566.

101   Ob im Falle einer Sittenwidrigkeit des vereinbarten Maklerlohns der Vergütungsanspruch insgesamt entfällt, weil nichtig,[332] oder ein Anspruch auf die (orts-)übliche Provision[333] bestehen bleibt, ist für das Maklerrecht höchstrichterlich noch nicht geklärt. Für die anwaltliche Vergütung ist anerkannt, dass bei Vereinbarung eines sittenwidrigen Honorars, die Abrede zwar nichtig ist, ein Anspruch auf die gesetzlichen Gebühren aber dem Anwalt verbleibt.[334] Es erscheint zweifelhaft, ob das Anwaltsvergütungsrecht hier als Impulsgeber für das Maklerrecht wirken sollte. Einem Makler die Möglichkeit zu geben, unter Ausnutzung der Unerfahrenheit seines Kunden überhöhte Provisionsabreden zu treffen in der Gewissheit, dass die Provisionen, wenn die Sittenwidrigkeit im Prozess beanstandet wird, auf die ortsübliche zurückgeführt werden wird, leuchtet wenig ein.[335] Doch wird dem Meinungsstreit im Maklerprovisionsprozess im Ergebnis nicht allzu große Bedeutung zukommen. In diesem Zusammenhang ist nämlich stets zu prüfen, ob nicht das sittenwidrige und damit treuwidrige Verhalten des Maklers zu einer (gänzlichen) Provisionsverwirkung nach § 654 BGB führen muss. In den meisten Fallsituationen wird dies wohl kaum zu verneinen sein.[336]

d) Anwendungsbereich des Herabsetzungsrechts aus § 655 BGB

102   Gem. § 655 Satz 1 BGB kann der für die Vermittlung eines Dienstvertrages vereinbarte Maklerlohn, der sich im Einzelfall als unverhältnismäßig hoch erweist, auf Antrag des Schuldners durch Urteil auf den angemessenen Betrag herabgesetzt werden. Der Herabsetzungsantrag des Schuldners kann auch konkludent, unbeziffert und im Wege der Einrede gegen die Zahlungsklage angebracht werden; es genügt jede Anregung oder Äußerung, die den Willen des Schuldners erkennen lässt, eine Herabsetzung zu erreichen, weil er den geforderten Betrag als unangemessen hoch und drückend empfindet.[337] Mit Entscheidung vom 18.3.2010 hat sich der Bundesge-

---

332   OLG Oldenburg, Urt. v. 12.3.1986 – 3 U 186/85, NJW-RR 1986, 857, 858; Palandt/*Ellenberger*, § 138 Rn. 75; *Hamm/Schwerdtner*, Maklerrecht, Rn. 765; *D. Fischer*, NJW 2013, 3410, 3411.

333   OLG Brandenburg, Urt. v. 14.10.2009 – 4 U 11/09, NJW-RR 2010, 635, 637.

334   BGH, Urt. v. 10.11.2016 – IX ZR 119/14, WM 2017, 827 Rn. 29 (zivilrechtliches Mandat) m. Anm. *D. Fischer*, WuB 2018, 314.

335   OLG Oldenburg, Urt. v. 12.3.1986 – 3 U 186/85, NJW-RR 1986, 857, 858; *D. Fischer*, FS Kayser, 2019, S. 183, 196. Vgl. auch die Erwägungen zu § 297 Nr. 1 SGB III (Arbeitsvermittlungsentgelt) bei BGH, Urt. v. 18.3.2010 – III ZR 254/09, NJW 2010, 3222 Rn. 16; ferner im Zusammenhang mit § 817 BGB, BGH, Urt. v. 10.1.2019 – IX ZR 89/18, NJW 2019, 1147 Rn. 28.

336   *D. Fischer*, FS Kayser, 2019, S. 183, 196 f.

337   BGH, Urt. v. 18.3.2010 – III ZR 254/09, NJW 2010, 3222 Rn. 32.

richtshof[338] grundsätzlich zu den Voraussetzungen dieses richterlichen Herabsetzungsrechts geäußert und ausgeführt: Bei der Prüfung einer Herabsetzung des verlangten Maklerlohns gem. § 655 Satz 1 BGB, die dem tatrichterlichen Ermessen unterliegt,[339] ist nicht allein auf die Verhältnisse bei Vertragsabschluss, sondern auch auf die nachfolgend eingetretenen Umstände abzustellen, weil es sich nach dem Vorbild von § 343 BGB auch bei § 655 Satz 1 BGB im Schwerpunkt um eine richterliche Rechtsausübungskontrolle handelt.[340]

Der Bundesgerichtshof[341] hat nunmehr entschieden, dass – wie teilweise im Schrifttum gefordert[342] – eine analoge Anwendung des Herabsetzungsrechts auf Immobilienmaklerverträge nicht in Betracht kommt. Die herrschende Ansicht lehnt dies im Hinblick auf die Ausgestaltung des § 655 BGB als Spezialregelung ab.[343] Dem ist entgegenzuhalten, dass das Herabsetzungsrecht des § 655 BGB, das seit der Schuldrechtsreform gesetzessystematisch dem Untertitel Allgemeine Vorschriften zugeordnet wird, auf das erhöhte Schutzbedürfnis des auf Arbeitsvermittlung angewiesenen Arbeitnehmers und Dienstleistenden zurückzuführen ist. Dieses Schutzbedürfnis gilt gleichermaßen auch für den Wohnungssuchenden. Der Umstand, dass für den Bereich der Wohnungsvermittlung gesetzliche Höchstgrenzen für die Maklerprovision nach § 3 Abs. 2 WoVermG bestehen, steht einer Anwendung des richterlichen Herabsetzungsrechts nicht entgegen.[344] Aber auch im Übrigen ist der Verbraucher als Kunde eines Immobilienmaklervertrages schutzbedürftig, so dass eine analoge Anwendung des § 655 BGB im Wege der Rechtsfortbildung naheliegt.[345] Hierdurch könnten insbesondere die unbefriedigenden Fälle der Einschaltung mehrerer Makler abgemildert werden. Ist der Maklerkunde dagegen ein Unternehmer, ist in Anlehnung an den Rechtsgedanken des § 348 HGB ein derartiges Herabsetzungsrecht nicht angezeigt.[346]

103

---

338 BGH, Urt. v. 18.3.2010 – III ZR 254/09, NJW 2010, 3222.
339 BGH, Urt. v. 18.3.2010 – III ZR 254/09, NJW 2010, 3222 Rn. 29.
340 BGH, Urt. v. 18.3.2010 – III ZR 254/09, NJW 2010, 3222 Rn. 29.
341 BGH, Urt. v. 12.5.2016 – I ZR 5/15, NJW 2016, 3233 Rn. 19.
342 MünchKomm-BGB/*H. Roth*, § 652 Rn. 70, § 655 Rn. 10; *Hamm/Schwerdtner*, Maklerrecht, Rn. 788 ff.; *D. Fischer*, NZM 2011, 529, 537; *ders.*, WuB 2017, 211, 212; ähnlich Erman/*Arnold*, § 138 Rn. 123.
343 OLG Naumburg, Urt. v. 29.6.2012 – 10 U 7/12, NJW-RR 2013, 564, 566; LG Hamburg, Urt. v. 22.1.2010 – 322 O 341/09, NZM 2011, 284, 286; Palandt/*Sprau*, § 655 Rn. 1; Soergel/*Engel*, Vor § 655 Rn. 2; Staudinger/*Arnold*, §§ 652, 653 Rn. 14.
344 BGH, Urt. v. 18.3.2010 – III ZR 254/09, NJW 2010, 3222 Rn. 28 zu § 296 Abs. 3 Satz 1 SGB III.
345 *D. Fischer*, NZM 2011, 529, 537; *ders.*, WuB 2017, 211, 212.
346 *D. Fischer*, NZM 2011, 529, 537.

e) Verjährung des Provisionsanspruchs

104 Der Provisionsanspruch des Maklers unterliegt der dreijährigen Verjährungsfrist nach §§ 195, 199 Abs. 1 Nr. 1 und 2 BGB. Die Frist beginnt mit dem Schluss des Jahres, in dem der Anspruch entstanden ist und der Makler von den anspruchsbegründenden Umständen und der Person des Provisionsschuldners Kenntnis erlangt oder ohne grobe Fahrlässigkeit erlangen müsste.[347] Hinsichtlich dieser Voraussetzungen trägt der Provisionsschuldner, mithin der Maklerkunde, die Darlegungs- und Beweislast.[348] Eine Wissenszurechnung zwischen einem Mitarbeiter der Kreditabteilung einer Sparkasse und deren rechtlich verselbstständigter Immobilienabteilung kommt nur dann in Betracht, wenn sich aus § 242 BGB eine Pflicht zur Organisation eines Informationsaustausches ergibt.[349] Dies wird regelmäßig, auch im Hinblick auf datenschutzrechtliche Erwägungen, zu verneinen sein.[350] Maßgeblich sind aber auch insoweit die tatsächlichen Gepflogenheiten, die zwischen den Abteilungen herrschen.[351]

f) Darlegungs- und Beweislast

105 Nach allgemeinen Grundsätzen trägt der Makler die Darlegungs- und Beweislast hinsichtlich der von ihm geltend gemachten Provisionsabrede.[352] Soweit der Maklerkunde behauptet, die Parteien des Maklervertrages hätten eine die Fälligkeit des Provisionsanspruches hinausschiebende Abrede getroffen, hat der Makler zu beweisen, dass eine solche Abrede nicht zustande gekommen ist.[353]

106 Stützt der Makler mangels einer konkreten Provisionsabrede seinen vertraglichen Provisionsanspruch auf die (orts-)übliche Provision, so ist er für deren Höhe darlegungs- und beweisbelastet.[354] Er kommt seiner Substanziierungs-

---

347 OLG Düsseldorf, Urt. v. 27.6.2014 – 7 U 247/12, BeckRS 2014, 14160.
348 OLG Düsseldorf, Urt. v. 27.6.2014 – 7 U 247/12, BeckRS 2014, 14160.
349 OLG Düsseldorf, Urt. v. 27.6.2014 – 7 U 247/12, BeckRS 2014, 14160.
350 OLG Düsseldorf, Urt. v. 27.6.2014 – 7 U 247/12, BeckRS 2014, 14160.
351 *D. Fischer*, NJW 2014, 3281, 3286.
352 BGH, Urt. v. 25.9.1985 – IVa ZR 22/84, BGHZ 95, 393, 401; *Küpper*, in: Baumgärtel/Laumen/Prütting, Handbuch der Beweislast, § 652 Rn. 1, 2.
353 *Ibold*, Maklerrecht, Rn. 85; allgemein BGH, Urt. v. 18.11.1974 – VIII ZR 125/73, NJW 1975, 206 (zu AbzG); a. A. *Hamm/Schwerdtner*, Maklerrecht, Rn. 663, unter Hinweis auf den Regeltatbestand des § 271 BGB; ebenso *Koch*, Der Provisionsanspruch des Immobilienmaklers, S. 160.
354 BGH, Urt. v. 30.4.1969 – IV ZR 785/68, WM 1969, 994; LG Stendal, Urt. v. 1.3.2001 – 22 S 150/00, NZM 2001, 1089; Erman/*D. Fischer*, § 653 Rn. 7; NK-BGB/*Wichert*, § 653 Rn. 10; *Hamm/Schwerdtner*, Maklerrecht, Rn. 819; *Seydel/Heinbuch*, Makler-

last nach, wenn er sich auf eine zeitnahe, regionalbezogene Entscheidung[355] bezieht. Deren Feststellungen kann zumindest im Ergebnis der Charakter eines Anscheinsbeweises zugemessen werden.[356] Es ist dann Sache des Kunden diesen Aussagewert durch substanziiertes Vorbringen zu erschüttern. Ist die Klage bei einem Spruchkörper anhängig, der ständig mit maklerrechtlichen Streitigkeiten befasst ist, wird die Frage der Üblichkeit regelmäßig ohnehin aus eigener Sachkenntnis des Gerichts (§ 291 ZPO) beurteilt werden können.[357]

Fordert der Makler die übliche Provision und der Kunde macht geltend, es sei eine niedrigere vereinbart, so trägt die Beweislast dafür, dass keine niedrigere Provision vereinbart worden ist, nach höchstrichterlicher Rechtsprechung der Makler.[358] Da der Makler damit einen Negativbeweis zu führen hat, kann er sich darauf beschränken, die Darlegung des Kunden zur Vereinbarung einer niedrigeren Provision zu widerlegen.[359] **107**

Anderes gilt hinsichtlich der Darlegungs- und Beweislast, wenn der Kunde behauptet, der niedrigere Provisionssatz sei nach Abschluss des Maklervertrages vereinbart worden.[360] Macht der Kunde geltend, die Nachweis- oder Vermittlungsleistung des Maklers sei abredegemäß unentgeltlich erfolgt, so liegt nach der höchstrichterlichen Rechtsprechung die Darlegungs- und Beweislast ebenfalls beim Kunden.[361] **108**

---

recht, Rn. 148; *Küpper*, in: Baumgärtel/Laumen/Prütting, Handbuch der Beweislast, § 653 Rn. 4.

355 Vgl. vorstehend Rn. 84 ff.

356 *D. Fischer*, NZM 2017, 348, 350.

357 Vgl. BGH, Urt. v. 12.5.2016 – I ZR 5/15, NJW 2016, 3233 Rn. 15; ferner konkret zum üblichen Prozentsatz OLG Frankfurt a. M., Urt. v. 15.9.1999 – 19 U 61/99, NJW-RR 2000, 58.

358 BGH, Urt. v. 31.3.1982 – IVa ZR 4/81, NJW 1982, 1523, unter Bezugnahme auf die ständige Rechtsprechung zu § 632 BGB; Urt. v. 9.4.1981 – VII ZR 262/80, BGHZ 80, 257, 258; *Küpper*, in: Baumgärtel/Laumen/Prütting, Handbuch der Beweislast, § 653 Rn. 6; *D. Fischer*, NZM 2017, 348, 350; a. A. *Seydel/Heinbuch*, Maklerrecht, Rn. 148.

359 BGH, Urt. v. 31.3.1982 – IVa ZR 4/81, NJW 1982, 1523; *Ibold*, Maklerrecht, Rn. 124; *Küpper*, in: Baumgärtel/Laumen/Prütting, Handbuch der Beweislast, § 653 Rn. 6.

360 BGH, Urt. v. 31.3.1982 – IVa ZR 4/81, NJW 1982, 1523, 1524; *Koch*, Der Provisionsanspruch des Immobilienmaklers, S. 165; *Küpper*, in: Baumgärtel/Laumen/Prütting, Handbuch der Beweislast, § 653 Rn. 7.

361 BGH, Urt. v. 12.2.1981 – IVa ZR 94/80, NJW 1981, 1444, 1445, unter Bezugnahme auf den Regelfall des § 653 Abs. 1 BGB; Beschl. v. 24.9.2009 – III ZR 96/09, NJW-RR 2010, 257 Rn. 4; ferner *Ibold*, Maklerrecht, Rn. 124; *Küpper*, in: Baumgärtel/Laumen/Prütting, Handbuch der Beweislast, § 653 Rn. 3.

109   Für den Einwand, die vereinbarte Provision sei, was ihre Höhe angeht, sittenwidrig, trägt der Kunde die Darlegungs- und Beweislast.[362]

11. Aufwendungsersatzabrede

110   Ein erfolgsunabhängiger Aufwendungsersatzanspruch kann gemäß § 652 Abs. 2 BGB grundsätzlich individualvertraglich unter Festlegung der Einzelheiten vereinbart werden.[363] Dies folgt schon daraus, dass durch Individualvereinbarung sogar eine erfolgsunabhängige Maklerprovision begründet werden kann.[364] Ohne eine derartige Abrede kann der Makler keinen Ersatz seiner Aufwendungen, mithin der ihm entstandenen Auslagen und Unkosten, verlangen.[365]

111   Um in allgemeinen Geschäftsbedingungen wirksam zu sein, muss sich eine Aufwendungsersatz-Klausel wirklich und ausschließlich auf den Ersatz von konkretem Aufwand beziehen;[366] es darf nicht im Gewande des Aufwendungsersatzes in Wahrheit eine erfolgsunabhängige Provision vereinbart werden, denn dies läuft, weil es von dem gesetzlichen Leitbild des Maklervertrages erheblich abweicht und der Vertragspartner des Verwenders damit nicht rechnen muss, dem Verbot der §§ 305c, 307 BGB zuwider.[367]

112   Nähere Ausgestaltungen zum Aufwendungsersatz finden sich in den Vorschriften zum Maklervertrag nicht. Das gesetzliche Maklerrecht enthält auch insoweit eine Lücke. Es ist weder geregelt, nach welchen Maßstäben der Makler (erstattungspflichtige) Aufwendungen machen darf noch finden sich Bestimmungen zu den Rechten des Auftraggebers, der einen Vorschuss geleistet hat.[368] Die Regelungslücke beim Aufwendungsersatz im Makler-

---

362   BGH, Beschl. v. 31.3.1970, BGHZ 53, 369, 379 = NJW 1970, 1273; Urt. v. 19.6.1985 – IVa ZR 196/83, BGHZ 95, 81, 85 = NJW 1985, 2523; Urt. v. 20.3.2003 – III ZR 184/02, NJW-RR 2003, 699, 700; vgl. auch BGH, Urt. v. 10.11.2016 – IX ZR 119/14, WM 2017, 827 Rn. 19 (Anwaltsvergütung); *Küpper*, in: Baumgärtel/Laumen/Prütting, Handbuch der Beweislast, § 653 Rn. 5; *D. Fischer*, NZM 2017, 348, 351.

363   OLG Karlsruhe, Urt. v. 25.2.2003 – 15 U 4/02, NJW-RR 2003, 1426, 1427; OLG Oldenburg, Urt. v. 19.5.2005 – 8 U 10/05, MDR 2005, 1401, 1402.

364   OLG Oldenburg, Urt. v. 19.5.2005 – 8 U 10/05, MDR 2005, 1401, 1402; MünchKomm-BGB/*H. Roth*, § 652 Rn. 228.

365   Palandt/*Sprau*, § 652 Rn. 62; vgl. aber zu einem Sonderfall OLG Hamm, Urt. v. 17.5.1973 – 18 U 247/72, NJW 1973, 1976.

366   Vgl. hierzu auch Kap. VII Rn. 43 ff.

367   Vgl. BGH, Urt. v. 28.1.1987 – IV ZR 173/85, BGHZ 99, 374, 383 f.; OLG Oldenburg, Urt. v. 19.5.2005 – 8 U 10/05, MDR 2005, 1401, 1402; MünchKomm-BGB/*H. Roth*, § 652 Rn. 229 f.; Palandt/*Sprau*, § 652 Rn. 62.

368   OLG Karlsruhe, Urt. v. 25.2.2003 – 15 U 4/02, NJW-RR 2003, 1426, 1427.

recht ist durch eine entsprechende Anwendung der Vorschriften des Auftragsrechts (§§ 667, 670 BGB) zu schließen. Diese Vorschriften werden in einer Vielzahl von auftragsähnlichen Rechtsverhältnissen entsprechend angewandt, teilweise aufgrund gesetzlicher Anordnung, teilweise in analoger Anwendung ohne ausdrückliche gesetzliche Verweisung.[369] Wesentlicher Anknüpfungspunkt für die entsprechende Anwendung von Auftragsregeln ist der Umstand, dass jemand in einer bestimmten Rechtsbeziehung ein fremdes Geschäft wahrnimmt und damit eine – vielfach mit Aufwendungen verbundene – Tätigkeit ausführt, die sich als Wahrnehmung der Interessen eines anderen darstellt. Für den Maklervertrag gilt nichts anderes: Der Makler ist zwar nicht zum Tätigwerden verpflichtet; sobald er tätig wird, muss er seine Tätigkeit allerdings an den Interessen des Auftraggebers ausrichten;[370] die Verpflichtung zur Interessenwahrung entspricht dem Pflichtenkreis eines Geschäftsbesorgers gem. § 675 Abs. 1 BGB.[371] Wenn im Falle der Vereinbarung von Aufwendungsersatz ein Makler bestimmte Aufwendungen tätigt, unterscheiden sich die Interessenlagen der Vertragspartner nicht von den Interessenlagen der Parteien eines Auftrags i. S. des § 662 BGB. Dies rechtfertigt die entsprechende Anwendung der maßgeblichen Auftragsregeln auf das Maklerrecht.[372]

12. Widerruf des Maklervertrages gemäß § 355 BGB

Ein Maklervertrag kann aufgrund besonderer Voraussetzungen dem Widerrufsrecht des § 355 BGB unterliegen. Dies trifft zu, wenn der Maklerkunde als Verbraucher (§ 13 BGB) handelt und der Maklervertrag als Außergeschäftsraumvertrag (vormals Haustürgeschäft),[373] Teilzahlungsgeschäft[374] oder Fernabsatzgeschäft[375] zu qualifizieren ist.

113

---

369 OLG Karlsruhe, Urt. v. 25.2.2003 – 15 U 4/02, NJW-RR 2003, 1426, 1427.

370 OLG Karlsruhe, Urt. v. 25.2.2003 – 15 U 4/02, NJW-RR 2003, 1426, 1427; Palandt/ *Sprau*, § 652 Rn. 13.

371 OLG Karlsruhe, Urt. v. 25.2.2003 – 15 U 4/02, NJW-RR 2003, 1426, 1427; Bamberger/Roth/*D. Fischer*, BGB, § 675 Rn. 3 f.

372 OLG Hamm, Urt. v. 17.5.1973 – 18 U 247/72, NJW 1973, 1976; OLG Karlsruhe, Urt. v. 25.2.2003 – 15 U 4/02, NJW-RR 2003, 1426, 1427.

373 Vgl. BGH, Urt. v. 15.4.2010 – III ZR 218/09, BGHZ 185, 192 Rn. 11: Partnervermittlungsvertrag; *D. Fischer*, NZM 2011, 529, 531.

374 BGH, Urt. v. 19.7.2012 – III ZR 252/11, BGHZ 194, 150 Rn. 12 = NJW 2012, 3428; v. 12.12.2013 – III ZR 124/13, WM 2014, 159 Rn. 20: Leistung einer Versicherungsmaklerprovision in Teilzahlungen (Nettopolice).

375 BGH, Urt. v. 7.7.2016 – I ZR 30/15, NJW 2017, 1024 Rn. 33 ff.; Urt. v. 7.7.2016 – I ZR 68/15, NJW-RR 2017, 368 Rn. 30 ff.; Urt. v. 13.12.2018 – I ZR 51/17, BeckRS 2018, 43110 Rn. 18: OLG Düsseldorf, Urt. v. 13.6.2014 – 7 U 37/13, MDR 2014,

a) Allgemeine Grundsätze

114 Ein Kaufinteressent schließt einen Immobilienmaklervertrag als Verbraucher ab, wenn der Vertrag beispielsweise auf den Nachweis eines für eigene Wohnzwecke genutzten Wohnhauses gerichtet ist.[376] Eine Verbrauchereigenschaft ist auch bei der Verwaltung des eigenen (Immobilien-)Vermögens anzunehmen, wenn hierfür kein planmäßiger Geschäftsbetrieb notwendig ist.[377] Das OLG Frankfurt a. M.[378] hat sich 2018 mit Einzelheiten zur Darlegungs- und Beweislast der Eigenschaft eines Verbrauchers befasst. Der klagende Immobilienmakler hatte im Provisionsprozess den geltend gemachten Verbraucherstatus der in Anspruch genommenen Maklerkundin im Hinblick auf deren Immobilieneigentum – 14 Wohn- und Gewerbeeinheiten – in Abrede gestellt. Ihren Einwand, für die Verwaltung der Immobilien sei kein planmäßiger Geschäftsbetrieb erforderlich, konnte sie nicht zur Überzeugung des Gerichts nachweisen. In diesem Zusammenhang ging das OLG Frankfurt a. M. von folgenden Grundsätzen aus: Auch wenn bei einem Vertragsschluss einer natürlichen Person grundsätzlich von einem Verbraucherhandeln auszugehen ist, trägt die natürliche Person, die verbraucherschützende Vorschriften für sich in Anspruch nimmt, für ihre Eigenschaft als Verbraucher die volle Darlegungs- und Beweislast. Die Beweislast des Unternehmers nach § 13 2. Hs. BGB greift nur dann ein, wenn die Verfolgung gewerblicher oder selbstständiger beruflicher Zwecke der natürlichen Person überhaupt in Betracht kommt; legt der Unternehmer entsprechende Tatsachen in gebotenem Umfang dar, obliegt der Negativbeweis hierfür dem Verbraucher. Damit blieb offen, ob die Kundin als Verbraucherin gehandelt hatte mit der Konsequenz, dass ihr mit Anwaltsschriftsatz erklärter Widerruf ins Leere ging.[379]

115 Wurden die Bestimmungen über die Widerrufsrechts-Belehrungen nicht beachtet,[380] blieb der Vertrag für den Maklerkunden nach bisherigem Recht

1067; LG Bochum, Urt. v. 9.3.2012 – 2 O 498/11, NJOZ 2012, 1982, 1984: jeweils Immobilienmaklervertrag; eingehend hierzu *Würdinger*, NZM 2017, 545.

376 BGH, Urt. v. 12.1.2017 – I ZR 198/15, WM 2017, 1120 Rn. 37; *Lindner*, ZfIR 2016, 773, 774; ferner bezüglich der Anmietung einer Wohnung vor Inkrafttreten des Bestellerprinzips BGH, Urt. v. 13.12.2018 – I ZR 51/17, WM 2019, 1985 Rn. 18.

377 BGH, Urt. v. 28.5.2020 – III ZR 58/19, WM 2020, 1247 Rn. 20; OLG Hamm, Urt. v. 20.10.2016 – 18 U 152/15, BeckRS 2016, 20371.

378 OLG Frankfurt a. M., Beschl. v. 4.6.2018 – 19 U 191/17, BeckRS 2018, 14374 i.V. m. Beschl. v. 22.3.2018 – 19 U 191/17, IBRS 2018, 2256.

379 *D. Fischer*, NJW 2018, 3287, 3288.

380 Fehlerhaft ist beispielsweise der Hinweis, die Frist für den Widerruf beginne „frühestens mit dem Erhalt dieser Belehrung"; vgl. hierzu BGH, Urt. v. 1.3.2012 – III ZR 83/11, NZG 2012, 427 Rn. 15; v. 19.7.2012 – III ZR 252/11, BGHZ 194, 150 Rn. 13 =

auch dann widerrufbar, wenn die gesetzlich vorgesehene Frist zur Ausübung des Widerrufsrechts abgelaufen war.[381] Nunmehr ist zu beachten, dass nach der Übergangsregelung in Art. 229 § 32 Abs. 2 Nr. 3 EGBGB das Widerrufsrecht bei vor dem 13.6.2014 im Wege des Fernabsatzes geschlossenen Dienstleistungsverträgen bei fehlender Belehrung mit Ablauf des 27.6.2015 erloschen ist.[382] Das Gesetz zur Umsetzung der Verbraucherrechte-Richtlinie 2011/83/EU vom 20.9.2013[383] hat mit Wirkung zum 13.6.2014 eine maximale Widerrufsfrist von zwölf Monaten und 14 Tagen seit dem Vertragsabschluss eingeführt (§ 356 Abs. 3 Satz 2 BGB n. F.).[384]

Das Widerrufsrecht des Maklerkunden unterliegt regelmäßig nicht der Verwirkung.[385] Gleiches gilt für die Annahme, die Ausübung des Widerrufsrechts sei eine unzulässige Rechtsausübung.[386] Insbesondere ist es nicht zulässig, ein konkretes Schutzbedürfnis des Kunden vor übereilter Entscheidung als zusätzliches Tatbestandsmerkmal aufzustellen.[387] **116**

Der Widerruf beseitigt die vertragliche Grundlage der abgeschlossenen Maklerabrede nicht rückwirkend, sondern wandelt das wirksame Vertragsverhältnis lediglich mit Wirkung ex nunc in ein Rückabwicklungsverhältnis um.[388] Nach der höchstrichterlichen Rechtsprechung muss der Verbraucher **117**

NJW 2012, 3428; v. 17.1.2013 – III ZR 145/12, NJW-RR 2013, 885 Rn. 10, jeweils zu § 355 Abs. 2 Satz 1 BGB a. F.

381 Palandt/*Grüneberg*, BGB, 73. Aufl. 2014, § 355 Rn. 15, 16; Palandt/*Sprau*, 73. Aufl. 2014, § 652 Rn. 7; *Morath*, NZM 2001, 883. Die grundsätzliche Möglichkeit, ein Widerrufsrecht vertraglich zu vereinbaren (vgl. BGH, Urt. v. 6.12.2011 – XI ZR 401/10, WM 2012, 262 Rn. 15), kann für den Bereich des Maklervertrages vernachlässigt werden.

382 BGH, Urt. v. 7.7.2016 – I ZR 30/15, NJW 2017, 1024 Rn. 57; Urt. v. 7.7.2016 – I ZR 68/15, NJW-RR 2017, 368 Rn. 57; Urt. v. 12.1.2017 – I ZR 198/15, NJW 2017, 2337 = WM 2017, 1120 Rn. 41; Urt. v. 13.12.2018 – I ZR 51/17, WM 2019, 1985 Rn. 23.

383 BGBl. I, S. 3642.

384 BGH, Urt. v. 12.1.2017 – I ZR 198/15, NJW 2017, 2337 Rn. 41.

385 BGH, Urt. v. 13.12.2018 – I ZR 51/17, WM 2019, 1985 Rn. 41 unter Hinweis auf BGH, Urt. v. 10.10.2017 – XI ZR 449/16, NJW 2018, 223 Rn. 19; OLG Hamm, Urt. v. 20.10.2016 – 18 U 152/15, MMR 2017, 265, 266 = BeckRS 2016, 20371 unter Bezugnahme auf OLG Hamm, Urt. v. 25.3.2015 – 31 U 155/14, *D. Fischer*, NJW 2017, 1219, 1221.

386 BGH, Urt. v. 13.12.2018 – I ZR 51/17, WM 2019, 1985 Rn. 41 unter Hinweis auf BGH, Urt. v. 12.7.2016 – XI ZR 501/15, BGHZ 211, 105 Rn. 39.

387 OLG Hamm, Urt. v. 20.10.2016 – 18 U 152/15, MMR 2017, 265, 266 = BeckRS 2016, 20371; LG Tübingen, Urt. v. 19.5.2016 – 7 O 20/16; a. A. LG Schwerin, Urt. v. 31.3.2015 – 1 O 252/14.

388 BGH, Urt. v. 19.7.2012 – III ZR 252/11, BGHZ 194, 150 Rn. 27 = NJW 2012, 3428; Urt. v. 7.7.2016 – I ZR 30/15, NJW 2017, 1024 Rn. 65; Urt. v. 7.7.2016 – I ZR 68/15, NJW-RR 2017, 368 Rn. 65.

das Wort „widerrufen" nicht verwenden. Es genügt, wenn der Erklärende deutlich zum Ausdruck bringt, er wolle den Maklervertrag von Anfang an nicht gelten lassen.[389] Deshalb können die Umstände des jeweiligen Einzelfalls ergeben, dass die Erklärung eines „Rücktritts" oder einer „Anfechtung" als Widerruf auszulegen sind.[390] Ob diese Rechtsprechung einer Modifizierung im Hinblick darauf bedarf, dass der Gesetzgeber in § 355 Abs. 1 Satz 3 BGB in der seit dem 13.6.2014 geltenden Fassung angeordnet hat, dass aus der Widerrufserklärung der Entschluss des Verbrauchers zum Widerruf des Vertrags eindeutig hervorgehen muss, hat der Bundesgerichtshof in seiner Entscheidung vom 12.1.2017[391] zwar offengelassen, eine eindeutige Erklärung in diesem Sinne kann aber auch bei der Verwendung von Begriffen wie Anfechtung oder Rücktritt im Wege einer einzelfallbezogenen Auslegung festgestellt werden.[392] Die reine Anzeige der Verteidigungsbereitschaft im Maklerprovisionsprozesses ist allerdings nicht ausreichend.[393]

118 Nach der recht engherzigen Ansicht des OLG Naumburg[394] in seinem Urteil vom 1.6.2018 muss einer Widerrufsbelehrung, auch was den Wortlaut der Erklärung angeht, eindeutig zu entnehmen sein, dass sich die Belehrung auf den abzuschließenden Maklervertrag bezieht. Im Streitfall war die Belehrung nur bezüglich eines „Vertrages" erteilt worden, so dass es nach der Auffassung des Gerichts offenblieb, ob sich die Belehrung auf den Maklervertrag, den Hauptvertrag mit dem Verkäufer oder einen Vermittlungsvertrag mit der für den Immobilienmakler tätig gewordenen Gesellschaft (ImmobilienScout24) handelte. Der Umstand, dass der Makler im Text der Widerrufserklärung als Empfänger der Widerrufserklärung benannt gewesen war, sei – insbesondere, weil nur kleingedruckt – nicht hinreichend transparent. Die abgeänderte erste Instanz ist zu Recht noch von einer wirksamen Widerrufsbelehrung ausgegangen.[395]

119 Der Umstand, dass der Kunde den Widerruf im Provisionsprozess hilfsweise erklärt, steht seiner Wirksamkeit nicht entgegen. Darin liegt keine unzulässige Widerrufserklärung unter einer Bedingung, sondern die Erklärung, für den Fall, dass das Gericht ohne einen Widerruf die Klage für begründet hal-

---

389 BGH, Urt. v. 12.1.2017 – I ZR 198/15, NJW 2017, 2337 Rn. 42.
390 BGH, Urt. v. 12.1.2017 – I ZR 198/15, NJW 2017, 2337 Rn. 42, 46.
391 BGH, Urt. v. 12.1.2017 – I ZR 198/15, NJW 2017, 2337 Rn. 42.
392 *D. Fischer*, NJW 2017, 3278, 3279; vgl. auch *D. Fischer*, IMR 2017, 336.
393 BGH, Urt. v. 12.1.2017 – I ZR 198/15, NJW 2017, 2337 Rn. 43.
394 OLG Naumburg, Urt. v. 1.6.2018 – 7 U 13/18, NJ 2018, 375 = BeckRS 2018, 16076; ebenso OLG Düsseldorf, Urt. v. 27.3.2020 – 7 U 43/19, MDR 2020, 669, hiergegen Revision I ZR 74/20.
395 *D. Fischer*, NJW 2018, 3287; ebenso MünchKomm-BGB/*H. Roth*, § 652 Rn. 20.

ten sollte, werde die Rechtsverteidigung auf den unbedingt erklärten Widerruf gestützt.[396] An einem wirksamen Widerruf fehlt es dagegen, wenn dieser im Laufe des Prozesses (nur) gegenüber dem Prozessgegner erklärt wird, der die Provisionsforderung aus abgetretenem Recht geltend macht.[397] Die Abtretung des Maklerlohnanspruchs ändert nichts daran, dass die den Maklervertrag als solchen berührenden Gestaltungsrechte, wie Anfechtung, Kündigung oder Widerruf, grundsätzlich gegenüber dem Vertragspartner, mithin dem Zedenten, ausgeübt werden müssen.[398]

Welche Voraussetzungen für die Annahme eines Fernabsatz-Maklervertrages vorliegen müssen, hat der Bundesgerichtshof[399] mit den Urteilen vom 7.7.2016 – auch für das vor dem 13.6.2014 geltende Recht – abschließend geklärt. Ein derartiger Vertrag ist nicht immer schon dann gegeben, wenn der Vertrag unter Verwendung von Fernkommunikationsmitteln zustande gekommen ist, sondern nur dann, wenn dies im Rahmen eines für den Fernabsatz organisierten Vertriebs- und Dienstleistungssystems geschieht.[400] Die restriktive Auffassung, ein Fernabsatzgeschäft liege nur vor, wenn es bis zu seiner Abwicklung zu keinem persönlichen Kontakt der Vertragsparteien kommt, hat der Bundesgerichtshof ausdrücklich verworfen.[401] Deshalb ist der von der Vorinstanz für die Beurteilung des Streitfalls als maßgeblich angesehene Umstand, dass die Durchführung des Maklervertrages nicht auf elektronischem Weg erfolgt ist, unerheblich. Entscheidend ist allein, ob die Provisionszahlungspflicht des Maklerkunden auf einem Vertragsabschluss im Fernabsatz beruht.[402] Dienstleister, die ein Internetportal wie „ImmobilienScout24" nutzen, organisieren den Vertrieb ihrer Leistungen für den Fernabsatz. Bietet ein Makler in dieser Weise seine Dienste im Internet an und stellt er den Kontakt zu seinen Kunden auf elektronischem oder telefonischem Weg her, schließt er nicht nur ausnahmsweise, sondern regelmäßig Fernabsatzverträge.[403] Fernkommunikationsmittel sind Kommunikations-

120

---

396 BGH, Urt. v. 7.7.2016 – I ZR 68/15, NJW-RR 2017, 368 Rn. 24.

397 BGH, Urt. v. 18.10.2012 – III ZR 106/11, NJW 2012, 3718; Urt. v. 7.7.2016 – I ZR 30/15, NJW 2017, 1024 Rn. 28.

398 BGH, Urt. v. 18.10.2012 – III ZR 106/11, NJW 2012, 3718 Rn. 23; ferner Palandt/ *Grüneberg*, § 404 Rn. 4; vgl. auch RGZ 86, 305, 310.

399 BGH, Urt. v. 7.7.2016 – I ZR 30/15, NJW 2017, 2017 Rn. 49; Urt. v. 7.7.2016 – I ZR 68/15, NJW-RR 2017, 368 Rn. 49.

400 BGH, Urt. v. 7.7.2016 – I ZR 30/15, NJW 2017, 2017 Rn. 49; Urt. v. 7.7.2016 – I ZR 68/15, NJW-RR 2017, 368 Rn. 49.

401 BGH, Urt. v. 7.7.2016 – I ZR 30/15, NJW 2017, 2017 Rn. 50; ebenso *Grams*, ZfIR 2014, 319, 320, 321; *Lange/Werneburg*, NJW 2015, 193, 194.

402 BGH, Urt. v. 7.7.2016 – I ZR 30/15, NJW 2017, 2017 Rn. 53.

403 BGH, Urt. v. 7.7.2016 – I ZR 30/15, NJW 2017, 2017 Rn. 52.

mittel, die zur Anbahnung oder zum Abschluss eines Vertrags zwischen einem Verbraucher und einem Unternehmer ohne gleichzeitige körperliche Anwesenheit der Vertragsparteien eingesetzt werden können, wie insbesondere Briefe, Kataloge, Telefonanrufe, Telekopien, E-Mails sowie Rundfunk, Tele- und Mediendienste.[404]

121   Ist im Provisionsprozess hinsichtlich eines Makler-Verbrauchervertrags der Beginn der Widerrufsfrist streitig, hat der Makler nach § 361 Abs. 3 BGB alle Tatsachen darzulegen und gegebenenfalls zu beweisen, aus denen er die Nichteinhaltung der Widerrufsfrist herleiten will, wie insbesondere die Belehrung des anderen Vertragsteils und deren Ordnungsmäßigkeit, ihren Zeitpunkt sowie ihre Mitteilung.[405] Nach § 309 Nr. 12 Halbsatz 1 Buchst. b BGB ist eine Klausel in Allgemeinen Geschäftsbedingungen, durch die der Verwender die Beweislast zum Nachteil des anderen Vertragsteils ändert, insbesondere dann grundsätzlich unwirksam, wenn er diesen bestimmte Tatsachen bestätigen lässt. Die Bestimmung erfasst insbesondere Erklärungen, mit denen der Maklerkunde bestätigt, eine ihm zu erteilende Widerrufsbelehrung gelesen und verstanden zu haben.[406]

122   Die Regelungen des Widerrufsrechts sind nicht einheitlich; sie wurden mehrfach modifiziert und sind mit Wirkung zum 13.6.2014 erneut verändert worden.[407]

b) Neues Recht ab dem 13.6.2014

123   Die durch das Gesetz zur Umsetzung der Verbraucherrechterichtlinie (2011/83/EU[408]) und zur Änderung des Gesetzes zur Regelung der Wohnungsvermittlung[409] mit Wirkung zum 13.6.2014 geschaffene Regelung hat das bisherige Widerrufsrecht für Haustürgeschäfte und Fernabsatzverträge wesentlich umgestaltet. Diesen Änderungen kommt auch für das Maklerrecht zentrale Bedeutung zu.[410] Während für das bisherige Recht gelegentlich die Ansicht

---

404 BGH, Urt. v. 13.12.2018 – I ZR 51/17, WM 2019, 1985 Rn. 17 zu § 312b Abs. 2 BGB a. F.

405 BGH, Urt. v. 14.3.2019 – I ZR 134/18, BGHZ 221, 226 = NJW 2019, 3231 Rn. 28.

406 BGH, Urt. v. 14.3.2019 – I ZR 134/18, BGHZ 221, 226 = NJW 2019, 3231 Rn. 29 unter Bezugnahme auf BGH, Urt. v. 15.5.2014 – III ZR 368/13, NJW 2014, 2857 Rn. 28 ff.

407 *Oelschlägel*, MDR 2013, 1317; *Förster*, ZIP 2014, 1569; *Wendehorst*, NJW 2014, 577, 578; zum Immobilienmaklervertrag eingehend *Lechner*, NZM 2013, 751, 754 ff.; *Lange/Werneburg*, NJW 2015, 193.

408 ABl. 2011 L 304/64.

409 BGBl. I 2013, 3642.

410 *D. Fischer*, NJW 2014, 3281.

vertreten wurde, Maklerverträge gehörten nur dann zum Anwendungsbereich des Fernabsatzvertrages, wenn sie, wie etwa beim Alleinauftrag, in der Rechtsform eines Maklerdienstvertrages abgeschlossen werden,[411] ist diese Frage für das neue Recht eindeutig geklärt.[412] In Erwägungsgrund 26 wird ausdrücklich angeführt, dass auch Verträge über Dienstleistungen von Immobilienmaklern unter die Richtlinie fallen sollen. Für sonstige Maklerverträge kann im Hinblick auf den Schutzbereich des Regelungswerkes nichts anderes gelten.[413]

Das bisherige Haustürgeschäft wird mit dem in § 312b n. F. BGB aufgenommenen Begriff des außerhalb von Geschäftsräumen abgeschlossenen Vertrages (Außergeschäftsraumvertrag) erheblich erweitert.[414] Hierunter fallen nun auch Maklerverträge, die beispielsweise in einem Restaurant,[415] anlässlich einer Objektbesichtigung auf allgemeinen Verkehrsflächen[416] oder im Objekt[417] selbst abgeschlossen werden. Demgegenüber wurde der Begriff des Fernabsatzvertrages nur geringfügig modifiziert.[418] Von praktischer Bedeutung wird sein, dass in Abkehr von § 312d Abs. 3 BGB a. F., wonach das Widerrufsrecht nur entfiel, wenn der Vertrag von beiden Seiten vollständig erfüllt wurde, nunmehr nach § 356 Abs. 4 BGB n. F. das Widerrufsrecht bei einem Maklervertrag, wenn er als Fernabsatzvertrag oder als Außergeschäftsraumvertrag einzustufen ist, bereits dann erlischt, wenn der Makler die Dienstleistung vollständig erbracht und mit der Ausführung der Dienstleistung erst begonnen hat, nachdem der Verbraucher dazu seine ausdrückliche Zustimmung gegeben und gleichzeitig seine Kenntnis davon bestätigt hat, dass er sein Widerrufsrecht bei vollständiger Vertragserfüllung durch den Unternehmer verliert.[419] Auch wenn keine oder eine unvollständige Widerrufsbelehrung erteilt wurde, gilt nunmehr eine maximale Widerrufsfrist:

124

---

411 LG Hamburg, Urt. v. 3.5.2012 – 307 O 42/12, BeckRS 2013, 12639; zur überwiegenden Gegenansicht vgl. die Nachweise nachstehend unter Rn. 128 ff.

412 *D. Fischer*, NJW 2014, 3281 f.; *S. Ernst*, NJW 2014, 817, 821; *Lechner*, NZM 2013, 751, 753, 754; *Lange/Werneburg*, NJW 2015, 193, 194.

413 *D. Fischer*, NJW 2014, 3281, 3282; kritisch zur gegenwärtigen Regelung, *Würdinger*, NZM 2017, 545, 548.

414 *Förster*, ZIP 2014, 1569; *Wendehorst*, NJW 2014, 577, 581; *Lindner*, ZfIR 2016, 773, 774.

415 *Lechner*, NZM 2013, 751, 753, 754; *D. Fischer*, NJW 2014, 3281, 3282; allgemein Palandt/*Grüneberg*, § 312b Rn. 4; PWW/*M. Stürner*, § 312b Rn. 14.

416 *D. Fischer*, NJW 2014, 3281, 3282; allgemein: Palandt/*Grüneberg*, § 312b Rn. 4; PWW/*M. Stürner*, § 312b BGB Rn. 14.

417 *Lechner*, NZM 2013, 751, 753; *Dittert/Münch*, GE 2014, 920; *D. Fischer*, NJW 2014, 3281, 3282.

418 *Förster*, ZIP 2014, 1569, 1571.

419 *Lechner*, NZM 2013, 751, 755.

Das Widerrufsrecht erlischt gemäß § 356 Abs. 3 Satz 2 BGB n. F. nach einem Jahr und 14 Tagen nach Vertragsabschluss endgültig.[420] Damit entfällt das bisherige, unbefristete Widerrufsrecht, was – nicht nur aus forensischen Gründen – zu begrüßen ist. Die Praxis wird sich auf das neue Recht einzurichten haben. Dies wird dazu führen, dass im Anwendungsbereich des Widerrufsrechts der Maklervertragsabschluss formalisiert und hierdurch die Problematik des konkludenten Vertragsabschlusses entschärft werden wird.

125   Liegt ein Fernabsatzgeschäft oder ein Außergeschäftsraumvertrag vor, so ist nach § 357 Abs. 8 Satz 2 BGB zusätzlich zu beachten, dass der Kunde Wertersatz für die erbrachte Maklerleistung nur zu leisten hat, wenn er vor Abgabe seiner Vertragserklärung auf diese Rechtsfolge hingewiesen worden ist[421] und er ausdrücklich zugestimmt hat, dass der Makler bereits vor Ablauf der Widerrufsfrist mit der Ausführung der Dienstleistung beginnt.[422] Scheidet eine Verpflichtung, Wertersatz zu leisten, mangels ordnungsgemäßer Belehrung aus, kann ein Vergütungsanspruch auch nicht auf § 354 HGB gestützt werden. Die verbraucherschützenden Regelungen des BGB sehen vor, dass dem Makler wegen des vom Kunden erklärten Widerrufs kein Provisions- oder Wertersatzanspruch zu stehen soll, so dass bei einer derartigen Sachlage kein Raum für eine Anwendung von § 354 HGB ist.[423] Ein bereicherungsrechtlicher Anspruch des Maklers aus § 812 Abs. 1, § 818 Abs. 2 BGB (Wertersatz) kommt bereits deshalb nicht in Betracht, weil der Widerruf nicht zur Nichtigkeit des Maklervertrages führt, sondern diesen lediglich in ein Rückabwicklungsverhältnis umwandelt.[424]

126   Widerruft der Verbraucher einen dem Widerrufsrecht unterliegenden Maklervertrag, so hat er nach § 357 Abs. 8 BGB Wertersatz zu leisten. Dieser richtet sich nicht, wie nach bisherigem Recht, nach dem objektiven Wert der erbrachten Nachweis- oder Vermittlungsleistung, sondern gemäß § 357 Abs. 8 Satz 4 BGB nach dem vertraglichen Entgelt,[425] mithin der vereinbarten Provision. Ist diese unverhältnismäßig hoch, so hat der Makler nach § 357 Abs. 8 Satz 5 BGB nur Anspruch auf die übliche oder angemessene

---

420 BGH, Urt. v. 7.7.2016 – I ZR 30/15, NJW 2017, 1024 Rn. 57; Urt. v. 7.7.2016 – I ZR 68/15, NJW-RR 2017, 368 Rn. 57; Urt. v. 12.1.2017 – I ZR 198/15, NJW 2017, 2337 Rn. 41; *Dittert/Münch*, GE 2014, 920.

421 Zum bisherigen Recht BGH, Urt. v. 7.7.2016 – I ZR 30/15, NJW 2017, 1024 Rn. 62; Urt. v. 7.7.2016 – I ZR 68/15, NJW-RR 2017, 368 Rn. 61; OLG Düsseldorf, Urt. v. 13.6.2014 – 7 U 37/13, MDR 2014, 1067.

422 Zu den Einzelheiten vgl. *Lechner*, NZM 2013, 751, 754; *Lindner*, ZfIR 2016, 773, 775 f.; ferner *Lehner*, AIZ 2013, 58, dort auch Text einer Widerrufsbelehrung.

423 BGH, Urt. v. 7.7.2016 – I ZR 30/15, NJW 2017, 1024 Rn. 66.

424 BGH, Urt. v. 7.7.2016 – I ZR 30/15, NJW 2017, 1024 Rn. 67.

425 Vgl. Palandt/*Grüneberg*, § 357 Rn. 16.

Provision. Die Frage der Unverhältnismäßigkeit[426] sowie die Ermittlung der üblichen oder angemessenen Provision[427] richten sich nach den von der höchstrichterlichen Rechtsprechung entwickelten Grundsätzen.[428]

Die Kündigung des Hauptvertrages hat keine Auswirkungen auf die Höhe **127** des Wertersatzes. Zwar entfaltet die Maklerleistung erst und nur im Erfolgsfall ihren vollen Wert. Kommt es aber zum Abschluss des Hauptvertrages, wird dieser Wert bereits verwirklicht und hat damit der Makler seine vergütungspflichtige Leistung in vollem Umfang erbracht.[429] Die Kündigung des Hauptvertrages stellt daher nicht nur bei Wirksamkeit des Maklervertrages die verdiente Provision nicht in Frage,[430] sondern beeinflusst grundsätzlich auch nicht im Fall des Widerrufs die Höhe des Wertersatzanspruchs.[431] Die nachfolgende Kündigung könnte allenfalls als nachträglicher Wegfall des erlangten Vorteils gewertet werden. Dem steht aber entgegen, dass sich der Rückgewährschuldner – anders als der Bereicherungsschuldner (§ 818 Abs. 3 BGB) – gegenüber Wertersatzansprüchen nicht auf eine Entreicherung berufen kann.[432]

c) Altes Recht vor dem 13.6.2014

Die Frage, ob ein Maklervertrag nach bisherigem Recht ein Fernabsatzge- **128** schäft ist, hängt davon ab, ob ein Maklervertrag auf die Erbringung von Dienstleistungen im Sinne des § 312b a. F. BGB ausgerichtet ist.[433] Für einen Maklerdienstvertrag ist dies unproblematisch, weil hier der Makler zur Tätigkeit verpflichtet ist und mithin ein Dienstverhältnis vorliegt. Fehlt die Tätigkeitspflicht, wie beim herkömmlichen Maklervertrag, so soll nach An-

---

426 Hierzu BGH, Urt. v. 18.3.2010 – III ZR 254/09, NJW 2010, 3222 Rn. 28.
427 Hierzu BGH, Urt. v. 19.7.2012 – III ZR 252/11, BGHZ 194, 150 Rn. 28 = NJW 2012, 3428; Urt. v. 12.12.2013 – III ZR 124/13, NJW 2014, 1655 Rn. 22 (marktübliche Provision).
428 Palandt/*Grüneberg*, § 357 Rn. 16.
429 BGH, Urt. v. 19.7.2012 – III ZR 252/11, BGHZ 194, 150 = NJW 2012, 3428 Rn. 26; Urt. v. 12.12.2013 – III ZR 124/13, NJW 2014, 1655 Rn. 23, jeweils bezogen auf einen Versicherungsvertrag als Hauptvertrag.
430 BGH, Urt. v. 19.7.2012 – III ZR 252/11, BGHZ 194, 150 = NJW 2012, 3428 Rn. 26 unter Bezugnahme auf Urt. v. 14.12.2000 – III ZR 3/00, NJW 2001, 966, 967; Urt. v. 20.1.2005 – III ZR 251/04, BGHZ 162, 67, 74 f.
431 BGH, Urt. v. 1.3.2012 – III ZR 83/11, NZG 2012, 427 Rn. 19; Urt. v. 19.7.2012 – III ZR 252/11, BGHZ 194, 150 = NJW 2012, 3428 Rn. 26.
432 BGH, Urt. v. 1.3.2012 – III ZR 83/11, NZG 2012, 427 Rn. 19; Urt. v. 19.7.2012 – III ZR 252/11, BGHZ 194, 150 = NJW 2012, 3428 Rn. 26 jeweils unter Hinweis auf BT-Drucks. 14/6040, S. 195.
433 *D. Fischer*, NJW 2013, 3410, 3411.

sicht des LG Hamburg[434] ein Fernabsatzgeschäft nicht vorliegen. Die gegenteilige Auffassung des LG Bochum,[435] das im Einklang mit dem überwiegenden Schrifttum[436] zutreffend unter Beachtung der europarechtlichen Herkunft des Begriffs aus Art. 57 EUV[437] eine Erbringung von Dienstleistung im Sinne des § 312b BGB bejaht hatte, wurde hierbei ausdrücklich verworfen. Zuvor hatte sich bereits das OLG Bamberg[438] der Mehrheitsauffassung angeschlossen und ausgeführt, dass der gegenteilige Standpunkt[439] vereinzelt geblieben sei und mithin keine klärungsbedürftige Rechtsfrage, welche die Zulassung der Revision gebiete, vorliege. Dem ist das Bundesverfassungsgericht[440] entgegengetreten und hat die auf § 522 Abs. 2 Satz 1 ZPO gestützte Beschlussentscheidung des OLG Bamberg aufgehoben.[441]

129   Dieser ganz überwiegenden Ansicht hat sich das OLG Düsseldorf[442] mit Urteil vom 13.6.2014 hinsichtlich eines durch E-Mail-Schreiben zustande gekommenen Immobilienmaklervertrages angeschlossen. Gleiches gilt für das Kammergericht[443] sowie das OLG Jena.[444] Ein Anspruch des Maklers auf Wertersatz wurde hier zutreffend verneint, weil der Makler entgegen § 312d Abs. 6 BGB a. F. (jetzt: § 312e Abs. 2 BGB) seinen Kunden nicht über dessen

---

434 LG Hamburg, Urt. v. 3.5.2012 – 307 O 42/11, BeckRS 2013, 12639.

435 LG Bochum, Urt. v. 9.3.2012 – 2 O 498/11, NJOZ 2012, 1982, 1984; ebenso nunmehr OLG Düsseldorf, Urt. v. 13.6.2014 – 7 U 37/13, MDR 2014, 1067.

436 Bamberger/Roth/*Schmidt-Räntsch*, BGB, 3. Aufl., § 312b Rn. 21; Palandt/*Grüneberg*, BGB, 73. Aufl., § 312b Rn. 10c; NK-BGB/*Wichert*, 2. Aufl. 2012, § 652 Rn. 32a; *Neises*, NZM 2000, 889; *Hogenschurz*, IMR 2013, 301; *D. Fischer*, NJW 2013, 3410, 3411; *Lechner*, NZM 2013, 751, 753; *Grams*, ZfIR 2014, 319, 320.

437 Danach ist der Begriff Dienstleistung weit auszulegen, vgl. auch BGH, Urt. v. 26.10.1993 – XI ZR 42/93, BGHZ 123, 380, 385 = NJW 1994, 14.

438 OLG Bamberg, Beschl. v. 18.5.2011 – 1 U 28/11, BeckRS 2013, 14984.

439 *Morath*, NZM 2001, 883, 884. Ihr hat sich lediglich Staudinger/*Reuter*, BGB, Neubearb. 2010, §§ 652, 653 Rn. 73 angeschlossen, der allerdings im Gegensatz zur ganz herrschenden Meinung die Maklertätigkeit als kaufähnliche Leistung qualifiziert und deshalb eine Erbringung im Sinne der europarechtlichen Bestimmungen verneint. Diese Besonderheit „als vereinzelt gebliebene Ansicht" (vgl. BVerfG, NJW 1991, 413, 414; BGH, Beschl. v. 21.9.2009 – II ZR 264/08, ZIP 2010, 27 Rn. 3; v. 8.2.2010 – II ZR 54/09, ZIP 2010, 985 Rn. 3; v. 21.6.2010 – II ZR 219/09, ZIP 2010, 2397 Rn. 3; v. 8.11.2012 – IX ZB 120/11, WM 2013, 45 Rn. 2; v. 24.9.2013 – II ZR 396/12, ZIP 2014, 191 Rn. 2) wurde in BVerfG, NJW 2013, 2881 nicht hinreichend gewichtet.

440 BVerfG, Beschl. v. 17.6.2013 – 1 BvR 2246/11, NJW 2013, 2881.

441 Im zurückverwiesenen Verfahren hat das OLG Bamberg seine bisherige Auffassung mit Urt. v. 28.11.2013 – 1 U 28/11 bestätigt, vgl. Rechtsprechungsbericht *R. Breiholdt*, AIZ 2015, 55, 59.

442 OLG Düsseldorf, Urt. v. 13.6.2014 – 7 U 37/13, NZM 2015, 225, 226.

443 KG, Urt. v. 11.12.2014 – 10 U 62/14, GE 2016, 57; die hiergegen beim Bundesgerichtshof eingelegte Revision im Verfahren I ZR 10/15 wurde zurückgenommen.

444 OLG Jena, Urt. v. 4.3.2015 – 2 U 205/14, MMR 2015, 438.

Widerrufsrecht und die Pflicht, bei Widerruf Wertersatz zu leisten, belehrt hatte.[445] Demgegenüber hat das OLG Schleswig[446] mit Urteil vom 22.1.2015 bei im Wesentlichen gleicher Fallgestaltung das Vorliegen eines Fernabsatzgeschäfts und damit eines Widerrufsrechts verneint. In beiden Verfahren wurde – nach den vom Bundesverfassungsgericht[447] entwickelten Vorgaben – die Revision zugelassen und beim Bundesgerichtshof auch eingelegt. Hierüber wurde nun mit Urteilen vom 7.7.2016 entschieden. Wie nicht anders zu erwarten war,[448] hat der Maklerrechtssenat die Mehrheitsauffassung bestätigt und ausgesprochen, dass zu den Verträgen über die Erbringung von Dienstleistungen iSv § 312b Abs. 1 Satz 1 BGB a. F. auch Nachweis- und Vermittlungsmaklerverträge gehören.[449] Er hat hierbei in einer umfassenden wie auch überzeugenden Begründung auf den Wortlaut der Norm, deren Entstehungsgeschichte, die systematische Auslegung sowie den Sinn und Zweck der verbraucherschützenden Regelungen abgestellt.[450]

Machte der Maklerkunde von seinem Widerrufsrecht Gebrauch, stellte **130** § 357 Abs. 1 Satz 1 BGB klar, dass die Vertragsparteien nach den Vorschriften über den gesetzlichen Rücktritt und damit nach §§ 346 ff. BGB zur Rückgewähr der empfangenen Leistungen verpflichtet sind. Hat der Kunde aufgrund der Tätigkeit des Maklers einen wirksamen Hauptvertrag abgeschlossen, so ist eine Rückgewähr der Maklerleistung wegen ihrer Beschaffenheit unmöglich.[451] In diesem Fall kommt in Betracht, dass der Kunde nach § 346 Abs. 2 Nr. 1 BGB dem Makler Wertersatz in Höhe der vereinbarten Vergütung zu leisten hat.[452]

---

445 OLG Jena, Urt. v. 4.3.2015 – 2 U 205/14, MMR 2015, 438.
446 OLG Schleswig, Urt. v. 22.1.2015 – 16 U 89/14, ZMR 2016, 412.
447 BVerfG, NJW 2013, 2881, vgl. hierzu *D. Fischer*, NJW 2013, 3410, 3411.
448 Beim III. Zivilsenat war die Fragestellung bereits Gegenstand eines früheren Revisionsverfahrens; die Revision wurde in der mündlichen Verhandlung nach entsprechender Einführung in den Sach- und Streitstand vom Makler zurückgenommen, hierzu *Schlick*, WM 2015, 2344.
449 BGH, Urt. v. 7.7.2016 – I ZR 30/15, NJW 2017, 1024 Rn. 36 ff. (Berufungsinstanz: OLG Schleswig, ZMR 2016, 412); Urt. v. 7.7.2016 – I ZR 68/15, NJW-RR 2017, 368 Rn. 33 ff. (Berufungsinstanz: OLG Jena, MMR 2015, 438); ebenso BGH, Urt. v. 13.12.2018 – I ZR 51/17, WM 2019, 1985 = BeckRS 2018, 43110 Rn. 18.
450 *D. Fischer*, NJW 2017, 1219, 1220; *Hamm*, NJW 2017, 1031.
451 BGH, Urt. v. 15.4.2010 – III ZR 218/09, BGHZ 185, 192 Rn. 21; Urt. v. 19.7.2012 – III ZR 252/11, BGHZ 194, 150 = NJW 2012, 3428 Rn. 18; Urt. v. 12.12.2013 – III ZR 124/13, NJW 2014, 1655 Rn. 22.
452 Vgl. Palandt/*Grüneberg*, BGB, 73. Aufl. 2014, § 346 Rn. 10; *Oechsler*, Vertragliche Schuldverhältnisse, Rn. 1257; ähnlich MünchKomm-BGB/*H. Roth*, 6. Aufl., § 652 Rn. 44 f.

131 Eine derartige Lösung wird aber dem Schutzzweck des Widerrufsrechts nicht gerecht. Die Ausübung des Widerrufsrechts wäre insbesondere im Bereich der Dienstleistungen in vielen Fällen wirtschaftlich sinnlos und somit dieses Recht wesentlich entwertet, wenn der Verbraucher für die an ihn erbrachten Unternehmerleistungen das vertraglich vereinbarte Entgelt entrichten müsste. Auf diese Weise wäre er nämlich trotz des Widerrufs letztlich doch zur Zahlung des vereinbarten Entgelts verpflichtet; der Zweck des Widerrufsrechts, der dem Verbraucher gerade die Möglichkeit geben will, sich von einem nachteiligen, unter Beeinträchtigung seiner Entschließungsfreiheit zustande gekommenen Vertrag wieder lösen zu können, würde verfehlt. Daher kann das Recht des Verbrauchers, seine auf Abschluss eines Vertrages in einer „Haustürsituation" gerichtete Willenserklärung zu widerrufen, wirksam nur ausgeübt werden, wenn die vertragliche Entgeltregelung für die Bemessung des Wertersatzes nicht maßgebend ist.[453] Diese Erwägungen gelten auch für den Widerruf eines Teilzahlungsgeschäfts über Maklerleistungen[454] sowie bei einem maklerrechtlichen Fernabsatzgeschäft.[455]

132 Nach der höchstrichterlichen Rechtsprechung richtet sich die Bemessung des Wertersatzes für empfangene Maklerleistungen nach dem objektiven Wert dieser Leistungen, soweit dieser das vertragliche Entgelt nicht übersteigt.[456] Der objektive Wert ist dabei nach der üblichen oder (mangels einer solchen) nach der angemessenen Vergütung, die für die Vermittlung eines entsprechenden Hauptvertrages zu entrichten ist, zu bestimmen.[457] Er entspricht dem Preis, der auf dem Markt gemeinhin für die Vermittlung entsprechender Verträge bezahlt wird.[458] Der konkret-individuelle Wert des Erlangten für den Schuldner ist in diesem Zusammenhang unbeachtlich.[459] Steht

---

453 BGH, Urt. v. 15.4.2010 – III ZR 218/09, BGHZ 185, 192 Rn. 27 bezogen auf einen Partnervermittlungsvertrag; ebenso MünchKomm-BGB/*H. Roth*, 7. Aufl., § 652 Rn. 81a.

454 BGH, Urt. v. 19.7.2012 – III ZR 252/11, BGHZ 194, 150 = NJW 2012, 3428 Rn. 27; Urt. v. 12.12.2013 – III ZR 124/13, NJW 2014, 1655 Rn. 22, jeweils bezogen auf einen Versicherungsmaklervertrag.

455 *D. Fischer*, NZM 2011, 529, 531 f.; vgl. auch OLG Düsseldorf, Urt. v. 13.6.2014 – 7 U 37/13, MDR 2014, 1067.

456 BGH, Urt. v. 15.4.2010 – III ZR 218/09, BGHZ 185, 192 Rn. 24; Urt. v. 19.7.2012 – III ZR 252/11, BGHZ 194, 150 = NJW 2012, 3428 Rn. 19.

457 BGH, Urt. v. 19.7.2012 – III ZR 252/11, BGHZ 194, 150 = NJW 2012, 3428 Rn. 28. In BGH, Urt. v. 1.3.2012 – III ZR 83/11, NZG 2012, 427 Rn. 19, wurde diese Linie bereits angekündigt; ebenso *Koch*, Der Provisionsanspruch des Immobilienmaklers, S. 93.

458 BGH, Urt. v. 19.7.2012 – III ZR 252/11, BGHZ 194, 150 = NJW 2012, 3428 Rn. 28 (marktübliche Provision).

459 BGH, Urt. v. 19.7.2012 – III ZR 252/11, BGHZ 194, 150 = NJW 2012, 3428 Rn. 28.

der vermittelte Hauptvertrag nicht mit den individuellen Bedürfnissen des Auftraggebers in Einklang und liegt insoweit eine Beratungspflichtverletzung vor, können dem Kunden allerdings Ansprüche auf Schadensersatz nach § 280 BGB zustehen, die er dem Wertersatzanspruch entgegenhalten kann.[460] Der Lösungsansatz des Bundesgerichtshofs führt allerdings in Fallgestaltungen, in denen die übliche Provision dem vertraglichen Entgelt entspricht, was insbesondere für den Immobilienmaklervertrag überwiegend zutrifft,[461] dazu, dass der Schutzzweck des Widerrufsrechts, die Entschließungsfreiheit des Verbrauchers zu sichern, leerläuft. Für den Immobilienmaklervertrag erscheint es daher in diesen Fällen naheliegender, nicht auf den objektiven Wert, sondern auf die tatsächlichen Aufwendungen des Maklers abzustellen.[462] Diese Problematik stellt sich nach neuem Recht nicht mehr, weil nunmehr ausschließlich das vertragliche Entgelt maßgeblich ist (§ 357 Abs. 8 Satz 5 BGB).[463]

Ein Anspruch auf Wertersatz scheidet bei einem Fernabsatzgeschäft allerdings aus, wenn der Makler seinen Kunden nicht auf diese Rechtsfolge (vgl. § 312d Abs. 6 a. F. BGB) hingewiesen hat.[464] **133**

Das Widerrufsrecht des Maklerkunden konnte nach § 312d Abs. 3 BGB a. F. auch dadurch erlöschen, dass der Vertrag von beiden Seiten auf ausdrücklichen Wunsch des Kunden hin vollständig erfüllt worden ist, bevor das Widerrufsrecht ausgeübt worden ist. So ist die Bitte des Kunden an den Makler, eine Objektbesichtigung durchzuführen, bereits als Wunsch i. S. d. § 321d Abs. 3 BGB a. F. anzusehen. Es ist nicht erforderlich, dass sich der Wunsch auf sämtliche Vertragsbestandteile bezieht.[465] Die Annahme eines auf die vollständige Vertragserfüllung gerichteten ausdrücklichen Wunsches eines Maklerkunden i. S. d. § 312d Abs. 3 BGB a. F. setzt allerdings nach der höchstrichterlichen Judikatur im Hinblick auf Sinn und Zweck der gesetzlichen Regelung voraus, dass der Kunde vor Abgabe seines Wunsches entweder über sein Widerrufsrecht belehrt worden ist oder der Makler aufgrund **134**

---

460 BGH, Urt. v. 19.7.2012 – III ZR 252/11, BGHZ 194, 150 = NJW 2012, 3428 Rn. 28 unter Hinweis auf BGH, Urt. v. 19.5.2005 – III ZR 309/04, NJW-RR 2005, 1425, 1426; Urt. v. 14.6.2007 – III ZR 269/06, NJW-RR 2007, 1503 Rn. 10, 13.

461 3 % des Kaufpreises, vgl. Palandt/*Sprau*, § 653 Rn. 3; Einzelheiten vorstehend unter Rn. 83 ff.

462 Hierzu *D. Fischer*, NZM 2011, 529, 531 ff.; *Würdinger*, NJW 2013, 2877; ähnlich *Schulz*, WoVermG, § 2 Rn. 11; vgl. hierzu auch *Schlick*, FS Detlev Fischer, 2018, S. 449, 462.

463 Vgl. auch *Schlick*, FS Detlev Fischer, 2018, S. 449, 462.

464 BGH, Urt. v. 12.1.2017 – I ZR 198/15, WM 2017, 1120 Rn. 48; OLG Düsseldorf, Urt. v. 13.6.2014 – 7 U 37/13, MDR 2014, 1067.

465 BGH, Urt. v. 13.12.2018 – I ZR 51/17, WM 2019, 1985 Rn. 29 f.

anderer Umstände davon ausgehen konnte, der Kunde habe das Widerrufsrecht gekannt.[466]

135 Die Bestimmung des § 312d Abs. 3 BGB a. F. ist Ausdruck des allgemeinen *Verbots widersprüchlichen Verhaltens* und aus der Überlegung, dass für einen Widerruf bei vollständiger Vertragserfüllung kein Anlass mehr besteht, weil das Schuldverhältnis durch einen vollständigen Leistungsaustausch zwischen den Parteien abgewickelt worden ist. Diese beiden Gesichtspunkte erklären nicht, weshalb das Erlöschen des Widerrufsrechts einen auf eine vollständige Vertragserfüllung gerichteten „ausdrücklichen Wunsch" des Verbrauchers voraussetzt. Dieses zusätzliche Tatbestandsmerkmal stellt sich nur dann als sinnvoll dar, wenn man die Bestimmung als Ausdruck des Verbots widersprüchlichen Verhaltens versteht. Ein solches Verhalten liegt vor, wenn der Verbraucher die vollständige Erfüllung des Vertrags in Kenntnis des Widerrufsrechts wünscht, gleichwohl aber das Widerrufsrecht ausübt und die Rückabwicklung des Vertrags verlangt.[467]

13. Beendigung des Maklervertrages

136 Vorschriften über die Kündigung des Maklervertrages weist das BGB nicht auf. Nach allgemeiner Auffassung ergibt sich aus dem Wesen des Maklervertrages, dass der Kunde jederzeit den Maklervertrag widerrufen kann.[468] Auch ein Kündigungsrecht des Maklers ist nach der gesetzlichen Ausgestaltung des Maklervertrages nicht erforderlich, weil diesen keine Tätigkeitsverpflichtung trifft.

137 Ansprüche, die der Makler durch seine vor Widerruf oder Kündigung ausgeübte Maklertätigkeit verdient hat, werden durch die Kündigung nicht berührt. Dies gilt auch dann, wenn der Erfolg der Maklertätigkeit erst nach erklärter Kündigung eintritt.[469] Wird der Maklerlohnanspruch abgetreten, so ändert dies jedoch nichts daran, dass die den Maklervertrag als solchen berührenden Gestaltungsrechte wie Anfechtung, Kündigung oder Widerruf

---

466 BGH, Urt. v. 13.12.2018 – I ZR 51/17, WM 2019, 1985 Rn. 35 ff.
467 BGH, Urt. v. 13.12.2018 – I ZR 51/17, WM 2019, 1985 Rn. 36.
468 BGH, Urt. v. 9.11.1967 – VIII ZR 170/64, NJW 1967, 198, 199; Urt. v. 28.5.2020 – I ZR 40/19, WM 2020, 1356 Rn. 20 (freie Widruflichkeit); *Dehner*, Maklerrecht, Rn. 54; andere wenden § 671 Abs. 1 BGB analog an.
469 BGH, Urt. v. 17.10.2018 – I ZR 154/17, NJW 2019, 1226 Rn. 17; Urt. v. 28.5.2020 – I ZR 40/19, WM 2020, 1356 Rn. 48; OLG Zweibrücken, Urt. v. 15.12.1998 – 8 U 95/98, NJW-RR 1999, 1502; LG Oldenburg, Urt. v. 11.11.2011 – 17 O 686/11, ZMR 2012, 833, 834; Palandt/*Sprau*, § 652 Rn. 46; vgl. auch BGH, Urt. v. 22.6.1966 – VIII ZR 159/65, NJW 1966, 2008; OLG Düsseldorf, Urt. v. 7.10.2016 – 7 U 122/15, BeckRS 2016, 112011.

grundsätzlich gegenüber dem Vertragspartner, mithin dem Zedenten, ausgeübt werden müssen.[470]

Bei Tod des Maklerkunden können seine Rechtsnachfolger den Auftrag widerrufen; nehmen sie die Maklerleistung (weiter) in Anspruch, bleiben sie provisionspflichtig. Stirbt der Makler, endet der Auftrag gemäß § 673 BGB analog;[471] dies gilt nicht, wenn das Vertragsverhältnis mit einer Maklergesellschaft besteht.[472] Im Maklerrecht ist ferner anerkannt, dass der Provisionsanspruch nicht deshalb entfällt, weil der Makler, der eine für das Zustandekommen eines Geschäfts ursächliche Tätigkeit entfaltet hat, vor dem endgültigen Abschluss des Geschäfts gestorben ist.[473] Mit seinem Tode geht die Anwartschaft auf den Vergütungsanspruch auf den Erben über, der bei Eintritt des Erfolgs die Vergütung verlangen kann.[474] **138**

Im Übrigen endet das zwischen Makler und Kunden begründete Maklervertragsverhältnis mit Abschluss des durch die Tätigkeit des Maklers zustande kommenden Hauptvertrages. Nachwirkende Treuepflichten bleiben hiervon freilich unberührt. So ist es dem Makler weiterhin verwehrt, schutzwerte Vermögensinteressen seines Kunden zu verletzen. Dies gilt insbesondere hinsichtlich der Vereitelung der Durchführung des Hauptvertrages.[475] **139**

Wird über das Vermögen des Kunden ein Insolvenzverfahren eröffnet, so erlischt der Maklervertrag. Nach herrschender Rechtsansicht ist der Maklervertrag ein Geschäftsbesorgungsvertrag im Sinne des § 116 Abs. 1 InsO,[476] der diese Rechtsfolge anordnet. In der Insolvenz des Maklers ist § 116 InsO nur anwendbar, wenn ein Maklervertrag ohne Tätigkeitsverpflichtung vorliegt, besteht ein Alleinauftrag oder eine Tätigkeitsverpflichtung des Mak- **140**

---

470 BGH, Urt. v. 18.10.2012 – III ZR 106/11, NJW 2012, 3718 Rn. 23; Urt. v. 7.7.2016 – I ZR 30/15, NJW 2017, 1024 Rn. 28; vgl. ferner RGZ 86, 305, 310; Palandt/*Grüneberg*, § 404 Rn. 4.

471 BGH, Urt. v. 3.3.1965 – VIII ZR 266/63, NJW 1965, 964.

472 Palandt/*Sprau*, § 652 Rn. 12.

473 BGH, Urt. v. 3.3.1965 – VIII ZR 266/63, NJW 1965, 964; Urt. v. 17.12.1975 – IV ZR 73/74, WM 1976, 503, 505; MünchKomm-BGB/*H. Roth*, § 652 Rn. 98; *Dehner*, Maklerrecht, Rn. 59.

474 BGH, Urt. v. 17.12.1975 – IV ZR 73/74, WM 1976, 503.

475 Insoweit kommt neben Schadensersatzansprüchen auch die Verwirkung der Provision in Betracht, hierzu Einzelheiten nachstehend unter Kap. VIII Rn. 53.

476 OLG Karlsruhe, Urt. v. 12.7.1990 – 11 U 8/90, ZIP 1990, 1143, 1144 (zu § 23 KO); *Tintelnot*, in: Kübler/Prütting/Bork, InsO, 2008, §§ 115, 116 Rn. 17; Uhlenbruck/*Sinz*, InsO, 15. Aufl., 2019, §§ 115, 116 Rn. 3; *Wirth/Mintas*, ZInsO 2012, 1002, 1004; a. A. HK-InsO/*Marotzke*, 10. Aufl. 2020, § 116 Rn. 4.

lers, gilt § 103 InsO, wonach der Insolvenzverwalter zwischen Erfüllung des Vertrages oder Ablehnung der Erfüllung wählen kann.[477]

141   Der Provisionsanspruch des Maklers gehört nach § 35 Abs. 1 InsO zur Insolvenzmasse, wobei es unerheblich ist, ob der Anspruch vor oder nach Verfahrenseröffnung entstanden ist.[478] Der Auftraggeber kann aber aus wichtigem Grund das Vertragsverhältnis kündigen.[479]

---

477 Uhlenbruck/*Wegener*, InsO, 15. Aufl., § 103 InsO Rn. 39; MünchKomm-InsO/*Huber*, 3. Aufl., § 103 Rn. 77.
478 MünchKomm-BGB/*H. Roth*, § 652 Rn. 89; Soergel/*Engel*, § 652 Rn. 41.
479 Palandt/*Sprau*, § 652 Rn. 12.

IV. Maklerleistung

1. Überblick

Dem Makler steht nur dann eine Vergütung gemäß § 652 BGB zu, wenn er **1**
eine dem Maklervertrag entsprechende Tätigkeit ausgeübt hat. Als provisionsauslösende Handlung kommt nur eine Nachweis- oder Vermittlungsleistung in Betracht. Während der nachweisende Makler es hauptsächlich mit
dem Auftraggeber zu tun hat, befasst sich der Vermittler in erster Linie mit
dem Vertragsgegner.[1] Bei der Nachweisleistung hat der Makler dem Kunden
lediglich Vertragsabschlussinteressenten zu benennen, ohne dass er die Vertragsverhandlungen beeinflussen muss.[2] Der Vermittlungsmakler knüpft
regelmäßig an einen bereits erfolgten Nachweis an und hat auf die Abschlussbereitschaft des potenziellen Vertragspartners seines Kunden final
einzuwirken.[3]

Leistungen, die sich in einer Beratung, sonstige Hilfeleistungen, wie etwa **2**
die Anberaumung eines Besichtigungs- oder Beurkundungstermins, er-
schöpfen, reichen nicht aus.[4] Entsprechendes trifft auf das Einholen von
Auskünften oder die Weiterleitung von Informationen zu.[5] Dies gilt regelmäßig auch für weitere typische Maklerleistungen, wie etwa die Beschaffung eines Grundrisses, die Erstellung einer Mieterliste oder die Anfertigung
eines Verkehrsgutachtens.[6] Hierbei ist aber zu prüfen, ob nicht möglicherweise eine *„zusätzliche"* *Nachweisleistung* in der in Rede stehenden Unter-
lage zu sehen ist.[7] Macht der Makler geltend, seine Tätigkeit habe für das
zustande gekommene Grundstücksgeschäft einen „Beschleunigungseffekt"
gehabt, genügt dies gleichfalls nicht.[8]

---

1 *Reichel*, Die Mäklerprovision, 1913, S. 10.
2 BGH, Urt. v. 4.10.1996 – IV ZR 73/94, NJW-RR 1996, 113; Urt. v. 16.12.2004 – III ZR
  119/04, BGHZ 161, 349, 355.
3 BGH, Urt. v. 2.6.1976 – IV ZR 101/75, NJW 1976, 1844; Beschl. v. 17.4.1997 – III ZR
  182/96, NJW-RR 1997, 884; Urt. v. 21.11.2018 – I ZR 10/18, NJW 2019, 1803 Rn. 26.
4 Jauernig/*Mansel*, § 652 Rn. 10; *D. Fischer*, NJW 2007, 183.
5 BGH, Urt. v. 21.11.2018 – I ZR 10/18, NJW 2019, 1803 Rn. 27; Erman/*D. Fischer*, § 652
  Rn. 11.
6 Vgl. BGH, Urt. v. 12.5.2016 – I ZR 5/15, NJW 2016, 3233 Rn. 13; *D. Fischer*, NJW
  2016, 3281, 3282.
7 Hierzu nachstehend Rn. 24.
8 OLG Naumburg, Urt. v. 29.10.2010 – 10 U 14/10, ZfIR 2011, 97; *D. Fischer*, NJW 2011,
  3277, 3278.

3 Wegen des im Schuldrecht geltenden Grundsatzes der Vertragsfreiheit kann aber die Verpflichtung zur Zahlung einer Provision auch unabhängig von dem Vorliegen einer echten Maklerleistung im Wege eines *selbstständigen Provisionsversprechens* begründet werden.[9] Ein derartiges Provisionsversprechen, das nur als Individualabrede wirksam ist,[10] kann zum Ziel haben, nach § 652 BGB nicht provisionspflichtige – schon geleistete oder noch zu leistende – Dienste des Maklers zu entgelten.[11] Eine entsprechende Zielrichtung kann etwa bei einem Versprechen des Maklerkunden anzunehmen sein, er zahle dem Makler bei dem Verkauf des Hauses auf jeden Fall eine Maklerprovision, wenn der Makler nach der Beauftragung durch den Kunden bereits konkrete Verkaufsbemühungen entfaltet hatte.[12] Verkaufsbemühungen in diesem Sinne liegen beispielsweise vor, wenn der Makler ein Exposé anfertigt und eine Objektanzeige schaltet.[13]

2. Nachweisleistung

4 Zur Nachweisleistung gehört nach neuerem Verständnis nicht, dass es sich hierbei um die Bekanntgabe einer dem Maklerkunden bislang *unbekannten* Abschlussgelegenheit handeln muss. Die Frage der Vorkenntnis wird in der neueren Rechtsprechung vielmehr im Rahmen der Kausalitätsprüfung erörtert.[14] Der Einwand der Vorkenntnis seitens des Maklerkunden führt demnach zur Leugnung der (Mit-)Ursächlichkeit der Nachweistätigkeit. Der Nachweismakler hat regelmäßig ein Weniger an Tätigkeit zu entfalten als der Vermittlungsmakler.[15]

---

9 BGH, Urt. v. 26.9.1990 – IV ZR 226/89, BGHZ 112, 240, 242; Urt. v. 5.10.2000 – III ZR 240/99, NJW 2000, 3781 f.; Urt. v. 6.2.2003 – III ZR 287/02, NJW 2003, 1249, 1250; Urt. v. 12.10.2006 – III ZR 331/04, NJW-RR 2007, 55 Rn.10; MünchKomm-BGB/*H. Roth*, § 652 Rn. 34 (isoliertes Provisionsversprechen); Palandt/*Sprau*, Einf. v. § 652 Rn. 17 (unabhängiges Provisionsversprechen).

10 BGH, Urt. v. 20.11.2009 – III ZR 60/08, NJW 2009, 1199 Rn. 14.

11 BGH, Urt. v. 12.10.2006 – III ZR 331/04, NJW-RR 2007, 55 Rn. 12.

12 BGH, Urt. v. 12.10.2006 – III ZR 331/04, NJW-RR 2007, 55 Rn. 12.

13 BGH, Urt. v. 12.10.2006 – III ZR 331/04, NJW-RR 2007, 55 Rn. 12.

14 So ausdrücklich BGH, Urt. v. 20.11.1997 – III ZR 57/96, NJW-RR 1998, 411, 412; ferner Urt. v. 10.2.1971 – IV ZR 85/69, NJW 1971, 1133, 1135; Urt. v. 20.4.1983 – IVa ZR 232/81, NJW 1983, 1849; Urt. v. 3.7.2014 – III ZR 530/13, NJW-RR 2014, 1272 Rn. 15; a. A. Staudinger/*Arnold*, §§ 652, 653 Rn. 31.

15 OLG Bamberg, Urt. v. 19.8.2011 – 6 U 9/11, n. v.

a) Gelegenheit zum Abschluss eines Hauptvertrages

Die Leistung des Nachweismaklers besteht nicht nur im Hinweis auf ein be- **5**
stimmtes Objekt, sondern hat sich – wie aus § 652 BGB unmittelbar hervorgeht – auf *den Nachweis der Gelegenheit zum Abschluss eines* (Haupt-)*Vertrages* zu beziehen. Der Nachweis hinsichtlich der Erwerbsmöglichkeit im
Rahmen einer Zwangsversteigerung stellt daher keine ausreichende Nachweisleistung dar.[16] Es ist aber zulässig, durch gesonderte Abrede den Erwerb
durch Zwangsversteigerung dem Vertragserwerb gleichzustellen, allerdings
nicht in Allgemeinen Geschäftsbedingungen.[17]

Die einem Nachweismakler obliegende Mitteilung über eine Vertragsgele- **6**
genheit kann nicht nur durch persönliche Mitteilung des Maklers gegenüber
dem Kunden, sondern auch dadurch erfüllt werden, dass die nachgewiesenen
Interessenten sich bei der Veräußererseite melden und sich – gleichsam als
Mitteilungsboten – als vom Makler geworben zu erkennen geben.[18] Dies ist
auch deshalb geboten, weil der Maklerkunde (Verkäufer) von der konkreten
Maklerleistung bei Abschluss des Hauptvertrages Kenntnis haben muss, damit er die Provisionsforderung des Maklers bei der Preisgestaltung berücksichtigen kann.[19]

aa) Nachweis des Objekts und des potenziellen Vertragspartners

Der Kunde muss durch den Nachweis in die Lage versetzt werden, in kon- **7**
krete Verhandlungen über den von ihm angestrebten Hauptvertrag einzutreten.[20] Daher ist es regelmäßig notwendig, dass nicht nur das Objekt benannt
wird, sondern auch der vollständige Name und die Anschrift derjenigen Person, die als Vertragspartner in Betracht kommt und mit der die erforderlichen Vertragsverhandlungen geführt werden können.[21]

Beim Immobilienkauf erfordert dieser Nachweis in der Regel neben der ein- **8**
deutigen Bezeichnung des Objekts konkrete Angaben zu der Person, die zu

---

16 BGH, Urt. v. 4.7.1990 – IV ZR 174/89, BGHZ 112, 59, 61.
17 BGH, Urt. v. 24.6.1992 – IV ZR 240/91, BGHZ 119, 32, 34.
18 OLG Stuttgart, Urt. v. 6.2.2002 – 3 U 157/01, IVD-Rspr. A 105 Bl. 15.
19 OLG Stuttgart, Urt. v. 6.2.2002 – 3 U 157/01, IVD-Rspr. A 105 Bl. 15. Einzelheiten zu
   diesem zusätzlichen Erfordernis nachstehendes Kap. VI Rn. 46 f.
20 BGH, Urt. v. 25.2.1999 – III ZR 191/98, BGHZ 141, 40, 46; Urt. v. 16.12.2004 – III ZR
   119/04, BGHZ 161, 349, 365; Urt. v. 14.1.1987 – IVa ZR 206/85, NJW 1987, 1628,
   1629; Urt. v. 15.6.1988 – IVa ZR 170/87, NJW-RR 1988, 1397, 1398.
21 BGH, Urt. v. 25.2.1999 – III ZR 191/98, BGHZ 141, 40, 46; Urt. v. 14.1.1987 – IVa ZR
   206/85, NJW 1987, 1628, 1629; Urt. v. 17.12.2015 – I ZR 172/14, NJW 2016, 2317
   Rn. 20, 42.

substanziellen Verhandlungen über den Vertragsabschluss berechtigt ist.[22] Führt der Makler mit dem Kaufinteressenten eine Objektbesichtigung durch und wird hierbei der unmittelbare Kontakt zwischen dem Interessenten und dem Verkäufer hergestellt, liegt eine ausreichende Nachweisleistung vor.[23] Eine solche Maklerleistung ist auch dann erbracht, wenn dem Maklerkunden zunächst, etwa durch E-Mail, ein Objekt zum Kauf nachgewiesen und in der Folge eine Besichtigung des Objekts unter Mitwirkung des Vertreters des Verkäufers durchgeführt wird und hierbei Kontaktdaten zwischen dem Maklerkunden und dem Vertreter der Verkäuferseite ausgetauscht werden.[24] Wird im weiteren Verlauf in Bezug auf die Nachweisleistung vom Maklerkunden der Einwand der Vorkenntnis erhobenen unter dem Gesichtspunkt, er habe die Kontaktdaten bereits vorher und damit vor Vollendung der Nachweisleistung des Maklers erhalten, ist dies für die Frage, ob eine Nachweisleistung vorliegt, nicht erheblich; er kann allenfalls für die Frage der Ursächlichkeit für den späteren Vertragsabschluss von Bedeutung sein.[25] Eine Nachweisleistung kommt ferner in Betracht, wenn dem Kaufinteressenten bezüglich eines Windenergieanlagenunternehmens, das sich in Insolvenz befindet, der Insolvenzverwalter als Ansprechpartner für die Verkäuferseite benannt wird.[26]

bb) Entbehrliche Namhaftmachung

9 Die Namhaftmachung des Vertragspartners ist in bestimmten Ausnahmefällen entbehrlich. Angenommen wird dies in der höchstrichterlichen Rechtsprechung, wenn bei der Mitteilung der Angaben über das Objekt keine weiteren Nachforschungen erforderlich sind, etwa weil die Anschrift des Verkäufers oder Vermieters mit der örtlichen Bezeichnung des Objekts übereinstimmt.[27] Gleiches gilt, wenn die betreffende Person dort ohne weitere

---

22 BGH, Urt. v. 3.7.2014 – III ZR 530/13, NJW-RR 2014, 1272 Rn. 15 unter Bezugnahme auf BGH, Urt. v. 25.2.1999 – III ZR 191/98, BGHZ 141, 40, 46; Urt. v. 16.12.2004 – III ZR 119/04, BGHZ 161, 349, 355; Urt. v. 6.7.2006 – III ZR 379/04, NJW 2006, 3062 Rn. 13.

23 BGH, Urt. v. 17.10.2018 – I ZR 154/17, NJW 2019, 1226 Rn. 10.

24 BGH, Urt. v. 3.7.2014 – III ZR 530/13, NJW-RR 2014, 1272 Rn. 15; *D. Fischer*, NJW 2014, 3281, 3284.

25 BGH, Urt. v. 3.7.2014 – III ZR 530/13, NJW-RR 2014, 1272 Rn. 15 unter Bezugnahme auf BGH, Urt. v. 20.11.1997 – III ZR 57/96, NJW-RR 1998, 411, 412.

26 BGH, Beschl. v. 9.5.2018 – I ZR 68/17, BeckRS 2018, 13890 Rn. 18.

27 BGH, Urt. v. 14.1.1987 – IVa ZR 206/85, NJW 1987, 1628, 1629; Urt. v. 6.7.2006 – III ZR 379/04, NJW 2006, 3062 Rn. 13; Urt. v. 17.12.2015 – I ZR 172/14, NJW 2016, 2317 Rn. 23; OLG München, Urt. v. 16.5.2012 – 20 U 245/12, NJOZ 2013, 974, 975.

Nachforschungen zu ermitteln ist.[28] Wird dem Kaufinteressenten der Hinweis gegeben, der gegenwärtige Eigentümer nutze das Objekt, so wird dies entgegen der Ansicht des OLG Bremen[29] regelmäßig ebenfalls ausreichen.[30]

Mit Urteil vom 19.5.2017 hat sich das OLG Düsseldorf[31] erneut mit Fragen **10** der Namhaftmachung beschäftigt. Im konkreten Fall hatte der Makler als Eigentümer Herrn R. benannt und die Anschrift des Objekts mitgeteilt. Tatsächlich war R. verstorben und von dessen drei Kindern, jeweils zwei Söhne namens Dr. R und eine verheiratete Tochter, die nicht im Objekt, sondern in anderen Städten wohnten, beerbt worden. Im Objekt selbst wohnte allerdings die Haushälterin eines der Miterben, der zudem von der Erbengemeinschaft mit dem Verkauf des Objekts betraut gewesen war. Obwohl mit den mitgeteilten Daten der eigentliche Verhandlungsbevollmächtigte für den Kunden erreichbar war, verneinte das Gericht eine ausreichende Nachweisleistung, weil die Angabe der einzelnen Miterben und deren Anschrift erforderlich gewesen wäre. Diese formalistische Betrachtungsweise erscheint wenig überzeugend.[32]

Von einer Namhaftmachung kann auch abgesehen werden, wenn es dem **11** Maklerkunden vorerst nicht auf die Benennung des Vertragsinteressenten ankommt, weil er sich zunächst einmal über die Geeignetheit des benannten Objekts schlüssig werden will.[33] Anderes gilt aber, wenn er später den Makler zur Namhaftmachung auffordert und dieser sich weigert, den Namen zu nennen.[34] Dafür, dass trotz unvollständiger Maklerleistung ein Fall gegeben ist, in dem eine Provisionspflicht ausnahmsweise besteht, trägt der Makler die Darlegungs- und Beweislast.[35] Keine Namhaftmachung ist zunächst er-

---

28 KG, Urt. v. 20.9.1999 – 10 U 3177/98, NZM 2000, 152; OLG München, Urt. v. 16.5.2012 – 20 U 245/12, NJOZ 2013, 974, 975 (große Tafel am Anwesen mit den erforderlichen Daten); verneint bezüglich im Zentrum einer Großstadt gelegenen Ladenlokals in OLG Düsseldorf, Urt. v. 27.7.2012 – 7 U 20/11, BeckRS 2013, 04894.

29 OLG Bremen, Urt. v. 5.12.2014 – 2 U 86/14, BeckRS 2015, 06236; die Eigentümerin war eine GmbH, die ihren Geschäftssitz und ihren Betrieb auf dem nachgewiesenen Grundstück unterhielt.

30 *D. Fischer*, NJW 2013, 3410, 3412.

31 OLG Düsseldorf, Urt. v. 19.5.2017 – 7 U 158/16, MDR 2017, 1355 = BeckRS 2017, 134395; zuvor bereits OLG Düsseldorf, NJW-RR 2009, 487, 488.

32 *D. Fischer*, NJW 2018, 1145, 1146.

33 BGH, Urt. v. 6.7.2006 – III ZR 379/04, NJW 2006, 3062 Rn. 13; Urt. v. 17.12.2015 – I ZR 172/14, NJW 2016, 2317 Rn. 23; LG Oldenburg, Urt. v. 11.11.2011 – 17 O 686/11, ZMR 2012, 833, 834.

34 OLG Frankfurt a. M., Urt. v. 28.3.2018 – 19 U 179/17, NJW-RR 2018, 1206; *D. Fischer*, IMR 2018, 349.

35 OLG Frankfurt a. M., Urt. v. 28.3.2018 – 19 U 179/17, NJW-RR 2018, 1206; *Küpper*, in: Baumgärtel/Laumen/Prütting, Handbuch der Beweislast, § 652 Rn. 13.

forderlich, wenn der Kunde selbst Makler ist und zunächst prüfen will, ob das benannte Objekt für seine Kunden interessant ist.[36] Ferner ist dies der Fall, wenn durch den gegebenen (unvollständigen) Nachweis das Interesse des Maklerkunden – zunächst – voll befriedigt wird und der Kunde den Hauptvertrag später „am Makler vorbei" abschließt. Hierbei ist es nicht erforderlich, dass der Kunde treuwidrig handelt und den Eigentümer oder Vermieter gezielt auf eigene Faust ermittelt, um so die Maklerprovision zu sparen. Selbst dann, wenn die vollständige Anschrift des potenziellen Vertragspartners von einem später eingeschalteten Makler mitgeteilt wird, kann dem Kunden im Einzelfall die Berufung auf die Unvollständigkeit des Erstnachweises versagt sein.[37] Dieses praxisgerechte Ergebnis verhindert eine allzu leichte Ausschaltung des Maklers und lässt sich auf das Verbot widersprüchlichen Verhaltens zurückführen.[38] Es beruht wie die Unklarheitenregel[39] und die über den Wortlaut des § 654 BGB hinausgehende allgemeine Provisionsverwirkung[40] auf maklerrechtsspezifischen Besonderheiten.[41]

12 Eine Ermittlung des Eigentümers unter Umgehung des Maklers ist dann nicht als treuwidrig anzusehen, wenn der Kunde ohne Zutun des Maklers bereits aufgrund des Exposés eines anderen Maklers und aufgrund des mit diesem durchgeführten Besichtigungstermins die wesentlichen Informationen über das Objekt erhalten hat. Dann hat der Kunde die wesentlichen Informationen über das Objekt schon auf diesem Weg erfahren, so dass eine Benennung des Vertragspartners für eine Nachweisleistung des Maklers nicht entbehrlich ist. Ermittelt unter diesen Umständen der Kunde ohne Einschaltung des Maklers den Eigentümer, dann nutzt er keine von dem Makler zuvor erbrachte geldwerte Leistung aus.[42] Diesen Rechtsgrundsätzen kommt insbesondere dann Bedeutung zu, wenn im Provisionsprozess unterschiedliche Vergütungsansprüche mehrerer Makler bezogenen auf ein Immobilienobjekt geltend gemacht werden. Exemplarisch hat dies der Bundesgerichtshof[43] in

---

36 LG Oldenburg, Urt. v. 11.11.2011 – 17 O 686/11, ZMR 2012, 833, 834.
37 BGH, Urt. v. 6.7.2006 – III ZR 379/04, NJW 2006, 3062 Rn. 13.
38 *D. Fischer*, NJW 2007, 183, 184. Der BGH beschränkt sich auf den Hinweis auf § 242 BGB, vgl. BGH, Urt. v. 14.1.1987 – IVa ZR 206/85, NJW 1987, 1628, 1629; Urt. v. 6.7.2006 – III ZR 379/04, NJW 2006, 3062 Rn. 13.
39 Einzelheiten hierzu Kap. III Rn. 6 ff.; ferner *D. Fischer*, NZM 2002, 480.
40 Einzelheiten hierzu Kap. VIII; ferner *D. Fischer*, NZM 2001, 873.
41 Mit der Preisgabe aller erforderlichen Daten des nachgewiesenen Objekts ist die wesentliche (geldwerte) Maklerleistung bereits erbracht, so ein zahlungsunwilliger Maklerkunde den Eigentümer leicht ermitteln kann, BGH, Urt. v. 15.2.1984 – IVa ZR 150/82, WM 1984, 560; Urt. v. 6.7.2006 – III ZR 379/04, NJW 2006, 3062 Rn. 13.
42 BGH, Urt. v. 17.12.2015 – I ZR 172/14, NJW 2016, 2317 Rn. 26, 45.
43 BGH, Urt. v. 17.12.2015 – I ZR 172/14, NJW 2016, 2317 Rn. 26, 45.

seiner Grundsatzentscheidung zur Weitergabe eines Fremdexposés aufgezeigt. So kann eine unvollständige Nachweisleistung unter Heranziehung der Grundsätze der entbehrlichen Namhaftmachung zur Begründung eines Provisionsanspruches ausreichend sein, in einer anderen Fallkonstellation dagegen nicht.[44]

cc) Unzureichende Nachweisleistung

Das Verschaffen einer *reinen Ermittlungsmöglichkeit* stellt keinen ausrei-   **13**
chenden Nachweis dar.[45] Dies gilt etwa bei der Benennung eines Innenstadt-Grundstücks, bei dem Hinweise auf Name und Anschrift des Eigentümers fehlen. Der Makler darf den Kaufinteressenten nicht auf eine Einsichtnahme in das Grundbuch oder eine Anfrage beim Einwohnermeldeamt verweisen.[46]
Hierzu gehören auch die Fälle, in denen der Makler Listen mit Kurzbezeichnungen seines gesamten Bestandes dem Maklerkunden aushändigt[47] und es dem Kunden überlassen bleibt, diesen Bestand „abzuarbeiten". Namentlich bei Wohnungsmaklern war dies nicht unüblich; der Mietinteressent sollte erkunden, welche der Wohnungen noch frei waren und stand demnach nicht viel besser da, als wenn er den Anzeigenteil der verschiedenen Medien zu Rate gezogen hätte.[48] Will jemand innerhalb einer Wohnanlage mit mehreren Eigentumswohnungen verschiedener Eigentümer eine Wohnung erwerben, so hat der Makler das konkret zum Verkauf stehende Objekt zu benennen.[49] Gleichfalls handelt es sich um keinen Nachweis, sondern nur um die Verschaffung einer Ermittlungsmöglichkeit, wenn etwa einem Verkaufsinteressenten eine Namensliste von rund 500 Personen übersandt wird, die der Auftraggeber anschreiben muss, um zu ermitteln, ob sich unter diesen Personen jemand befindet, der sich konkret für das Objekt interessiert.[50] Stellt der Makler dagegen nach bisherigem Recht dem Wohnungsmietinteressenten Objektlisten zur Verfügung, die auf das jeweils angegebene individuelle Pro-

---

44 *D. Fischer*, WuB 2017, 96, 97.
45 BGH, Urt. v. 15.4.2010 – III ZR 153/09, NJW-RR 2010, 1385 Rn. 10; Urt. v. 17.12.2015 – I ZR 172/14, NJW 2016, 2312 Rn. 20; OLG Düsseldorf, Urt. v. 10.1.1997 – 7 U 82/96, NJW-RR 1997, 1282.
46 BGH, Urt. v. 18.6.1986 – IVa ZR 7/85, NJW-RR 1987, 172, 173.
47 Vgl. OLG München, Urt. v. 7.11.1973 – 9 U 3083/73, BB 1973, 1551: unzureichender Nachweis bei einer Liste mit 500 Personen; OLG Düsseldorf, Urt. v. 10.1.1997 – 7 U 82/96, NJW-RR 1997, 1282.
48 OLG Hamburg, Urt. v. 25.5.2000 – 3 U 280/99, OLGReport 2001, 1.
49 *D. Fischer*, NJW 2007, 183, 184.
50 BGH, Urt. v. 15.4.2010 – III ZR 153/09, NJW-RR 2010, 1385 Rn. 10; LG Detmold, Urt. v. 23.10.2013 – 10 S 52/13, BeckRS 2013, 22195 (Interessentenliste); *Hamm/Schwerdtner*, Maklerrecht, Rn. 260.

fil zugeschnitten sind und ins Einzelne gehende, individuelle Informationen, so die Person des Vermieters, seine Telefonnummer und eine konkrete und detaillierte Beschreibung der Räumlichkeiten, aufweisen, handelt es sich bereits um ausreichend konkrete Hinweise auf Vertragsgelegenheiten und kann daher eine provisionspflichtige Nachweisleistung darstellen.[51] Für den Bereich des Gewerbemietrechts sind diese Grundsätze weiterhin maßgeblich.[52]

14 Wie das OLG Frankfurt a. M.[53] in einer PKH-Beschwerdeentscheidung ausgeführt hat, erbringt ein Makler, der einem Interessenten die Gelegenheit zum Eintritt in Vertragsverhandlungen über eine inhaltlich völlig offene Beteiligung in Bezug auf ein Grundstück, das der Anlageinteressent später erwirbt, nachweist, keine hinreichende Nachweistätigkeit.

15 Der bloße Hinweis auf einen anderen Makler, der seinerseits erst – durch einen kostenpflichtigen Nachweis – die Gelegenheit zum Kauf der Immobilie eröffnet, ist lediglich ein *indirekter Nachweis*, der keine ausreichende Nachweisleistung darstellt.[54] Die Benennung eines Dritten, der seinerseits erst durch Nachweis oder Vermittlung die Möglichkeit zum Abschluss eines Hauptvertrages eröffnen soll, ist ebenfalls keine hinreichende Nachweisleistung.[55]

b) Vertragsbereitschaft

16 Weiteres Element einer hinreichenden Nachweisleistung ist die Vertragsbereitschaft der benannten Person.[56] In diesem Zusammenhang ist zu unter-

---

51 BGH, Urt. v. 15.4.2010 – III ZR 153/09, NJW-RR 2010, 1385 Rn. 11.

52 *D. Fischer*, WM 2016, Sonderbeilage Nr. 1, S. 11.

53 OLG Frankfurt, Beschl. v. 16.1.2009 – 19 W 87/08, NJW-RR 2009, 642; aus einem vorgelegten Schriftstück des Maklers ergab sich, dass er das Areal im Zusammenhang mit dem neu zu errichtenden Bauprojekt anstelle des abgerissenen X-Hochhauses „entweder zum Kauf oder zum Ko-Investment oder zur Projektierung oder in jeder anderen möglichen Art der Kooperation" nachweise.

54 BGH, Urt. v. 17.12.2015 – I ZR 172/14, NJW 2016, 2312 Rn. 43; OLG Karlsruhe, Beschl. v. 2.9.2005 – 15 U 28/04, OLGReport 2006, 176 (Weitergabe eines fremden Exposés); LG Hamburg, Urt. v. 11.7.2018 – 318 O 78/17, BeckRS 2018, 15617; Palandt/*Sprau*, § 652 Rn. 26; *Ibold*, Maklerrecht, Rn. 80; *Hamm/Schwerdtner*, Maklerrecht, Rn. 267.

55 BGH, Urt. v. 27.10.1976 – IV ZR 149/75, NJW 1977, 41, 42; Urt. v. 6.2.1991 – IV ZR 265/89, WM 1991, 818, 819; Urt. v. 2.2.1994 – IV ZR 24/93, NJW-RR 1994, 559, 560; Urt. v. 17.12.2015 – I ZR 172/14, NJW 2016, 2312 Rn. 43.

56 BGH, Urt. v. 25.2.1999 – III ZR 191/98, BGHZ 141, 40, 46; Urt. v. 16.12.2004 – III ZR 119/04, BGHZ 161, 349, 355; Urt. v. 15.4.2010 – III ZR 153/09, NJW-RR 2010, 1385 Rn. 10.

scheiden, auf was sich der Nachweis bezieht. Ist ein Verkaufsinteressent nachzuweisen, muss dessen Veräußerungsbereitschaft vorliegen; im umgekehrten Fall hat der Kaufinteressent erwerbsbereit zu sein.[57] Die nachfolgenden Grundsätze gelten auch für den Nachweis von Mietverträgen[58] und anderen Vertragsgelegenheiten.[59] Die Vertragsbereitschaft des nachgewiesenen Interessenten muss zum Zeitpunkt der letzten relevanten Maklerleistung gegeben sein.[60] Im Regelfall ist dies der Zeitpunkt der Nachweisleistung;[61] es kann aber auch eine danach liegende Leistung sein, wie etwa die Durchführung eines Besichtigungstermins.[62] Die Beweislast für das Vorliegen der Vertragsbereitschaft trifft nach allgemeinen Grundsätzen den Makler.[63]

aa) Veräußerungsbereitschaft

Weist der Makler einen Kaufinteressenten auf ein Objekt hin, das nicht zum **17** Verkauf ansteht, dann kann er auch dann keine Nachweisprovision verlangen, wenn der Eigentümer sich zu einem späteren Zeitpunkt zur Veräußerung entschließt und der Maklerkunde ohne weitere Mitwirkung des Maklers das Objekt anschließend erwirbt.[64] Eine die Provision rechtfertigende Nachweisleistung kann aber auch dann vorliegen, wenn der zwischen dem Auftraggeber und dem vom Makler nachgewiesenen Kaufinteressenten geschlossene Vertrag erst zustande gekommen ist, nachdem ein zuvor mit einem anderen Interessenten geschlossener Kaufvertrag durch Ausübung eines vertraglich vereinbarten Rücktrittsrechts gescheitert ist.[65] Maßgeblich ist insoweit, dass es sich um einen Kaufvertrag handelt, der ein zeitlich befristetes, aber im Übrigen vorbehaltloses Rücktrittsrecht aufweist. Bei einer solchen Fallgestaltung bleibt der Kaufvertrag letztlich solange in der

---

57 *D. Fischer*, FS Schlick, 2015, S. 135, 141.
58 BGH, Urt. v. 15.5.2008 – III ZR 256/07, NJW-RR 2008, 1281 Rn. 11 f.
59 OLG München, Urt. v. 14.3.2014 – 10 U 679/13, iuris (Gelegenheit zur Lohnfertigung von pharmazeutischen Produkten).
60 BGH, Urt. v. 16.12.2004 – III ZR 119/04, BGHZ 161, 349, 351 = NJW 2005, 753; Urt. v. 15.5.2008 – III ZR 256/07, NJW-RR 2008, 1281 Rn. 12; OLG München, Urt. v. 14.3.2014 – 10 U 679/13, juris.
61 BGH, Urt. v. 16.12.2004 – III ZR 119/04, BGHZ 161, 349, 351 = NJW 2005, 753, unter Bezugnahme auf BGH, Urt. v. 25.2.1999 – III ZR 191/98, BGHZ 141, 41, 46; BGH, Urt. v. 4.3.1992 – IV ZR 267/90, NJW-RR 1992, 687.
62 BGH, Urt. v. 15.5.2008 – III ZR 256/07, NJW-RR 2008, 1281 Rn. 12.
63 OLG Karlsruhe, Urt. v. 25.10.2005 – 15 U 58/03, NJOZ 2006, 1164, 1168.
64 BGH, Urt. v. 4.3.1992 – IV ZR 267/90, NJW-RR 1992, 687; Urt. v. 17.4.1997 – III ZR 182/96, NJW-RR 1997, 884; Urt. v. 15.5.2008 – III ZR 256/07, NJW-RR 2008, 1281 Rn. 12; OLG Düsseldorf, Urt. v. 10.12.1999 – 7 U 53/99, NJW-RR 2000, 1504.
65 BGH, Urt. v. 23.11.2006 – III ZR 52/06, NJW-RR 2007, 402 Rn. 15.

Schwebe, wie das Rücktrittsrecht noch ausgeübt werden kann; bis dahin ist das Objekt noch nicht endgültig vom Markt und der Verkäufer immer noch *latent verkaufsbereit.*[66] Diese marktbezogene Bewertung beruht auf einer wirtschaftlichen Betrachtungsweise. Sie ermöglichte dem Bundesgerichtshof, im Gegensatz zu den Vorinstanzen, welche eine provisionsauslösende Nachweisleistung gegenüber dem Verkäufer verneinten, den wirtschaftlichen Gehalt des Nachweises zutreffend zu erfassen.[67] Das Grundstück war, weil der (Erst-)Käufer ohne weitere Voraussetzungen zurücktreten konnte, noch nicht „weg"; der Verkäufer musste sich mithin darauf einrichten, der Käufer werde von seinem Rücktrittsrecht auch Gebrauch machen.[68] Eine endgültige vertragliche Bindung wird daher erst zu dem Zeitpunkt begründet, in dem das Rücktrittsrecht nicht mehr ausgeübt werden kann.[69]

18 Keine provisionsauslösende Nachweisleistung liegt vor, wenn zum Zeitpunkt des Nachweises zwar eine Verkaufsbereitschaft vorlag, diese aber aufgegeben wurde und erst zu einem späteren Zeitpunkt der Eigentümer sich erneut zu einer Veräußerung entschließt und der Maklerkunde ohne weitere Mitwirkung des Maklers das Objekt erwirbt. Bei der letztgenannten Fallgestaltung ist es entscheidend, ob die Verkaufs- oder Vermietungsbereitschaft tatsächlich aufgegeben, oder nur durch ein vom Eigentümer unabhängiges Ereignis unterbrochen wurde. Letzteres hat der Bundesgerichtshof bei einem Mietobjekt angenommen, bei dem der ursprünglich auszugswillige Mieter zwischenzeitlich das Mietverhältnis fortsetzen wollte, dann aber doch ausgezogen ist und die unterbrochenen Verhandlungen mit dem Maklerkunden als Nachfolgemieter schließlich erfolgreich abgeschlossen werden konnten.[70]

19 Nicht erforderlich ist es, dass die als verkaufsbereit nachgewiesene Person zum Zeitpunkt des Nachweises bereits Eigentümer des zu veräußernden Objektes ist. Es genügt nach zutreffender Ansicht des Bundesgerichtshofs,[71] dass die betreffende Person in der Lage ist, ihren aus dem Kaufvertrag folgenden Eigentumsverschaffungsverpflichtungen auch tatsächlich nachzu-

---

66 Zum Begriff der latenten Verkaufsbereitschaft vgl. auch BGH, Urt. v. 16.12.2004 – III ZR 119/04, BGHZ 161, 349, 359.

67 *D. Fischer*, NZM 2016, 117, 120.

68 BGH, Urt. v. 23.11.2006 – III ZR 52/06, NJW-RR 2007, 402 Rn. 16.

69 BGH, Urt. v. 23.11.2006 – III ZR 52/06, NJW-RR 2007, 402 Rn. 16; vgl. hierzu auch *D. Fischer*, FS Schlick, 2015, S. 135, 142.

70 BGH, Urt. v. 18.1.1996 – III ZR 71/95, NJW-RR 1996, 691; vgl. auch Urt. v. 5.3.2020 – I ZR 69/19, WM 2020, 1244 Rn. 36.

71 BGH, Urt. v. 4.10.1995 – IV ZR 73/94, NJW-RR 1996, 113, im Anschluss an Urt. v. 28.11.1990 – IV ZR 258/89, NJW-RR 1991, 371; Soergel/*Engel*, BGB, § 652 Rn. 27.

kommen. Die gegenteilige Auffassung der Vorinstanz übersah den Markt-grundsatz, dass sich der Kaufmann vielfach erst bei Abschlussinteresse mit der erforderlichen Ware, hier dem gewünschten Grundstück, einzudecken pflegt.[72] Nach einer zu einem Unternehmenskauf ergangenen Entscheidung des OLG Karlsruhe[73] können die Anforderungen an das Merkmal Vertrags-bereitschaft im Maklervertrag herabgesetzt werden, so dass unter Umstän-den anstelle der Veräußerungsbereitschaft auch ein grundlegendes Interesse an Verhandlungen hinsichtlich des Abschlusses eines Hauptvertrages ausrei-chend ist.[74] Diese Grundsätze, die sich aus den besonderen Umständen und Bedürfnissen eines Unternehmenskaufs als langwieriges Verhandlungsge-schäft erschließen, lassen sich allenfalls auf gewerbliche Immobilienverträ-ge übertragen.[75]

Schwierigkeiten hinsichtlich der Feststellung einer Veräußerungsbereit- **20** schaft können sich ergeben, wenn sich der Nachweis auf den Erwerb einer Objektgesellschaft bezieht, welche als Publikumskommanditgesellschaft geführt wird. Für diese Fallgestaltung hat der Bundesgerichtshof mit Urteil vom 16.12.2004[76] unter Rückgriff auf die wirtschaftliche Betrachtungswei-se[77] praxistaugliche Kriterien entwickelt und hierbei die Anforderungen an den Begriff der Veräußerungsbereitschaft unter Berücksichtigung des Marktgeschehens angemessen eingeschränkt.[78] Sollte die Wirksamkeit des Hauptvertrages nach der gesellschaftsvertraglichen Ausgestaltung von der Zustimmung eines Gesellschaftsorgans abhängen, kann als Nachweis der Gelegenheit des Abschlusses eines Unternehmenskaufvertrages mit einer Gesellschaft auf der Verkäuferseite nicht verlangt werden, dass die betref-fende Zustimmung des zuständigen Gesellschaftsorgans zum Verkauf be-reits vorliegt. Es fehlt jedoch an der beim „Nachweis" vorausgesetzten Ver-äußerungsbereitschaft der Gesellschaft, wenn zum maßgeblichen Zeitpunkt das zustimmungsberechtigte Organ oder die durch dieses vertretenen Gesellschafter – etwa die Mehrheit der Kommanditisten – überhaupt keine Verkaufsverhandlungen wollen. Dann könnte es auch nicht als Nachweis-leistung ausreichen, dem an einer Kaufgelegenheit interessierten Makler-

---

72 *D. Fischer*, NZM 2016, 117, 120.
73 OLG Karlsruhe, Urt. v. 25.10.2005 – 15 U 58/03, NJOZ 2006, 1164, 1168.
74 Ebenso Soergel/*Engel*, BGB, § 652 Rn. 21.
75 *D. Fischer*, NJW 2007, 3107, 3109.
76 BGH, Urt. v. 16.12.2004 – III ZR 119/04, BGHZ 161, 349, 357 ff.
77 Zur wirtschaftlichen Betrachtungsweise im Maklerrecht vgl. *D. Fischer*, NZM 2016, 117.
78 MünchKomm-BGB/*H. Roth*, § 652 Rn. 109; *Oechsler*, LMK 2005, 50; *D. Fischer*, NZM 2016, 117, 120.

kunden eine Gesellschaft als Rechtsträger eines geeigneten Objekts und deren – verkaufsbereites – Vertretungsorgan zu benennen.[79]

21 Hierbei wird mit Recht darauf abgestellt, dass bei Publikumsgesellschaften typischerweise deren Kommanditisten als Kapitalanleger gegenüber Unternehmensveräußerungen, die einen Gewinn versprechen, eine (latent) offene Haltung einnehmen. Kommt es in engem zeitlichen Zusammenhang mit der ersten Kontaktaufnahme zwischen dem Maklerkunden und der Geschäftsführung einer solchen Gesellschaft zu einem Übernahmegeschäft unter Zustimmung der Kommanditisten, so besteht nach zutreffender Ansicht des Bundesgerichtshofs eine tatsächliche Vermutung dafür, dass die Kommanditisten von Anfang an generell verkaufsbereit waren. Danach spricht – bei einer wertenden, wirtschaftlichen Betrachtungsweise – alles dafür, es auch für den Fall einer gesellschaftsrechtlichen Alleinzuständigkeit der Gesellschafter für eine Unternehmensveräußerung als „Nachweis" ausreichen zu lassen, wenn einerseits der Geschäftsführer als vertretungsbefugtes Organ der Gesellschaft die Bereitschaft zu Vertragsverhandlungen erkennen lässt, andererseits keine besonderen Anhaltspunkte für eine generelle Ablehnung eines derartigen Vertragsabschlusses durch die zustimmungsberechtigten Beteiligten vorliegen. Gibt der Geschäftsführer als das vertretungsberechtigte Organ der Gesellschaft die Bereitschaft zum Vertragsschluss zu erkennen, so darf der Maklerkunde hieraus im allgemeinen schon einigermaßen sicher entnehmen, für Verhandlungen über die in Rede stehende Übernahme „den Fuß in der Tür" zu haben. Zu berücksichtigen ist auch, dass aus der Sicht des Maklerkunden, solange keine klare Verlautbarung der Gesellschafter vorliegt, wonach ein Verkauf generell nicht in Betracht kommt, auch eine latente Verkaufsbereitschaft der Gesellschafter angenommen werden kann.[80]

bb) Erwerbsbereitschaft

22 Mit Grundsatzurteil vom 4.6.2009 hat der Bundesgerichtshof[81] erstmals zur Frage Stellung genommen, welche Maßstäbe für die Kaufbereitschaft des dem Verkäufer nachgewiesenen Kaufinteressenten zu gelten haben. Die Vorinstanz hatte wegen der vom Kaufinteressenten zunächst beanspruchten Bedenkzeit angenommen, es lasse sich zum Zeitpunkt des Nachweises keine hinreichende Kaufbereitschaft feststellen und hatte unter Bezugnahme auf die höchstrichterliche Rechtsprechung zur Verkaufsbereitschaft eine provisionspflichtige Nachweisleistung verneint.

---

79 BGH, Urt. v. 16.12.2004 – III ZR 119/04, BGHZ 161, 349, 357.
80 BGH, Urt. v. 16.12.2004 – III ZR 119/04, BGHZ 161, 349, 357.
81 BGH, Urt. v. 4.6.2009 – III ZR 82/08, NJW-RR 2009, 1282.

Dieser Auffassung ist der Bundesgerichtshof mit marktbezogenen Erwägun- **23** gen entgegengetreten. Danach ist es für einen Nachweis gerade nicht erforderlich, dass dem Auftraggeber des Maklers eine Person benannt wird, die bereits zum Kauf der jeweiligen Immobilie fest entschlossen ist. Zu Recht wird darauf hingewiesen, eine andere Beurteilung hätte zur Folge, dass ein vom Verkäufer beauftragter Makler kaum in der Lage wäre, einen tauglichen Nachweis zu liefern. Im Unterschied zur umgekehrten Fallgestaltung – Nachweis einer verkaufsbereiten Person gegenüber einem Kaufinteressenten – ist der Kaufinteressent, der einem Grundstücks- oder Wohnungseigentümer namhaft gemacht wird, typischerweise noch „auf der Suche" und deshalb, was das konkrete Objekt angeht, regelmäßig noch unentschlossen. Daher muss es bei dieser Fallgestaltung ausreichen, wenn der potenzielle Käufer generell am Erwerb eines Hauses oder einer Wohnung interessiert ist, die dem angebotenen Objekt ähnelt.[82] Es genügt mithin eine generelle Erwerbsbereitschaft des Kaufinteressenten, welche auf Objekte gerichtet ist, die dem nachgewiesenen entsprechen.[83]

Diese Entscheidung zeigt eindrucksvoll auf, dass es gerade im Maklerrecht **24** von großer Bedeutung ist, bei der Übertragung von Rechtsgrundsätzen auf ähnlich gelagerte Fallgruppen zunächst im Rahmen einer wirtschaftlichen Betrachtungsweise zu prüfen, ob möglicherweise marktspezifische Besonderheiten eine unterschiedliche Beurteilung erfordern.[84] Auch wenn der Bundesgerichtshof in diesem Urteil die wirtschaftliche Betrachtungsweise nicht ausdrücklich erwähnte, beruht die revisionsrechtliche Argumentation ersichtlich auf hierauf bezogene Erwägungen.[85]

c) Zusätzliche Nachweisleistung

Selbst wenn der Kunde bereits Kenntnis von der Vertragsabschluss-Gelegen **25** heit besitzt, kann im Einzelfall der Makler durch Hinweis auf bestimmte vertragsrelevante Umstände, die dem Kunden bislang nicht bekannt waren, und die adäquat ursächlich für den Erwerb geworden sind, eine eigenständige, provisionsauslösende (zusätzliche) Nachweisleistung erbringen.[86] Derartige zusätzliche Informationen können beispielsweise durch Aushändigung ver-

---

82 BGH, Urt. v. 4.6.2009 – III ZR 82/08, NJW-RR 2009, 1282, Rn. 12; *D. Fischer*, NJW 2009, 3210, 3211; MünchKomm-BGB/*H. Roth*, § 652 Rn. 109.
83 *D. Fischer*, NZM 2016, 117, 121.
84 *D. Fischer*, NZM 2011, 529, 532.
85 *D. Fischer*, NZM 2016, 117, 121.
86 BGH, Urt. v. 4.10.1995 – IV ZR 163/94, NJW-RR 1996, 114, 115; Urt. v. 20.11.1997 – III ZR 57/96, NJW-RR 1998, 411, 412.

tragswesentlicher Unterlagen erteilt werden, wozu Wertgutachten, Sonderexpertisen und ähnliche Schriftstücke zu rechnen sind, die bestimmte Verwendungsmöglichkeiten hinsichtlich des Objekts und dessen Rentabilität aufzeigen. Bei einer derartigen Fallgestaltung ist aber stets zu prüfen, inwieweit die Leistung des Maklers als wesentlicher Beitrag zum Kaufentschluss des Kunden angesehen werden kann.[87] So kann eine erstmalige Objektinnenbesichtigung eine wesentliche Maklerleistung darstellen, die eine Mitursächlichkeit des Nachweises trotz einer Vorkenntnis des Kaufinteressenten zu begründen vermag.[88]

3. Vermittlungsleistung

26 Eine Vermittlungsleistung liegt nur dann vor, wenn der Makler auf den potenziellen Vertragspartner mit dem Ziel eines Vertragsabschlusses einwirkt.[89] Vermittlungstätigkeit ist die bewusste finale Herbeiführung der Abschlussbereitschaft des Vertragspartners des zukünftigen Hauptvertrages.[90] Ist den tatrichterlichen Feststellungen nicht zu entnehmen, ob die in Betracht gezogene Vermittlung auf einer hinreichenden Vermittlungsleistung im Sinne einer bewusst finalen Herbeiführung der Abschlussbereitschaft beruht, kann eine provisionspflichtige Vermittlungsleistung nicht angenommen werden.[91] Es genügt, wenn die Abschlussbereitschaft des Dritten gefördert und mithin bei ihm lediglich ein nicht völlig unbedeutendes Motiv für den Abschluss gesetzt wird.[92] Die Maklertätigkeit muss sich demnach auf den tatsächlich zustande gekommenen Hauptvertrag beziehen.[93]

---

87 BGH, Urt. v. 4.10.1995 – IV ZR 163/94, NJW-RR 1996, 114, 115; LG Berlin, Urt. v. 9.12.2011 – 19 O 284/11, GE 2012, 1233, 1234.

88 LG Berlin, Urt. v. 9.12.2011 – 19 O 284/11, GE 2012, 1233, 1234.

89 BGH, Urt. v. 2.6.1976 – IV ZR 101/75, WM 1976, 1118, 1119; Beschl. v. 17.4.1997 – III ZR 182/96, NJW-RR 1997, 884; Urt. v. 4.6.2009 – III ZR 82/08, NJW-RR 2009, 1282 Rn. 8; Urt. v. 14.6.2016 – XI ZR 483/14, NJW-RR 2016, 1138 Rn. 32 (Bankrechtssenat); Urt. v. 21.11.2018 – I ZR 10/18, NJW 2019, 1803 Rn. 26.

90 BGH, Urt. v. 2.6.1976 – IV ZR 101/75, NJW 1976, 1844; Urt. v. 17.4.1997 – III ZR 182/96, NJW-RR 1997, 884; Urt. v. 4.6.2009 – III ZR 82/08, NJW-RR 2009, 1282 Rn. 8; Urt. v. 21.11.2018 – I ZR 10/18, NJW 2019, 1803 Rn. 26; Beschl. v. 29.11.2018 – I ZR 5/18, BeckRS 2018, 34954 Rn. 12; OLG Saarbrücken, Urt. v. 17.9.2015 – 4 U 131/14, NJW-RR 2016, 58, 59.

91 BGH, Beschl. v. 29.11.2018 – I ZR 5/18, BeckRS 2018, 34954 Rn. 12.

92 BGH, Urt. v. 21.5.1971 – IV ZR 52/70, WM 1971, 1098, 1100; Urt. v. 21.9.1973 – IV ZR 89/72, WM 1974, 257, 258; Urt. v. 14.6.2016 – XI ZR 483/14, NJW-RR 2016, 1138 Rn. 32 (Bankrechtssenat); OLG Hamburg, Urt. v. 17.5.2013 – 5 U 173/10, ZMR 2014, 333, 334.

93 BGH, Urt. v. 17.4.1997 – III ZR 182/96, NJW-RR 1997, 884.

a) Allgemeine Grundsätze

Zum Vermitteln i. S. v. § 652 BGB gehört ein Verhandeln des Maklers mit **27** beiden Parteien.[94] Hierfür ist es aber nicht erforderlich, dass der Vermittlungsmakler mit beiden Seiten des abzuschließenden Hauptvertrages gleichzeitig verhandelt. Denn das notwendige Verhandeln mit dem Kunden liegt bereits im Abschluss des Maklervertrages. Eine zusätzliche Verhandlung zwischen Makler und Kunde ist demnach nicht geboten.[95] Entscheidend ist die Aufnahme des Kontaktes mit der Gegenseite. Auf sie muss der Makler einwirken mit dem Ziel, das Geschäft mit dem Auftraggeber zustande zu bringen.[96] Eine provisionspflichtige Vermittlungsleistung kann auch dann erbracht werden, wenn der Kunde von der Abschlussgelegenheit bereits Kenntnis hatte.

Die Willenseinwirkung muss nicht notwendigerweise unmittelbar sein. So **28** ist es ausreichend, wenn der Makler mit dem Ehemann verhandelt und hierdurch die Kaufbereitschaft der Ehefrau gefördert wird. Eine derartige mittelbare Einwirkung ist allerdings nur dann als ausreichend anzusehen, wenn zwischen dem Verhandlungspartner des Maklers und dem Dritten eine dauerhafte Bindung, etwa familien- oder gesellschaftsrechtlicher Art, besteht.[97]

b) Konkrete Vermittlungsleistungen

Was der Vermittlungsmakler zu tun hat, um den ihm erteilten Vermittlungs- **29** auftrag gerecht zu werden, richtet sich nach den jeweiligen Erfordernissen des Einzelfalls,[98] insbesondere auch danach, inwieweit Auftraggeber und In-

---

94 BGH, Urt. v. 4.6.2009 – III ZR 82/08, NJW-RR 2009, 1282 Rn. 8; Urt. v. 21.11.2018 – I ZR 10/18, NJW 2019, 1803 Rn. 26; OLG Hamm, Urt. v. 24.7.2014 – 18 U 123/13, NJW-RR 2015, 825, 826.

95 BGH, Urt. v. 21.9.1973 – IV ZR 89/72, WM 1974, 257, 258; OLG Saarbrücken, Urt. v. 17.9.2015 – 4 U 131/14, NJW-RR 2016, 58, 59.

96 BGH, Urt. v. 14.3.1991 – VII ZR 342/89, BGHZ 114, 87, 95; Urt. v. 21.9.1973 – IV ZR 89/72, WM 1974, 257, 258; Urt. v. 17.4.1997 – III ZR 182/96, NJW-RR 1997, 884; v. 4.6.2009 – III ZR 82/08, NJW-RR 2009, 1282 Rn. 8; Urt. v. 21.11.2018 – I ZR 10/18, NJW 2019, 1803 Rn. 26; OLG Saarbrücken, Urt. v. 17.9.2015 – 4 U 131/14, NJW-RR 2016, 58, 59.

97 BGH, Urt. v. 12.10.1983 – IVa ZR 36/82, NJW 1984, 358; Urt. v. 21.11.2018 – I ZR 10/18, NJW 2019, 1803 = BeckRS 2018, 38996 Rn. 30; *Zopfs*, Maklerrecht, Rn. 31; *Mutschler*, Maklerrecht, S. 29; *D. Fischer*, NJW 2019, 1182, 1183.

98 OLG Karlsruhe, Urt. v. 13.10.2000 – 15 U 59/99, VersR 2003, 592; *D. Fischer*, NJW 2007, 3107, 3109; Soergel/*Engel*, § 652 Rn. 29.

teressent der Unterstützung des Maklers bedürfen.[99] Wenn der Makler des Kaufinteressenten auf den Verkäufer einwirkt, um einen Hauptvertrag entsprechend den Vorstellungen des Kaufinteressenten zustande zu bringen, ist dies als Vermittlungsleistung zugunsten des Kaufinteressenten zu werten.[100] Das Herunterhandeln der Preisvorstellungen des Verkäufers kann eine Vermittlungsleistung zugunsten des Kaufinteressenten bedeuten.[101] Hierin kann aber auch eine Vermittlungsleistung zugunsten des Verkäufers liegen, wenn hierdurch die Aussichten für einen Verkauf verbessert werden.[102] Die Übermittlung eines neuen Angebots des Verkäufers, welches dieser nach Beratung seines Maklers abgibt, kann eine Vermittlungsleistung zu seinen Gunsten darstellen.[103]

30 Eine sachdienliche Förderung der Vermittlungsbemühungen des Maklers kann auch in der Erstellung eines schriftlichen Vertragsentwurfs und in der Erteilung von Rechtsrat liegen.[104] Unter besonderen Umständen kann auch die Durchführung eines Besichtigungstermins eine finale Einwirkungsmöglichkeit darstellen. Maßgeblich ist hierbei, ob mittels der Besichtigung über das herkömmliche Maß hinausgehend durch das Tätigwerden des Vermittlers unmittelbar das Erwerbsinteresse des Kaufinteressenten gefördert wird.[105]

31 Ist der vom Makler gefundene Interessent von vorneherein bereit, das Vertragsangebot anzunehmen, kann der Makler keine Vermittlungstätigkeit mehr entfalten. Bei einer derartigen Fallgestaltung hat der Vermittlungsmakler bereits mit dem Zusammenführen der Parteien die Provision verdient.[106]

---

99 BGH, Urt. v. 19.4.1974 – I ZR 100/73, NJW 1974, 1328 (Wettbewerbsrechtssenat); OLG Karlsruhe, Urt. v. 13.10.2000 – 15 U 59/99, VersR 2003, 592.

100 OLG Karlsruhe, Urt. v. 31.3.2005 – 15 U 20/03, NJOZ 2005, 2927, 2930; *Mutschler*, Maklerrecht, S. 29.

101 OLG Karlsruhe, Urt. v. 31.3.2005 – 15 U 20/03, NJOZ 2005, 2927, 2931.

102 OLG Köln, Urt. v. 11.3.2003 – 24 U 197/02, NJW-RR 2004, 271.

103 OLG Karlsruhe, Urt. v. 31.3.2005 – 15 U 20/03, NJOZ 2005, 2927, 2931.

104 BGH, Urt. v. 19.4.1974 – I ZR 100/73, NJW 1974, 1328 (Wettbewerbsrechtssenat).

105 Etwa intensives Verkaufsgespräch mit zusätzlichen Informationen im Rahmen eines Besichtigungstermins, dazu *D. Fischer*, NJW 2007, 183, 185; auch BGH, Urt. v. 4.6.2009 – III ZR 82/08, NJW-RR 2009, 1282 Rn. 9, schließt dies im Rahmen einer einzelfallbezogenen Würdigung nicht aus.

106 Soergel/*Engel*, § 652 Rn. 30; *Hamm/Schwerdtner*, Maklerrecht, Rn. 241; *Mäschle*, Maklerrecht, S. 358; differenzierend *Dehner*, Maklerrecht, Rn. 97; a. A. Münch-Komm-BGB/*H. Roth*, § 652 Rn. 116; Staudinger/*Arnold*, §§ 652, 653 Rn. 43.

c) Unzureichende Vermittlungsleistungen

Keine hinreichende Vermittlungsleistung liegt vor, wenn der Makler lediglich seinem Auftraggeber mit Rat und Tat zur Seite steht.[107] Gleiches gilt für die Durchführung eines (Sammel-)Besichtigungstermins.[108] Durch die Übersendung eines Exposés an einen Kaufinteressenten wird noch nicht im Sinne einer Vermittlungstätigkeit auf dessen Kaufentschluss eingewirkt und dieser gefördert. Die Zusendung eines Exposés stellt sich regelmäßig lediglich als Werbung für das Objekt dar, gerichtet an und konzipiert für eine unbestimmte Vielzahl von Interessenten. Es dient grundsätzlich nur der Information im Vorfeld von Verhandlungen und hat noch keinen unmittelbaren Einfluss auf die Willensentschließung eines potenziellen Käufers.[109] Ferner liegt keine Vermittlungsleistung vor, wenn der Makler Einzelinformationen des Verkäufers an den Kaufinteressenten weitergibt und damit *reine Botendienste* erbringt.[110] Eine solche Tätigkeit bedeutet kein Einwirken auf die Abschlussbereitschaft des Kaufinteressenten.[111]

Erfolgt der Verkauf einer Wohnimmobilie zum festen Preis und ist der Verkäufer zum Vertragsabschluss mit jedem bereit, der in der Lage ist, den Kaufpreis zu zahlen, ist eine Vermittlung im engeren Sinne nicht die Regel, sondern die ganz seltene Ausnahme.[112]

Auch die Einschaltung eines Notars für die Beurkundung des Kaufvertrages ist keine Vermittlungsleistung.[113] Gleiches gilt, wenn der Makler auf einen bestimmten Interessenten zwar vermittelnd einwirkt, dieser aber schließlich seine Verkaufsabsicht aufgibt und stattdessen der mit der Beurkundung beauftragte Notar vom Maklerkunden direkt erwirbt.[114] Ein Vermitteln liegt auch dann nicht vor, wenn der Makler selbst als Beauftragter eines Dritten

32

33

34

---

107 BGH, Urt. v. 6.12.1967 – VIII ZR 289/64, LM § 652 BGB Nr. 28.
108 BGH, Urt. v. 4.6.2009 – III ZR 82/08, NJW-RR 2009, 1282 Rn. 8; Urt. v. 21.11.2018 – I ZR 10/18, NJW 2019, 1803 Rn. 26; OLG Saarbrücken, Urt. v. 17.9.2015 – 4 U 131/ 14, NJW-RR 2016, 58, 59.
109 BGH, Urt. v. 4.6.2009 – III ZR 82/08, NJW-RR 2009, 1282 Rn. 8; Urt. v. 21.11.2018 – I ZR 10/18, NJW 2019, 1803 Rn. 26; *D. Fischer*, NJW 2019, 1182, 1183.
110 BGH, Urt. v. 21.11.2018 – I ZR 10/18, NJW 2019, 1803 Rn. 27.
111 BGH, Urt. v. 21.11.2018 – I ZR 10/18, NJW 2019, 1803 Rn. 28; *D. Fischer*, NJW 2019, 1182, 1183.
112 OLG Saarbrücken, Urt. v. 17.9.2015 – 4 U 131/14, NJW-RR 2016, 58, 59.
113 OLG Saarbrücken, Urt. v. 17.9.2015 – 4 U 131/14, NJW-RR 2016, 58, 59; *D. Fischer*, NJW 2007, 183, 185.
114 BGH, Urt. v. 2.6.1976 – IVa ZR 101/75, NJW 1976, 1844, 1845, mit dem Hinweis, dass dies auch für übrige Personen gilt, die durch den Interessenten vom Objekt erfahren und dann vom Maklerkunden direkt erwerben.

den Hauptvertrag in dessen Namen abschließt.[115] Entsprechendes gilt, wenn der Vermittlungsmakler dem Dritten lediglich den bevorstehenden Anruf seines Kunden „avisiert".[116] Ebenso genügt die Beschaffung von Objektunterlagen zum Zwecke der Bewertung der Rentabilität des Objekts oder zur Vorlage bei einem finanzierenden Kreditinstitut nicht.[117] Auch die bloße Weitergabe der Kaufpreisvorstellungen des Kaufinteressenten reicht nicht aus.[118]

35 Verhandelt der Makler mit dem Vertragsgegner überhaupt nicht, sondern wird dieser durch Mitteilungen eines Erstinteressenten oder des Maklers selbst zum Vertragsschluss bewogen, ist der Zusammenhang zwischen Vermittlertätigkeit und Abschluss ein rein zufälliger und die Provision deshalb nicht verdient. Ausnahmen von diesem Grundsatz gelten nach der höchstrichterlichen Judikatur nur dann, wenn zwischen dem Vorinteressenten und dem späteren Vertragsgegner besonders enge persönliche (nahe Familienangehörige) oder besonders ausgeprägte wirtschaftliche Beziehungen bestehen (handelsrechtliche oder gesellschaftsrechtliche Zusammenhänge). Bei diesen Fallgestaltungen wirkt der Makler auf den Erstinteressenten und hierdurch zugleich auf den Vertragsgegner selbst vermittelnd ein.[119]

---

115 BGH, Urt. v. 14.3.1991 – VII ZR 342/89, BGHZ 114, 87, 95; Urt. v. 12.5.1971 – IV ZR 82/70, NJW 1971, 1839; Urt. v. 24.4.1985 – IVa ZR 211/83, NJW 1985, 2473.

116 BGH, Urt. v. 10.5.1989 – IVa ZR 60/88, NJW-RR 1989, 1071; *Dehner*, Maklerrecht, Rn. 92.

117 OLG Hamm, Urt. v. 16.6.2014 – 18 U 112/13, NRWE (Datenbank).

118 OLG Hamm, Urt. v. 16.6.2014 – 18 U 112/13, NRWE (Datenbank).

119 BGH, Urt. v. 21.11.2018 – I ZR 10/18, NJW 2019, 1803 Rn. 30 unter Bezugnahme auf BGH, Urt. v. 2.6.1976 – IV ZR 101/75, NJW 1976, 1844, 1845; Urt. v. 12.10.1983 – IVa ZR 36/82, NJW 1984, 358; vgl. auch vorstehend Rn. 27.

V. Hauptvertrag

1. Überblick

Ein Provisionsanspruch setzt ferner voraus, dass ein wirksamer Hauptver- **1**
trag nachgewiesen oder vermittelt wurde.[1] Es genügt dabei grundsätzlich
der Abschluss des schuldrechtlichen Kaufvertrages, ohne dass das dingliche
Erfüllungsgeschäft zustande gekommen sein muss.[2]

2. Allgemeine Grundsätze

Der Erwerb durch *Zwangsversteigerung* löst nach der höchstrichterlichen **2**
Rechtsprechung keinen Provisionsanspruch aus.[3] Sowohl für eine Nachweis-
als auch eine Vermittlungsleistung wird jeweils die Vertragsbereitschaft als
unmittelbare Anspruchsvoraussetzung für erforderlich gehalten. Anderes
gilt nur dann, wenn die Parteien einen Erwerb durch Zwangsversteigerung
als zusätzlichen provisionsbegründenden Tatbestand im Wege einer Individualabrede vereinbart haben.[4] Eine derartige Vereinbarung, überwiegend als
Gleichstellungsabrede bezeichnet,[5] kann unter Umständen auch stillschweigend erfolgen[6] und gegebenenfalls einen bereits bestehenden Vertrag abän-
dern.[7]

---

1 Grundlegend zu dem mit diesem Kapitel angesprochenen Problemfeldern, *Würdinger*,
  Allgemeine Rechtsgeschäftslehre und Unvollkommenheiten des Hauptvertrages im Immobilienmaklerrecht, 2005.
2 BGH, Urt. v. 6.3.1991 – IV ZR 53/90, NJW-RR 1991, 820; Urt. v. 11.11.1992 – IV ZR
  218/91, NJW-RR 1993, 248; Urt. v. 20.2.1997 – III ZR 208/95, NJW 1997, 1581, 1582.
3 BGH, Urt. v. 4.7.1990 – IV ZR 174/89, BGHZ 112, 59, 62; Urt. v. 24.6.1992 – IV ZR
  240/91, BGHZ 119, 32, 33; Urt. v. 20.2.1997 – III ZR 208/95, NJW 1997, 1581, 1582;
  a. A. teilweise das Schrifttum etwa Staudinger/*Arnold*, §§ 652, 653 Rn. 38; Münch-
  Komm-BGB/*H. Roth*, § 652 Rn. 118.
4 BGH, Urt. v. 24.6.1992 – IV ZR 240/91, BGHZ 119, 32, 33; Urt. v. 20.4.1983 – IVa ZR
  232/81, NJW 1983, 1849; ferner OLG Naumburg, Beschl. v. 12.6.2008 – 9 U 16/08,
  MDR 2009, 134, auch zur Frage eines Abbedingens des Kausalitätserfordernisses.
5 MünchKomm-BGB/*H. Roth*, § 652 Rn. 120; Soergel/*Engel*, § 652 Rn. 157; Jauernig/
  Mansel, § 652 Rn. 29; *Hamm/Schwerdtner*, Maklerrecht, Rn. 310, 311; *D. Fischer*, NJW
  2013, 3410, 3412.
6 LG Aachen, Urt. v. 13.2.2012 – 10 O 271/12, BeckRS 2013, 03565; ebenso Münch-
  Komm-BGB/*H. Roth*, § 652 Rn. 119; *D. Fischer*, NJW 2013, 3410, 3412.
7 LG Aachen, Urt. v. 13.2.2012 – 10 O 271/12, BeckRS 2013, 03565; *D. Fischer*, NJW
  2013, 3410, 3412.

3 Das Zustandekommen des Hauptvertrages als Rechtsbedingung für die Entstehung des Provisionsanspruchs muss nicht während der Dauer des Maklervertrages eintreten.[8] Nur die Maklerleistung ist vor der Beendigung des Maklervertrages zu erbringen; dann ist der Auftraggeber provisionspflichtig, auch wenn er sich die Leistung erst nach Beendigung zunutze macht und das vom Makler vermittelte Geschäft abschließt.[9] Grenze ist hierbei allein die Kausalität der Maklerleistung für den Abschluss.[10]

4 Der Hauptvertrag muss wirksam zustande gekommen sein und darf auch nicht im Nachhinein wegen einer im Vertragsschluss selbst liegenden Unvollkommenheit wieder beseitigt worden sein.[11] Ist aber der Vertrag wirksam zustande gekommen, so schadet ein nachträgliches Unwirksamwerden ohne rückwirkende Kraft grundsätzlich nicht. Umstände also, die lediglich die Leistungspflicht aus dem wirksam zustande gekommenen Vertrag beseitigen, wie einverständliche Aufhebung des Vertrages,[12] nachträgliche Unmöglichkeit, Kündigung sowie grundsätzlich auch Rücktritt, lassen die Provisionspflicht unberührt.[13] Zu den nur die Durchführung des nachgewiesenen oder vermittelten Geschäfts betreffenden Umständen zählt insbesondere, dass der Partner des wirksam zustande gekommenen Hauptvertrages die übernommenen Pflichten gegenüber dem Maklerkunden nicht erfüllt.[14] Bei derartigen Fallgestaltungen kann auch von einem Fehlen oder einem Wegfall der Geschäftsgrundlage des Maklervertrages keine Rede sein.[15] Auch bleibt der Provisionsanspruch des Maklers bei fehlender Geschäftsgrundlage des

---

8 BGH, Urt. v. 17.10.2018 – I ZR 154/17, NJW 2019, 1226 Rn. 17; Urt. v. 28.5.2020 – I ZR 40/19, WM 2020, 1356 Rn. 48; OLG Hamm, Urt. v. 24.7.2014 – 18 U 123/13, NJW-RR 2015, 825, 826 mit Bezugnahme auf BGH, Urt. v. 22.6.1966 – VIII ZR 159/65, NJW 1966, 2008; OLG Düsseldorf, Urt. v. 7.10.2016 – 7 U 122/15, BeckRS 2016, 112011; ferner *D. Fischer*, NJW 2015, 3278, 3281.

9 OLG Hamm, Urt. v. 24.7.2014 – 18 U 123/13, NJW-RR 2015, 825, 826 mit Bezugnahme auf BGH, Urt. v. 3.3.1965 – VIII ZR 266/63, NJW 1965, 964; OLG Düsseldorf, Urt. v. 7.10.2016 – 7 U 122/15, BeckRS 2016, 112011.

10 Palandt/*Sprau*, § 652 Rn. 46; *D. Fischer*, NJW 2015, 3278, 3281.

11 BGH, Urt. v. 20.2.1997 – III ZR 208/95, NJW 1997, 1581, 1582.

12 BGH, Urt. v. 5.5.1976 – IV ZR 63/75, BGHZ 66, 270; OLG München, Urt. v. 26.2.2020 – 15 U 4202/19, IWRZ 2020, 143 = BeckRS 2020, 2231.

13 BGH, Urt. v. 6.3.1991 – IV ZR 53/90, NJW-RR 1991, 820; Urt. v. 20.2.1997 – III ZR 81/96, NJW 1997, 1583.

14 BGH, Beschl. v. 30.11.2000 – III ZR 79/00, NJW-RR 2001, 562 (betreffend anfängliches Unvermögen des Verkäufers zu Eigentumsverschaffung); Urt. v. 14.7.2005 – III ZR 45/05, NJW-RR 2005, 1506 betreffend Nichterfüllung der Bezugsfertigkeit eines angemieteten Geschäftslokals – Reißbrettvermietung).

15 BGH, Urt. v. 14.7.2005 – III ZR 45/05, NJW-RR 2005, 1506, unter Bezugnahme auf Urt. v. 7.7.1982 – IVa ZR 50/81, NJW 1982, 2662, 2663; *Würdinger*, NZM 2006, 167.

Hauptvertrages (§ 313 BGB) erhalten,[16] wobei es gleichgültig sein soll, ob es sich um einen Fall der anfänglich fehlenden Geschäftsgrundlage[17] oder um einen nachträglichen Wegfall handelt.

Zu den die Provisionspflicht nicht berührenden Umständen gehört regelmä 5 ßig auch das bis zum Schuldrechtsmodernisierungsgesetz geltende Recht der Wandelung des Kaufvertrages nach § 462 BGB a.F.[18] Diese bewährten Grundsätze hat der Bundesgerichtshof[19] mit Urteil vom 9.7.2009 bestätigt und ausgesprochen, dass für das Verlangen nach dem „großen Schadensersatz" im Sinne des § 463 BGB a.F., das dem Käufer gegenüber der Wandelung noch weitergehende Rechte gegen den Verkäufer verschafft, nämlich die mit dem Abschluss des Kaufvertrags verbundenen wirtschaftlichen Erwartungen in der Gestalt des positiven Interesses schadensersatzrechtlich abdeckt, nichts anderes gilt. Er betont zu Recht, dass ein Schadensersatzbegehren der vorliegenden Art nicht mit den Fällen verglichen werden kann, in denen der Käufer anstelle einer möglichen Anfechtung wegen arglistiger Täuschung auf die Rechtsbehelfe der Wandelung oder des Rücktritt zurückgreift oder mit seinem Vertragspartner eine Aufhebungsvereinbarung abschließt.[20] Während der Käufer bei einer Anfechtung keinen Nutzen aus dem Kaufvertrag ziehen kann und darum auch dem Makler gegenüber nicht provisionspflichtig ist, kommen ihm bei einer Realisierung seiner Ansprüche aus § 463 BGB a.F. die wirtschaftlichen Vorteile aus dem Kaufvertrag, wenn auch in abgewandelter Form, zugute.[21]

Das Durchführungs- oder Erfüllungsrisiko liegt demnach – anders wie etwa 6 im Handelsvertreterrecht (§ 87a Abs. 1 Satz 1 HGB) – beim Maklerkunden.[22] So ist es provisionsunschädlich, wenn der Kaufpreis des nachge-

---

16 MünchKomm-BGB/*H. Roth*, § 652 Rn. 187.

17 Anders insoweit OLG Düsseldorf, Beschl. v. 15.7.1998 – 7 W 62/98, NZM 1999, 974.

18 BGH, Urt. v. 14.12.2000 – III ZR 3/00, NJW 2001, 966, 967.

19 BGH, Urt. v. 9.7.2009 – III ZR 104/08, NJW 2009, 2810 Rn. 8; vgl. hierzu auch *Würdinger*, NZM 2010, 305, 307.

20 In diesen Fällen kann der Makler, soweit die Rechtsbehelfe oder Abreden innerhalb der Anfechtungsfrist erfolgt sind, gleichfalls keine Provision beanspruchen, BGH, Urt. v. 14.12.2000 – III ZR 3/00, NJW 2001, 966, 967; Urt. v. 22.9.2005 – III ZR 295/04, NJW 2005, 3778, 3779; Urt. v. 17.1.2008 – III ZR 224/06, NJW-RR 2008, 564, Rn. 7; vgl. hierzu auch *Würdinger*, NZM 2009, 535, 537.

21 BGH, Urt. v. 9.7.2009 – III ZR 104/08, NJW 2009, 2810, Rn. 15.

22 BGH, Urt. v. 21.9.1973 – IV ZR 89/72, WM 1974, 257, 259; Urt. v. 14.7.2005 – III ZR 45/05, NJW-RR 2005, 1506; *D. Fischer*, NJW 2020, 1268, 1270. Anders dagegen das österreichische Recht: § 7 Abs. 2 MaklerG (1996) macht den Provisionsanspruch ausdrücklich auch von der Ausführung des Hauptvertrages abhängig (dazu Staudinger/*Arnold*, §§ 652, 653 Rn. 90)

wiesenen Kaufvertrages nicht bezahlt wird[23] oder die nachgewiesene Vertragspartei nachträglich in Insolvenz fällt.[24] Eine Ausnahme von diesem Grundsatz gilt nur für Darlehensvermittlungsaufträge, wonach der Provisionsanspruch gegenüber dem Verbraucher erst bei Auszahlung des Kredits entsteht (§ 655c Satz 1 BGB).

7 Der Hauptvertrag muss mit einem Dritten zustande kommen. Ein Zustandekommen nur mit dem Makler reicht nicht aus.[25] Dritter kann demnach nur eine vom Makler verschiedene Person sein. Maßgeblich ist auch hier keine formalrechtliche Betrachtungsweise, sondern es ist auf die zugrunde liegenden wirtschaftlichen Verhältnisse abzustellen. In diesem Zusammenhang ergeben sich die sogenannten *Verflechtungsprobleme*. Aber auch hier kann durch Individualabrede eine gesonderte Provision vereinbart werden.[26]

8 Der Hauptvertrag muss nicht zwingend mit dem Maklerkunden selbst zustande kommen.[27] Im Maklervertrag kann vielmehr vereinbart werden, dass der Kunde die Provision ohne Rücksicht auf das Vorhandensein eines eigenen wirtschaftlichen Interesses auch im Falle des Erwerbs einer bestimmten anderen Person schulden soll. Dies ist gerade bei Familienangehörigen nicht unüblich. Bei einer derartigen Fallgestaltung entsteht der Provisionsanspruch mit Abschluss des Hauptvertrages durch den in Betracht kommenden Familienangehörigen.[28] Im Übrigen gilt Gleiches, wenn ein Fall der *persönlichen Identität* vorliegt.[29]

3. Nichtigkeitsgründe

a) Formnichtigkeit

9 Der Hauptvertrag muss die vereinbarte oder die durch Gesetz vorgegebene Form aufweisen. Die Formnichtigkeit des Hauptvertrages begründet einen provisionsschädlichen anfänglichen Mangel. Der Formmangel kann sich aus fehlender Schriftform, Textform oder fehlender Beurkundungsform erge-

---

23 OLG Koblenz, Beschl. v. 4.3.2011 – 2 U 335/10, MDR 2011, 772.
24 OLG Stuttgart, Urt. v. 10.2.2010 – 3 U 179/09, IPRspr 2010 Nr. 33, 71, 77.
25 BGH, Urt. v. 1.4.1992 – IV ZR 154/91, NJW 1992, 2818.
26 BGH, Urt. v. 6.2.2003 – III ZR 287/02, NZM 2003, 284, 285.
27 BGH, Urt. v. 7.2.1996 – IV ZR 335/94, WM 1996, 722, 723; Urt. v. 20.6.1996 – III ZR 219/95, NJW-RR 1996, 1459, 1460; Urt. v. 18.9.1997 – III ZR 226/96, NJW 1998, 62, 63; BGH, Urt. v. 14.3.2019 – I ZR 134/18, BGHZ 221, 226 Rn. 13 = NJW 2019, 3231.
28 LG Karlsruhe, Urt. v. 24.7.2003 – 5 S 214/01, NZM 2004, 307.
29 BGH, Urt. v. 7.2.1996 – IV ZR 335/94, WM 1996, 722, 723.

ben.[30] Zur letztgenannten Fallgruppe gehört insbesondere die einvernehmliche Beurkundung eines niedrigeren Kaufpreises, um hierdurch die Gebühren und Abgaben zu senken.[31] Eine derartige Unterverbriefung des Kaufpreises (Schwarzgeldabrede) führt dazu, dass der Provisionsanspruch erst bei nachträglicher Heilung des Formmangels – durch Auflassung und Eintragung ins Grundbuch, § 311b Abs. 1 Satz 2 BGB – entsteht. Selbst wenn bei einem formwidrigen Abschluss der andere Teil gleichwohl zur Durchführung des Hauptvertrages bereit sein sollte, kann sich der Maklerkunde gegenüber dem Maklerlohnanspruch auf Formnichtigkeit berufen.[32]

b) Gesetzes- oder Sittenwidrigkeit

Verstößt der nachgewiesene oder vermittelte Hauptvertrag gegen ein gesetzliches Verbot (§ 134 BGB), dann besteht gleichfalls kein Vergütungsanspruch. Angenommen wurde dies etwa bei einem vermittelten Architektenvertrag, der wegen seiner Koppelung mit einem Grundstückserwerb (§ 3 MRVerbG)[33] unzulässig war.[34] Danach entfällt bei einer entsprechenden Koppelungslage auch die Maklerprovision hinsichtlich des Immobilienpauschalvertrages.[35] Hat der Makler Kenntnis von der Koppelungslage, dann wird im Regelfall auch unter dem Gesichtspunkt von § 654 BGB kein Maklerlohn gefordert werden können. Das OLG Hamm[36] hat einen vermittelten Praxisübernahmevertrag wegen Verstoßes gegen § 203 Abs. 1 Nr. 3 StGB als

10

---

30 BGH, Urt. v. 16.6.1977 – IV ZR 58/76, WM 1977, 1049; MünchKomm-BGB/*H. Roth*, § 652 Rn. 177.

31 Der Kaufvertrag zu dem tatsächlich vereinbarten Kaufpreis ist wegen Nichteinhaltung der nach § 311b Abs. 1 Satz 1 BGB vorgeschriebenen Form gemäß § 125 BGB nichtig. Der notariell beurkundete Kaufvertrag ist als Scheingeschäft nach § 117 BGB ebenfalls nichtig, BGH, Urt. v. 11.11.1983 – V ZR 211/82, BGHZ 89, 41, 43; *Koch*, Der Provisionsanspruch des Immobilienmaklers, S. 117.

32 OLG Celle, Urt. v. 18.4.1969 – 13 U 223/68, OLGZ 1969, 417, 419.

33 Danach ist eine Vereinbarung, durch die der Erwerber eines Grundstücks sich im Zusammenhang mit dem Erwerb verpflichtet, bei der Planung und Ausführung eines Bauwerks auf dem Grundstück die Leistung eines bestimmten Ingenieurs oder Architekten in Anspruch zu nehmen, unwirksam.

34 BGH, Urt. v. 24.11.1977 – VII ZR 213/76, BGHZ 70, 55, 57; Urt. v. 14.11.1979 – IV ZR 99/78, WM 1980, 17; modifizierend jetzt BGH, Urt. v. 25.9.2008 – VII ZR 174/07, BGHZ 178, 130, Rn. 18 f.

35 BGH, Urt. v. 24.11.1977 – VII ZR 213/76, BGHZ 70, 55, 57. Die Vorinstanz hatte lediglich Maklerlohn hinsichtlich des unbebauten Grundstücks zuerkannt (DM 650); die insgesamt geltend gemachte Provision (für Planungs- u. Bauleistungen) betrug dagegen DM 6.024. Revision hatte nur der Makler eingelegt.

36 OLG Hamm, Urt. v. 26.5.2014 – 18 U 29/13, NJW-RR 2014, 1393.

gesetzeswidrig und damit nichtig (§ 134 BGB) angesehen und den geltend gemachten Maklerlohn mangels wirksamen Hauptvertrages versagt.

c) Anfechtung

11 Ebenfalls besteht kein Maklerlohnanspruch, wenn der Hauptvertrag wirksam angefochten wird.[37] Dies folgt aus § 142 Abs. 1 BGB, wonach der Hauptvertrag von Anfang an als nichtig anzusehen ist. In diesem Zusammenhang ist es unerheblich, ob die Anfechtung auf einem anfechtbaren Irrtum gemäß § 119 BGB beruht[38] oder Fehlverhalten i. S. d. § 123 BGB vorliegt.[39] Ferner ist es ohne Belang, ob der Anfechtungsgrund auf ein Verhalten des Käufers oder Verkäufers zurückzuführen ist.[40] Die bloße Anfechtbarkeit genügt aber nicht.[41] Selbst wenn der Vertragsgegner bei arglistiger Täuschung seitens des Maklerkunden Anfechtung des Hauptvertrages erklärt, entfällt der Maklerlohnanspruch.[42] Dies gilt auch, wenn die Anfechtung keine Ex-tunc-Wirkung hat, wie etwa beim Beitritt zu einer Publikums-Gesellschaft.[43] Nach den gesellschaftsrechtlichen Grundsätzen der fehlerhaften Gesellschaft kommt hier trotz Vorliegens eines Anfechtungsgrundes nur eine fristlose Kündigung mit Ex-nunc-Wirkung in Betracht.[44]

12 Gleichfalls entfällt der Provisionsanspruch, wenn der Hauptvertrag zwar nicht angefochten wird, aber – bei Vorliegen eines Anfechtungsgrundes – ein hierauf gestützter Rücktritt mit Wirkung ex nunc erklärt wird.[45] Der Bundesgerichtshof hat sich dieser Ansicht für den Fall arglistiger Täuschung zu Recht angeschlossen. Er hat hervorgehoben, dass der vermittelte Vertrag

---

37 RGZ 76, 354; BGH, Urt. v. 29.11.1978 – IV ZR 44/77, NJW 1979, 975; Urt. v. 8.5.1980 – IVa ZR 1/80, NJW 1980, 2460; MünchKomm-BGB/*H. Roth*, § 652 Rn. 179; *Seydel/ Heinbuch*, Maklerrecht, Rn. 219.
38 Soergel/*Engel*, BGB, § 652 Rn. 56.
39 BGH, Urt. v. 14.12.2000 – III ZR 3/00, NJW 2001, 966, 967; OLG Stuttgart, Urt. v. 7.12.2011 – 3 U 135/11, ZMR 2013, 586, 587.
40 OLG Stuttgart, Urt. v. 7.12.2011 – 3 U 135/11, ZMR 2013, 586, 587.
41 OLG Hamm, Urt. v. 22.11.1999 – 18 U 60/99, NJW-RR 2000, 1724, 1725; MünchKomm-BGB/*H. Roth*, § 652 Rn. 179; Soergel/*Engel*, § 652 Rn. 56.
42 BGH, Urt. v. 14.7.1976 – IV ZR 36/75, DB 1976, 2252.
43 BGH, Urt. v. 29.11.1978 – IV ZR 44/77, NJW 1979, 975, 976; Soergel/*Lorentz*, 12. Aufl., BGB, § 652 Rn. 35.
44 BGH, Urt. v. 29.11.1978 – IV ZR 44/77, NJW 1979, 975, 976.
45 OLG Stuttgart, Urt. v. 7.12.2011 – 3 U 135/11, ZMR 2013, 586, 587; LG Frankfurt/ Oder, Urt. v. 22.1.2016 – 12 O 236/14, GE 2016, 262 = BeckRS 2016, 04281 (jeweils zu § 123 BGB); LG Aurich, Urt. v. 18.1.1967 – 1 S 119/66, NJW 1967, 398, 399 (fehlende Zahlungsfähigkeit des Käufers als Irrtum i. S. d. § 119 Abs. 2 BGB); MünchKomm-BGB/*H. Roth*, § 652 Rn. 178.

von Anfang an wegen des Makels der Anfechtbarkeit an einer Unvollkommenheit leidet und daran auch wirtschaftlich scheitert und deshalb eine Gleichbehandlung von Mangelhaftung und Vertragsanfechtung gerechtfertigt ist.[46] Voraussetzung hierfür ist allerdings, dass zum Zeitpunkt der Rücktrittserklärung noch eine wirksame Anfechtungserklärung hätte erfolgen können.[47] Gleiches gilt, falls bei Vorliegen eines wirksamen Anfechtungsgrundes innerhalb der Anfechtungsfrist ein wirksamer Aufhebungsvertrag abgeschlossen wurde.[48]

Hinsichtlich eines Darlehensvermittlungsvertrages hat das OLG Hamm[49] **13** ausgeführt, die fristlose Kündigung des bereits in Vollzug gesetzten Hauptvertrages sei auch dann nicht provisionsschädlich, wenn die Kündigung auf eine arglistige Täuschung des Darlehensnehmers über seine Bonität gestützt wird. Maßgeblich ist in diesem Zusammenhang, dass mit der fristlosen Kündigung kein Rückgewährsverhältnis begründet und zudem Schadensersatzansprüche auf das positive Interesse geltend gemacht werden können.[50]

Ist das Anfechtungsrecht aus § 119 Abs. 2 BGB wegen Vorrangs der Män- **14** gelhaftung gemäß §§ 437 ff. BGB ausgeschlossen,[51] so führt der hierauf bezogene Rücktritt gleichwohl zum Fortfall des Provisionsanspruchs.[52]

Der Maklerkunde trägt die Darlegungs- und Beweislast dafür, dass der **15** Hauptvertrag durch wirksame Anfechtung oder dieser gleichgestellten Fallgruppen in Wegfall geraten ist.[53] Gleiches gilt, falls dies durch eine auf einen Aufhebungsgrund beruhende Aufhebungsvereinbarung oder durch eine entsprechende Rücktrittserklärung geschehen ist.[54] Ein Urteil, das im Verhältnis der Hauptvertragsparteien die Wirksamkeit der Anfechtung ausspricht,

---

46 BGH, Urt. v. 14.12.2000 – III ZR 3/00, NJW 2001, 966, 967; Urt. v. 22.9.2005 – III ZR 295/04, NJW 2005, 3778, 3779; a.A. *Dehner*, NJW 2002, 3747, 3751; *Seydel/Heinbuch*, Maklerrecht, Rn. 220.

47 OLG Stuttgart, Urt. v. 7.12.2011 – 3 U 135/11, ZMR 2013, 586, 587; *D. Fischer*, IMR 2016, 255.

48 BGH, Urt. v. 22.9.2005 – III ZR 295/04, NJW 2005, 3778, 3799; OLG Celle, Urt. v. 12.2.1998 – 11 U 307/96, NZM 1998, 678; OLG Hamburg, Urt. v. 2.6.1998 – 11 U 176/96, NZM 1998, 824; OLG Köln, Urt. v. 23.2.1996 – 24 U 151/95, NJW-RR 1997, 693; a. A. *Dehner*, Maklerrecht, Rn. 128.

49 OLG Hamm, Urt. v. 28.4.2014 – 18 U 72/13, BeckRS 2014, 10858.

50 OLG Hamm, Urt. v. 28.4.2014 – 18 U 72/13, BeckRS 2014, 10858.

51 Palandt/*Ellenberger*, § 119 Rn. 28; BGH, Urt. v. 9.10.1980 – VII ZR 332/79, BGHZ 78, 216, 218 zum alten Gewährleistungsrecht.

52 OLG Braunschweig, Beschl. v. 31.8.1953 – 2 UH 35/53, NJW 1954, 1083; *Schwerdtner*, Maklerrecht, 4. Aufl. Rn. 492.

53 MünchKomm-BGB/*H. Roth*, § 652 Rn. 179; *D. Fischer*, IMR 2016, 255.

54 *D. Fischer*, IMR 2016, 255.

muss sich der Makler nur unter den Voraussetzungen der §§ 68, 74 ZPO entgegenhalten lassen.[55] Dass der Anfechtungsgegner die Berechtigung der Anfechtung anerkannt hat, genügt nicht. Dies trifft auch dann zu, wenn das Anerkenntnis im Rahmen eines Prozessvergleichs abgegeben wird.[56]

d) Keine Maklerprovision bei anfänglicher Unmöglichkeit der Leistung des Hauptvertrages

16 Nach § 306 BGB a. F. war bei einer anfänglichen objektiven Unmöglichkeit der Leistung der Vertrag nichtig. Die höchstrichterliche Rechtsprechung lehnte bei einem derartigen Hauptvertrag folgerichtig eine Provisionspflichtigkeit ab, weil ein wirksamer Hauptvertrag i. S. d. § 652 BGB nicht zustande kommen konnte.[57] Nach der Schuldrechtsmodernisierung ist der Hauptvertrag gemäß § 311a Abs. 1 BGB nunmehr als wirksam anzusehen. Gemäß § 275 Abs. 1, § 311a Abs. 1 BGB ist der Primäranspruch ausgeschlossen und nach § 326 Abs. 1 BGB entfällt grundsätzlich auch der Anspruch auf eine Gegenleistung. Nach zutreffender Ansicht kann der Makler auch bei dieser Fallgruppe keine Provision verlangen, wenn dem Maklerkunden gegenüber seinem Hauptvertragspartner kein Sekundäranspruch nach § 311a Abs. 2 BGB zusteht.[58]

e) Keine Maklerprovision bei Abstandnahme vom schwebend unwirksamen Hauptvertrag

17 Erhält der Maklerkunde vom Verkäufer während der Vertragsverhandlungen und während der notariellen Beurkundung des Kaufvertrages die unzutreffende Auskunft, das Grundstück sei nicht restitutionsbefangen, und schließt er deshalb den Kaufvertrag ab, steht ihm wegen der Verletzung von Pflichten des durch die Aufnahme von Vertragsverhandlungen entstandenen Schuldverhältnisses, sofern er hierdurch einen Schaden erlitten hat, ein Schadensersatzanspruch zu, der den Verkäufer nach § 249 Abs. 1 BGB verpflichtet, den Käufer so zu stellen, als habe er den Kaufvertrag nicht geschlossen. Löst sich der Käufer unter solchen Umständen vom Kaufvertrag, ehe die nach der

---

55 *Dehner*, Maklerrecht, Rn. 131; *D. Fischer*, IMR 2016, 255.
56 *Dehner*, Maklerrecht, Rn. 131; *D. Fischer*, IMR 2016, 255.
57 BGH, Urt. v. 15.1.1992 – IV ZR 317/90, NJW-RR 1992, 558; ebenso MünchKomm-BGB/*H. Roth*, § 652 Rn. 173; *Dehner*, Maklerrecht, Rn. 128.
58 MünchKomm-BGB/*H. Roth*, § 652 Rn. 185; *Dehner*, NJW 2002, 3747, 3748; *Würdinger*, NZM 2006, 167, 169; weitergehend Palandt/*Sprau*, § 652 Rn. 35; a. A. *Meier*, ZMR 2015, 100.

Grundstücksverkehrsordnung erforderliche Genehmigung erteilt wird, wird der Kaufvertrag nicht wirksam; ein Provisionsanspruch des Maklers entsteht dann nicht.[59]

4. Hauptverträge mit Bedingungsvorbehalt

a) Aufschiebende Bedingung

Nach der – grundsätzlich abdingbaren[60] – Regelung des § 652 Abs. 1 Satz 2 **18** BGB entsteht bei einem aufschiebend bedingten Hauptvertrag der Provisionsanspruch erst mit Eintritt der Bedingung. Das Risiko des Ausfalls der Bedingung hat demnach der Makler zu tragen.[61] Die Verhinderung des Bedingungseintritts führt zu der Fiktion, dass die Bedingung als eingetreten gilt (§ 162 BGB). Die Fiktion wirkt auch zugunsten des Maklers, der einen aufschiebend bedingten Vertrag vermittelt hat.[62]

b) Rücktrittsvorbehalte

Der aufschiebenden Bedingung nach § 652 Abs. 1 Satz 2 BGB werden vertraglich vereinbarte *Rücktrittsvorbehalte*, die aufgrund der Auslegung des Hauptvertrages mit einer aufschiebbaren Bedingung vergleichbar sind, gleichgestellt. Maßgebend für die Auslegung ist, ob nach Beweggrund, Zweck und Inhalt der Rücktrittsklausel der Hauptvertrag im Sinne einer *anfänglichen Unvollkommenheit* in der Schwebe bleiben soll.[63] Dies gilt insbesondere dann, wenn eine Unsicherheit vorliegt, deren Behebung außerhalb der Macht der Vertragspartner liegt.[64]

Beispiele aus der Rechtsprechung: **20**

– Abrede, wonach eine Partei innerhalb bestimmter Frist *nach Belieben* vom Hauptvertrag zurücktreten darf (BGHZ 60, 270, 272; BGH, NJW 1974, 694, 695; DB 1976, 1760; NJW 1997, 1581, 1582).

– Abrede, dass der Käufer eines Gemäldes vom Kaufvertrag zurücktreten kann, wenn es ihm nicht bis zu einem bestimmten Zeitpunkt geliefert wird (BGH, DB 1973, 226).

---

59 BGH, Urt. v. 17.1.2008 – III ZR 224/06, NJW-RR 2008, 564 Rn. 9 f.
60 OLG Karlsruhe, Urt. v. 1.12.1995 – 15 U 105/95, IVD-Rspr. A 121 Bl. 58.
61 BGH, Urt. v. 27.9.2001 – III ZR 318/00, NJW-RR 2002, 50.
62 RG, Warn 29, 101; Palandt/*Ellenberger*, § 162 Rn. 5.
63 BGH, Urt. v. 9.1.1974 – IV ZR 71/73, NJW 1974, 694; OLG Zweibrücken, Urt. v. 25.7.1988 – 4 U 1/88, NJW-RR 1989, 54; *Seydel/Heinbuch*, Maklerrecht, Rn. 216.
64 BGH, Urt. v. 9.1.1974 – IV ZR 71/73, NJW 1974, 694.

– Abrede, dass der Käufer zurücktreten kann, bis die Bebaubarkeit des Grundstücks feststeht bzw., wenn eine ausstehende Baugenehmigung versagt werden sollte (BGH, WM 1971, 905; WM 1977, 22; NJW-RR 1998, 1205).

– Abrede, dass bei Scheitern des vom Käufer beabsichtigten Projekts (Lebensmittelmarkt) ein Rücktrittsrecht besteht (OLG Dresden, NJW-RR 1996, 694).

– Abrede, wonach der Käufer zurücktreten kann, wenn ihm nicht binnen bestimmter Frist der Erlös aus einem anderen Grundstück zufließt (LG Frankfurt a. M., NJW-RR 1988, 688) oder der Nachweis für die Sicherstellung der Zahlung des Kaufpreises nicht bis zu einem bestimmten Zeitpunkt erbracht ist (OLG Zweibrücken, NJW-RR 1989, 54).

– Abrede, wonach der Käufer zurücktreten darf, sofern ihm die Finanzierung des Kaufpreises nicht möglich sein soll, wird von OLG Karlsruhe, NJW-RR 2005, 574, auch noch einer aufschiebenden Bedingung gleichgestellt und soll zum Wegfall des Provisionsanspruches führen.

21   Die primäre Darlegungslast für das Zustandekommen eines wirksamen und bestandskräftigen Hauptvertrages trägt der Makler, wobei dies sich auch auf das Fehlen der Voraussetzungen eines vertraglichen Rücktrittsrechts, welches den Hauptvertrag zunächst in der Schwebe lässt, bezieht.[65] Allerdings trifft den Maklerkunden eine sekundäre Darlegungslast, soweit es um den Beweis negativer Tatsachen geht oder der Makler außerhalb des von ihm darzulegenden Geschehensablauf steht und keine näheren Kenntnisse der maßgebenden Tatsachen besitzt, während der Maklerkunde sie hat und ihm nähere Angaben zumutbar sind.[66]

22   Anders liegt es dagegen bei sonstigen vertraglichen Rücktrittsgründen[67] oder für die Fallgruppen des gesetzlichen Rücktrittsrechts. Hier handelt es sich um Fälle des Ausführungsrisikos des Vertrages, die keinen Wegfall der Provision rechtfertigen.[68]

---

65 OLG Schleswig, Urt. v. 11.9.2009 – 14 U 33/09, NZM 2010, 873, 874; *D. Fischer*, NJW 2011, 3277, 3279.

66 OLG Schleswig, Urt. v. 11.9.2009 – 14 U 33/09, NZM 2010, 873, 874; *D. Fischer*, NJW 2011, 3277, 3279.

67 Beispielsweise Rücktrittsrecht, falls der Käufer eine vereinbarte Bankbürgschaft nicht bis zu einem bestimmten Zeitpunkt beibringt, BGH, Urt. v. 6.3.1991 – IV ZR 53/90, NJW-RR 1991, 820.

68 BGH, Urt. v. 6.3.1991 – IV ZR 53/90, NJW-RR 1991, 820; Urt. v. 20.2.1997 – III ZR 208/95, NJW 1997, 1581, 1582; Urt. v. 20.2.1997 – III ZR 81/96, NJW 1997, 1583.

In den letztgenannten Fällen kann aber nach der höchstrichterlichen Recht- **23** sprechung aufgrund fallspezifischer Besonderheiten unter Umständen in Betracht kommen, den Maklervertrag – im Wege *ergänzender Vertragsaus-legung* – dahingehend zu erweitern, dass der Makler zur Rückzahlung der Provision verpflichtet ist, wenn der wirtschaftliche Zweck des Hauptvertra-ges verfehlt wird. Eine derartige Auslegung liegt dann nahe, wenn das Risi-ko eines wirtschaftlichen Fehlschlages des Kaufvertrages für beide Seiten des Maklervertrages handgreiflich ist.[69] Gleiches gilt nach der höchstrichter-lichen Rechtsprechung hinsichtlich der Käuferprovision, wenn eine Ge-meinde fristgerecht ihr nach § 24 BauGB bestehendes gesetzliches Vor-kaufsrecht ausübt, nachdem der Grundstückskaufvertrag aufgrund der Nachweis- bzw. Vermittlungsleistung des Maklers zustande gekommen ist.[70]

c) Auflösende Bedingung

Bei einer auflösenden Bedingung, beispielsweise einem Ausfuhrverbot, **24** kann die Provision sofort verlangt werden. Dieser Umkehrschluss aus § 652 Abs. 1 Satz 2 besagt aber nichts darüber, ob mit Bedingungseintritt die Pro-vision zurückerstattet werden muss (§ 812 Abs. 1 Satz 2). Die überwiegende Meinung will dem Makler aus Rechtssicherheitsgründen den Lohn belas-sen.[71] Dies widerspricht jedoch dem Grundsatz, dass alle Wiederaufhe-bungsgründe, die im Vertrag begründet sind, zulasten des Maklers gehen.[72] Es kann allenfalls durch Vertragsauslegung ein Behaltensgrund gefunden

---

69 BGH, Urt. v. 20.2.1997 – III ZR 81/96, NJW 1997, 1583, 1584: Ist dem Makler beim Nachweis der Kaufgelegenheit bekannt, dass die finanzielle Lage des Verkäufers, der sich verpflichtet, das Grundstück von sämtlichen Grundpfandrechten und dem Zwangsversteigerungsvermerk freizustellen, angespannt ist und dass der Kaufpreis wahrscheinlich nicht ausreichen wird, um die Belastung abzulösen, dann kann der Maklervertrag ergänzend dahin ausgelegt werden, dass bei einem Fehlschlag des Kaufs wegen dieses Vertragsrisikos nach einem Käuferrücktritt ein Provisionsanspruch nicht bestehen soll; ebenso MünchKomm-BGB/*H. Roth*, § 652 Rn. 188. Kritisch zur Proble-matik der ergänzenden Vertragsauslegung im Maklerprovisionsrecht als „ergebnis-orientierten Kunstgriff", *Würdinger*, ZfIR 2006, 6.

70 BGH, Urt. v. 7.7.1982 – IVa ZR 50/81, NJW 1982, 2662, 2663, unter Bezugnahme auf RGZ 157, 243; MünchKomm-BGB/*H. Roth*, § 652 Rn. 183. Differenzierend bei schuldrechtlichen und dinglichen Vorkaufsrechten, je nachdem, ob dem Käufer gegen den Verkäufer Schadensersatzansprüche zustehen, *Dehner*, Maklerrecht, Rn. 143.

71 RG, LZ 1916, 628; BGH, Urt. v. 21.4.1971 – IV ZR 66/69, DB 1971, 1857; Urt. v. 7.7.1982 – IVa ZR 50/81, NJW 1982, 2662 (Finanzierungsmakler); Jauernig/*Mansel*, Rn. 23; *Hamm/Schwerdtner*, Maklerrecht, Rn. 525.

72 Erman/*D. Fischer*, § 652 Rn. 38.

werden. Dies ist eine Frage des Einzelfalls.[73] Im Zweifel hat eine Rückzahlung bei Bedingungseintritt zu erfolgen.[74]

5. Hauptverträge mit Genehmigungserfordernis

25 Hängt die volle Rechtswirkung des Hauptvertrages von einer Genehmigung ab, so entsteht der Provisionsanspruch erst, wenn die Genehmigung wirksam erteilt wird.[75] Dies entspricht der Wertung des § 652 Abs. 1 Satz 2 BGB, die auf die hier gegebene Fallgruppe wegen der Gleichheit der Interessenlage entsprechend anzuwenden ist.[76] Dies gilt etwa für die Notwendigkeit einer vormundschaftsgerichtlichen Genehmigung[77] oder für die Zustimmung des Wohnungseigentumsverwalters zur Veräußerung von Wohnungseigentum.[78] Für den Fall einer noch ausstehenden Genehmigung nach der Grundstücksverkehrsordnung sind diese Grundsätze ebenfalls maßgeblich.[79] Betrifft – wie im Falle der Bodenverkehrsgenehmigung – das Genehmigungserfordernis nur das Verfügungsgeschäft, so besteht nach höchstrichterlicher Rechtsprechung bei Verweigerung der Genehmigung trotz Vorliegen eines wirksamen Verpflichtungsgeschäfts kein Provisionsanspruch.[80]

26 Ein auf ein Verschulden bei Vertragsabschluss gestützter Rücktritt, der vor Erteilung der Grundstücksverkehrsgenehmigung erklärt wird, führt zur Vernichtung des Kaufvertrages, bevor dieser Wirksamkeit erlangt. Der Provisionsanspruch des Maklers kann unter diesen Umständen nicht zur Entstehung gelangen.[81]

---

73 Erman/*D. Fischer*, § 652 Rn. 38; Tempel/*Seyderhelm*, Materielles Recht im Zivilprozess, 4. Aufl. 2014, 410 f.

74 Erman/*D. Fischer*, § 652 Rn. 38.

75 BGH, Urt. v. 8.5.1973 – IV ZR 8/72, BGHZ 60, 385, 387; Urt. v. 17.1.2008 – III ZR 224/06, NJW-RR 2008, 564 Rn. 7; OLG Düsseldorf, Urt. v. 7.4.2000 – 7 U 209/98, NZM 2001, 484.

76 Staudinger/*Arnold*, §§ 652, 653 Rn. 112; Palandt/*Sprau*, § 652 Rn. 38.

77 BGH, Urt. v. 8.5.1973 – IV ZR 8/72, BGHZ 60, 385, 387; LG Hamburg, Urt. v. 21.6.2013 – 316 O 122/12, ZMR 2013, 1006, 1007; Palandt/*Sprau*, § 652 Rn. 38.

78 LG Düsseldorf, Urt. v. 1.10.1998 – 21 S 685/97, MDR 1999, 290, Palandt/*Sprau*, § 652 Rn. 38.

79 BGH, Urt. v. 17.1.2008 – III ZR 224/06, NJW-RR 2008, 564 Rn. 7.

80 BGH, Urt. v. 14.7.1976 – IV ZR 36/75, WM 1976, 1132; Urt. v. 14.7.1976 – IV ZR 36/75, WM 1977, 21, 22; Staudinger/*Arnold*, §§ 652, 653 Rn. 113.

81 BGH, Urt. v. 17.1.2008 – III ZR 224/06, NJW-RR 2008, 564 Rn. 9; *D. Fischer*, NJW 2009, 3210, 3213; vgl. hierzu auch *Würdinger*, NZM 2009, 535, 538 f., sowie *Grziwotz*, ZfIR 2008, 415.

6. Provision bei Ausübung eines Vorkaufsrechts

a) Provisionsanspruch gegenüber Erstkäufer

Nach gefestigter höchstrichterlicher Rechtsprechung[82] entfällt der Provisionsanspruch des Immobilienmaklers gegen den Käufer regelmäßig dann, wenn der dem Käufer als Kunden vermittelte Grundstückskaufvertrag nicht zum Erwerb führt, weil ein Vorkaufsrecht ausgeübt wird. Dies gilt für die Ausübung eines dinglichen (§ 1094 BGB) oder quasidinglich wirkenden Vorkaufsrechts, wie etwa das der Gemeinde nach § 24 Abs. 1 BauGB zustehende Recht, dem eine Grundbuchsperre auslösende Wirkung zukommt.[83] Der im Schrifttum vertretenen Ansicht,[84] dass diese Grundsätze nicht auf die Ausübung eines gesetzlichen Vorkaufsrechts mit bloß schuldrechtlicher Wirkung, wie etwa das Vorkaufsrecht des Mieters im Falle der Umwandelung in WEG-Eigentum (§ 577 BGB), zu übertragen sind, ist nicht zu folgen.[85] Der Umstand, dass es sich hierbei um ein vom Maklerkunden zu tragendes Ausführungsrisiko handeln soll, weil der Verkäufer unter Verletzung des Vorkaufsrechts auch an den Erstkäufer übereignen könnte, überzeugt nicht. Für übrige Vorkaufsrechte bedarf es einer Auslegung des jeweiligen Maklervertrages, ob tatsächlich der Maklerkunde provisionspflichtig bleibt. Ein Maklerlohnanspruch gegen den Grundstückskäufer entsteht nach Ausübung eines gesetzlichen Vorkaufsrechts regelmäßig auch dann nicht, wenn der Käufer das Grundstück anschließend im Wege der – durch das Vorkaufsrecht nicht verhinderten – Zwangsversteigerung erwirbt.[86]

Infolge der Ausübung des Vorkaufsrechts bleibt der wirtschaftliche Erfolg der Maklertätigkeit für den Käufer aus, und die Maklerleistung erweist sich

27

28

---

82 Vgl. RGZ 157, 243, 244; RG, DR 1939, 2107, 2108; BGH, Urt. v. 28.11.1962 – VIII ZR 236/61, MDR 1963, 303; Urt. v. 7.7.1982 – IVa ZR 50/81, NJW 1982, 2662, 2663; Urt. v. 14.12.1995 – III ZR 34/95, BGHZ 131, 318, 321; Urt. v. 4.3.1999 – III ZR 105/98, NJW 1999, 2271; ebenso MünchKomm-BGB/*H. Roth*, § 652 Rn. 183; Palandt/*Sprau*, § 652 Rn. 41; *Brandt*, Das Recht des Immobilienmaklers, S. 29; *Hamm/Schwerdtner*, Maklerrecht, Rn. 538; *Seydel/Heinbuch*, Maklerrecht, Rn. 225.
83 BGH, Urt. v. 4.3.1999 – III ZR 105/98, NJW 1999, 2271; MünchKomm-BGB/*H. Roth*, § 652 Rn. 183.
84 Staudinger/*Arnold*, §§ 652, 653 Rn. 115; MünchKomm-BGB/*H. Roth*, § 652 Rn. 183; offengelassen in BGH, Urt. v. 4.3.1999 – III ZR 105/98, NJW 1999, 2271.
85 Nach *Brandt*, Das Recht des Immobilienmaklers, S. 29, und *Mäschle*, Maklerrecht, S. 209, entfällt die Provisionspflicht auch bei Ausübung eines schuldrechtlichen Vorkaufsrechts.
86 BGH, Urt. v. 4.3.1999 – III ZR 105/98, NJW 1999, 2271.

für ihn als von Anfang an wertlos.[87] Ohne eine entsprechende Vereinbarung kann daher bei zweckgerichteter Auslegung des Maklervertrages[88] nicht angenommen werden, dass Makler und Auftraggeber über die Provisionszahlungspflicht auch für den Fall der Ausübung des Vorkaufsrechts einig sind. Dem Umstand, dass der Hauptvertrag mit Abschluss des Erstvertrages wirksam abgeschlossen ist, was Voraussetzung für die Ausübung des Vorkaufsrechts ist, kommt in diesem Zusammenhang keine Bedeutung zu.[89] Maßgeblich alleine ist der fehlende wirtschaftliche Erfolg für den Erstkäufer.[90] Der Vorkaufsberechtigte ist mangels eines mit ihm abgeschlossenen Maklervertrages nicht provisionspflichtig. Anderes gilt, wenn im Kaufvertrag eine auch ihn bindende Maklerklausel aufgenommen ist.[91]

b) Provisionsanspruch gegenüber Verkäufer

29 Die wirtschaftliche Betrachtungsweise[92] führt dazu, dass der Verkäufer im Falle der Ausübung eines Vorkaufsrechts provisionspflichtig bleibt.[93] Der Umstand, dass ein Austausch in der Käuferperson erfolgt, ist insoweit, wiederum im Hinblick auf den wirtschaftlichen Erfolg, ohne Belang.

c) Provisionsanspruch gegenüber dem Vorkaufsberechtigten

30 Klauseln mit eigenständigem Maklerlohnanspruch des Maklers haben insbesondere bei Kaufverträgen, bei denen mit der Ausübung eines Vorkaufsrechts gerechnet werden muss, große Bedeutung. Nach der Rechtsprechung des Bundesgerichtshofs können derartige Klauseln nämlich wesensmäßig als zum Kaufvertrag gehörend angesehen werden und binden demnach auch

---

87 BGH, Urt. v. 7.7.1982 – IVa ZR 50/81, NJW 1982, 2662, 2663; Urt. v. 14.12.1995 – III ZR 34/95, BGHZ 131, 318, 321; Urt. v. 4.3.1999 – III ZR 105/98, NJW 1999, 2271; OLG Hamm, Beschl. v. 21.8.2012 – 15 W 224/11, ZfIR 2012, 841.
88 So bereits RGZ 157, 243, 244 unter Bezugnahme auf *Reichel*, Die Mäklerprovision, 1913, S. 72.
89 *Seydel/Heinbuch*, Maklerrecht, Rn. 225, nennen das Ergebnis systemwidrig.
90 MünchKomm-BGB/*H. Roth*, § 652 Rn. 183.
91 Einzelheiten hierzu Kap. VII Rn. 2 ff.
92 Zur wirtschaftlichen Betrachtungsweise im Maklerrecht vgl. *D. Fischer*, FS Schlick, 2015, S. 135, 138 ff.
93 OLG Hamm, Beschl. v. 21.8.2012 – 15 W 224/11, ZfIR 2012, 841; MünchKomm-BGB/*H. Roth*, § 652 Rn. 183; Palandt/*Sprau*, § 652 Rn. 35; *Seydel/Heinbuch*, Maklerrecht, Rn. 225.

den Vorkaufsberechtigten.[94] Diese Rechtsgrundsätze[95] betreffen jedoch nur die Verteilung von zur Anbahnung des (Haupt-)Geschäfts bereits „entstandenen" Maklerkosten im Kaufvertrag. Es muss sich mithin um Provisionsansprüche handeln, für die bei Abschluss des Kaufvertrages bereits eine maklervertragliche Rechtsgrundlage – sei es durch Verträge des Verkäufers und auch des Käufers mit dem Makler, sei es durch einen Vertrag eines von ihnen mit dem Makler – angelegt war. Die auf diese Art und Weise begründeten, unter der Bedingung des Zustandekommens eines Kaufvertrages (Hauptvertrages) stehenden Maklerkosten stellen sich im Allgemeinen wie die sonstigen im Zusammenhang mit dem (Haupt-)Vertragsschluss entstandenen Kosten (Vertragskosten) wirtschaftlich als Teil des gegebenenfalls vom Käufer zu übernehmenden Gesamtaufwands anlässlich des Kaufgeschäfts dar. Es kommt hierbei nicht entscheidend darauf an, ob der Käufer im Kaufvertrag eine ursprünglich nur vom Verkäufer dem Makler versprochene Provision übernimmt oder ob in der Kaufvertragsurkunde bezüglich der Käuferprovision nur eine vom Käufer schon vorher gegenüber dem Makler eingegangene Verpflichtung aufgegriffen und durch eine besondere, auch den Vorkaufsberechtigten bindende Gestaltung bekräftigt worden ist.[96]

Diese Sichtweise trifft nicht mehr zu, wenn in einem Kaufvertrag über ein **31** mit einem Vorkaufsrecht belasteten Grundstück oder in unmittelbarem Zusammenhang mit diesem Kaufvertrag erstmalig ein Maklervertrag abgeschlossen wird.[97] Die erstmalige Schaffung einer rechtsverbindlichen Provisionsverpflichtung gegenüber dem Makler im Zusammenhang mit einer „Maklerklausel" im Grundstückskaufvertrag, durch die zugleich der Käufer gegenüber dem Verkäufer die Zahlung dieser Provision an den Makler – zumal im Sinne der Begründung eines selbstständigen Anspruchs des Maklers gemäß §§ 328, 335 BGB – verspricht, ist im Blick auf die nach § 464 Abs. 2 BGB erforderliche wertende Abgrenzung, ob die betreffende Bestimmung im Kaufvertrag eine wesensmäßig zu diesem gehörende oder ein „Fremdkörper" ist,[98] bei Letzterem anzusiedeln; hat nämlich ein Makler ohne den

---

94 BGH, Urt. v. 14.12.1995 – III ZR 34/95, BGHZ 131, 318, 323; Urt. v. 11.1.2007 – III ZR 7/06, NZM 2007, 256 Rn. 10; OLG Karlsruhe, Urt. v. 22.2.2006 – 15 U 68/05, IVD-Rspr. A 135 Bl. 10.

95 Ebenso Pálandt/*Sprau* § 652 Rn. 41; Staudinger/*Arnold*, §§ 652, 653 Rn. 114; *Dehner*, Maklerrecht, Rn. 425; *Zopfs*, Maklerrecht, Rn. 38; *J. Breiholdt*, IBR 1996, 178; *Bethge*, NZM 2002, 194, 197; a. A. *Tiedtke*, EWiR 1996, 543, 544.

96 BGH, Urt. v. 14.12.1995 – III ZR 34/95, BGHZ 131, 318, 324.

97 BGH, Urt. v. 11.1.2007 – III ZR 7/06, NZM 2007, 256 Rn. 11; *Bethge*, NZM 2002, 194, 197.

98 BGH, Urt. v. 13.6.1980 – V ZR 11/79, BGHZ 77, 359 einerseits; BGH, Urt. v. 14.12.1995 – III ZR 34/95, BGHZ 131, 318, 324 andererseits.

Abschluss eines Maklervertrages oder wenigstens eine vorherige Einigung über die Entgeltlichkeit[99] Maklerleistungen erbracht, so gibt es weder für den Verkäufer noch für den Käufer eine Vergütungspflicht oder hinreichenden Anlass, bei Abschluss des Kaufvertrages gegenüber dem Makler ein (selbstständiges) Provisionsversprechen abzugeben.[100]

32 Nach der höchstrichterlichen Rechtsprechung[101] gehören Bestimmungen über die Verteilung der Maklerkosten, die sich nicht im üblichen Rahmen halten, wesensgemäß nicht zum Kaufvertrag und verpflichten daher nicht den Vorkaufsberechtigten (sog. Fremdkörper). Zu Recht geht der Bundesgerichtshof[102] im Urteil vom 12.5.2016 davon aus, dass dies auch für unüblich hohe Maklerprovisionen zutrifft. Dies war im Streitfall anzunehmen, weil die für Berlin damals übliche Provision von 6 % zuzüglich 19 % Umsatzsteuer – Käufer trägt auch den Verkäuferanteil[103] – mit einem Satz von 11,44 % brutto deutlich überschritten wurde. Da auch eine Herabsetzung der Provision auf das übliche Maß wegen Nichtanwendbarkeit des § 655 BGB auf andere Maklerverträge ausschied, war die im Kaufvertrag enthaltene Provisionsverpflichtung für den Vorkaufsberechtigten unverbindlich.[104]

33 Wird erst in einer Nachtragsurkunde zum Kaufvertrag über ein mit einem Vorkaufsrecht belastetes Grundstück eine Provisionsverpflichtung zugunsten des Maklers begründet, gehört diese nach Ansicht des Kammergerichts[105] nicht wesensmäßig zu dem Kaufvertrag und begründet daher keinen Provisionsanspruch gegen den sein Vorkaufsrecht ausübenden Dritten.

34 Ist der Maklerklausel durch Auslegung eindeutig zu entnehmen, dass sie das Rechtsverhältnis zwischen Verkäufer und Käufer nach dem Willen der Parteien nicht berühren, sondern ausschließlich Wirkungen zwischen dem Käufer und Makler entfalten soll, ist die Klausel nicht mehr wesensmäßig als zum Kaufvertrag gehörig anzusehen.[106] Dies trifft insbesondere dann zu,

---

99 BGH, Urt. v. 7.7.2005 – III ZR 397/04, BGHZ 163, 332, 337.

100 BGH, Urt. v. 11.1.2007 – III ZR 7/06, NZM 2007, 256 Rn. 11.

101 BGH, Urt. v. 14.12.1995 – III ZR 34/95, BGHZ 131, 318, 323 = NJW 1996, 654; Urt. v. 11.1.2007 – III ZR 7/06, NZM 2007, 256 Rn. 9 ff.

102 BGH, Urt. v. 12.5.2016 – I ZR 5/15, NJW 2016, 3233 Rn. 10; *D. Fischer*, NJW 2016, 3281, 3284.

103 Ebenso in Hamburg und Schleswig-Holstein, dort 6,25 %, vgl. OLG Schleswig, Urt. v. 19.3.2015 – 16 U 117/14, NJW-RR 2015, 1324 = GE 2015, 1159, hierzu *D. Fischer*, NJW 2015, 3278, 3283.

104 *D. Fischer*, WuB 2017, 211, 212.

105 KG, Beschl. v. 11.8.2014 – 10 U 140/13, GE 2015, 593, 594.

106 OLG Karlsruhe, Urt. v. 22.2.2006 – 15 U 68/05, IVD-Rspr. A 135 Bl. 10.

wenn der Käufer sein Versprechen, Maklerprovision in bestimmter Höhe zu zahlen, lediglich dem Makler, nicht aber dem Verkäufer gegenüber abgibt.[107]

7. Verflechtungstatbestände

Die Rechtssätze zur Verflechtungsproblematik sind eine Schöpfung des Bundesgerichtshofs und wurden in Entscheidungen der Siebzigerjahre des letzten Jahrhunderts und der nachfolgenden Zeit aufgestellt.[108] Der damals für das Maklerrecht zuständige IV. Zivilsenat hat die wesentlichen Grundsätze von Fall zu Fall entwickelt, die schließlich zu einer Differenzierung zwischen echter und unechter Verflechtung geführt haben. Diese Rechtssätze können durch Vereinbarungen der Parteien im Wege eines selbstständigen Provisionsversprechens abgeändert werden.[109] Bei der Verflechtungsjudikatur handelt es sich daher um *dispositives Richterrecht*.[110]

a) Drittbezug der Maklertätigkeit

Jede Maklertätigkeit setzt notwendigerweise das Zusammenwirken von drei Personen voraus, nämlich der Parteien des Hauptvertrages und des Maklers.[111] In diesem Zusammenhang wird im Schrifttum von dem Erfordernis des Dreiecksverhältnisses,[112] der Dreierbeziehung[113] oder des Drittbezuges[114] gesprochen. Diese Provisionsvoraussetzung ergibt sich zwar nicht aus

35

36

---

107 OLG Karlsruhe, Urt. v. 22.2.2006 – 15 U 68/05, IVD-Rspr. A 135 Bl. 10.

108 Hierzu im Einzelnen *D. Fischer*, FS Bamberger, 2017, S. 35 ff.

109 BGH, Urt. v. 24.6.1981 – IVa ZR 225/80, NJW 1981, 2297; Urt. v. 26.9.1990 – IV ZR 226/89, BGHZ 112, 240, 241.

110 *Wank*, NJW 1979, 190, 191; NK-BGB/*Wichert*, § 652 Rn. 66; *D. Fischer*, FS Bamberger, 2017, S. 35, 36.

111 BGH, Urt. v. 25.5.1973 – IV ZR 16/72, NJW 1973, 1649; Urt. v. 24.4.1985 – IVa ZR 211/83, NJW 1985, 2473; Urt. v. 19.2.2009 – III ZR 91/08, NJW 2009, 1809 Rn. 9; Urt. v. 24.1.2019 – I ZR 160/17, NJW 2019, 1596 Rn. 60; OLG Schleswig, Urt. v. 22.1.2010 – 14 U 81/09, ZMR 2012, 494.

112 Jauernig/*Mansel*, § 652 Rn. 11; *Zopfs*, Maklerrecht, 2000, Rn. 104; *R. Breiholdt*, ZMR 2009, 85; MünchKomm-BGB/*H. Roth*, § 652 Rn. 124 (Drittverhältnis).

113 MünchKomm-BGB/*H. Roth*, § 652 Rn. 123; *Schrader*, JA 2015, 561, 569 (Dreipersonenverhältnis).

114 Staudinger/*Arnold*, §§ 652, 653 Rn. 149.

dem Wortlaut des § 652 BGB,[115] aber aus dessen Sinngehalt.[116] Es handelt sich mithin um ein ungeschriebenes Tatbestandsmerkmal für den Provisionsanspruch des § 652 BGB.[117]

37 Aus dem Umstand, dass der Makler für seinen Kunden einen Hauptvertrag mit einem Dritten nachzuweisen oder zu vermitteln hat, folgt unmittelbar, dass ein Hauptvertragsabschluss mit dem Makler selbst keinen auf § 652 BGB zu stützenden Provisionsanspruch auszulösen vermag.[118] Der Nachweismakler gibt bei einer derartigen Fallgestaltung ein eigenes Vertragsangebot ab und weist keine Gelegenheit zum Vertragsabschluss nach.[119] Von einer Vermittlung kann nur dann die Rede sein, wenn der Vermittler „in der Mitte" zwischen beiden Hauptvertragsparteien steht, also nicht mit einer identisch ist.[120] Nur dann ist es ihm möglich, auf die Willensentschließung des vorgesehenen Vertragspartners des Maklerkunden einzuwirken.[121] Ein Einwirken des Vermittlungsmaklers auf sich selbst ist nicht denkbar, so dass es an einer Vermittlungsleistung fehlt.[122] Deshalb ist der Maklervertrag als nicht erfüllt anzusehen, wenn das beabsichtigte Geschäft zwischen dem Auftraggeber und dem Makler selbst zustande kommt.[123] Ein *Eigengeschäft* des Maklers ist mithin vergütungsfrei.[124] War der Makler zunächst Dritter, tritt er dann aber in das von ihm zu vermakelnde Geschäft selbst als Partei des Hauptvertrages ein, hebt er mit dem *Selbsteintritt* den Maklervertrag auf

---

115 Der Entwurf eines Gesetzes über Maklerverträge vom 15.2.1984 (BT-Drucks. 10/1014, 4, abgedruckt auch in ZIP 1984, 379) hat in § 652 Abs. 1 Satz 1 BGB zusätzlich das Merkmal „Vertrag mit einem Dritten" eingefügt; ebenso die vorausgegangenen Gesetzesentwürfe in der 8. und 9. Legislaturperiode, ohne dass dies gesondert begründet wurde (BT-Drucks. 8/3212, S. 15; 9/1633, S. 8).
116 MünchKomm-BGB/*H. Roth*, § 652 Rn. 123; *Dehner*, Maklerrecht, Rn. 170; vgl. auch *Mormann*, WM 1975, 70, 71: selbstverständliche Ausgangslage des § 652 BGB.
117 NK-BGB/*Wichert*, § 652 Rn. 66; *D. Fischer*, FS Bamberger, 2017, S. 35, 37.
118 RG, JW 1937, 1306; BGH, Urt. v. 23.11.1973 – IV ZR 34/73, NJW 1974, 137.
119 BGH, Urt. v. 24.4.1985 – IV ZR 211/83, NJW 1985, 2473; Urt. v. 24.1.2019 – I ZR 160/17, NJW 2019, 1596 Rn. 60; *Dehner*, Maklerrecht, Rn. 170; PWW/*Fehrenbacher*, BGB, § 652 Rn. 36.
120 BGH, Urt. v. 24.1.2019 – I ZR 160/17, NJW 2019, 1596 Rn. 60.
121 BGH, Urt. v. 12.5.1971 – IV ZR 82/70, NJW 1971, 1839; Urt. v. 4.6.2009 – III ZR 82/08, NJW-RR 2009, 1282 Rn. 8; Urt. v. 24.1.2019 – I ZR 160/17, NJW 2019, 1596 Rn. 60.
122 BGH, Urt. v. 12.5.1971 – IV ZR 82/70, NJW 1971, 1839; *Dehner*, Maklerrecht, Rn. 170; PWW/*Fehrenbacher*, § 652 Rn. 36.
123 BGH, Urt. v. 24.1.2019 – I ZR 160/17, NJW 2019, 1596 Rn. 60.
124 BGH, Urt. v. 24.1.2019 – I ZR 160/17, NJW 2019, 1596 Rn. 60; Bamberger/Roth/*Kotzian-Marggraf*, § 652 Rn. 39; NK-BGB/*Wichert*, § 652 Rn. 65; Soergel/*Engel*, § 652 Rn. 63; *Ibold*, Maklerrecht, Rn. 111.

und hat damit gleichfalls keinen Provisionsanspruch.[125] Der Rechtssatz zum Drittbezug geht auf die Rechtsprechung des Reichsgerichts zurück[126] und diente als Ausgangspunkt für die Verflechtungsjudikatur.[127]

b) Anfänge der Verflechtungsrechtsprechung

Der Bundesgerichtshof konnte zur Verflechtungsproblematik erstmals mit **38** Urteil vom 12.5.1971 Stellung nehmen. Er verneinte den verfahrensgegenständlichen Provisionsanspruch des Maklerunternehmens, das am Stammkapital der Verkäufergesellschaft einen Anteil von 90 % hielt und damit die Handlungen dieser Gesellschaft in ausschlaggebender Weise bestimmen konnte.[128] Eine Maklertätigkeit i. S. d. § 652 BGB setze voraus, dass der vom Auftraggeber des Maklers erstrebte Vertragsabschluss zwischen dem Auftraggeber und einem Dritten zustande kommt. Gleiches gelte aber auch für den Fall, dass der Makler nicht selbst abschließe, sondern, wirtschaftlich gesehen, am Vertragsabschluss entscheidend mitbeteiligt ist.[129] Kennzeichnend hierfür war im Streitfall das Beherrschungsverhältnis zwischen Maklerunternehmen und Partei des Hauptvertrages, das dazu führte, dass von einer Vermittlungstätigkeit nicht mehr gesprochen werden konnte. Der Abschluss des Hauptvertrages beruhte unter diesen Umständen nicht mehr auf einer eigenen Willensentschließung der Verkäuferin, sondern angesichts des Beherrschungsverhältnisses maßgeblich auf dem Entschluss des Maklerunternehmens.[130] Die Rechtsfigur der *wirtschaftlichen Verflechtung* war damit geschaffen.[131]

In rascher Folge ergingen in den nächsten Jahren weitere Entscheidungen **39** des Maklerrechtssenats zur wirtschaftlichen Verflechtung.[132] Im Vordergrund stand die Verhinderung von Interessenkonflikten auf Seiten des ver-

---

125 BGH, Urt. v. 26.1.1983 – IVa ZR 158/81, NJW 1983, 1847, 1848; *Seydel/Heinbuch*, Maklerrecht, 4. Aufl. 2005, Rn. 231; *D. Fischer*, FS Bamberger, 2017, S. 35, 37.

126 RG, Urt. v. 4.1.1910 – III 25/09, Seuff Arch Bd. 65, Nr. 210; Urt. v. 17.2.1937 – V 222/36, JW 1937, 1306.

127 Bereits die erste Entscheidung des Bundesgerichtshofs zur wirtschaftlichen Verflechtung, BGH, Urt. v. 12.5.1971 – IV ZR 82/70, NJW 1971, 1839, nimmt hierauf Bezug.

128 BGH, Urt. v. 12.5.1971 – IV ZR 82/70, NJW 1971, 1839.

129 BGH, Urt. v. 12.5.1971 – IV ZR 82/70, NJW 1971, 1839, 1840.

130 BGH, Urt. v. 12.5.1971 – IV ZR 82/70, NJW 1971, 1839, 1840.

131 *D. Fischer*, FS Bamberger, 2017, S. 35, 38.

132 BGH, Urt. v. 25.5.1973 – IV ZR 16/72, NJW 1973, 1649 (verpachteter Campingplatz; Makler war an Pächtergesellschaft maßgeblich beteiligt); Urt. v. 13.3.1974 – IV ZR 53/73, NJW 1974, 1130 = WM 1974, 482 (Makler und Verkäufer werden von einer Obergesellschaft maßgeblich beherrscht); Urt. v. 17.5.1974 – IV ZR 4/73, WM 1974, 783 (Maklerunternehmen und Verkäufergesellschaft gehörten einer Person).

flochtenen Maklers.[133] Sie dienten auch dazu, die vornehmlich in der Bau-
wirtschaft verbreitete Tendenz zu bekämpfen, durch organisatorische Mani-
pulationen in Wirklichkeit nicht erbrachte Leistungen vorzutäuschen und
durch deren Vergütung ungerechtfertigt zusätzliche Gewinne zu erzielen.
Hierin wurde zu Recht ein wichtiger Beitrag zum Käuferschutz gesehen.[134]

c) Allgemeine Grundsätze der Verfechtungsrechtsprechung

aa) Wirtschaftliche Betrachtungsweise

40   *Peter Schwerdtner* hat in einer seiner letzten Schriften zu Recht darauf hingewiesen, dass namentlich im Maklerrecht die Gefahr bestehe, sich in ab-
strakten Begrifflichkeiten zu verlieren, wenn die Notwendigkeit einer wirtschaftlichen Betrachtungsweise außer Acht gelassen wird.[135] Dieser Gefahr
ist die höchstrichterliche Judikatur auch bei der Bewältigung der Verflechtungsproblematik nicht erlegen. Es ist ihr Verdienst, dass sie den Rechtssatz
des Drittbezuges erweitert hat und in diesem Zusammenhang den Begriff
des Dritten nach den hierzu entwickelten Rechtsgrundsätzen nicht formal-
juristisch, sondern aufgrund einer wirtschaftlichen Bewertung beurteilt.[136]
Maßgeblich ist nicht die formelle gesellschaftsrechtliche Gestaltung, sondern die ihr zugrunde liegenden wirtschaftlichen Verhältnisse.[137] Die Frage,
ob zwischen dem Maklerunternehmen und dem vermittelten oder nachgewiesenen Hauptvertragspartner eine *wirtschaftliche Identität* besteht und damit kein Dritter vorliegt, muss daher im Rahmen *wirtschaftlicher Betrachtungsweise*[138] bestimmt werden. Nicht der Umstand, dass es sich bei dem
Maklerunternehmen und der Partei des Hauptvertrages um selbstständige
Rechtssubjekte handelt, die miteinander Verträge abschließen können, ist
maßgebend, sondern die enge wirtschaftliche Verflechtung zwischen den

---

133 BGH, Urt. v. 25.5.1973 – IV ZR 16/72, NJW 1973, 1649.

134 *E. Wolf*, WM 1978, 1282, 1284; a.A. *Lieb*, DB 1981, 2415: Unzulässiger Eingriff in
die Vertragsfreiheit, in einem auf Anregung beteiligter Wirtschaftskreise erstellten
Gutachten.

135 *Schwerdtner*, FS E. A. Kramer, 2004, S. 703.

136 *Dehner*, Maklerrecht, Rn. 171; *D. Fischer*, NZM 2016, 117, 122.

137 BGH, Urt. v. 24.4.1985 – IVa ZR 211/83, NJW 1985, 2473; Urt. v. 24.1.2019 – I ZR
160/17, NJW 2019, 1596 Rn. 62.

138 BGH, Urt. v. 13.3.1974 – IV ZR 53/73, NJW 1974, 1130 bezieht sich erstmals bei der
Beurteilung der Verflechtung ausdrücklich auf das Kriterium der wirtschaftlichen Betrachtungsweise, *Pfander/v. Stumm*, DB 1976, 32, 33; zur Bedeutung dieses Krite-
riums für die Verflechtungsjudikatur *D. Fischer*, NZM 2016, 117, 121 f.

beiden Gesellschaften, die eine eigenständige Willensentschließung verhindert.[139]

bb) Zweistufigkeit des Verflechtungsgedankens

Hierbei hat die höchstrichterliche Rechtsprechung zwei Fallgruppen entwickelt, die zunächst noch keine eigenen Bezeichnungen erhielten, sondern unter dem Oberbegriff der wirtschaftlichen Verflechtung zusammengefasst wurden.[140] In den Entscheidungen vom 23.10.1980 findet sich bereits die Differenzierung zwischen Fällen der wirtschaftlichen Identität einerseits und anderen Fällen einer „gewissen Verflechtung", denen keine Beherrschung zugrunde liegt.[141] Hierzu wurde zutreffend ausgeführt, der Maklerrechtssenat habe damit die *Zweistufigkeit des Verflechtungsgedankens* klar herausgestellt.[142] Alsbald werden die beiden Gruppen als echte[143] und unechte Verflechtung[144] bezeichnet. **41**

Die Verflechtung kann gesellschaftsrechtlich oder auf sonstige Weise entstanden sein.[145] Für die echte Verflechtung ist eine Beherrschung oder wesentliche Beteiligung kennzeichnend, die entweder durch den Makler oder die beteiligte Hauptvertragspartei ausgeübt wird.[146] Bei der unechten Verflechtung liegt zwar keine Beherrschung oder wesentliche Beteiligung vor, der Makler steht aber zum Vertragsgegner seines Kunden in einer solchen Beziehung, dass er sich im Streitfall bei regelmäßigem Verlauf auf die Seite des Vertragsgegners stellen wird.[147] Auch hier ist eine unabhängige Willensbildung auf Seiten des Maklers nicht gewährleistet.[148] Deckt der Makler die- **42**

---

139 BGH, Urt. v. 12.5.1971 – IV ZR 82/70, NJW 1971, 1839, 1840.
140 Vgl. die Rechtsprechungserläuterungen der Bundesrichter *Mormann, Dehner* und *E. Wolf: Mormann*, WM 1975, 70, 71; RGRK-BGB/*Dehner*, § 652 Rn. 10; *E. Wolf*, WM 1978, 1282, 1284.
141 BGH, Urt. v. 23.10.1980 – IV a ZR 45/80, WM 1980, 1428; Urt. v. 23.10.1980 – IVa ZR 39/80, WM 1981, 42, 44.
142 *E. Wolf*, WM 1981, 666, 672.
143 Etwa BGH, Urt. v. 15.4.1987 – IV a ZR 53/86, NJW-RR 1987, 1075.
144 *Dehner*, DRiZ 1990, 383, 388: scharfe Unterscheidung zwischen den beiden Gruppen.
145 BGH, Urt. v. 24.1.2019 – I ZR 160/17, NJW 2019, 1596 Rn. 61.
146 BGH, Urt. v. 19.2.2009 – III ZR 91/08, NJW 2009, 1809 Rn. 9; Urt. v. 24.1.2019 – I ZR 160/17, NJW 2019, 1596 Rn. 61.
147 BGH, Urt. v. 19.2.2009 – III ZR 91/08, NJW 2009, 1809 Rn. 9; Urt. v. 24.1.2019 – I ZR 160/17, NJW 2019, 1596 Rn. 61; MünchKomm-BGB/*H. Roth*, § 652 Rn. 131 f.; *Hamm/Schwerdtner*, Maklerrecht, Rn. 656 f.
148 BGH, Urt. v. 19.2.2009 – III ZR 91/08, NJW 2009, 1809 Rn. 9; Urt. v. 24.1.2019 – I ZR 160/17, NJW 2019, 1596 Rn. 61.

se Interessenslage nicht auf, erscheint er bereits deswegen generell ungeeignet, die Belange seines Auftraggebers wahrzunehmen,[149] und kann keine Provision verlangen.

43 Die Grenzen beider Fallgruppen sind fließend, entscheidend ist eine Gesamtbewertung der verschiedenen Gesichtspunkte.[150] Die Verflechtungsrechtsprechung dient dem Zweck, eine Gefährdung der dem Makler vom Auftraggeber übertragenen Wahrung seiner Interessen infolge der bei einer Verflechtung auf der Hand liegenden Interessenkollision zu verhindern.[151]

cc) Anwendungsbereich

44 Die vom Bundesgerichtshof begründete Verflechtungsrechtsprechung bezieht sich nur auf Fälle, in denen der Makler zugleich mit dem Vertragspartner seines Auftraggebers gesellschaftsrechtlich oder auf andere Weise „verflochten" ist und es im Hinblick auf diese Interessenkollision an einer Maklerleistung i. S. d. § 652 BGB fehlt.[152] Ist dagegen der Makler lediglich mit seinem Auftraggeber verflochten, steht dies einem Provisionsanspruch mangels einer Interessenkollision nicht entgegen.[153] Provisionsschädlich ist mithin nur eine zwischen dem Makler und dem Vertragsgegner seines Auftraggebers bestehende (wirtschaftliche) Verflechtung. Auch wenn eine provisionsschädliche Verflechtung vorliegt, ist das abgeschlossene Vertragsverhältnis mit dem Vermittler wirksam. Rechtsfolge der Verflechtung ist nur der Provisionsausschluss.

45 Maßgeblicher Zeitpunkt, ob eine provisionsschädliche Verflechtung vorliegt, sind nicht nur die Verhältnisse bei Abschluss des Hauptvertrages,[154] sondern auch bereits die Umstände bei Erbringung der Nachweis- oder Vermittlungstätigkeit.[155] Gerade beim Vermittlungsmakler ist es offenkundig,

---

149 BGH, Urt. v. 24.6.1981 – IVa ZR 159/80, NJW 1981, 2293, 2294.
150 Palandt/*Sprau*, § 652 Rn. 30.
151 BGH, Urt. v. 19.2.2009 – III ZR 91/08, NJW 2009, 1809 Rn. 12; Urt. v. 1.3.2012 – III ZR 213/11, NJW 2012, 1504 Rn. 10.
152 BGH, Urt. v. 19.2.2009 – III ZR 91/08, NJW 2009, 1809 Rn. 9, 12; Urt. v. 1.3.2012 – III ZR 213/11, NJW 2012, 1504 Rn. 9 f.
153 BGH, Urt. v. 27.10.1976 – IV ZR 90/75, WM 1976, 1334; Urt. v. 30.10.2014 – III ZR 493/13, NJW-RR 2015, 365 Rn. 37; ebenso MünchKomm-BGB/*H. Roth*, § 652 Rn. 136; Jauernig/*Mansel*, § 652 Rn. 14; *D. Fischer*, FS Bamberger, 2017, S. 35, 40.
154 So BGH, Urt. v. 19.2.2009 – III ZR 91/08, NJW 2009, 1809 Rn. 11; Beschl. v. 9.5.2018 – I ZR 68/17, BeckRS 2018, 13890 Rn. 22; vgl. auch BGH, Urt. v. 22.2.2018 – I ZR 38/17, WM 2018, 1568 Rn. 21 zu § 2 Abs. 2 Nr. 2 Fall 2 WoVermittG.
155 BGH, Urt. v. 22.2.2018 – I ZR 38/17, WM 2018, 1568 Rn. 21; MünchKomm-BGB/ *H. Roth*, § 652 Rn. 124 unter Bezugnahme auf OLG Stuttgart, Urt. v. 20.7.1973 – 3 U 22/73, NJW 1973, 1975 (Vermittlungsmakler); *D. Fischer*, NJW 2018, 3287, 3289.

dass ein institutionalisierter Interessengegensatz ihn hindern wird, für den Maklerkunden ordnungsgemäße Vermittlungsleistungen zu erbringen.[156]

dd) Maßgeblichkeit der tatsächlichen Verhältnisse

Eine echte Verflechtung zwischen einem Makler und einer Partei des Haupt- **46** vertrages ist aber nur dann gegeben, wenn sie den wirklichen gesellschafts- rechtlichen und wirtschaftlichen Verhältnissen entspricht. War im Zeitpunkt des Hauptvertragsschlusses die Person, die (u. a.) als Komplementärin (auch) das Maklerunternehmen maßgeblich gesteuert und beeinflusst hatte, bereits aus der Makler-Kommanditgesellschaft ausgeschieden, besteht ein Verflechtungstatbestand auch dann nicht (mehr), wenn das Ausscheiden die- ser Person aus der Gesellschaft noch nicht im Handelsregister eingetragen worden ist.[157] Eine auf der Grundlage des § 15 Abs. 1 HGB unterstellte, mit den wahren Verhältnissen nicht übereinstimmende Verflechtungssituation mit der Folge des Entfallens eines Provisionsanspruchs geht deshalb über den Umfang des mit dieser Rechtsprechung beabsichtigten Schutzes des Maklerkunden hinaus.[158] Entsprechende Grundsätze müssen auch für die unechte Verflechtung gelten; auch hier sind nur die tatsächlichen wirtschaft- lichen Verhältnisse von Bedeutung.[159]

d) Echte Verflechtung

Dem unmittelbaren Selbsteintritt des Maklers steht es gleich, wenn der Mak- **47** lerkunde mit einer Vertragspartei abschließt, die mit dem Makler wirtschaft- lich gesehen identisch ist. Maßgeblich ist hierbei, ob der Makler und der vor- gesehene Vertragspartner die Fähigkeit zur selbstständigen, unabhängigen Willensbildung besitzen.[160] Hieran fehlt es, wenn als Dritter eine Gesell- schaft in Betracht kommt, deren Gesellschaftsanteile vollständig oder über- wiegend sich in den Händen des Maklers oder der Maklergesellschaft befin- den.[161] Gleiches gilt, wenn als Makler eine Gesellschaft auftritt, die von dem

---

156 *D. Fischer*, NJW 2018, 3287, 3289.
157 BGH, Urt. v. 19.2.2009 – III ZR 91/08, NJW 2009, 1809 Rn. 11.
158 BGH, Urt. v. 19.2.2009 – III ZR 91/08, NJW 2009, 1809 Rn. 12.
159 OLG Hamburg, Beschl. v. 27.10.2011 – 14 U 78/11, ZMR 2012, 491, 493; *D. Fischer*, NZM 2011, 529, 533; MünchKomm-BGB/*H. Roth*, § 652 Rn. 127.
160 BGH, Urt. v. 24.4.1985 – IVa ZR 211/83, NJW 1985, 2473; Urt. v. 19.2.2009 – III ZR 91/08, NJW 2009, 1809 Rn. 9; *Ibold*, Maklerrecht, Rn. 111; *D. Fischer*, FS Bamber- ger, 2017, S. 35, 41.
161 BGH, Urt. v. 12.5.1971 – IV ZR 82/70, NJW 1971, 1839.

vorgesehenen Vertragspartner beherrscht wird[162] oder wenn die Maklerge-sellschaft und der Hauptvertragspartner von ein und derselben Gesellschaft beherrscht werden.[163] Ebenso ist es zu beurteilen, wenn ein und dieselbe Person die Geschäftstätigkeit des Maklerunternehmens und des Vertragsgeg-ners entscheidend steuern und beeinflussen kann.[164] In allen diesen Fällen der wirtschaftlichen Identität ist mangels des Drittbezugs eine Maklertätig-keit begrifflich unmöglich.[165] Der Makler führt seinem Kunden nicht einen Vertragsinteressenten zu, sondern präsentiert gewissermaßen einen „Teil seiner selbst".[166]

48 Entsprechendes gilt, wenn ein *Testamentsvollstrecker* in Ausübung seines Amtes ein Nachlassgrundstück veräußert. Angesichts der persönlichen Identität zwischen Makler und Verkäufer scheidet eine Provisionspflichtig-keit nach § 652 BGB auch hier aus.[167] Dies trifft ebenso bei *Nachlass- und Insolvenzverwaltern* zu, wenn sie Verträge für die von ihnen verwalteten Vermögensmassen abschließen.[168] Auch ein *Zwangsverwalter* eines Grund-stücks kann als Makler keinen Mietvertrag über ein von ihm verwaltetes Grundstück vermitteln.[169]

49 Ein Hauptmakler, der einen Untermakler als Erfüllungsgehilfen einsetzt, muss sich die echte Verflechtung des Untermaklers mit dem Verkäufer zu-rechnen lassen.[170] Ein Provisionsanspruch des Hauptmaklers gegen den Käu-fer entfällt daher.[171] Dies gilt auch dann, wenn die Verflechtung darin be-steht, dass der Untermakler Ehegatte der Verkäuferseite ist.[172] Diese Grundsätze sind auf Fälle einer unechten Verflechtung im Hinblick auf die auch hier zu bejahende Interessenkollision ebenfalls anwendbar.[173]

---

162 BGH, Urt. v. 13.3.1974 – IV ZR 53/73, NJW 1974, 1130.
163 BGH, Urt. v. 15.4.1987 – IVa ZR 53/86, NJW-RR 1987, 1075.
164 BGH, Urt. v. 13.3.1974 – IV ZR 53/73, NJW 1974, 1130; Urt. v. 19.2.2009 – III ZR 91/08, NJW 2009, 1809 Rn. 9; *Hamm/Schwerdtner*, Maklerrecht, Rn. 678.
165 BGH, Urt. v. 15.4.1987 – IVa ZR 53/86, NJW-RR 1987, 1075; *Dehner*, Maklerrecht, Rn. 175; *D. Fischer*, FS Bamberger, 2017, S. 35, 42.
166 Staudinger/*Arnold*, §§ 652, 653 Rn. 156.
167 BGH, Urt. v. 5.10.2000 – III ZR 240/99, NJW 2000, 3781; *Dehner*, Maklerrecht, Rn. 171; *D. Fischer*, FS Bamberger, 2017, S. 35, 42.
168 MünchKomm-BGB/*H. Roth*, § 652 Rn. 125; *Dehner*, Maklerrecht, Rn. 171; *D. Fi-scher*, FS Bamberger, 2017, S. 35, 42.
169 OLG Oldenburg, Urt. v. 19.6.1981 – 11 U 84/80, NdsRpfl 1981, 214; MünchKomm-BGB/*H. Roth*, § 652 Rn. 125; *D. Fischer*, FS Bamberger, 2017, S. 35, 42.
170 LG Frankfurt a. M., Urt. v. 25.1.2013 – 2-250 O 322/12, Info M 2013, 348.
171 LG Frankfurt a. M., Urt. v. 25.1.2013 – 2-250 O 322/12, Info M 2013, 348.
172 *D. Fischer*, NZM 2014, 449, 454.
173 *D. Fischer*, FS Bamberger, 2017, S. 35, 41.

e) Unechte Verflechtung

aa) Notwendigkeit eines eigenständigen Begründungsansatzes

Aber auch dann, wenn keine Beherrschung vorliegt, weil die Beteiligung der **50** einen Gesellschaft an der anderen fünfzig Prozent nicht übersteigt, kann ein Interessenkonflikt bestehen, der einen auf § 652 BGB gestützten Provisions-anspruch ausschließt. Dies hat der Bundesgerichtshof bereits 1973 ange-nommen, als er ausführte, dass ein Handelsvertreter für die Gegenseite keine Maklerdienste verrichten kann.[174] Ein Unternehmer, der durch einen Han-delsvertreter Geschäfte vermitteln oder abschließen lässt, könne für seinen Vertragspartner kein Dritter sein.[175] 1976 stellte er erstmals fest, dass eine wirtschaftliche (Gewinn-)Beteiligung von 40 % des Maklers an einer Gesell-schaft, die Vertragsgegner des Maklerkunden ist, einem Provisionsanspruch entgegensteht.[176] Aus dieser schrittweisen Entwicklung bildete sich in der Folgezeit eine eigenständige Untergruppe der unechten Verflechtung heraus. Im Gegensatz zur echten Verflechtung, die sich noch mit den Bezeichnun-gen wirtschaftliche und persönliche Identität unmittelbar an den Begriff des Dritten und des Eigengeschäftes orientieren konnte, bedurfte es für den Be-reich der unechten Verflechtung eines eigenständigen Begründungsansat-zes.[177] Anfänglich wurde zur Begründung des Provisionsverlusts auch auf das Bild des unparteiischen Maklers zurückgegriffen,[178] dann aber hiervon zu Recht Abstand genommen.[179] Einen tragenden Begründungsansatz fand die Rechtsprechung recht bald in dem Merkmal des institutionalisierten In-teressenkonflikts.[180] Die Fälle der unechten Verflechtung über eine analoge

---

174 BGH, Urt. v. 23.11.1973 – IV ZR 34/73, NJW 1974, 137.

175 BGH, Urt. v. 23.11.1973 – IV ZR 34/73, NJW 1974, 137.

176 BGH, Urt. v. 30.6.1976 – IV ZR 28/75, WM 1976, 1228.

177 *Dehner*, NJW 1992, 2225, sieht hierin eine echte Rechtsfortbildung, während die Fäl-le der echten Verflechtung „durch Subsumption der Fakten unter den Gesetzestext des BGB" gelöst werden.

178 BGH, Urt. v. 25.5.1973 – IV ZR 16/72, NJW 1973, 1649.

179 Eine Pflicht zur Unparteilichkeit gilt nur für den Doppelmakler, vgl. auch *Dehner*, Maklerrecht, Rn. 175.

180 Die Bezeichnung institutionalisierter (Interessen-)Konflikt hat der Bundesgerichtshof nicht erstmals in seinem Urteil v. 26.9.1990 – IV ZR 226/89, BGHZ 112, 240, verwen-det, so aber Soergel/*Engel*, § 652 Rn. 69, sondern wurde auch in BGH, Urt. v. 3.12.1986 – IVa ZR 87/85, NJW 1987, 1008, 1009, zur Frage eines institutionalisier-ten Interessenkonflikts bei einem Makler, der das beabsichtigte Geschäft mit seinem eigenen Ehegatten als Vertragspartner des Maklerkunden zustande bringt, aufgegrif-fen. Von einer institutionalisierten Interessenkollision ist erstmals in BGH, Urt. v. 30.6.1976 – IV ZR 28/75, WM 1976, 1228 die Rede.

Anwendung der Bestimmung des § 654 BGB zu lösen,[181] wurde dagegen vom Bundesgerichtshof im Hinblick auf den für § 654 BGB kennzeichnenden Strafzweck zu Recht verworfen.[182]

bb) Grundsatz des institutionalisierten Interessengegensatzes

51   Am Erfordernis des institutionalisierten Interessenkonflikts hat die Rechtsprechung des Bundesgerichtshofs bis heute festgehalten.[183] Danach kann Makler nicht derjenige sein, der zum Vertragsgegner seines Kunden in einer solchen Beziehung steht, dass er sich im Falle eines Streits bei regelmäßigem Verlauf auf die Seite des Vertragsgegners stellen wird.[184] Dass ein Interessenkonflikt allgemein besteht, reicht allerdings für den Ausschluss eines Provisionsanspruchs nicht aus. Die Interessenbildung auf Seiten des als Makler Auftretenden muss vielmehr so institutionalisiert sein, dass sie ihn, unabhängig von seinem Verhalten im Einzelfall, als ungeeignet für die dem gesetzlichen Leitbild entsprechende Tätigkeit des Maklers erscheinen lässt.[185] Institutionalisiert bedeutet nach dieser Rechtsprechung eine Verfestigung durch Übernahme einer tendenziell dauerhaften Funktion.[186] Der Bundesgerichtshof hat in diesem Zusammenhang verschiedene Unterfallgruppen entwickelt und damit die unterschiedlichen Konstellationen einer unechten Verflechtung weiter konkretisiert.

cc) Handelsvertreter

52   Ein institutionalisierter Interessenkonflikt im Sinne der vorgenannten Verflechtungsrechtsprechung ist insbesondere bei einem *Handelsvertreter* an-

---

181 So *Dehner* 1978 in RGRK-BGB/*Dehner*, § 652 Rn. 10; ferner in DRiZ 1990, 383, 388; NJW 1992, 2225 sowie in Maklerrecht, Rn. 177; ebenso Staudinger/*Reuter*, BGB, 12. Aufl., 1991, §§ 652, 653 Rn. 127.

182 *D. Fischer*, FS Bamberger, 2017, S. 35, 43 f.

183 Zustimmend: Soergel/*Engel*, § 652 Rn. 67; *Hamm/Schwerdtner*, Maklerrecht, Rn. 696; *Ibold*, Maklerrecht, Rn. 112; *D. Fischer*, FS Bamberger, 2017, S. 35, 44; Staudinger/*Arnold*, §§ 652, 653 Rn. 150 nur hinsichtlich der echten Verflechtung, im Übrigen ablehnend; kritisch auch MünchKomm-BGB/*H. Roth*, § 652 Rn. 130.

184 BGH, Urt. v. 24.1.2019 – I ZR 160/17, NJW 2019, 1596 Rn. 62.

185 BGH, Urt. v. 12.3.1998 – III ZR 14/97, BGHZ 138, 170, 174; Urt. v. 1.4.1992 – IV ZR 154/91, NJW 1992, 2818, 2819; Urt. v. 19.2.2009 – III ZR 91/08, NJW 2009, 1809 Rn. 9; Urt. v. 1.3.2012 – III ZR 213/11, NJW 2012, 1504 Rn. 9.

186 BGH, Urt. v. 19.2.2009 – III ZR 91/08, NJW 2009, 1809 Rn. 9; OLG Schleswig, Urt. v. 19.3.2015 – 16 U 117/14, NJW-RR 2015, 1324; *Hamm/Schwerdtner*, Maklerrecht, Rn. 656.

zunehmen, der vorgibt Makler zu sein.[187] Der Handelsvertreter ist aufgrund seines Vertrages mit dem Unternehmer verpflichtet, die Interessen des Unternehmers wahrzunehmen.[188] Schließt er mit dem potenziellen Kunden des Unternehmers einen Maklervertrag, so kann er aufgrund des Handelsvertretervertrages nicht so, wie er es als Makler müsste, die Belange des Kunden gegenüber dem Unternehmer wahrnehmen.[189] Bei jedem Gegensatz der Interessen müsste er sich nämlich als Vertreter des Unternehmers auf dessen Seite stellen.[190] Hierbei ist es unerheblich, ob der Handelsvertreter hinsichtlich des Hauptvertrages abschlussberechtigt ist oder lediglich das Vertragsangebot des Kunden an den Unternehmer weiterzuleiten hat.[191]

dd) Arbeitnehmer

Die Tatsache, dass der Makler zugleich *Arbeitnehmer* des Vertragspartners seines Auftraggebers ist, kann unter Umständen gleichfalls eine unechte Verflechtung begründen.[192] Für die Nachweisleistung einer Steuerfachgehilfin, die mit dem Vertragspartner des Maklerkunden in einer vertraglichen Beziehung stand, hat der Bundesgerichtshof eine unechte Verflechtung aufgrund der besonderen Umstände der Fallgestaltung allerdings verneint.[193] Es wurde aber ausdrücklich offen gelassen, ob dies auch dann gelten kann, wenn der Makler im Rahmen einer Vermittlungsleistung auf seinen Arbeitgeber „einwirken" muss. Bei einer derartigen Fallgestaltung fehlt regelmäßig die notwendige Fähigkeit zur selbstständigen Willensbildung.[194]

53

ee) Bevollmächtigter

Darüber hinaus wird – ausgehend davon, dass nach dem gesetzlichen Leitbild der Makler und der Dritte die Fähigkeit zur selbstständigen unabhängi-

54

---

187 BGH, Urt. v. 1.4.1992 – IV ZR 154/91, NJW 1992, 2818, 2819; Urt. v. 1.3.2012 – III ZR 213/11, NJW 2012, 1504 Rn. 9.
188 BGH, Urt. v. 1.3.2012 – III ZR 213/11, NJW 2012, 1504 Rn. 9.
189 BGH, Urt. v. 12.3.1998 – III ZR 14/97, BGHZ 138, 170, 176; Urt. v. 23.11.1973 – IV ZR 34/73, NJW 1974, 137; Urt. v. 1.4.1992 – IV ZR 154/91, NJW 1992, 2818, 2819.
190 So erstmals BGH, Urt. v. 23.11.1973 – IV ZR 34/73, NJW 1974, 137; die Fallgruppe der unechten Verflechtung war zu diesem Zeitpunkt noch nicht entwickelt.
191 BGH, Urt. v. 1.4.1992 – IV ZR 154/91, NJW 1992, 2818, 2820.
192 Staudinger/*Arnold*, §§ 652, 653 Rn. 162; *Hamm/Schwerdtner*, Maklerrecht, Rn. 661; *Ibold*, Maklerrecht, Rn. 115, *D. Fischer*, FS Bamberger, 2017, S. 35, 45; rigoroser: MünchKomm-BGB/*H. Roth*, § 652 Rn. 138 (Arbeitsvertrag als Prototyp einer unechten Verflechtung).
193 BGH, Urt. v. 12.3.1998 – III ZR 14/97, BGHZ 138, 170, 174.
194 *Dehner*, NJW 2000, 1986, 1992; *D. Fischer*, FS Bamberger, 2017, S. 35, 45.

gen Willensbildung haben müssen[195] – die Möglichkeit einer Maklertätigkeit verneint, wenn der „Makler" gleichzeitig als *Stellvertreter* der Gegenseite über den Abschluss des von ihm „vermittelten" Hauptvertrages entscheidet. Dieser Grundsatz gilt nicht nur für den gesetzlichen Vertreter, etwa den Geschäftsführer einer GmbH, sondern auch für den Bevollmächtigten.[196] Im letzten Falle allerdings – wenn nicht eine sonstige Verflechtung mit dem Vollmachtgeber vorliegt, wie etwa beim abschlussberechtigten Handelsvertreter – grundsätzlich nur dann, wenn der betreffende rechtsgeschäftliche Vertreter selbstständig darüber zu entscheiden hat, ob der in Rede stehende Hauptvertrag abgeschlossen werden soll.[197] Deshalb ist es auch unschädlich, wenn der Makler eine Partei bei der Beurkundung des Hauptvertrages im Beurkundungstermin vertritt.[198]

ff) Eheleute

55 Ein Makler hat ohne besondere Absprache keinen Provisionsanspruch gegen seinen Auftraggeber, wenn er das beabsichtigte Geschäft mit seinem eigenen Ehegatten als Vertragspartner des Auftraggebers zustande bringt.[199] Die Grundsätze zur unechten Verflechtung gelten daher auch dann, wenn der Makler Grundstücke oder andere Objekte seines Ehegatten vermittelt oder nachweist.[200]

56 Das Bestehen der Ehe zwischen dem Makler und dem Vertragsgegner bewirkt institutionell, dass der Makler sich im Streitfall regelmäßig auf die Seite seines Ehegatten, also des Vertragsgegners und damit gegen den Auftraggeber stellen wird. Maßgeblich ist in diesem Zusammenhang, dass zwischen Ehegatten nicht nur eine persönliche, sondern auch eine wirtschaftliche Bindung besteht. Sie ist so eng, dass sie den als Makler tätigen Ehegatten im Regelfall hindert, gegenläufige Interessen des Auftraggebers zu wahren.[201] Die wirtschaftliche Bindung zwischen *Eheleuten* kann bei nicht gestörter Ehe

---

195 BGH, Urt. v. 24.4.1985 – IVa ZR 211/83, NJW 1985, 2473.

196 BGH, Urt. v. 29.11.1978 – IV ZR 44/77, WM 1979, 58; Urt. v. 24.4.1985 – IVa ZR 211/83, NJW 1985, 2473.

197 BGH, Beschl. v. 26.3.1998 – III ZR 206/97, NJW-RR 1998, 992; *Dehner*, NJW 2000, 1986, 1992.

198 *Dehner*, NJW 2000, 1986, 1992.

199 BGH, Urt. v. 3.12.1986 – IVa ZR 87/85, NJW 1987, 1008.

200 Bamberger/Roth/*Kotzian-Marggraf*, § 652 Rn. 41; Palandt/*Sprau*, § 652 Rn. 31; *Dehner*, Maklerrecht, Rn. 184; *Hamm/Schwerdtner*, Maklerrecht, Rn. 674; *D. Fischer*, NZM 2014, 449, 453.

201 BGH, Urt. v. 3.12.1986 – IVa ZR 87/85, NJW 1987, 1008, 1009; Jauernig/*Mansel*, § 652 Rn. 15; *D. Fischer*, FS Brudermüller, 2014, S. 189, 197.

durchaus den Fällen gleichgestellt werden, in denen nach der Verflechtungsrechtsprechung ein Anspruch auf Maklerprovision ausgeschlossen ist.[202]
Ehegatten verfolgen bei ihrem gemeinschaftlichen Wirtschaften sogar in
umfassenderem Sinn das gleiche wirtschaftliche Ziel und sind vom Erfolg
des einverständlichen Vorgehens häufig stärker abhängig als etwa der Gesellschafter von der Gesellschaft.[203] Die besondere Verknüpfung von persönlichen und von wirtschaftlichen Beziehungen der Eheleute ist für ihre Interessenlage gerade kennzeichnend.[204]

Demgegenüber hat der Bundesgerichtshof einen provisionsschädlichen In- **57**
teressenkonflikt dann verneint, wenn zwischen dem Makler und der nachgewiesenen oder vermittelten Hauptvertragspartei lediglich persönliche Beziehungen bestehen.[205] Dies soll insbesondere auch für die *nichteheliche
Lebensgemeinschaft* gelten.[206] Diese Differenzierung zwischen Ehe und
nichtehelicher Lebensgemeinschaft hat das Bundesverfassungsgericht zu
Recht beanstandet. Es hat hieraus allerdings zunächst abgeleitet, die Verflechtungsrechtsprechung dürfe nicht auf Eheleute übertragen werden.[207] In
einer nachfolgenden Entscheidung wurde dann aber zutreffend darauf abgestellt, dass bei einer intakten Ehe im Hinblick auf deren Charakter als Wirt-
schaftsgemeinschaft die Verflechtungsgrundsätze anwendbar sein können.[208] Diese Erwägungen treffen gleichermaßen auf die nichteheliche
Lebensgemeinschaft zu, jedenfalls wenn eine gemeinsame Haushaltsfüh-
rung besteht. Daher gelten auch insoweit die Verflechtungsgrundsätze.[209]

---

202 BGH, Urt. v. 3.12.1986 – IVa ZR 87/85, NJW 1987, 1008, 1009 unter Bezugnahme
auf BGH, Urt. v. 24.4.1985 – IVa ZR 211/83, NJW 1985, 2473. Nach § 653b Abs. 1
BGB-E in der Fassung des Gesetzesentwurfs der Bundesregierung vom 15.2.1984,
BT-Drucks. 10/1014, 5 (abgedruckt auch in ZIP 1984, 379), der eine Kodifizierung
der Verflechtungsrechtsprechung beinhaltete, war ausdrücklich vorgesehen, dass dem
Makler kein Provisionsanspruch zusteht, wenn er als Hauptvertragspartei seinen Ehegatten nachweist oder vermittelt.
203 BGH, Urt. v. 3.12.1986 – IVa ZR 87/85, NJW 1987, 1008, 1009 unter Bezugnahme
auf BGH, Urt. v. 24.4.1985 – IVa ZR 211/83, NJW 1985, 2473, 2474.
204 Demgemäß hat der frühere IV. Zivilsenat bereits beiläufig den Interessenkonflikt als
provisionsausschließend in dem Fall bezeichnet, in dem der Makler als Treuhänder
seiner Ehefrau an der Verkäufergesellschaft beteiligt war, BGH, Urt. v. 19.1.1977 – IV
ZR 73/75, n. v.; ferner *D. Fischer*, FS Brudermüller, 2014, S. 189, 197.
205 BGH, Urt. v. 24.6.1981 – IVa ZR 159/80, NJW 1981, 2293; Urt. v. 19.2.2009 – III ZR
91/08, NJW 2009, 1809 Rn. 9.
206 BGH, Urt. v. 24.6.1981 – IVa ZR 159/80, NJW 1981, 2293.
207 BVerfG, Beschl. v. 30.6.1987 – 1 BvR 1187/86, BVerfGE 76, 126, 129; kritisch hierzu
H. Schäfer, MDR 1989, 699.
208 BVerfG, Beschl. v. 26.4.1988 – 1 BvR 1264/87, BVerfGE 78, 128, 130.
209 Vgl. *Dehner*, Maklerrecht, Rn. 184; *D. Fischer*, NZM 2014, 449, 453.

58   Die vorstehenden Grundsätze zum institutionalisierten Interessenkonflikt sind auf Partner einer eingetragenen Lebenspartnerschaft entsprechend anwendbar.[210]

gg) Persönliches oder freundschaftliches Näheverhältnis

59   Ein nahes, persönliches oder freundschaftliches Verhältnis zu einem kaufbereiten Dritten für sich allein ist allerdings noch kein hinreichender Grund, von einer verfestigten Interessenkollision im Sinne einer unechten Verflechtung auszugehen.[211] Deshalb wirkt es sich auch nicht provisionsschädlich aus, wenn der Makler seine geschiedene Ehefrau als Hauptvertragspartei benennt.[212] Nach Ansicht des OLG Düsseldorf begründet auch ein enges Verwandtschaftsverhältnis zwischen Makler und Hauptvertragspartei, soweit zwischen ihnen keine wirtschaftlichen Beziehungen bestehen, keine unechte Verflechtung.[213] Dieser Ansicht hat sich nunmehr auch das OLG Hamm angeschlossen.[214] In dieser Entscheidung wurde ausgeführt, dass eine provisionsschädliche Interessenkollision als Voraussetzung einer unechten Verflechtung noch nicht vorliegt, wenn in dem Grundbuch des vermittelten Grundstücks eine Grundschuld eingetragen ist, welche die Darlehensforderung eines Kreditinstituts gegen den Makler sichert. Besteht aber eine Verschuldung des Maklers und ein Rückstand mit der Zahlung der Zinsraten des gesicherten Darlehens, kann auf sein Interesse an einem möglichst schnellen Verkauf und auf eine Interessenkollision geschlossen werden, wenn ihm der Veräußerungserlös ganz oder teilweise zugutekommt.[215]

hh) Verwalter

60   Der *Verwalter einer Wohnungseigentumsanlage*, von dessen Zustimmung gemäß § 12 WEG die Gültigkeit eines Wohnungsverkaufes abhängig ist, kann wegen des hierdurch bestehenden institutionalisierten Konflikts mit

---

210   MünchKomm-BGB/*H. Roth*, § 652 Rn. 137; Palandt/*Sprau*, § 652 Rn. 31; *Hamm/Schwerdtner*, Maklerrecht, Rn. 677; *D. Fischer*, FS Bamberger, 2017, S. 35, 48.

211   BGH, Urt. v. 24.6.1981 – IVa ZR 159/80, NJW 1981, 2293, 2294; Urt. v. 19.2.2009 – III ZR 91/08, NJW 2009, 1809 Rn. 9; *Koch*, Der Provisionsanspruch des Immobilienmaklers, S. 148 f.; *D. Fischer*, FS Bamberger, 2017, S. 35, 49.

212   BGH, Urt. v. 19.2.2009 – III ZR 91/08, NJW 2009, 1809 Rn. 10; *D. Fischer*, NZM 2014, 449, 454.

213   OLG Düsseldorf, Urt. v. 25.9.2015 – 7 U 140/14, MDR 2016, 149: Makler als Vater der Vermieterseite.

214   OLG Hamm, Urt. v. 9.3.2020 – 18 U 136/18, NJW-RR 2020, 687: Makler als Sohn der Immobilienverkäuferin.

215   OLG Hamm, Urt. v. 9.3.2020 – 18 U 136/18, NJW-RR 2020, 687.

den Interessen des Käufers nicht dessen Makler sein.[216] Bei diesen Fallgestaltungen kommt auch eine Anwendung der §§ 653 BGB, 354 HGB nicht in Betracht.[217] Ist der *Verwalter* dagegen nicht zustimmungsberechtigt i. S. d. § 12 WEG, dann liegt eine unechte Verflechtung beim (Käufer-)Makler ohne weitere Anhaltspunkte nicht vor.[218]

In Übereinstimmung mit der einhelligen Ansicht in der obergerichtlichen **61** Rechtsprechung[219] und im Schrifttum[220] sieht auch der Bundesgerichtshof beim (Käufer-)Makler, der zugleich *Haus- bzw. Wohnungsverwalter* des Grundstücks-(Wohnungs-)Verkäufers ist, ohne weitere Anhaltspunkte keine provisionsschädliche Verflechtung gegeben. Zu Recht wurde in diesem Zusammenhang eine analoge Anwendung von § 1 Abs. 1, § 2 Abs. 2 WoVermittG[221] auf die Vermittlung oder den Nachweis zum Abschluss von Kaufverträgen über Wohnhäuser oder Eigentumswohnungen verneint.[222]

Eine unechte Verflechtung liegt nach Ansicht des OLG Schleswig[223] auch **62** dann vor, wenn ein Asset-Manager, gewissermaßen als *Vermögensverwalter*, für den Verkäufer eine Vielzahl von Wohneinheiten[224] bei einer monatlichen Vergütung von 2.500 € betreut und für den Erwerber als Makler tätig werden will.

---

216 BGH, Urt. v. 26.9.1990 – IV ZR 226/89, BGHZ 112, 240, 242. In ständiger Rechtsprechung fortgeführt von Urt. v. 14.11.1990 – IV ZR 36/90, ZMR 1991, 71; Beschl. v. 26.3.1998 – III ZR 206/97, NJW-RR 1998, 992, 993; Urt. v. 6.2.2003 – III ZR 287/02, NJW 2003, 1249, 1250; *D. Fischer*, FS Bamberger, 2017, S. 35, 46.
217 BGH, Urt. v. 26.9.1990 – IV ZR 226/89, BGHZ 112, 240, 242.
218 BGH, Beschl. v. 28.4.2005 – III ZR 387/04, NJW-RR 2005, 1033; OLG Dresden, Urt. v. 24.2.1999 – 8 U 3661/98, NJW-RR 1999, 1501; *R. Breiholdt*, ZMR 2009, 85, 89.
219 OLG Dresden, Urt. v. 24.2.1999 – 8 U 3661/98, NJW-RR 1999, 1501; OLG Frankfurt a. M., Urt. v. 24.11.1993 – 23 U 15/93, OLGReport Frankfurt 1994, 85 f.; OLG Hamburg, Urt. v. 23.12.1991 – 8 U 173/91, MDR 1992, 646.
220 Palandt/*Sprau*, § 652 Rn. 31; MünchKomm-BGB/*H. Roth*, § 652 Rn. 132; Staudinger/*Arnold*, §§ 652, 653 Rn. 166; *Dehner*, Maklerrecht, Rn. 182; *Hamm/Schwerdtner*, Maklerrecht, Rn. 689.
221 Danach steht dem Makler kein Provisionsanspruch für die Vermittlung oder den Nachweis der Gelegenheit zum Abschluss von Mietverträgen zu, wenn er Verwalter der vermieteten Wohnräume ist, vgl. hierzu BGH, Urt. v. 2.10.2003 – III ZR 5/03, NJW 2004, 286; Urt. v. 23.10.2003 – III ZR 41/03, NJW 2003, 3768.
222 *D. Fischer*, FS Bamberger, 2017, S. 35, 46.
223 OLG Schleswig, Urt. v. 19.3.2015 – 16 U 117/14, NJW-RR 2015, 1324.
224 Im Streitfall war der Verwalter für 731 Wohneinheiten zuständig.

ii) Enge Kooperation zwischen Vermittler und Hauptvertragspartei

63 Eine rechtlich verpflichtende Interessenbindung an den Vertragsgegner ist für die Annahme einer unechten Verflechtung nicht zwingend geboten, im Einzelfall kann auch eine auf Dauer angelegte, enge Kooperation zwischen dem Vermittler und einer Lebensversicherung genügen.[225] Dies wurde für die zu entscheidende Fallgestaltung bejaht: Da ein Versicherungsmakler seine zentrale Beratungsleistung für den Versicherungsnehmer nur dann erbringen kann, wenn er seine Empfehlungen auf eine hinreichende Zahl von auf dem Markt angebotenen Versicherungsverträgen und von Versicherern zu stützen vermag,[226] spricht im Hinblick hierauf für eine unechte Verflechtung zwischen einem Versicherungsmakler und dem Partner des vermittelten Hauptvertrages, eines Lebensversicherers, wenn der – mit der Konzernmutter des Versicherers langfristig zusammenarbeitende – Makler Fondspolicen und Anlagestrategien des Versicherers allgemein mit seinem Firmennamen versieht und die so gekennzeichneten Produkte besonders bewirbt und ansonsten keine Leistungen anderer Versicherer anbietet.[227]

jj) Kreditinstitute als Makler

64 Vielfach haben Banken und Sparkassen eigene, nicht selten auch rechtlich verselbstständigte Maklerabteilungen, die mit Kreditkunden Maklerverträge eingehen. Hierbei kann es dazu kommen, dass ein Schuldner, welcher die Kreditzinsen nicht mehr aufbringen kann, zur Vermeidung der von dem Kreditinstitut betriebenen Zwangsversteigerung deren Maklerunternehmen mit dem freihändigen Verkauf betraut.[228] Die Grundsätze zur unechten Verflechtung können hier eingreifen, wenn der Schuldner einen möglichst hohen Kaufpreis erzielen will, um auch andere Gläubiger zu befriedigen, der Makler aber nur darauf abstellt, dass die vorrangigen Darlehensforderungen des Kreditinstituts abgedeckt sind.[229]

kk) Hälftige Beteiligung am Erwerbsvorgang

65 Ist der Verkäufermakler am Erwerbsvorgang zur Hälfte selbst beteiligt, ist gleichfalls anzunehmen, dass er sich im Streitfall nicht auf die Seite des Ver-

---

225 BGH, Urt. v. 1.3.2012 – III ZR 213/11, NJW 2012, 1504 Rn. 12 ff.
226 BGH, Urt. v. 1.3.2012 – III ZR 213/11, NJW 2012, 1504 Rn. 12.
227 BGH, Urt. v. 1.3.2012 – III ZR 213/11, NJW 2012, 1504 Rn. 11.
228 *Zopfs*, Maklerrecht, 2000, Rn. 114; *Zerres/Hauck*, ZfIR 2003, 137, 139.
229 BGH, Urt. v. 24.6.1997 – XI ZR 178/96, NJW 1997, 2672 (Bankrechtssenat): Schadensersatz des Bankenkunden aus Pflichtenverletzung des Sicherungsvertrages; *Zopfs*, Maklerrecht, 2000, Rn. 114; *Zerres/Hauck*, ZfIR 2003, 137, 139.

käufers stellen wird. Auch bei einer derartigen Fallgestaltu
Verflechtungsfälle typische Interessenkollision beim Makle
Provisionsanspruch ausscheidet.[230]

ll) Besonderheiten des Wohnungsvermittlungsrechts

Kodifizierte Sonderregelungen weist das Wohnungsvermittlungsgesetz auf. **66**
So ist nach § 2 Abs. 2 WoVermittG im Falle wirtschaftlicher Identität eine
Vergütungspflicht ausgeschlossen. Nach der zwingenden Bestimmung des
§ 2 Abs. 5 WoVermittG sind hiervon abweichende Abreden stets unwirksam.[231]

f) Abweichende Provisionsabreden

Auch wenn nach den vorstehenden Rechtssätzen ein Provisionsanspruch aus **67**
§ 652 BGB für die angeführten Fallgruppen ausscheidet, kann der Makler
außerhalb des Rechts der Wohnungsvermittlung gleichwohl durch eigenständige Abreden ein von den Voraussetzungen des § 652 BGB selbstständiges Provisionsversprechen mit seinem Maklerkunden vereinbaren. Dies ist
allerdings nur im Wege einer Individualabrede zulässig.[232] Maßgeblich ist
ferner, dass der Maklerkunde Kenntnis von den tatsächlichen Umständen
hat, die den Provisionsempfänger an einer Maklertätigkeit hindern.[233] Dieses
Erfordernis beruht auf dem Leitgedanken der Verflechtungsjudikatur, Wett-
bewerbsverzerrungen durch Senkung oder Verschleierung der Markttransparenz zu verhindern.[234]

Diesen Rechtsgrundsätzen ist das OLG Hamburg[235] mit Urteil vom **68**
22.11.2019 gefolgt, hat allerdings im Rahmen der tatrichterlichen Würdigung des Prozessstoffes angenommen, das Provisionsversprechen sei insbesondere im Hinblick darauf erteilt worden, dass der als Makler auftretende
Verwalter gemäß § 12 WEG dem vorgesehenen Erwerb zustimme.[236] Diese

---

230 BGH, Urt. v. 24.1.2019 – I ZR 160/17, NJW 2019, 1596 Rn. 63.
231 Einzelheiten hierzu Kap. X Rn. 47 ff.
232 BGH, Urt. v. 24.6.1981 – IVa ZR 225/80, NJW 1981, 2297; Urt. v. 26.9.1990 – IV ZR
226/89, BGHZ 112, 240, 242; MünchKomm-BGB/*H. Roth*, § 652 Rn. 145; *Seydel/
Heinbuch*, Maklerrecht, Rn. 242; Staudinger/*Arnold*, §§ 652, 653 Rn. 173; offen dagegen OLG Köln, Urt. v. 10.9.2002 – 24 U 32/02, NZM 2003, 241, 242.
233 BGH, Urt. v. 26.9.1990 – IV ZR 226/89, BGHZ 112, 240, 242; Urt. v. 20.10.1982 –
IVa ZR 97/81, WM 1983, 42; Jauernig/*Mansel*, § 652 Rn. 29.
234 *Wank*, NJW 1979, 190, 193; *D. Fischer*, FS Bamberger, 2017, S. 35, 50.
235 OLG Hamburg, Urt. v. 22.11.2019 – 1 U 133/17, Urteilsumdruck S. 2 f.
236 OLG Hamburg, Urt. v. 22.11.2019 – 1 U 133/17, Urteilsumdruck S. 5.

Erwägung greift nicht durch, weil der Verwalter nur im Rahmen des jeweiligen Zustimmungsgebots[237] die Zustimmungserklärung erteilen kann und mithin seine Erklärung nicht käuflich sein darf.[238]

69 Unerheblich soll es nach der insoweit umstrittenen höchstrichterlichen Rechtsprechung sein, ob der Maklerkunde außerdem über die entsprechenden Rechtskenntnisse verfügte.[239] Diese Ansicht ist abzulehnen.[240] Die Verflechtungsgrundsätze dienen dem Zweck, eine Gefährdung der dem Makler vom Auftraggeber übertragenen Wahrung seiner Interessen infolge der bei einer Verflechtung auf der Hand liegenden Interessenkollision zu verhindern.[241] Dieser Schutzzweck gebietet es nicht nur auf die tatsächlichen Verhältnisse abzustellen, sondern auch darauf, ob dem Auftraggeber bekannt ist, dass er nach den Verflechtungsgrundsätzen keine Provision nach § 652 BGB zu zahlen hat.[242] Fehlen dem Auftraggeber diese Rechtskenntnisse, so hat der Makler, der trotz Verflechtung ein selbstständiges Provisionsversprechen vereinbaren will, hierüber aufzuklären.[243]

70 In den Fällen der provisionshindernden Verflechtung zwischen Makler und Verkäufer kann eine Provision zudem innerhalb des vermittelten Hauptvertrages als Vertrag zugunsten Dritter (§ 328 BGB) vereinbart werden. Dies kommt insbesondere in Betracht, wenn dem Versprechenden die tatsächlichen Umstände bekannt sind, die einer echten Maklerleistung entgegenstehen.[244] Welchen rechtlichen Charakter die Vereinbarung hat, ist durch Auslegung unter Berücksichtigung der konkreten Einzelumstände zu ermitteln.[245]

---

237 Erman/*Grziwotz*, BGB, § 12 WEG Rn. 2.
238 *D. Fischer*, NJW 2020, 1268, 1270.
239 BGH, Urt. v. 5.10.2000 – III ZR 240/99, NJW 2000, 3781, 3782; Urt. v. 6.2.2003 – III ZR 287/02, NJW 2003, 1249, 1250; Soergel/*Engel*, § 652 Rn. 81; *Dehner*, Maklerrecht, Rn. 198; *Langemaack*, NZM 2003, 466; *Mutschler*, Maklerrecht, S. 54.
240 Ebenso positive Rechtskenntnisse fordernd: OLG Frankfurt a.M., Urt. v. 10.12.1981 – 9 U 35/81, MDR 1982, 407; OLG Hamburg, Urt. v. 24.7.2002 – 8 U 53/02, NZM 2002, 877; *Hamm/Schwerdtner*, Maklerrecht, Rn. 731; *Seydel/Heinbuch*, Maklerrecht, Rn. 242 (vgl. aber auch dortige Rn. 37); *Koch*, Der Provisionsanspruch des Immobilienmaklers, S. 151; *Wank*, NJW 1979, 190, 192, 193; *B. Breiholdt/Adamy*, ZMR 2002, 838, 839; *D. Fischer*, NZM 2014, 449, 454.
241 BGH, Urt. v. 19.2.2009 – III ZR 91/08, NJW 2009, 1809 Rn. 12; Urt. v. 1.3.2012 – III ZR 213/11, NJW 2012, 1504 Rn. 10.
242 *D. Fischer*, NZM 2014, 449, 454.
243 *Hamm/Schwerdtner*, Maklerrecht, Rn. 732; *D. Fischer*, NZM 2014, 449, 454; ähnlich *Mäschle*, Maklerrecht, S. 88.
244 BGH, Urt. v. 6.2.2003 – III ZR 287/02, NJW 2003, 1249, 1250.
245 BGH, Urt. v. 6.3.1991 – IV ZR 53/90, NJW-RR 1991, 820, 821; Urt. v. 6.2.2003 – III ZR 287/02, NJW 2003, 1249, 1250; Urt. v. 12.10.2006 – III ZR 331/04, NJW-RR 2007, 55.

Es kann sich insoweit auch um einen verschleierten Teil des Kaufpreises handeln.[246] Eine Auslegung in diese Richtung liegt insbesondere dann nahe, wenn der Käufer sich gegenüber dem Verkäufer verpflichtet, die dem Verkäufer entstandenen Maklerkosten zu tragen.[247] Die in einem zwischen Unternehmern geschlossenen Grundstückskaufvertrag enthaltene Klausel, in der sich der Käufer verpflichtet, die seitens des Verkäufers einem – mit diesem gesellschaftsrechtlich verflochtenen – Dritten aufgrund eines selbstständigen Provisionsversprechens geschuldete Vergütung zu zahlen, ist wirksam, wenn die Verflechtung dem Käufer bekannt ist.[248] Da es sich bei der in Rede stehenden AGB-Klausel nicht um eine Regelung zur Bestimmung des Inhalts eines Maklervertrages, sondern eines Grundstückskaufvertrages handelt, kommt ein Verstoß gegen das Leitbild des § 652 BGB nicht in Betracht.[249]

Aber auch insoweit kann nicht nur auf die tatsächlichen Kenntnisse hinsichtlich der Verflechtung abgestellt werden. Der Käufer muss auch wissen, dass nach den Verflechtungsgrundsätzen eine Provision nicht anfällt.[250]   **71**

g) Darlegungs- und Beweislast

Der Maklerkunde muss, wenn er den Einwand der Verflechtung erhebt und   **72**
damit den Provisionsanspruch zu Fall bringen will, die hierfür erforderlichen tatsächlichen Voraussetzungen darlegen und beweisen.[251] Ebenso wie beim Einwand der Provisionsverwirkung nach § 654 BGB[252] handelt es sich auch hierbei um einen Ausnahmetatbestand.[253] Wenn dem Maklerkunden nähere Angaben über die Beziehung des Maklers zum Vertragsgegner nicht möglich sind, kann ihm eine sekundäre Darlegungslast des Maklers zugutekom-

---

246 BGH, Urt. v. 15.4.1987 – IVa ZR 53/86, NJW-RR 1987, 1075; Urt. v. 12.10.2006 – III ZR 331/04, NJW-RR 2007, 55.
247 BGH, Urt. v. 20.11.2008 – III ZR 60/08, NJW-RR 2009, 1199 f. Rn. 16; *Althammer*, Die Maklerklausel im notariellen Grundstückskaufvertrag, S. 132; MünchKomm-BGB/*H. Roth*, § 652 Rn. 37.
248 BGH, Urt. v. 20.11.2008 – III ZR 60/08, NJW-RR 2009, 1199 Rn. 18.
249 BGH, Urt. v. 20.11.2008 – III ZR 60/08, NJW-RR 2009, 1199 Rn. 18.
250 *D. Fischer*, FS Bamberger, 2017, S. 35, 50 f.
251 OLG Dresden, Urt. v. 24.2.1999 – 8 U 3661/98, NJW-RR 1999, 1501; Bamberger/ Roth/*Kotzian-Marggraf*, § 652 Rn. 64; *Küpper*, in: Baumgärtel/Laumen/Prütting, Handbuch der Beweislast, § 652 Rn. 36.
252 Zur Darlegungs- und Beweislast bei der Bestimmung des § 654 BGB: *Küpper*, in: Baumgärtel/Laumen/Prütting, Handbuch der Beweislast, § 654 Rn. 1; *D. Fischer*, FS Bamberger, 2017, S. 35, 51 f.
253 *Küpper*, in: Baumgärtel/Laumen/Prütting, Handbuch der Beweislast, § 652 Rn. 36.

men.[254] Macht der Makler geltend, der Kunde habe in Kenntnis der Verflechtung ein selbstständiges Provisionsversprechen erteilt, liegt die Darlegungs- und Beweislast für diese Voraussetzungen beim Makler.[255]

73   Begehrt der Maklerkunde nach § 812 BGB die Rückzahlung der bereits entrichteten Provision, hat der Makler die Voraussetzungen eines selbstständigen Provisionsversprechens darzulegen.[256] Ebenfalls hat der Makler nachzuweisen, dass der Maklerkunde bei Zahlung der Provision wusste, dass eine Verbindlichkeit nicht bestanden hat.[257]

8. Wirtschaftliche Identität zwischen beabsichtigtem und tatsächlich abgeschlossenem Hauptvertrag

74   Nach ständiger Rechtsprechung des Bundesgerichtshofs[258] steht dem Makler eine Vergütung nur dann zu, wenn der Vertrag, mit dessen Herbeiführung er beauftragt ist, tatsächlich zustande kommt. Führt die Tätigkeit des Maklers zum Abschluss eines Vertrages mit anderem Inhalt, so entsteht kein Anspruch auf Maklerlohn.[259] Nach der höchstrichterlichen Judikatur, die bereits vom Reichsgericht begründet wurde,[260] kommt eine *Ausnahme* von diesem Grundsatz in Betracht, wenn der Maklerkunde mit dem tatsächlich abgeschlossenen Vertrag *wirtschaftlich denselben Erfolg* erzielt.[261] Daher ist bei der Beurteilung, ob eine ausreichende Identität vorliegt, die Frage der

---

254 *Küpper*, in: Baumgärtel/Laumen/Prütting, Handbuch der Beweislast, § 652 Rn. 36.

255 BGH, Urt. v. 5.10.2000 – III ZR 240/99, NJW 2000, 3781, 3782; OLG Hamburg, Urt. v. 24.7.2002 – 8 U 53/02, NZM 2002, 877; KG, Urt. v. 12.12.2002 – 10 U 128/02, GE 2003, 741; Soergel/*Engel*, § 652 Rn. 81; *Küpper*, in: Baumgärtel/Laumen/Prütting, Handbuch der Beweislast, § 652 Rn. 36.

256 OLG Hamburg, Urt. v. 24.7.2002 – 8 U 53/02, NZM 2002, 484, 485; *Küpper*, in: Baumgärtel/Laumen/Prütting, Handbuch der Beweislast, § 652 Rn. 36.

257 BGH, Urt. v. 17.5.1974 – IV ZR 4/73, WM 1974, 783, 784.

258 BGH, Urt. v. 6.2.2014 – III ZR 131/13, NJW 2014, 2352 Rn. 10; Urt. v. 3.7.2014 – III ZR 530/13, NJW-RR 2014, 1272 Rn. 18; Urt. v. 17.10.2018 – I ZR 154/17, NJW 2019, 1226 Rn. 18; Urt. v. 21.11.2018 – I ZR 10/18, NJW 2019, 1803 Rn. 37.

259 BGH, Urt. v. 17.10.2018 – I ZR 154/17, NJW 2019, 1226 Rn. 18; Urt. v. 21.11.2018 – I ZR 10/18, NJW 2019, 1803 Rn. 37; Urt. v. 5.3.2020 – I ZR 69/19, WM 2020, 1244 Rn. 40.

260 Vgl. RG, Recht 1903, 504; JW 1911, 393; JW 1911, 393; RGRK-BGB/*Oegg*, 6. Aufl. 1928, § 652 Anm. 2b (wirtschaftliche Bedeutung).

261 BGH, Beschl. v. 14.9.2017 – I ZR 261/16, NJW-RR 2018, 435 Rn. 11 = NZM 2018, 211 unter Bezugnahme auf BGH, Urt. v. 5.10.1995 – III ZR 10/95, NJW 1995, 3311; Urt. v. 8.4.2004 – III ZR 20/03, NJW-RR 2004, 851, 852; ebenso BGH, Urt. v. 13.12.2007 – III ZR 163/07, NJW 2008, 651 Rn. 16.

Gleichwertigkeit im Rahmen einer wirtschaftlichen Betrachtungsweise[262] zu prüfen.[263] Formalrechtliche Überlegungen greifen zu kurz.[264]

Der Hauptvertrag, der durch die Leistung des Maklers zustande gekommen ist, muss mit dem Vertrag in wirtschaftlicher Hinsicht[265] *identisch* sein, den der Makler nach dem Inhalt des Maklervertrages herbeiführen sollte.[266] In diesem Zusammenhang wird auch von *Kongruenz*[267] zwischen dem Gegenstand des Maklervertrages und dem abgeschlossenen Hauptvertrag gesprochen. Eine starre und engherzige Betrachtungsweise ist hierbei nicht angezeigt, zumal der Maklerkunde als Vertragsinteressent mit einem gewissen Spielraum in die Vertragsverhandlungen geht.[268] Dies gilt insbesondere für die inhaltliche Ausgestaltung des angestrebten Hauptvertrages, wie etwa für die Kaufpreisvorstellungen[269] und Ausstattungsmerkmale[270] des gesuchten Objektes (inhaltliche Identität oder Kongruenz).

75

Diese Grundsätze gelten auch bei einem Dritterwerb, sofern zwischen dem Maklerkunden und dem Dritten entweder enge persönliche oder besonders ausgeprägte wirtschaftliche Beziehungen bestehen (persönliche Identität oder Kongruenz).[271]

76

---

262 Zur wirtschaftlichen Betrachtungsweise im Maklerrecht vgl. *D. Fischer*, FS Schlick, 2015, S. 135, 138; ferner *Schwerdtner*, FS Kramer, 2004, S. 703, 704.

263 BGH, Urt. v. 16.12.2004 – III ZR 119/04, BGHZ 161, 349, 358; Urt. v. 21.12.2005 – III ZR 451/04, NJW-RR 2006, 496, 497; Urt. v. 6.2.2014 – III ZR 131/13, NJW 2014, 2352 Rn. 11; Urt. v. 3.7.2014 – III ZR 530/13, NJW-RR 2014, 1272 Rn. 18; *D. Fischer*, NZM 2018, 483.

264 *Schwerdtner*, FS Kramer, 2004, 703, 704.

265 *Schwerdtner*, FS Kramer, 2004, S. 703, 704, 710, weist zutreffend darauf hin, der reine Begriff Identität sei unscharf; ebenso bereits *Reichel*, Mäklerprovision, 1913, S. 93 f.

266 Hierzu *Stark*, NZM 2008, 832; *D. Fischer*, DB 2009, 887; *Döderlein*, ZMR 2012, 79.

267 BGH, Urt. v. 13.2.2007 – III ZR 163/07, NJW 2008, 651 Rn. 19; Urt. v. 6.2.2014 – III ZR 131/13, NJW 2014, 2352 Rn. 12; Urt. v. 21.11.2018 – I ZR 10/18, NJW 2019, 1803 Rn. 37; Palandt/*Sprau*, § 652 Rn. 42; *Dehner*, Maklerrecht, Rn. 198; *Schwerdtner*, FS Kramer, 2004, S. 703, 704.

268 Palandt/*Sprau*, § 652 Rn. 42; *Dehner*, Maklerrecht, Rn. 113; *Zopfs*, Maklerrecht, Rn. 33.

269 BGH, Urt. v. 25.2.1999 – III ZR 191/98, BGHZ 141, 40, 43; OLG Hamm, Urt. v. 16.6.1997 – 18 U 235/96, NZM 1998, 271; zahlreiche weitere Beispiele aus der Rechtsprechung finden sich bei MünchKomm-BGB/*H. Roth*, § 652 Rn. 160.

270 BGH, Urt. v. 25.2.1999 – III ZR 191/98, BGHZ 141, 40, 43; *Dehner*, BB 1999, 1021.

271 BGH, Urt. v. 3.7.2014 – III ZR 530/13, NJW-RR 2014, 1272 Rn. 19; Beschl. v. 14.9.2017 – I ZR 261/16, NJW-RR 2018, 435 Rn. 11; Urt. v. 17.10.2018 – I ZR 154/17, NJW 2019, 1226 Rn. 23; *D. Fischer*, NZM 2018, 483, 484.

77 Während für die Grundsätze der persönlichen Identität das Gebot von Treu und Glauben in der höchstrichterlichen Judikatur als konstitutives Korrektiv anerkannt ist,[272] wird dies für die Grundsätze der inhaltlichen Identität ausdrücklich abgelehnt.[273] So hat der Bundesgerichtshof bei einem Preisnachlass von 50 % zum zunächst vorgesehenen Preis die wirtschaftliche Identität verneint und die einzelfallbezogene, gut begründete Annahme des Berufungsgerichts,[274] eine Provisionspflicht sei aber nach Treu und Glauben gerechtfertigt, ausdrücklich verworfen.[275]

78 Die Rechtsprechung hat an Hand eines umfangreichen Fallmaterials Rechtssätze entwickelt, die mittlerweile als *Lehre von der wirtschaftlichen Identität* anerkannt sind und verlässliche Lösungsansätze anbieten.

a) Allgemeine Grundsätze

79 Bei der Beurteilung der wirtschaftlichen Identität sind stets die Besonderheiten des Einzelfalls maßgebend. Ob Identität vorliegt, ist in erster Linie eine Frage der tatrichterlichen Würdigung der maßgeblichen Umstände.[276] Entscheidend ist, ob durch den Hauptvertrag der vom Maklerkunden erstrebte *wirtschaftliche Erfolg* eingetreten ist.[277] Die Beurteilung unter wirtschaftlichen Gesichtspunkten ist in aller Regel in erster Linie auf das Interesse des Auftraggebers und nicht auf das des Maklers auszurichten.[278] Ausgangspunkt hierfür ist der Maklervertrag, dessen konkreter Inhalt gegebenenfalls durch Auslegung zu bestimmen ist.[279] Je genauer der Maklerkunde seine Wünsche für das beabsichtigte Geschäft und die Bedingungen des Hauptver-

---

272 Dazu nachstehend Rn. 94 ff.

273 *D. Fischer*, NZM 2018, 483, 484.

274 OLG Hamm, Urt. v. 21.3.2013 – 18 U 133/12, BeckRS 2013, 06013.

275 BGH, Urt. v. 6.2.2014 – III ZR 131/13, NJW 2014, 2352 Rn. 16; ebenso Münch-Komm-BGB/*H. Roth*, BGB, § 652 Rn. 160.

276 BGH, Urt. v. 28.1.1987 – IV ZR 45/85, NJW 1987, 1628; Urt. v. 20.11.1997 – III ZR 57/96, NJW-RR 1998, 411; Urt. v. 8.4.2004 – III ZR 20/03, NJW-RR 2004, 851, 852; Urt. v. 6.2.2014 – III ZR 131/13, NJW 2014, 2352 Rn. 10.

277 BGH, Urt. v. 30.11.1983 – IVa ZR 58/82, WM 1984, 342; Urt. v. 21.10.1987 – IVa ZR 103/86, NJW 1988, 967, 968; Urt. v. 14.10.1992 – IV ZR 9/92, NJW-RR 1993, 119; Urt. v. 7.5.1998 – III ZR 18/97, NJW 1998, 2277; Urt. v. 6.2.2014 – III ZR 131/13, NJW 2014, 2352 Rn. 10.

278 BGH, Urt. v. 28.1.1987 – IV ZR 45/85, NJW 1987, 1628; Urt. v. 25.10.1989 – IVa ZR 266/88, NJW-RR 1990, 184, 185.

279 BGH, Urt. v. 18.4.1973 – IV ZR 6/72, WM 1973, 814; Urt. v. 15.2.1984 – IVa ZR 150/82, WM 1984, 560; *Hamm/Schwerdtner*, Maklerrecht, Rn. 408.

trages präzisiert, umso eher werden geringe Abweichungen von Bedeutung sein können.[280]

Die Grundsätze zur wirtschaftlichen Identität gelten sowohl für den Vermitt- **80** lungs- als auch für den Nachweismakler. Gleichwohl sind gewisse Differenzierungen hinsichtlich der beiden Tätigkeitsbereiche zu beachten.[281] Der Vermittlungsmakler hat die Abschlussbereitschaft des Vertragspartners des vorgesehenen Hauptvertrages herbeizuführen.[282] Diese Aufgabe lässt sich vielfach nur dann verwirklichen, wenn die Hauptvertragsparteien zu gegenseitigem Nachgeben veranlasst werden.[283] Der damit angesprochene Spielraum in den Vertragsverhandlungen kann sich insbesondere auf die Preishöhe, den Umfang von Ausstattungsmerkmalen des gesuchten Objekts sowie den übrigen Modalitäten des Hauptvertrages erstrecken.[284] Beim Nachweismakler hat sich die Identitätsprüfung auch auf den Inhalt des Nachweises zu beziehen: Der Makler hat nur dann eine Provision verdient, wenn die Vertragsgelegenheit, die er tatsächlich nachgewiesen hat, mit der übereinstimmt, die er nachzuweisen hatte, und wenn zudem der Hauptvertrag, den der Kunde abgeschlossen hatte, dem entsprach, der Gegenstand des Nachweises war. Hier ist demnach eine doppelte Identität erforderlich: einerseits zwischen Maklervertrag und geführtem Nachweis und andererseits zwischen dem Nachweis und dem vom Kunden abgeschlossenen Hauptvertrag.[285]

b) Inhaltliche Identität

aa) Abweichungen hinsichtlich des Umfangs des Objekts

Eine wirtschaftliche Gleichwertigkeit kann fehlen, wenn der Umfang des **81** verkauften oder vermieteten Objekts vom Maklerauftrag abweicht. Dies gilt regelmäßig dann, wenn das zum Erwerb vorgesehene Grundstück nur zum Teil gekauft wird. Fehlende wirtschaftliche Gleichwertigkeit hat der Bun-

---

280 BGH, Urt. v. 11.1.1984 – IVa ZR 109/82, n. v.; vgl. auch Urt. v. 18.4.1973 – IV ZR 6/ 72, WM 1973, 814; *Mäschle*, Maklerrecht, S. 221; *Hamm/Schwerdtner*, Maklerrecht, Rn. 408; *Döderlein*, ZMR 2015, 172.

281 *D. Fischer*, DB 2009, 887 f.

282 BGH, Urt. v. 2.6.1976 – IV ZR 101/75, NJW 1976, 1844; *D. Fischer*, NJW 2007, 183, 184.

283 *Dehner*, Maklerrecht, Rn. 113.

284 *D. Fischer*, NJW 2007, 183, 185.

285 *Dehner*, Maklerrecht, Rn. 113, unter Bezugnahme auf BGH, Urt. v. 16.5.1990 – IV ZR 337/88, NJW-RR 1990, 1008.

desgerichtshof beispielsweise bei dem Erwerb einer Grundstückshälfte[286] oder beim Erwerb von nur einem Viertel der ursprünglich vorgesehenen Grundstücksfläche angenommen.[287] Demgegenüber wurde wirtschaftliche Gleichwertigkeit bejaht, wenn der Makler eine unausgebaute Dachwohnung zum Kaufpreis (Gesamtpreis für Rohdach und Ausbau) anbietet und der Käufer schließlich die ausgebaute Dachwohnung erwirbt.[288] Ist der Makler beauftragt, die Gelegenheit zum Kauf einer Eigentumswohnung mit Balkon nachzuweisen und wird dann auf Nachweis eine Eigentumswohnung ohne Balkon erworben, so kann auch insoweit noch eine wirtschaftliche Gleichwertigkeit angenommen werden.[289] Sie wurde ferner für eine Fallgestaltung als gegeben angesehen, bei der der Erwerb von drei Spielhallen als „Paket" beabsichtigt, aber nur zwei Einrichtungen mit immerhin 94,3 % der gesamten Grundstücksfläche übernommen wurden.[290]

82 Ebenfalls wurde wirtschaftliche Identität in einer Fallgestaltung bejaht, bei der der Makler mit dem Nachweis einer Möglichkeit zum Kauf einer Fabrik beauftragt wurde und nicht dieser Gegenstand, sondern stattdessen die Anteile einer Kapitalgesellschaft erworben wurden, die eine Fabrik der gesuchten Art betrieb.[291] Gleiches kann gelten, wenn anstelle des nachgewiesenen Grundstücks die Anteile der GmbH, der das Grundstück gehört, erworben werden.[292] In entsprechender Anwendung dieser Grundsätze kann die Übernahme einer Unternehmensgruppe durch Erwerb der überwiegenden Mehrheit der Gesellschaftsanteile an den dazu gehörenden Objektgesellschaften wirtschaftlich im Wesentlichen einem Kauf sämtlicher einzelner Betriebsstätten als Unternehmen gleichkommen.[293] Eine gesonderte Prüfung der „personellen Identität" auf der Veräußererseite erübrigt sich bei einer solchen Sachlage, weil die insoweit gegebene Abweichung unmittelbare Folge der gewählten Vertragsmodalität ist.[294]

---

286 BGH, Urt. v. 18.4.1973 – IV ZR 6/72, WM 1973, 814; ebenso OLG Köln, Urt. v. 16.1.2001 – 24 U 92/00, MDR 2001, 500, bezüglich einer Teilfläche von 44 %.

287 BGH, Urt. v. 15.2.1984 – IVa ZR 150/82, NJW 1984, 2287.

288 KG, Urt. v. 5.11.1990 – 10 U 7825/89, GE 1991, 931.

289 So im Ergebnis BGH, Urt. v. 25.2.1999 – III ZR 191/98, BGHZ 141, 40 = NJW 1999, 1255; vgl. hierzu *Schwerdtner*, FS Kramer, 2004, S. 703, 709.

290 BGH, Urt. v. 25.10.1989 – IVa ZR 266/88, NJW-RR 1990, 184, 185.

291 BGH, Urt. v. 8.10.1975 – IV ZR 43/74, AIZ 1976, 117, 118.

292 BGH, Urt. v. 7.5.1998 – III ZR 18/97, NJW 1998, 2277.

293 BGH, Urt. v. 16.12.2004 – III ZR 119/04, BGHZ 161, 349, 360.

294 BGH, Urt. v. 16.12.2004 – III ZR 119/04, BGHZ 161, 349, 360; *D. Fischer*, DB 2009, 887, 888.

bb) Abweichungen hinsichtlich des vom Hauptvertrag gewährten Rechts

Die wirtschaftliche Gleichwertigkeit kann auch dann fraglich sein, falls das **83** Recht, das der Hauptvertrag dem Maklerkunden gewährt, schwächer ist als das Recht, das der Makler dem Kunden verschaffen sollte. So hat der Bundesgerichtshof einen fünfjährigen Pachtvertrag über eine Apotheke mit einem lebenslänglichen Pachtvertrag nicht als identisch angesehen.[295] Gleiches gilt zwischen einem vom Maklerkunden gewünschten Erbbaurechtsvertrag und einem Mietvertrag über dasselbe Objekt.[296] Die vereinbarte Maklertätigkeit für den Erwerb einer Doppelhaushälfte soll nicht wirtschaftlich gleichwertig mit dem Erwerb von Wohnungseigentum sein.[297] Demgegenüber bedeutet eine Absenkung einer zunächst vorgesehenen Mietzeit von fünf Jahren auf drei Jahre bei einem Gewerberaummietvertrag jedenfalls dann keine bedeutsame Abweichung, wenn eine einseitige Mietoption von weiteren drei Jahren dem Mieter eingeräumt wird.[298]

Wirtschaftliche Identität zwischen angestrebtem und abgeschlossenem **84** Hauptvertrag kann nach dem Bundesgerichtshof[299] im Falle eines Unternehmenserwerbs auch dann gegeben sein, wenn ursprünglich beide Erwerbsarten in Betracht kamen und ein zumindest für einen Unternehmenskauf („asset deal") hinreichender Nachweis erfolgte, dann jedoch der Hauptvertrag im Wege der mehrheitlichen Übernahme der Gesellschaftsanteile („share deal") zustande gekommen ist. Die erforderliche Kongruenz zwischen dem geschlossenen und dem nach dem Maklervertrag beabsichtigten Hauptvertrag kann auch dann bestehen, wenn die Maklerkundin an einem Grundstück – anders als in dem Maklerangebot vorgesehen – kein Alleineigentum, sondern lediglich ein hälftiges Miteigentum verbunden mit Teil- und Wohnungseigentum erwirbt, während ihr Bruder und dessen Ehefrau die andere Hälfte kaufen.[300] Auch bei einer derartigen Fallgestaltung sind die Besonderheiten des Einzelfalls im Rahmen einer Gesamtschau zu gewichten, wobei der wirtschaftlichen Betrachtungsweise Vorrang gebührt.[301]

In diesem Zusammenhang kann sowohl hinsichtlich der objektbezogenen **85** als auch in Bezug auf die persönliche Kongruenz darauf abgestellt werden,

---

295 BGH, Urt. v. 16.5.1990 – IV ZR 337/88, NJW-RR 1990, 1008.
296 *Dehner*, Maklerrecht, Rn. 115, unter Hinweis auf den nichtveröffentlichten Teil der Entscheidung BGH, Urt. v. 12.12.1984 – IVa ZR 216/82 unter II 2a.
297 OLG Karlsruhe, Urt. v. 8.8.2003 – 15 U 41/02, NJW-RR 2003, 1695, 1696.
298 OLG Frankfurt a. M., Beschl. v. 14.5.2012 – 19 U 8/12, BeckRS 2012, 23977; *D. Fischer*, NJW 2013, 3410, 3413.
299 BGH, Urt. v. 16.12.2004 – III ZR 119/04, BGHZ 161, 349, 359.
300 BGH, Urt. v. 13.12.2007 – III ZR 163/07, NJW 2008, 651 Rn. 24.
301 *Langemaack*, NZM 2008, 679; *D. Fischer*, NZM 2011, 529, 534

dass die Kundin einerseits und ihr Bruder sowie dessen Ehefrau andererseits nicht nur verwandtschaftlich eng verbunden sind, sondern sich im Kaufvertrag wechselseitig Vorkaufsrechte für die jeweils andere Wohnung einräumten.[302] Ebenso ist die Erwägung beachtlich, die enge Verbindung werde verdeutlicht durch die Tatsache, dass beide Käufe in einer Urkunde und im unmittelbaren Nachgang zur Teilungserklärung beurkundet wurden. Weiterhin konnte bei der Abwägung auch die gesamtschuldnerische Verpflichtung beider Erwerber für die gegen den jeweils anderen gerichtete Kaufpreisforderung als Umstand, der für die wirtschaftliche Kongruenz des Hauptvertrages mit dem im Maklernachweis vorgesehenen spricht, herangezogen werden. Gleiches gilt für den Gesichtspunkt, dass der Vater sowohl der Kundin als auch ihrem Bruder den Erwerb beider Wohnungen finanzierte.[303]

86 Wirtschaftliche Gleichwertigkeit hat das OLG Stuttgart[304] auch dann angenommen, wenn in Abweichung des ursprünglich angestrebten Hauptvertrages die Fälligkeit des Kaufpreises und der Übergabezeitpunkt um drei Jahre hinausgeschoben wird. Diese Zeitspanne konnte als provisionsunschädlich angesehen werden, weil für die Übergangszeit hinsichtlich des Objekts, einer Eigentumswohnung, ein Mietvertrag abgeschlossen wurde und die gezahlte Miete auf den Kaufpreis anzurechnen war. Der Umstand, dass für diese Übergangszeit das unmittelbare Stimmrecht in der Wohnungseigentümerversammlung nicht vom Käufer ausgeübt, sondern beim Verkäufer verblieb, war gleichfalls nicht geeignet die Gleichwertigkeit in Frage zu stellen, weil der Verkäufer aus dem abgeschlossenen Hauptvertrag die vertragsimmanente Nebenpflicht traf, das Stimmrecht im Interesse des Käufers auszuüben.[305]

cc) Abweichungen hinsichtlich der Höhe des vorgesehenen Preises

87 Ein erheblicher Preisunterschied zwischen dem gewünschten und dem abgeschlossenen Geschäft ist gleichfalls geeignet, eine wirtschaftliche Ungleichwertigkeit zu begründen.[306] Für diese Fallgruppe ist zu unterscheiden, ob sich die Preisdifferenz zugunsten oder zuungunsten des Maklerkunden auswirkt.[307] Für die Käuferprovision lässt sich eher sagen, dass durch einen geringeren Kaufpreis die wirtschaftliche Gleichwertigkeit noch nicht in Frage

---

302 *D. Fischer*, DB 2009, 887, 888.
303 BGH, Urt. v. 13.12.2007 – III ZR 163/07, NJW 2008, 651 Rn. 24.
304 OLG Stuttgart, Beschl. v. 5.6.2019 – 3 U 92/18, NJW-RR 2019, 1389.
305 OLG Stuttgart, Beschl. v. 5.6.2019 – 3 U 92/18, NJW-RR 2019, 1389.
306 Palandt/*Sprau*, § 652 Rn. 43; *Hamm/Schwerdtner*, Maklerrecht, Rn. 462; kritisch zur Rechtsprechungslinie *Schwerdtner*, FS Kramer, 2004, S. 703 ff.
307 *D. Fischer*, DB 2009, 887, 889.

gestellt werden kann.[308] Anderes gilt, wenn sich mit einer erheblichen Preissenkung zugleich auch die Ausstattungsmerkmale und sonstigen Objektattribute qualitativ vermindern. In diesen Fällen kann sich die fehlende Gleichwertigkeit auch aus einer Kombination unterschiedlicher Bezugsgrößen ergeben. Bei der Verkäuferprovision spricht unter Berücksichtigung der vorstehenden Erwägungen die Erhöhung des zunächst in Aussicht genommenen Kaufpreises nicht ohne Weiteres für eine fehlende wirtschaftliche Gleichwertigkeit.[309]

Die Verwendung von Prozentsätzen für die Bestimmung der Ungleichwertigkeit ist wenig hilfreich, weil die Beurteilung in erster Linie von den Umständen des Einzelfalls abhängt und auch in diesem Zusammenhang eine schematische Verallgemeinerung untauglich ist.[310] Gleichwohl hat die obergerichtliche Rechtsprechung, die stark durch einzelfallbezogene Gesichtspunkte geprägt ist, verschiedentlich Prozentsätze hinsichtlich der Preisdifferenz aufgestellt. Das OLG Brandenburg hat eine kundenungünstige Abweichung von 7% bereits als provisionsschädlich angesehen.[311] In einer früheren Entscheidung hat es eine Abweichung von 15% der zunächst vorgesehenen Kaufsumme im Falle eines Verkäufer-Maklervertrages für erheblich gehalten.[312] Für eine dem Kunden des Käufermaklers nachteilige Verteuerung der Immobilie um 25% hat das OLG Dresden eine Gleichwertigkeit verneint.[313] Das OLG Celle hat die Grenzlinie bei einer Differenz von 27% zum ursprünglich geforderten Kaufpreis gezogen.[314] Eine Differenz von mindestens 20% hat das OLG Hamburg selbst für eine dem Maklerkunden günstige Abweichung als wirtschaftliche Ungleichwertigkeit beurteilt.[315] Dagegen ist es bei einer Abweichung von 10% nicht gerechtfertigt, die wirtschaftliche Identität zu verneinen.[316]

88

---

308 MünchKomm-BGB/*H. Roth*, § 652 Rn. 160; *Hamm/Schwerdtner*, Maklerrecht, Rn. 465.

309 *D. Fischer*, DB 2009, 887, 889.

310 *Seydel/Heinbuch*, Maklerrecht, Rn. 250; *D. Fischer*, DB 2009, 887, 889; ebenso hinsichtlich der Käuferprovision *Hamm/Schwerdtner*, Maklerrecht, Rn. 465.

311 OLG Brandenburg, Urt. v. 23.5.2007 – 7 U 180/06, ZMR 2007, 973, 975.

312 OLG Brandenburg, Urt. v. 12.10.1999 – 11 U 116/98, NJW-RR 2000, 1505, 1506; kritisch hierzu *Büchner*, ZflR 2005, 310, 312.

313 OLG Dresden, Beschl. v. 18.9.2008 – 8 U 1167/08, MDR 2009, 195.

314 OLG Celle, Beschl. v. 5.6.2007 – 11 U 76/07, MDR 2007, 1410.

315 OLG Hamburg, Urt. v. 30.4.2003 – 13 U 10/02, OLGReport 2004, 53.

316 OLG Hamm, Urt. v. 16.6.1997 – 18 U 235/96, NJW-RR 1998, 1070, 1071; OLG Stuttgart, Urt. v. 10.7.2002 – 3 U 31/02, NJW-RR 2002, 1482, 1483. Das OLG München, Urt. v. 29.3.1994 – 18 U 4719/93, NJW-RR 1995, 1524, hat auch bei einer Abweichung von 20% die Identität noch bejaht.

89 Der Bundesgerichtshof hat einen Preisnachlass von etwa 15% im Falle einer Käuferprovision für nicht so erheblich angesehen, als dass durch ihn die notwendige Kongruenz des abgeschlossenen Vertrages mit der nachgewiesenen Gelegenheit in Frage gestellt werden könnte.[317] Bei Preisnachlässen von mehr als 50% ist dagegen die wirtschaftliche Identität regelmäßig zu verneinen.[318] Für den Zwischenbereich von 15 bis 50% hat der Tatrichter im Rahmen einer Würdigung der maßgeblichen Umstände zu prüfen, ob eine wirtschaftliche Identität noch vorliegt und dies einzelfallbezogen zu begründen.[319]

90 Diese Grundsätze gelten auch für die Vermittlung von Darlehensverträgen. Liegt die Abweichung des Darlehensvolumens unter 10%, steht dies der Annahme einer wirtschaftlichen Identität nicht entgegen.[320]

91 Bei für den Maklerkunden günstigen Preisabweichungen ist insbesondere von Bedeutung, ob diese sich noch in einem erwartbaren Rahmen bewegen, oder ob letztlich die abweichende Preisgestaltung auf Umständen beruht, die die wirtschaftliche Identität des nachgewiesenen zum abgeschlossenen Geschäft in Frage stellen.[321] Dabei ist kein allzu strenger Maßstab anzulegen, weil sich namentlich bei Grundstücken, die längere Zeit angeboten werden, der Preis typischerweise nach unten bewegt.[322] Wird zunächst ein bebautes Grundstück nachgewiesen, der Hauptvertrag – wirtschaftlich gesehen – aber nur bezogen auf den Grundstückswert ohne die aufstehenden und wesentlich wertbildenden Gebäude schließlich abgeschlossen, kann der zustande gekommene Kaufvertrag nicht mehr als wirtschaftlich gleichwertig zu dem vom Makler nachgewiesenen möglichen Grundstücksgeschäft angesehen werden.[323] Die von der Vorinstanz in diesem Zusammenhang angestellten

---

317 BGH, Urt. v. 13.12.2007 – III ZR 163/07, NJW 2008, 651 Rn. 26; Urt. v. 6.2.2014 – III ZR 131/13, NJW 2014, 2352 Rn. 12; Urt. v. 3.7.2014 – III ZR 530/13, NJW-RR 2014, 1272 Rn. 21; Urt. v. 17.10.2018 – I ZR 154/17, NJW 2019, 1226 Rn. 20; Urt. v. 5.3.2020 – I ZR 69/19, WM 2020, 1244 Rn. 40.

318 BGH, Urt. v. 6.2.2014 – III ZR 131/13, NJW 2014, 2352 Rn. 12; Urt. v. 3.7.2014 – III ZR 530/13, NJW-RR 2014, 1272 Rn. 21; Urt. v. 17.10.2018 – I ZR 154/17, NJW 2019, 1226 Rn. 20.

319 BGH, Urt. v. 3.7.2014 – III ZR 530/13, NJW-RR 2014, 1272 Rn. 21; *D. Fischer*, WM 2016, Sonderbeilage Nr. 1, S. 16.

320 BGH, Urt. v. 5.3.2020 – I ZR 69/19, WM 2020, 1244 Rn. 42 unter Bezugnahme auf BGH, Urt. v. 17.10.2018 – I ZR 154/17, NJW 2019, 1226 Rn. 20.

321 BGH, Urt. v. 6.2.2014 – III ZR 131/13, NJW 2014, 2352 Rn. 12; Urt. v. 17.10.2018 – I ZR 154/17, NJW 2019, 1226 Rn. 20.

322 BGH, Urt. v. 6.2.2014 – III ZR 131/13, NJW 2014, 2352 Rn. 12; Urt. v. 3.7.2014 – III ZR 530/13, NJW-RR 2014, 1272 Rn. 21; Urt. v. 17.10.2018 – I ZR 154/17, NJW 2019, 2126 Rn. 20; *Hamm/Schwerdtner*, Maklerrecht, Rn. 462 ff.

323 BGH, Urt. v. 6.2.2014 – III ZR 131/13, NJW 2014, 2352 Rn. 15.

Erwägungen zu Treu und Glauben vermögen nach Ansicht des Bundesgerichtshofs[324] über die fehlende wirtschaftliche Kongruenz nicht hinwegzu-
helfen. In Übereinstimmung mit dieser Entscheidung befinden sich Judikate
zahlreicher Oberlandesgerichte.[325]

Zu dieser Fallgruppe können mittelbar auch Vertragsgestaltungen gerechnet **92**
werden, in denen sich eine Abweichung hinsichtlich der Höhe der Abstands-
summe bei Mietverträgen ergibt.[326] Eine Kaufvertragsgelegenheit, welche
mit einer Mietoption zugunsten eines Dritten belastet ist, beeinträchtigt
nicht die wirtschaftliche Identität, wenn diese durch den Maklerkunden mit
einer geringen Abstandsumme abgelöst werden kann.[327]

c) Persönliche Identität

Nach dem Wortlaut des § 652 Abs. 1 Satz 1 BGB braucht der Maklerkunde **93**
nicht selbst Partner des Hauptvertrags zu werden.[328] Die Frage der wirtschaftlichen Gleichwertigkeit ist auch dann angesprochen, wenn der Hauptvertrag von einer Person abgeschlossen wird, die zwar mit der Person, die
nach dem Maklerauftrag abschließen sollte, nicht identisch, aber doch persönlich oder gesellschaftsrechtlich verbunden ist. Wirtschaftliche Identität
im Falle des Dritterwerbs kann nach der höchstrichterlichen Rechtsprechung
dann vorliegen, wenn zwischen dem Maklerkunden und dem Dritten besonders enge persönliche oder besonders ausgeprägte wirtschaftliche Beziehungen bestehen.[329] Dies ist anzunehmen, wenn zwischen dem Kunden und dem
Erwerber eine feste auf Dauer angelegte, in der Regel *familien- oder gesell-*

---

324 BGH, Urt. v. 6.2.2014 – III ZR 131/13, NJW 2014, 2352 Rn. 16.
325 OLG Bamberg, Urt. v. 22.12.1997 – 4 U 134/97, NJW-RR 1998, 565; OLG Brandenburg, Urt. v. 12.10.1999 – 11 U 116/98, NJW-RR 2000, 1505; OLG Koblenz, Urt. v.
25.9.2000 – 13 U 250/00, IMRRS 2002, 0535; OLG Celle, Urt. v. 5.6.2007 – 11 U 76/
07, IMR 2008, 178 = MDR 2007, 1410; OLG München, Urt. v. 4.2.2010 – 24 U 471/
09, MDR 2010, 615, 616; im Ergebnis auch OLG Dresden, Beschl. v. 18.9.2008 – 8 U
1167/08, IMR 2009, 62; OLG Jena, Urt. v. 6.4.2011 – 2 U 862/10, IMR 2011, 342 =
MDR 2011, 970.
326 OLG Hamburg, Urt. v. 11.7.1997 – 11 U 84/97, MDR 1998, 150: Als Abstandsumme
für die Einrichtung eines zu vermietenden Optikergeschäftslokals war zunächst
300.000,– DM vorgesehen, die auf 200.000,– DM runtergehandelt wurden; bei Abschluss des Hauptvertrages wurde nur noch ein Übernahmebetrag von 35.000,– DM
verlangt.
327 OLG Hamburg, Urt. v. 17.5.2002 – 9 U 39/01, NJW-RR 2003, 487, 488.
328 BGH, Urt. v. 17.10.2018 – I ZR 154/17, NJW 2019, 1226 Rn. 23 unter Bezugnahme
auf BGH, Urt. v. 20.6.1996 – III ZR 219/95, NJW-RR 1996, 1459; Urt. v. 18.9.1997 –
III ZR 226/96, NJW 1998, 62, 63.
329 BGH, Urt. v. 17.10.2018 – I ZR 154/17, NJW 2019, 2126 Rn. 20.

schaftsrechtliche Bindung besteht.[330] Diese Bindung muss jedenfalls im Zeitpunkt des Abschlusses des Hauptvertrages vorliegen.[331] Dabei sind stets die Besonderheiten des Einzelfalls maßgebend. Ob eine persönliche Identität vorliegt, ist in erster Linie eine Frage der tatrichterlichen Beurteilung.[332] Diese Fallgruppe wird, jedenfalls wenn natürliche Personen beteiligt sind, auch mit dem Begriff der *persönlichen Kongruenz*[333] umschrieben.

aa) Allgemeine Grundsätze

94 Maßgeblich für die Bejahung eines Provisionsanspruchs ist nach gefestigter höchstrichterlicher Rechtsprechung, dass der Maklerkunde im Hinblick auf seine Beziehungen zu dem Erwerber gegen *Treu und Glauben* verstoßen würde, wenn er sich darauf beriefe, der ursprünglich von ihm erstrebte Vertrag sei nicht mit ihm, sondern mit einem Dritten abgeschlossen worden.[334] Die Bezugnahme auf den Grundsatz von Treu und Glauben bedeutet hierbei aber nicht, dass die vorgenannten Grundsätze nur bei ausgesprochenen Umgehungsfällen in Betracht kommen, wenn also der Maklerkunde bewusst nur vorgeschoben wird und das Objekt von vornherein durch einen nicht an den Maklervertrag gebundenen Dritten erworben werden soll.[335] Entscheidend ist vielmehr, dass bei besonders engen persönlichen oder wirtschaftlichen Bindungen der Vertragsabschluss dem Maklerkunden im wirtschaftlichen Erfolg häufig ähnlich zugutekommen wird wie ein eigener Abschluss.[336] Unter diesen Umständen erscheint es in der Tat als treuwidrig, wenn der Kunde die Vorteile, die sich aus der Tätigkeit des von ihm beauftragten Mak-

---

330 BGH, Urt. v. 8.4.2004 – III ZR 20/03, NJW-RR 2004, 851, 852; Urt. v. 13.12.2007 – III ZR 163/07, NJW 2008, 651 Rn. 22; *Hamm/Schwerdtner*, Maklerrecht, Rn. 440.

331 BGH, Urt. v. 8.4.2004 – III ZR 20/03, NJW-RR 2004, 851, 852; OLG Karlsruhe, Urt. v. 18.5.2001 – 15 U 61/00, VersR 2003, 202, 203; *D. Fischer*, NZM 2018, 483, 484; a. A. – zum Zeitpunkt der Maklerleistung bereits – Büchner, ZfIR 2005, 310.

332 BGH, Urt. v. 17.10.2018 – I ZR 154/17, NJW 2019, 2126 Rn. 23.

333 Palandt/*Sprau*, § 652 Rn. 44; *D. Fischer*, NJW 2014, 3281, 3285.

334 BGH, Urt. v. 12.10.1983 – IVa ZR 36/82, NJW 1984, 358, 359; Urt. v. 8.4.2004 – III ZR 20/03, NJW-RR 2004, 851, 852; Urt. v. 3.7.2014 – III ZR 530/13, NJW-RR 2014, 1272 Rn. 19; Urt. v. 17.10.2018 – I ZR 154/17, NJW 2019, 2126 Rn. 23; Urt. v. 21.11.2018 – I ZR 10/18, NJW 2019, 1803 Rn. 40; OLG Karlsruhe, Urt. v. 18.5.2001 – 15 U 61/00, VersR 2003, 202.

335 BGH, Urt. v. 21.11.2018 – I ZR 10/18, NJW 2019, 1803 Rn. 40; zu derartigen Fallgestaltungen etwa BGH, Urt. v. 14.1.1987 – IVa ZR 130/85, NJW 1987, 2431, sowie OLG Frankfurt a. M., Urt. v. 3.8.1999 – 17 U 123/96, NJW-RR 2000, 434, 435.

336 BGH, Urt. v. 21.11.2018 – I ZR 10/18, NJW 2019, 1803 Rn. 40.

lers ergeben, für sich in Anspruch nehmen, die damit verbundenen Nachteile, die Zahlung des Maklerlohns, jedoch ablehnen könnte.[337]

Eine allgemeine Umschreibung, was unter besonders ausgeprägten wirtschaftlichen Beziehungen (gesellschaftsrechtliche Bindung) und unter besonders engen persönlichen Beziehungen zu verstehen ist, findet sich in der höchstrichterlichen Judikatur nicht. *Würdinger*[338] hat vorgeschlagen, für den Bereich der besonders engen persönlichen Beziehungen den in § 138 Abs. 1 InsO verwendeten Begriff der nahestehenden Personen zu übernehmen. Dem sollte nicht gefolgt werden.[339] Um den Vorrang der tatrichterlichen Würdigung nicht einzuschränken, erscheint es angezeigt, eine vorschnelle Fixierung zu vermeiden. Dies schließt es natürlich nicht aus, bei der Beurteilung der besonderen persönlichen Beziehungen die insolvenzrechtliche Judikatur zu § 138 InsO in den Blick zu nehmen.[340]   **95**

Für beide Fallgruppen gilt, dass die Provisionspflicht ausschließlich den Maklerkunden trifft und nicht auf den Dritten ausgedehnt wird.[341]   **96**

bb) Enge persönliche Beziehung

Eine familienrechtliche Bindung zwischen Maklerkunde und Erwerber sieht der Bundesgerichtshof in Fällen als für die Begründung der Provisionspflicht ausreichend an, wenn der Erwerb durch einen Familienangehörigen oder den Ehegatten dazu führt, dass der vom Maklerkunden erstrebte wirtschaftliche Erfolg auch durch den Abschluss eines Kaufvertrags erreicht werden kann, an dem nicht der Kunde selbst, sondern dessen Ehefrau beteiligt ist.[342] Ferner wird eine persönliche Identität zwischen dem von der Maklerkundin beabsichtigten und dem später seitens ihres Vaters und ihres Bruders geschlossenen Grundstückskaufvertrag angenommen, wenn die Maklerkundin ihr Ziel erreicht, mit ihrer Familie das Grundstück zu nutzen und dort zu wohnen, weil sie dort eine Wohnung als Mieterin beziehen will   **97**

---

337 BGH, Urt. v. 8.4.2004 – III ZR 20/03, NJW-RR 2004, 851, unter ausdrücklicher Bezugnahme auf BGH, Urt. v. 14.12.1959 – II ZR 241/58, LM § 652 BGB Nr. 7.
338 *Würdinger*, JZ 2009, 349, 353.
339 Ebenso MünchKomm-BGB/*H. Roth*, § 652 Rn. 166; *D. Fischer*, NZM 2018, 483, 485.
340 *D. Fischer*, NZM 2018, 483, 485.
341 BGH, Urt. v. 5.6.1997 – III ZR 271/95, NJW-RR 1997, 1276; OLG Dresden, Urt. v. 13.2.1998 – 8 U 2863/97, NZM 1998, 446 (familiäre Bindung); OLG Koblenz, Urt. v. 27.11.1990 – 3 U 558/89, WM 1991, 375, 377 (gesellschaftsrechtliche Verflechtung).
342 BGH, Urt. v. 17.10.2018 – I ZR 154/17, NJW 2019, 2126 Rn. 28 unter Bezugnahme auf BGH, Urt. v. 14.12.1983 – IVa ZR 66/82, WM 1984, 412.

und ihr der Erwerb daher tatsächlich zugutekommt.[343] Gleiches gilt, wenn die Maklerkundin nicht das vom Makler nachgewiesene Zweifamilienhaus, sondern nach Aufteilung des Hauses in zwei Eigentumswohnungen zusammen mit ihrem Bruder und dessen Ehefrau in einer einzigen notariellen Urkunde je einen hälftigen Miteigentumsanteil verbunden mit dem Sondereigentum an je einer der Wohnungen und Nebenräumen erwirbt, sich die Käufer wechselseitige Vorkaufsrechte einräumen und sich gegenüber den Verkäufern gesamtschuldnerisch zur Zahlung des vollen Kaufpreises verpflichten.[344] Entscheidend ist danach, ob es für den Maklerkunden bei wirtschaftlicher Betrachtungsweise gleichgültig ist, ob der Hauptvertrag formell in seinem Namen oder in dem einer anderen mit ihm familiär verbundenen Person geschlossen wird.[345]

98 Hat bei bestehender Ehe nicht der Auftraggeber, sondern dessen Ehegatte später das vom Makler nachgewiesene Geschäft abgeschlossen, so ist regelmäßig der Auftraggeber provisionspflichtig.[346] Auch bei den übrigen engen familiären Bindungen, wie im Verhältnis Kind und dessen Eltern,[347] unter Geschwistern,[348] Schwiegereltern und Schwiegerkinder, kann dies anzunehmen sein.[349] Dagegen soll es ohne entsprechende Beteiligung am Maklervertrag in der Regel nicht genügen, wenn statt der Maklervertragspartei der Lebensgefährte das Objekt kauft.[350] Dies erscheint nicht überzeugend;[351] maßgeblich ist, ob die betreffende Partnerschaft auf Dauer angelegt ist und

343 BGH, Urt. v. 17.10.2018 – I ZR 154/17, NJW 2019, 2126 Rn. 28; Urt. v. 21.11.2018 – I ZR 10/18, NJW 2019, 1803 Rn. 40; jeweils unter Bezugnahme auf BGH, Urt. v. 8.4.2004 – III ZR 20/03, NJW-RR 2004, 851, 852.

344 BGH, Urt. v. 17.10.2018 – I ZR 154/17, NJW 2019, 2126 Rn. 28 unter Bezugnahme auf BGH, Urt. v. 13.12.2007 – III ZR 163/97, NJW 2008, 651 Rn. 24.

345 BGH, Urt. v. 17.10.2018 – I ZR 154/17, NJW 2019, 2126 Rn. 28 unter Bezugnahme auf *Dehner*, NJW 1997, 18, 21.

346 OLG München, Urt. v. 12.12.2016 – 21 U 3086/15, BeckRS 2016, 20902; LG Oldenburg, Urt. v. 16.5.2013 – 5 O 3605/12, ZMR 2014, 335, 336; LG Tübingen, Urt. v. 12.1.2017 – 7 O 156/16, ZMR 2017, 722, 723; *D. Fischer*, NJW 2014, 3281, 3285.

347 BGH, Urt. v. 8.4.2004 – III ZR 20/03, NJW-RR 2004, 851, 852 (Sohn/Vater); Urt. v. 13.12.2007 – III ZR 163/07, NJW 2008, 651 Rn. 22 (Vater).

348 BGH, Urt. v. 8.4.2004 – III ZR 20/03, NJW-RR 2004, 851, 852; Urt. v. 13.12.2007 – III ZR 163/07, NJW 2008, 651 Rn. 22.

349 Erman/*D. Fischer*, § 652 Rn. 46; *Ibold*, Maklerrecht, Rn. 93; *Stark*, NZM 2008, 832, 835.

350 Staudinger/*Arnold*, BGB, § 652 Rn. 85; MünchKomm-BGB/*H. Roth*, § 652 Rn. 167; *Stark*, NZM 2008, 832, 834.

351 *Dehner*, Maklerrecht, Rn. 115; *Hamm/Schwerdtner*, Maklerrecht, Rn. 453; *D. Fischer*, NZM 2018, 483, 485; vgl. auch BGH, Urt. v. 10.10.1990 – IV ZR 280/89, NJW 1991, 490.

damit als enge persönliche Beziehung angesehen werden kann.[352] Das OLG Schleswig[353] hat eine personelle Identität auch dann angenommen, wenn die Schwester des Auftraggebers die nachgewiesene Immobilie erwirbt. Zugrunde lag die Besonderheit, dass der im Inland lebende Bruder von seiner im außereuropäischen Ausland wohnenden Schwester beauftragt wurde, für sie eine geeignete Immobilie zu suchen, wofür er in eigenem Namen einen Makler einschaltete. Auch für diese Fallgestaltung ist es zutreffend, von einer provisionspflichtigen personellen Identität auszugehen.[354]

Eine persönliche Identität wird nicht in Frage gestellt, so das OLG Jena,[355] **99** wenn der Maklerkunde das vorgesehene Hausgrundstück nur zu ½ erwirbt und der Miterwerb durch die weitere Person im Hinblick auf das zwischen ihnen bestehende Näheverhältnis – hier Ehe – auch dem Kunden unmittelbar zu Gute kommt. Persönliche Identität liegt auch dann vor, wenn der Auftraggeber das nachgewiesene Objekt nicht von dem benannten Dritten, sondern von einem an dessen Stelle getretenen anderen Vertragspartner, etwa von der Witwe und Alleinerbin des vorgesehenen Vertragspartners, erwirbt.[356]

Eine Provisionspflicht entsteht nach diesen Grundsätzen ferner dann, wenn **100** der Maklerauftrag von der Ehefrau in eigenem Namen erteilt, der Hauptvertrag aber vom Ehemann oder beiden Eheleuten abgeschlossen wird.[357] Das OLG Frankfurt a. M. hat in einem Fall, bei dem der gegenüber dem Makler mit aufgetretene Bruder des Maklerkunden das Objekt erwarb, ebenfalls wirtschaftliche Gleichwertigkeit angenommen.[358] Das OLG Jena[359] hat die Verpflichtung zur Provisionszahlung aus der „personellen wirtschaftlichen Identität" von Familienmitgliedern zu Recht auch auf Wohngemeinschaftspartner ausgedehnt.[360]

---

352 *D. Fischer*, NZM 2018, 483, 485.

353 OLG Schleswig, Beschl. v. 3.4.2017 – 16 W 43/17, ZMR 2017, 776; *D. Fischer*, NJW 2017, 3278, 3280.

354 *D. Fischer*, NJW 2017, 3278, 3280; *Spies/Omlor*, ZfIR 2018, 47, 51.

355 OLG Jena, Urt. v. 6.4.2011 – 2 U 862/09, MDR 2011, 970; ferner OLG Jena, MMR 2015, 438.

356 MünchKomm-BGB/*H. Roth*, § 652 Rn. 171; *Ibold*, Maklerrecht, Rn. 93; *D. Fischer*, NZM 2018, 483, 485.

357 BGH, Urt. v. 14.12.1983 – IVa ZR 66/82, WM 1984, 412, 416; OLG Koblenz, Urt. v. 14.10.1993 – 5 U 473/93, NJW-RR 1994, 824; OLG Koblenz, Urt. v. 18.9.2003 – 5 U 306/03, NJW-RR 2004, 414, 415 (Erwerb eines Hotelgrundstücks durch den Ehegatten des Maklerkunden); LG Oldenburg, Urt. v. 16.5.2013 – 5 O 3605/12, ZMR 2014, 335, 336.

358 OLG Frankfurt a. M., Urt. v. 3.8.1999 – 17 U 123/96, NJW-RR 2000, 434, 435.

359 OLG Jena, Urt. v. 3.8.2005 – 2 U 142/05, NJW-RR 2005, 1509 f.

360 *D. Fischer*, NJW 2007, 3107, 3110.

cc) Enge wirtschaftliche oder gesellschaftsrechtliche Beziehung

101 Die gleichen Grundsätze gelten auch für den Abschluss durch eine mit dem Kunden verflochtene Gesellschaft. Wirtschaftliche Identität wurde beispielsweise bei dem Verkauf des betreffenden Objekts statt an eine Kommanditgesellschaft an deren Komplementär-GmbH, statt an eine Kapitalgesellschaft an deren Tochtergesellschaft, statt an eine Vertriebsgesellschaft an die jeweilige Besitzgesellschaft angenommen.[361] Gleiches kann gelten, falls statt einer GmbH deren (Allein-)Gesellschafter den Hauptvertrag abschließt.[362] Ebenso ist zu entscheiden, wenn nicht der Maklerkunde, sondern eine neugegründete Gesellschaft das nachgewiesene Objekt erwirbt, und beide Gesellschaften dieselbe Anschrift und denselben Geschäftsführer haben.[363]

102 Wirtschaftlich gleichwertig ist es ferner, wenn nicht der Maklerkunde, sondern eine von ihm beherrschte Kapital- oder Personengesellschaft das nachgewiesene oder vermittelte Objekt erwirbt.[364] Dies wird auch dann anzunehmen sein, wenn – so die dem Beschluss des Bundesgerichtshofs[365] vom 24.11.2016 zugrundeliegende Fallgestaltung – hinsichtlich eines durch Maklerexposé angebotenen Hotelobjekts ein Geschäftsführer einer A-Gesellschaft in Kenntnis eines Provisionsbegehrens im Rahmen einer schriftlichen Interessenbekundung um die Durchführung einer Objektbesichtigung bittet, diese in seinem Beisein durchgeführt wird und wenige Monate später eine B-Gesellschaft das Objekt erwirbt, wobei Geschäftsführer dieser Gesellschaft der handelnde Geschäftsführer der A-Gesellschaft und eine weitere Person ist, die bereits als Absender der Interessebekundung mitbenannt wurde. Auch hier hat die A-Gesellschaft als Auftraggeber die Provision zu zahlen; zwischen ihr und der B-Gesellschaft als Erwerberin bestehen angesichts der gemeinsam agierenden Geschäftsführer besonders ausgeprägte wirtschaftliche Beziehungen.[366]

103 Regelmäßig ist die Frage, ob zwischen dem Auftraggeber und dem Dritten eine besonders ausgeprägte wirtschaftliche Beziehung besteht, anhand der

---

361 BGH, Urt. v. 8.4.2004 – III ZR 20/03, NJW-RR 2004, 851, 852; MünchKomm-BGB/ *H. Roth*, § 652 Rn. 155b; *D. Fischer*, DB 2009, 887, 889.

362 LG Dresden, Urt. v. 24.2.1995 – 12 O 4141/94, NJW-RR 1996, 307.

363 BGH, Urt. v. 3.7.2014 – III ZR 530/13, NJW-RR 2014, 1272 Rn. 19; Rn. 5; OLG Hamburg, Urt. v. 17.5.2013 – 5 U 173/10, ZMR 2014, 333, 334; *D. Fischer*, NJW 2014, 3281, 3285.

364 BGH, Urt. v. 8.10.1975 – IV ZR 43/74, AIZ 1976, 117, 118.

365 BGH, Beschl. v. 24.11.2016 – I ZR 37/16, BeckRS 2016, 116281 Rn. 3–5.

366 *D. Fischer*, NZM 2018, 483, 485.

Verhältnisse bei Abschluss des Hauptvertrages zu prüfen.[367] Bei größeren Sanierungsobjekten, die anschließend unter Bildung von Eigentumswohnungseinheiten weiterveräußert werden sollen, können aber auch die näheren Umstände im unmittelbaren zeitlichen Umfeld mit einbezogen werden.[368]

Mit Grundsatzentscheidung vom 21.11.2018 hat der Bundesgerichtshof **104** nunmehr entschieden, dass diese Grundsätze nur für den *Käufermakler* gelten; eine Übertragbarkeit auf den *Verkäufermakler* als Nachweismakler wurde ausdrücklich abgelehnt.[369] Schließt nicht die vom Verkäufermakler als Kaufinteressentin nachgewiesene Gesellschaft, sondern deren Geschäftsführer selbst in eigenem Namen das Geschäft ab, ist der Verkäufer als Maklerkunde unmittelbar hieran beteiligt. Im Streitfall kam hinzu, dass zum Zwecke des Verkaufs nicht der Verkäufer (Maklerkunde) an den Käufer herangetreten ist, sondern umgekehrt der Käufer Interesse an einem eigenen Erwerb bekundete, so dass ein treuwidriges Verhalten des Kunden ausscheidet.[370] Mit dieser Entscheidung verdeutlicht der Bundesgerichtshof, dass er die Grundsätze zur wirtschaftlichen Identität, jedenfalls, was die persönliche Identität angeht, im Hinblick auf ihren Charakter als Ausnahmetatbestand restriktiv handhabt.[371] Konsequenz dieser weit reichenden Entscheidung ist für den Verkäufermakler, dass er dem Verkäufer auch potenzielle Dritterwerber aus dem Umkreis des Interessenten als zusätzliche Kaufinteressenten benennen sollte.[372]

Die Entscheidung vom 21.11.2018 ist im Schrifttum zu Recht auf Widerspruch gestoßen.[373] *Würdinger*[374] hat zutreffend dargelegt, dass der vom **105** Bundesgerichtshof entwickelte Lösungsansatz nicht mit der bisherigen Rechtsprechung zur persönlichen Identität und der hierauf beruhenden wirtschaftlichen Betrachtungsweise in Einklang steht. Die naheliegende Erstreckung auch auf den Verkäufermakler hat der Bundesgerichtshof in Anlehnung an ein früheres obergerichtliches Judikat[375] mit recht formalen und

---

367 BGH, Urt. v. 5.10.1995 – III ZR 10/95, NJW 1995, 3311; Urt. v. 8.4.2004 – III ZR 20/03, NJW-RR 2004, 851, 852.
368 OLG Karlsruhe, Urt. v. 18.5.2001 – 15 U 61/00, VersR 2003, 202, 203.
369 BGH, Urt. v. 21.11.2018 – I ZR 10/18, NJW 2019, 1803 Rn. 42.
370 BGH, Urt. v. 21.11.2018 – I ZR 10/18, NJW 2019, 1803 Rn. 44.
371 Gleiche Tendenz bei BGH, Urt. v. 17.10.2018 – I ZR 154/17, NJW 2019, 1226 Rn. 29; *D. Fischer*, NJW 2019, 1182, 1184.
372 *D. Fischer*, IMR 2019, 161; *Würdinger*, NJW 2019, 1807.
373 *Würdinger*, NJW 2019, 1807; *D. Fischer*, WuB 2020, 152; MünchKomm-BGB/ *H. Roth*, § 652 Rn. 171, kritisch auch *Wichert*, ZMR 2020, 6, 9
374 *Würdinger*, NJW 2019, 1807.
375 OLG Karlsruhe, Urt. v. 6.11.1987 – 15 U 171/81, NJW-RR 1988, 249, 250.

knappen Erwägungen verworfen.[376] Der allgemeine Gesichtspunkt, dass ein Kaufvertrag für den Verkäufer mit jedem Erwerber, der bereit und fähig ist, den geforderten Kaufpreis zu entrichten, wirtschaftlich identisch ist, verstellt den Blick nach der wirtschaftlichen Gleichwertigkeit des nachgewiesenen Erwerbsinteressenten (hier: Gesellschaft) und des tatsächlichen Erwerbers (hier: Geschäftsführer und Alleingesellschafters). Zu prüfen ist, ob zwischen dem benannten Erwerbsinteressenten und dem tatsächlichen Erwerber eine persönliche Identität im Sinne der bisherigen Rechtsätze besteht. Mithin ist der Frage nachzugehen, ob eine familienrechtliche oder gesellschaftsrechtlich enge Verbindung zwischen dem nachgewiesenen Kaufinteressenten und dem tatsächlichen Erwerber vorliegt, sowie, ob der nachgewiesene Erwerber vom tatsächlichen Hauptvertragsabschluss wirtschaftlich begünstigt wird.[377] Beides ist zu bejahen: Wirtschaftlich gesehen, ist der zustande gekommene Kaufvertrag als „das Werk des Maklers"[378] oder als dessen geschuldeter Arbeitserfolg[379] anzusehen. Der vom Bundesgerichtshof befürwortete Lösungsansatz beruht auf einer formalen Sichtweise und schafft den Anreiz für mögliche Umgehungen.[380] Dies zu verhindern, ist gerade Aufgabe der Grundsätze zur persönlichen Identität, die in besonderem Maß dem Gebot von Treu und Glauben verpflichtet sind.[381] Auch im Ergebnis überzeugt der Lösungsansatz des Bundesgerichtshofs nicht. Während die Käuferprovision bei der in Rede stehenden Fallgestaltung nach den Grundsätzen der persönlichen Identität – vom bisherigen Maklerkunden, also nicht dem Dritten – zu zahlen ist, soll der Verkäufer von der Provisionspflicht freigestellt werden.[382]

dd) Anwendung der Grundsätze über die persönliche Identität auch bei Vorliegen eines Provisionsanspruchs gegenüber dem Dritterwerber?

106 Der Bundesgerichtshof[383] hat mit Nichtzulassungsbeschluss vom 14.9.2017 betont, dass bislang in der höchstrichterlichen Judikatur die Frage nicht entschieden wurde, ob der Maklerkunde auch dann wegen der wirtschaftlichen Identität des nachgewiesenen mit dem abgeschlossenen Vertrag auf Zahlung

---

376 BGH, Urt. v. 21.11.2018 – I ZR 10/18, NJW 2019, 1803 Rn. 42–44.
377 *D. Fischer*, WuB 2020, 117.
378 *Würdinger*, NJW 2019, 1807.
379 MünchKomm-BGB/*H. Roth*, § 652 Rn. 171.
380 *Würdinger*, NJW 2019, 1807.
381 *D. Fischer*, NZM 2018, 483, 484.
382 *D. Fischer*, WuB 2020, 117, 118.
383 BGH, Beschl. v. 14.9.2017 – I ZR 261/16, NJW-RR 2018, 435 Rn. 12 = NZM 2018, 211; ebenso BGH, Urt. v. 17.10.2018 – I ZR 154/17, NJW 2019, 2126 Rn. 34.

der Provision in Anspruch genommen werden kann, wenn dem Makler gegenüber dem mit dem Kunden persönlich oder gesellschaftsrechtlich verbundenen Dritterwerber ebenfalls ein Maklerlohnanspruch zusteht. Zu Recht geht der Maklerrechtssenat in dem angeführten Beschluss davon aus, dass die aufgeworfene Frage grundsätzlicher Natur sei und die Zulassung der Revision rechtfertigen würde.[384]

Im Streitfall kam es hierauf aber nicht an, weil in der vom Maklerkunden unterzeichneten Nachweisbestätigung ausdrücklich festgehalten wurde, eine Provisionspflicht entstehe beim Erwerb oder Anmietung des Objekts „durch uns oder durch ein mit uns verbundenes Haus".[385] Diese Klausel hat der Bundesgerichtshof zutreffend als einschränkungslose Provisionsverpflichtung im Falle des Dritterwerbs durch ein „verbundenes Haus" qualifiziert und sie in casu auf den Erwerb des Bruders des Maklerkunden bezogen.[386] Damit war der Dritterwerb unmittelbar der Provisionspflicht unterworfen, so dass es einer Anwendung der Grundsätze über die persönliche Identität entgegen der Ansicht des Berufungsgerichts nicht mehr bedurfte. **107**

Im Hinblick auf den vom Bundesgerichtshof auch in dieser Entscheidung betonten *Ausnahmecharakter* der Grundsätze über die wirtschaftliche Identität dürfte allerdings deren Anwendung gegenüber dem nichterwerbenden Maklerkunden ausscheiden, wenn der Makler gegenüber dem Dritterwerber einen eigenständigen Provisionsanspruch verfolgen könnte.[387] Hat der Makler einen Provisionsanspruch bereits unmittelbar gegenüber dem Dritterwerber erlangt, besteht kein Schutzbedürfnis für die Zuerkennung eines zusätzlichen Provisionsanspruchs. Dass es für den Makler vorteilhaft ist, zwei unterschiedliche Schuldner für einen bestimmten Provisionsanspruch zu haben, nämlich insbesondere dann, wenn, wie auch im Streitfall gegeben,[388] einer der Gesamtschuldner wegen Vermögensverfalls nicht leistungsfähig ist, vermag die Heranziehung der Grundsätze über die persönliche Identität nicht zu rechtfertigen.[389] Das Insolvenzrisiko seines Geschäftspartners hat der Makler als Gläubiger, wie im Wirtschaftsleben allgemein, selbst zu tra- **108**

---

384 BGH, Beschl. v. 14.9.2017 – I ZR 261/16, NJW-RR 2018, 435 Rn. 10; *D. Fischer*, NZM 2018, 483, 485.

385 BGH, Beschl. v. 14.9.2017 – I ZR 261/16, NJW-RR 2018, 435 Rn. 1. In BGH, Urt. v. 17.10.2018 – I ZR 154/17, NJW 2019, 2126 Rn. 34 kam es auf die Fragestellung nicht an, weil bereits keine wirtschaftliche Identität vorlag.

386 BGH, Beschl. v. 14.9.2017 – I ZR 261/16, NJW-RR 2018, 435 Rn. 15; *D. Fischer*, NZM 2018, 483, 486.

387 *D. Fischer*, NJW 2018, 1145, 1146.

388 BGH, Beschl. v. 14.9.2017 – I ZR 261/16, NJW-RR 2018, 435 Rn. 2.

389 *D. Fischer*, NZM 2018, 483, 486.

gen.[390] Auch der für die personelle Identität maßgebliche Grundsatz von Treu und Glauben[391] spricht dagegen, dem Makler für die erörterte Fallkonstellation einen zusätzlichen Anspruch nach den Identitätsgrundsätzen einzuräumen.[392]

d) Analoge Anwendung der Grundsätze zur persönlichen Kongruenz

109   Diese Grundsätze sind zudem von Bedeutung, wenn bei Maklerverträgen – namentlich bei qualifizierten Alleinaufträgen – die inhaltliche Reichweite von sogenannten Kaufinteressentenlisten zu bestimmen sind. Listen dieser Art dienen dazu, Interessenten, mit denen der Verkäufer-Maklerkunde bereits vor Abschluss des Maklervertrages in Kontakt gestanden hat, von der Verkäuferprovision auszunehmen.[393] Im Rahmen der Vertragsauslegung dieser Listen können die Grundsätze zur persönlichen Kongruenz herangezogen werden[394] und hierdurch zur gebotenen Konkretisierung unter wirtschaftlichen Gesichtspunkten beitragen.[395] Dies ist insbesondere beim Immobilienerwerb durch Objekt- und Zweckgesellschaften zu beachten.[396]

e) Darlegungs- und Beweislast

110   Grundsätzlich hat der Makler das Zustandekommen des Hauptvertrages zwischen dem Auftraggeber und dem Dritten zu beweisen.[397] Hieraus folgt,

---

390 Vgl. BGH, Urt. v. 22.7.2004 – IX ZR 132/03, WM 2004, 1825, 1827; Urt. v. 6.11.2012 – VI ZR 174/11, ZIP 2013, 77 Rn. 9; *D. Fischer,* in: G. Fischer/Vill/D. Fischer/Pape/Chab, Handbuch der Anwaltshaftung, 5. Aufl. 2020, § 10 Rn. 13, zur gleichlautenden Wertung bei der – verneinten – Heranziehung der Grundsätze über die Einbeziehung in einen Vertrag mit Schutzwirkung zu Gunsten Dritter im Rahmen der Rechtsberaterhaftung.

391 BGH, Urt. v. 21.12.2005 – III ZR 451/04, NJW-RR 2006, 496 Rn. 11; v. 13.12.2007 – III ZR 163/07, NJW 2008, 651 Rn. 22; v. 3.7.2014 – III ZR 530/13, NJW-RR 2014, 1272 Rn. 19; Beschl. v. 14.9.2017 – I ZR 261/16, NJW-RR 2018, 435 Rn. 11.

392 *D. Fischer,* NZM 2018, 483, 486.

393 Vgl. BGH, Beschl. v. 11.6.2015 – I ZR 217/14, NJW-RR 2016, 175 sowie BGH, Urt. v. 4.6.2009 – III ZR 82/08, NJW-RR 2009, 1282 Rn. 15.

394 BGH, Beschl. v. 11.6.2015 – I ZR 217/14, NJW-RR 2016, 175 Rn. 13, 7; hierzu *D. Fischer,* IMR 2016, 82.

395 *D. Fischer,* NZM 2016, 117, 121.

396 *D. Fischer,* WM 2016, Sonderbeilage Nr. 1, S. 17.

397 BGH, Urt. v. 7.5.1998 – III ZR 18/97, NJW 1998, 2277, 2279; *Küpper,* in: Baumgärtel/Laumen/Prütting, Handbuch der Beweislast, § 652 Rn. 16; Palandt/*Sprau,* § 652 Rn. 55; *Hamm/Schwerdtner,* Maklerrecht, Rn. 438.

dass der Makler auch die Darlegungs- und Beweislast dafür trägt, ob der Hauptvertrag mit dem ursprünglich in Aussicht genommenen Geschäft wirtschaftlich identisch ist.[398] Das schließt aber nicht aus, je nach Sachlage, dem Makler zu diesem Fragenkreis Darlegungs- und Beweiserleichterungen zuzubilligen, und zwar zumindest im Sinne einer sog. sekundären Behauptungslast der Gegenseite.[399] Diese kommt immer dann in Betracht, wenn eine darlegungspflichtige Partei außerhalb des von ihr darzulegenden Geschehensablaufs steht und keine nähere Kenntnis der maßgebenden Tatsachen besitzt, während der Prozessgegner sie hat und ihm nähere Angaben zumutbar sind.[400] Naheliegend ist die Anwendbarkeit dieser Grundsätze in Fallgestaltungen, in denen der Makler an den weiteren Vertragsverhandlungen nicht mehr beteiligt war und es um Einzelheiten geht, die nur im Wissen des Kunden stehen.[401] Dies kann insbesondere beim Nachweismakler zutreffen.[402]

Die höchstrichterliche Rechtsprechung hat ferner Darlegungs- und Beweiserleichterungen in Gestalt einer tatsächlichen Vermutung der wirtschaftlichen Identität zugelassen.[403] Eine Vermutung dieser Art kann etwa vorliegen, wenn die gesellschaftsrechtliche Gestaltung einer zum Verkauf anstehenden Unternehmensgruppe so ausgerichtet ist, dass die Übernahme der Gruppe durch Erwerb der ganz überwiegenden Mehrheit der Gesellschaftsanteile an den dazu gehörenden Objektgesellschaften wirtschaftlich im Wesentlichen einem Kauf sämtlicher einzelner Betriebsstätten als Unternehmen gleichkommt.[404]   **111**

f) Konkludente Vertragserweiterung

Selbst wenn nach den vorstehenden Grundsätzen keine wirtschaftliche Identität angenommen werden kann, ist stets – jedenfalls aus der Sicht der Pro-   **112**

---

398 BGH, Urt. v. 7.5.1998 – III ZR 18/97, NJW 1998, 2277, 2279; Urt. v. 3.7.2014 – III ZR 530/13, NJW-RR 2014, 1272 Rn. 23; *Küpper*, in: Baumgärtel/Laumen/Prütting, Handbuch der Beweislast, § 652 Rn. 16; *Dehner*, NJW 1997, 18, 21; *D. Fischer*, DB 2009, 887, 890; a. A. BGH, Urt. v. 4.10.1995 – IV ZR 73/94, NJW-RR 1996, 113.

399 BGH, Urt. v. 3.7.2014 – III ZR 530/13, NJW-RR 2014, 1272 Rn. 23.

400 BGH, Urt. v. 7.5.1998 – III ZR 18/97, NJW 1998, 2277, 2279; OLG Hamburg, Urt. v. 11.7.1997 – 11 U 84/97, MDR 1998, 150.

401 BGH, Urt. v. 3.7.2014 – III ZR 530/13, NJW-RR 2014, 1272 Rn. 23; *D. Fischer*, DB 2009, 887, 890.

402 *D. Fischer*, DB 2009, 887, 890.

403 BGH, Urt. v. 16.12.2004 – III ZR 119/04, BGHZ 161, 349, 360; *Küpper*, in: Baumgärtel/Laumen/Prütting, Handbuch der Beweislast, § 652 Rn. 17.

404 BGH, Urt. v. 16.12.2004 – III ZR 119/04, BGHZ 161, 349, 360.

visionsklage des Maklers – zu prüfen, ob nicht hinsichtlich des Objekts, auf den sich der abgeschlossene Hauptvertrag bezieht, eine konkludente Vertragserweiterung des Maklervertrages vorliegt.[405] Anzunehmen ist dies beispielsweise, wenn der Kunde sich anderweitige Exposés aushändigen und hierfür auch entsprechende Besichtigungstermine durchführen lässt.[406] Ein Änderungsvertrag liegt aber nicht schon dann vor, wenn der Kunde die nicht vertragsgemäße Maklerleistung lediglich ausnutzt.[407] In diesem Zusammenhang ist insbesondere zu beachten, dass es sich beim Abschluss des Hauptvertrages um ein reines Verlegenheitsgeschäft handeln kann, mit dem sich die bei Abschluss des Maklervertrages angestrebten Ziele nur schwer in Einklang bringen lassen.[408]

g) Provisionserweiternde Klauseln bezüglich fehlender wirtschaftlicher Identität

113 Klauseln, welche vorsehen, dass auch bei fehlender wirtschaftlicher Identität der Maklerkunde eine Provision zu entrichten hat,[409] können in Allgemeinen Geschäftsbedingungen nicht wirksam vereinbart werden. Derartige Klauseln, die in der Praxis als Identitätsklauseln oder Ersatzgeschäftsklauseln bezeichnet werden, verstoßen gegen § 307 Abs. 2 Nr. 1 BGB,[410] weil sie vom gesetzlichen Leitbild des Maklervertrages abweichen, nach der eine Provision nur bei wirtschaftlicher Identität (Kongruenz) zwischen dem vermittelten oder nachgewiesenen und dem tatsächlich abgeschlossenen Hauptver-

---

405 BGH, Urt. v. 16.9.1999 – III ZR 77/98, NJW-RR 2000, 57, 58; *Döderlein*, ZMR 2015, 217.
406 *Zopfs*, Maklerrecht, Rn. 38.
407 BGH, Urt. v. 16.9.1999 – III ZR 77/98, NJW-RR 2000, 57, 58; OLG Karlsruhe, Urt. v. 8.8.2003 – 15 U 41/02, NJW-RR 2003, 1695, 1697.
408 *D. Fischer*, DB 2009, 887, 890.
409 Eine derartige Klausel könnte wie folgt lauten: *„Der Provisionsanspruch entsteht auch, wenn der Vertrag zu Bedingungen abgeschlossen wird, die vom Angebot abweichen, oder wenn und soweit im zeitlichen und wirtschaftlichen Zusammenhang mit einem ersten Vertrag vertragliche Erweiterungen und Ergänzungen zustande kommen bzw. ein gleiches oder ähnliches Geschäft abgeschlossen wird,"* vgl. OLG Hamm, Urt. v. 21.3.2013 – 18 U 133/12, BeckRS 2013, 06013.
410 BGH, Urt. v. 6.2.2014 – III ZR 131/13, NJW 2014, 2352 Rn. 17 im Anschluss an OLG Hamm, Urt. v. 21.3.2013 – 18 U 133/12, BeckRS 2013, 06013; *D. Fischer*, NJW 2014, 3281, 3285.

trag anfällt. Im Rahmen einer Individualvereinbarung sind sie dagegen zulässig.[411] Dies gilt auch für Fälle der persönlichen Identität.[412]

---

411 BGH, Urt. v. 18.12.1974 – IV ZR 89/73, NJW 1975, 647; Urt. v. 18.9.1985 – IVa ZR 139/83, NJW-RR 1986, 50; OLG Karlsruhe, Urt. v. 8.8.2003 – 15 U 41/02, NJW-RR 2003, 1695, 1697; OLG Hamburg, Urt. v. 4.5.1991 – 9 U 146/90, MDR 1992, 27; OLG Hamm, Urt. v. 21.3.2013 – 18 U 133/12, BeckRS 2013, 06013; MünchKomm-BGB/*H. Roth*, § 652 Rn. 146, 153; *Döderlein*, ZMR 2012, 79; *D. Fischer*, NJW 2014, 3281, 3285.

412 Vgl. BGH, Beschl. v. 14.9.2017 – I ZR 261/16, NJW-RR 2018, 435 Rn. 15 („Erwerb durch uns oder durch ein mit uns verbundenes Haus"); *D. Fischer*, NZM 2018, 483, 486.

VI. Ursächlicher Zusammenhang zwischen Maklerleistung und Hauptvertrags-Abschluss

1. Überblick

Der Provisionsanspruch des Maklers setzt ferner voraus, dass die erbrachte **1** Maklerleistung für den erfolgten Abschluss des Hauptvertrages ursächlich gewesen ist. Dies wird im Wortlaut des § 652 BGB mit der Formulierung *infolge des Nachweises* sowie *infolge der Vermittlung* umschrieben.[1] Das Kausalitätserfordernis ist von grundlegender Bedeutung und deshalb Teil des gesetzlichen Leitbildes des Maklervertrages.[2]

Nach gefestigter Rechtsprechung reicht es aber aus, wenn die Maklerleis- **2** tung neben anderen Bedingungen nur mitursächlich für den Abschluss des Hauptvertrages gewesen ist. Sie braucht weder die einzige noch die hauptsächliche Ursache zu sein.[3] Die danach gebotene Mitursächlichkeit zwischen Maklerleistung und abgeschlossenen Hauptvertrag unterliegt, wie auch im allgemeinen Schadensersatzrecht, einer *wertenden Betrachtungsweise*.[4] Nach den von der höchstrichterlichen Rechtsprechung hierzu entwickelten Maßstäben muss der Hauptvertrag als Ergebnis einer *wesentlichen Maklerleistung* in der Gestalt eines Nachweises oder einer Vermittlung angesehen werden können.[5] In die Kausalitätsbetrachtung ist nur diejenige Tätigkeit des Maklers einzubeziehen, die auf den nach dem Maklervertrag herbeizuführenden Erfolg ausgerichtet ist.[6] In diesem Zusammenhang wird auch von *vertragsadäquater Kausalität* gesprochen.[7] Die damit verbundene vertragsbezogene Betrachtungsweise kann Handlungsweisen des Maklers,

1 BGH, Urt. v. 5.3.2020 – I ZR 69/19, WM 2020, 1244 Rn. 14.
2 BGH, Urt. v. 8.5.1973 – IV ZR 158/71, BGHZ 60, 377, 381; Urt. v. 28.5.2020 – I ZR 40/19, WM 2020, 1356 Rn. 20; MünchKomm-BGB/*H. Roth*, § 652 Rn. 189; *D. Fischer*, WM 2020, 1757; a. A. *Thomale*, JZ 2012, 716, 722.
3 BGH, Urt. v. 21.9.1973 – IV ZR 89/72, WM 1974, 257, 258 (Vermittlungsmakler); Urt. v. 3.7.2014 – III ZR 530/13, NJW-RR 2014, 1272 Rn. 16 (Nachweismakler); Urt. v. 5.3.2020 – I ZR 69/19, WM 2020, 1244 Rn. 14 (Nachweismakler).
4 MünchKomm-BGB/*H. Roth*, § 652 Rn. 189; *D. Fischer*, WM 2020, 1757; *Würdinger*, NJW 2020, 2796.
5 BGH, Urt. v. 13.12.2007 – III ZR 163/07, NJW 2008, 651 Rn. 14; Urt. v. 17.10.2018 – I ZR 154/17, NJW 2019, 1226 Rn. 16; Urt. v. 5.3.2020 – I ZR 69/19, WM 2020, 1244 Rn. 14; MünchKomm-BGB/*H. Roth*, § 652 Rn. 190.
6 *Hamm/Schwerdtner*, Maklerrecht, Rn. 555.
7 MünchKomm-BGB/*H. Roth*, § 652 Rn. 188; Palandt/*Sprau*, § 652 Rdn. 47; *Hamm/Schwerdtner*, Maklerrecht, Rn. 555; *Thode*, WM 1989, Sonderbeilage Nr. 6, S. 13.

die zwar mitursächlich sind, aber eher zufällig oder geringfügig erscheinen,[8] ausschließen und damit zu einer wertenden Begrenzung des Kausalitätsbegriffs führen.[9] Aus dem einschlägigem Entscheidungsmaterial ergibt sich, dass Kausalitätsprobleme überwiegend beim Nachweismakler, weniger dagegen beim Vermittlungsmakler auftreten.[10]

2. Mitursächlichkeit der Nachweisleistung

3   Die Ursächlichkeit einer Nachweisleistung für den Abschluss des Hauptvertrages fehlt beispielsweise dann, wenn dem Maklerkunden die Vertragsgelegenheit bereits bekannt war. Nach neuerem Verständnis gehört zum Begriff der Nachweisleistung nicht, dass dem Maklerkunden eine bislang unbekannte Vertragsgelegenheit nachgewiesen werden muss. Vielmehr wird die Frage der Vorkenntnis im Rahmen der Kausalitätsprüfung erörtert.[11]

a) Vorkenntnis

4   Vielfach wird in diesem Zusammenhang vom Einwand der Vorkenntnis[12] gesprochen, obwohl der Maklerkunde, der sich auf Vorkenntnis beruft, keine rechtshindernde oder rechtsvernichtende Einwendung geltend macht, sondern eine Anspruchsvoraussetzung – nämlich die Kausalität – in Abrede stellt.[13] Im Nachweis-Provisionsprozess spielt die Frage der Vorkenntnis eine große Rolle und hat zu einem kaum mehr überschaubaren Entscheidungsmaterial geführt.

aa) Allgemeine Grundsätze

5   Vorkenntnis bedeutet aber nicht nur Kenntnis von dem zur Veräußerung anstehenden Objekt, sondern bezieht neben der Person des potenziellen Vertragspartners auch die Vertragsgelegenheit mit ein, für die gewisse Mindest-

---

8 BGH, Urt. v. 5.3.2020 – I ZR 69/19, WM 2020, 1244 Rn. 33.

9 Vgl. etwa die Bezeichnung *teleologische Kausalität* in OLG Karlsruhe, Urt. v. 22.7.1966 – 10 U 41/66, NJW 1966, 2169, 2171.

10 MünchKomm-BGB/*H. Roth*, § 652 Rn. 112; *Zopfs*, Maklerrecht, Rn. 95; *D. Fischer*, WM 2020, 1757.

11 So ausdrücklich BGH, Urt. v. 20.11.1997 – III ZR 57/96, WM 1998, 718 = NJW-RR 1998, 411, 412; ferner BGH, Urt. v. 10.2.1971 – IV ZR 85/69, WM 2014, 1920 = NJW 1971, 1133, 1135; Urt. v. 20.4.1983 – IVa ZR 232/81, WM 1983, 794 = NJW 1983, 1849; Urt. v. 3.7.2014 – III ZR 530/13, WM 2014, 1920 = NJW-RR 2014, 1272 Rn. 15.

12 BGH, Urt. v. 4.6.2009 – III ZR 82/08, WM 2009, 1801 = NJW-RR 2009, 1282 Rn. 15; *Hamm/Schwerdtner*, Maklerrecht, Rn. 561.

13 *Dehner*, Maklerrecht, Rn. 150; *D. Fischer*, WM 2016, Sonderbeilage Nr. 1, S. 20.

kenntnisse gefordert werden. Deshalb kann sich ein Maklerkunde nicht auf Vorkenntnis berufen, wenn ihm zwar das Objekt als solches bekannt war, er aber nicht wusste, dass der Eigentümer zum Verkauf bereit war.[14] Gleiches gilt, wenn die namhaft gemachte Person dem Kunden zwar bekannt ist, deren Vertragsbereitschaft dagegen nicht.[15] Die Unkenntnis von der Preisvorstellung schließt die Vorkenntnis dagegen nicht aus.[16]

bb) Beweisrechtliche Konstellationen

Der Umstand, dass der auf Vorkenntnis sich berufende Kunde im Provisions-   **6** prozess nur allgemein die Kenntnis des Objekts behauptet, gleichwohl aber umfangreiche Unterlagen des Maklers angefordert hat, kann Zweifel am Vorliegen hinreichender Vorkenntnis begründen. Gleiches gilt im Rahmen der Beweiswürdigung, wenn der Maklerkunde im Prozess die Quelle seiner (Vor-)Kenntnisse trotz entsprechender Aufforderung des Prozessgegners – mithin des Maklers – nicht weiter substanziiert darzulegen vermag.[17] Hinsichtlich des Erwerbs eines Forstreviers sah es der Bundesgerichtshof beispielsweise für geboten an, dass nicht nur eine gelegentliche Besichtigung des Objekts angeführt wurde, sondern auch die Bodenbeschaffenheit und die landschaftliche Ausgestaltung bekannt waren.[18] Diese Grundsätze können auch für andere Fallgestaltungen mit ähnlichen Vertragsobjekten, wie beispielsweise im Bereich des Unternehmenskaufs,[19] herangezogen werden.

Ein Maklerkunde kann sich auch dann auf Vorkenntnis berufen, wenn er die-   **7** se bereits in einem Zeitpunkt erlangt hat, in dem er noch nicht am Abschluss des Hauptvertrages interessiert war.[20] Ist der Maklerkunde eine Personenmehrheit, so kann bereits die Vorkenntnis einer der dazugehörenden Personen die Kausalität ausschließen.[21]

---

14 BGH, Urt. v. 16.5.1990 – IV ZR 337/88, NJW-RR 1990, 1008; Urt. v. 20.3.1991 – IV ZR 93/90, NJW-RR 1991, 950.
15 Vgl. Österr. OGH, Urt. v. 23.11.2016 – 3 Ob 131/16k, wobl 2017, 202, 204.
16 OLG Koblenz, RDM Slg. A 110 Bl. 70; MünchKomm-BGB/*H. Roth*, § 652 Rn. 197; *Hamm/Schwerdtner*, Maklerrecht, Rn. 278; *D. Fischer*, WM 2020, 1757, 1758.
17 BGH, Urt. v. 20.4.1983 – IVa ZR 232/81, NJW 1983, 1849.
18 BGH, Urt. v. 20.4.1983 – IVa ZR 232/81, NJW 1983, 1849.
19 MünchKomm-BGB/*H. Roth*, § 652 Rn. 181; *D. Fischer*, NJW 2007, 183, 186.
20 BGH, Urt. v. 16.5.1990 – IV ZR 64/89, NJW-RR 1990, 1269.
21 *Hamm/Schwerdtner*, Maklerrecht, Rn. 561; *D. Fischer*, WM 2020, 1757, 1758.

cc) Zusätzliche Nachweisleistung

8 Selbst wenn nach den vorstehenden Grundsätzen der Kunde bereits Kenntnis von der Vertragsabschluss-Gelegenheit besitzt, kann im Einzelfall der Makler durch Hinweis auf bestimmte vertragsrelevante Umstände, die dem Kunden bislang nicht bekannt waren, und die adäquat ursächlich für den Erwerb geworden sind, eine eigenständige, provisionsauslösende (*zusätzliche*) *Nachweisleistung* erbringen.[22] Derartige zusätzliche Informationen können beispielsweise durch Aushändigung vertragswesentlicher Unterlagen erteilt werden, wozu Wertgutachten, Sonderexpertisen und ähnliche Schriftstücke zu rechnen sind, die bestimmte Verwendungsmöglichkeiten hinsichtlich des Objekts aufzeigen. Bei einer derartigen Fallgestaltung ist aber stets zu prüfen, inwieweit die Leistung des Maklers als wesentlicher Beitrag zum Kaufentschluss des Kunden angesehen werden kann.[23] Um eine *wesentliche Maklerleistung*[24] in diesem Zusammenhang annehmen zu können, ist es erforderlich aber auch ausreichend, dass der Kunde durch den Nachweis des Maklers den konkreten Anstoß erhalten hat, sich um das bereits bekannte Objekt zu kümmern.[25]

dd) Fehlende unverzügliche Offenbarung der Vorkenntnis

9 Gewichtige Stimmen im Schrifttum gehen naheliegender Weise davon aus, dass es Sache des Maklerkunden ist, den Makler unverzüglich nach Zugang des Maklernachweises auf die Vorkenntnis hinzuweisen.[26] Dies folge aus einer beiden Seiten gerecht werdenden Auslegung des Maklervertrages.[27] Demgegenüber verneint die höchstrichterliche Rechtsprechung eine derartige Verpflichtung des Kunden. Es stehe ihm vielmehr frei, die Vorkenntnis

---

22 BGH, Urt. v. 4.10.1995 – IV ZR 163/94, NJW-RR 1996, 114, 115; Urt. v. 20.11.1997 – III ZR 57/96, NJW-RR 1998, 411, 412.

23 BGH, Urt. v. 4.10.1995 – IV ZR 163/94, NJW-RR 1996, 114, 115; LG Berlin, Urt. v. 9.12.2011 – 19 O 284/11, GE 2012, 1233, 1234: erstmalige Innenbesichtigung eines bereits bekannten Hausobjekts.

24 BGH, Urt. v. 3.7.2014 – III ZR 530/13, NJW-RR 2014, 1272 Rn. 16; Einzelheiten zu diesem Erfordernis nachstehend Rn. 35 ff.

25 BGH, Urt. v. 20.11.1997 – III ZR 57/96, NJW-RR 1998, 411, 412.

26 MünchKomm-BGB/*H. Roth*, § 652 Rn. 199; *Mutschler*, Maklerrecht, S. 61; *Thomale*, JZ 2012, 716, 718.

27 MünchKomm-BGB/*H. Roth*, § 652 Rn. 199.

erst zu einem späteren Zeitpunkt geltend zu machen.[28] Der fehlende sofortige Hinweis des Kunden verschlechtere aber dessen Beweissituation.[29]

Gleichwohl wird in der obergerichtlichen Rechtsprechung die Frage kontrovers behandelt, welche Konsequenzen aus der Nichtoffenbarung der Vorkenntnis seitens des Kunden zu ziehen sind. Teilweise wird die Ansicht vertreten, die Inanspruchnahme von Maklerleistungen ohne Offenlegung einer bestehenden Vorkenntnis beinhalte einen schlüssig erklärten Verzicht darauf, die Vorkenntnis später dem Provisionsverlangen des Maklers entgegenzuhalten.[30] So hat das OLG Schleswig[31] ausgeführt, in der Entgegennahme weiterer Maklerleistungen, wie etwa die Durchführung eines Besichtigungstermins oder neue Informationen hinsichtlich einer Preisreduzierung, liege der *Abschluss einer konkludenten Vereinbarung*, nach der die Vorkenntnis des Käufers dem Provisionsanspruch des Maklers nicht entgegenstehen soll. Andere wiederum sehen, wenn etwa ein vorgefasster Wille des Kunden nachweisbar sein sollte, hierin ein treuwidriges Fehlverhalten des Maklerkunden, das gemäß § 242 BGB zum Ausschluss des Vorkenntnis-Einwands führen müsse.[32] Die letztgenannte Ansicht ist auch insoweit bedenklich, weil sie der Sache nach zu einer entsprechenden Anwendung des § 654 BGB auf den Maklerkunden führt, was nicht zulässig ist.[33]

Eine Offenbarungspflicht des Maklerkunden hat das OLG Celle dann angenommen, wenn der Kunde bei Vorkenntnis – ohne hierauf hinzuweisen – Kontakte zum Makler aufnimmt und dessen Dienste entgegennimmt.[34] Das OLG Karlsruhe verneint einen konkludenten Verzicht auf den Vorkenntnis-Einwand[35] und lässt allenfalls die Möglichkeit von Schadensersatzansprüchen des Maklers wegen Verletzung einer Offenbarungspflicht zu.[36] Erklärt allerdings der Maklerkunde auf ausdrückliche Frage des Maklers wahrheits-

10

11

---

28 BGH, Urt. v. 10.2.1971 – IV ZR 85/69, NJW 1971, 1133; Urt. v. 7.7.1976 – IV ZR 229/74, NJW 1976, 2345, 2346; Urt. v. 9.11.1983 – IVa ZB 60/82, WM 1984, 62; *Dehner*, Maklerrecht, Rn. 157; *Seydel/Heinbuch*, Maklerrecht, Rn. 301; *Ibold*, Maklerrecht, Rn. 106.

29 BGH, Urt. v. 20.4.1983 – IVa ZR 232/81, NJW 1983, 1849; *Ibold*, Maklerrecht, Rn. 106; *Zopfs*, Maklerrecht, Rn. 97.

30 OLG Koblenz, Urt. v. 18.7.1989 – 3 U 157/88, NJW-RR 1989, 1210.

31 OLG Schleswig, Beschl. v. 12.6.2014 – 16 U 134/13, BeckRS 2015, 16734.

32 OLG Koblenz, Urt. v. 6.7.1989 – 5 U 278/89, NJW-RR 1991, 248, 249.

33 BGH, Urt. v. 6.12.1967 – VIII ZR 289/64, LM § 652 BGB Nr. 28; *D. Fischer*, WM 2020, 1754, 1758.

34 OLG Celle, Urt. v. 17.11.1994 – 11 U 4/94, NJW-RR 1995, 501; notwendig sei auch dem Provisionsbegehren zu widersprechen.

35 Ebenso Palandt/*Sprau*, § 652 Rn. 49.

36 OLG Karlsruhe, Urt. v. 19.11.1993 – 15 U 50/93, NJW-RR 1994, 509.

widrig, er habe keine Vorkenntnis, und nimmt weitere relevante Maklerleistungen in Anspruch, dann ist der später geltend gemachte Einwand der Vorkenntnis treuwidrig und als unbeachtlich zurückzuweisen.[37] Macht der Makler bei einer derartigen Fallgestaltung weitere Aufwendungen, so kommt auch eine Schadensersatzpflicht des Kunden in Betracht.[38]

ee) Dispositive Abrede zur Vorkenntnismitteilung

12 Das Kausalitätserfordernis kann nur im Wege einer Individualabrede abbedungen werden. Im Hinblick darauf, dass dieses Erfordernis zum gesetzlichen Leitbild des Maklervertrages gehört, ist es unzulässig derartige Abreden im Rahmen von Allgemeinen Geschäftsbedingungen zu vereinbaren.[39] Dies gilt auch für Vorkenntnis-Klauseln, wonach der Maklerkunde verpflichtet ist, seine Vorkenntnis unverzüglich dem Makler mitzuteilen, anderenfalls er eine Provision zu entrichten habe.[40]

ff) Darlegungs- und Beweislast

13 Die Darlegungs- und Beweislast für bestehende Vorkenntnis trägt in Abweichung des Grundsatzes, dass der Makler die Voraussetzungen der Kausalität zwischen seiner Leistung und dem Abschluss des Hauptvertrages darzulegen und gegebenenfalls nachzuweisen hat,[41] der Maklerkunde.[42] Diese Umkehr der Beweislast hinsichtlich des Einwands der Vorkenntnis beruht darauf, dass es sich hierbei um einen Umstand aus der Sphäre des Kunden handelt.[43] An den vom Maklerkunden zu führenden Nachweis der Vorkenntnis dürfen nicht zu geringe Anforderungen gestellt werden.[44]

---

37 OLG Düsseldorf, OLGReport 1999, 301; *Ibold*, Maklerrecht, Rn. 106.
38 OLG Düsseldorf, OLGReport 1999, 301; *Ibold*, Maklerrecht, Rn. 106.
39 BGH, Urt. v. 8.5.1973 – IV ZR 158/71, BGHZ 60, 377, 381; MünchKomm-BGB/ *H. Roth*, § 652 Rn. 189; a. A. *Thomale*, JZ 2012, 716, 722.
40 BGH, Urt. v. 10.2.1971 – IV ZR 85/69, NJW 1971, 1133, 1135; Urt. v. 7.7.1976 – IV ZR 229/74, NJW 1976, 2345, 2346; *D. Fischer*, NJW 2007, 183, 186.
41 BGH, Urt. v. 3.7.2014 – III ZR 530/13, NJW-RR 2014, 1272 Rn. 16; Urt. v. 17.10.2018 – I ZR 154/17, NJW 2019, 1226 Rn. 12; Urt. v. 5.3.2020 – I ZR 69/19, WM 2020, 1244 Rn. 14; *D. Fischer*, NJW 2014, 3281, 3286.
42 BGH, Urt. v. 10.2.1971 – IV ZR 85/69, NJW 1971, 1133, 1135; Urt. v. 7.7.1976 – IV ZR 229/74, NJW 1976, 2345, 2346; Urt. v. 20.4.1983 – IVa ZR 232/81, NJW 1983, 1849; *Seydel/Heinbuch*, Maklerrecht, Rn. 301.
43 MünchKomm-BGB/*H. Roth*, § 652 Rn. 206; *D. Fischer*, WM 2020, 1757, 1759.
44 BGH, Urt. v. 9.11.1983 – IVa ZR 60/82, WM 1984, 62, 63; OLG Düsseldorf, OLG-Report 1999, 301; *Ibold*, Maklerrecht, Rn. 105.

b) Höchstrichterliche Grundsätze zur Kausalität

aa) Kausalitätszusammenhang

Die Mitursächlichkeit lässt sich nicht deshalb verneinen, weil zwischen dem **14** Maklernachweis und dem Abschluss des Hauptvertrages eine längere Zeitspanne verstrichen ist.[45] Zu Recht verfolgt die obergerichtliche Judikatur hierzu keinen engherzigen Maßstab. Dies gilt insbesondere für den Nachweis von Gewerbeimmobilien.[46] So hat das OLG Bamberg[47] die Kausalität der Nachweistätigkeit selbst bei Abschluss des Kaufvertrages vier Jahre nach der Maklerleistung noch bejaht. Das OLG Hamburg hat einen zeitlichen Abstand von drei Jahren für noch ausreichend angesehen.[48] Das OLG Koblenz[49] hat die Mitursächlichkeit bei einem Zeitabstand von zwei Jahren zwischen Nachweis und Abschluss des Hauptvertrages für gegeben erachtet. Die hierzu ergangene Rechtsprechung ist aber jeweils einzelfallbezogen und mithin nicht verallgemeinerungsfähig.[50]

Für die Beurteilung der Ursächlichkeit der Nachweisleistung für den Ab- **15** schluss des Grundstückskaufvertrags ist es unerheblich, ob der Makler zum Zeitpunkt des Vertragsabschlusses weiterhin von der Verkäuferseite mit der Vermakelung des Objekts betraut oder ob der Maklerauftrag bereits beendet ist. Die Tätigkeit des Nachweismaklers erschöpft sich in dem Nachweis. Für das Entstehen des Provisionsanspruchs genügt es, dass der Hauptvertrag abgeschlossen wird, nachdem der Maklerkunde durch den Nachweis Kenntnis von der Vertragsgelegenheit erhalten hatte.[51]

bb) Kausalitätsvermutung

Für die Kausalität als Anspruchsvoraussetzung für den Maklerlohn trägt **16** grundsätzlich der Makler die Darlegungs- und Beweislast.[52] In der höchst-

---

45 MünchKomm-BGB/*H. Roth*, § 652 Rn. 187; Palandt/*Sprau*, § 652 Rn. 48; *D. Fischer*, WM 2020, 1757, 1759.

46 *D. Fischer*, WM 2020, 1757, 1759.

47 OLG Bamberg, Urt. v. 30.5.1984 – 1 U 13/84, AIZ 1985, A 110 Bl. 28; vgl. *D. Fischer*, NJW 2007, 183, 186.

48 OLG Hamburg, Urt. v. 18.6.2002 – 11 U 229/01, ZMR 2002, 839 (Einkaufszentrum).

49 OLG Koblenz, Urt. v. 4.5.1984 – 2 U 457/82, WM 1984, 1191, 1192 (Möbelhaus).

50 *D. Fischer*, WM 2020, 1757, 1759.

51 BGH, Urt. v. 17.10.2018 – I ZR 154/17, NJW 2019, 1226 Rn. 17 unter Bezugnahme auf BGH, Urt. v. 16.12.2004 – III ZR 119/04, BGHZ 161, 349, 360.

52 BGH, Urt. v. 3.7.2014 – III ZR 530/13, NJW-RR 2014, 1272 Rn. 16; Urt. v. 17.10.2018 – I ZR 154/17, NJW 2019, 1226 Rn. 12; OLG Hamm, Urt. v. 24.7.2014 – 18 U 123/13, NJW-RR 2015, 825, 826; *D. Fischer*, NJW 2014, 3281, 3286.

richterlichen Rechtsprechung ist aber zu Recht anerkannt, dass ein enger zeitlicher Zusammenhang zwischen der Nachweisleistung und dem Abschluss des Hauptvertrages eine Vermutung dafür begründet, dass die Maklerleistung ursächlich für den Vertragsschluss war.[53] Der Bundesgerichtshof spricht in diesem Zusammenhang davon, dass zwischen Nachweisleistung und Hauptvertragsabschluss ein noch angemessener Zeitabstand bestehen muss.[54] Ist dies der Fall, ergibt sich daraus der Schluss auf den Ursachenzusammenhang zwischen beiden von selbst.[55]

17 Diese zugunsten des Maklers sprechende *Vermutung* kann der Maklerkunde widerlegen.[56] Hierbei muss er die Umstände darlegen und nachweisen, aus denen sich das Fehlen der Ursächlichkeit im Einzelfall ergibt.[57] Eine weitere beweisrechtliche Einordnung der Vermutungswirkung findet sich in der höchstrichterlichen Rechtsprechung nicht. Die eingeräumte Beweiserleichterung zugunsten des Maklers beruht auch hier auf dem Umstand, dass die Kausalität an Vorgänge in der Sphäre des Maklerkunden anknüpft, die sich regelmäßig der Kenntnis des Maklers entziehen.[58] Es bleibt aber in der Judikatur offen, ob es sich um einen Anscheinsbeweis[59] oder eine echte Beweislastumkehr[60] handelt. Jedenfalls im Gerichtsalltag kommt der Vermutungs-

---

53 BGH, Urt. v. 25.2.1999 – III ZR 191/98, BGHZ 141, 40, 44; Urt. v. 15.2.1984 – IVa ZR 150/82, WM 1984, 560; Urt. v. 6.7.2006 – III ZR 379/04, NJW 2006, 3062 Rn. 18; Urt. v. 13.12.2007 – III ZR 163/07, NJW 2008, 651 Rn. 10; Urt. v. 5.3.2020 – I ZR 69/19, WM 2020, 1244 Rn. 14; ebenso OLG Bamberg, Urt. v. 22.12.1997 – 4 U 134/97, NJW-RR 1998, 565; OLG Frankfurt a. M., Urt. v. 12.12.2003 – 24 U 5/02, NJW-RR 2004, 704.

54 BGH, Urt. v. 13.12.2007 – III ZR 163/07, NJW 2008, 651 Rn. 10; Urt. v. 3.7.2014 – III ZR 530/13, NJW-RR 2014, 1272 Rn. 16; Urt. v. 17.10.2018 – I ZR 154/17, NJW 2019, 1226 Rn. 12; Urt. v. 5.3.2020 – I ZR 69/19, WM 2020, 1244 Rn. 14.

55 BGH, Urt. v. 25.2.1999 – III ZR 191/98, BGHZ 141, 40, 44 = WM 1999, 1020; Urt. v. 6.7.2006 – III ZR 379/04, WM 2006, 1958 = NJW 2006, 3062 Rn. 18; Urt. v. 13.12.2007 – III ZR 163/07, WM 2008, 880 = NJW 2008, 651 Rn. 10; Urt. v. 17.10.2018 – I ZR 154/17, WM 2019, 1364 = NJW 2019, 1226 Rn. 12.

56 BGH, Urt. v. 10.2.1971 – IV ZR 85/69, NJW 1971, 1133, 1135; Urt. v. 6.12.1978 – IV ZR 28/78, NJW 1979, 869; Urt. v. 5.3.2020 – I ZR 69/19, WM 2020, 1244 Rn. 18; Erman/*D. Fischer*, § 652 Rn. 51.

57 BGH, Urt. v. 6.12.1978 – IV ZR 28/78, NJW 1979, 869; *Seydel/Heinbuch*, Maklerrecht, Rn. 293.

58 *Knieper*, NJW 1970, 1293; Staudinger/*Arnold*, §§ 652, 653 Rn. 137; *Zopfs*, Maklerrecht, Rn. 96; *Hamm/Schwerdtner*, Maklerrecht, Rn. 618; *D. Fischer*, WM 2020, 1757, 1759 f.

59 So Staudinger/*Arnold*, §§ 652, 653 Rn. 131, 137.

60 So MünchKomm-BGB/*H. Roth*, § 652 Rn. 208; *Hamm/Schwerdtner*, Maklerrecht, Rn. 619; *Armbrüster*, LMK 2006, 189640; *Mydlak*, ZfIR 2006, 794, 795; *Würdinger*, JZ 2009, 349, 353; *Laumen*, MDR 2015, 1, 2.

wirkung die Bedeutung einer faktischen Beweislastumkehr zu, weil der Maklerkunde regelmäßig nicht in der Lage sein wird, die Vermutungswirkung zu widerlegen.[61]

Mit Grundsatzentscheidung vom 6.7.2006 hat der Bundesgerichtshof[62] seine **18** bisherige Linie aufgegeben, den „angemessenen Zeitabstand", der eine solche Schlussfolgerung rechtfertigte, einzelfallbezogen zu bestimmen. In der früheren Rechtsprechung waren beispielsweise vier Monate,[63] etwa drei bis fünf Monate[64] und „mehr als ein halbes Jahr"[65] als angemessen angesehen worden. In der nunmehr zu entscheidenden Sache lagen zwischen dem „Erstnachweis" des Maklers und dem Vertragsschluss indes rund 19 Monate. Der Bundesgerichtshof rekurriert in diesem Zusammenhang zunächst auf vergleichbare Fälle in der obergerichtlichen Rechtsprechung, bei denen wegen des längeren Zeitraums zwischen Nachweis und Vertragsschluss eine Kausalitätsvermutung zwischen beiden abgelehnt und es bei der (gewöhnlichen) Darlegungs- und Beweislast des Maklers für den Kausalzusammenhang zwischen Nachweis und Vertragsschluss belassen wurde.[66] Mit der Bewertung, dass der dort zum Ausdruck gekommenen Wertung im Wesentlichen beizutreten, und für die beurteilende Fallgestaltung dies nicht anders zu sehen ist, belässt es der Bundesgerichtshof nicht, sondern entscheidet sich für eine *generalisierende Aussage*, dass jedenfalls dann, wenn ein Jahr (oder mehr) zwischen dem Nachweis und dem Hauptvertragsschluss vergangen sind, ein sich von selbst ergebender Schluss auf den Ursachenzusammenhang für den Makler nicht mehr angenommen werden könne.[67] Damit wird eine *zeitliche Obergrenze* eingeführt, die für den Rechtsverkehr aus Gründen der Rechtssicherheit begrüßenswert erscheint.[68] Sie kann allerdings den Kunden dazu verleiten, die Jahresgrenze verstreichen zu lassen, was sich insbesondere dann anbietet, wenn ein zweiter Makler eingeschaltet wur-

---

61 *D. Fischer*, NZM 2011, 539, 534.
62 BGH, Urt. v. 6.7.2006 – III ZR 379/04, NJW 2006, 3062; ebenso Urt. v. 17.10.2018 – I ZR 154/17, NJW 2019, 1226 Rn. 12.
63 BGH, Urt. v. 25.2.1999 – III ZR 191/98, BGHZ 141, 40, 43 f.
64 BGH, Urt. v. 26.9.1979 – IV ZR 92/78, NJW 1980, 123.
65 BGH, Urt. v. 22.9.2005 – III ZR 393/04, NJW 2005, 3779, 3781.
66 OLG Hamburg, Urt. v. 28.4.2000 – 11 U 166/99, OLGReport 2000, 398 f.; OLG Bremen, Urt. v. 19.4.2002 – 4 U 36/01, OLGReport 2002, 433, 435; OLG Frankfurt a. M., Urt. v. 12.12.2003 – 24 U 5/02, NJW-RR 2004, 704.
67 BGH, Urt. v. 6.7.2006 – III ZR 379/04, NJW 2006, 3062 Rn. 18; ebenso Urt. v. 17.10.2018 – I ZR 154/17, NJW 2019, 1226 Rn. 12; Urt. v. 5.3.2020 – I ZR 69/19, WM 2020, 1244 Rn. 14.
68 *Armbrüster*, LMK 2006, 189 640; *Mydlak*, ZfIR 2006, 794, 795.

de.[69] Bei der Bemessung des Zeitabstands ist allein auf den Abschluss des Hauptvertrags abzustellen; dem Zeitpunkt der Übergabe des Objekts oder der Fälligkeit des Kaufpreises kommt in diesem Zusammenhang keine Bedeutung zu.[70]

19 Nach Ansicht des OLG Stuttgart[71] soll diese zeitliche Obergrenze auch hinsichtlich des Nachweises von Unternehmenskaufverträgen maßgeblich sein. Dies erscheint problematisch, weil, wie die entschiedene Fallgestaltung zeigt, Vertragsverhandlungen über Unternehmenskäufe sich leicht auf Zeiträume über einem Jahr erstrecken können.[72]

20 Die vorgenannten Grundsätze gelten nach Ansicht des Bundesgerichtshofs auch dann, wenn sich der Nachweis – wie im konkreten Fall – auf einen Hauptvertrag bezieht, den der Kunde nicht sogleich, sondern erst in ein bis zwei Jahren schließen will.[73] Dieser Umstand muss aber bei der – von einer Kausalitätsvermutung gelösten – tatrichterlichen Kausalitätsprüfung Gewicht haben.[74]

21 Für eine entsprechende tatsächliche Vermutung besteht allerdings kein Raum, wenn der Kunde die ihm vom Makler gegebenen Informationen zuvor bereits anderweitig erlangt hat. Denn dann spricht nichts dafür, dass gerade die Hinweise des Maklers zum Erfolg, mithin zum Abschluss des Hauptvertrages geführt haben.[75]

cc) Hypothetischer Kausalzusammenhang

22 Die im Haftpflichtrecht entwickelten Grundsätze über den hypothetischen Kausalzusammenhang finden im Maklerrecht keine Anwendung. Der Auftraggeber, der durch einen vom Makler erbrachten Nachweis zur Kontaktaufnahme mit seinem Vertragspartner veranlasst worden ist, kann nicht geltend machen, der Kontakt wäre auch auf andere Weise, etwa durch eigene

---

69 *D. Fischer*, NZM 2011, 539, 534.
70 OLG Stuttgart, Beschl. v. 5.6.2019 – 3 U 92718, NJW-RR 2019, 1389; *D. Fischer*, NJW 2019, 3277, 3279.
71 OLG Stuttgart, Urt. v. 24.6.2009 – 3 U 3/09, NJW-RR 2010, 486, 487.
72 *D. Fischer*, NJW 2011, 3277, 3279. Vgl. auch OLG Jena, Urt. v. 11.5.2011 – 2 U 984/10, n. v.: Vermutungswirkung selbst bei 15-monatigem Zeitabstand aufgrund besonderer Umstände bezogen auf den Erwerb eines Einfamilienhauses.
73 BGH, Urt. v. 6.7.2006 – III ZR 379/04, NJW 2006, 3062, 3063.
74 BGH, Urt. v. 6.7.2006 – III ZR 379/04, NJW 2006, 3062, 3063.
75 BGH, Urt. v. 3.7.2014 – III ZR 530/13, NJW-RR 2014, 1272 Rn. 16.

Bemühungen, zustande gekommen.[76] In diesem Zusammenhang ist insbesondere zu berücksichtigen, dass der Auftraggeber mit Abschluss des Maklervertrages unterstrichen hat, nach einem geeigneten Hauptvertragsabschluss gerade mit Hilfe des Maklers erfolgreich zu suchen. Der Einwand der hypothetischen Kausalität ist unter diesen Umständen als widersprüchliches Verhalten (venire contra factum proprium) zurückzuweisen.[77]

dd) Unterbrechung des Kausalitätszusammenhangs

Ist der Kausalzusammenhang zwischen Maklernachweis und Abschluss des **23** Hauptvertrages unterbrochen, dann steht dem Makler wegen fehlender Kausalität kein Provisionsanspruch zu.[78] Es handelt sich um einen Ausnahmetatbestand, deshalb hat der Maklerkunde die Umstände, die zur Unterbrechung der Kausalität geführt haben sollen, darzulegen und zu beweisen.[79]

Eine Unterbrechung der Kausalität wird in der Rechtsprechung nur selten **24** bejaht; hierfür gelten zu Recht strenge Anforderungen.[80] Angenommen hat der Bundesgerichtshof eine Unterbrechung im vorgenannten Sinn, nachdem die Verkaufsbereitschaft der zur Veräußerung bereiten staatlichen Dienststelle durch den zuständigen Sachbearbeiter infolge eines „Zuschlages" aufgegeben worden war und nach Ausfall dieses Kaufinteressenten das Grundstück erneut zum Verkauf angeboten wurde. Die Unterbrechung des Kausalzusammenhangs zwischen Maklertätigkeit und Abschluss des Geschäfts wurde auch damit begründet, dass der Maklerkunde von der „neuen" Kaufgelegenheit durch einen anderen (Nachweis-)Makler Kenntnis erlangt hatte.[81]

---

76 BGH, Urt. v. 20.4.1983 – IVa ZR 232/81, WM 1983, 794 = NJW 1983, 1849 f.; OLG Karlsruhe, NJW-RR 1996, 628; MünchKomm-BGB/*H. Roth*, § 652 Rn. 189; *Dehner*, Maklerrecht, Rn. 148; *Ibold*, Maklerrecht, Rn. 109.
77 Staudinger/*Arnold*, §§ 652, 653 Rn. 129; *D. Fischer*, WM 2020, 1757, 1760.
78 MünchKomm-BGB/*H. Roth*, § 652 Rn. 200; *Hamm/Schwerdtner*, Maklerrecht, Rn. 606; *Seydel/Heinbuch*, Maklerrecht, Rn. 313; *D. Fischer*, WM 2020, 1757, 1760.
79 BGH, Urt. v. 13.12.2007 – III ZR 163/07, NJW 2008, 651 Rn. 10; OLG München, Urt. v. 27.2.2019 – 7 U 1935/18, BeckRS 2019, 2334; *Ibold*, Maklerrecht, Rn. 110; *Seydel/ Heinbuch*, Maklerrecht, Rn. 307; *Küpper*, in: Baumgärtel/Laumen/Prütting, Handbuch der Beweislast, § 652 Rn. 24.
80 BGH, Urt. v. 18.1.1996 – III ZR 71/95, NJW-RR 1996, 691; Urt. v. 13.12.2007 – III ZR 163/07, NJW 2008, 651 = WM 2008, 880 Rn. 13; Urt. v. 5.3.2020 – I ZR 69/19, WM 2020, 1244 Rn. 21; OLG Zweibrücken, Urt. v. 15.12.1998 – 8 U 95/98, NJW-RR 1999, 1502; Palandt/*Sprau*, § 652 Rn. 50; *Hamm/Schwerdtner*, Maklerrecht, Rn. 606.
81 BGH, Urt. v. 20.3.1991 – IV ZR 93/90, NJW-RR 1991, 950; in dieser Entscheidung wurde lediglich der Wegfall der Vertragsbereitschaft für entscheidend angesehen. BGH, Urt. v. 18.1.1996 – III ZR 71/95, NJW-RR 1996, 691, nimmt auf diese Entschei-

25 Eine kurzzeitige Unterbrechung oder ein Abbruch der Verhandlungen lässt die Kausalität noch nicht entfallen.[82] Dies gilt auch dann, wenn die erneuten Verhandlungen ohne Einschaltung des Maklers stattfanden.[83] Gibt der Kaufinteressent seine Erwerbsabsicht auf, weil ihm der Kaufpreis zu hoch erscheint, und erwirbt er das Objekt sechs Monate später – etwa durch Vermittlung eines anderen Maklers –, führt auch dies regelmäßig nicht zu einer Unterbrechung des Kausalzusammenhangs.[84]

26 Die Ansicht, die zwischenzeitliche ernsthafte Abstandnahme des Maklerkunden von seiner Absicht, das nachgewiesene Objekt zu erwerben oder zu verkaufen, unterbreche ebenfalls den Ursachenzusammenhang zwischen der Nachweisleistung und dem späteren Abschluss des Hauptvertrages,[85] greift zu weit.[86] Jedenfalls kann bei einem nur vorübergehenden Sinneswandel im Rahmen der notwendigen einzelfallbezogenen Gewichtung der Nachweisleistung für das Zustandekommen des Vertrages diesem Umstand nur ausnahmsweise eine ausschlaggebende Bedeutung zukommen.[87] Es hält sich im Beurteilungsspielraum des Tatrichters, wenn er bei derartigen Fallgestaltungen von einem wesentlichen Kausalitätsbeitrag des von dem Makler geleisteten Nachweises für den Abschluss des Kaufvertrags ausgeht und der vorübergehenden Aufgabe der Absicht des Maklerkunden, das angebotene Objekt zu erwerben, nicht das entscheidende Gewicht beimisst.[88]

27 Demgegenüber bejaht das OLG Düsseldorf[89] eine Unterbrechung des Kausalzusammenhangs auch dann, wenn ein benanntes Objekt zunächst einvernehmlich als ungeeignet – weil sanierungsbedürftig – von der weiteren Suche ausgenommen wird und sieben Monate später der Kunde nach

---

dung Bezug und erläutert (ergänzend), dass dort auch der Kausalzusammenhang unterbrochen war, hierzu kritisch *Dehner*, Maklerrecht, Rn. 149.

82 OLG Celle, Beschl. v. 21.1.2014 – 11 U 231/13, ZMR 2014, 758, 759; vgl. ferner OLG München, Urt. v. 27.2.2019 – 7 U 1935/18, BeckRS 2019, 2334.

83 Vgl. BGH, Urt. v. 25.2.1999 – III ZR 191/98, BGHZ 141, 40, 44; OLG Celle, Beschl. v. 21.1.2014 – 11 U 231/13, ZMR 2014, 758, 759.

84 BGH, Urt. v. 17.10.2018 – I ZR 154/17, NJW 2019, 1226 Rn. 16; *D. Fischer*, NJW 2019, 1182, 1184.

85 OLG Bamberg, Urt. v. 22.12.1997 – 4 U 134/97, NJW-RR 1998, 565, 566; *H. Roth*, Anm. zu BGH, Urt. v. 25.2.1999 – III ZR 191/98, BGHZ 141, 40 in LM § 652 Nr. 145 Bl. 3, 4; kritisch hierzu: OLG Hamburg, Urt. v. 16.10.2002 – 12 U 13/02, ZMR 2004, 45 f.

86 Tendenziell ebenso BGH, Urt. v. 13.12.2007 – III ZR 163/07, NJW 2008, 651 Rn. 14.

87 BGH, Urt. v. 17.10.2018 – I ZR 154/17, NJW 2019, 1226 Rn. 16.

88 BGH, Urt. v. 17.10.2018 – I ZR 154/17, NJW 2019, 1226 Rn. 16 unter Hinweis auf BGH, Urt. v. 13.12.2007 – III ZR 163/07, NJW 2008, 651 Rn. 14.

89 OLG Düsseldorf, Urt. v. 19.5.2017 – 7 U 158/16, BeckRS 2017, 133551, insoweit in MDR 2017, 1355 nicht abgedruckt.

vergeblicher Suche und im Hinblick auf die Marktlage schließlich bereit ist, das nunmehr von einem anderen Makler genannte, immer noch sanierungsbedürftige Objekt zu erwerben. Diese Bewertung erscheint im Hinblick auf die vorstehenden Grundsätze wenig überzeugend, zumal bei der genannten Zeitspanne von sieben Monaten zwischen der Nachweisleistung und dem Abschluss des Hauptvertrages die Mitursächlichkeit zu vermuten ist.[90]

Ein Provisionsanspruch entsteht nicht, wenn der Makler eine tatsächlich bestehende Möglichkeit zum Erwerb eines Objekts nachweist, diese Gelegenheit sich aber zerschlägt, weil der Eigentümer die Verkaufsabsicht endgültig aufgegeben oder sich für einen anderen Interessenten entschieden hat, diese Verkaufsgelegenheit dann aber später unter veränderten Umständen neu entsteht und nunmehr von dem Kunden ohne Hinweis des Maklers genutzt wird.[91] Diese Grundsätze gelten entsprechend für Dienstleistungen eines Finanzierungsmaklers, die zum Abschluss eines Darlehensvertrags führen.[92] **28**

Beim Nachweis einer Immobilie nach Abschluss eines notariellen Kaufvertrags mit einem anderen Käufer kann zwar im Allgemeinen nicht mehr von einer fortbestehenden Verkaufsbereitschaft des Eigentümers gesprochen werden.[93] Anderes gilt jedoch schon dann, wenn der Kaufvertrag mit einem zeitlich befristeten, aber im Übrigen vorbehaltlosen Rücktrittsrecht vereinbart ist. Bei einer solchen Fallgestaltung bleibt der Kaufvertrag letztlich solange in der Schwebe, wie das Rücktrittsrecht noch ausgeübt werden kann; bis dahin ist das Objekt noch nicht endgültig vom Markt und der Verkäufer immer noch latent verkaufsbereit. Eine endgültige vertragliche Bindung wird erst zu dem Zeitpunkt begründet, zu dem das Rücktrittsrecht nicht mehr ausgeübt werden kann. Dieser Sichtweise entspricht es, dass der Maklerlohnanspruch bei einem von dem Makler nachgewiesenen Kaufvertrag, der mit einem zeitlich befristeten, aber im Übrigen vorbehaltlosen Rücktrittsrecht vereinbart ist, nach der höchstrichterlichen Rechtsprechung erst entsteht, wenn die Rücktrittsmöglichkeit verstrichen ist.[94] **29**

---

90 *D. Fischer*, NJW 2018, 1145, 1147 unter Bezug auf BGH, Urt. v. 22.9.2005 – III ZR 393/04, NJW 2005, 3779, 3781.

91 BGH, Urt. v. 5.3.2020 – I ZR 69/19, WM 2020, 1244 Rn. 18 unter Bezugnahme auf BGH, Urt. v. 23.11.2006 – III ZR 52/06, NJW-RR 2007, 402 Rn. 14.

92 BGH, Urt. v. 5.3.2020 – I ZR 69/19, WM 2020, 1244 Rn. 18.

93 BGH, Urt. v. 23.11.2006 – I ZR 52/06, NJW-RR 2007, 402 Rn. 15; Urt. v. 5.3.2020 – I ZR 69/19, WM 2020, 1244 Rn. 21.

94 BGH, Urt. v. 5.3.2020 – I ZR 69/19, WM 2020, 1244 Rn. 21 unter Bezugnahme auf BGH, Urt. v. 13.12.2007 – III ZR 163/07, WM 2008, 880 = NJW 2008, 651 Rn. 15.

30   Danach rechtfertigt, wie der Bundesgerichtshof[95] mit Entscheidung vom 5.3.2020 verdeutlichte, nur eine vom nachgewiesenen Interessenten eingegangene endgültige vertragliche Bindung die Annahme einer Aufgabe seiner Vertragsabsicht und damit die Feststellung einer Unterbrechung des Kausalzusammenhangs zwischen Nachweisleistung und Abschluss des späteren Hauptvertrags. Mithin reicht es für die Annahme einer Unterbrechung des Kausalzusammenhangs nicht aus, wenn sich aus der Sicht des Maklerkunden die vom Makler nachgewiesene Vertragsgelegenheit zerschlagen hat.[96] Entscheidend ist vielmehr, ob der nachgewiesene Interessent tatsächlich ein anderes Vertragsangebot angenommen und sich damit vertraglich an einen Dritten gebunden hat. Der Verständnishorizont des Maklerkunden ist insoweit ohne Bedeutung.[97]

ee)   Gleichzeitige Zusendung gleichlautender Nachweise durch
    verschiedene Makler

31   Sind einem Auftraggeber Nachweise mehrerer Makler zu einem bestimmten Objekt gleichzeitig zugegangen, so muss der Makler, wenn er eine Nachweisprovision fordert, darlegen und beweisen, dass gerade sein Objektnachweis (mit-)ursächlich für den Abschluss des Hauptvertrages gewesen ist.[98] Dass bei einer derartigen Fallgestaltung der Anspruch eines jeden der beteiligten Makler naheliegenderweise aus Beweisgründen scheitern wird, ist ein Risiko, das nach der höchstrichterlichen Rechtsprechung in Kauf genommen werden muss. Billigkeitserwägungen sind nicht geeignet, diese Rechtslage zu ändern.[99]

3. Mitursächlichkeit der Vermittlungsleistung

32   Bei einem Vermittlungsmakler liegt mitursächliches Handeln bereits vor, wenn seine Tätigkeit die Abschlussbereitschaft des Dritten irgendwie gefördert hat, der Makler also bei dem Vertragsgegner ein Motiv gesetzt hat, das nicht völlig unbedeutend war.[100] Es ist auch nicht erforderlich, dass der Makler selbst beim Abschluss des Hauptvertrages mitgewirkt hat.

---

95 BGH, Urt. v. 5.3.2020 – I ZR 69/19, WM 2020, 1244 Rn. 21; ebenso *Würdinger*, NJW 2020, 2796.
96 BGH, Urt. v. 5.3.2020 – I ZR 69/19, WM 2020, 1244 Rn. 20.
97 BGH, Urt. v. 5.3.2020 – I ZR 69/19, WM 2020, 1244 Rn. 30.
98 BGH, Urt. v. 6.12.1978 – IV ZR 28/78, WM 1979, 439 = NJW 1979, 869; *E. Wolf*, WM 1981, 666, 670.
99 BGH, Urt. v. 6.12.1978 – IV ZR 28/78, WM 1979, 439 = NJW 1979, 869; vgl. auch *Seydel/Heinbuch*, Maklerrecht, Rn. 294.
100 BGH, Urt. v. 21.5.1971 – IV ZR 52/70, WM 1971, 1098, 1100.

Die (Mit-)Ursächlichkeit der Vermittlungstätigkeit entfällt allerdings dann, **33** wenn die Bemühungen des Maklers gescheitert sind und der Vertrag später ohne seine Mitwirkung durch neue Verhandlungen auf völlig anderer Grundlage abgeschlossen wird.[101] Der Kausalverlauf zwischen Maklertätigkeit und Abschluss des Hauptvertrages ist hier unterbrochen, so dass kein Provisionsanspruch besteht.[102] Dagegen ist bei einer den Gegenstand des Maklerauftrags bildenden vermittelnden Tätigkeit für eine Mitverursachung dann noch Raum, wenn der ohne die Mitwirkung des Maklers herbeigeführte Geschäftsabschluss in Fortführung dessen, wenn auch gescheiterter Vermittlung auf der von ihm angebahnten und fortwirkenden Grundlage zustande kommt.[103] Dies kann dann anzunehmen sein, wenn durch die in Rede stehende Vermittlungstätigkeit die Entschließung des Veräußerers erheblich mit beeinflusst wurde. In Konsequenz dieser Rechtsprechung kann es vorkommen, dass bei Kündigung eines Maklervertrages durch den Kaufinteressenten und Neuabschluss mit einem anderen Makler der Maklerkunde zweifache Maklerprovision zu entrichten hat.[104]

Das OLG Hamm[105] hat die Grundsätze zur Vermutungswirkung der Kausali- **34** tät der Nachweisleistung bei angemessenem Zeitabstand zwischen Maklerleistung und Hauptvertragsabschluss zu Recht auch für die Beurteilung der Kausalität einer Vermittlungstätigkeit als maßgeblich angesehen. Danach gilt auch insoweit ein Zeitraum von zwölf Monaten als Obergrenze.[106]

4. Wesentliche Maklerleistung

Nach der höchstrichterlichen Rechtsprechung ist ferner für das Entstehen **35** des Provisionsanspruches erforderlich, dass der Abschluss des Hauptvertrages zumindest auch als Ergebnis einer für den Erwerb *wesentlichen Maklerleistung*[107] anzusehen ist. Mitunter wird in der höchstrichterlichen Recht-

---

101 BGH, Urt. v. 14.12.1959 – II ZR 241/58, LM § 652 BGB Nr. 7; *Ibold*, Maklerrecht, Rn. 110.
102 *D. Fischer*, WM 2020, 1757, 1761.
103 BGH, Urt. v. 21.9.1973 – IV ZR 89/72, WM 1974, 257, 258.
104 *D. Fischer*, NJW 2007, 183, 187.
105 OLG Hamm, Urt. v. 24.7.2014 – 18 U 123/13, NJW-RR 2015, 825, 827 (Finanzierungs-Vermittlungsmakler).
106 Ebenso Erman/*D. Fischer*, § 652 Rn. 51.
107 BGH, Urt. v. 27.1.1988 – IVa ZR 237/86, NJW-RR 1988, 942; Urt. v. 3.7.2014 – III ZR 530/13, NJW-RR 2014, 1272 Rn. 16.

sprechung auch von einem wesentlichen (Kausalitäts-)Beitrag[108] des Maklers zum Hauptvertragsentschluss des Kunden gesprochen oder – im Anschluss an *Hans Reichel*[109] – gefordert, es müsse ein Arbeitserfolg des Maklers vorliegen.[110]

a) Bedeutung des Begriffs Wesentliche Maklerleistung

36 Mit den vorgenannten Begriffen soll bestimmten Grenzfällen Rechnung getragen werden, in denen zwar eine mitursächliche Maklerleistung vorliegt, diese aber als geringfügig erscheint.[111] Eine wesentliche Maklerleistung liegt nach der vom Bundesgerichtshof verwendeten Umschreibung dann vor, wenn der Kunde durch die Maklertätigkeit den konkreten Anstoß erhalten hat, sich um das in Rede stehende Objekt zu kümmern.[112] An Hand dieser als Abgrenzungshilfe für den Tatrichter vorgesehenen Formel[113] ist im Rahmen wertender Beurteilung zu prüfen, ob die erbrachte Leistung als wesentlich für den Abschluss des Hauptvertrags angesehen werden kann[114] und damit als provisionswürdig erscheint.[115] Der Makler wird nicht belohnt für den Erfolg schlechthin, sondern für einen Arbeitserfolg.[116] Maklertätigkeit und darauf beruhender Erfolgseintritt haben als Anspruchsvoraussetzungen gleiches Gewicht.[117]

37 Die Prüfung der (Mit-)Ursächlichkeit der Maklertätigkeit erfordert hierbei eine Gesamtschau und Gesamtwürdigung der jeweiligen Umstände des Ein-

---

108 BGH, Urt. v. 4.10.1995 – IV ZR 163/94, NJW-RR 1996, 114, 115, bezogen auf eine Nachweisleistung durch Liefern von Zusatzinformationen bei bestehender Vorkenntnis.

109 *Reichel*, Die Mäklerprovision, 1913, S. 123.

110 BGH, Urt. v. 27.1.1988 – IVa ZR 237/86, NJW-RR 1988, 942; Urt. v. 15.6.1988 – IVa ZR 170/87, NJW-RR 1988, 1397; Urt. v. 13.12.2007 – III ZR 163/07, NJW 2008, 651.

111 BGH, Urt. v. 5.3.2020 – I ZR 69/19, WM 2020, 1244 Rn. 33; ebenso bereits *D. Fischer*, NJW 2007, 183, 187.

112 BGH, Urt. v. 25.2.1999 – III ZR 191/98, BGHZ 141, 40, 45 f. = WM 1999, 1020; Urt. v. 20.11.1997 – III ZR 57/96, NJW-RR 1998, 411, 412.

113 BGH, Urt. v. 25.2.1999 – III ZR 191/98, BGHZ 141, 40, 45 f. = WM 1999, 1020.

114 BGH, Urt. v. 25.2.1999 – III ZR 191/98, BGHZ 141, 40, 47 = WM 1999, 1020.

115 BGH, Urt. v. 15.6.1988 – IVa ZR 170/87, NJW-RR 1988, 1397.

116 BGH, Urt. v. 15.6.1988 – IVa ZR 170/87, WM 1988, 1492 = NJW-RR 1988, 1397; ferner *D. Fischer*, NJW 2007, 183, 187; a. A. *Schwerdtner*, NJW 1989, 2987, 2990, der den „diffusen" Begriff des Arbeitserfolges für abgrenzungsuntauglich hält.

117 BGH, Urt. v. 27.1.1988 – IVa ZR 237/86, WM 1988, 725 = NJW-RR 1988, 942; Urt. v. 18.1.1996 – III ZR 71/95, WM 1996, 928 = NJW-RR 1996, 691.

zelfalls.[118] So kann die Prüfung zum Ergebnis führen, dass die Tätigkeit des Maklers zwar (mit-)ursächlich dafür gewesen ist, dass der Erwerbsinteressent mit dem Eigentümer ins Gespräch gekommen ist und im weiteren Verlauf auch das Objekt hat erwerben können, dieser Erfolg jedoch nicht auf einer vertragsadäquaten Leistung des Maklers beruht.[119] Demgegenüber kann sie aber auch ergeben, dass die Verbindung zwischen dem Maklerkunden und dem nachgewiesenen Grundstückseigentümer durch eine typische Arbeitsleistung des Maklers zweckgerichtet hergestellt wurde.[120] Die höchstrichterlichen Entscheidungen, in denen auf den Rechtsbegriff der wesentlichen Maklerleistung abgestellt wurde, sind überwiegend zu Nachweisleistungen ergangen. Es wurde aber wiederholt darauf hingewiesen, dass diese Grundsätze auch für den Vermittlungsmakler gelten.[121]

Mit Entscheidung vom 5.3.2020 hat der Bundesgerichtshof[122] erstmals den   **38**
Begriff der *unwesentlichen Maklerleistung* verwendet und hervorgehoben, wenn nur eine derartige Maklerleistung vorliege, könne dem Makler mangels Kausalität keine Provision zuerkannt werden. Macht der Maklerkunde geltend, die Nachweisleistung sei für den Abschluss des Hauptvertrags unwesentlich gewesen, weil etwa ein zweiter Makler dafür gesorgt habe, dass es zum Abschluss des angestrebten Hauptvertrags gekommen sei, um den sich der Erstmakler zuvor erfolglos bemüht habe, trägt der Kunde hierfür die Darlegungs- und Beweislast.[123]

b) Regelfall

Folgt der Vertragsschluss der Nachweisleistung in angemessenem Zeitab-   **39**
stand[124] nach, besteht kein Anlass, deren Wesentlichkeit für das Zustande-

---

118 BGH, Urt. v. 5.5.1982 – IVa ZR 207/80, VersR 1982, 689; *E. Wolf*, WM 1985, Sonderbeilage Nr. 3, S. 8.
119 BGH, Urt. v. 15.6.1988 – IVa ZR 170/87, WM 1988, 1492 = NJW-RR 1988, 1397; *Thode*, WM 1989, Sonderbeilage Nr. 3, S. 13.
120 BGH, Urt. v. 18.1.1996 – III ZR 71/95, WM 1996, 928 = NJW-RR 1996, 691.
121 BGH, Urt. v. 27.1.1988 – IVa ZR 237/86, WM 1988, 725 = NJW-RR 1988, 942; Urt. v. 15.6.1988 – IVa ZR 170/87, WM 1988, 1492 = NJW-RR 1988, 1397; Urt. v. 16.5.1990 – IV ZR 337/88, WM 1990, 1677 = NJW-RR 1990, 1008, 1009.
122 BGH, Urt. v. 5.3.2020 – I ZR 69/19, WM 2020, 1244 Rn. 43.
123 BGH, Urt. v. 5.3.2020 – I ZR 69/19, WM 2020, 1244 Rn. 43.
124 Zu diesem Kriterium vgl. vorstehend Rn. 18–20.

kommen des Hauptvertrags in Frage zu stellen.[125] In einem solchen Fall wird die Ursächlichkeit der Maklerleistung für den Vertragsabschluss vermutet.[126] Der Umstand, dass die Verkäuferseite gegenüber ihrer ursprünglichen Preisvorstellung nachgegeben hat, vermag die Bedeutung des den gesamten Vorgang auslösenden Nachweises des Maklers nicht zu beeinträchtigen.[127]

c) Weitere Einzelfälle

40 In zwei Fallgestaltungen[128] hat der Bundesgerichtshof die Wesentlichkeit einer Nachweisleistung verneint. Es handelt sich um atypische Konstellationen, bei denen der Abschluss des Hauptvertrages nicht auf ein vertragsadäquates Handeln des Maklers beruhte, sondern eher der Eigeninitiative des jeweiligen Maklerkunden zuzurechnen war.

aa) Visitenkarte des Maklerkunden[129]

41 Der Käufermakler wollte seinem Kunden das von ihm benannte Objekt zeigen, wurde aber von einem Bevollmächtigten der Eigentümerseite des Grundstücks verwiesen, weil die nicht verkaufsbereiten Eigentümer einen Kontakt mit dem Käufermakler ablehnten. Bevor der Kunde das Grundstück verließ, händigte er dem Bevollmächtigten seine Visitenkarte aus für den Fall, dass doch noch Verkaufsinteresse bestünde. Aus den erhaltenen Kontaktdaten ergab sich die spätere Möglichkeit eines Vertragsschlusses. Demgegenüber hatte der Makler zwar den Kunden zum Objekt geführt, aber zunächst als Eigentümer eine andere Person benannt, mit der ein Hauptvertrag nicht abgeschlossen werden konnte.

42 Das Tätigsein des Maklers war zwar (mit-)ursächlich für den Abschluss des Hauptvertrages, aber er hatte bereits keine vollständige Nachweisleistung erbracht, weil er lediglich das Objekt benannt hatte, nicht aber diejenige Person, die tatsächlich als Verkäufer in Betracht kam. Den Umstand, dass der Kunde aufgrund der vom Makler veranlassten Objektbesichtigung den Be-

---

125 BGH, Urt. v. 25.2.1999 – III ZR 191/98, BGHZ 141, 40, 47 = WM 1999, 1020: wesentliche Maklerleistung; Urt. v. 17.10.2018 – I ZR 154/17, WM 2019, 1364 = NJW 2019, 1226 Rn. 15; Urt. v. 5.3.2020 – I ZR 69/19, WM 2020, 1244 Rn. 36.

126 Zur Vermutungswirkung vgl. vorstehend Rn. 16–17.

127 BGH, Urt. v. 17.10.2018 – I ZR 154/17, WM 2019, 1364 = NJW 2019, 1226 Rn. 15 unter Bezugnahme auf BGH, Urt. v. 25.2.1999 – III ZR 191/98, BGHZ 141, 40, 47 = WM 1999, 1020.

128 Vgl. BGH, Urt. v. 25.2.1999 – III ZR 191/98, BGHZ 141, 40, 47 = WM 1999, 1020, wo die beiden Konstellationen nochmals zusammenfassend referiert werden.

129 BGH, Urt. v. 15.6.1988 – IVa ZR 170/87, WM 1988, 1492 = NJW-RR 1988, 1397.

vollmächtigten der Eigentümerseite kennenlernte, was vom Berufungsgericht noch als Nachweis angesehen wurde, hat der Bundesgerichtshof zu Recht nicht als ausreichende Tätigkeit eingestuft, sondern lediglich als Anlass, weil dieses Zusammentreffen vom Makler nicht bezweckt war.[130]

bb) Nachweis bei Zwischenerwerb[131]

Bei dieser Fallgestaltung wurde ein Erfolg der Nachweistätigkeit des Käufermaklers verneint, weil sich der Nachweis auf eine Erbengemeinschaft als Verkäuferin bezog und der Maklerkunde nicht von dieser Gemeinschaft das Hausgrundstück erwarb, sondern von einer Gesellschaft, an der die Gemeinschaft das Grundstück veräußerte. Der Umstand, dass die Gesellschaft das Grundstück bereits an dem Tag weiterveräußerte, als das Grundstück an sie aufgelassen wurde, war unbeachtlich. Der Käufermakler hatte die Gesellschaft nicht als Verkäuferin benannt, sondern deren Namen lediglich im Zusammenhang damit erwähnt, ob möglicherweise die Gesellschaft von dem Erwerb des Anwesens Abstand nehmen werde. Die neue Kaufgelegenheit musste dagegen der Kunde erst durch eigenes Handeln selbst schaffen.[132] **43**

d) Fälle aus der Instanzjudikatur

Eine erstmalige Objektinnenbesichtigung kann nach Ansicht des LG Berlin[133] eine wesentliche Maklerleistung darstellen, die eine Mitursächlichkeit des Nachweises trotz einer Vorkenntnis des Kaufinteressenten begründet. Hierbei handelt es sich um eine zusätzliche Nachweisleistung.[134] **44**

Haben die Erben des zunächst nachgewiesenen Veräußerers noch mehr als ein Jahr ohne Mitwirkung des Vermittlungsmaklers mit dem Kaufinteressenten (weiter-)verhandelt, bis eine Einigung über den Verkauf des Objektes erzielt werden konnte, stellt sich der mit den Erben abgeschlossene Kaufvertrag bei wertender Beurteilung, so das OLG Düsseldorf,[135] nicht als Ergebnis einer dafür wesentlichen Maklerleistung des ursprünglichen Vermittlungsmaklers dar. **45**

---

130 *D. Fischer*, WM 2020, 1757, 1763.
131 BGH, Urt. v. 27.1.1988 – IVa ZR 237/86, WM 1988, 725 = NJW-RR 1988, 942.
132 *D. Fischer*, WM 2020, 1757, 1763.
133 LG Berlin, Urt. v. 9.12.2011 – 19 O 284/11, GE 2012, 1233, 1234.
134 Zu diesem Kriterium vgl. vorstehend Rn. 8.
135 OLG Düsseldorf, Urt. v. 20.3.2015 – 7 U 39/14, MDR 2015, 935; *D. Fischer*, NJW 2015, 3278, 3282.

5. Kenntnis des Kunden von der Maklertätigkeit

46 Als ungeschriebenes Tatbestandsmerkmal des § 652 BGB gilt nach einer in Rechtsprechung[136] und Schrifttum[137] stark verbreiteten Ansicht, dass der Maklerkunde spätestens bei Abschluss des Hauptvertrages Kenntnis von der (mit-)ursächlichen Maklertätigkeit haben muss. Anknüpfungspunkt ist hierzu die Überlegung, der Kunde müsse bei der Preisgestaltung hinzukommende Maklerkosten berücksichtigen können.[138] Der Bundesgerichtshof hat mit Urteil vom 4.6.2009 bestätigt, dass ein „ordnungsgemäßer Nachweis" die Unterrichtung des Maklerkunden über die entfaltete Maklertätigkeit erfordert.[139] Steht aber fest, dass der Kunde auf jeden Fall den ihm angebotenen Preis im Hauptvertrag akzeptiert hätte, dann kann es auf die Kenntnis von der Maklertätigkeit nicht mehr ankommen.[140]

47 Konsequenz der vorstehenden Auffassung ist eine umfassende Unterrichtungspflicht des Maklers, der gegebenenfalls seinen Kunden auf alle von ihm unternommenen Aktivitäten hinweisen müsste. Dies hat das OLG Hamm[141] für nicht angemessen erachtet. Vielmehr obliege es dem Kunden sich vor Abschluss des Hauptvertrages gegebenenfalls beim Makler zu versichern, ob der in Betracht kommende Interessent auch vom Makler betreut wurde und damit eine provisionspflichtige Maklerleistung vorliegen könnte.[142]

---

136 RGZ 83, 32, 34; BGH, Urt. 18.5.1961 – VIII ZR 92/60, AIZ 1961, 108.

137 *Dehner*, Maklerrecht, Rn. 158; *Ibold*, Maklerrecht, Rn. 87; Bamberger/Roth/*Kotzian-Marggraf*, BGB, § 652 Rn. 46; Palandt/*Sprau*, § 652 Rn. 52; PWW/*Fehrenbacher*, BGB, § 652 Rn. 58; *Thomale*, JZ 2012, 716, 717. In BGH, Urt. v. 6.7.1994 – IV ZR 101/93, NJW-RR 1994, 1260, 1261, wurde dies offengelassen, weil feststand, dass der Kunde auf jeden Fall den angebotenen Preis akzeptiert hätte (so auch RGZ 68, 195, 202).

138 *D. Fischer*, NJW 2007, 183, 186.

139 BGH, Urt. v. 4.6.2009 – III ZR 82/08, WM 2009, 1801 Rn. 13 = NJW 2009, 1282.

140 BGH, Urt. v. 6.7.1994 – IV ZR 101/93, NJW-RR 1994, 1260, 1261.

141 OLG Hamm, Urt. v. 10.3.1994 – 18 U 132/93; vgl. hierzu *Seydel/Heinbuch*, Maklerrecht, Rn. 180; *D. Fischer*, NJW 2007, 183, 187; ähnlich *Koch*, Der Provisionsanspruch des Immobilienmaklers, S. 128.

142 Ebenso OLG München, Urt. v. 29.11.1967 – 12 U 1352/67, NJW 1968, 894, 895; *Thomale*, JZ 2012, 716, 717 f.

VII. Vertragliches Maklerrecht anhand praxistypischer Klauseln

1. Überblick

Von Maklern vorformulierte oder inhaltlich beeinflusste Verträge enthalten **1** regelmäßig eine Reihe von Klauseln, mit denen das dispositive Maklerrecht zugunsten des Maklers entscheidend abgeändert wird. Im nachfolgenden werden die wichtigsten Abreden erläutert und ihre Beurteilung in der Rechtsprechung dargestellt.

Der Frage der Zulässigkeit von Maklerklauseln in notariellen Immobilien- **2** verträgen kommt zunehmende Bedeutung in der Praxis zu.[1] Der beurkundende Notar darf eine Maklerklausel, wonach dem Makler von einer der Hauptvertragsparteien eine Provision zusteht, nur auf Wunsch der Vertragsparteien aufnehmen, nicht etwa, weil dies der den Kaufvertrag vermittelnde Makler so will.[2] Verwendet der Notar widersprüchliche Maklerprovisionsklauseln zulasten der Erwerberpartei in einer Vielzahl von Fällen, kann dies zu seiner Amtsenthebung führen, wie der Senat für Notarsachen des Bundesgerichtshofs[3] mit Urteil vom 24.11.2014 betonte. Eine Provisionsklausel ist in sich widersprüchlich und steht deshalb mit § 17 Abs. 1 BeurkG nicht in Einklang, wenn sie nach ihrem Wortlaut eine Verpflichtung des Erwerbers zur Zahlung einer näher bestimmten Maklerprovision und einen bestimmbaren Fälligkeitszeitpunkt zur Erfüllung dieser Verpflichtung enthält (Schuldanerkenntnis), im Gegensatz dazu jedoch die Wendung beinhaltet, es werde hierdurch kein Vertrag zugunsten Dritter bewirkt.[4]

2. Maklerklauseln[5]

Nicht selten finden sich in notariellen Kaufverträgen – zumeist auf Veranlas- **3** sung des Maklers – Regelungen über die Maklerprovision. Hierzu können

---

1 *Grziwotz*, ZfIR 2015, 265; *D. Fischer*, NJW 2015, 3278, 3282.
2 *H. Roth*, ZfIR 2014, 85; *Grziwotz*, ZfIR 2015, 265.
3 BGH, Urt. v. 24.11.2014 – NotSt (Brfg) 1/14, BGHZ 203, 280 = NJW 2015, 1883.
4 BGH, Urt. v. 24.11.2014 – NotSt (Brfg) 1/14, BGHZ 203, 280 Rn. 30 = NJW 2015, 1883; vgl. auch *Grziwotz*, ZfIR 2015, 265.
5 Weiterführendes Schrifttum: *Bethge*, NZM 2002, 193; *Grziwotz*, MDR 2004, 61; *Wälzholz*, MittBayNot 2000, 357; *Lindemann/Mormann*, MDR 2007, 1113; *Althammer*, ZfIR 2012, 765; *H. Roth*, ZfIR 2014, 85; grundlegend *Althammer*, Die Maklerklausel im notariellen Grundstückskaufvertrag, 2004.

Abreden gehören, die lediglich im Verhältnis der Hauptvertragsparteien bestimmen, wer die Maklerprovision zu tragen hat. In diesem Zusammenhang sind auch entsprechende Freistellungsklauseln üblich.[6] Derartige Abreden werfen regelmäßig keine besonderen Rechtsfragen auf.

4 Ganz anders verhält es sich dagegen bei Maklerlohnklauseln, die im notariellen Kaufvertrag aufgenommen werden und unmittelbar einen Vergütungsanspruch des Maklers begründen sollen. In diesem Zusammenhang wird von Maklerklausel oder Maklerprovisionsklausel gesprochen. Hierbei handelt es sich um eine *Sammelbezeichnung*, die keinen festgefügten Inhalt aufweist.[7] Welcher Regelungsgehalt einer derartigen Klausel im Einzelfall zuzuordnen ist, muss daher im Wege der Auslegung ermittelt werden.[8] In der Rechtsprechung sind hierzu unterschiedliche Auslegungskriterien entwickelt worden.

5 Zunächst stellt sich die Frage, ob der Makler, der bei diesen Fallgestaltungen überwiegend an dem Beurkundungstermin teilnimmt, Beteiligter i.S.d. § 6 Abs. 2 BeurkG ist. Dies wird regelmäßig zu verneinen sein. In der Praxis wird dementsprechend auch der Makler zu Beginn der Vertragsurkunde nicht als Beteiligter aufgeführt, woraus auf den Willen der Partner des Kaufvertrages geschlossen werden kann, den Makler nicht als Beteiligten der zu beurkundenden Rechtsgeschäfte anzusehen.[9]

6 Derartige Vereinbarungen können rechtlich als *echte Verträge zugunsten eines Dritten* qualifiziert werden.[10] Für die Annahme eines eigenständigen Forderungsrechts i.S.v. § 328 Abs. 2 BGB spricht etwa die Formulierung, dass auch der Makler eine Ausfertigung der notariellen Vertragsurkunde zu erhalten hat;[11] zwingendes Erfordernis ist dies aber nicht.[12] Um Unsicherheiten zu vermeiden, ist es aber ratsam, das eigenständige Forderungsrecht

---

6 *Dehner*, Maklerrecht, Rn. 421.

7 BGH, Urt. v. 21.11.2018 – I ZR 10/18, NJW 2019, 1803 Rn. 22; *Althammer*, ZfIR 2012, 765.

8 BGH, Urt. v. 6.3.1991 – IV ZR 53/90, NJW-RR 1991, 820; Urt. v. 6.2.2003 – III ZR 287/02, NJW 2002, 1249, 1250; Urt. v. 21.11.2018 – I ZR 10/18, NJW 2019, 1803 Rn. 22.

9 BGH, Urt. v. 6.3.1991 – IV ZR 53/90, NJW-RR 1991, 820. Deutliche Kritik an diesem Ansatz bei *Dehner*, Maklerrecht, Rn. 423.

10 BGH, Urt. v. 12.3.1998 – III ZR 14/97, BGHZ 138, 170, 172.

11 *Dehner*, Maklerrecht, Rn. 428

12 So aber andeutungsweise OLG Hamm, Urt. v. 19.6.1995 – 18 U 194/94, NJW-RR 1996, 627.

durch klarstellende Formulierungen zu verdeutlichen.[13] Der nach § 328 Abs. 2 BGB begründete Zahlungsanspruch des Maklers kann neben einen bereits bestehenden Direktanspruch nach § 652 BGB treten oder falls ein Maklervertrag noch nicht zustande gekommen sein sollte, einen solchen ersetzen. Eine Regelung dieser Art schneidet daher dem Maklerkunden etwaige Einwendungen gegen das Zustandekommen eines Maklervertrages ab.[14] Der Käufer kann aber dem Makler entgegenhalten, eine wirksame Nachweisleistung sei wegen Verflechtung des Maklers mit der Verkäuferseite nicht erbracht worden.[15] Voraussetzung hierfür ist allerdings, dass dieser Umstand dem Maklerkunden bei Vereinbarung der Maklerklausel nicht bekannt gewesen ist.[16] Der Regelungsgehalt einer Klausel kann auch weiter gefasst werden, so dass unabhängig vom Vorliegen einer Maklerleistung dem Makler eine Vergütung zustehen soll.[17] Dann hat die Klausel den Rechtscharakter eines *selbstständigen Provisionsversprechens*. Die Annahme, dass die Hauptvertragsparteien einen derartigen unabhängigen Schuldgrund schaffen wollten, bedarf stets hinreichend konkreter Anhaltspunkte.[18]

Obwohl bei einem im Wege des Vertrages zugunsten Dritter begründeten Provisionsanspruch kein eigenständiges vertragliches Rechtsverhältnis zwischen dem Versprechenden und dem Makler entsteht, weil der Makler lediglich ein abgespaltenes Forderungsrecht erwirbt,[19] hat der Makler nach Ansicht des Bundesgerichtshofs gegenüber dem Versprechenden bestimmte Hinweis- und Aufklärungspflichten einzuhalten. So ist ein Makler, für den im vorgenannten Sinne ein eigener Provisionsanspruch gegen den Vertragsgegner seines Kunden begründet wird, dem Vertragsgegner nach den Grundsätzen der culpa in contrahendo gemäß § 311 Abs. 2 BGB zur Aufklärung verpflichtet, wenn er Kenntnis davon hat, dass sein Kunde bei einem vereinbarten Mängelhaftungsausschluss unrichtige Angaben über den Zustand des

7

---

13 Etwa *„Der Makler hat insoweit einen unmittelbaren Anspruch auf Zahlung aus diesem Vertrag"*, so der Wortlaut der dem Urt. v. 12.3.1998 – III ZR 14/97, BGHZ 138, 170, 171 zugrunde liegenden Fallgestaltung.

14 BGH, Urt. v. 12.3.1998 – III ZR 14/97, BGHZ 138, 170, 172.

15 BGH, Urt. v. 12.3.1998 – III ZR 14/97, BGHZ 138, 170, 172.

16 BGH, Urt. v. 12.3.1998 – III ZR 14/97, BGHZ 138, 170, 172.

17 BGH, Urt. v. 22.12.1976 – IV ZR 52/76, NJW 1977, 582: Übernahme der „Verkaufsgebühr" durch den Käufer, der wusste, dass der Makler ihm gegenüber keine Nachweis- oder Vermittlungsleistung erbracht hatte. Ferner BGH, Urt. v. 15.4.1987 – IVa ZR 53/86, WM 1987, 1140, hier war dem Käufer gleichfalls die Verflechtung zwischen Makler und Drittem bekannt.

18 Weitere höchstrichterliche Rechtsprechung hierzu: BGH, Urt. v. 5.10.2000 – III ZR 240/99, NJW 2000, 3781; Urt. v. 6.2.2003 – III ZR 287/02, NJW 2003, 1249, 1250.

19 BGH, Urt. v. 9.4.1970 – KZR 7/69, BGHZ 54, 145, 147; Urt. v. 22.9.2005 – III ZR 295/04, NJW 2005, 3778.

Vertragsgegenstandes – etwa Hausbockbefall einer alten Jugendstilvilla – macht.[20] Ein Verstoß hiergegen rechtfertigt bei Rückabwicklung des Hauptvertrages unter Schadensersatzgesichtspunkten auch die Rückzahlung der Maklerprovision.[21]

3. Alleinauftrag

8   Ein einfacher Alleinauftrag kann grundsätzlich wirksam unter Verwendung von Allgemeinen Geschäftsbedingungen abgeschlossen werden.[22] Die Grundgedanken der §§ 652 ff. BGB – Abhängigkeit des Provisionsanspruchs vom Zustandekommen des Hauptvertrags mit einem Dritten, Kausalität der Maklertätigkeit für dieses Zustandekommen, Abschlussfreiheit des Auftraggebers – werden durch einen solchen einfachen Alleinauftrag nicht angetastet. Die darin enthaltenen Veränderungen gegenüber dem regulären Maklervertrag laufen dem gesetzlichen Leitbild nicht in einer zur Unwirksamkeit gemäß § 307 Abs. 2 Nr. 1 BGB führenden Art und Weise zuwider. Die §§ 652 ff. BGB lassen nicht als zwingende Anforderung erkennen, dass mehrere Makler eingeschaltet werden müssen, ebenso wenig wie die freie Widerruflichkeit des Maklervertrags eine Grundlage der gesetzlichen Regelung ist, die nicht verändert werden dürfte. Da der Kunde im Gegenzug für seine Verpflichtung, keinen weiteren Makler einzuschalten, einen Anspruch auf Tätigwerden des Maklers erhält, ist er auch nicht im Sinne von § 307 Abs. 1 Satz 1 BGB unangemessen benachteiligt.[23]

a) Zulässige Mindestlaufzeit

9   Wird in einem einfachen Alleinauftrag durch AGB eine bestimmte Vertragsdauer festgelegt, wird damit das Recht des Maklerkunden zum Widerruf oder zur Kündigung des Auftrags ausgeschlossen. Der Maklerkunde ist ferner bis zum Ablauf der vereinbarten Vertragsdauer verpflichtet, neben dem beauftragten Makler keinen anderen Makler einzuschalten.[24] Die Vereinbarung

---

20 BGH, Urt. v. 22.9.2005 – III ZR 295/04, NJW 2005, 3778.

21 *Benedict*, EWiR 2005, 857.

22 BGH, Urt. v. 28.5.2020 – I ZR 40/19, WM 2020, 1356 Rn. 20 zVb in BGHZ unter Bezugnahme auf BGH, Urt. v. 5.4.1978 – IV ZR 160/75, WM 1978, 791, 792 zur Rechtslage vor Inkrafttreten des AGB-Gesetzes.

23 BGH, Urt. v. 28.5.2020 – I ZR 40/19, WM 2020, 1356 Rn. 20; Palandt/*Sprau*, § 652 Rn. 75–75a; *Ketterling*, NZM 2020, 679.

24 BGH, Urt. v. 28.5.2020 – I ZR 40/19, WM 2020, 1356 Rn. 20; Palandt/*Sprau*, § 652 Rn. 76.

eines zeitlich unbegrenzten Alleinauftrags ist nach der höchstrichterlichen Judikatur bereits nach § 138 BGB unwirksam. Jede Dauerbindung dieser Art beeinträchtigt die wirtschaftliche Bewegungsfreiheit des Vertragspartners des Maklers in unzulässig starkem Maße.[25] Wird dagegen die Vertragslaufzeit überhaupt nicht geregelt, liegt eine Regelungslücke vor, die es ermöglicht, die Vertragsdauer gemäß § 157 BGB unter Berücksichtigung der Umstände des Einzelfalles auf einen angemessenen Zeitraum festzusetzen.[26]

Die mit dem Alleinauftrag verbundene Tätigkeitspflicht des Maklers recht- **10** fertigt grundsätzlich eine an dem Zeitbedarf für eine erfolgversprechende Tätigkeit orientierte Mindestlaufzeit.[27] Es hängt von den Umständen des Einzelfalls ab, ob die Dauer der Bindung des Maklerkunden an einen Makleralleinauftrag angemessen ist; bei der Vermarktung von Immobilien kommt es insbesondere auf die Art des Objekts an.[28] Eine Bindungsfrist von sechs Monaten ist für einen herkömmlichen Grundstücksvermittlungsauf- trag, wie etwa für die Vermarktung einer Eigentumswohnung, regelmäßig angemessen und mithin nicht gemäß § 307 BGB unwirksam.[29] Bei schwieri- gen Aufträgen kann im Einzelfall aber auch eine Bindung des Maklerkunden für bis zu drei Jahren[30] oder auch für fünf Jahre[31] angemessen sein.

b) Zulässige Laufzeit-Verlängerungsklausel

Eine in Allgemeinen Geschäftsbedingungen vorgesehene automatische Ver- **11** längerung einer zunächst auf sechs Monate vereinbarten Vertragslaufzeit eines einfachen Makleralleinauftrags um jeweils drei Monate bei unterblie- bener Kündigung des Maklerkunden ist nach zutreffender Ansicht des Bun- desgerichtshof grundsätzlich unbedenklich und nicht gemäß § 307 Abs. 1 Satz 1 BGB unwirksam.[32]

---

25 BGH, Urt. v. 28.5.2020 – I ZR 40/19, WM 2020, 1356 Rn. 22; ebenso bereits BGH, Urt. v. 21.9.1973 – IV ZR 89/72, WM 1974, 257, 260; Urt. v. 4.2.1976 – IV ZR 115/74, WM 1976, 533, 534.

26 BGH, Urt. v. 28.5.2020 – I ZR 40/19, WM 2020, 1356 Rn. 22 unter Bezugnahme auf BGH, Urt. v. 4.2.1976 – IV ZR 115/74, WM 1976, 533, 534.

27 BGH, Urt. v. 28.5.2020 – I ZR 40/19, WM 2020, 1356 Rn. 27.

28 BGH, Urt. v. 28.5.2020 – I ZR 40/19, WM 2020, 1356 Rn. 27.

29 BGH, Urt. v. 28.5.2020 – I ZR 40/19, WM 2020, 1356 Rn. 28; ebenso bereits OLG München, Urt. v. 29.4.1969 – 5 U 2860/68, NJW 1969, 1630 f.

30 BGH, Urt. v. 28.5.2020 – I ZR 40/19, WM 2020, 1356 Rn. 27 unter Hinweis auf BGH, Urt. v. 4.2.1976 – IV ZR 115/74, WM 1976, 533, 534.

31 BGH, Urt. v. 28.5.2020 – I ZR 40/19, WM 2020, 1356 Rn. 27 unter Hinweis auf BGH, Urt. v. 2.9.1973 – IV ZR 89/72, WM 1974, 257, 260.

32 BGH, Urt. v. 28.5.2020 – I ZR 40/19, WM 2020, 1356 Rn. 34.

12   Gegen eine Wirksamkeit einer solchen Verlängerungsklausel spricht nicht der Gesichtspunkt, dass Kunden die vereinbarten Kündigungsfristen nicht im Auge behalten. Im Regelfall werden sich Kunden nur dann nicht um die Kündigungsfristen kümmern, wenn sie mit dem Angebot des Vertragspartners zufrieden sind. Wenn sie den Vertrag als lästig empfinden, kann ihnen zugemutet werden, in der Vertragsurkunde nachzusehen, welche Kündigungsmöglichkeiten sie haben. Unterlässt ein Kunde dies, obwohl ihm der Vertrag lästig ist, hat er es sich selbst zuzuschreiben, wenn er aufgrund der Verlängerungsklausel für weitere Zeit vertraglich gebunden ist.[33] Geht es zudem um die wirtschaftlich bedeutsame Vermarktung einer Immobilie, kann es dem Kunden erst recht zugemutet werden, bei dem Wunsch der Beendigung eines Alleinauftrags die Allgemeinen Vertragsbedingungen daraufhin durchzusehen, wie lange er sich zeitlich gebunden hat und zu welchem Zeitpunkt er das Vertragsverhältnis beenden kann.[34]

13   Dies gilt jedenfalls für Verlängerungsklauseln in einfachen Makleralleinaufträgen, weil solche Alleinaufträge nur unwesentlich vom gesetzlichen Leitbild des Maklervertrags abweichen und die Verlängerung für beide Parteien Pflichten begründet. Der Makler muss seine Bemühungen an der verlängerten Exklusivitätsdauer ausrichten und der Maklerkunde weiterhin von der Beauftragung weiterer Makler absehen. Beide Parteien dürfen auf die längere Einhaltung der bereits begründeten Vertragspflichten vertrauen. Die Verlängerungsklausel erspart den Vertragsparteien zudem eine neue Vereinbarung, die insbesondere dann in Betracht kommen kann, wenn eine recht kurze Laufzeit vereinbart ist.[35] Danach sind Verlängerungsklauseln in einfachen Makleralleinaufträgen nicht an sich unwirksam. Die Beantwortung der Frage, ob sie den Maklerkunden unangemessen benachteiligen, hängt von ihrer konkreten Ausgestaltung ab.[36]

c) Zulässigkeit einer vierwöchigen Kündigungsfrist

14   Eine in Allgemeinen Geschäftsbedingungen vorgesehene vierwöchige Frist zur Kündigung eines einfachen Makleralleinauftrags bei wirksamer Vereinbarung einer ersten Vertragslaufzeit von sechs Monaten und automatischen Verlängerungen des Vertrags um jeweils drei Monate benachteiligt den Ver-

---

33 BGH, Urt. v. 28.5.2020 – I ZR 40/19, WM 2020, 1356 Rn. 41 unter Hinweis auf BGH, Urt. v. 4.12.1996 – XII ZR 193/95, NJW 1997, 739, 740.
34 BGH, Urt. v. 28.5.2020 – I ZR 40/19, WM 2020, 1356 Rn. 41.
35 BGH, Urt. v. 28.5.2020 – I ZR 40/19, WM 2020, 1356 Rn. 42.
36 BGH, Urt. v. 28.5.2020 – I ZR 40/19, WM 2020, 1356 Rn. 43.

tragspartner des Maklers ebenfalls nicht unangemessen.[37] Maßstab für die Prüfung der Angemessenheit der Kündigungsfrist ist das Verhältnis von deren Länge zur ersten Laufzeit und zur Dauer der Verlängerung des Vertrags. Eine Kündigungsfrist von vier Wochen beträgt weniger als ein Sechstel der ursprünglichen Laufzeit und weniger als ein Drittel der Laufzeitverlängerung. Es ist nicht ersichtlich, dass es einem Maklerkunden dadurch unangemessen erschwert wird, das Vertragsverhältnis mit dem Makler zu beenden. Der Maklerkunde muss auch nicht befürchten, dass der Makler nach einer Kündigung seine Bemühungen um die Vermarktung des Objekts einstellen wird und sich angesichts der Länge der Kündigungsfrist die Vermarktung des Objekts verzögert. Der Makler hat nach einer Kündigung durch seinen Kunden weiterhin ein Interesse daran, Kaufinteressenten zu finden, weil sein Provisionsanspruch allein davon abhängt, dass er innerhalb der Bindungsfrist seinem Auftraggeber einen Kaufinteressenten nachweist.[38] Der Umstand, dass der Hauptvertrag bei einem solchen Nachweis erst nach Beendigung des Maklervertrags abgeschlossen wird, beeinträchtigt den Provisionsanspruch des Maklers nicht.[39]

d) Unzulässigkeit einer Verlängerungsklausel bei intransparenter Weiterverweisung

Sehen Allgemeine Geschäftsbedingungen die automatische Verlängerung **15** eines einfachen Makleralleinauftrags für den Fall einer unterbliebenen Kündigung vor und wird die Länge der Kündigungsfrist in weiteren allgemeinen Regelungen bestimmt, auf die der Verwender in den Allgemeinen Geschäftsbedingungen nicht ausdrücklich hinweist und die deshalb nicht wirksam in das Regelungswerk einbezogen sind, ist die Verlängerungsklausel insgesamt unwirksam.[40]

4. Provisions-Zahlungsklausel

Gelegentlich wird vereinbart, dass die (Verkäufer-)Maklerprovision erst **16** nach Eingang des Kaufpreises zu bezahlen ist. Dann stellt sich die Frage, ob mit einer derartigen Klausel lediglich die Fälligkeit des Provisionsanspruches hinausgeschoben oder ob die Entstehung des Provisionsanspruches von

---

37 BGH, Urt. v. 28.5.2020 – I ZR 40/19, WM 2020, 1356 Rn. 47.
38 BGH, Urt. v. 28.5.2020 – I ZR 40/19, WM 2020, 1356 Rn. 48.
39 BGH, Urt. v. 28.5.2020 – I ZR 40/19, WM 2020, 1356 Rn. 48 unter Bezugnahme auf BGH, Urt. v. 17.10.2018 – I ZR 154/17, NJW 2019, 1226 Rn. 17.
40 BGH, Urt. v. 28.5.2020 – I ZR 40/19, WM 2020, 1356 Rn. 55.

ιrung des Geschäfts, nämlich der Zahlung des Kaufpreises, abhän-
ιl.

    sich nur um eine Fälligkeitsregel, dann ist bei Ausbleiben des
Kaufpreises im Wege *ergänzender Vertragsauslegung* der Zeitpunkt der Fälligkeit zu bestimmen.[41] Dies ist in der Regel der Ablauf der Zeitspanne, innerhalb derer die Ausführung des Hauptvertrages erwartet werden konnte.
Nach Ansicht des OLG Karlsruhe,[42] enthält die Abrede, der Makler erhalte
die – nach dem erzielten Kaufpreis bemessene – Provision nach Eingang des
Kaufpreises, in der Regel eine Fälligkeitsbestimmung und keine aufschie-
bende Bedingung. Gleiches gilt, wenn die Parteien nicht den Eingang des
Kaufpreises, sondern den Eintritt eines sonstigen Ereignisses als Fälligkeitszeitpunkt bestimmt haben.[43]

18   Der Vergütungsanspruch des Maklers wird erst bei voller Wirksamkeit des
Hauptvertrages fällig.[44] Fehlen erforderliche Genehmigungen hinsichtlich
der Wirksamkeit des Hauptvertrages, so kann eine Fälligkeitsklausel, welche die Provision mit Abschluss des notariellen Kaufvertrages fällig stellt,
nicht im Wege Allgemeiner Geschäftsbedingungen vereinbart werden.[45]
Eine Vorverlagerung der Gesamtfälligkeit zugunsten des Maklers steht mit
dem Leitbild des § 652 Abs. 1 BGB nicht in Einklang.[46]

5. Vorkenntnisklausel

19   Mit der Vorkenntnisklausel wird dem Kunden aufgegeben, unverzüglich
oder binnen einer bestimmten Frist mitzuteilen, ob ihm eine vom Makler
mitgeteilte Vertragsabschlussgelegenheit bereits zuvor bekannt gewesen ist.
Sollte der Kunde dieser Obliegenheit[47] nicht nachkommen, so wird unter-
stellt, dass der Nachweis erstmalig durch den Makler geführt wurde und damit die erforderliche (Mit-)Ursächlichkeit der Nachweisleistung gegeben
ist. Die Klausel kann rechtlich unterschiedliche Bedeutung besitzen. Einerseits kann es sich um eine (unwiderlegbare) Beweislastregel handeln, ande-

41   BGH, Urt. v. 27.2.1985 – IVa ZR 121/83, NJW 1986, 1035.
42   OLG Karlsruhe, Urt. v. 16.5.1997 – 15 U 102/96, OLGReport 1998, 306, 307.
43   OLG München, Urt. v. 7.12.2017 – 23 U 2440/17, BeckRS 2017, 134395; *D. Fischer*,
     NJW 2018, 1145, 1147.
44   BGH, Urt. v. 19.3.1991 – 5 StR 516/90, NJW 1991, 2844, 2845.
45   OLG Hamm, Beschl. v. 26.5.1995 – 18 W 4/95, NJW-RR 1996, 1526; Palandt/*Sprau*,
     § 652 Rn. 70; PWW/*Fehrenbacher*, § 652 Rn. 61.
46   OLG Hamm, Beschl. v. 26.5.1995 – 18 W 4/95, NJW-RR 1996, 1526; PWW/*Fehrenba-
     cher*, § 652 Rn. 61.
47   BGH, Urt. v. 10.2.1971 – IV ZR 85/69, NJW 1971, 1133.

rerseits kann hierin auch eine abschließende Ursächlichkeitsfiktion gesehen werden. Konsequenz der Klausel ist es, dass bei Vorliegen der sonstigen Anspruchsvoraussetzungen der Maklerkunde zur Zahlung der Provision verpflichtet ist. Teilweise werden die Klauseln auch dahingehend formuliert, dass der Kunde im Verletzungsfall zur Zahlung eines sonstigen Entgelts (Vertragsstrafe) oder eines Aufwendungsersatzes verpflichtet ist, weil durch die Nichtanzeige dem Makler weitere (vermeidbare) Unkosten durch Abhalten von Besichtigungstermine oder sonstige Aufwendungen entstehen können. Derartige Regelungen sind als Allgemeine Geschäftsbedingungen – auch im kaufmännischen Rechtsverkehr – nicht zulässig.[48]

6. Übererlösklausel

Von einer Übererlösklausel wird gesprochen, wenn dem Makler die Differenz zwischen einem bestimmten und dem tatsächlich erzielten Verkaufs- bzw. Kaufpreis als Provision zustehen soll. Grundsätzlich wird eine derartige Klausel in der Rechtsprechung für zulässig erachtet. **20**

In zwei Entscheidungen aus dem Jahre 1969[49] hatte sich der damalige Maklerrechtssenat des Bundesgerichtshofs erstmals, soweit ersichtlich, mit der Wirksamkeit von Übererlösklauseln befasst und die Sittenwidrigkeit deshalb verneint, weil die Höhe der als Betrag des Übererlöses zugesagten Maklerprovision nicht absehbar und Verdienst des Maklers gewesen sei. **21**

Der dem Urteil vom 16.4.1969 vorangestellte amtliche Leitsatz führt aus, der Maklerlohn könne durch Vereinbarung auch in der Weise bemessen werden, dass er in dem einen bestimmten Betrag übersteigenden Teil des Kaufpreises besteht. Ein solcher Maklerlohn ist auch dann nicht sittenwidrig, wenn der Makler einen Maklerlohn von 29% des Kaufpreises erhält. Nach der Fallgestaltung hatte zunächst ein anderer Makler vergebens für die Verkäuferin einen Kaufinteressenten gesucht. Auch mit diesem ersten Makler war eine Übererlösprovisionsvereinbarung abgeschlossen worden, wobei auch hier der für die Verkäuferin verbleibende Grundstückskaufpreis mit 80.000,– DM angesetzt wurde. Die Annahme, die Übererlösklausel sei im konkreten Fall nicht sittenwidrig, wurde damit begründet, es sei unerwartet gewesen, dass der zweite Makler einen Käufer beibrachte, der bereit war, 113.000,– DM als Kaufpreis zu zahlen und dies auf seinem Verdienst beruh- **22**

---

48 BGH, Urt. v. 10.2.1971 – IV ZR 85/69, NJW 1971, 1133; Urt. v. 7.7.1976 – IV ZR 229/74, NJW 1976, 2345, 2346.
49 BGH, Urt. v. 16.4.1969 – IV ZR 784/68, WM 1969, 886 (29% des Kaufpreises); Urt. v. 25.6.1969 – IV ZR 793/68, NJW 1969, 1628.

te. Von maßgeblicher Bedeutung für den Ausschluss der Sittenwidrigkeit war für den Bundesgerichtshof ferner, dass die Verkäuferin den nachgewiesenen Grundstückskaufvertrag nicht hätte abschließen müssen und zudem auch den mit dem zweiten Makler bestehenden Vertrag hätte widerrufen können.[50]

23 Im Gegensatz zur Fallgestaltung der ersten Entscheidung hatte der Bundesgerichtshof mit Urteil vom 25.6.1969 über eine Provisionsübererlösabrede zu befinden, die Teil eines Makleralleinauftrages war und zudem durch eine weitere Klausel abgesichert war, nach der der Verkäufer 10% der geforderten Kaufsumme zahlen sollte, falls er das Grundstück in der vereinbarten Zeit nicht mehr verkaufen wolle, den Alleinauftrag zurückziehe oder selbst anderweitig verkaufe. Zur Wirksamkeit dieser Abrede wie auch zu einer weiteren, nach der der Verkäufer an jeden vom Makler beigebrachten Kaufwilligen zu veräußern habe, äußerte sich der Senat nicht abschließend, weil deren Nichtigkeit nicht den gesamten Maklervertrag einschließlich der Übererlösabrede erfasse.[51] Damit wurde allerdings stillschweigend der im Urteil vom 16.4.1969 noch für maßgeblich erachtete Gesichtspunkt der Entschließungsfreiheit des Verkäufers bei der Beurteilung der Sittenwidrigkeit einer Übererlösklausel aufgegeben. Alleine maßgeblich sei, dass die Vertragspartner bei Abschluss des Maklervertrages nicht hätten übersehen können, ob überhaupt und gegebenenfalls in welcher Höhe ein Mehrerlös hätte erzielt werden können, ein augenfälliges Missverhältnis zwischen Leistung und Gegenleistung könne daher nicht angenommen werden.[52] In dieser Entscheidung wurde weiter ausgesprochen, dass der Makler gegenüber dem Verkäufer verpflichtet ist, die genaue Höhe des erzielten Kaufpreises und wesentliche Vertragsbestimmungen zu benennen.[53]

24 Der Bundesgerichtshof hat, soweit dies aus dem veröffentlichten Fallmaterial ersichtlich ist, nur einmal eine Übererlösklausel nach § 138 Abs. 1 BGB als sittenwidrig bewertet. In diesem, in der amtlichen Entscheidungssammlung BGHZ aufgenommenen Judikat[54] wurde im Leitsatz ausgeführt, dass ein Makler sittenwidrig handelt, wenn er den ihm durch einen qualifizierten Alleinauftrag verbundenen Verkäufer eines Grundstücks nicht von der ihm bekannten Bereitschaft des Nachbarn unterrichtet, für das zu verkaufende Grundstück einen hohen Preis zu zahlen, vielmehr stattdessen gleichzeitig mit dem Verkäufer eine sogenannte Übererlösklausel vereinbart und vom

---

50 BGH, Urt. v. 16.4.1969 – IV ZR 784/68, WM 1969, 886, 887.
51 BGH, Urt. v. 25.6.1969 – IV ZR 793/68, NJW 1969, 1628.
52 BGH, Urt. v. 25.6.1969 – IV ZR 793/68, NJW 1969, 1628.
53 BGH, Urt. v. 25.6.1969 – IV ZR 793/68, NJW 1969, 1628, 1629.
54 BGH, Urt. v. 16.2.1994 – IV ZR 35/93, BGHZ 125, 135 = NJW 1994, 1475.

Nachbarn einen Preis fordert, der ihn 27,7% dieses Preises als Provision sichert. Von besonderer Bedeutung war bei dieser Fallgestaltung, dass der Makler bereits bei Abschluss der Übererlösprovision wusste, ein Kaufinteressent werde den dann erzielten Kaufpreis tatsächlich entrichten. Damit war das für die vorausgehenden Entscheidungen maßgebliche Moment der Unsicherheit, was den tatsächlich zu erzielenden Kaufpreis angeht, gerade nicht gegeben. Zudem hätte der Makler diese Kenntnis dem Verkäufer bei Abschluss der Übererlösklausel offenbaren müssen.[55]

In dieser Entscheidung hat der Bundesgerichtshof ferner ausgesprochen, **25** dass er für Übererlösklauseln davon absehe, eine absolute Grenze festzulegen, von der ab immer die Vereinbarung einer außergewöhnlichen hohen Provision den Bereich der Sittenwidrigkeit erreicht.[56] Maßgeblich sind mithin die Umstände des jeweiligen Einzelfalls. Für die Fallgestaltung dieses Urteils war aufgrund der festgestellten Umstände entscheidend, dass die Übererlösprovision mehr als das Achtfache der einfachen Verkäuferprovision (3% zuzüglich Umsatzsteuer) und mehr als das Vierfache der Doppelmaklerprovision ausmachte und damit ein auffälliges Missverhältnis angenommen werden konnte. Hinzu kam, dass der Makler nur eine „Maklerleistung einfachster Art" erbringen musste.[57]

Das OLG Düsseldorf hat sich in mehreren Entscheidungen mit der rechtli- **26** chen Problematik von Übererlösabreden befasst und sie nicht für generell unwirksam erachtet.[58] Im Jahre 1967 ist es davon ausgegangen, dass bei einer großen Differenz zwischen erwartetem und tatsächlich erzieltem Kaufpreis die Provision nach den Grundsätzen über den Wegfall der Geschäftsgrundlage herabzusetzen ist. In dieser Entscheidung wurde die Opfergrenze des Kunden bei 12,5% angesetzt und die 40.000,– DM ausmachende Übererlösprovision (25% vom Kaufpreis) auf 20.000,– DM herabgesetzt.[59] Diesen Lösungsansatz hat das OLG Düsseldorf aber in seiner späteren Rechtsprechung, offensichtlich im Hinblick auf die entgegengesetzte Judikatur

---

55 BGH, Urt. v. 16.2.1994 – IV ZR 35/93, BGHZ 125, 135, 140 = NJW 1994, 1475; *Dehner*, Maklerrecht, Rn. 220, sieht hierin eine vorvertragliche Pflichtverletzung.
56 BGH, Urt. v. 16.2.1994 – IV ZR 35/93, BGHZ 125, 135, 139 = NJW 1994, 1475.
57 BGH, Urt. v. 16.2.1994 – IV ZR 35/93, BGHZ 125, 135, 139 f. = NJW 1994, 1475.
58 OLG Düsseldorf, Urt. v. 15.12.1967 – 7 U 25/67, MDR 1986, 494; Urt. v. 4.3.1994 – 7 U 63/93, OLG-Report Düsseldorf 1994, 229; Urt. v. 16.2.1996 – 7 U 50/95, NJW-RR 1996, 1012; Urt. v. 5.2.1999 – 7 U 132/98, NJW-RR 1999, 1140, 1141.
59 OLG Düsseldorf, Urt. v. 15.12.1967 – 7 U 25/67, MDR 1986, 494, 495; vgl. hierzu auch *Ibold*, Maklerrecht, Rn. 57.

des Bundesgerichtshofs,[60] nicht weiterverfolgt.[61] Stattdessen hat es strenge Maßstäbe für die Unterrichtungspflichten des Maklers bei Vereinbarung einer Übererlösprovision entwickelt, bei deren Nichtbeachtung der Makler den Kunden von der Übererlösabrede freizustellen hat.[62] Das Kammergericht hat sich im Jahre 2000 der bisherigen Rechtsprechungslinie des Bundesgerichtshofs angeschlossen und eine 25 % Übererlösabrede für nicht sittenwidrig erklärt.[63]

27   Klauseln, welche die reine Preisgestaltung betreffen, unterliegen gemäß § 307 Abs. 3 BGB grundsätzlich nicht der AGB-Inhaltskontrolle des § 307 Abs. 1 Satz 1 BGB.[64] Dies gilt auch für die Höhe einer Maklerprovision.[65] Für die Vereinbarung einer Übererlösprovision kann nicht anderes gelten.[66]

7. Erfolgsunabhängige Provision[67]

28   Verspricht der Maklerkunde dem Makler eine Vergütung, die nicht vom erfolgreich abgeschlossenen Hauptvertrag abhängt, sondern aufgrund anderweitiger Voraussetzungen anfällt, dann wird dieser Lohnanspruch als erfolgsunabhängige Provision bezeichnet. Die Erfolgsabhängigkeit des Maklerlohnanspruches gehört zum gesetzlichen Leitbild des Maklervertrages, so dass erfolgsunabhängige Provisionen in Allgemeinen Geschäftsbedingungen nicht vereinbart werden dürfen.[68] Dies gilt etwa für Klauseln, die

---

60 BGH, Urt. v. 16.4.1969 – IV ZR 784/68, WM 1969, 886 (29 % des Kaufpreises); Urt. v. 25.6.1969 – IV ZR 793/68, NJW 1969, 1628; Urt. v. 16.2.1994 – IV ZR 35/93, BGHZ 125, 135, 137 = NJW 1994, 1475.

61 Vgl. auch *Petri/Wieseler*, Handbuch des Maklerrechts, 1998, Rn. 629.

62 OLG Düsseldorf, Urt. v. 4.3.1994 – 7 U 63/93, OLG-Report Düsseldorf 1994, 229; Urt. v. 16.2.1996 – 7 U 50/95, NJW-RR 1996, 1012; Urt. v. 5.2.1999 – 7 U 132/98, NJW-RR 1999, 1140, 1141.

63 KG, Urt. v. 10.2.2000 – 10 U 4183/98, NZM 2001, 481.

64 BGH, Urt. v. 4.12.1986 – VII ZR 77/86, NJW 1987, 1828, 1829; Urt. v. 7.11.2014 – V ZR 305/13, NJW-RR 2015, 181 Rn. 6 ff.

65 BGH, Urt. v. 15.3.1989 – IVa ZR 2/88, NJW-RR 1989, 760, 761 unter Bezugnahme auf BGH, Urt. v. 4.12.1986 – VII ZR 77/86, NJW 1987, 1828, 1829.

66 *Stoffels*, in: Wolf/Lindacher/Pfeiffer, AGB-Recht, 6. Aufl., Maklerverträge, Rn. M 7; *Christensen*, in: Ulmer/Brandner/Hensen, AGB-Recht, 12. Aufl., Teil 2, Maklerverträge, Rn. 9; *Lehmann-Richter*, in: Graf von Westphalen (Hrsg.), Vertragsrecht und AGB-Klauselwerk, Maklervertrag, Rn. 40.

67 Hierzu *Michalski*, NZM 1998, 209.

68 BGH, Urt. v. 8.5.1973 – IV ZR 158/71, BGHZ 60, 377, 381; Urt. v. 18.12.1974 – IV ZR 89/73, NJW 1975, 647; Urt. v. 5.4.1984 – VII ZR 196/83, NJW 1984, 2162, 2163.

einen Provisionsanfall bereits bei Abschluss eines Vorvertrages[69] oder bei Verstoß gegen eine Hinzuziehungsverpflichtung[70] vorsehen.

8. Provisionsklausel mit unterschiedlichen Provisionssätzen

Eine Bestimmung in einem vorformulierten Maklervertrag, die für den Fall, **29** dass der Hauptvertrag erst nach dem Ende der Laufzeit des Maklervertrages zustande kommt, eine Provision vorsieht, die doppelt so hoch ist wie die an anderer Stelle geregelte „mit Abschluss des nachgewiesenen oder vermittelten Vertrages" zu zahlende Provision, wird, wie der Maklerrechtssenat des OLG Düsseldorf[71] zutreffend ausgeführt hat, als überraschende Klausel gem. § 305c Abs. 1 BGB nicht Vertragsbestandteil. Die Kombination beider Bestimmungen begründet überdies Zweifel bei der Auslegung i. S. v. § 305c Abs. 2 BGB und verstößt damit gegen das Transparenzgebot nach § 307 Abs. 1 Satz 2 BGB.

Eine Differenzierung der Provisionshöhe danach, ob der Hauptvertrag wäh- **30** rend der Laufzeit des Maklervertrages oder erst danach abgeschlossen wird, ist, wie das Gericht jedenfalls für seinen Bezirk feststellt, eine völlig unübliche Regelung. Bereits daraus ergibt sich das Überraschungsmoment für den Maklerkunden. Wenn — wie im Streitfall — die Provisionshöhe für während der Dauer des Maklervertrages abgeschlossene Hauptverträge ausdrücklich offen gelassen ist und individueller Eintragung bedarf, rechnet der Kunde nicht damit, dass im vorgedruckten Vertragstext die Höhe des Provisionssatzes für nach Beendigung des Maklervertrages geschlossene Hauptverträge unabänderlich mit einem bestimmten Provisionssatz vorgegeben ist.[72] Zudem bedarf es keiner Erwähnung, dass der Provisionsanspruch grundsätzlich auch dann entsteht, wenn der Hauptvertrag erst nach Beendigung des Maklervertrages abgeschlossen wird. Nur die Maklerleistung muss während der Laufzeit des Maklervertrags erbracht werden.[73] Das Überraschungsmoment

---

69 BGH, Urt. v. 18.12.1974 – IV ZR 89/73, NJW 1975, 647.
70 BGH, Urt. v. 8.5.1973 – IV ZR 158/71, BGHZ 60, 377, 381: Hinzuziehungsklausel, wonach der Kunde die doppelte Gebühr (6%) zu zahlen hat.
71 OLG Düsseldorf, Urt. v. 7.10.2016 – 7 U 122/15, BeckRS 2016, 112011; hierzu *D. Fischer*, IMR 2017, 252.
72 OLG Düsseldorf, Urt. v. 7.10.2016 – 7 U 122/15, BeckRS 2016, 112011; *D. Fischer*, NJW 2017, 3278, 3281.
73 BGH, Urt. v. 16.12.2004 – III ZR 119/04, BGHZ 161, 349, 360; Urt. v. 17.10.2018 – I ZR 154/17, NJW 2019, 1226 Rn. 17; Urt. v. 28.5.2020 – I ZR 40/19, WM 2020, 1356 Rn. 48; Palandt/*Sprau*, § 652 Rn. 46; *D. Fischer*, IMR 2017, 252.

wird durch die Überflüssigkeit der in Rede stehenden Provisionsklausel noch verstärkt.[74]

9. Maklerbemühungsentgelt-Klausel

31 Ohne notarielle Beurkundung kann der Makler sich nicht zusagen lassen, dass sein Kunde ein Entgelt auch bei Nichtzustandekommen des Hauptvertrages zahlen wird, wenn diese Zusage den Kunden in seiner Entschlussfreiheit derart beeinträchtigt, dass er bei dem Verkauf oder Erwerb von Immobilien unter Zwang steht. Der Bundesgerichtshof hat zunächst einen Satz von 10–15 % der vereinbarten Provision als noch hinnehmbar angesehen.[75] Später hat er diese Aussage dahingehend konkretisiert, dass es sich hierbei um eine Obergrenze handele, wobei im Einzelfall schon die Vereinbarung eines geringeren Prozentsatzes die Beurkundung notwendig machen könne.[76]

10. Reservierungsklausel[77]

32 Reservierungsklauseln, mit denen sich der Makler verpflichtet, den Kaufinteressenten das betreffende Objekt ohne Vorbehalt zu reservieren und dafür Sorge zu tragen, dass kein anderer es erwirbt, solange der Kunde daran noch interessiert ist, sind in der Vertragspraxis nicht unüblich. Sind mit dem Ankauf zusammenhängende Fragen, wie etwa die Finanzierung noch nicht abschließend geklärt, besteht vielfach für den Maklerkunden ein Interesse daran, dass ihm der Makler das Objekt reserviert.[78] Regelmäßig werden hierfür sogenannte Reservierungsgebühren erhoben, die im Erfolgsfalle Anrechnung auf die Maklerprovision finden sollen, ansonsten aber verfallen. Diese Klauseln erweisen sich unter verschiedenen rechtlichen Gesichtspunkten als problematisch. Sowohl dem Kunden als auch dem Makler ist dringend abzuraten, Reservierungsklauseln zu vereinbaren.[79] Gewähr und Sicherheit dafür, dass der Kunde erst zu einem späteren Zeitpunkt sein Kaufangebot noch erfolgreich abgeben kann, ist ohnehin nur dann gegeben, wenn dem reservierenden Makler seitens des Verkäufers ein Alleinauftrag erteilt wurde.[80]

---

74 *D. Fischer*, IMR 2017, 252.
75 BGH, Urt. v. 6.2.1980 – IV ZR 141/78, NJW 1980, 1622, 1623.
76 BGH, Urt. v. 2.7.1986 – IVa ZR 102/85, NJW 1987, 54 f.
77 *J. Breiholdt*, MDR 1989, 31; *Michalski*, NZM 1998, 209, 214; *Würdinger*, NZM 2011, 539.
78 *J. Breiholdt*, MDR 1989, 31.
79 Vgl. die praxisrelevanten Hinweise bei *Seydel/Heinbuch*, Maklerrecht, Rn. 196–204.
80 *J. Breiholdt*, MDR 1989, 31.

a) Allgemeine Grundsätze

Der Sache nach ähneln die Abreden einem schuldrechtlichen Veräußerungs- **33**
verbot und sind nach den hierfür entwickelten Grundsätzen nicht beurkun-
dungsbedürftig i. S. v. § 311b Abs. 1 BGB.[81] Die Formbedürftigkeit derartiger
Absprachen kann sich aber unter dem Gesichtspunkt ergeben, dass aufgrund
der Höhe der Reservierungsgebühr der Kaufinteressent zum Erwerb des in
Aussicht genommenen Grundstücks angehalten wird, weil er keine unnütze
Investition tätigen will. Nach den in der höchstrichterlichen Rechtsprechung
entwickelten Grundsätzen ist dies anzunehmen, wenn die Reservierungsgebühr über 10–15 % der in Betracht kommenden Maklerprovision liegt.[82] Das
AG Wittmund[83] hat im Anschluss an das LG Frankfurt a. M.[84] die Wirksam-
keitsgrenze bei 10 % der ortsüblichen Maklerprovision gezogen.

Soweit die Reservierungsabrede unbefristet ist, kommt eine Unwirksamkeit **34**
der Klausel nach § 138 BGB in Betracht, weil sich der Makler regelmäßig
gegenüber dem Veräußerer vertragsbrüchig machen würde. Eine Abrede,
die bewusst darauf gerichtet ist, jemanden zum Vertragsbruch zu verleiten,
sei es hinsichtlich einer Haupt- oder Nebenpflicht, ist regelmäßig als sittenwidrig zu beanstanden. Gleiches gilt, falls die Reservierungsabrede dazu
dient, ein Objekt unter seinem Wert dem Kaufinteressenten zu reservieren
und der Makler von diesen Umständen Kenntnis hat.[85] Eine individual vertraglich zustande gekommene Reservierungsabrede ist nicht objektiv wertlos und kann nicht als sittenwidrig beanstandet werden, wenn der reservie-
rende Makler über einen Alleinauftrag verfügt.[86]

Ist eine Reservierungsabrede rechtlich wirksam, kann ein Zuwiderhandeln **35**
hiergegen zur Verwirkung der Erwerberprovision führen oder bei abschlie-
ßender Veräußerung an einen Dritten entsprechende Schadensersatzansprüche des Maklerkunden auslösen. Im Verhältnis zum Veräußerer ist die
Verwendung von Reservierungsabreden, soweit kein ausdrückliches Einverständnis besteht, ohnehin problematisch. Auch hier kommt die Verwirkung
der Veräußererprovision gegebenenfalls in Betracht.

---

81 BGH, Urt. v. 10.2.1988 – IVa ZR 268/86, BGHZ 103, 235, 238.
82 BGH, Urt. v. 10.2.1988 – IVa ZR 268/86, BGHZ 103, 235, 239 unter Bezugnahme auf
    BGH, Urt. v. 6.2.1980 – IV ZR 141/78, NJW 1980, 1622; NJW 1987, 54; LG Hamburg,
    Urt. v. 6.1.2017 – 320 S 156/15, BeckRS 2017, 104097.
83 AG Wittmund, Urt. v. 7.6.2018 – 4 C 17/18, BeckRS 2018, 21281.
84 LG Frankfurt a. M., Urt. v. 21.12.2017 – 2-07 O 280/17, BeckRS 2017, 145516 (Reser-
    vierungsabrede eines Verkäufers).
85 BGH, Urt. v. 10.2.1988 – IVa ZR 268/86, BGHZ 103, 235, 241.
86 LG Hamburg, Urt. v. 6.1.2017 – 320 S 156/15, BeckRS 2017, 104097; *R. Breiholdt*,
    AIZ 2017, H. 3, 46, 47.

b) AGB-Recht

36 Soweit die Abrede als AGB-Klausel zu werten ist, liegt eine Unwirksamkeit nach § 307 BGB unter dem Gesichtspunkt vor, dass sich der Makler mit der Reservierungsgebühr ein Entgelt verschafft, obwohl kein Hauptvertrag zustande kommt. Insoweit werden die Rechtsprechungsgrundsätze zur Unzulässigkeit von erfolgsunabhängigen Provisionen herangezogen.[87]

37 Mit Urteil vom 23.9.2010 hat der Bundesgerichtshof[88] zur Wirksamkeit einer Reservierungsklausel unter AGB-rechtlichen Gesichtspunkten Stellung bezogen. Da der Vermittler nach den Grundsätzen der Verflechtungsgrundsätze nicht als eigenständiger Makler anzusehen war, wurde bei der Angemessenheitskontrolle nicht auf § 652 BGB (Verbot der erfolgsunabhängigen Provision) abgestellt. Die Regelung, wonach der Vermittler den sogleich mit Unterschriftsleistung auf dem Auftrag zu erbringenden Betrag von 750 € für den Verzicht auf weiteres Anbieten des Kaufobjekts in jedem Fall in voller Höhe behalten darf, wenn es nicht zum Abschluss des Kaufvertrages kommt, benachteiligt die Kaufinteressenten unangemessen und ist deshalb bereits nach allgemeinen Grundsätzen als unwirksam anzusehen. Sie stellt letztlich den Versuch des „Vermittlers" dar, sich für den Fall des Scheiterns seiner – die Hauptleistung darstellenden – Vermittlungsbemühungen gleichwohl eine (erfolgsunabhängige) Vergütung zu sichern, ohne dass dabei gewährleistet ist, dass sich aus dieser entgeltpflichtigen Reservierungsvereinbarung für den Kunden nennenswerte Vorteile ergeben.[89]

38 Das Kammergericht[90] hat angesichts der Ausgestaltung einer Reservierungsabrede als eigenständigen Vertrag angenommen, es handele sich dann beim Reservierungsentgelt um eine nach § 307 Abs. 3 BGB nicht kontrollfähige Hauptpreisabrede. Diese formale Betrachtungsweise lässt außer Acht, dass es sich um eine maklerrechtliche Zusatzleistung handelt und die *unmittelbare Verbindung mit dem Maklervertrag* auch darin besteht, dass im Erwerbsfall das Reservierungsentgelt auf die Maklerprovision anzurechnen ist.[91]

---

87 In diesem Sinne LG Frankfurt a. M., Urt. v. 2.4.1984 – 2/24 S 326/83, NJW 1984, 2419; LG Berlin, Urt. v. 8.11.2016 – 15 O 152/16, GE 2017, 478; grundsätzlich auch BGH, Urt. v. 10.2.1988 – IVa ZR 268/86, BGHZ 103, 235, 240, aber offengelassen bei einer Gebühr von DM 1000,– bei einem Kaufpreis von DM 320.000.

88 BGH, Urt. v. 23.9.2010 – III ZR 21/10, NJW 2010, 3568.

89 BGH, Urt. v. 23.9.2010 – III ZR 21/10, NJW 2010, 3568 Rn. 15; *D. Fischer*, NZM 2011, 529, 536.

90 KG, Urt. v. 19.10.2017 – 23 U 154/16, GE 2018, 122.

91 *D. Fischer*, NJW 2018, 3287, 3290, ebenso MünchKomm-BGB/*H. Roth*, § 652 Rn. 238.

Mithin ist eine derartige Abrede ebenfalls als unangemessene Klausel nach § 307 Abs. 1 BGB unwirksam.

11. Folgegeschäftsklausel

Eine Folgegeschäftsklausel beinhaltet die Regelung, dass die aus dem nach- **39** gewiesenen oder vermittelten Vertrag folgenden weiteren Geschäftsabschlüsse ebenfalls provisionspflichtig sein sollen. Unter Umständen kann die Provisionspflichtigkeit von Folgegeschäften aber bereits ohne gesonderte Klausel im Wege der Auslegung des jeweiligen Vertrages oder aus Handelsbrauch hergeleitet werden. Dies gilt etwa für den Fall des Nachweises oder der Vermittlung von Folgeverträgen für Versicherungsverhältnisse.[92] Für Miet- und Pachtverhältnisse wird dagegen eine Provisionspflichtigkeit für Folgeverträge regelmäßig verneint.[93]

In der Regel kann eine Folgegeschäftsklausel für Folgeabschlüsse anderer **40** Art nur im Rahmen einer individualvertraglichen Abrede vereinbart werden.[94] Als unzulässig wurde beispielsweise eine AGB-Klausel angesehen, durch die sich der Makler, der einen Mietvertrag über eine Wohnung vermittelt hat, eine Provision für den späteren Ankauf der Wohnung durch den Mieter sichern will.[95]

12. Identitätsklauseln

Klauseln, welche vorsehen, dass auch bei fehlender wirtschaftlicher Identität **41** der Maklerkunde eine Provision zu entrichten hat,[96] können in Allgemeinen Geschäftsbedingungen nicht wirksam vereinbart werden. Sie verstoßen gegen § 307 Abs. 2 Nr. 1 BGB,[97] weil sie vom gesetzlichen Leitbild des Mak-

---

92 Staudinger/*Arnold*, §§ 652, 653 Rn. 135.
93 BGH, Urt. v. 27.11.1985 – IVa ZR 68/84, NJW 1986, 1036, 1037; *Seydel/Heinbuch*, Maklerrecht, Rn. 152.
94 BGH, Urt. v. 28.2.1973 – IV ZR 34/71, NJW 1973, 990, 991.
95 BGH, Urt. v. 28.2.1973 – IV ZR 34/71, NJW 1973, 990, 991; *Seydel/Heinbuch*, Maklerrecht, Rn. 152.
96 Eine Klausel der in Rede stehenden Art kann etwa wie folgt lauten: *Der Provisionsanspruch entsteht auch, wenn der Vertrag zu Bedingungen abgeschlossen wird, die vom Angebot abweichen, oder wenn und soweit im zeitlichen und wirtschaftlichen Zusammenhang mit einem ersten Vertrag vertragliche Erweiterungen und Ergänzungen zustande kommen bzw. ein gleiches oder ähnliches Geschäft abgeschlossen wird*, vgl. OLG Hamm, Urt. v. 21.3.2013 – 18 U 133/12, BeckRS 2013, 06013.
97 BGH, Urt. v. 6.2.2014 – III ZR 131/13, NJW 2014, 2352 Rn. 17 im Anschluss an OLG Hamm, Urt. v. 21.3.2013 – 18 U 133/12, BeckRS 2013, 06013; *Hamm/Schwerdtner*, Maklerrecht, Rn. 467, 971.

lervertrages abweichen, nach dem eine Provision nur bei wirtschaftlicher Identität (Kongruenz) zwischen dem vermittelten (bzw. nachgewiesenen) und dem tatsächlich abgeschlossenen Hauptvertrag anfällt.[98] Im Rahmen einer Individualvereinbarung sind derartige Klauseln dagegen zulässig.[99]

13. Vertragsstrafe- und Pauschalierungsklauseln

42   Vertragsstrafevereinbarungen haben angesichts ihrer doppelten Zielrichtung einer Erfüllungssicherung und einer Erleichterung der Schadensersatzdurchsetzung in schuldrechtlichen Verträgen einen hohen Stellenwert. Im Maklerrecht spielen Vertragsstrafeabreden gleichfalls keine untergeordnete Rolle. Im Vordergrund steht das Bemühen des Maklers, durch Zusatzabreden die für den Erfolgsfall versprochene Provision abzusichern, was vielfach durch erfolgsunabhängige Provisionsabreden angestrebt wird. Der Sache nach handelt es sich hierbei zumeist um Vertragsstrafen. Die Provision als Bezugspunkt zur Sicherstellung eines vertragsgerechten Verhaltens des Maklers findet sich unmittelbar in der Vorschrift des § 654 BGB, wonach unter bestimmten Voraussetzungen der Verlust des Provisionsanspruchs in Betracht kommt.

a) Vertragsstrafen zugunsten des Maklers

aa) Individualverträge

43   Die Vereinbarung einer Vertragsstrafe für den Fall, dass der Kunde den nachgewiesenen oder vermittelten Hauptvertrag nicht abschließt, kann nicht grundsätzlich für unzulässig angesehen werden.[100] Selbst das als Ergänzung zum sozialen Wohnraummietrecht konzipierte Wohnungsvermittlungsgesetz sieht in § 4 WoVermittG ausdrücklich vor, dass Vertragsstrafen vereinbart werden können. Ihnen kommt aber im Hinblick auf die nach § 4 Satz 2 WoVermittG vorgesehene Beschränkung – bis zu 10 % des zulässigerweise vereinbarten Entgelts und nicht mehr als 25,– € – in heutiger Zeit tatsächlich allenfalls die Funktion eines Aufwendungsersatzes zu.[101] Problematisch ist in diesem Zusammenhang zunächst, dass der Kunde nach den Grundsätzen

---

98 *D. Fischer*, NZM 2018, 483, 486; vgl. Kap. V Rn. 113.
99 BGH, Urt. v. 18.9.1985 – IVa ZR 139/83, NJW-RR 1986, 50; OLG Hamm, Urt. v. 21.3.2013 – 18 U 133/12, BeckRS 2013, 06013.
100 BGH, Urt. v. 30.10.1970 – IV ZR 1176/68, NJW 1971, 93.
101 Die in § 4 Satz 2 vorgesehene Beschränkung von 50,– DM (jetzt 25,– €) gilt seit Inkrafttreten des Gesetzes (1971). Durch die anschließende Geldentwertung ist der ursprüngliche Höchstbetrag immer stärker abgeschwächt worden.

des Maklervertragsrechts frei ist, ob er überhaupt eine nachgewiesene oder vermittelte Vertragsgelegenheit zum Vertragsabschluss nutzt. Da es demnach keine Abschlussverpflichtung gibt und diese jedenfalls auch nicht im Rahmen dispositiven Rechts ohne Weiteres begründet werden kann, wäre ein auf die Abschlussfreiheit bezogenes Vertragsstrafeversprechen als selbstständiges Strafversprechen einzustufen.[102] Die Verwirkung eines selbstständigen Strafversprechens setzt aber – wie bei der eigentlichen Vertragsstrafe – im Zweifel ein Verschulden voraus.[103]

Soweit Gegenstand des Maklervertrages ein *Grundstückgeschäft* ist, wird **44** bei einem Vertragsstrafeversprechen des Kunden ferner zu prüfen sein, ob nicht das Versprechen dem Beurkundungserfordernis des § 311b Abs. 1 BGB zu unterwerfen ist. Nach der Rechtsprechung des Bundesgerichtshofs ist ein formloses Vertragsstrafeversprechen dann als rechtsunwirksam anzusehen, wenn hierdurch ein mittelbarer Zwang zum Grundstückserwerb oder Grundstücksverkauf auf den Kunden ausgeübt wird.[104] Eine Entgeltabrede von 10–15% der Provision neben dem Ersatz der tatsächlich entstandenen oder allgemein errechneten Aufwendungen soll dabei auf jeden Fall der Form des § 311b BGB unterliegen, soweit eine formlose Abrede nicht durch außergewöhnliche Umstände gerechtfertigt ist.[105] Die Anwendbarkeit des § 311b BGB führt nach § 125 BGB bei derartigen formlosen Abreden zur Totalnichtigkeit.[106]

Eine Heilung nach § 311b Abs. 1 Satz 2 BGB tritt nach der höchstrichterli- **45** chen Rechtsprechung bereits dann ein, wenn eine formgerechte Beurkundung des Grundstückskaufvertrages vorliegt.[107] Da der Rechtsverkehr aus naheliegenden Gründen nicht bereit ist, sich dem notariellen Formerfordernis zu unterwerfen[108] und eine Heilung in den meisten Fällen ausscheidet, bewirkt die höchstrichterliche Rechtsprechung in diesem Teilbereich ein faktisches Vertragsstrafeverbot. Da sich nicht ohne Weiteres sagen lässt, dass jedes Vertragsstrafeversprechen als rechtspolitisch fragwürdig erschei-

---

102 BGH, Urt. v. 1.7.1970 – IV ZR 1178/68, NJW 1970, 1915; Urt. v. 30.10.1970 – IV ZR 1176/68, NJW 1971, 93, 94; Urt. v. 18.12.1970 – IV ZR 1155/68, NJW 1971, 557.

103 Vgl. RGZ 95, 199, 203.

104 BGH, Urt. v. 6.2.1980 – IV ZR 141/78, NJW 1980, 1622, 1623; Urt. v. 19.9.1989 – XI ZR 10/89, NJW 1990, 390, 391; Urt. v. 18.3.1992 – IV ZR 41/91, NJW-RR 1992, 818.

105 BGH, Urt. v. 6.2.1980 – IV ZR 141/78, NJW 1980, 1622, 1623.

106 *Hamm/Schwerdtner*, Maklerrecht, Rn. 68.

107 BGH, Urt. v. 28.1.1987 – IV ZR 45/85, NJW 1987, 1628.

108 *Hamm/Schwerdtner*, Maklerrecht, Rn. 71.

nen muss, könnte ein wirksamer Schutz des Auftraggebers – neben § 138 BGB – auch über das Herabsetzungsrecht aus § 343 BGB erzielt werden.[109]

46 Ein Vertragsstrafeversprechen für den Fall der vorzeitigen Kündigung des Alleinauftrags durch den Auftraggeber ist wirksam, soweit es Fälle erfasst, in denen kein wichtiger Grund i. S. d. § 626 Abs. 1 BGB vorliegt.[110]

bb) AGB-Recht

47 Die Vereinbarung einer erfolgsunabhängigen Provision als Vertragsstrafe ist als AGB-Klausel grundsätzlich unzulässig, weil der Erfolgsbezogenheit des Maklerlohns nach § 652 Abs. 1 BGB Leitbildfunktion zukommt.[111] Für den Fall der unbefugten Weitergabe von Angeboten an Dritte durch den Maklerkunden mit anschließendem Erwerb des Dritten hat der Bundesgerichtshof eine entsprechende Klausel[112] dagegen für zulässig erachtet, weil hierin lediglich eine hinnehmbare Modifikation darin liege, dass unter bestimmten, eng begrenzten Voraussetzungen auch der Abschluss des Hauptvertrages durch einen Dritten genüge.[113] Dem Ergebnis der Angemessenheitskontrolle ist beizutreten, der Sache nach handelt es sich hierbei aber um eine zulässige Vertragsstrafe.[114]

48 Für den Bereich der Wohnraumvermittlung gilt die Spezialbestimmung des § 4 WoVermittG, so dass Vertragsstrafen, welche die in § 4 Satz 2 vorgesehenen Höchstgrenzen beachten, auch in AGB-Klauseln grundsätzlich zulässig sind.[115]

49 Auch AGB-Abreden in der Form einer Hinzuziehungs- und Verweisungsklausel, wonach der Kunde verpflichtet ist, Interessenten an den Makler zu verweisen und im Verletzungsfall die Provision zu entrichten hat, stehen mit

---

109 *Hamm/Schwerdtner*, Maklerrecht, Rn. 71; *Henrich*, JA 1972, 418; a. A. BGH, Urt. v. 6.2.1980 – IV ZR 141/78, NJW 1980, 1622, 1623.

110 *Hamm/Schwerdtner*, Maklerrecht, Rn. 994; *Schmidt-Salzer*, AGB F 235, S. 282.

111 BGH, Urt. v. 20.3.1985 – IVa ZR 223/83, NJW 1985, 2477; Urt. v. 28.1.1987 – IVa ZR 173/85, BGHZ 99, 374, 382; Urt. v. 18.3.1992 – IV ZR 41/91, NJW-RR 1992, 817; *Zopfs*, Das Maklerrecht in der neueren höchstrichterlichen Rechtsprechung, Rn. 92.

112 Die Klausel, die zunächst auf den Grundsatz des Zustandekommens eines Hauptvertrages Bezug genommen hatte, lautete wie folgt: „Jede unbefugte Weitergabe unserer Angebote an Dritte, auch Vollmacht- oder Auftraggeber des Interessenten, führt in voller Höhe zur Provisionspflicht."

113 BGH, Urt. v. 14.1.1987 – IVa ZR 130/85, NJW 1987, 2431, 2432; Palandt/*Sprau*, § 652 Rn. 69.

114 Soergel/*Lorentz*, BGB, § 652 Rn.101; Staudinger/*Arnold*, §§ 652, 653 Rn. 268; *Joerss*, Maklerverträge, Rn. 301; *D. Fischer*, NZM 2005, 449.

115 *Schulz*, WoVermittG, § 4 Rn. 7 ff.

§ 307 Abs. 2 Nr. 1 BGB nicht in Einklang.[116] Dies gilt insbesondere für eine Hinzuziehungsklausel, mit der dem Kunden die doppelte Provision auferlegt wird.[117] Hier folgt die Unangemessenheit sowohl unter dem Gesichtspunkt der Überdehnung des Straftatbestandes als auch des Übermaßes der Strafhöhe.[118]

b) Vertragsstrafen zugunsten des Maklerkunden

Vertragsstrafen zugunsten des Maklerkunden lassen sich in der Vertragspraxis nur ganz vereinzelt feststellen, was insbesondere darauf zurückzuführen ist, dass schriftliche Maklerverträge vielfach von Maklerseite vorformuliert oder jedenfalls abgefasst werden. Zugunsten des Maklerkunden sind aber die Verwirkungsregeln des § 654 BGB nach den von der höchstrichterlichen Rechtsprechung entwickelten Grundsätzen zu berücksichtigen, die dogmatisch als gesetzliche Vertragsstrafe bewertet werden können.[119] **50**

c) Vertragliche Aufwendungsersatzpauschalen

Klauseln über erfolgsunabhängige Aufwendungsersatzpauschalen können schon deshalb nicht von vornherein unzulässig sein, weil § 652 Abs. 2 BGB Aufwendungsersatz-Abreden ausdrücklich vorsieht. **51**

Dies gilt grundsätzlich auch für das AGB-Recht. In diesem Bereich ist allerdings anerkannt, dass derartige Abreden sich in engen Grenzen zu halten haben. Nicht mehr im angemessenen Rahmen bewegt sich eine Klausel, wonach ein Viertel der Maklerprovision als Aufwendungsersatz vorgesehen ist.[120] Gleiches gilt für eine Klausel, die sämtliche Sachaufwendungen einschließlich Inseratskosten zuzüglich eines Stundenlohns in Höhe von 95,– DM sichert. Gemeinkosten, wie etwa die laufenden Kosten für Bürounterhaltung, dürfen nicht auf den einzelnen Kunden abgewälzt werden.[121] **52**

Ob ein bestimmter Prozentsatz überhaupt für zulässig anzusehen ist, hat der Bundesgerichtshof für zweifelhaft gehalten und jedenfalls für einen Satz aus **53**

---

116 BGH, Urt. v. 8.5.1973 – IV ZR 158/71, BGHZ 60, 377, 384; Urt. v. 20.3.1985 – IVa ZR 223/83, NJW 1985, 2477.
117 BGH, Urt. v. 8.5.1973 – IV ZR 158/71, BGHZ 60, 377, 384.
118 BGH, Urt. v. 8.5.1973 – IV ZR 158/71, BGHZ 60, 377, 384.
119 Hierzu Kap. VIII Rn. 19 ff.
120 OLG Hamburg, Urt. v. 25.3.1983 – 11 U 246/82, NJW 1983, 1502; Ulmer/Brandner/Hensen/*Christensen*, AGB-Recht, Teil 2 Maklerverträge, 12. Aufl., Rn. 10.
121 Vgl. AG Rendsburg, Urt. v. 18.7.2003 – 11 C 259/03, MDR 2004, 204; Staudinger/*Arnold*, §§ 652, 653 Rn. 203.

0,4 % USt aus der Preisvorstellung verneint.[122] Die Aufwendungen des Maklers stünden nicht in einem bestimmten Verhältnis zum Wert des Objekts oder gar zur Preisvorstellung des Kunden, so dass es nicht gerechtfertigt sei, die Höhe des Aufwendungsersatzes als Anteil aus den vorgenannten Größen zu bestimmen. Daher müsse auf die tatsächlichen Unkosten abgestellt werden.[123] Dies erscheint – auch im Hinblick auf § 308 Nr. 7b BGB, wonach eine Pauschalierung des vom Vertragspartner zu leistenden Aufwendungsersatzes im angemessenen Rahmen grundsätzlich für zulässig angesehen wird[124] – nicht überzeugend. Ein mäßiger an der Provision ausgerichteter Prozentsatz hat zudem den Vorteil der Überschaubarkeit und Vorhersehbarkeit.[125] Die zulässige Höchstgrenze sollte bei 10 % der in Betracht kommenden Provision liegen.[126]

---

122 BGH, Urt. v. 28.1.1987 – IVa ZR 173/85, BGHZ 99, 374, 383. Gemeint sind 0,4 % der Preisvorstellung des Auftraggebers zuzüglich Umsatzsteuer, vgl. Staudinger/*Arnold*, §§ 652, 653 Rn. 202.

123 BGH, Urt. v. 28.1.1987 – IVa ZR 173/85, BGHZ 99, 374, 384, verweist in diesem Zusammenhang auf die damalige Handhabung in § 25 Abs. 3 BRAGO, die eine prozentuale Pauschalierung nur bis zu einem mäßigen Höchstbetrag erlaube und ansonsten eine Abrechnung nach nachgewiesenen Unkosten für sachdienlich erachte.

124 BGH, Urt. v. 10.3.1983 – VII ZR 301/82, NJW 1983, 1491, 1492.

125 Ulmer/Brandner/*Hensen*, AGB-Recht, 9. Aufl., Anh. §§ 9–11 Rn. 490.

126 OLG Dresden, Beschl. v. 5.6.1997 – 5 W 4/97, BB 1997, 2342; Ulmer/Brandner/Hensen/*Christensen*, AGB-Recht, Teil 2 Maklerverträge, Rn. 10.

VIII. Verwirkung der Maklerprovision nach § 654 BGB

1. Überblick

Der auf § 654 BGB gestützte Einwand des Provisionsverlustes gehört zum **1** Grundrepertoire des heutigen Maklerlohnprozesses.[1] Hierbei handelt es sich nicht um ein selbstständiges Angriffs- und Verteidigungsmittel, vergleichbar der Geltendmachung eines Zurückbehaltungsrechts, sondern trotz der Bezeichnung als Einwand[2] oder Einrede lediglich um eine im Zusammenhang mit dem Bestehen des Provisionsanspruchs zu prüfende Rechtsfrage.[3] Deshalb kann der Einwand auch erstmals in der Revisionsinstanz erhoben werden.[4] Er greift nach den von der höchstrichterlichen Rechtsprechung entwickelten Grundsätzen über den in § 654 BGB unmittelbar geregelten Fall der vertragswidrigen Doppeltätigkeit weit hinaus. Auch bei anderweitigen schwerwiegenden Treuepflichtverletzungen des Maklers kommt regelmäßig ein Provisionsverlust in Betracht. Hierin liegt heute der Hauptanwendungsbereich dieser Norm.[5]

Aus dem zusätzlichen Erfordernis einer subjektiv besonders vorwerfbaren **2** Pflichtwidrigkeit folgt allerdings, dass bei der Anwendung dieser Rechtssätze Zurückhaltung geboten ist.[6] Im Nachfolgenden werden die nach der höchstrichterlichen Rechtsprechung maßgeblichen Tatbestandsvoraussetzungen dargestellt. Im Anschluss folgt eine kurze Stellungnahme zur dogmatischen Einordnung des vom Bundesgerichtshof aufgestellten Grundsatzes des Provisionsverlusts als Strafcharakter sowie ein Überblick über die wesentlichen Fallgruppen des § 654 BGB an Hand des hierzu ergangenen Fallmaterials.

---

1 Bei *Hamm/Schwerdtner*, Maklerrecht, Rn. 402, wird in diesem Zusammenhang anschaulich von einer Dramaturgie des Provisionsprozesses gesprochen, zu der als letzte Verteidigungslinie des beklagten Maklerkunden der Einwand des Provisionsverlustes gehört.

2 So BGH, Urt. v. 12.5.2011 – III ZR 107/10, NJW-RR 2011, 1426 Rn. 28 – Beratungsvertrag Sanierung (Steuerberater).

3 *D. Fischer*, NZM 2001, 873, 877.

4 Vgl. BGH, Urt. v. 12.5.2011 – III ZR 107/10, NJW-RR 2011, 1426 Rn. 28 – Beratungsvertrag Sanierung (Steuerberater).

5 *Dehner*, NJW 2000, 1986, 1994; *Zopfs*, Das Maklerrecht in der neueren höchstrichterlichen Rechtsprechung, Rn. 76, jeweils aus revisionsrechtlicher Sicht. Dieser Befund entspricht auch meinen Erfahrungen im 15. Zivilsenat des OLG Karlsruhe; ebenso aus tatrichterlicher Sicht *Ibold*, Maklerrecht, Rn. 142; ferner MünchKomm-BGB/*H. Roth*, § 654 Rn. 2; Soergel/*Lorentz*, BGB, 12. Aufl., § 654 Rn. 1.

6 Soergel/*Engel*, BGB, 13. Aufl., § 654 Rn. 5; *D. Fischer*, NZM 2001, 873.

2. Konzeption des BGB-Gesetzgebers

3   Nach der gesetzlichen Konzeption führt gemäß § 654 BGB nur eine vertragswidrige Tätigkeit des Maklers für die Gegenpartei zum Ausschluss des Anspruches auf Maklerlohn und Aufwendungsersatz.[7] § 654 BGB ist damit lediglich eine Ausnahmebestimmung, die sich mit der Doppeltätigkeit des Maklers befasst. Hierbei wird durch die Formulierung *„dem Inhalt des Vertrages zuwider"* klargestellt, dass eine Doppeltätigkeit nicht an sich bereits unzulässig ist, sondern nur dann, wenn sie vertragswidrig geschieht. Gleichzeitig wird damit zum Ausdruck gebracht, dass die Parteien eines Maklervertrages nicht gehalten sind, ausdrücklich ein Verbot der Doppeltätigkeit zu vereinbaren.[8]

4   Maßgeblich für die Qualifizierung der Doppeltätigkeit als vertragswidrig ist alleine die Natur des Maklervertrages und die Umstände des jeweiligen Einzelfalls. Es liegt auf der Hand, dass ein Makler mit einer vertragswidrigen Doppeltätigkeit die schutzwerten Interessen seines Auftraggebers auf das empfindlichste verletzen kann, weil hierin regelmäßig ein Parteiverrat liegt. Damit lässt sich eine vertragswidrige Doppeltätigkeit unmittelbar als eine schwerwiegende Vertragsverletzung des Maklers qualifizieren.[9]

5   Als Rechtsfolge einer derartigen Vertragsverletzung sieht § 654 BGB den Ausschluss des Maklerlohnanspruchs vor. Dieser Verlust kann dogmatisch als Einrede des nicht erfüllten Vertrages,[10] als Konkretisierung[11] oder Klarstellung[12] des Verbots widersprüchlichen Verhaltens und damit des Grundsatzes der unzulässigen Rechtsausübung bewertet werden. In Betracht kommt aber auch eine Qualifizierung als eigenständige Strafsanktion.[13] Da

---

7   Da der Ausschluss des Aufwendungsersatzes in der Praxis keine nennenswerte Bedeutung besitzt, wird im nachfolgenden nur der Maklervergütungsausschluss behandelt. Hinsichtlich des Aufwendungsersatzanspruches gelten aber die gleichen Grundsätze, vgl. OLG Brandenburg, Beschl. v. 9.2.1995 – 5 U 78/94, NJW-RR 1995, 695, 696; MünchKomm-BGB/*H. Roth*, § 654 Rn. 1; *Hamm/Schwerdtner*, Maklerrecht, Rn. 866.

8   *D. Fischer*, NZM 2001, 873.

9   *D. Fischer*, NZM 2001, 873.

10   *Krehl*, Pflichtverletzung, S. 128 ff.; *Hamm/Schwerdtner*, Maklerrecht, Rn. 913.

11   So die vereinzelt gebliebene Entscheidung BGH, Urt. v. 26.1.1983 – IVa ZR 158/81, NJW 1983, 1847, 1848, die § 654 BGB als die im Maklerrecht geltende besondere Ausformung des Verbots widersprüchlichen Verhaltens kennzeichnet.

12   *O. Werner*, AcP 176, 271.

13   BGH, Urt. v. 5.2.1962 – VII ZR 248/60, BGHZ 36, 323, 326, und seither ständige Rechtsprechung; ebenso *D. Fischer*, NZM 2001, 873, 876; *Harke*, Besonderes Schuldrecht, Rn. 157.

die Formulierung „ausgeschlossen" völlig neutral gehalten ist,[14] lässt sich der vom Gesetzgeber angeordnete Lohnverlust im Sinne aller vorstehend angeführten Konzeptionen verstehen.[15]

Der historische Gesetzgeber hat sich zu dieser Fragestellung nicht abschlie- **6** ßend geäußert. Aus der Entstehungsgeschichte lässt sich nur entnehmen, dass der Provisionsausschluss zur Klarstellung eingefügt wurde,[16] ohne dass der damit verbundene Normzweck im Einzelnen festgelegt wurde.

Im Rahmen der Schuldrechtsmodernisierung hat der moderne Gesetzgeber **7** als amtliche Überschrift die Bezeichnung *„Verwirkung des Lohnanspruches"* gewählt. Hierbei handelt es sich aber lediglich um die Übernahme der im Rechtsalltag allgemein gebräuchlichen Formulierung. Eine Hinterfragung der Geeignetheit des mehrdeutigen Begriffs ist in diesem Zusammenhang nicht erfolgt. Für die Beurteilung des Normzwecks kann demnach dieser Entscheidung keine weiterführende Bedeutung beigemessen werden.

3. Sichtweise des § 654 BGB in der höchstrichterlichen Rechtsprechung

a) Reichsgericht

In der reichsgerichtlichen Rechtsprechung wurde bereits sehr früh ausge- **8** sprochen, dass die schuldhafte Verletzung der dem Auftraggeber geschuldeten Treuepflicht den Verlust der Provisionsforderung nach sich ziehen kann.

---

14 Der historische Gesetzgeber hatte den verbreiteten Begriff der Verwirkung nicht in den Gesetzestext aufgenommen. Im Hinblick auf seinen mehrdeutigen Aussagegehalt – hierzu näher Fn. 26 – sollte eigentlich von der Verwendung dieser Bezeichnung abgesehen werden, *D. Fischer,* NZM 2001, 873, 874; Erman/*D. Fischer,* § 654 Rn. 1. Allerdings hat nunmehr der Gesetzgeber der Schuldrechtsmodernisierung diesen Begriff in die amtliche Überschrift übernommen.

15 Auch der Regierungsentwurf eines Gesetzes über Maklerverträge (BT-Drucks. 10/ 1014) hat hierzu keine weiterführenden Ansätze entwickelt. § 653b Abs. 3 BGB dieses Entwurfes sah in Anlehnung an § 654 BGB lediglich vor, dass der Makler den Anspruch auf Vergütung dann verliert, wenn er dem Inhalt des Vertrages zuwider auch für den Dritten tätig gewesen ist. Auf die ausdehnende Interpretation dieser Bestimmung durch das Urt. v. 5.2.1962 – VII ZR 248/60, BGHZ 36, 323, ist die Entwurfsbegründung nicht eingegangen.

16 § 654 BGB wurde auf Veranlassung der Mehrheit der Mitglieder der Reichstagskommission in das BGB aufgenommen (*Mugdan,* Bd. II, S. 1292). Die Regierungsvertreter hielten dies für überflüssig, weil bereits nach allgemeinen Grundsätzen ein Makler, der einer Verpflichtung zuwider die Interessen des Gegners vertrete, den Maklerlohn nicht erhalte. Zur wenig aussagekräftigen Entstehungsgeschichte ferner *Krause,* FS Molitor, 1962, S. 383, 389, sowie *Krehl,* Pflichtverletzung, S. 104.

Zur Begründung wurde anfangs aber nicht auf § 654 BGB Bezug genommen, sondern im Rahmen von § 652 BGB ausgeführt, dass dies aus der Natur des Maklervertrages sowie aus dem Grundsatz der Nichterfüllung folge.[17] Unter Verweis auf diese Entscheidung wurde wenig später anerkannt, dass die Verletzung der Treuepflicht des Maklers nicht nur Schadensersatzansprüche, sondern, wie im Falle des § 654 BGB, auch den Verlust des Provisionsanspruches begründen könne.[18] Im Anschluss an das von *Hans Reichel* 1913 verfasste Grundlagenwerk „Die Mäklerprovision" hat das Reichsgericht 1920 entschieden, ein schuldhaftes Fehlverhalten des Maklers unter Verletzung der Maklertreue könne dazu führen, dass er des versprochenen Lohnes für unwürdig erscheint.[19] Dies gelte insbesondere dann, wenn er fahrlässigerweise zu einem Vertragsabschluss beitrage, der den mit dem Abschluss angestrebten Interessen seines Kunden im Wesentlichen nicht gerecht wird.

9 Wenige Jahre später wurde rechtsgrundsätzlich ausgeführt, § 654 BGB regele zwar nur eine einzelne Fallgestaltung, die Bestimmung entspreche aber einen von der Treue- und Sorgfaltspflicht ausgehenden allgemeinen Rechtsgedanken.[20] Demgemäß müsse diese Bestimmung auch auf anderweitige Fallgruppen Anwendung finden, in denen der Makler unter vorsätzlicher oder fahrlässiger Verletzung maßgeblicher Vertragspflichten den Interessen seines Auftraggebers in wesentlicher Weise zuwider handele.[21] Ausdrücklich wurde festgehalten, dass ein Provisionsverlust nach § 654 BGB auch dann in Betracht komme, wenn dem Auftraggeber durch die Treuepflichtverletzung kein Schaden entstanden ist.[22]

b) Bundesgerichtshof

aa) Grundsatzentscheidung BGHZ 36, 323

10 Im Jahre 1962 befasste sich der damals für das Maklerrecht zuständige VII. Zivilsenat des Bundesgerichtshofs erstmals mit der zu § 654 BGB ergange-

---

17 RG, LZ 1910, 292 Nr. 18, unter Bezugnahme auf RG, SeuffArch Bd. 56 Nr. 73; GruchotsBeitr. Bd. 45, 1012.
18 RG, LZ 1918, 686, 687.
19 RG, LZ 1920, 758.
20 RGZ 113, 264, 269.
21 Zu weiteren Einzelheiten der reichsgerichtlichen Rechtsprechung vgl. *D. Fischer*, NZM 2001, 873, 874.
22 In RG, JW 1913, 641, wurde bereits festgehalten, dass auch erfolglose Bestechungsversuche die Aberkennung des Maklerlohnes rechtfertigen könnten.

nen reichsgerichtlichen Judikatur und grenzte den bisher weit gefassten analogen Anwendungsbereich deutlich ein.[23] Damit wurde das gleichrangige Nebeneinander von Schadensersatz und Provisionsverlust bei schwerwiegender Maklerpflichtverletzung, das in der Tat wegen des damit verbundenen Gleichlaufs als systemwidrig erscheint, deutlich eingeschränkt.[24]

Zugleich hat der Bundesgerichtshof den Normzweck des § 654 BGB kon-   **11** kretisiert und ihm *Strafcharakter* zugeschrieben.[25] Hierbei wurde hervorgehoben, der durch § 654 BGB angedrohte Verlust[26] diene dazu, den Makler anzuhalten, die ihm gegenüber seinem Auftraggeber obliegende Treuepflicht zu wahren. Ferner wurde im Anschluss an das Reichsgericht[27] bestätigt, ein Provisionsverlust i. S. d. § 654 BGB setze nicht voraus, dass dem Maklerkunden durch die Pflichtverletzung des Maklers überhaupt ein Schaden entstanden ist.[28] In diesem Zusammenhang wurde zu Recht darauf hingewiesen, § 654 BGB habe gerade in Fällen, in denen dem Auftraggeber kein oder nur ein geringerer Schaden entstanden oder jedenfalls der Nachweis eines bestimmten Schadens nicht möglich ist, seine eigentliche Bedeutung.[29] Im Hinblick darauf, dass nach allgemein anerkannter Rechtsansicht der Verletzte – also der Maklerkunde – für Grund und Höhe des Schadens die Darlegungs- und Beweislast trägt,[30] kommt diesem Gesichtspunkt für die forensische Praxis erhebliche Relevanz zu.[31] Wegen der Unerheblichkeit

---

23 BGH, Urt. v. 5.2.1962 – VII ZR 248/60, BGHZ 36, 323, 326.

24 *D. Fischer*, NZM 2001, 873, 874.

25 BGH, Urt. v. 5.2.1962 – VII ZR 248/60, BGHZ 36, 323, 326.

26 Das damalige Senatsmitglied *G. Rietschel* hat in seiner Urteilsanmerkung in LM § 654 BGB Nr. 1 zutreffend darauf hingewiesen, dass die auf das Reichsgericht zurückgehende, heute allgemein gebräuchliche Umschreibung als Verwirkung missverständlich sei, weil insbesondere keine Gemeinsamkeit mit dem allgemeinen Rechtsinstitut der Verwirkung bestünde. Ähnlich auch MünchKomm-BGB/*H. Roth*, § 654 Rn. 1.

27 RGZ 113, 264, 269.

28 Ebenso BGH, Urt. v. 26.10.1977 – IV ZR 177/76, WM 1978, 245; Urt. v. 29.11.1989 – IVa ZR 206/88, NJW-RR 1990, 372; OLG Frankfurt a. M., Beschl. v. 4.6.2018 – 19 U 191/17, BeckRS 2018, 14374 i.V.m. Hinweisbeschl. v. 22.3.2018 – 19 U 191/17, BeckRS 2018, 17609; a. A. *Hamm/Schwerdtner*, Maklerrecht, Rn. 765.

29 Vgl. auch BGH, Beschl. v. 23.9.2009 – V ZB 90/09, NJW-RR 2009, 1710 Rn. 10 (Verwirkung der Zwangsverwaltervergütung): eigenständiges Bedürfnis für eine schadensersatzunabhängige Verwirkung.

30 Vgl. statt aller *Luckey*, in: Baumgärtel/Laumen/Prütting, Handbuch der Beweislast, § 249 BGB Rn. 4 ff.

31 *D. Fischer*, NZM 2001, 873, 874 f.; vgl. ferner *Harke*, Besonderes Schuldrecht, Rn. 157. Auch *Hamm/Schwerdtner*, Maklerrecht, Rn. 763, die der Konzeption des Bundesgerichtshofs überwiegend ablehnend gegenüber stehen, heben diesen Gesichtspunkt ausdrücklich als positiv hervor.

eines Schadenseintritts ist bei der Beurteilung, ob ein Fehlverhalten des Maklers zum Provisionsverlust führt, auch kein Raum für Kausalitätserwägungen.[32]

12   Aus dem schadensunabhängigen Charakter der Bestimmung des § 654 BGB leitet der Bundesgerichtshof zu Recht ab, dass bei einem mitwirkenden Verschulden des Auftraggebers die – als Ausprägung des Grundsatzes von Treu und Glauben geltende – Billigkeitsregelung des § 254 BGB nicht anzuwenden ist.[33] Hieraus folgt,[34] dass das Gericht den Maklerlohn auch nicht dann herabsetzen kann, wenn es der Ansicht ist, der Makler habe zwar nicht den vollen Maklerlohn verdient, seine Pflichtverletzung sei aber nicht so schwer, dass sie den vollständigen Verlust der Provision rechtfertige.[35]

13   Aus der Eigenart der Bestimmung mit Strafcharakter hat der Bundesgerichtshof die Einschränkung abgeleitet, dass nicht jede schwerwiegende Verletzung der Treuepflicht des Maklers zum Verlust des Provisionsanspruches führen dürfe, sondern die einschneidende Rechtsfolge nur dann gerechtfertigt sei, wenn neben dem erfüllten objektiven Tatbestand dem Makler auch subjektiv ein schwerwiegendes Fehlverhalten anzulasten sei.[36] Die für das Zivilrecht eher fern liegende Anknüpfung des Verschuldens an einen subjektiven Maßstab dient der Eingrenzung des Anwendungsbereichs der Bestimmung und ihrer Kennzeichnung als Ausnahmeregelung. Danach kommt eine Anwendung dieser Grundsätze nur in Betracht, wenn der Makler – so die bis heute übliche Formulierung – vorsätzlich, wenn nicht gar arglistig, mindestens aber in einer dem Vorsatz nahe kommenden grob leichtfertigen Weise gehandelt hat und angesichts dieses Fehlverhaltens nach allgemeinen Rechts- und Billigkeitsempfinden keine Vergütung verdient.

---

32 OLG Frankfurt a. M., Beschl. v. 4.6.2018 – 19 U 191/17, BeckRS 2018, 14374 i.V.m. Hinweisbeschl. v. 22.3.2018 – 19 U 191/17, BeckRS 2018, 17609; *D. Fischer*, NJW 2018, 3287, 3290.

33 BGH, Urt. v. 5.2.1962 – VII ZR 248/60, BGHZ 36, 323, 326; ebenso *Rietschel*, LM § 654 BGB Nr. 1; *Ibold*, Maklerrecht, Rn. 140; *D. Fischer*, NZM 2019, 201, 204.

34 RGRK-BGB/*Dehner*, § 654 Rn. 1.

35 So ausdrücklich OLG Stuttgart, Vorinstanz zu BGH, Urt. v. 3.6.1977 – IV ZR 71/76, WM 1977, 941, 943. Da nur der Kunde und nicht auch der Makler hiergegen Revision einlegte, konnte der Bundesgerichtshof diese Ansicht in der vorgenannten Entscheidung nicht richtigstellen. Diese Entscheidung darf daher nicht dahingehend verstanden werden, der Bundesgerichtshof habe bei geringerem Schuldgrad eine Herabsetzung für zulässig gehalten (so allerdings *Dehner*, Das Maklerrecht in der neueren höchstrichterlichen Rechtsprechung, RWS-Skript 187, 1. Aufl., S. 72).

36 BGH, Urt. v. 5.2.1962 – VII ZR 248/60, BGHZ 36, 323, 326 f.

Mit der im allgemeinen Zivilrecht unüblichen Formulierung grob leichtfer- **14**
tig,[37] die sich erkennbar vom herkömmlichen Begriff der groben Fahrlässigkeit durch einen noch stärkeren subjektiven Schuldvorwurf abhebt,[38] soll die
begrenzte Anwendbarkeit des Provisionsausschlusstatbestands als Sondervorschrift mit Strafcharakter[39] verdeutlicht werden. Subjektiv muss demnach dem Makler ein besonders sorgloser Umgang mit den allgemein aner-
kannten Verhaltensmaßregeln vorgeworfen werden können. In der Regel
wird dies bei einem vorsätzlichen, häufig auch bei einem grobfahrlässigen
Verstoß gegen die Vertragspflichten des Maklers gegeben sein.[40]

Mit dieser Umschreibung ist klargestellt, dass nicht jede vorsätzliche Verlet- **15**
zung einer gegenüber dem Kunden bestehenden Vertragspflicht den Vergütungsverlust auszulösen vermag. So muss die vorsätzliche Verletzung einer
unbedeutenden Ordnungsvorschrift nicht unbedingt zur Anwendung des
Sanktionsgedankens und damit zum Vergütungsverlust führen.[41] Als Prüf-
stein kann hierbei auf die in der Entscheidung[42] ausdrücklich angeführte –
und auf *Hans Reichel* zurückgehende – Formel der Lohnunwürdigkeit zurückgegriffen werden, so dass stets abzuklären ist, ob das subjektive Fehlverhalten des Maklers im konkreten Einzelfall nach Maßgabe der jeweiligen
Umstände so schwer wiegt, dass er des Provisionsanspruches für unwürdig
erscheint. In der Folgezeit hat der Bundesgerichtshof wiederholt dieses „ver-
hältnismäßig sichere Kriterium für das Vorliegen einer Treuepflichtverlet-

---

37 Der Begriff der Leichtfertigkeit hat nunmehr in § 425 n. F. HGB Eingang gefunden.
Vereinzelt wurde er auch ansonsten im Transportrecht verwendet. In der maklerrechtlichen Rechtsprechung wurde dieser Begriff nicht weiter konkretisiert.

38 Die Annahme von *Budde*, MDR 1986, 896, 897, der vom BGH, Urt. v. 5.2.1962 –
VII ZR 248/60, BGHZ 36, 323, verwendete Begriff „grob leichtfertig" sei mit dem allgemeinen Begriff der groben Fahrlässigkeit gleichzusetzen, ist – wie aus BGH, Urt. v.
24.6.1981 – IVa ZR 225/80, NJW 1981, 2297, deutlich hervorgeht – nicht gerechtfertigt. Allerdings wurde in BGH, Urt. v. 26.10.1977 – IV ZR 177/76, WM 1978, 245, 246
– wohl versehentlich – die Formulierung „grob leichtfertig" durch „grob fahrlässig" ersetzt. Ebenso nunmehr MünchKomm-BGB/*H. Roth*, § 654 Rn. 2: Grobe Leichtfertigkeit bedeute mehr als grobe Fahrlässigkeit.

39 Hierauf weist *Rietschel* in seiner Urteilsanmerkung zu BGH, Urt. v. 5.2.1962 – VII ZR
248/60, LM § 654 BGB Nr. 1, ausdrücklich hin.

40 *Rietschel*, BGH LM § 654 BGB Nr. 1.

41 BGH, Urt. v. 24.6.1981 – IVa ZR 225/80, LM § 654 BGB Nr. 12, unter Bezugnahme
auf *Rietschel*, BGH, LM § 654 BGB Nr. 1.

42 BGH, Urt. v. 5.2.1962 – VII ZR 248/60, BGHZ 36, 323, 327.

zung"[43] als maßgeblichen Bewertungs- und Prüfungsgesichtspunkt herangezogen.[44]

bb) Weitere Entwicklung

16   Mit der Leitentscheidung aus dem Jahre 1962[45] wurde die Grundlage für die seither in der Rechtsprechung vorherrschende Ansicht der Bewertung der Bestimmung des § 654 BGB als Ausnahmetatbestand mit Strafcharakter begründet und der Verwirkungstatbestand zum allgemeinen Rechtsprinzip des Maklerrechts fortentwickelt.[46] Darüber hinaus kann die Provisionsverwirkung als zentrales Instrument zum Schutz des Verbrauchers bezeichnet werden;[47] ihr kommt allerdings gleichermaßen auch im Rechtsverkehr zwischen Unternehmern grundlegende Bedeutung zu.[48] In ständiger Rechtsprechung hat der Bundesgerichtshof in der Folgezeit an diesen Grundsätzen im Wesentlichen festgehalten und sie teilweise noch weiter konkretisiert.

17   Im Jahre 1982 wurde ausdrücklich hervorgehoben, ein Provisionsausschluss sei nur bei Pflichtverletzungen mit *außergewöhnlichem Gewicht* gerechtfertigt.[49] Hierfür sei nicht so sehr die objektive Seite, nämlich das Ausmaß der Folgen des Verstoßes oder die vertragsmäßige Bedeutung der konkret verletzten Verpflichtung von Bedeutung, als vielmehr die subjektive Vorwerfbarkeit. Bei Annahme eines lohnunwürdigen Verhaltens müsse jedenfalls feststehen, dass die konkret verletzte Pflicht für den Berechtigten eine erhebliche Bedeutung hatte und dass diese dem Makler auch bekannt gewesen ist. Aus dem entschiedenen Fallmaterial zu § 654 BGB lässt sich als Tendenz erkennen, dass ein Provisionsverlust nur bei besonders schwerwiegenden Treuepflichtverletzungen auszusprechen und demnach auf krasse Fallgestaltungen beschränkt ist. Soweit ein Provisionsverlust nach § 654 BGB vom

---

43 *Rietschel*, BGH LM § 654 BGB Nr. 1.
44 BGH, Urt. v. 24.6.1981 – IVa ZR 225/80, NJW 1981, 2297; Urt. v. 26.9.1984 – IVa ZR 162/82, BGHZ 92, 184, 186; Urt. v. 13.3.1985 – IVa ZR 222/83, NJW 1986, 2573; Urt. v. 29.11.1989 – IVa ZR 206/88, NJW-RR 1990, 372; Urt. v. 18.10.2012 – III ZR 106/11, NJW 2012, 3718 Rn. 16.
45 BGH, Urt. v. 5.2.1962 – VII ZR 248/60, BGHZ 36, 323.
46 *Thode*, WM 1989, Sonderbeilage Nr. 6, S. 16; *D. Fischer*, FS Bamberger, 2017, S. 35, 43.
47 *Jansen-Behnen*, Regulierungsmechanismen des Verbraucherschutzes im Maklerrecht, 2017, S. 287; *D. Fischer*, FS Kayser, 2019, S. 183, 191.
48 Baumbach/Hopt/*M. Roth*, HGB, § 93 Rn. 52; *D. Fischer*, FS Kayser, 2019, S. 183, 191.
49 BGH, Urt. v. 24.6.1981 – IVa ZR 225/80, NJW 1981, 2297.

Bundesgerichtshof angenommen wurde, war das Fehlverhalten als „anstößig", als besonders unredliches Gepräge[50] beurteilt worden, wobei dem
Makler mitunter auch mehrfache Treuepflichtverletzungen anzulasten waren. Auch das Ziel sich unter einseitiger Benachteiligung des Maklerkunden
einen wirtschaftlichen Vorteil zu verschaffen,[51] kann die Lohnunwürdigkeit
begründen.

In jüngerer Zeit wurde allerdings die ausdrückliche Umschreibung des § 654   **18**
BGB als Bestimmung mit Strafcharakter in der höchstrichterlichen Rechtsprechung nicht mehr aufgegriffen.[52] Eine sachliche Änderung der bisherigen Rechtsprechungslinie ließ sich hieraus aber nicht ableiten.[53] Neuerdings
hat der Bundesgerichtshof den Strafcharakter des Provisionsverlustes ausdrücklich wieder hervorgehoben und auf die hieraus sich ergebende Einschränkung des Anwendungsbereichs von § 654 BGB hingewiesen.[54] Dem
folgt auch die aktuelle obergerichtliche Rechtsprechung.[55]

4. Zur Rechtsnatur des Provisionsverlustes

Der Bundesgerichtshof hat – angesichts seiner Aufgabenstellung als Revisi-   **19**
onsgericht konsequent – bewusst davon abgesehen, sein Verständnis des
§ 654 BGB als Sondervorschrift mit Strafcharakter rechtssystematisch näher

---

50 BGH, Urt. v. 13.3.1985 – IVa ZR 222/83, NJW 1986, 2573, 2574.
51 BGH, Urt. v. 16.10.1980 – IVa ZR 35/80, NJW 1981, 280.
52 Zuletzt wohl in BGH, Urt. v. 13.3.1985 – IVa ZR 222/83, NJW 1986, 2573, sowie Urt.
v. 3.12.1986 – IVa ZR 87/85, NJW 1987, 1008. Es ist auffallend, dass in der Darstellung
der Senatsmitglieder *Dehner* und *Zopfs* (RWS-Skript Bd. 187, zuletzt 3. Aufl.) ein Hinweis auf den Begriff Strafsanktion bzw. Strafcharakter völlig fehlt.
53 *D. Fischer*, NZM 2001, 873, 875. In der Rechtsprechung der Berufungsgerichte wurde
dagegen die Bezeichnung Strafcharakter bzw. Strafwirkung beibehalten, so OLG
Frankfurt a. M., Urt. v. 13.7.1994 – 19 U 197/93, IVD-Rspr. A 146, Bl. 29; OLG
Hamm, Urt. v. 23.5.1996 – 18 U 147/95, NJW-RR 1997, 370, 372; OLG Düsseldorf,
Urt. v. 11.4.1997 – 7 U 63/96, NZM 1998, 240; Urt. v. 7.11.1997 – 7 U 36/97, NJW-RR
1998, 1207, 1210; OLG Karlsruhe, Urt. v. 13.10.2000 – 15 U 59/99, VersR 2003, 592,
593; OLG Naumburg, Urt. v. 21.8.2001 – 9 U 84/01, NZM 2003, 34.
54 BGH, Beschl. v. 30.4.2003 – III ZR 318/02, NJW-RR 2003, 991; Urt. v. 19.5.2005 –
III ZR 322/04, NJW-RR 2005, 1423, 1424; Urt. v. 18.10.2012 – III ZR 106/11, NJW
2012, 3718 Rn. 16.
55 OLG Rostock, Urt. v. 1.10.2008 – 1 U 98/08, MDR 2009, 194; KG, Urt. v. 1.3.2012 –
10 U 144/11, GE 2012, 615; OLG Frankfurt a. M., Beschl. v. 4.6.2018 – 19 U 191/17,
BeckRS 2018, 14374 i. V. m. Hinweisbeschl. v. 22.3.2018 – 19 U 191/17, BeckRS 2018,
17609; OLG Brandenburg, Urt. v. 29.1.2019 – 6 U 65/17, BeckRS 2019, 1646.

zu begründen.[56] Auch das der Rechtsprechungslinie folgende Schrifttum[57] hat hierzu bislang keine weiterführende Ansätze entwickelt.

a) Kritik des Schrifttums

20 Soweit dem vom Bundesgerichtshof entwickeltem Lösungsansatz grundsätzlich entgegengetreten wird, steht die These vom Strafcharakter im Vordergrund und wird als dem Zivilrecht systemfremd kritisiert.[58] In diesem Zusammenhang wird insbesondere beanstandet, eine Ausdehnung des Provisionsverlustes führe zu einer Aushöhlung oder Auflösung des Schadensersatzrechts, zumal bei anderen Vertragsverhältnissen mit nicht weniger bedeutsamen Verpflichtungen des Honorarberechtigten im Falle einer schwerwiegenden Vertragsverletzung der Vergütungsanspruch hiervon unberührt bleibe[59] und eine Sanktion nur nach den Grundsätzen des Schadensersatzrechtes erfolgen könne.[60] Wirtschaftlich sei vor allen Dingen nicht hinnehmbar, dass die Vertragsuntreue des Maklers für den Auftraggeber zum Geschäft werde, in dem er die vollwertige Leistung ohne Gegenleistung erhalte.[61] Ferner wird bemängelt, die notwendige Abgrenzung von einfachen und schwerwiegenden Pflichtverletzungen bereite praktische Schwierigkeiten.[62] Der vom Bundesgerichtshof hervorgehobene Gesichtspunkt, wonach § 654 BGB den Makler bei Meidung des Vergütungsverlustes dazu anhalten soll, die ihm gegenüber seinem Auftraggeber obliegende Treuepflicht einzuhalten, spräche im Übrigen mehr für eine präventive Funktion dieser Norm als für den vom Bundesgerichtshof für maßgeblich gehaltenen Gesichtspunkt der Strafwirkung.[63]

---

56 Zur allgemeinen Problematik vgl. *Robert Fischer*, in: Pehle/Stimpel, Richterliche Rechtsfortbildung, 1968, S. 47: Bei der Herausbildung neuer Rechtsinstitute sei eine theoretisch fundierte, allgemein gehaltene wissenschaftliche Grundlegung dieser Rechtssätze nicht Aufgabe des Revisionsgerichts. An diesem Grundsatz wurde auch später festgehalten, vgl. etwa *Boujong*, GmbHR 1992, 207, 210; *Hagen*, DRiZ 1997, 157, 158; *Röhricht*, ZGR 1999, 445, 462.

57 *Brandt*, Das Recht des Immobilienmaklers, S. 35; Palandt/*Sprau*, § 654 Rn. 1; *Seydel/ Heinbuch*, Maklerrecht, Rn. 165.

58 So etwa *Budde*, MDR 1986, 896, 897; Staudinger/*Arnold*, § 654 Rn. 2.

59 Staudinger/*Arnold*, § 654 Rn. 2, 7, wirft dem Bundesgerichtshof die Schaffung eines diskriminierenden Sonderrechts zulasten von Maklern vor.

60 *Hamm/Schwerdtner*, Maklerrecht, Rn. 760, der hierbei vermerkt, die Rechtsprechung habe § 654 BGB umfunktioniert.

61 Staudinger/*Arnold*, § 654 Rn. 3.

62 *Hamm/Schwerdtner*, Maklerrecht, Rn. 761; Staudinger/*Arnold*, § 654 Rn. 14.

63 MünchKomm-BGB/*H. Roth*, § 654 Rn. 1.

Der Vorwurf der Bildung eines Sonderrechts ist bereits deshalb nicht ge- **21** rechtfertigt, weil nicht hinreichend berücksichtigt wird, dass das gesetzliche Maklerrecht im Unterschied zu den sonstigen schuldrechtlichen Vertragsverhältnissen einen eigenständigen Vergütungsausschluss-Tatbestand aufweist und damit bereits vom Gesetzgeber eine Sonderstellung zugewiesen erhalten hat.[64] Dies kann auch auf die dem Maklervertrag eigene Besonderheit zurückgeführt werden, dass es sich hierbei um ein Drei-Personen-Verhältnis handelt, bei dem der Makler in der Mitte steht und demnach anderweitige Pflichtenstrukturen bestehen als in einem dualen Austauschverhältnis.[65] Da aus den Gesetzesmaterialien gerade nicht entnommen werden kann, dass der in § 654 BGB angesprochene Fall eines Parteiverrates als abschließende Regelung aufzufassen ist, ist der von der Rechtsprechung aufgegriffene Grundgedanke einer analogen Anwendung nicht fernliegend.

Maßgeblicher Gesichtspunkt ist hierbei, dass es wenig einleuchtend er- **22** scheint, die schwerwiegende Treuepflichtverletzung des Parteiverrates mit einer gesonderten Rechtsfolge zu belegen, ähnlich gelagerte Verletzungshandlungen, die einen gleichen oder gar einen noch gewichtigeren Unrechtsgehalt – wie etwa das Hintertreiben des Hauptvertrages[66] – aufweisen, dagegen nicht. Insbesondere besteht kein Anlass danach zu differenzieren, ob derartige Pflichtverstöße im Rahmen einer Einzel- oder Doppeltätigkeit geschehen.[67] Es kann daher nicht überraschen, dass bereits nach wenigen Jahren der Rechtsanwendung in der Rechtsprechung dieser Ansatz umgesetzt wurde. Dass dem Ausschlusstatbestand in erster Linie – BGHZ 36, 323 spricht insoweit zu Recht von offensichtlich – *Strafcharakter* zukommt, ergibt sich unmittelbar aus dem Umstand, dass die tiefgreifende Rechtsfolge des Vergütungsverlustes nur dann gerechtfertigt erscheint, wenn dem Makler eine schwerwiegende Vertragsverletzung – auch subjektiv – anzulasten ist.[68]

---

64 *Brandt*, Das Recht des Immobilienmaklers, S. 34.
65 Hierauf weist zutreffend Soergel/*Lorentz*, BGB, § 654 Rn. 2, hin; ebenso *D. Fischer*, NZM 2001, 873, 876.
66 Hierzu im Einzelnen nachstehend Rn. 52.
67 So zutreffend BGH, Urt. v. 26.10.1977 – IV ZR 177/76, WM 1978, 245.
68 *D. Fischer*, NZM 2001, 873, 876.

b) Provisionsausschluss als gesetzliche Vertragsstrafe

23   Die vom Bundesgerichtshof in den Vordergrund gestellte Umschreibung des Normzwecks als Strafcharakter hat weder strafrechtsähnliche Relevanz noch lässt sich damit der Provisionsverlust als Privatstrafe qualifizieren.[69] Der Kennzeichnung kommt vielmehr ausschließlich zivilrechtliche Bedeutung zu, was für das Zivilrecht keineswegs singulär ist.[70] Auch der moderne Gesetzgeber hat diesen Ansatz bereits mehrfach aufgegriffen.[71] Im Übrigen wird dies durch die Rechtsfigur der Vertragsstrafe bestätigt, der nach anerkannter Rechtsansicht bereits nach der Konzeption des BGB Strafcharakter bzw. Strafwirkung[72] zukommen kann. Soweit beanstandet wird, dem vom Bundesgerichtshof angeführten Sicherungsgedanken sei eher eine präventive Bedeutung beizumessen, wird hierbei nicht hinreichend berücksichtigt, dass die als präventiv, nämlich erfüllungssichernd zu verstehende Funktion[73] und der von der Rechtsprechung betonte Gesichtspunkt der Sanktionswirkung[74] keineswegs einen Gegensatz bilden, sondern lediglich phasenmäßig aufeinander abfolgende Bezugselemente bedeuten. Wie aus dem Recht der Vertragsstrafe allgemein bekannt ist, setzt sich die Erfüllungssicherungsfunktion nach Eintritt des Verletzungstatbestandes in eine nachwirkende Sanktionsfunktion fort, weil nur bei der tatsächlichen Durchsetzung des Sanktionsanspruches eine hinreichende Erfüllungssicherung denkbar erscheint. Eine weitere Gemeinsamkeit mit der Rechtsfigur der Vertragsstrafe ist darin zu sehen, dass auch nach Ansicht des Bundesgerichtshofs und des ihm folgenden Schrifttums die eigentliche Bedeutung des § 654 BGB darin besteht, den Auftraggeber im Falle einer schwerwiegenden Treuepflichtverletzung von der Nachweispflicht eines tatsächlichen Schadenseintritts frei-

---

69 Vgl. Staudinger/*Rieble*, 13. Bearb., Vorbem. zu § 339 Rn. 20; *D. Fischer*, NZM 2005, 731, 733; *Harke*, Besonderes Schuldrecht, Rn. 157 spricht dagegen von einer Privatstrafe.

70 Nach BGH, Urt. v. 8.1.1975 – VIII ZR 126/73, BGHZ 63, 365, 369 weist auch die Ausnahmebestimmung des § 817 Satz 2 BGB Strafcharakter auf.

71 Vgl. etwa § 241a BGB (Verlust von Herausgabeansprüchen bei unerlaubter Zusendung unbestellter Waren) sowie § 661a BGB (Zahlungspflicht bezüglich Gewinnzusagen).

72 Staudinger/*Rieble*, Vorbem. zu § 339 Rn. 20.

73 Ebenso bereits E. *Wolf*, WM 1985, Sonderbeilage Nr. 3, S. 2, 11.

74 An Stelle der Umschreibung als Strafcharakter oder Strafwirkung ist die Bezeichnung Sanktionscharakter und Sanktionswirkung vorzugswürdig. Dies entspricht auch der im Vertragsstraferecht gebräuchlichen Terminologie, vgl. *D. Fischer*, NZM 2001, 873, 876.

zustellen. Der in § 654 BGB angeordnete Provisionsverlust lässt sich daher dogmatisch als *gesetzliche Vertragsstrafe* qualifizieren.[75]

5. Zwingendes Recht

§ 654 BGB und die hierzu von der Rechtsprechung entwickelten Rechtssätze dürfen weder in Allgemeinen Geschäftsbedingungen noch in Individualvereinbarungen abbedungen werden. Dies erschließt sich unmittelbar aus dem Schutzzweckcharakter des § 654 BGB, der als zwingendes Recht zu qualifizieren ist.[76] Nach zutreffender Ansicht sind diese Rechtssätze von Amts wegen zu beachten.[77] Hierdurch wird klargestellt, dass es sich nicht um lediglich auf Antrag oder Einrede des Schuldners zu berücksichtigende Grundsätze – wie etwa Verjährung oder die Herabsetzungsmöglichkeiten aus § 343 und § 655 BGB – handelt. Dass das Gericht Einwendungen „von Amts wegen" zu beachten hat, bedeutet nicht die Aufhebung des Beibringungsgrundsatzes und Geltung der Amtsermittlung, sondern nur, dass ihre materiell-rechtliche Wirkung ohne zusätzliche materiell-rechtliche Rechtsausübung seitens des Schuldners eintritt.[78]   **24**

Da es sich um eine Rechtsvorschrift (§ 654 BGB) handelt, ist es im Provisionsprozess nicht erforderlich, hierzu Rechtsausführungen zu machen. Es genügt, dass Umstände tatsächlicher Art vorgetragen werden, die in rechtlicher Hinsicht die Provisionsverwirkung begründen.[79] Aus dem Schutzzweck des § 654 BGB folgt ferner, dass dem Makler – im Falle der Lohnunwürdigkeit – für seine Dienstleistung weder ganz noch teilweise Wertersatz nach § 812 Abs. 1 Satz 1, § 818 Abs. 2 BGB zugesprochen werden darf.[80]   **25**

---

75 Hierzu im Einzelnen *D. Fischer*, NZM 2001, 873, 876 f.; ebenso *I. Ebert*, Pönale Elemente im Privatrecht, S. 264, *dies.*, in: Schulze, Hk-BGB, 9. Aufl. 2017, § 654 Rn. 1. In der Neubearbeitung *Schulze/Scheuch*, 10. Aufl. 2019, § 654 Rn. 1, wurde allerdings dieser zutreffende Hinweis gestrichen.

76 OLG Hamm, Urt. v. 9.11.1992 – 18 U 26/92, NJW-RR 1993, 506, 507; MünchKomm-BGB/*H. Roth*, § 654 Rn. 1; *Hamm/Schwerdtner*, Maklerrecht, Rn. 766.

77 KG, Urt. v. 16.12.1985 – 10 U 2266/85, NJW-RR 1986, 598, 600; OLG Karlsruhe, Urt. v. 19.5.1999 – 15 U 21/99; Palandt/*Sprau*, § 654 Rn. 3; PWW/*Fehrenbacher*, § 654 Rn. 1; *Hamm/Schwerdtner*, Maklerrecht, Rn. 739; *Seydel/Heinbuch*, Maklerrecht, Rn. 167.

78 BGH, Beschl. v. 23.6.2008 – GSZ 1/08, BGHZ 177, 212, 216 Rn. 15.

79 Vgl. BGH, Urt. v. 20.3.1997 – IX ZR 71/96, BGHZ 135, 140, 149 zur fehlenden Notwendigkeit einer insolvenzrechtlichen Anfechtungserklärung.

80 Erman/*D. Fischer*, BGB, § 654 Rn. 5; Palandt/*Sprau*, § 654 Rn. 1; PWW/*Fehrenbacher*, § 654 Rn. 1; MünchKomm-BGB/*H. Roth*, § 654 Rn. 15; *U. Werner*, NJW 1971, 1943, 1944.

6. Darlegungs- und Beweislast

26 Der Maklerkunde trägt regelmäßig die Darlegungs- und Beweislast für sämtliche Voraussetzungen des Anwendungsbereichs des § 654 BGB.[81] Dies folgt aus dem Ausnahmecharakter dieser Bestimmung.[82]

27 Gleichwohl kommt aber in Betracht, dem Maklerkunden je nach Sachlage Darlegungs- und Beweiserleichterungen zuzubilligen und zwar zumindest im Sinne einer sogenannten sekundären Behauptungslast der Gegenseite, wie sie insbesondere dann angenommen wird, wenn eine darlegungspflichtige Partei außerhalb des von ihr darzulegenden Geschehenslaufs steht und keine Kenntnis der maßgebenden Tatsachen besitzt, während der Prozessgegner sie hat und ihm nähere Angaben zumutbar sind.[83]

28 Soweit allerdings der Makler bei Vorliegen eines unauflösbaren Interessenkonflikts, der grundsätzlich zum Einstellen der Tätigkeit zwingt,[84] geltend macht, er habe den Kunden hierüber aufgeklärt und dieser habe gleichwohl eine weitere Tätigkeit des Maklers gewünscht, trägt er für diesen, die Gefahr eines Provisionsausschlusses beseitigenden Umstand[85] die volle Darlegungs- und Beweislast.[86] Gleiches gilt, falls der Makler für sich Vorteile daraus ableiten will, dass der Kunde ihn wegen Erlöschens seines Kaufinteresses aus der Treuepflicht entlassen habe. Die Darlegungs- und Beweislast dafür, dass es sich um eine endgültige Absageerklärung des Kunden gehandelt hat, trägt der Makler.[87] Wenn der Makler für ein auf den ersten Blick in seinen Verantwortungsbereich liegendes Fehlverhalten einen Entlastungstat-

---

81 BGH, Urt. v. 24.6.1981 – IVa ZR 159/80, NJW 1981, 2293, 2294; Urt. v. 25.9.1991 – IV ZR 244/90, NJW-RR 1992, 110, 111; OLG Karlsruhe, Urt. v. 13.10.2000 – 15 U 59/99, VersR 2003, 592, 593; OLG Hamm, Urt. v. 29.8.2011 – 18 U 25/10, IVD-Rspr. A 115, Bl. 50; KG, Urt. v. 1.3.2012 – 10 U 144/11, GE 2012, 615; *Küpper*, in: Baumgärtel/Laumen/Prütting, Handbuch der Beweislast, § 654 Rn. 1; *Hamm/Schwerdtner*, Maklerrecht, Rn. 768; *Seydel/Heinbuch*, Maklerrecht, Rn. 167.

82 *Küpper*, in: Baumgärtel/Laumen/Prütting, Handbuch der Beweislast, § 654 Rn. 1; Staudinger/*Arnold*, § 654 Rn. 15.

83 So BGH, Urt. v. 7.5.1998 – III ZR 18/97, NJW 1998, 2277, 2279, bezüglich der Darlegungs- und Beweislast des Maklers hinsichtlich der Identität des Hauptvertrages mit dem ursprünglich in Aussicht genommenen Geschäft.

84 BGH, Urt. v. 14.5.1969 – IV ZR 792/68, LM § 652 BGB Nr. 33; Urt. v. 26.1.1983 – IVa ZR 158/81, NJW 1983, 1847, 1848.

85 Vgl. BGH, Urt. v. 26.1.1983 – IVa ZR 158/81, NJW 1983, 1847, 1848.

86 BGH, Urt. v. 25.9.1991 – IV ZR 244/90, NJW-RR 1992, 110; ähnlich Urt. v. 16.12.1999 – III ZR 295/98, NJW-RR 2000, 432.

87 BGH, Urt. v. 25.9.1991 – IV ZR 244/90, NJW-RR 1992, 110, 111; *Vollkommer*, EWiR 1991, 1183, 1184.

bestand anführt, der möglicherweise nicht erst sein Verschulden, sondern sogar – im Sinne einer ausnahmsweisen Rechtfertigung – die objektive Pflichtwidrigkeit entfallen lässt, ist er hierfür gleichfalls beweisbelastet.[88]

7. Einzelne Anwendungsbereiche des § 654 BGB

a) Unmittelbarer Geltungsbereich des § 654 BGB

Handelt ein Doppelmakler vertragswidrig i. S. d. § 654 BGB, so soll es nach   **29**
Ansicht des Bundesgerichtshofs in aller Regel keiner besonderen Feststellung bedürfen, ob dem Makler auch subjektiv eine vorsätzliche oder grob
leichtfertige Treuepflichtverletzung anzulasten ist.[89] Der unmittelbare Tatbestand des § 654 BGB indiziere ohne Weiteres den Schuldvorwurf.[90] In der
dieser Entscheidung zugrunde liegenden Fallgestaltung hatte der Doppelmakler auf ausdrückliche Frage der Kaufinteressenten nach dem Verkehrswert seinen eigenen Taxwert genannt, obgleich er von der Verkäuferseite
ausdrücklich darauf hingewiesen worden war, sie wünsche einen erheblich
darüber liegenden Kaufpreis zu erzielen. Angesichts dieser (offenkundigen)
Umstände treffe den Makler der Vorwurf der Treuwidrigkeit ohne Weiteres,
sein Verhalten könne, wie das Berufungsgericht ausgeführt habe, als „krasse
Parteiwidrigkeit" bezeichnet werden, so dass nicht mehr festgestellt werden
müsse, ob er des Maklerlohnes unwürdig sei.

Der in diesem Zusammenhang gegebene Hinweis, das Fehlverhalten des   **30**
Maklers, eines pensionierten Stadtoberamtmannes, könne nicht als unehren-
haft oder anstößig beurteilt werden,[91] erscheint – jedenfalls aus heutiger
Sicht – wenig aussagekräftig, weil für die Annahme der Lohnunwürdigkeit
keineswegs ein unehrenhaftes oder anstößiges Fehlverhalten vorliegen
muss, sondern bereits weniger schwerwiegende, aber – in subjektiver Hinsicht – noch als grob leichtfertig einzustufende Verletzungshandlungen in
den Anwendungsbereich des § 654 BGB fallen können.

Die in dieser Entscheidung[92] zu Recht angenommene „krasse Parteiwidrig-   **31**
keit" indizierte unmittelbar das subjektive Merkmal der Lohnunwürdigkeit,

---

88 BGH, Urt. v. 16.12.1999 – III ZR 295/98, NJW-RR 2000, 432.
89 BGH, Urt. v. 25.10.1967 – VIII ZR 215/66, BGHZ 48, 344, 350 f.; ebenso *Hamm/
Schwerdtner*, Maklerrecht, Rn. 913.
90 So der damalige Berichterstatter *R. Weber* in seiner Urteilsanmerkung LM § 654 BGB
Nr. 5.
91 *R. Weber*, LM § 654 BGB Nr. 5.
92 BGH, Urt. v. 25.10.1967 – VIII ZR 215/66, BGHZ 48, 344, 350 f.

weil durch die vom Verkaufsinteressenten veranlasste, jedenfalls vom Makler nicht zurückgewiesene Vorgabe der Handlungsspielraum gegenüber dem Kaufinteressenten eingeschränkt war und er sich demgemäß erkennbar, jedenfalls was die Kaufpreishöhe anging, nur noch als reiner Nachweismakler hätte betätigen dürfen. Aufklärungshinweise der hier zu beurteilenden Art sind unter den gegebenen besonderen Umständen – auch subjektiv – als schwerwiegende Treuepflichtverletzung einzustufen.[93] Um einen Gleichlauf der zu § 654 BGB gehörenden Fallgruppen zu erzielen, sollte allerdings auch bei der unmittelbaren Anwendung des § 654 BGB auf das Erfordernis der subjektiven Lohnunwürdigkeit nicht verzichtet werden.[94]

b) Zeitlicher Anwendungsbereich

32 Die Grundsätze über die Aberkennung des Provisionsanspruches wegen lohnunwürdigen Fehlverhaltens sind auf die Tätigkeit des Maklers nach Abschluss des Maklervertragsverhältnisses bis zur Erbringung der Maklerleistung und des mit ihr angestrebten Erfolges, des Abschlusses des Hauptvertrages, der zugleich den Provisionsanspruch entstehen lässt,[95] unmittelbar anzuwenden. Auch ist es grundsätzlich unerheblich, ob der Kunde die Maklerprovision bereits entrichtet hat, weil insoweit ein Rückforderungsanspruch aus § 812 Abs. 1 Satz 1 BGB gegeben ist.[96] Problematisch ist aber, inwieweit Treuepflichtverletzungen des Maklers, die sich im Vor- und Nachfeld der vertraglichen Tätigkeit des Maklers zutragen, von der Strafwirkung erfasst werden können.

aa) Vorvertragliche Treuepflichtverletzung

33 Ob auch eine vorvertragliche Pflichtverletzung geeignet sein kann, einen Provisionsverlust i. S. d. § 654 BGB auszulösen, hat der Bundesgerichtshof

---

93 Wenn der Makler von seinem Auftraggeber einengende Vorgaben – wie etwa konkrete Preisvorstellungen – übernimmt, muss er sich gegebenenfalls einer zusätzlichen Tätigkeit für den nachzuweisenden oder zu vermittelnden Hauptvertragspartner enthalten – so ausdrücklich BGH, Urt. v. 14.5.1969 – IV ZR 792/68, LM § 652 BGB Nr. 33 – oder eine Freistellung von dieser Treuepflicht herbeiführen (vgl. BGH, Urt. v. 25.9.1991 – IV ZR 244/90, NJW-RR 1992, 110, 111).
94 *D. Fischer*, NZM 2001, 873, 878.
95 Palandt/*Sprau*, § 652 Rn. 54.
96 Hierzu eingehend nachfolgend Rn. 77 ff.

1983 ausdrücklich offen gelassen.[97] Hierdurch entstand der Eindruck, er habe zu dieser Frage noch nicht Stellung genommen.[98]

Tatsächlich hat sich der Bundesgerichtshof aber bereits in einem nichtveröf- **34** fentlichten Urteil vom 12.7.1967[99] ausführlich mit dieser Fragestellung befasst und zutreffend festgestellt, dass die zu § 654 BGB entwickelten Rechtssätze nicht nur auf die Wahrung der Interessen des Auftraggebers nach Abschluss des Maklervertrages bezogen werden können, sondern bereits dann beachtlich sind, wenn es sich um die Beurteilung der für das Zustandekommen des Maklervertrages maßgeblichen Vorgänge handelt.[100] Zur Begründung wurde zu Recht ausgeführt, dass das Vertrauen, das die Grundlage des ganzen Vertragsverhältnisses bildet, erst recht dann nicht bestehen kann, wenn dem Makler schon bei Eingehung des Maklervertrages eine Treuwidrigkeit zur Last fällt.[101] In der Tat kann es wertungsgemäß keinen Unterschied bedeuten, ob der Makler gegen wesentliche Treupflichten, vor oder nach Abschluss des Maklervertrages verstößt.[102] Für beide Zeiträume ist die aufgezeigte Doppelfunktion des Provisionsverlustes gleichermaßen von Bedeutung.[103]

Ein verwirkungsrelevantes Fehlverhalten bei Vertragsabschluss liegt etwa **35** vor, wenn der Makler den Kunden zum Abschluss einer Übererlösklausel verleitet und hierbei verschweigt, dass er bereits einen Kaufinteressenten kennt, der bereit ist, wesentlich mehr zu zahlen, als den vom Verkäufer in Betracht gezogenen Kaufpreis.[104] Das OLG Hamm hat eine Provisionsver-

---

97 BGH, Urt. v. 25.5.1983 – IVa ZR 26/82, NJW 1984, 232; vgl. auch BGH, Urt. v. 13.3.1985 – IVa ZR 222/83, NJW 1986, 2573, 2574.

98 So *Hamm/Schwerdtner*, Maklerrecht, Rn. 744, die dort angeführten Entscheidungen BGH, Urt. v. 16.10.1980 – IVa ZR 35/80, NJW 1981, 280 und Urt. v. 24.6.1981 – IVa ZR 225/80, NJW 1981, 2297, haben sich hierzu allerdings nicht geäußert.

99 BGH, Urt. v. 12.7.1967 – VIII ZR 34/65; diese Entscheidung wird im Schrifttum nur vereinzelt erwähnt bei Soergel/*Mormann*, BGB, 11. Aufl., § 654 Rn. 2, und ihm folgend *Krehl*, Pflichtverletzung, S. 97.

100 Ebenso OLG Hamm, Urt. v. 9.11.1992 – 18 U 26/92, NJW-RR 1993, 506, 507; Urt. v. 1.6.1995 – 18 U 126/94, VersR 1995, 1235; MünchKomm-BGB/*H. Roth*, § 654 Rn. 19.

101 Urteilsumdruck, S. 8, unter zutreffender Bezugnahme auf RG, LZ 1918, 686; a. A. allerdings Soergel/*Mormann*, BGB, 11. Aufl., § 654 Rn. 2, unter ausdrücklichem Hinweis, die Anwendung des § 654 BGB setze einen gültigen Maklervertrag voraus.

102 OLG Hamm, Urt. v. 9.11.1992 – 18 U 26/92, NJW-RR 1993, 506, 507; Urt. v. 1.6.1995 – 18 U 126/94, VersR 1995, 1235; Palandt/*Sprau*, § 654 Rn. 2; Münch-Komm-BGB/*H. Roth*, § 654 Rn. 5 sowie Rn. 19; PWW/*Fehrenbacher*, § 654 Rn. 4; Soergel/*Engel*, BGB, § 654 Rn. 10; *Hamm/Schwerdtner*, Maklerrecht, Rn. 744.

103 Vorstehend Rn. 21; *D. Fischer*, NZM 2001, 873, 878.

104 Vgl. *Dehner*, Maklerrecht, Rn. 220.

wirkung zutreffend dann angenommen, wenn der Makler den Kunden bei Abschluss des Maklervertrages nicht darüber aufklärt, dass er zugleich als „Projektentwickler" ein eigenes wirtschaftliches Interesse am Zustandekommen eines Erwerbsvertrages hat, der bestimmten Architekten ermöglicht, eine bereits erbrachte Planungsleistung dem Erwerber gegenüber entgeltlich zu erbringen.[105]

36 Das maßgebliche vorvertragliche Fehlverhalten ist aber nicht auf den Tatbestand des Verschuldens bei Vertragsabschluss beschränkt. Auch in den Fällen eines nachträglichen Vertragsabschlusses ist ein provisionsschädliches Fehlverhalten schon im Rahmen der vorvertraglichen Geschäftsbeziehung denkbar; Gleiches gilt für Fallgestaltungen, bei denen der Vertragsabschluss zeitlich hinausgezogen ist, weil etwa zu Beginn der Geschäftsbeziehung ein konkludenter Vertragsabschluss mangels eines ausdrücklichen Provisionsverlangens noch nicht in Betracht kommt.

bb) Nachwirkende Treuepflichtverletzung

37 Die Treuepflicht des Maklers endet nicht mit der Beendigung der Maklertätigkeit und Herbeiführung des mit der Nachweis- oder Vermittlungsleistung angestrebten Erfolges. Obwohl ein weiteres Tätigwerden von ihm weder zu erwarten noch gefordert werden kann, ist es – insbesondere beim Nachweismakler – möglich, dass er auch zu einem späteren Zeitpunkt durch Tun oder Unterlassen dem Vertragszweck zuwiderhandelt, was namentlich dann vorliegen wird, wenn er die Vollziehung des Hauptvertrages hintertreibt oder die nachträgliche Aufhebung desselben anstrebt. Auch hierin liegt eine Vertragsverletzung, die mit dem Verlust des Provisionsanspruches sanktioniert werden kann.[106] Es entspricht gefestigter Rechtsprechung des Bundesgerichtshofs, dass ein Grund zur Aberkennung des Provisionsanspruchs grundsätzlich auch in einem Verhalten gefunden werden kann, das nach Abschluss der Nachweis- oder Vermittlungstätigkeit des Maklers liegt.[107]

38 Offensichtlich in dem – grundsätzlich anerkennenswerten – Bestreben den Anwendungsbereich des § 654 BGB als Ausnahmetatbestand weiter einzugrenzen, wurde in der Grundsatzentscheidung vom 26.9.1984[108] hinsichtlich

---

105 OLG Hamm, Urt. v. 8.2.2018 – 18 U 41/17, ZMR 2018, 722, 724; *D. Fischer*, NJW 2018, 3287, 3290.

106 BGH, Urt. v. 26.10.1977 – IV ZR 177/76, WM 1978, 245, 246; Urt. v. 26.1.1983 – IVa ZR 158/81, NJW 1983, 1847, 1848.

107 BGH, Urt. v. 25.10.1967 – VIII ZR 215/66, BGHZ 48, 344; Urt. v. 26.10.1977 – IV ZR 177/76, WM 1978, 245, 246; Urt. v. 26.9.1984 – IVa ZR 162/82, BGHZ 92, 184, 185 f.

108 BGH, Urt. v. 26.9.1984 – IVa ZR 162/82, BGHZ 92, 184.

nachwirkender Treuepflichtverletzungen eine deutliche zeitliche Einschränkung ausgesprochen. Danach soll eine vertragliche Treuepflichtverletzung des Maklers, die nach Abschluss des Hauptvertrages und der Zahlung der Maklerprovision verübt wird, keinen – rückwirkenden – Verlust des Provisionsanspruches auslösen können.[109]

Zutreffend wird in dieser Entscheidung zunächst ausgeführt, dass zum Zeitpunkt der Begleichung der Provisionsforderung der Maklerlohn ordnungsgemäß verdient war und demnach der Maklerkunde mit der Zahlung des geforderten Provisionsbetrages eine rechtsverbindliche Forderung des Maklers erfüllt hat. Nicht zu überzeugen vermag aber die anschließende Erwägung, ein bereits verdienter Provisionsanspruch könne nicht durch ein nachfolgendes Fehlverhalten wieder abgesprochen werden. Die hierbei gezogene Parallele zum allgemeinen Verwirkungsgedanken ist verfehlt, weil der Ausschlusstatbestand des § 654 BGB hierzu – außer der missglückten Wortwahl der mehrdeutigen Formulierung Verwirkung – wenig Gemeinsamkeit aufweist.[110] Das in diesem Zusammenhang im Schrifttum verwendete Schlagwort *„keine rückwirkende Verwirkung"*[111] erscheint daher nur auf den ersten Blick aussagekräftig. Vielmehr hätte aus dem vom Bundesgerichtshof ansonsten zu Recht hervorgehobenen Strafcharakter[112] des § 654 BGB und den hieraus sich ergebenden Funktionen abgeleitet werden müssen, dass auch ein nachvertragliches Fehlverhalten der Sanktion unterliegen kann, um den Makler auch in diesem Bereich zur Einhaltung der von ihm geschuldeten Treuepflicht anzuhalten. Demnach kann es für die Frage des Provisionsverlustes nicht darauf ankommen, ob der Maklerkunde den Provisionsanspruch bereits erfüllt hat.[113]

39

---

109 Ebenso Palandt/*Sprau*, § 654 Rn. 1; *Seydel/Heinbuch*, Maklerrecht, Rn. 169; Soergel/*Engel*, BGB, § 654 Rn. 9.

110 Vgl. *Rietschel*, LM § 654 BGB Nr. 1.

111 *Larenz*, Schuldrecht, 13. Aufl., Bd. II/1, S. 400.

112 Es ist auffallend, dass im Urt. v. 26.9.1984 – IVa ZR 162/82, BGHZ 92, 184, die Umschreibung des Provisionsverlustes als Strafcharakter überhaupt nicht erwähnt wird. Der damalige Berichterstatter *Dehner* hat zwei Jahre später seine grundsätzliche Kritik an der seit Urt. v. 5.2.1962 – VII ZR 248/60, BGHZ 36, 323, 326, gefestigten Rechtsprechung deutlich zum Ausdruck gebracht (RWS-Skript Bd. 181, 1. Aufl. S. 71) und – m. E. zu Unrecht – darauf verwiesen, dass es keinen Grund gäbe, den der Provisionsverlust-Rechtsprechung zugrunde liegenden Rechtsgedanken auf den Maklervertrag zu beschränken oder ihm beim Maklervertrag besonders zu betonen und es „beim heutigen Stand der zivilrechtlichen Dogmatik genüge, die Verwirkung aus der allgemeinen Vorschrift des § 242 BGB herzuleiten". Kritisch hierzu auch Münch-Komm-BGB/*H. Roth*, § 654 Rn. 21.

113 *D. Fischer*, NZM 2001, 873; *Hamm/Schwerdtner*, Maklerrecht, Rn. 747; *Harke*, Besonderes Schuldrecht, Rn. 157. Auch MünchKomm-BGB/*H. Roth*, § 654 Rn. 5, erach-

40 Maßgeblich ist alleine, ob die Verletzung der Treuepflicht auch in subjektiver Hinsicht solches Gewicht hat, dass sich der Makler – nachträglich – seines Lohnes unwürdig erweist.[114] Hinzu kommt, dass schwere Treuepflichtverletzungen nach Abschluss des Hauptvertrages und Zahlung der Maklerprovision seltene Ausnahmefälle sind, so dass eine Verschiebung des maßgebenden Zeitpunkts für den Provisionsausschluss nicht zu der vom Bundesgerichtshof befürchteten uferlosen Ausdehnung des § 654 BGB führen dürfte.[115]

c) Personeller Anwendungsbereich

aa) Haftung für eigenes Handeln

41 Die Haftung für eigenes Verhalten folgt unmittelbar den allgemeinen Grundsätzen und wirft keine besonderen Probleme auf. Zum eigenen Handeln gehört auch das Handeln der Organvertreter sowie der verfassungsmäßigen berufenen Vertreter i. S. d. § 31 BGB.[116] Für diese Bediensteten gilt demnach die unmittelbare Haftung des Rechtsträgers, § 278 BGB ist insoweit nicht einschlägig.

bb) Haftung für fremdes Handeln

42 Nach § 654 BGB sind nicht nur schwerwiegende Vertragsverletzungen zu sanktionieren, die der Makler selbst begeht, sondern auch gleichgelagerte

---

tet die vom Bundesgerichtshof vertretene Einschränkung auf dem Hintergrund des Verständnisses des § 654 BGB als Strafsanktion für zumindest schwer begründbar; ebenso PWW/*Fehrenbacher*, § 654 Rn. 4.

114 So besonders überzeugend *E. Wolf*, WM 1985, Sonderbeilage Nr. 2, S. 11–12; ferner *D. Fischer*, NZM 2001, 873, 879; *Harke*, Besonderes Schuldrecht, Rn. 157.

115 *E. Wolf*, WM 1985, Sonderbeilage Nr. 2, S. 11–12; *Hamm/Schwerdtner*, Maklerrecht, Rn. 747. Deutliche Kritik am Urt. v. 26.9.1984 – IVa ZR 162/82, BGHZ 92, 184, äußert auch OLG Hamm, Urt. v. 24.10.1996 – 18 U 67/96, NJW-RR 1997, 888, 889. Das OLG hebt hierbei zutreffend hervor, dass auf der Grundlinie des Urt. v. 26.9.1984 – IVa ZR 162/82, BGHZ 92, 184, der Kunde nicht durch eine Verzögerung der Provisionszahlung nach Eintritt der Fälligkeit des Provisionsanspruches seine Rechtsstellung verbessern dürfe, so dass nach Fälligwerden des Provisionsanspruches eine Provisionsaberkennung wegen Lohnunwürdigkeit im Regelfall zu verneinen ist. Aufgrund von Ausnahmeüberlegungen gelangte das OLG Hamm gleichwohl zu Recht zur Aberkennung des Provisionsanspruchs.

116 Die Übertragung eines wichtigen Aufgabenbereichs an einen Funktionsträger oder Bediensteten begründet nach der herrschenden Rechtsprechung für die juristische Person eine Haftung ohne Entlastungsmöglichkeit (vgl. Palandt/*Ellenberger*, § 31 Rn. 8). Hierzu könnte beispielsweise der zuständige Leiter der Immobilienabteilung eines Kreditinstituts gerechnet werden.

Verletzungshandlungen der von ihm eingesetzten Mitarbeiter, deren Fehlverhalten über § 278 BGB sich der Makler zurechnen lassen muss.[117] Die Mehrzahl der vom Bundesgerichtshof nach § 654 BGB beurteilten Treuepflichtverletzungen wurden durch Erfüllungsgehilfen begangen. Es kann daher nicht überraschen, dass nach gefestigter Rechtsprechung die Zurechnungsnorm des § 278 BGB auch im Rahmen von § 654 BGB anzuwenden ist.[118]

Hiergegen lässt sich insbesondere nicht einwenden, die Erstreckung des Anwendungsbereichs von § 654 BGB auf Fehlverhalten von Hilfspersonen stehe mit dem Sanktionsgedanken nicht in Einklang.[119] Maßgeblich ist nämlich, dass der Sanktionscharakter des § 654 BGB kein höchstpersönliches Fehlverhalten ahndet, sondern ebenso wie im Vertragsstrafrecht, in dem die Einbeziehung der Haftung für Hilfspersonen zu Recht überwiegender Rechtsansicht entspricht,[120] zu beurteilen ist.[121] Im Übrigen würde die Nichtanwendbarkeit des § 654 BGB auf Erfüllungsgehilfen zu einer unvertretbaren Privilegierung des Großmaklers und der als juristische Personen organisierten Maklerunternehmen führen.[122] **43**

Verstößt der Mitarbeiter mit seinem Fehlverhalten zugleich gegen die eigenen Interessen seines Dienstherren – was beispielsweise bei Einfordern einer zusätzlichen Provision für den Erfüllungsgehilfen der Fall sein kann[123] – dann ist auch dieses Fehlverhalten über § 654, § 278 BGB dem Geschäftsherrn zuzuordnen. Es entspricht anerkannter Rechtsansicht, dass § 278 BGB, der den Schuldner im Bereich der Vertragserfüllung mit dem Personalrisiko belastet, auch dann gilt, wenn der Erfüllungsgehilfe sich nicht an Weisungen des Geschäftsherrn hält. Eine Zurechenbarkeit scheidet vielmehr erst dann aus, wenn das Fehlverhalten, das den Vorwurf der Pflichtwidrigkeit begründet, aus dem allgemeinen Umkreis des Aufgabenbereichs herausfällt, den der Erfüllungsgehilfe für den Geschäftsherrn wahrzunehmen hat. **44**

---

117 *D. Fischer*, NZM 2001, 873, 879; Soergel/*Engel*, BGB, § 654 Rn. 9.
118 BGH, Urt. v. 26.10.1977 – IV ZR 177/76, WM 1978, 245, 246; Urt. v. 13.3.1985 – IVa ZR 222/83, NJW 1986, 2573; OLG Karlsruhe, Urt. v. 11.10.1996 – 15 U 34/96, IVD-Rspr. A 146 Bl. 38.
119 So allerdings Staudinger/*Arnold*, § 654 Rn. 14; *Hamm/Schwerdtner*, Maklerrecht, Rn. 741; ebenso *Krehl*, Pflichtverletzung, S. 122.
120 BGH, Urt. v. 15.5.1985 – I ZR 25/83, NJW 1986, 127; Urt. v. 30.4.1987 – I ZR 8/85, NJW 1987, 3253 f.; Urt. v. 9.5.2007 – VIII ZR 115/06, NJW-RR 2007, 1505 Rn. 13; Palandt/*Grüneberg*, § 339 Rn. 15; *D. Fischer*, FS Piper, 1996, S. 205, 215.
121 Die Einordnung des Provisionsausschlusses als gesetzliche Vertragsstrafe erweist sich auch in diesem Bereich als sachdienlich.
122 Staudinger/*Arnold*, § 654 Rn. 14.
123 So die Fallgestaltung bei OLG Karlsruhe, Urt. v. 19.4.1996 – 15 U 125/95, n. v.

45 Hierbei ist zu berücksichtigen, dass sich die Einstandsverpflichtung nach § 278 BGB nicht auf die rechtsgeschäftliche Betätigung ihrer Vertreter im Rahmen der Vertretungsmacht beschränkt, sondern auch auf Handlungen erstreckt, die Erfüllungsgehilfen unter Missbrauch der ihnen anvertrauten Stellung zu ihrem eigenen Nutzen vornehmen.[124] Maßgeblich ist alleine, ob die pflichtwidrige Handlung noch in innerem Zusammenhang mit den dem Erfüllungsgehilfen übertragenen Sachaufgaben steht. Werden die vom Geschäftsherrn zu erbringenden Maklerleistungen eigenverantwortlich vom Erfüllungsgehilfen als zuständigen Außendienstmitarbeiter vorgenommen, dann kann das unzulässige Einfordern einer Zusatzprovision zum Provisionsverlust für den Geschäftsherrn führen.[125] Hierbei kommt eine Treuepflichtverletzung auch dann in Betracht, wenn die Zusatzprovision nicht vom Maklerkunden, sondern von der Gegenseite gefordert und der Hauptvertragsabschluss hiervon abhängig gemacht wird.[126]

8. Einzelne Fallgruppen

a) Unzulässige Doppeltätigkeit

46 Eine treuwidrige Doppeltätigkeit liegt dann vor, wenn sie entweder als solche untersagt ist oder der Makler die damit verbundenen besonderen Pflichten, insbesondere die Pflicht zur strengen Unparteilichkeit, verletzt. Doppeltätigkeit ist grundsätzlich erlaubt, solange keine entgegenstehende Vereinbarung getroffen wird.[127] Im Grundstücksbereich wird sie weitgehend als üblich angesehen.[128]

47 Keine vertragswidrigen Interessenkollisionen liegen regelmäßig vor, wenn der Makler für beide Teile lediglich als Nachweismakler tätig ist.[129] Gleiches gilt, wenn er für den einen Teil Vermittlungsmakler und für den anderen

---

124 BGH, Urt. v. 8.7.1986 – VI ZR 47/85, BGHZ 98, 148, 151; Urt. v. 12.7.1977 – VI ZR 159/75, NJW 1977, 2259, 2260.

125 OLG Karlsruhe, Urt. v. 19.4.1996 – 15 U 125/95, n. v.

126 OLG Karlsruhe, Urt. v. 19.4.1996 – 15 U 125/95, n. v.

127 BGH, Urt. v. 18.5.1973 – IV ZR 21/72, BGHZ 61, 17, 22; Urt. v. 25.10.1967 – VIII ZR 215/66, BGHZ 48, 344, 348; OLG Rostock, Urt. v. 1.10.2008 – 1 U 98/08, MDR 2009, 194; Palandt/*Sprau*, § 654 Rn. 4; *Hamm/Schwerdtner*, Maklerrecht, Rn. 879; *Seydel/Heinbuch*, Maklerrecht, Rn. 166.

128 BGH, Beschl. v. 30.4.2003 – III ZR 318/02, NJW-RR 2003, 991; OLG Hamm, Urt. v. 5.7.1993 – 18 U 258/92, NJW-RR 1994, 125; OLG Rostock, Urt. v. 1.10.2008 – 1 U 98/08, MDR 2009, 194; OLG München, Urt. v. 16.5.2012 – 20 U 245/12, NJOZ 2013, 974, 975; Palandt/*Sprau*, § 654 Rn. 4; *Seydel/Heinbuch*, Maklerrecht, Rn. 166.

129 BGH, Beschl. v. 26.3.1998 – III ZR 206/97, NJW-RR 1998, 992; Palandt/*Sprau*, § 654 Rn. 4.

Nachweismakler ist.[130] In diesen Fällen ist eine Offenlegung der Doppeltätigkeit gegenüber den einzelnen Maklerkunden – Verkäufer- und Käuferseite – nicht geboten.[131] Ist der Makler dagegen – etwa im Rahmen eines für längere Zeit abgeschlossenen Alleinauftrags – für den Kunden als Vertrauensmakler tätig, dann ist ein Provisionsverlust nach § 654 BGB in Betracht zu ziehen, wenn er auch für den anderen Vertragsteil als Vermittlungsmakler tätig wird.[132] Daraus folgt jedoch nicht ohne Weiteres, dass der Makler mit jeder vermittelnden Tätigkeit nach beiden Seiten seinen Provisionsanspruch gewissermaßen automatisch verliert. Entscheidend ist auch hier, ob der Makler mit seiner Tätigkeit das Vertrauen und die Interessen seines Auftraggebers verletzt. Dies ist dann nicht der Fall, wenn er seine Tätigkeit für die jeweils andere Seite offenlegt und sich darauf beschränkt, als „ehrlicher Makler" zwischen ihren beiden Interessen zu vermitteln.[133]

Diese Grundsätze hat das OLG München[134] mit Urteil vom 16.5.2012 bestätigt. Auf gleicher Linie liegt die Entscheidung des OLG Saarbrücken[135] vom 17.9.2015 zur zulässigen Doppeltätigkeit bei einem freihändigen Objekterwerb aus einer bereits angeordneten Zwangsversteigerung. Beauftragt ein Grundpfandgläubiger nach Anordnung der Versteigerung einen Makler mit der Suche nach Interessenten an einem freihändigen Erwerb des Objekts und lässt sich derselbe Makler in einem „Kaufanwärter/Maklervertrag" auch von dem Kaufinteressenten beauftragen, so liegt im Zweifel für beide Seiten nur eine Tätigkeit als Nachweismakler vor. Diese Doppeltätigkeit ist in der Regel auch ohne ausdrückliche Gestattung zulässig, und zwar selbst dann, wenn dem Maklerkunden die Doppeltätigkeit des Maklers unbekannt gewesen sein sollte.[136] **48**

Die Doppeltätigkeit verpflichtet den Makler zu strenger Unparteilichkeit bei der Ausgestaltung des Vertrages mit dem jeweiligen Auftraggeber sowie bei **49**

---

130 BGH, Urt. v. 16.1.1970 – IV ZR 1162/68, NJW 1970, 1075, 1076; Beschl. v. 26.3.1998 – III ZR 206/97, NJW-RR 1998, 992.
131 BGH, Beschl. v. 30.4.2003 – III ZR 318/02, NJW-RR 2003, 991; Urt. v. 3.5.2012 – III ZR 62/11, NJW 2012, 2268 Rn. 13; OLG Rostock, Urt. v. 1.10.2008 – 1 U 98/08, MDR 2009, 194; OLG München, Urt. v. 16.5.2012 – 20 U 245/12, NJOZ 2013, 974, 975; OLG Saarbrücken, Urt. v. 17.9.2015 – 4 U 131/14, NJW-RR 2016, 58.
132 BGH, Urt. v. 22.4.1964 – VIII ZR 225/62, NJW 1964, 1467, 1468; Beschl. v. 26.3.1998 – III ZR 206/97, NJW-RR 1998, 992, 993; OLG Dresden, Urt. v. 26.8.1998 – 8 U 845/98, NZM 1998, 1017; Palandt/*Sprau*, § 654 Rn. 4.
133 BGH, Urt. v. 11.11.1999 – III ZR 160/98, NJW-RR 2000, 430, 431; Urt. v. 8.6.2000 – III ZR 187/99, NJW-RR 2000, 1502, 1503.
134 OLG München, Urt. v. 16.5.2012 – 20 U 245/12, NJOZ 2013, 974, 975.
135 OLG Saarbrücken, Urt. v. 17.9.2015 – 4 U 131/14, NJW-RR 2016, 58.
136 OLG Saarbrücken, Urt. v. 17.9.2015 – 4 U 131/14, NJW-RR 2016, 58, 59.

der Durchführung der zu erbringenden Maklerleistungen.[137] Insbesondere die Kombination von Doppeltätigkeit und einseitiger Vereinbarung einer erfolgsunabhängigen Provision zulasten des Kaufinteressenten kann als Verstoß gegen § 654 BGB bewertet werden.[138]

50 Nach dem Gebot zur strengen Unparteilichkeit muss der Doppelmakler seiner Aufklärungspflicht gleichmäßig beiden Parteien gegenüber nachkommen und sich nicht zum Interessenvertreter nur einer Seite machen.[139] Diese Verpflichtung zu strenger Unparteilichkeit und der daraus erwachsenden Informations- und Treuepflicht wird verletzt, wenn der Doppelmakler es unterlässt, Informationen an die Verkäuferseite weiterzugeben, die für den Abschluss des beabsichtigten Kaufvertrages ersichtlich von erheblicher Bedeutung sind.[140] Hierbei kann es sich insbesondere um Umstände handeln, die sich auf den Kaufpreis und die Verhandlungsbereitschaft einer Seite über den Kaufpreis beziehen.[141]

b) Veranlassung zur Unterzeichnung formwidriger Ankaufsverpflichtungen

51 Der Provisionsanspruch geht nach gefestigter Rechtsprechung des Bundesgerichtshofs[142] i. S. d. § 654 BGB verloren, wenn der Makler mit einer an Vorsatz grenzenden Leichtfertigkeit seinen Auftraggeber veranlasst, eine formnichtige „Ankaufsverpflichtung" zu unterzeichnen, um bei dem Auftraggeber den Eindruck einer Verpflichtung zum Kauf und zur Zahlung einer erfolgsunabhängigen Maklerprovision zu erwecken. In diesen Fällen kommt ein Provisionsverlust aber nur dann in Betracht, wenn der Kunde keine Kenntnis von der Notwendigkeit einer notariellen Beurkundung hatte und dieser Umstand dem Makler bekannt oder zumindest erkennbar gewesen war.[143]

---

137 BGH, Urt. v. 25.10.1967 – VIII ZR 215/66, BGHZ 48, 344; Urt. v. 18.5.1973 – IV ZR 21/72, BGHZ 61, 17, 22; Palandt/*Sprau*, § 654 Rn. 5.

138 BGH, Urt. v. 18.5.1973 – IV ZR 21/72, BGHZ 61, 17, 23 f.

139 OLG Frankfurt a. M., Urt. v. 22.6.2001 – 19 U 232/00, NZM 2001, 902, 903; Palandt/*Sprau*, § 654 Rn. 5.

140 OLG Frankfurt a. M., Urt. v. 22.6.2001 – 19 U 232/00, NZM 2001, 902, 903.

141 OLG Frankfurt a. M., Urt. v. 22.6.2001 – 19 U 232/00, NZM 2001, 902, 903: Zusatzprovision; Palandt/*Sprau*, § 654 Rn. 7.

142 BGH, Urt. v. 16.10.1980 – IVa ZR 35/80, NJW 1981, 280; Urt. v. 4.10.1989 – IVa ZR 250/88, NJW-RR 1990, 57; Urt. v. 18.3.1992 – IV ZR 41/91, NJW-RR 1992, 817, 818.

143 BGH, Urt. v. 15.3.1989 – IVa ZR 2/88, NJW-RR 1989, 760.

Veranlasst ein Makler seinen Kunden eine formnichtige Kaufvereinbarung **52** zu unterzeichnen, dann ist für die Annahme eines lohnunwürdigen Fehlverhaltens jedenfalls dann kein Raum, wenn aus der Urkunde selbst hervorgeht, dass zur Rechtsgültigkeit des Abschlusses ein notarieller Kaufvertrag notwendig ist und der Provisionsanspruch erst bei Abschluss des notariellen Kaufvertrages fällig wird.[144] Die Heilung des Formmangels nach § 311b Satz 2 BGB schließt die Aberkennung des Provisionsanspruches nicht aus.[145]

c) Hintertreiben des Hauptvertrages

Der Ausschlusstatbestand des § 654 BGB greift ein, wenn sich der Makler, **53** ohne dies aufzudecken, in die Position eines Mitbewerbers begibt und heimlich aus dieser Position versucht, den Abschluss zwischen Auftraggeber und dem potenziellen Vertragspartner zu verhindern.[146] Lohnunwürdigkeit kann auch dann vorliegen, wenn der Makler den bevorstehenden Abschluss des Hauptvertrages deshalb zu hintertreiben versucht, weil er mit seinem Kunden in der Honorarfrage noch nicht einig ist.[147] Gleiches gilt, wenn er zugunsten eines anderen Kaufinteressenten das kurz vor dem Abschluss befindliche Hauptgeschäft durch Übermittlung eines höheren Preisangebotes an den Veräußerer zu verhindern versucht.[148] Eine Aberkennung des Provisionsanspruches wegen Lohnunwürdigkeit kommt auch in Betracht, wenn der Makler durch Verheimlichung der von ihm in Vollmacht des Auftraggebers mit dem Erwerber getroffenen Sonderabmachungen den Bestand des von dem Auftraggeber mit dem Erwerber abgeschlossenen Vertrages gefährdet.[149]

d) Treuwidrige Aufklärungspflichtverletzungen

Ganz allgemein gilt der Grundsatz, dass bei fehlerhaften Angaben oder un- **54** zutreffender Weitergabe von Informationen, die für den Abschluss des beabsichtigten (Haupt-)Vertrages von wesentlicher Bedeutung sind, im Falle eines Aufklärungsversagens des Maklers eine Aberkennung des Provisions-

144 OLG Karlsruhe, Urt. v. 10.6.1999 – 15 U 23/99, IVD-Rspr. A 146 Bl. 47.
145 BGH, Urt. v. 15.3.1989 – IVa ZR 2/88, NJW-RR 1989, 760; OLG Hamm, Urt. v. 8.11.1990 – 18 U 181/89, NJW 1991, 360.
146 BGH, Urt. v. 26.1.1983 – IVa ZR 158/81, NJW 1983, 1847, 1848.
147 OLG Frankfurt a. M., Urt. v. 13.7.1994 – 19 U 197/93, IVD-Rspr. A 146 Bl. 29.
148 BGH, Urt. v. 26.10.1977 – IV ZR 177/76, WM 1978, 245, 246.
149 BGH, Urt. v. 25.6.1969 – IV ZR 793/68, NJW 1969, 1629, 1630.

anspruches wegen Lohnunwürdigkeit i. S. d. § 654 BGB in Betracht kommt.[150] In diesem Zusammenhang hat aber der Bundesgerichtshof stets betont, dass die Fälle von schuldhafter Falschinformation, soweit sie nicht durch ein treuwidriges Verhalten des Maklers gekennzeichnet sind, zufriedenstellend unter dem Gesichtspunkt der Nebenpflichtverletzung (früher positive Vertragsverletzung) zu behandeln sind.[151]

aa) Wahrheitswidrige Exposéangaben

55   Wahrheitswidrige Exposé-Angaben über wesentliche Eigenschaften des Vertragsgegenstandes – wie etwa die Wohnfläche,[152] die Höhe der Mieterträge,[153] Reparaturbedarf,[154] die Möglichkeit eines Wasserversorgungsanschlusses[155] oder das Baujahr der Immobilie[156] – können den Provisionsverlust rechtfertigen. Entsprechendes gilt, wenn dem Kaufinteressenten einer Eigentumswohnung im Exposé wahrheitswidrig vorgespiegelt wird, das Haus verfüge im Dachbereich über eine Gemeinschaftsterrasse, obwohl ein Aufenthalt auf der Dachfläche tatsächlich unzulässig ist.[157] Ein Provisionsverlust kommt allerdings dann nicht in Betracht, wenn der Makler in dem Exposé unzutreffende Informationen weitergibt, die ihm von dem Eigentümer oder Vermieter an die Hand gegeben werden und er deren Unrichtigkeit trotz eigener Sachkunde nicht erkennen konnte.[158] Maßgeblich ist insoweit, dass den Makler regelmäßig keine Erkundigungs- und Nachprüfungspflicht trifft.[159]

---

150 BGH, Urt. v. 24.6.1981 – IVa ZR 225/80, NJW 1981, 2297, 2298; OLG Koblenz, Urt. v. 23.3.1995 – 5 U 1530/94, VersR 1996, 708; OLG Frankfurt a. M., Urt. v. 7.11.1985 – 16 U 179/84, NJW-RR 1986, 601; ferner Palandt/*Sprau*, § 654 Rn. 6; *Hamm/Schwerdtner*, Maklerrecht, Rn. 753.

151 BGH, Urt. v. 5.2.1962 – VII ZR 248/60, BGHZ 36, 323, 327; Urt. v. 3.6.1977 – IV ZR 71/76, WM 1977, 941, 943; Urt. v. 24.6.1981 – IVa ZR 225/80, NJW 1981, 2297, 2298; ähnlich Urt. v. 19.5.2005 – III ZR 322/04, NJW-RR 2005, 1423, 1424.

152 OLG Düsseldorf, Urt. v. 4.12.1998 – 7 U 59/98, NJW-RR 1999, 848.

153 KG, Urt. v. 1.3.2012 – 10 U 144/11, GE 2012, 615.

154 OLG Celle, Urt. v. 6.2.2003 – 11 U 170/02, MDR 2003, 983.

155 OLG Hamm, Urt. v. 1.6.1995 – 18 U 126/94, BB 1995, 1977.

156 OLG Karlsruhe, Urt. v. 11.2.1999 – 15 U 71/98, BeckRS 1999, 158630.

157 KG, Urt. v. 15.8.2011 – 10 U 47/11, MDR 2012, 271.

158 Vgl. OLG Celle, Urt. v. 6.2.2003 – 11 U 170/02, MDR 2003, 983, 984, zur Erkennbarkeit für den Makler bei unrichtigen Angaben des Verkäufers hinsichtlich Reparaturbedarf.

159 BGH, Urt. v. 5.2.1962 – VII ZR 248/60, BGHZ 36, 323, 328; Urt. v. 28.9.2000 – III ZR 43/99, NJW 2000, 3642; Urt. v. 18.1.2007 – III ZR 146/06, NJW-RR 2007, 711; OLG Brandenburg, Urt. v. 29.1.2019 – 6 U 65/17, BeckRS 2019, 1646; Palandt/*Sprau*, § 652 Rn. 14; *Hamm/Schwerdtner*, Maklerrecht, Rn. 753.

Anderes gilt aber dann, wenn die Veräußererseite selbst nicht in der Lage ist, **56** konkrete Angaben – etwa als Erbengemeinschaft über das Baujahr – zu machen und der Makler ohne weitere Überprüfung Angaben ihm nicht weiter bekannter Personen aus der Nachbarschaft übernimmt,[160] ohne dies im Exposé kenntlich zu machen. Gleiches gilt, wenn die Angabe, etwa das Kaufgrundstück sei als Ferienhaus bzw. Dauer-Wochenendsitz genehmigt, ohne konkreten Hintergrund „ins Blaue hinein" erklärt wird.[161] Zweifelhaft erscheint aber, ob von einem lohnunwürdigen Fehlverhalten bereits dann ausgegangen werden kann, wenn der Kunde in Kenntnis der Unrichtigkeit der Exposé-Angabe das betreffende Objekt gleichwohl erwirbt.[162] Mit diesem Verhalten könnte zugleich zum Ausdruck gebracht sein, die unzutreffende Exposé-Angabe sei für den beabsichtigten Hauptvertragsabschluss nicht von wesentlicher Bedeutung. Im Übrigen könnte ferner berücksichtigt werden, dass das Ausbleiben eines Schadens auch auf die Einschätzung der Schwere des Pflichtverstoßes zurückzuwirken vermag.[163]

Wird bewusst die tatsächliche Belegkapazität eines zum Verkauf anstehen- **57** den Hotels dem Maklerkunden verheimlicht, rechtfertigt diese schwerwiegende Treuepflichtverletzung die Aberkennung des Provisionsanspruchs.[164] Gleiches gilt, wenn dem Kaufinteressenten bewusst verschwiegen wird, das angebotene Grundstück befinde sich in der Zwangsversteigerung[165] oder die Planung eines Konkurrenzunternehmens sei in nächster Nähe vorgesehen.[166]

Falschangaben im Maklerexposé zu den Mieterträgen sollen nach Ansicht **58** des Kammergerichts[167] jedenfalls dann keine zur Verwirkung des Maklerlohnanspruchs führende schwerwiegende Treuepflichtverletzung bedeuten, wenn der Makler dem Kunden vor dem Notartermin zur Beurkundung des

---

160 So OLG Karlsruhe, Urt. v. 11.2.1999 – 15 U 71/98, BeckRS 1999, 158630: Der auf Rückzahlung der Provision verklagte Makler hatte sich darauf berufen, die Baustellungsangaben habe er von einer namentlich nicht bekannten Person, die sich ihm als Nachbar ausgegeben habe, erhalten. Diese Angaben ohne weitere Überprüfung und ohne den Zusatz, dass eine Überprüfung nicht erfolgt ist, als konkrete Bauerstellungszeit ins Exposé aufzunehmen, wurde als zumindest grob leichtfertiges Fehlverhalten mit der Folge des Provisionsverlustes als Strafsanktion bewertet.

161 OLG Celle, Urt. v. 19.12.2002 – 11 U 257/01, NZM 2004, 346.

162 So allerdings OLG Hamm, Urt. v. 1.3.1999 – 18 U 149/98, NJW-RR 2000, 59, 60.

163 So zutreffend der gleiche Senat in OLG Hamm, Urt. v. 5.7.1993 – 18 U 258/92, IVD-Rspr. A 146 Bl. 27.

164 BGH, Urt. v. 5.3.1981 – IVa ZR 114/80, WM 1981, 590.

165 OLG Karlsruhe (13. ZS in Freiburg i. Br.), Urt. v. 5.2.1992 – 13 U 103/91, NJW-RR 1993, 1273, 1274.

166 OLG Frankfurt a. M., Urt. v. 7.11.1985 – 16 U 179/84, NJW-RR 1986, 601.

167 KG, Urt. v. 1.3.2012 – 10 U 144/11, GE 2012, 615.

Grundstückskaufvertrages die Kopien der Mietverträge – in einem verschlossenen Umschlag – überreicht, aus denen die konkreten Nettokaltmieten für das Objekt zu entnehmen sind.[168] Dies erscheint nicht überzeugend, weil der Makler unzutreffende Angaben über wesentliche Eigenschaften des nachzuweisenden Objekts gegenüber dem Kunden ausdrücklich richtigzustellen hat.[169] Unmittelbar vor der notariellen Beurkundung des Hauptvertrages kann dies nur durch eine ausdrückliche Selbstoffenbarung hinsichtlich der als falsch erkannten Exposé-Werte geschehen. Dass der Kunde den verschlossenen Umschlag nicht sofort öffnet, entlastet den offenbarungspflichtigen Makler nicht.[170] Dieser bedenklichen Tendenz des Kammergerichts hat sich das OLG Frankfurt a.M. mit Beschluss vom 4.6.2018[171] angeschlossen. Danach soll bei unzutreffenden Exposé-Angaben über Mieterträgnisse bei einem nachgewiesenen Immobilienobjekt eine Provisionsverwirkung nicht in Betracht kommen, wenn der vom Makler verursachte Informationsfehler für den Kunden aufgrund der vollständig übergebenen Mietvertragsunterlagen leicht korrigierbar gewesen ist. Dies erscheint aus den vorstehenden Gründen nicht überzeugend. Daher sollte auch bei „korrigierbaren Informationsfehlern" des Maklers eine Provisionsverwirkung nicht von vorneherein ausgeschlossen werden.[172]

bb) Unterlassene Hinweise

59   Entsprechendes ist anzunehmen, wenn der Makler die Kenntnis von massiven Feuchtigkeitserscheinungen am nachgewiesenen Objekt dem Kunden nicht offenbart[173] Lohnunwürdigkeit kann ferner vorliegen, falls der Makler seinen Kunden, der eine Wohnung in einer noch zu erstellenden Eigentumswohnungsanlage erwerben will, nicht darauf hinweist, dass der Bauträger erhebliche finanzielle Schwierigkeiten hat.[174] Der Makler kann den Anspruch auf Provision auch dann verlieren, wenn er ein ihm bekanntes Sachverständigengutachten, das zahlreiche Mängel eines sanierungsbedürftigen Objekts

---

168 Im Exposé waren die Mieteinnahmen mit „ca. 30.000,– netto" ausgewiesen, tatsächlich beliefen sie sich nur auf 25.200 €; vgl. KG, Urt. v. 1.3.2012 – 10 U 144/11, GE 2012, 615.

169 BGH, Urt. v. 28.9.2000 – III ZR 43/99, NJW 2000, 3642. So auch ausdrücklich die Vorinstanz LG Berlin, GE 2012, 345, 346.

170 *D. Fischer*, NJW 2012, 3283, 32856 f.

171 OLG Frankfurt a.M., Beschl. v. 4.6.2018 – 19 U 191/17, BeckRS 2018, 14374 i.V.m. Beschl. v. 22.3.2018 – 19 U 191/17, BeckRS 2018, 17609.

172 *D. Fischer*, NJW 2018, 3287, 3290.

173 OLG Celle, Urt. v. 3.7.2008 – 11 U 22/08, OLGReport 2009, 370, 371.

174 OLG Hamburg, Urt. v. 3.9.1997 – 13 U 12/97, NJW-RR 1998, 1206.

dokumentiert, vorsätzlich nicht an seinen Auftraggeber, eine für ihn erkennbar in Baufragen unerfahrene Person, weiterleitet.[175]

Eine Aberkennung des Provisionsanspruches kommt ferner dann in Betracht, wenn ein Makler seinem Kunden, der ein in der Zwangsversteigerung befindliches Hausanwesen durch freihändigen Verkauf veräußern will, wahrheitswidrig mitteilt, das Kreditinstitut werde bei Abschluss des Hauptvertrages auf seine Darlehensforderungen vollständig verzichten, obschon dieses nur bereit ist, die Löschung ihrer Grundpfandrechte zu bewilligen.[176] Hat der Maklervertrag den Nachweis der Möglichkeit zum Eigentumserwerb eines Einfamilienhauses zum Inhalt, so kann der Makler seinen Provisionsanspruch verwirken, wenn er nur die Möglichkeit zum Erwerb eines Erbbaurechts nachweist und fälschlicherweise behauptet, der Maklerkunde könne das Eigentum am Grundstück zu einem bestimmten Preis hinzuerwerben.[177] Eine Provisionsverwirkung ist auch dann anzunehmen, wenn der Makler den Kunden nicht darüber aufklärt, dass er zugleich als „Projektentwickler" ein eigenes wirtschaftliches Interesse am Abschluss eines Erwerbsvertrages hat, der bestimmten Architekten ermöglicht, eine bereits getätigte Planungsleistung dem Erwerber gegenüber entgeltlich zu erbringen.[178]

60

Erkennt der Makler erst nach Fertigstellung des Exposés, dass wesentliche Angaben unzutreffend sind, ist er verpflichtet, seine Kunden hierüber nachträglich aufzuklären.[179] Ein diesbezügliches Unterlassen kann gleichfalls den Provisionsverlust begründen.[180] Es ist Sache des Maklers, von ihm verursachte Unrichtigkeiten aus dem Weg zu räumen, und zwar auf gleichwertige Weise wie herbeigeführt. Er kann sich nicht darauf verlassen, sein Kunde werde den Fehler selbst bemerken.[181] Der Kunde hat, dies ist ein wesentlicher Grundsatz der Beraterhaftung, die Angaben seines Beraters nicht auf deren Richtigkeit selbst zu überprüfen.[182]

61

---

175 OLG Naumburg, Urt. v. 21.8.2001 – 9 U 84/01, NZM 2003, 34.
176 OLG Koblenz, Urt. v. 23.3.1995 – 5 U 1530/94, NJW-RR 1996, 1468.
177 OLG Hamm, Urt. v. 1.3.1999 – 18 U 149/98, NJW-RR 2000, 59.
178 OLG Hamm, Urt. v. 8.2.2018 – 18 U 41/17, ZMR 2018, 722, 724; *D. Fischer*, NJW 2018, 3287, 3290.
179 KG, Urt. v. 15.8.2011 – 10 U 47/11, MDR 2012, 271.
180 KG, Urt. v. 15.8.2011 – 10 U 47/11, MDR 2012, 271.
181 *D. Fischer*, NJW 2018, 3287, 3290; vgl. auch OLG Koblenz, Beschl. v. 2.5.2019 – 2 U 1482/18, IMRRS 2019, 0762.
182 BGH, Urt. 30.11.2017 – I ZR 143/16, NJW 2018, 1160 Rn. 20, 22 (Versicherungsmakler). Diese Grundsätze sind auch für den Immobilienmakler maßgeblich, *D. Fischer*, NZM 2019, 201, 205.

cc) Wahrheitswidrige Antworten

62 Objektbezogene oder sonstige vertragsrelevante Fragen hat der Makler nach seinem Kenntnisstand ordnungsgemäß zu beantworten.[183] Verneint er die Frage des Kaufinteressenten, ob das Objekt unter Denkmalschutz stehe, obwohl er weiß, dass die zuständige Verwaltungsbehörde im Rahmen eines Besichtigungstermins überprüfen will, ob ein formelles Denkmalschutzverfahren einzuleiten ist, verwirkt er die Maklerprovision.[184] Gleiches gilt, wenn er als vom Mieter beauftragter Vermittler wahrheitswidrig die Frage, ob er mit dem Vermieter verwandt oder verschwägert ist, verneint.[185] Auf dieser Linie liegt auch das Urteil des OLG Frankfurt a. M.[186] vom 19.8.2016, das eine unzutreffende Angabe des Maklers zur Zulässigkeit der Entfernung einer Grundstücksmauer zu Recht als provisionsverwirkend ansah.[187] Gleiches gilt, wenn der Makler die Frage des Kunden nach der Asbesthaltigkeit der Dacheindeckung am vermittelten Hausgrundstück wissentlich und willentlich verneint und ihn hierdurch arglistig täuscht.[188]

63 Der Immobilienmakler verwirkt die Vergütung, wenn er mit an Vorsatz grenzender Leichtfertigkeit die Interessen des Maklerkunden so schwerwiegend gefährdet oder beeinträchtigt, dass er *unwürdig* für den Erhalt des Maklerlohns erscheint.[189] Diese subjektive Vorwerfbarkeit kann auch dann gegeben sein, wenn der Makler über seine eigenen Kenntnisse täuscht oder etwas vorgibt, was er nicht überprüft hat oder den Kunden wissentlich wahrheitswidrig unterrichtet.[190] Zu Recht ist das OLG Koblenz[191] in diesem Zusammenhang davon ausgegangen, dass dies insbesondere dann zutrifft, wenn der Makler gegenüber dem Kaufinteressenten über WEG-bezogene Objekteigenschaften, wie den Abstimmungsmodus in der Eigentümerversammlung,

---

183 *D. Fischer*, NJW 2015, 3278, 3283.
184 OLG Oldenburg, Beschl. v. 10.7.2014 – 4 U 24/14, BeckRS 2014, 15156; *D. Fischer*, NJW 2015, 3278, 3283.
185 OLG Düsseldorf, Urt. v. 25.9.2015 – 7 U 140/14, MDR 2016, 149.
186 OLG Frankfurt a. M., Urt. v. 19.8.2016 – 19 U 32/15, BeckRS 2016, 15796.
187 *D. Fischer*, NJW 2016, 3281, 3285.
188 LG Mainz, Urt. v. 13.1.2012 – 2 O 144/10, BeckRS 2012, 24942. Im nachfolgenden Berufungsverfahren OLG Koblenz, Urt. v. 16.11.2012 – 10 U 199/12, NJW-RR 2013, 828, war der Provisionsverlust nach § 654 BGB nicht mehr Verfahrensgegenstand.
189 OLG Koblenz, Beschl. v. 2.5.2019 – 2 U 1482/18, IMRRS 2019, 0762 unter Bezugnahme auf BGH, Urt. v. 29.11.1989 – IVa ZR 206/88, NJW-RR 1990, 372; Beschl. v. 6.5.2004 – IX ZB 349/02, BGHZ 159, 122.
190 OLG Koblenz, Beschl. v. 2.5.2019 – 2 U 1482/18, IMRRS 2019, 0762 unter Bezugnahme auf OLG Düsseldorf, Urt. v. 4.12.1998 – 7 U 59/98.
191 OLG Koblenz, Beschl. v. 2.5.2019 – 2 U 1482/18, IMRRS 2019, 0762.

die Zahl der weiteren Miteigentümer und das Vorliegen der Teilungserklärung, unzutreffende Angaben macht.[192]

e) Unzulässige Druckausübung

Dem Makler kann der Provisionsanspruch aberkannt werden, wenn er damit **64** droht, den Beurkundungstermin „platzen" zu lassen, falls nicht zu seinen Gunsten eine schriftliche Provisionsbestätigung abgegeben werde.[193] Dies ist insbesondere dann anzunehmen, wenn der Makler für den Verkäufer den Notartermin wahrnimmt und die Drohung gegenüber dem Kaufinteressenten kurz vor dem Beurkundungsvorgang erfolgt.[194] Gleiches gilt, wenn der zum Kauf entschlossene Kunde auf dem Weg zum Notartermin mit der Erklärung unter Druck gesetzt wird, der Makler werde selbst kaufen, falls er nicht zusätzlich eine Erfolgsprovision in mehrfacher Höhe der vereinbarten Vergütung erhalte.[195]

f) Unredliches Verhalten

Bietet ein Makler einem Angestellten seines Auftraggebers an, die dem- **65** nächst zu zahlende Maklervergütung mit ihm zu teilen, so kann ein derartiger Bestechungsversuch zur Aberkennung[196] des Provisionsanspruches wegen Lohnunwürdigkeit führen.[197] Gleiches gilt, wenn der Makler durch Verheimlichung der von ihm in Vollmacht des Auftraggebers mit dem Erwerber getroffenen Sonderabmachungen seinen gutgläubigen Auftraggeber dem Verdacht der Steuerhinterziehung aussetzt und ohne Wissen des Auftraggebers den beurkundenden Notar über die wirklich gewollten Erklärungen der Vertragspartner täuscht.[198] Eine Aberkennung des Provisionsanspruchs kommt ferner in Betracht, wenn der Makler dadurch die Treuepflicht verletzt, dass er wahrheitswidrig vorspiegelt, der volle Kaufpreis sei bereits auf das vorgesehene Notarkonto eingegangen, um hierdurch eine vorzeitige Auszahlung der Provision zu erwirken. Ein Makler, der gegenüber dem Kaufinteressenten wahrheitswidrig erklärt, der Verkäufer sei hinsichtlich des genannten Verkaufspreises nicht mehr verhandlungsbereit,

192 *D. Fischer*, NJW 2019, 3277, 3280.
193 OLG Düsseldorf, Urt. v. 11.4.1997 – 7 U 63/96, IVD-Rspr. A 146 Bl. 40.
194 OLG Düsseldorf, Urt. v. 11.4.1997 – 7 U 63/96, IVD-Rspr. A 146 Bl. 40.
195 BGH, Urt. v. 13.3.1985 – IVa ZR 222/83, NJW 1986, 2573, 2574; Urt. v. 13.3.1985 – IVa ZR 222/83, LM § 654 BGB Nr. 15.
196 OLG Koblenz, Urt. v. 21.6.2001 – 5 U 225/01, NJW-RR 2002, 489, 490.
197 BGH, Urt. v. 11.7.1962 – VIII ZR 233/61, LM § 654 BGB Nr. 2.
198 BGH, Urt. v. 25.6.1969 – IV ZR 793/68, NJW 1969, 1629.

kann hierdurch die Käuferprovision verwirken.[199] Entsprechendes gilt, wenn der Makler hinter dem Rücken seines Kunden auf den anderen Teil einwirkt, um einen für den Kunden günstigeren als mit dem Maklervertrag zunächst angestrebten Vertragsabschluss, insbesondere bezüglich des Kaufpreises, zu verhindern.[200]

66 Lohnunwürdigkeit wurde ferner angenommen, wenn ein Alleinauftrag mit dem Versprechen der unentgeltlichen Erbringung der Maklerleistung erlangt wurde, der Makler sich aber anschließend für die ordnungsgemäße Erfüllung des Alleinauftrags eine Übererlösbeteiligung versprechen lässt.[201] Lässt der Makler zu seinem eigenen Vorteil einen geringeren als den tatsächlich vereinbarten Kaufpreis des Grundstücks beurkunden und begründet durch den Schwarzkauf die Gefahr der Nichtigkeit des Grundstückskaufs, ohne den Auftraggeber darauf hinzuweisen, so kann der Maklerlohnanspruch wegen dieser groben Treuepflichtverletzung aberkannt werden.[202] Wenn der Makler, nachdem er erfahren hat, der Käufer werde im Kaufvertrag die Verkäuferprovision übernehmen, mit dem Verkäufer eine über die ursprünglich vereinbarte Provision hinausgehende Courtage aushandelt, ist der Maklerlohn gleichfalls verwirkt.[203]

67 Arglistiges Fehlverhalten des Maklers bei Abschluss des Maklervertrages wird dem Kunden regelmäßig ein Anfechtungsrecht nach § 123 BGB eröffnen, so dass der Kunde bei Abschluss eines Hauptvertrages durch Anfechtung des Maklervertrages der Provisionspflicht entgehen kann.[204] Im Falle der nicht fristgemäßen Ausübung des Anfechtungsrechts ist aber zu prüfen, ob das arglistige Fehlverhalten gleichzeitig eine Lohnunwürdigkeit i. S. d. § 654 BGB begründet, was im Regelfall zu bejahen sein dürfte.[205]

68 Eine beleidigende Äußerung des Maklers gegenüber seinem Kunden kann im Einzelfall zur Verwirkung der Maklerprovision führen,[206] nicht dagegen ein unfreundliches Verhalten des Maklers gegenüber seinem Auftraggeber.[207] Bei vorsätzlichem Verstoß gegen das nur für gewerbsmäßige Woh-

---

199 OLG Hamm, Urt. v. 23.5.1996 – 18 U 147/95, NJW-RR 1997, 370, 371.

200 *Schwerdtner*, FS Kramer, 2004, S. 704, 711.

201 BGH, Urt. v. 7.6.1978 – IV ZR 22/77, WM 1978, 1095, 1097; OLG Düsseldorf, Urt. v. 10.5.1996 – 7 U 86/95, NJW-RR 1997, 1278, 1279.

202 OLG Saarbrücken, Urt. v. 30.4.1997 – 8 U 639/96, OLGReport 1997, 258, 260.

203 OLG Hamm, Urt. v. 23.6.1986 – 18 U 166/85, NJW-RR 1988, 689; *Koch*, Der Provisionsanspruch des Immobilienmaklers, S. 157.

204 OLG Frankfurt a. M., Urt. v. 18.5.1988 – 17 U 83/87, NJW-RR 1988, 1199.

205 *D. Fischer*, NZM 2001, 873, 881.

206 OLG Hamm, Urt. v. 6.12.2004 – 18 U 55/04, OLGReport 2005, 666, 667.

207 OLG Frankfurt a. M., Beschl. v. 21.3.2012 – 19 U 8/12, BeckRS 2012, 23976.

nungsmakler geltende Verbot der Vermittlung ohne Auftrag des Vermietungsberechtigten gemäß § 6 WoVermittG[208] konnte Provisionsverwirkung nach § 654 BGB eingreifen.[209]

Spiegelt der Makler dem Kaufinteressenten beim Abschluss einer Reservierungsvereinbarung für drei Monate („Option") vor, mit dem Verkäufer bestehe ein qualifizierter Maklervertrag und bietet er gleichwohl das Objekt auch anderen Personen an, verwirkt er seinen Provisionsanspruch gegenüber dem durch die Reservierungsabrede geschützten Kunden.[210] Vereinbart der Makler mit seinem Kunden eine nach § 138 BGB sittenwidrige Provision, ist der nach der obergerichtlichen Rechtsprechung in Betracht kommende Anspruch auf Zahlung einer üblichen Provision[211] dann verwirkt, wenn der Makler zumindest leichtfertig gehandelt hat.[212] **69**

Ein Makler, der bereits vom Verkäufer beauftragt worden ist, darf mit der Nachfrageseite nur dann eine Gleichstellungsabrede, mit der ein Erwerb durch Zwangsversteigerung provisionspflichtig gestellt wird,[213] treffen, wenn dies ihm ausdrücklich gestattet ist.[214] Durch eine Gleichstellungsabrede wird der Kaufinteressent erst auf die Möglichkeit eines unter Umständen günstigeren Erwerbs im Wege der Zwangsversteigerung hingewiesen. Dies kann zur Folge haben, dass er seinen Erwerbsentschluss hinausschiebt.[215] Verstößt der Makler hiergegen, verwirkt er die Verkäuferprovision, wenn es noch zu einem freihändigen Verkauf kommt.[216] **70**

Eine Verwirkung des Provisionsanspruchs kann auch dann eintreten, wenn sich ein Wohnungsmakler vom (bisherigen) Mieter mit der Suche eines Nachmieters beauftragen lässt und diesem vorspiegelt, er sei der einzige Auftraggeber, während sich der Makler auch vom Vermieter eine weitere **71**

---

208 Hierzu Näheres Kap. XII Rn. 14 ff.

209 Palandt/*Sprau*, § 652 Rn. 8; PWW/*Fehrenbacher*, § 654 Rn. 12; *Schulz*, WoVermG, § 6 Rn. 36; *D. Fischer*, NZM 2005, 731, 732; *ders.*, NJW 2007, 3107, 3112. Nach dem nunmehr geltenden Bestellerprinzip ist ein Vorgehen nach § 6 Abs. 1 WoVermittG Provisionsentstehungsvoraussetzung, vgl. nachfolgend Kap. XII Rn. 22 ff.

210 OLG Hamm, Urt. v. 8.11.1990 – 18 U 181/99, NJW 1991, 360; *Dehner*, Maklerrecht, Rn. 384.

211 Vgl. OLG Brandenburg, Urt. v. 14.10.2009 – 4 U 11/09, NJW-RR 2010, 635, 637; die in Betracht kommende Provisionsverwirkung wurde nicht erörtert.

212 Vgl. hierzu Kap. III Rn. 101.

213 Vgl. hierzu Kap. V Rn. 2.

214 *Hamm/Schwerdtner*, Maklerrecht, Rn. 311; *Langemaak*, AIZ 1990, 27.

215 *Hamm/Schwerdtner*, Maklerrecht, Rn. 311; *Langemaak*, AIZ 1990, 27.

216 *Hamm/Schwerdtner*, Maklerrecht, Rn. 311; *Langemaak*, AIZ 1990, 27.

Provision versprechen lässt.[217] Für diese Fallgestaltung findet der Provisionsausschluss des § 2 Abs. 1a WoVermittG (Bestellerprinzip) keine Anwendung, weil der bisherige Mieter in der gegebenen Konstellation kein Wohnungssuchender ist; er will keine Wohnung ausfindig machen, sondern, um eine vorzeitige Beendigung seines Mietvertrages zu erreichen, eine andere Person als Nachmieter präsentieren.[218]

72 Ein Makler verwirkt seine Übererlös-Provision, wenn er den ihm durch einen qualifizierten Alleinauftrag verbundenen Verkäufer eines Grundstücks nicht von der ihm bekannten Bereitschaft eines Kaufinteressenten unterrichtet, für das zu verkaufende Grundstück einen hohen Preis zu zahlen, der deutlich über dem in der Übererlösabrede angenommenen Verkaufslimit liegt.[219] Ein Doppelmakler, der eine Übererlösklausel gegenüber dem Kaufinteressenten verschweigt, verwirkt die Käuferprovision.[220]

g) Verwendung unwirksamer Geschäftsbedingungen

73 In Maklerrechtsstreitigkeiten ist nicht selten festzustellen, dass die vom Makler verwendeten Geschäftsbedingungen Klauseln aufweisen, die nach gefestigter Rechtsprechung einer Inhaltskontrolle nicht standhalten.[221] Hierin kann eine nach § 654 BGB zu sanktionierende Treuepflichtverletzung liegen,[222] jedenfalls dann, wenn es sich um zentrale Klauseln handelt, die das Verhalten des Kunden steuern können, wie etwa selbstständige Provisionsversprechen,[223] Hinzuziehungsklauseln,[224] Reservierungsklauseln,[225] unangemessene Vertragsstrafeabreden oder übermäßige Aufwendungsersatz-

---

217 AG Wiesbaden, Urt. v. 25.11.2016 – 91 C 2307/16, WuM 2017, 47; *D. Fischer*, NJW 2017, 1219, 1222.

218 *D. Fischer*, NJW 2017, 1219, 1222; a. A. *Breyer*, WuM 2017, 48; vgl. auch BGH, Urt. v. 14.3.2019 – I ZR 134/18, BGHZ 221, 226 = NJW 2019, 3231 Rn. 22.

219 MünchKomm-BGB/*H. Roth*, § 652 Rn. 73; *Dehner*, Maklerrecht, Rn. 220; Fallgestaltung nach BGH, Urt. v. 16.2.1994 – IV ZR 35/93, BGHZ 125, 135, 137, der die Klausel als sittenwidrig verwirft.

220 *Hamm/Schwerdtner*, Maklerrecht, Rn. 799.

221 *Hamm/Schwerdtner*, Maklerrecht, Rn. 758. Zu den anhaltenden Versuchen, die Leitbild-Voraussetzungen des Provisionsanspruchs mit vorformulierten Bedingungen auch heute noch auszuhebeln, vgl. *Zopfs*, Maklerrecht, Rn. 92.

222 OLG Hamm, Urt. v. 29.5.2000 – 18 U 236/99, NJW-RR 2001, 567, 568; *Hamm/Schwerdtner*, Maklerrecht, Rn. 758; a. A. *Schulz*, ZMR 2002, 102, 104.

223 *Schwerdtner*, Maklerrecht, 4. Aufl. Rn. 733.

224 So ausdrücklich Palandt/*Sprau*, § 652 Rn. 83; ansonsten aber verneinend unter Bezugnahme auf BGH, Urt. v. 19.5.2005 – III ZR 322/04, NJW-RR 2005, 1423, 1424, Palandt/*Sprau*, § 654 Rn. 7.

225 LG Berlin, Urt. v. 23.12.1999 – 5 O 352/99, NJW-RR 2001, 706, 708.

regelungen.[226] Gleiches gilt, falls der Makler eine vorformulierte Verweisungsklausel verwendet, wonach der Kunde entgegen § 307 Abs. 2 BGB[227] eigene Kaufinteressenten an den Makler zu verweisen hat, um hierdurch zulasten des Kunden weitere Provisionspflichten zu begründen.[228] Aber auch hier sind die besonderen Umstände des Einzelfalls zu beachten, insbesondere der Grad des Verschuldens und die Schwere der Verletzungshandlung.

Nach der Rechtsprechung des Bundesgerichtshofs[229] soll allerdings die Ver-   **74** wendung unzulässiger Geschäftsbedingungen im Regelfall – ohne Hinzutreten besonderer Umstände – keine Verwirkung des Maklerlohnanspruchs rechtfertigen. Mit dieser im Schrifttum überwiegend befürworteten Entscheidung[230] wurde die vom OLG Hamm[231] zum Immobilienmaklerrecht vertretene gegenläufige Ansicht ausdrücklich als zu weitgreifend verworfen. Für den Standpunkt des OLG sprach der empirische Befund, dass maklerseits gestellte Geschäftsbedingungen nicht selten Klauseln aufweisen, die nach gefestigter Rechtsprechung einer Inhaltskontrolle nicht standhalten.[232] Im konkreten Fall soll die Entscheidung des OLG Hamm überdies dazu geführt haben, dass die zuvor häufig verwendete Klausel im dortigen Bezirk aus den Geschäftsbedingungen und den Formularverträgen überwiegend

---

226 Beispiele für unangemessene Aufwendungsersatzklauseln finden sich bei *Hamm/Schwerdtner*, Maklerrecht, Rn. 862 ff.; Ulmer/Brandner/Hensen/*Christensen*, AGB-Recht, Teil 2 Maklerverträge Rn. 10; ferner *Hättig*, NZM 2000, 113.
227 BGH, Urt. v. 27.3.1991 – IV ZR 90/90, NJW 1991, 1678, 1679; Urt. v. 28.1.1987 – IVa ZR 173/85, BGHZ 99, 374, 377; Urt. v. 8.5.1973 – IV ZR 158/71, BGHZ 60, 377, 380; Palandt/*Sprau*, § 652 Rn. 83; *Hamm/Schwerdtner*, Maklerrecht, Rn. 1031.
228 OLG Hamm, Urt. v. 29.5.2000 – 18 U 236/99, NZM 2000, 1073, 1075; *D. Fischer*, NZM 2002, 811; a. A. *Mäschle*, Maklerrecht, 2. Aufl., S. V; *Schulz*, ZMR 2002, 102, 104.
229 BGH, Urt. v. 19.5.2005 – III ZR 322/04, NJW-RR 2005, 1423, 1424: Die in Rede stehende AGB-Klausel des der Fallgestaltung zugrunde liegenden Versicherungsmaklervertrages beinhaltete den Ausschluss jeglicher Beratungspflicht und widersprach damit den insgesamt umfassenden Betreuungspflichten eines Versicherungsmaklers. Ebenso BGH, Urt. v. 19.5.2005 – III ZR 309/04, in NJW-RR 2005, 1425, 1426 nicht abgedruckt.
230 *Moraht*, DWW 2005, 400, 406; *I. Ebert*, jurisPR-BGHZivilR 26/2005 Anm. 2; *Hülsmann*, WuM 2005, 753–754; Soergel/*Engel*, BGB, § 654 Rn. 14; indifferent jetzt *Hamm/Schwerdtner*, Maklerrecht, Rn. 758.
231 OLG Hamm, Urt. v. 29.5.2000 – 18 U 236/99, NJW-RR 2001, 567. Die Entscheidung bezog sich auf die Verwendung einer unzulässigen Verweisungsklausel, die den Kunden veranlasste, einen von ihm ausfindig gemachten Kunden an den Makler zu verweisen. Zum Hintergrund dieser Entscheidung eingehend und aufschlussreich *Tiekötter*, FS Schwerdtner, 2003, S. 485, 509 f.
232 *Schwerdtner*, Maklerrecht, 4. Aufl., Rn. 733; *Zopfs*, Maklerrecht, Rn. 92.

entfernt wurde.[233] Der Bundesgerichtshof geht allerdings offensichtlich davon aus, dass der in der Verwendung unzulässiger AGB-Klauseln liegende Vertragsverletzung kein außergewöhnliches Gewicht beizumessen ist.[234] Dies mag für die der Fallgestaltung zugrunde liegenden Klausel gerade noch zutreffen. Die im Leitsatz dieser Entscheidung formulierte Regelsituation erscheint aber zu weit gegriffen. Welche besonderen Umstände eine Verwirkung des Provisionsanspruchs nach den Maßstäben des Bundesgerichtshofs rechtfertigen, bedarf noch der Klärung im Einzelnen.[235] Die Hürde der besonderen Umstände sollte nicht zu hoch angelegt werden, damit praxisbezogene Gesichtspunkte, wie sie der angeführten Entscheidung des OLG Hamm zugrunde lagen, nicht von vornherein im Rahmen des § 654 BGB unberücksichtigt bleiben müssen.[236]

75 Nunmehr hat das OLG Düsseldorf[237] zum Kriterium der besonderen Umstände ausgeführt, dass diese jedenfalls dann vorliegen, wenn durch eine vom Makler vorformulierte Reservierungs-/Ankaufsvereinbarung beim Maklerkunden der unzutreffende Eindruck hervorgerufen wird, die Kaufinteressenten hätten sich bereits zum Erwerb und zur Zahlung einer erfolgsunabhängigen Provision verpflichtet, der Kaufpreis sei nicht mehr verhandelbar und im Falle des Nichtabschlusses des Hauptvertrages müsse Kostenersatz entrichtet werden. Zu Recht wurde angenommen, dass die in Rede stehende Klausel beim Kunden eine wirtschaftliche Unsicherheit hervorrufe, die das Gesamtkostenrisiko nicht weiter eingrenze, so dass die Entschlussfreiheit des Kunden unangemessen beeinträchtigt werde, was zur Provisionsverwirkung führen müsse.[238] Die gegen dieses Urteil eingelegte Nichtzulassungs-

---

233 So der damalige Senatsvorsitzende *Tiekötter*, FS Schwerdtner, 2003, S. 510. Er hat hierbei ferner eindrucksvoll darauf hingewiesen, der Senat habe mehrfach Makler in anderweitigen Berufungsverfahren auf die Unwirksamkeit der Verweisungs- und Hinzuziehungsklauseln aufmerksam gemacht und eine Überarbeitung der Geschäftsbedingungen angeregt, ohne dass hierauf Änderungen in der Klauselpraxis eingetreten seien. Ähnliche Erfahrungen habe ich während meiner Zugehörigkeit zum 15. Zivilsenat des OLG Karlsruhe machen können.

234 Ebenso nunmehr OLG Hamm, Urt. v. 6.2.2012 – 18 U 17/12, NJW-RR 2013, 170, 173.

235 Zur Frage der besonderen Umstände OLG Hamm, Urt. v. 6.2.2012 – 18 U 17/12, NJW-RR 2013, 170, 173.

236 *D. Fischer*, NJW 2007, 3107, 3111.

237 OLG Düsseldorf, Urt. v. 5.10.2018 – 7 U 194/17, BeckRS 2018, 41439 = MDR 2019, 345, 346.

238 OLG Düsseldorf, Urt. v. 5.10.2018 – 7 U 194/17, BeckRS 2018, 41439 = MDR 2019, 345, 346.

beschwerde hat der Bundesgerichtshof[239] mit Beschluss vom 6.6.2019 zurückgewiesen.

h) Untätigkeit

Auch Untätigkeit kann in schwerwiegenden Fällen zur Verwirkung des Provisionsanspruches führen. Hat ein Immobilienmakler im Rahmen eines Alleinauftrags die Vermittlung sämtlicher Wohnungen einer Eigentumsanlage übernommen und stellt er die Vermittlungstätigkeit grundlos ein, obwohl der Maklerkunde auf die Verkaufserlöse dringend angewiesen ist, rechtfertigt dieses Fehlverhalten die Aberkennung des Provisionsanspruches.[240] Lässt der von der ortsabwesenden Veräußererseite beauftragte Makler, der zugleich zulässigerweise auch für die Erwerberseite als Nachweismakler tätig wird, die Vertragsverhandlungen unverständlich lange schleifen, so dass die Gefahr der Einschaltung eines weiteren Maklers seitens der Veräußererseite besteht, dann soll in dieser *anhaltenden Untätigkeit* eine schwerwiegende Treuepflichtverletzung auch zulasten des Erwerberkunden liegen, die eine Aberkennung des Maklerlohns rechtfertigen kann.[241] Hält der Makler einen Kaufinteressenten, der um eine Objektbesichtigung nachsucht, hin, um den Abschluss eines neuen Alleinmaklervertrages mit dem Verkäufer abzuwarten, so verstößt er damit schwerwiegend gegen seine vertraglichen Pflichten gegenüber dem Verkäufer-Auftraggeber und verwirkt die Verkäuferprovision.[242]

76

9. Weitere Problembereiche

a) Rückforderung der bereits entrichteten Provision

Hat der Auftraggeber die Provision bereits entrichtet, obwohl nach den vorstehend dargestellten Grundsätzen Lohnunwürdigkeit des Maklers besteht, dann hat der Kunde einen Anspruch gegen den Makler auf Rückzahlung der Provision nach den Regeln über die Herausgabe einer ungerechtfertigten Be-

77

---

239 BGH, Beschl. v. 6.6.2019 – I ZR 192/18. Es handelt sich um einen sog. Formularbeschluss, der mithin keine eigenständige Begründung aufweist, vgl. *D. Fischer*, NJW 2020, 1268, 1272.
240 BGH, Urt. v. 7.6.1978 – IV ZR 22/77, WM 1978, 1095, 1097; *Koch*, Der Provisionsanspruch des Immobilienmaklers, S. 156.
241 OLG Karlsruhe, Urt. v. 11.10.1996 – 15 U 34/96, in IVD-Rspr. A 146 Bl. 38 insoweit nicht wiedergegeben.
242 OLG Nürnberg, Urt. v. 27.5.2011 – 2 U 1676/10, NJW-RR 2012, 116. *D. Fischer*, NJW 2012, 3283, 3286.

reicherung, weil die Leistung ohne Rechtsgrund erfolgt ist.[243] Ist ein Provisionsanspruch, etwa, weil eine provisionsschädliche Verflechtung vorliegt, nicht entstanden, so stellt sich die Frage der Verwirkung nicht;[244] der Rückforderungsanspruch ergibt sich dann aus allgemeinen Bereicherungsgrundsätzen.

78   Bei der Rückforderung einer verwirkten Provision ist allerdings zu berücksichtigen, ob die Provision in Kenntnis der die Lohnunwürdigkeit begründenden Umstände entrichtet wurde, weil bei Vorliegen der Voraussetzungen des § 814 BGB der Rückforderungsanspruch entfällt.[245] Dabei genügt es aber nicht, dass dem Leistenden die Tatsachen bekannt sind, aus denen sich das Fehlen einer rechtlichen Verpflichtung ergibt. Der Rückforderungsanspruch ist vielmehr nur dann ausgeschlossen, wenn der Leistende aus diesen Tatsachen auch eine im Ergebnis zutreffende rechtliche Schlussfolgerung gezogen hat.[246] Demnach muss der Leistende als Auftraggeber erkennen, dass der Makler lohnunwürdig i. S. d. § 654 BGB ist.[247] Zweifel daran, ob die Voraussetzungen des § 814 BGB vorliegen, gehen zulasten des darlegungs- und beweispflichtigen Leistungsempfängers.[248]

79   Ist ein Rückforderungsanspruch dem Grunde nach gegeben, ist fraglich, ob Zahlungen des Maklers an Außendienstmitarbeiter oder Untermakler mindernd berücksichtigt werden können, wenn insoweit eine Zahlungsverpflichtung gegenüber den Mitarbeitern bestand.[249] Rechtstechnisch handelt es sich hierbei um die Einrede der Entreicherung,[250] die im Falle vorsätzlichen Fehlverhaltens des Maklers nach § 819 Abs. 1 BGB dann unbeachtlich ist, wenn dem Makler die Umstände, auf denen die Lohnunwürdigkeit beruht, positiv bekannt sind.[251] Damit ist regelmäßig nur für die Fälle, in denen die Lohnun-

---

243 KG, Urt. v. 16.12.1985 – 10 U 2266/85, NJW-RR 1986, 598; *Rietschel*, LM § 654 BGB Nr. 1; *Dehner*, Maklerrecht, Rn. 276; *Seydel/Heinbuch*, Maklerrecht, Rn. 171.

244 BGH, Urt. v. 24.1.2019 – I ZR 160/17, NJW 2019, 1596 Rn. 70.

245 KG, Urt. v. 16.12.1985 – 10 U 2266/85, NJW-RR 1986, 598, 599; OLG Karlsruhe, Urt. v. 11.2.1999 – 15 U 71/98.

246 So BGH, Urt. v. 23.10.1980 – IVa ZR 45/80, NJW 1981, 277 im Falle einer nicht wirksam entstandenen Provisionsverpflichtung, ferner *D. Fischer*, NZM 2001, 873, 882.

247 *D. Fischer*, NJW 2001, 873, 883.

248 BGH, Urt. v. 17.10.2002 – III ZR 58/02, NJW 2002, 3772, 3773; Urt. v. 5.3.2015 – IX ZR 133/14, DB 2015, 732 Rn. 45.

249 Bejaht für allgemeine Provisionsrückforderungsansprüche in BGH, Urt. v. 15.3.1978 – IV ZR 77/77, WM 1978, 708, 710; Urt. v. 15.1.1992 – IV ZR 317/90, NJW-RR 1992, 558.

250 *Seydel/Heinbuch*, Maklerrecht, Rn. 171, bejahen dies allgemein auch für auf § 654 BGB gestützte Rückforderungsansprüche des Maklerkunden.

251 Vgl. BGH, Urt. v. 12.7.1996 – V ZR 117/95, BGHZ 133, 246. Kennenmüssen und Bösgläubigkeit i. S. d. § 932 Abs. 2 BGB genügen nicht, Palandt/*Sprau*, § 819 Rn. 2.

würdigkeit auf einem grob leichtfertigen Fehlverhalten beruht, Raum für die Entreicherungseinrede. In diesem Zusammenhang ist ferner von Bedeutung, dass eine entsprechende Anwendung des § 654 BGB auf den Beteiligungsanspruch des Untermaklers gegen den Hauptmakler in Betracht zu ziehen ist.[252]

Der Provisionsrückforderungsanspruch unterliegt als Anspruch aus ungerechtfertigter Bereicherung der dreijährigen Verjährungsfrist des § 195 BGB.[253] **80**

b) Provisionsverwirkung und Schadensersatz

Nach der obergerichtlichen Rechtsprechung[254] soll ein Schadensersatzanspruch gegen einen Makler nur in insoweit bestehen, wie der Schaden über den verwirkten Maklerlohnanspruch hinausgeht. Dies wird mit dem Grundsatz des Vorteilsausgleichs[255] sowie unter Bezugnahme auf die für vergleichbar angesehene Regelung des § 340 BGB begründet.[256] Dies erscheint im Hinblick auf den für § 654 BGB maßgeblichen Sanktionscharakter der Provisionsverwirkung nicht überzeugend. **81**

c) Analoge Anwendung der zu § 654 BGB entwickelten Rechtsgrundsätze auf sonstige Maklerprovisionsansprüche

aa) Anwendung auf Sonderformen des Maklervertrages

Auf Maklerdienstverträge, bei denen im Gegensatz zum allgemeinen Maklervertrag der Makler zur Vornahme von Nachweis- und Vermittlungsleistungen – wie etwa beim Alleinvertrag – verpflichtet ist, finden die zu § 654 BGB entwickelten Rechtsgrundsätze unmittelbar Anwendung.[257] Aber auch **82**

---

252 Dazu näher nachstehend unter Rn. 82.
253 Palandt/*Sprau*, Einf. vor § 812 Rn. 24. Die vierjährige Verjährungsfrist aus § 5 Abs. 1 Satz 2 WoVermittG a. F. für Rückforderungsansprüche kann nicht auf Provisionsrückforderungsansprüche aus § 654 BGB erstreckt werden, weil § 5 Abs. 1 WoVermittG ausdrücklich nur auf Ansprüche aus dem WoVermittG bezogen ist. Durch Gesetz v. 9.12.2004 wurde die vierjährige Verjährungsfrist aufgehoben; es gilt nunmehr die dreijährige Regelfrist des § 195 BGB.
254 OLG Hamm, Urt. v. 23.5.1996 – 18 U 147/95, NJW-RR 1997, 370, 372; OLG Köln, Urt. v. 3.9.2009 – 18 U 129/05, n. v.; ebenso MünchKomm-BGB/*H. Roth*, § 654 Rn. 4.
255 OLG Köln, Urt. v. 3.9.2009 – 18 U 129/05, n. v.
256 OLG Hamm, Urt. v. 23.5.1996 – 18 U 147/95, NJW-RR 1997, 370, 372.
257 BGH, Urt. v. 22.4.1964 – VIII ZR 225/62, NJW 1964, 1467, 1468; Beschl. v. 26.3.1998 – III ZR 206/97, NJW-RR 1998, 992, 993; Urt. v. 11.11.1999 – III ZR 160/98, LM § 654 BGB Nr. 20.

auf Maklerwerkverträge, bei denen der Makler die Herbeiführung des Nach-
weis- oder Vermittlungserfolges verspricht und für die in erster Linie das
Werkvertrags- und Geschäftsbesorgungsrecht der §§ 631 ff., 662, 675 BGB
gilt,[258] sind die angeführten Rechtsgrundsätze anwendbar.[259]

83   Verspricht ein Makler, der einen Alleinauftrag erhalten hat, einem anderen
Makler eine Beteiligung am Maklerlohn, so handelt es sich hierbei nicht um
einen Maklervertrag, sondern um ein partiarisches Rechtsverhältnis eigener
Art,[260] auf das eine analoge Anwendung der zu § 654 BGB entwickelten
Rechtssätze aber gerade deshalb als naheliegend erscheint, weil die Vertragspartner Makler sind und ihnen die zu § 654 BGB entwickelten Rechtsgrundsätze ohnehin vertraut sind.[261] Gleiches gilt für das Gemeinschaftsgeschäft[262]
und den Untermaklervertrag,[263] die ebenfalls keine Maklerverträge darstellen.[264] Maßgeblich ist aber auch hier, dass eine schwerwiegende Treuepflichtverletzung vorliegen muss und der vertragswidrig Handelnde seiner
Beteiligung unwürdig erscheint.[265] Insbesondere die Frage eines etwaigen
Konkurrenzverbotes lässt sich nur an Hand der konkreten Vertragsabsprache,
die gegebenenfalls im Wege der (ergänzenden) Vertragsauslegung zu ermitteln ist, hinreichend sicher beantworten. Für den Untermaklervertrag ist aber
anerkannt, dass dem Untermakler dann keine Provision zustehen kann, wenn
durch den Kontakt des Untermaklers mit dem Auftraggeber des Hauptmaklers der Erfolg des Maklervertrages gefährdet wird.[266]

---

258 BGH, Urt. v. 21.10.1987 – IVa ZR 103/86, NJW 1988, 967, 968.

259 Heymann/*Herrmann*, HGB, 2. Aufl., vor § 93 HGB Rn. 5; so im Ergebnis ebenfalls
Staudinger/*Arnold*, § 654 Rn. 10.

260 BGH, Urt. v. 26.10.1966 – VIII ZR 80/64, LM § 654 BGB Nr. 4.

261 In BGH, Urt. v. 26.10.1966 – VIII ZR 80/64, LM § 654 BGB Nr. 4, wurde die Frage
einer analogen Anwendung des § 654 BGB ausdrücklich offen gelassen, weil das (erfolglose) Tätigwerden des anderen Maklers für den Auftraggeber während der Laufzeit des Alleinauftrags nicht als Verstoß gegen die Beteiligungsabrede beurteilt wurde.

262 So auch Staudinger/*Arnold*, Vorbem. zu §§ 652 Rn. 48, soweit der h.M. zu § 654 BGB
gefolgt wird; ferner Palandt/*Sprau*, § 654 Rn. 8.

263 Ebenso Staudinger/*Arnold*, Vorbem zu §§ 652 Rn. 36; *Hamm/Schwerdtner*, Maklerrecht, Rn. 40; Palandt/*Sprau*, § 654 Rn. 8.

264 Während der Untermakler dem Hauptmakler zuarbeitet, unterscheidet sich das Gemeinschaftsgeschäft (dazu OLG Stuttgart, Beschl. v. 7.3.2001 – 3 W 332/00, NZM
2001, 896) dadurch, dass die beteiligten Makler nicht auf der gleichen, sondern auf
der entgegengesetzten Seite – z.B. der eine auf der Käufer-, der andere auf der Verkäuferseite – tätig werden. Beide Vertragstypen beinhalten partiarische Rechtsverhält-
nisse besonderer Art, vgl. Staudinger/*Arnold*, Vorbem zu § 652 Rn. 43.

265 Vgl. BGH, Urt. v. 26.10.1966 – VIII ZR 80/64, LM § 654 BGB Nr. 4.

266 RG, JW 1930, 1420, 1421; *Hamm/Schwerdtner*, Maklerrecht, Rn. 40.

Auch wenn die Tatbestandsmerkmale des § 652 BGB nicht vorliegen, kann   **84**
der Kunde sich im Rahmen der Vertragsfreiheit zur Zahlung einer Maklerprovision bereit erklären.[267] Hierbei handelt es sich um *selbstständige Provisionsversprechen.*[268] Sie kommen insbesondere dann in Betracht, wenn der
Kunde bestimmte Dienstleistungen des Maklers vergüten will, die als solche
weder eine provisionspflichtige Nachweis- noch eine Vermittlungsleistung
darstellen.[269] Ferner sind sie nicht unüblich, wenn im Falle einer Verflechtung nach § 652 BGB ein Provisionsanspruch ausscheidet und gleichwohl
eine Provision vereinbart wird.[270] Derartige Provisionsversprechen können
Teil eines Maklervertrages sein. Es kann sich aber auch um eine eigenständige Vertragsabrede handeln.[271]

Im Hinblick auf ihr maklervertragsähnliches Gepräge ist § 654 BGB auch   **85**
auf ein derartiges Vertragsverhältnis anzuwenden.[272] Eine Verwirkung
kommt aber noch nicht in Betracht, wenn die Parteien eine Käuferprovision
auch für den Fall vereinbaren, dass zwischen dem Makler und dem Verkäufer eine provisionshindernde Verflechtung besteht.[273] Vielmehr ist eine derartige Abrede, soweit individualrechtlich vereinbart, vom Grundsatz der
Vertragsfreiheit gedeckt.[274]

bb) Anwendung auf Provisionsansprüche aus § 354 HGB

Wenn der Makler Kaufmann ist, wird ihm unter bestimmten Vorausset-   **86**
zungen ein Anspruch auf die übliche Provision nach § 354 HGB zuerkannt.
Insbesondere setzt § 354 HGB nicht den Abschluss eines Maklervertrages
voraus.[275] Namentlich für Fallgestaltungen, in denen ein wirksamer Vertragsabschluss im Hinblick auf nicht eingehaltene Formerfordernisse – etwa
Zuständigkeits- und Formerfordernisse nach der Gemeindeordnung[276] oder

---

267 MünchKomm-BGB/*H. Roth*, § 652 Rn. 34.
268 BGH, Urt. v. 12.10.2006 – III ZR 331/04, NJW-RR 2007, 55 Rn. 12; MünchKomm-
     BGB/*H. Roth*, § 652 Rn. 34 (isoliertes Provisionsversprechen); Palandt/*Sprau*, Einf. v.
     § 652 Rn. 17 (unabhängiges Provisionsversprechen); vgl. auch Kap. IV Rn. 3.
269 BGH, Urt. v. 12.10.2006 – III ZR 331/04, NJW-RR 2007, 55 Rn. 12.
270 MünchKomm-BGB/*H. Roth*, § 652 Rn. 34.
271 *Dehner*, Maklerrecht, Rn. 192, 193.
272 OLG Schleswig, Urt. v. 19.3.2015 – 16 U 117/14, NJW-RR 2015, 1324.
273 OLG Schleswig, Urt. v. 19.3.2015 – 16 U 117/14, NJW-RR 2015, 1324.
274 BGH, Urt. v. 5.10.2000 – III ZR 240/99, NJW 2000, 3781, 3782; Urt. v. 6.2.2003 –
     III ZR 287/02, NJW 2003, 1249, 1250; *D. Fischer*, NJW 2015, 3278, 3283.
275 BGH, Urt. v. 25.9.1985 – IVa ZR 22/84, BGHZ 95, 393, 398; Urt. v. 7.7.2005 – III ZR
     397/04, BGHZ 163, 332, 338; RGZ 122, 229; *Hamm/Schwerdtner*, Maklerrecht,
     Rn. 213.
276 BGH, Urt. v. 4.4.1966 – VIII ZR 102/64, MDR 1966, 753.

nach § 34 a. f. GWB[277] – ausscheidet, kann ein gesetzlicher Provisionsanspruch gemäß § 354 HGB in Betracht kommen. Erforderlich ist aber auch insoweit, dass der Makler befugterweise für den Interessenten tätig wird und auch die übrigen Voraussetzungen eines Provisionsanspruchs gegeben sind.[278]

87   Hieraus folgt unmittelbar, dass auch die zu § 654 BGB entwickelten Rechtsgrundsätze auf ein nach § 354 HGB begründetes Provisionsverhältnis anzuwenden sind.[279] Soweit ein formunwirksames Vertragsverhältnis zugrunde liegt, bestehen für die Feststellung von Treuepflichtverletzungen keine Schwierigkeiten.[280] Aber auch ohne das Vorliegen eines unwirksamen Vertragsabschlusses können Treuepflichtverletzungen des Maklers – wie etwa das Hintertreiben des Hauptvertragsabschlusses – in Betracht kommen.

cc) Anwendung auf Provisionsansprüche eines Testamentsvollstreckers aus maklerähnlicher Tätigkeit

88   Lässt sich ein Testamentsvollstecker, der ein zum Nachlass gehörendes Grundstück veräußert, von der Erwerberseite für sein Tätigwerden eine Maklerprovision versprechen, dann ist dieser Vergütungsanspruch nicht als Maklerprovision zu bewerten, weil dem Testamentsvollstrecker in seiner Eigenschaft als Amtswalter des Rechtsnachfolgers des Erblassers kein Maklerstatus zukommen kann.[281] Gleichwohl kann das Provisionsversprechen rechtswirksam sein, wenn der Kunde in Kenntnis der Rechtsposition des Testamentsvollstreckers sich zur Zahlung der Vergütung verpflichtet hat.[282] Da sich der Testamentsvollstrecker jedoch eine maklerähnliche Rechtsstellung zu eigen macht, erscheint es sachgerecht, bei Vorliegen einer schwerwiegenden Pflichtverletzung gegenüber dem Erwerber die zu § 654 BGB entwickelten Rechtssätze entsprechend anzuwenden.[283]

---

277 OLG Hamm, Urt. v. 22.4.1996 – 18 U 189/95, VersR 1996, 1496, 1498.
278 BGH, Urt. v. 7.7.2005 – III ZR 397/04, BGHZ 163, 332, 338; OLG Hamm, Urt. v. 22.4.1996 – 18 U 189/95, VersR 1996, 1496, 1498; *Hamm/Schwerdtner*, Maklerrecht, Rn. 213; *Zopfs*, Das Maklerrecht in der neueren höchstrichterlichen Rechtsprechung, Rn. 16.
279 OLG Hamm, Urt. v. 22.4.1996 – 18 U 189/95, VersR 1996, 1496, 1498.
280 So die Fallgestaltung bei OLG Hamm, Urt. v. 22.4.1996 – 18 U 189/95, VersR 1996, 1496, 1498, in der die Frage der unzulässigen Doppeltätigkeit und einer unzulässigen Einwirkung auf die Kaufpreishöhe durch Vereinbarung von Eigenleistungen beim Vertrieb schlüsselfertiger Wohnungen geprüft wurde.
281 BGH, Urt. v. 5.10.2000 – III ZR 240/99, NJW 2000, 3781, 3782.
282 BGH, Urt. v. 5.10.2000 – III ZR 240/99, NJW 2000, 3781, 3782.
283 *D. Fischer*, NZM 2001, 873, 883.

d) Keine analoge Anwendung des § 654 BGB bei Treuepflichtverletzungen des Kunden

Ein treuwidriges Verhalten des Kunden vermag keinen Provisionsanspruch **89** des Maklers zu begründen. Zulasten des Kunden gibt es kein Gegenstück zu § 654 BGB.[284]

e) Analoge Anwendung des § 654 BGB auf andere Rechtsverhältnisse

Unabhängig von dem Anwendungsbereich des § 654 BGB als maklerrechtli- **90** che Bestimmung wird der Vorschrift ein allgemeiner Rechtsgedanke entnommen, der ausnahmsweise zu einer entsprechenden Anwendung der Norm außerhalb des Maklerrechts führen kann.[285] Die höchstrichterliche Rechtsprechung hat im Falle vorsätzlicher oder mindestens grob leichtfertiger Pflichtverletzungen die zu § 654 BGB entwickelten Grundsätze entsprechend angewandt auf den Testamentsvollstrecker,[286] den Vormund oder Pfleger,[287] den gerichtlich beauftragten Sachverständigen[288] sowie den Insolvenzverwalter.[289] Gleiches gilt auch für den Zwangsverwalter.[290] Neuerdings kommt auch bei einer Geschäftsbesorgung (Geldanlagevertrag mit Optionsgeschäften), soweit eine schwerwiegende Treuepflichtverletzung vorliegt, eine Verwirkung der Verwaltungsgebühr in Betracht.[291]

---

284 BGH, Urt. v. 6.12.1967 – VIII ZR 289/64, MDR 1968, 405; OLG Frankfurt a. M., Urt. v. 2.3.1993 – 5 U 27/92, MDR 1994, 35; MünchKomm-BGB/*H. Roth*, § 654 Rn. 29; Palandt/*Sprau*, § 652 Rn. 21, § 654 Rn. 8; *Hamm/Schwerdtner*, Maklerrecht, Rn. 760.

285 *D. Fischer*, FS Kayser, 2019, S. 183, 191.

286 BGH, Urt. v. 5.5.1976 – IV ZR 53/75, WM 1976, 771, 772; Urt. v. 13.6.1979 – IV ZR 102/77, DNotZ 1980, 164, 165.

287 BayObLG, Beschl. v. 11.7.1991 – BReg 3 Z 79/91, BayObLGZ 1991, 272, 275.

288 BGH, Beschl. v. 15.12.1975 – X ZR 52/73, NJW 1976, 1154, 1155; OLG München, Beschl. v. 15.5.1970 – Ws 1275/69, NJW 1971, 257, 258.

289 BGH, Beschl. v. 6.5.2004 – IX ZB 349/02, BGHZ 159, 122, 131; Beschl. v. 9.6.2011 – IX ZB 248/09, WM 2011, 1522 Rn. 6; Urt. v. 16.10.2014 – IX ZR 190/13, ZIP 2014, 2299 Rn. 27; Beschl. v. 6.11.2014 – IX ZB 90/12, ZIP 2014, 2450 Rn. 13; Beschl. v. 14.7.2016 – IX ZB 52/15, WM 2016, 1610 Rn. 6; BGH, Beschl. v. 21.9.2017 – IX ZB 28/14, ZIP 2017, 2063 Rn. 11 (vorläufiger Insolvenzverwalter); LG Schwerin, Beschl. v. 9.7.2008 – 5 T 31/06, NZI 2008, 692, 693.

290 BGH, Beschl. v. 23.9.2009 – V ZB 90/09, NJW-RR 2009, 1710 Rn. 11 ff.; Beschl. v. 22.10.2009 – V ZB 77/09, NJW-RR 2010, 426 Rn. 21 ff.

291 BGH, Urt. v. 9.12.2010 – IX ZR 60/10, NJW 2011, 1732 Rn. 14; Urt. v. 22.9.2011 – IX ZR 209/10, WM 2011, 2237 Rn. 19; Urt. v. 25.10.2011 – XI ZR 67/11, WM 2011, 2219 Rn. 33.

91   Bereits das Reichsgericht hat die Vorschrift des § 654 BGB auf den Rechts-
anwaltsvertrag dahingehend angewandt, dass eine vorsätzliche oder fahrlässige Verletzung wesentlicher Vertragspflichten des Anwalts zum Verlust der
Vergütung führen könne.[292] Der Bundesgerichtshof[293] hat diese weitgefasste
Rechtsprechung eingegrenzt und ist ihr nur insoweit gefolgt, als lediglich
ein vorsätzlicher, nach § 356 StGB strafbarer Parteiverrat den anwaltlichen
Honoraranspruch ausschließt.[294] Eine fahrlässige Pflichtverletzung, selbst
wenn sie grober Art sein sollte, hat eine solche Wirkung nicht.[295] Ein Verstoß
des Anwalts gegen die Pflicht zur Vermeidung von Interessenkollisionen
(43a Abs. 4 BRAO) führt daher nur dann zum Ausschluss einer Honorarfor-
derung, wenn der Anwalt mit dem Bewusstsein und dem Willen gehandelt
hat, pflichtwidrig Parteien mit entgegengesetzten Interessen beruflichen Rat
oder Beistand zu gewähren.[296] Nur ein solcher Verstoß nimmt der Tätigkeit
des Rechtsberaters den Wert einer anwaltlichen Leistung.[297]

92   Der Rechtsgedanke des § 654 BGB ist grundsätzlich auch auf den Steuerbe-
ratervertrag anwendbar.[298] Die Vergütung eines Steuerberaters für eine zulässige Wirtschaftsberatung ist bei einer schwerwiegenden Treuepflichtverletzung des Beraters dann jedenfalls nicht ohne weiteres verwirkt, wenn der
Dienstberechtigte gemäß § 626 BGB fristlos gekündigt hat und zu dessen
Gunsten § 628 Abs. 1 S. 2 BGB – keine Vergütung bei Interessewegfall – eingreift.[299]

---

292   RGZ 113, 264, 269; HRR 1935 Nr. 725.

293   BGH, Urt. v. 29.4.1963 – III ZR 211/61, NJW 1963, 1301, 1303; Urt. v. 15.1.1981 –
III ZR 19/80, NJW 1981, 1211, 1212.

294   *D. Fischer*, FS Kayser, 2019, S. 183, 192.

295   BGH, Urt. v. 15.1.1981 – III ZR 19/80, NJW 1981, 1211, 1212; Urt. v. 15.7.2004 – IX
ZR 256/03, NJW 2004, 2817; Urt. v. 23.4.2009 – IX ZR 167/07, NJW 2009, 3297
Rn. 39; Urt. v. 12.5.2011 – III ZR 107/10, WM 2011, 1524 Rn. 28.

296   BGH, Urt. v. 15.1.1981 – III ZR 19/80, NJW 1981, 1211, 1212; Urt. v. 23.4.2009 – IX
ZR 167/07, NJW 2009, 329 Rn. 39.

297   BGH, Urt. v. 23.4.2009 – IX ZR 167/07, NJW 2009, 3297 Rn. 39.

298   *D. Fischer*, in: G. Fischer/Vill/D. Fischer/Pape/Chab, Handbuch der Anwaltshaftung,
5. Aufl. 2020, § 2 Rn. 531.

299   BGH, Urt. v. 12.5.2011 – III ZR 107/10, WM 2011, 1524 Rn. 27, 29 (Steuerberater als
Sanierungsberater).

IX. Nebenpflichten des Maklers

1. Überblick

Obwohl der Maklervertrag für den Makler keine Tätigkeitsverpflichtung be- **1**
gründet, sind für den Regelfall, dass er tätig wird, Nebenpflichten zu beachten. Der Makler steht nach den von der höchstrichterlichen Rechtsprechung
entwickelten Grundsätzen zu seinem Kunden als dessen Interessenvertreter
in einem besonderen Treueverhältnis, aus dem sich für ihn bei der Erfüllung
seiner Aufgabe bestimmte Nebenpflichten ergeben.[1]

Werden diese verletzt, macht sich der Makler regelmäßig schadensersatz- **2**
pflichtig. Insbesondere treffen den Makler Aufklärungs- und Informations-
pflichten, deren Nichtbeachtung nicht nur, wie bereits dargestellt, den Verlust des Provisionsanspruches, sondern zusätzliche Ersatzansprüche
begründen können. In der höchstrichterlichen Rechtsprechung lässt sich
hierzu neuerdings eine Tendenz zur Haftungsverschärfung ausmachen, insbesondere dann, wenn der Makler die eigentlichen Kernbereiche der Nach-
weis- und Vermittlungstätigkeit überschreitet, und weitergehende Beratungsleistungen erbringt.[2]

2. Allgemeine Nebenpflichten

Der Makler darf seinen Auftraggeber nicht zu einem unvorteilhaften und **3**
überstürzten Vertragsabschluss verleiten.[3] Dies trifft beispielsweise zu,
wenn der Makler den Kunden in dem Entschluss zum Kauf einer neuen Immobilie bestärkt, die dieser nur mit dem Verkauf einer anderen Immobilie
finanzieren kann und der Makler den objektiv ungesicherten Verkauf der anderen Immobilie als ohne Schwierigkeiten durchführbar darstellt.[4] Wer
einen anderen zum Geschäftsführer seines Maklerunternehmens bestellt,
von dessen starker Neigung zu Straftaten gegen das Vermögen und mehrfa-

---

1 BGH, Urt. v. 28.9.2000 – III ZR 43/99, NJW 2000, 3642; Beschl. v. 10.11.2016 – I ZR
   235/15, WuM 2017, 48 Rn. 20; *Thomale*, JZ 2012, 716, 720.
2 Etwa durch fehlerhafte „persönliche Berechnungsbeispiele" zur Steuerersparnis für den
   Maklerkunden, vgl. hierzu BGH, Urt. v. 27.11.1998 – V ZR 344/97, BGHZ 140, 111 =
   ZIP 1999, 193, 195 sowie *Bethge*, ZfIR 2001, 177; ferner *D. Fischer*, NZM 2019, 201,
   202.
3 OLG Frankfurt a. M., Urt. v. 20.4.1988 – 17 U 63/87, NJW-RR 1988, 1200; OLG Hamm,
   Beschl. v. 27.6.2011 – 18 W 11/11, IVD-Rspr. A 115 Bl. 49; *Hamm/Schwerdtner*, Maklerrecht, Rn. 335.
4 OLG Hamm, Beschl. v. 27.6.2011 – 18 W 11/11, IVD-Rspr. A 115 Bl. 49.

chen einschlägigen Vorstrafen er weiß, haftet einem Vertragspartner aus eigenem Verschulden für die sich hieraus ergebenden Schäden.[5]

4 Der *Verkäufermakler* ist verpflichtet, durch eine den tatsächlichen Marktverhältnissen entsprechende Preisgestaltung die Voraussetzungen für den beabsichtigten Verkauf zu schaffen. Verletzt er diese Nebenpflicht, macht er sich schadensersatzpflichtig.[6] Dies gilt insbesondere dann, wenn er überhöhte Kaufpreisvorstellungen in sein Exposé aufnimmt, weil diese als solche geeignet sind, Interessenten von der Abgabe eines Angebots abzuhalten.[7] Ist der Verkäufermakler im Rahmen eines Alleinauftrags tätig, darf er den Kontakt zu einem Kaufinteressenten nicht abreißen lassen[8] und muss ausreichende Vermarktungsbemühungen erbringen.[9] Auch darf der Verkäufermakler gegenüber einem Kaufinteressenten nicht wahrheitswidrig erklären, das Objekt sei bereits vergeben.[10] Ferner handelt er pflichtwidrig, wenn er gegenüber dem Verkäufer ein abgegebenes Kaufangebot verschweigt[11] oder die Bedingungen eines abgegebenen Kaufangebots unzutreffend darstellt.[12] Handelt es sich um die Vermittlung von landwirtschaftlichen Flächen, so ist es üblich, dass der Makler mit potenziellen Kaufinteressenten telefonisch in Verbindung tritt und sie um die Abgabe eines Angebots bittet. Anschließend meldet er sich bei überbotenen Interessenten, um ihnen die Gelegenheit zu geben, ihr Angebot zu erhöhen. Unterlässt er es, Interessenten die Gelegenheit einzuräumen, ihr Angebot zu erhöhen, handelt er ebenfalls pflichtwidrig.[13]

3. Aufklärungspflichten

5 Eine sachgemäße Interessenwahrnehmung gebietet regelmäßig, den Auftraggeber nicht nur über das aufzuklären, was unerlässlich ist, damit dieser vor Schaden bewahrt wird, sondern auch über alle dem Makler bekannten tatsächlichen und rechtlichen Umstände, die für die Entschließung des Auf-

---

5 BGH, Urt. v. 5.5.1969 – VI ZR 1/69, NJW 1970, 1314; vgl. auch BGH, Urt. v. 14.3.2013 – III ZR 296/11, BGHZ 196, 340 Rn. 32, 19 = NJW 2013, 3366: Haftung aus Verschulden bei Vertragsabschluss, § 241 Abs. 2 i.V.m. § 311 Abs. 2 BGB.

6 BGH, Urt. v. 24.1.2019 – I ZR 160/17, NJW 2019, 1596 Rn. 28.

7 BGH, Urt. v. 24.1.2019 – I ZR 160/17, NJW 2019, 1596 Rn. 28.

8 BGH, Urt. v. 24.1.2019 – I ZR 160/17, NJW 2019, 1596 Rn. 29.

9 BGH, Urt. v. 24.1.2019 – I ZR 160/17, NJW 2019, 1596 Rn. 88.

10 BGH, Urt. v. 24.1.2019 – I ZR 160/17, NJW 2019, 1596 Rn. 30.

11 BGH, Urt. v. 24.1.2019 – I ZR 160/17, NJW 2019, 1596 Rn. 23, 82.

12 BGH, Urt. v. 24.1.2019 – I ZR 160/17, NJW 2019, 1596 Rn. 82.

13 BGH, Urt. v. 24.1.2019 – I ZR 160/17, NJW 2019, 1596 Rn. 31.

traggebers von Bedeutung sein können.[14] Diese Erklärungen des Maklers müssen insgesamt so beschaffen sein, dass sie dem Auftraggeber keine unzutreffenden Vorstellungen vermitteln.[15] Aufklärungspflichtige Umstände sind ferner wesentliche Beschaffenheitsmerkmale der zu vermittelnden Immobilie, wie etwa Erkenntnisse über Insekten- oder Pilzbefall eines Dachstuhls, die der Makler dem Erwerber auch ungefragt mitzuteilen hat.[16]

Im Anschluss an diese Grundsätze hat das OLG Hamm[17] hervorgehoben, **6** dass dies insbesondere für solche Umstände gilt, die den Vertragszweck vereiteln oder erheblich gefährden können. Daher hat der Verkäufermakler bei Abschluss des Maklervertrages den Kunden darüber aufzuklären, dass er zugleich als „Projektentwickler" ein eigenes wirtschaftliches Interesse am Abschluss eines Erwerbsvertrages hat, der bestimmten Architekten ermöglicht, eine bereits getätigte Planungsleistung dem Erwerber gegenüber entgeltlich zu erbringen. Ohne diese Aufklärung wird der vom Veräußerer-Kunden angestrebte alsbaldige Verkauf des Grundstücks gefährdet, zumal wenn der Makler davon absieht, übliche Vermarktungsmaßnahmen vor dem Objekt und in Internetportalen zu veranlassen.[18] Das OLG Brandenburg[19] hat zutreffend darauf hingewiesen, dass im Hinblick auf die Lage eines Grundstücks im Einzugsbereich eines zukünftigen Flughafens die Finanzierung von Schallschutzmaßnahmen durch die Flughafengesellschaft einen Umstand darstellt, der für die Willensentscheidung eines potentiellen Erwerbers von Bedeutung sein kann.[20]

Mitteilungspflichtig sind gegenüber dem Erwerbsinteressenten durch Aus- **7** dünstungen von Bauteilen entstehende Schadstoffbelastungen des Raumklimas eines Wohnobjekts, die gesundheitsgefährdend sind. Dies gilt auch dann, wenn lediglich der begründete Verdacht derartiger Belastungen be-

---

14 BGH, Urt. v. 8.7.1981 – IVa ZR 244/80, NJW 1981, 2685, 2686; Urt. v. 28.9.2000 – III ZR 43/99, NJW 2000, 3642; Urt. v. 18.1.2007 – III ZR 146/06, NJW-RR 2007, 711 Rn. 11; Beschl. v. 10.11.2016 – I ZR 235/15, WuM 2017, 48 Rn. 20; Urt. v. 12.7.2018 – I ZR 152/17, NJW 2019, 1223 Rn. 12.

15 BGH, Urt. v. 28.9.2000 – III ZR 43/99, NJW 2000, 3642; Urt. v. 31.1.2003 – V ZR 389/ 01, NJW-RR 2003, 700, 701 f.; Beschl. v. 18.4.2013 – V ZR 231/12, iuris Rn. 16; *D. Fischer*, NZM 2019, 201, 202.

16 OLG Hamburg, Beschl. v. 12.8.2010 – 13 U 27/10, ZMR 2011, 305, 306.

17 OLG Hamm, Urt. v. 8.2.2018 – 18 U 41/17, ZMR 2018, 722, 723 unter Bezugnahme auf BGH, Urt. v. 11.8.2010 – XII ZR 192/08, NJW 2010, 3362 Rn. 22 (Gewerberaummietrechtssenat).

18 OLG Hamm, Urt. v. 8.2.2018 – 18 U 41/17, ZMR 2018, 722, 723; *D. Fischer*, NJW 2018, 3287, 3289.

19 OLG Brandenburg, Urt. v. 29.1.2019 – 6 U 65/17, NJW-RR 2019, 825.

20 *D. Fischer*, NJW 2020, 1268, 1270.

steht. Dies setzt aber voraus, dass der Makler hiervon Kenntnis oder zumindest aufgrund seiner Sachkunde hiervon hätte Kenntnis haben müssen.[21] Einem Immobilienmakler können nicht, worauf das OLG Hamm zu Recht hingewiesen hat, Wahrnehmungs- und Informationsobliegenheiten auferlegt werden, wie sie für Architekten, Bauingenieure und ähnliche Berufsgruppen gelten, die sich mit der Sanierung von Bauwerken befassen. Darlegungs- und beweispflichtig für eine derartige Kenntnis ist der die Pflichtverletzung geltend machende Maklerkunde.[22]

8 Wieweit die *Unterrichtungspflicht* im Einzelnen zu ziehen ist, hängt von den Umständen der jeweiligen Fallgestaltung ab.[23] Hierbei kann der Erfahrenheit des Kunden sowie den Risiken des konkreten Geschäfts besondere Bedeutung zukommen.[24] Ist der Makler hiernach zu einer Unterrichtung seines Auftraggebers verpflichtet, gebietet es die von ihm wahrzunehmende Sorgfalt, keine Informationen zu erteilen, für die es an einer hinreichenden Grundlage fehlt. Stehen ihm solche nicht zur Verfügung oder kann er sie sich nicht verschaffen, muss er zumindest diesen Umstand offenlegen.[25] Die Erklärungen des Maklers müssen insgesamt so beschaffen sein, dass sie bei seinem Kunden keine unzutreffenden Vorstellungen vermitteln.[26]

9 Eine Aufklärungs- und Hinweispflicht für den Makler besteht allerdings nur dann, wenn ihm die Bedeutung des fraglichen Umstandes für den Entschluss des Auftraggebers erkennbar und dieser gerade bezüglich dieses Umstandes auch offenbar belehrungsbedürftig ist.[27] Macht der Auftraggeber im Schadensersatzprozess eine derartige Pflichtverletzung geltend, muss er mithin nicht nur seine Belehrungsbedürftigkeit darlegen, sondern auch vortragen, dass diese für den Makler unschwer erkennbar gewesen ist.[28]

---

21 OLG Hamm, Urt. v. 18.2.2019 – 18 U 99/17, BeckRS 2019, 29895; *D. Fischer*, NJW 2020, 1268, 1271.
22 OLG Hamm, Urt. v. 18.2.2019 – 18 U 99/17, BeckRS 2019, 29895 zur Kenntnis hinsichtlich der Raumluft-Belastung älterer Fertighäuser.
23 BGH, Urt. v. 18.1.2007 – III ZR 146/06, NJW-RR 2007, 711 Rn. 11; Beschl. v. 10.11.2016 – I ZR 235/15, WuM 2017, 48 Rn. 20; Urt. v. 12.7.2018 – I ZR 152/17, NJW 2019, 1223 Rn. 12; OLG Oldenburg, Urt. v. 15.5.2009 – 6 U 6/09, NJW-RR 2009, 1284.
24 *Bethge*, ZfIR 2001, 177, 178.
25 BGH, Urt. v. 28.9.2000 – III ZR 43/99, NJW 2000, 3642; Beschl. v. 10.11.2016 – I ZR 235/15, WuM 2017, 48 Rn. 20.
26 BGH, Urt. v. 17.10.1990 – IV ZR 197/89, NJW-RR 1991, 627, 628; Urt. v. 28.9.2000 – III ZR 43/99, NJW 2000, 3642.
27 BGH, Beschl. v. 28.5.2020 – I ZR 194/19, NZM 2020, 844 = BeckRS 2020, 18104 Rn. 9, 13 unter Bezugnahme auf BGH, Urt. v. 8.7.1981 – IVa ZR 244/80, NJW 1981, 2685.
28 BGH, Beschl. v. 28.5.2020 – I ZR 194/19, NZM 2020, 844 = BeckRS 2020, 18104 Rn. 11.

Diese Pflichten treffen den Makler nicht nur gegenüber dem Kaufinteressen- **10**
ten, sondern auch gegenüber dem Verkäufer, wenn er für beide Vertragsteile
als Doppelmakler tätig ist. Übermittelt der Makler unter Verstoß gegen seine
Prüfungspflichten einem Kaufinteressenten unrichtige, für die Vermarktung
nachteilige Informationen, liegt darin eine Verletzung des mit dem Verkäufer bestehenden Maklervertrages.[29]

Der Kaufinteressent, der sich an einen Makler wendet, erwartet regelmäßig **11**
nähere Angaben zu den angebotenen Objekten. Der Makler ist hierbei aber
nicht verpflichtet, eigene Ermittlungen vorzunehmen und Nachprüfungen
anzustellen.[30] Er kann sich darauf beschränken, die vom Verkäufer erhaltenen Angaben weiterzureichen. Dies gilt etwa für die Frage der Nutzung
eines Kellergeschosses als Wohnraum, wenn dies den tatsächlichen Verhältnissen des Objekts entspricht und kein Hinweis auf die Unzulässigkeit der
Nutzung erkennbar ist.[31] Ferner kann dies für die Weitergabe eines vom Verkäufer eingeholten Wertgutachtens zutreffen.[32] Die Tätigkeit des Maklers
umfasst nicht die Aufgabe eines Sachverständigen.[33] Eine Parallele zu den
Verpflichtungen eines Anlagevermittlers im Rahmen eines stillschweigenden Auskunftsvertrages lässt sich hier allenfalls in begrenzten Umfang ziehen. Anders, als dies teilweise im maklerrechtlichen Schrifttum verstanden
worden ist,[34] hat der Bundesgerichtshof aber nicht generell auf die Nebenpflichten des Maklers die für den Anlagevermittler entwickelten Grundsätze[35] übertragen.[36]

Fragen des Kaufinteressenten hinsichtlich von Eigenschaftsmerkmalen des **12**
Grundstücks, die von besonderer Bedeutung für seinen Kaufentschluss sind,
hat der Makler besonders gewissenhaft zu beantworten. Dies gilt etwa für

---

29 BGH, Beschl. v. 10.11.2016 – I ZR 235/15, WuM 2017, 48 Rn. 20.
30 BGH, Urt. v. 5.2.1962 – VII ZR 248/60, BGHZ 36, 323, 328; Urt. v. 16.9.1981 – IVa
   ZR 85/80, NJW 1982, 1147; Urt. v. 18.1.2007 – III ZR 146/06, NJW-RR 2007, 711
   Rn. 13; OLG Frankfurt a. M., Urt. v. 26.9.2001 – 7 U 3/01, NJW-RR 2002, 778; OLG
   Düsseldorf, Urt. v. 9.9.2016 – 7 U 82/15, BeckRS 2016, 21373; OLG Brandenburg,
   Urt. v. 29.1.2019 – 6 U 65/17, NJW-RR 2019, 825.
31 OLG Oldenburg, Urt. v. 15.5.2009 – 6 U 6/09, NJW-RR 2009, 1284, 1285.
32 OLG Oldenburg, Urt. v. 6.3.1992 – 6 U 235/91, ZMR 1992, 300.
33 OLG Oldenburg, Urt. v. 15.5.2009 – 6 U 6/09, NJW-RR 2009, 1284, 1285; *D. Fischer*,
   NJW 2011, 3277, 3280.
34 Vgl. *Hiller*, ZMR 2001, 203; *Thode*, WuB IV A. § 276 BGB 2.01; *J. Breiholdt*, IBR
   2001, 93.
35 BGH, Urt. v. 13.5.1993 – III ZR 25/92, NJW-RR 1993, 1114; Urt. v. 13.1.2000 – III ZR
   62/99, NJW-RR 2000, 998.
36 BGH, Urt. v. 18.1.2007 – III ZR 146/06, NJW-RR 2007, 711 Rn. 12; *D. Fischer*, NJW
   2007, 3107, 3111.

die Frage nach der Restitutionsbefangenheit einer Immobilie.[37] Kann der Makler eine mehrfach und bei verschiedenen Gelegenheiten gestellte Frage des Kaufinteressenten, mit dem er vertraglich verbunden ist, nach der Restitutionsbefangenheit nicht aus eigener Kenntnis beantworten, darf er sich auch nicht ohne Weiteres die von der Verkäuferseite erteilte Auskunft zu eigen machen oder sich ihr verstärkend anschließen. Er muss vielmehr unter diesen besonderen Umständen, seine mangelnde Kenntnis seinem Maklerkunden offenbaren.[38]

13 Zu seiner eigenen Sicherheit ist dem Makler zu empfehlen, ausdrücklich – etwa im Exposé – darauf hinzuweisen, dass er die Angaben des Verkäufers auf ihre sachliche Richtigkeit nicht überprüft hat. Dieser Hinweis kann auch wirksam in die Allgemeinen Geschäftsbedingungen aufgenommen werden.[39]

14 Erkennt der Makler allerdings aufgrund seiner Sachkenntnis, dass bestimmte Angaben des Verkäufers nicht zutreffen, dann hat er hierüber seinen Kunden aufzuklären. Er ist auch verpflichtet, keine Angaben der Verkäuferseite in sein Exposé aufzunehmen oder ansonsten zu übernehmen, die nach den in seinem Berufsstand vorauszusetzenden Kenntnissen ersichtlich als unrichtig, nicht plausibel oder sonst als bedenklich einzustufen sind.[40] Hätte der Makler die Unrichtigkeit bestimmter Angaben bei gehöriger Sorgfalt erkennen können, ist gleichfalls eine Pflichtverletzung anzunehmen.[41] Eine Einstandspflicht des Maklers lässt sich bei diesen Fallgestaltungen nicht mit dem Argument verneinen, dem Maklerkunden hätten aufgrund der vorhandenen Informationen selbst Zweifel kommen müssen und es wäre seine Sache gewesen, sich Gewissheit zu verschaffen.[42] Unter besonderen Umständen kann aber ein Mitverschulden des Maklerkunden in Betracht zu ziehen sein.[43]

---

37 BGH, Urt. v. 17.1.2008 – III ZR 224/06, NJW-RR 2008, 564 Rn. 17.

38 BGH, Urt. v. 17.1.2008 – III ZR 224/06, NJW-RR 2008, 564 Rn. 17.

39 BGH, Urt. v. 16.9.1981 – IVa ZR 85/80, NJW 1982, 1147; Urt. v. 18.1.2007 – III ZR 146/06, NJW-RR 2007, 711 Rn. 12; OLG Hamm, Urt. v. 30.10.1997 – 18 U 35/97, NZM 1998, 241; Urt. v. 6.7.1995 – 18 U 72/95, NJW-RR 1996, 1081.

40 BGH, Urt. v. 18.1.2007 – III ZR 146/06, NJW-RR 2007, 711 Rn. 12; OLG Brandenburg, Urt. v. 29.1.2019 – 6 U 65/17, NJW-RR 2019, 825.

41 OLG Hamm, Urt. v. 30.10.1997 – 18 U 35/97, NZM 1998, 241; *Dehner*, NJW 1993, 3236, 3242.

42 BGH, Urt. v. 18.1.2007 – III ZR 146/06, NJW-RR 2007, 711 Rn. 20.

43 BGH, Urt. v. 18.1.2007 – III ZR 146/06, NJW-RR 2007, 711 Rn. 20; Einzelheiten hierzu nachstehend unter Rn. 39 ff.

Ferner darf der Makler keine Umstände als sicher hinstellen, von denen er keine zuverlässige Kenntnis besitzt.[44] Auch darf der Makler nicht den Eindruck erwecken, Angaben beruhten auf eigenen Ermittlungen oder seien von ihm zumindest auf ihre Richtigkeit überprüft worden. Erfährt der Makler nachträglich, dass bestimmte Angaben falsch sind, muss er sie unverzüglich berichtigen.[45] Hat der Makler, der die Flächenangabe der Eigentümer nicht nachgeprüft hat, die Größe eines Gartenteils in vorangegangenen Anzeigen mit einer kleineren Fläche angegeben als in der Anzeige, auf der sich der Kaufinteressent meldet, dann ist er verpflichtet, diese Tatsache zu offenbaren.[46] Der Verkäufermakler ist verpflichtet, ihm bekannte erhebliche finanzielle Schwierigkeiten des nachgewiesenen Kaufinteressenten seinem Kunden ungefragt vor Vertragsabschluss mitzuteilen.[47] Demgegenüber ist ein Immobilienmakler nicht ohne Weiteres verpflichtet, seinen Kunden darauf hinzuweisen, dass es sich bei dem zu erwerbenden Wohnhaus-Objekt um ein Fertighaus handelt.[48]

15

Der vom Verkäufer beauftragte Makler ist nicht verpflichtet, selbstständige Erkundigungen über die Bonität von nachgewiesenen Kaufinteressenten vorzunehmen.[49] Anderes gilt nur dann, wenn der Makler sich ausdrücklich bereit erklärt hat, hierzu eigene Überprüfungen vorzunehmen.

16

4. Beratungspflichten

a) Allgemeine Grundsätze

Der Umfang der Beratungspflichten lässt sich nicht generell bestimmen. Auch hier ist auf die Umstände des Einzelfalls abzustellen, wobei der konkret in Rede stehenden Maklertätigkeit besondere Bedeutung zukommt. So sind die vertraglichen Pflichten des *Versicherungsmaklers* wesentlich weiter gefasst als die des Handels- oder Zivilmaklers. Der Versicherungsmakler wird als Interessen- oder sogar Abschlussvertreter des Versicherungsneh-

17

---

44 OLG Frankfurt a. M., Urt. v. 13.2.2008 – 15 U 137/07, OLGReport 2008, 867, 868 („völlig saniert").
45 BGH, Urt. v. 28.9.2000 – III ZR 43/99, NJW 2000, 3642.
46 OLG München, Urt. v. 14.4.2005 – 19 U 5861/04, MDR 2005, 1221.
47 OLG Dresden, Beschl. v. 22.3.2007 – 8 U 1994/06, MDR 2007, 1251.
48 OLG Frankfurt a. M., Urt. v. 1.8.2005 – 19 W 26/05, NZM 2006, 67 (auf § 654 BGB gestütztes Provisionsrückzahlungsbegehren).
49 RG, GruchotBeitr. Bd. 45, 1012; BGH, Urt. v. 12.1.1972 – IV ZR 25/70, n. v.; OLG Frankfurt a. M., RDM-Rspr. A 115 Bl. 13; MünchKomm-BGB/*H. Roth*, § 652 Rn. 287.

mers angesehen.[50] Wegen seiner umfassenden Pflichten, die teilweise in § 60 (Beratungsgrundlagen) und § 61 VVG (Beratungs- und Dokumentationspflichten) eine Kodifizierung erfahren haben, wird er nach gefestigter Rechtsprechung des Bundesgerichtshofs[51] als treuhänderischer Sachwalter des Versicherungsnehmers bezeichnet und insoweit mit sonstigen Beratern verglichen. Zu diesem Pflichtenkreis gehört insbesondere, dem Kunden eine auf seine individuellen Wünsche und Bedürfnisse zugeschnittene „passende" Versicherung anzuempfehlen.[52] Demgegenüber treffen den *Immobilienmakler*, der sich auf eine reine Nachweisleistung beschränkt, im Regelfall keine weitreichenden Beratungspflichten. Anders liegt es dagegen, wenn er als Vermittlungsmakler handelt. Insbesondere bei einem Makleralleinauftrag kann der Makler auch zur *Beratung* des Maklerkunden verpflichtet sein. Dies gilt etwa hinsichtlich des Verkaufswerts des Objektes, wobei dem Makler allerdings ein gewisser Beurteilungsspielraum einzuräumen ist.[53]

b) Steuerrechtliche Fragenbereiche

18   Mit Grundsatzurteil vom 12.7.2018 hat der Bundesgerichtshof[54] erstmals ausgesprochen, dass einen Makler beim Fehlen einer entsprechenden Vereinbarung grundsätzlich keine vertragliche Nebenpflicht trifft, *steuerrechtliche Fragen* zu prüfen, die sich im Zusammenhang mit dem Vertrag stellen, den er vermittelt oder für dessen Abschluss er eine Gelegenheit nachweist, und seinen Auftraggeber über die in diesem Zusammenhang relevanten Umstände aufzuklären. Dies entspricht der bisher überwiegend vertretenen Auffassung der Instanzgerichte[55] und des Schrifttums.[56] Makler sind zwar ge-

---

50 BGH, Urt. v. 20.1.2005 – III ZR 251/04, BGHZ 162, 67, 78; Urt. v. 10.3.2016 – I ZR 147/14, BGHZ 209, 256 Rn. 18 = NJW 2016, 3366.
51 BGH, Urt. v. 22.5.1985 – IVa ZR 190/83, BGHZ 94, 356, 359; Urt. v. 20.1.2005 – III ZR 251/04, 162, 67, 78; Urt. v. 14.6.2007 – III ZR 269/06, NJW-RR 2007, 1503 Rn. 10; Urt. v. 1.3.2012 – III ZR 213/11, NJW 2012, 1504 Rn. 12; Urt. v. 10.3.2016 – I ZR 147/14, BGHZ 209, 256 Rn. 18 = NJW 2016, 3366.
52 BGH, Urt. v. 1.3.2012 – III ZR 213/11, NJW 2012, 1504 Rn. 12.
53 OLG Düsseldorf, Urt. v. 10.5.1996 – 7 U 86/95, NJW-RR 1997, 1278, 1279; OLG Schleswig, Urt. v. 2.6.2000 – 14 U 136/99, IVD-Rspr. A 115 Bl. 38.
54 BGH, Urt. v. 12.7.2018 – I ZR 152/17, NJW 2019, 1223 Rn. 13 mit Anm. *D. Fischer*, WuB 2019, 353.
55 OLG Koblenz, Urt. v. 7.2.2002 – 5 U 1060/01, GuT 2002, 51, 52 f. 52 = IVD-Rspr. A 114 Bl. 22 = NZM 2002, 830 (Voraussetzungen der Eigenheimzulage); LG Bremen, Urt. v. 16.6.2014 – 4 O 860/13, ZMR 2015, 506 (10-Jahresfrist zur Entrichtung von Spekulationssteuer bei Grundstücksveräußerung); a.A. OLG Koblenz, ZNotP 2002, 448, 449.
56 Vgl. die Nachweise BGH, Urt. v. 12.7.2018 – I ZR 152/17, NJW 2019, 1223 Rn. 13.

mäß § 4 Nr. 5 StBerG berechtigt, zu einschlägigen steuerlichen Fragen Auskünfte zu geben und zu beraten; sie sind dazu aber gegenüber dem Auftraggeber nach dem Maklervertrag grundsätzlich nicht verpflichtet.[57] Macht der Makler aber von dieser Berechtigung Gebrauch, etwa indem er, um die Erwerbsabsicht zu fördern, persönliche Berechnungsbeispiele zur Steuerersparnis des Kaufinteressenten vornimmt,[58] müssen die erteilten Auskünfte richtig sein.[59] Gleiches gilt beispielsweise bei der Vermittlung eines Erbteilkaufs, wenn der Makler über die Besonderheiten dieses Rechtsgeschäfts berät.[60]

Zu der im Streitfall entscheidungserheblichen Frage, ob der Immobilienmakler auf die Spekulationsfrist der § 22 Nr. 2, § 23 Abs. 1 Satz 1 Nr. 1 EStG hinzuweisen hat, wurde ausgeführt, dass ein Makler nur dann gehalten ist, auf mögliche steuerrechtliche Folgen des vermittelten Geschäfts aufmerksam zu machen, wenn er aufgrund besonderer Umstände des Einzelfalls Anlass zu der Vermutung haben muss, seinem Kunden drohe ein Schaden, weil er sich der Gefahr des Entstehens einer besonderen Steuerpflicht aus den genannten Bestimmungen, nicht bewusst ist.[61] **19**

Eine Hinweispflicht kommt allerdings ausnahmsweise etwa dann in Betracht, wenn der Makler sich hinsichtlich bestimmter Steuerfragen als Fachmann geriert. Erweckt er dadurch bei dem Auftraggeber ein berechtigtes Vertrauen, dass für ihn in dieser Hinsicht unvorteilhafte Vertragsgestaltungen vermieden werden, muss er sich an diesem Eindruck festhalten lassen. Des Weiteren können sich gewisse Beratungspflichten zu rechtlichen und steuerlichen Standardfragen auf einem bestimmten Gebiet für den Makler im Einzelfall daraus ergeben, dass er sich – beispielsweise in seiner Werbung – einer langjährigen Tätigkeit und Erfahrung auf diesem Gebiet berühmt. Außerdem muss der Makler dem Auftraggeber dann, wenn dieser hinsichtlich vertragsrelevanter Umstände erkennbar rechtlicher Belehrung bedarf, anraten, insoweit fachmännischen Rat einzuholen.[62] Gesteigerte Beratungs- **20**

---

57 BGH, Urt. v. 12.7.2018 – I ZR 152/17, NJW 2019, 1223 Rn. 13.
58 Vgl. BGH, Urt. v. 14.3.2003 – V ZR 308/02, NJW 2003, 1811, 1812 f.; *D. Fischer*, NZM 2019, 201, 202.
59 OLG Koblenz, Urt. v. 7.2.2002 – 5 U 1060/01, GuT 2002, 51, 52 f. = IVD-Rspr. A 114 Bl. 22 = NZM 2002, 830; OLG Naumburg, Urt. v. 14.3.2018 – 4 U 58/17, VersR 2019, 614, 615 zu Sonderabschreibungen nach § 7i EStG; LG Bremen, Urt. v. 16.6.2014 – 4 O 860/13, ZMR 2015, 506; *D. Fischer*, NJW 2015, 3278, 3283; *Hogenschurz*, ZfIR 2019, 55, 56.
60 Vgl. BGH, Urt. v. 12.5.2016 – I ZR 5/15, NJW 2016, 3233 Rn. 16; *D. Fischer*, NZM 2019, 201, 202.
61 BGH, Urt. v. 12.7.2018 – I ZR 152/17, NJW 2019, 1223 Rn. 18 ff.
62 BGH, Urt. v. 12.7.2018 – I ZR 152/17, NJW 2019, 1223 Rn. 14.

und Aufklärungspflichten bestehen für den Makler schließlich dann, wenn er den Auftraggeber zu einem riskanten Vorgehen veranlasst oder ihn sonst zu einem unvorteilhaften und überstürzten Vertragsschluss verleitet.[63]

c) Anderweitige Leistungsbereiche

21 Die Beschaffung eines Grundrisses oder die Erstellung eines Verkehrswertgutachtens sowie Äußerungen hierzu sind zwar bei der Vermittlung einer Immobilie nicht stets geboten, sie gehören aber zu den typischen Leistungen eines Maklers.[64] Sie müssen daher ordnungsgemäß erbracht werden und können bei fehlerhaftem Handeln des Maklers zu Ersatzansprüchen des Auftraggebers führen.[65]

5. Sonstige Nebenpflichten

a) Grundsatz der Exposéwahrheit

22 Nach diesem Grundsatz trifft den Verkäufermakler ferner die Nebenpflicht, das zu verkaufende Objekt in einem Exposé so zu beschreiben, wie es dem tatsächlichen Zustand und den ihm vom Verkäufer gemachten Angaben entspricht.[66] Der Makler kann zwar, um den Verkaufserfolg herbeizuführen, das Objekt positiv bewerben. Er darf jedoch die ihm vom Kunden gemachten Angaben nicht derart beschönigen, dass sie mit der Wirklichkeit nicht mehr übereinstimmen und unzutreffend sind. Der Makler hat den Verkäufer davor zu schützen und gegebenenfalls auch davor zu warnen, dass er durch Angaben in einem Exposé oder auch durch mündliche Zusicherungen des Maklers, etwa bei Besichtigungen, nach Abschluss des Hauptvertrages Gewährleistungsansprüchen ausgesetzt ist.

23 Höchstrichterlich ist geklärt, dass fehlerhafte Angaben in einem Maklerexposé als Beschaffenheitseigenschaften i. S. d. § 434 Abs. 1 Satz 2 BGB gewertet werden und mithin eine Haftung des Verkäufers begründen können.[67] Der Makler darf daher von sich aus keine Angaben verwenden, mit denen – für ihn als Immobilienfachkraft erkennbar – die Beschaffenheit des Kaufge-

---

63 BGH, Urt. v. 12.7.2018 – I ZR 152/17, NJW 2019, 1223 Rn. 14.
64 BGH, Urt. v. 12.5.2016 – I ZR 5/15, NJW 2016, 3233 Rn. 13.
65 *D. Fischer*, NZM 2019, 201, 203.
66 OLG Düsseldorf, Urt. v. 9.9.2016 – 7 U 82/15, BeckRS 2016, 21373.
67 BGH, Urt. v. 19.1.2018 – V ZR 256/16, NJW-RR 2018, 752 Rn. 10; Urt. v. 9.2.2018 – V ZR 274/16, NJW 2018, 1954 Rn. 17, Beschl. v. 10.10.2019 – V ZR 4/19, NJW 2020, 765 Rn. 14 (jeweils Grundstücksrechtssenat).

genstands falsch dargestellt wird.[68] Eine Pflichtverletzung in diesem Sinn liegt etwa dann vor, wenn im Exposé von einer „Trockenlegung der Außenwände bei der Kernsanierung" die Rede ist, obwohl tatsächlich die Außenwände im Wesentlichen durch Wegschaufeln von angehäuftem Sand trocken gemacht wurden. Eine derartige Abweichung von den tatsächlichen Gegebenheiten kann nicht mehr als verkaufsfördernde Bewerbung des Objekts gerechtfertigt werden.[69] Wird ein Wohngebäude in einem solchen Exposé etwa als „Luxusimmobilie" bezeichnet, die „nach neuestem Stand renoviert worden" ist, dann kann ein Käufer aus objektiver Sicht erwarten, dass die Räumlichkeiten keine Feuchtigkeit aufweisen, soweit sie zu Wohnzwecken dienen.[70] Ist dies nicht der Fall, kommt auch eine Haftung des Maklers in Betracht.[71] Demgegenüber hält das OLG Dresden die Exposéangabe „mit wenigen Handgriffen bereit, neue Besitzer zu beherbergen" für eine inhaltslose Floskel, die keine Beschaffenheitsangabe bezüglich des Wohn- und Sanierungsstandards darstellt.[72]

b) Übererlösabreden

Will ein Makler mit einem Verkaufsinteressenten eine *Übererlösabrede* vereinbaren, ist er verpflichtet, diesen über den objektiv erzielbaren Kaufpreis aufzuklären.[73] Dies gilt jedenfalls dann, wenn der Verkaufsinteressent nicht sachkundig ist und keine Vorstellungen über den tatsächlichen Verkehrswert und den erzielbaren Preis hat.[74] Hat der Makler selbst die erforderlichen Kenntnisse nicht, muss er sie sich vor Vereinbarung einer Übererlösprovision verschaffen.[75] **24**

Kommt er dieser Verpflichtung nicht nach, macht er sich nach § 311 Abs. 2 Nr. 1, § 241 Abs. 2 BGB schadensersatzpflichtig.[76] Bei einem derartigen **25**

---

68 OLG Düsseldorf, Urt. v. 9.9.2016 – 7 U 82/15, BeckRS 2016, 21373; *D. Fischer*, NZM 2019, 201, 202.

69 OLG Düsseldorf, Urt. v. 9.9.2016 – 7 U 82/15, BeckRS 2016, 21373; *D. Fischer*, NZM 2019, 201, 202.

70 BGH, Beschl. v. 10.10.2019 – V ZR 4/19, NJW 2020, 765 Rn. 14 unter Bezugnahme auf BGH, Urt. v. 9.2.2018 – V ZR 274/16, NJW 2018, 1954 Rn. 18 (jeweils Grundstücksrechtssenat).

71 *D. Fischer*, NJW 2020, 1268, 1271.

72 OLG Dresden, Beschl. v. 17.3.2020 – 4 U 2183/19, IMR 2020, 254.

73 *Seydel/Heinbuch*, Maklerrecht, Rn. 66.

74 OLG Düsseldorf, Urt. v. 4.3.1994 – 7 U 63/93, OLG-Report Düsseldorf 1994, 229; Urt. v. 16.2.1996 – 7 U 50/95, NJW-RR 1996, 1012; Urt. v. 5.2.1999 – 7 U 132/98, NJW-RR 1999, 1140, 1141; *Ibold*, Maklerrecht, Rn. 58.

75 OLG Düsseldorf, Urt. v. 16.2.1996 – 7 U 50/95, NJW-RR 1996, 1012; Urt. v. 5.2.1999 – 7 U 132/98, NJW-RR 1999, 1140, 1141.

Schadensersatzanspruch kann der Maklerkunde Freistellung von der Über-erlösabrede verlangen,[77] dem Makler steht dann die ortsübliche Provision zu.[78]

6. Rechtsfolgen einer Pflichtverletzung

26   Pflichtverletzungen des Maklers begründen dessen Haftung[79] und führen nach den allgemeinen schuldrechtlichen Grundsätzen zu Schadensersatzan-sprüchen aus § 280 BGB. Ist der Makler zum Schadensersatz verpflichtet, hat er nach § 249 Abs. 1 BGB grundsätzlich den Zustand herzustellen, der bestehen würde, wenn der zum Ersatz verpflichtende Umstand nicht einge-treten wäre (Naturalrestitution). Soweit die Herstellung nicht möglich oder zur Entschädigung des Gläubigers nicht genügend ist, hat der Makler seinen Kunden nach § 251 Abs. 1 BGB in Geld zu entschädigen (Wertersatz).[80] Die Ersatzansprüche kann der Maklerkunde durch Aufrechnung oder Zurückbe-haltungsrecht dem Provisionsanspruch des Maklers entgegenhalten, soweit dieser nicht ohnehin gemäß § 654 BGB wegen Lohnunwürdigkeit ausge-schlossen ist.[81]

a) Freistellung von der Provisionsverpflichtung

27   War die Pflichtverletzung für den Anfall der Provision ursächlich, hat der Makler den Maklerkunden nach dem Grundsatz der Naturalrestitution provi-sionsfrei zu stellen. Dies gilt beispielsweise dann, wenn der Kunde ohne die Pflichtverletzung den Hauptvertrag nicht abgeschlossen hätte;[82] ferner, wenn der Makler trotz vereinbarter Provisionsfreiheit unter Drohung mit Verhinderung des Hauptvertragsabschlusses ein zusätzliches Provisionsver-sprechen erzwingt.[83]

---

76 *Seydel/Heinbuch*, Maklerrecht, Rn. 66; *Hamm/Schwerdtner*, Maklerrecht, Rn. 802.
77 OLG Düsseldorf, Urt. v. 5.2.1999 – 7 U 132/98, NJW-RR 1999, 1140, 1141; *Hamm/Schwerdtner*, Maklerrecht, Rn. 802.
78 *Seydel/Heinbuch*, Maklerrecht, Rn. 66; *Ibold*, Maklerrecht, Rn. 58.
79 *Oechsler*, Vertragliche Schuldverhältnisse, Rn. 1268 (Maklerhaftung).
80 BGH, Urt. v. 24.1.2019 – I ZR 160/17, NJW 2019, 1596 Rn. 35.
81 Palandt/*Sprau*, § 652 Rn. 18.
82 BGH, Urt. v. 18.12.1981 – V ZR 207/80, NJW 1982, 1145; OLG Celle, Urt. v. 3.7.2008 – 11 U 22/08, OLGReport 2009, 370, 371.
83 OLG Hamm, Urt. v. 23.8.1999 – 18 U 7/99, NJW-RR 2001, 710; Palandt/*Sprau*, § 652 Rn. 18.

b) Ersatzansprüche hinsichtlich des eingegangenen Hauptvertrages

Der dem Kunden aus einer Vertragsverletzung gegenüber dem Makler zuste- **28** hende Schadensersatzanspruch kann allerdings nicht nur die Rückgewähr der entrichteten Maklerprovision zum Inhalt haben. Der dem Kunden entstandene Schaden kann wesentlich größer sein, insbesondere, wenn es sich um den Abschluss eines schadensträchtigen Hauptvertrages handelt. Hier ist zwischen der Position des Maklerkunden als Verkäufer und Erwerber zu differenzieren.

aa) Ersatzansprüche gegen den Käufermakler

Liegt der durch die schuldhafte Pflichtverletzung entstandene Schaden im **29** Abschluss des Hauptvertrages, dann kann der geschädigte Maklerkunde wählen, ob er an dem Geschäft festhalten und darüber hinaus zusätzliche Vermögenseinbußen ersetzt verlangen[84] oder ob er den Großen Schadensersatz unter Übertragung der Vorteile aus dem Geschäft geltend machen will.[85] Hat der Maklerkunde sein Wahlrecht zwischen den beiden einander ausschließenden Arten der Schadensberechnung ausgeübt, etwa die Erstattung der gezahlten Maklerprovision verlangt, ist es ihm verwehrt, einen weiteren Schaden auf der Grundlage eines Festhaltens am vermittelten Vertrag zu berechnen.[86] Das positive Interesse ist nicht ersetzbar.[87]

Will der Kunde am Erwerb eines vermittelten Hausgrundstücks festhalten, **30** kann er vom Makler als Ersatz seines Vertrauensschadens den Betrag verlangen, um den er das Haus objektiv zu teuer erworben hat. Dabei kommt es nicht darauf an, ob es ihm bei Kenntnis der wahren Sachlage gelungen wäre, den Vertrag zu einem günstigeren Preis abzuschließen.[88] Wird das Grundstück zu einem Kaufpreis unter dem Marktwert erworben, ist dem Maklerkunden kein vom Makler zu ersetzender Vermögensnachteil (Schaden) ent-

---

84 BGH, Urt. v. 28.9.2000 – III ZR 43/99, NJW 2000, 3642, 3643.
85 OLG Hamm, Beschl. v. 27.6.2011 – 18 W 11/11, IVD-Rspr. A 115 Bl. 49 unter Bezugnahme auf BGH, Urt. v. 15.1.2009 – III ZR 28/08, NJW-RR 2009, 603 Rn. 10 ff. (Anlagevermittlung); ebenso OLG Hamburg, Beschl. v. 12.8.2010 – 13 U 27/10, ZMR 2011, 305, 306; *D. Fischer*, NJW 2018, 3287, 3289.
86 BGH, Beschl. v. 26.4.2018 – I ZR 191/17, BeckRS 2018, 14002 Rn. 2.
87 OLG Koblenz, Urt. v. 16.11.2012 – 10 U 199/12, NJW-RR 2013, 828; OLG München, Urt. v. 19.11.2014 – 20 U 2215/14, NJW-RR 2015, 692; *D. Fischer*, NJW 2013, 3410, 3413.
88 BGH, Urt. v. 28.9.2000 – III ZR 43/99, NJW 2000, 3642, 3643 unter Bezugnahme auf BGH, Urt. v. 8.12.1988 – VII ZR 83/88, NJW 1989, 1793, 1794; ferner OLG München, Urt. v. 19.11.2014 – 20 U 2215/14, NJW-RR 2015, 692.

standen, auch wenn ihm der Makler zuvor anstelle des tatsächlichen Baujahrs ein wesentlich neueres Jahr mitgeteilt hatte.[89] Dem Maklerkunden steht
in diesem Fall auch kein Schadensersatzanspruch auf Rückzahlung der Maklerprovision zu, wenn die Verpflichtung zur Zahlung der Provision durch
den mit dem Immobilienerwerb verbundenen Vorteil ausgeglichen wird,
weil der Kaufpreis zuzüglich des Maklerlohns unter dem Marktwert der Immobilie liegen (Vorteilsausgleichung).[90]

bb) Ersatzansprüche gegen den Verkäufermakler

31   Die Verpflichtung des Verkäufermaklers zum Schadensersatz beschränkt
sich in aller Regel auf die Entschädigung seines Kunden in Geld gemäß
§ 251 Abs. 1 BGB, wenn dieser aufgrund einer Pflichtverletzung des Maklers mit einem Dritten einen vom Makler nachgewiesenen oder vermittelten
Vertrag geschlossen hat, der für ihn wirtschaftlich nachteilig ist. Der Makler,
der seine Pflichten verletzt und aus diesem Grunde gegenüber seinem Auftraggeber zum Schadensersatz verpflichtet ist, ist im Regelfall nicht in der
Lage, eine Rückabwicklung des Grundstückskaufvertrags zu bewirken. Ziel
der Maklertätigkeit ist es, einen Vertrag zwischen seinem Auftraggeber und
einem Dritten zustande zu bringen. Der Makler ist insoweit Außenstehender
und kann daher als vertragsfremde Person auf das Schicksal des von ihm
nachgewiesenen oder vermittelten Grundstückskaufvertrag keinen Einfluss
nehmen. Daher ist die Herstellung des Zustands nicht möglich, der bestehen
würde, wenn der zum Ersatz verpflichtende Umstand nicht eingetreten wäre
(§ 251 Abs. 1 Fall 1 BGB).[91]

32   Anderes kann nur gelten, wenn ausnahmsweise der Makler Partei des Hauptvertrages ist und mithin das Grundstück selbst erwirbt.[92] Der Maklerkunde,
der dem pflichtwidrig handelnden Makler sein Eigentum zu einem Preis unter Wert veräußert, kann von diesem im Wege der Naturalrestitution die
Rückabwicklung des Kaufvertrages verlangen. Sein Ersatzanspruch ist nicht
auf den Ausgleich des Mehrwerts des Kaufgegenstandes beschränkt.[93]

33   Wird der Makler auch mit der Ermittlung des Grundstückswerts beauftragt
und setzt er diesen fehlerhaft zu niedrig an, muss er, wenn das Grundstück

---

89 OLG Hamm, Urt. v. 29.8.2011 – 18 U 25/10, IVD-Rspr. A 115 Bl. 50; *D. Fischer*, NJW
    2012, 3283, 3286.
90 OLG Hamm, Urt. v. 29.8.2011 – 18 U 25/10, IVD-Rspr. A 115 Bl. 50; *D. Fischer*, NJW
    2012, 3283, 3286.
91 BGH, Urt. v. 24.1.2019 – I ZR 160/17, NJW 2019, 1596 Rn. 46, 75.
92 BGH, Urt. v. 24.1.2019 – I ZR 160/17, NJW 2019, 1596 Rn. 47.
93 BGH, Urt. v. 24.1.2019 – I ZR 160/17, NJW 2019, 1596 Rn. 40.

anschließend unter Wert verkauft wird, für den Differenzwert einstehen.[94] Wird er fehlerhaft zu hoch angesetzt und das Grundstück deswegen zunächst nicht veräußert, muss er für den Verzögerungsschaden aufkommen.[95] Entsprechendes gilt, wenn der Verkäufermakler objektbezogene und vermarktungsrelevante Angaben fehlerhaft dem Kaufinteressenten übermittelt und dem Verkäufer durch den verzögerten Kaufvertragsabschluss zusätzliche Finanzierungskosten entstehen.[96]

c) Ersparte Aufwendungen

Bei einem Schadensersatzanspruch sind ersparte Aufwendungen in Höhe **34** der fiktiven Maklerprovision, die bei einer pflichtgemäßen Erfüllung des Maklervertrags angefallen wäre, bei der Ermittlung des Vermögensschadens im Wege der Differenzmethode grundsätzlich anzurechnen und mindern den Schadensersatzanspruch des geschädigten Maklerkunden.[97] Hat der Maklerkunde allerdings einen Anspruch auf Rückzahlung einer nicht geschuldeten Maklerprovision, wie etwa beim Vorliegen eines Verflechtungstatbestands, dann kann ihm nicht ohne weiteres entgegengehalten werden, er müsse sich auf seinen aus anderen Gründen gegen den Makler gerichteten Schadensersatzanspruch eine Maklerprovision in gleicher Höhe als *Vorteilsausgleich* anrechnen lassen.[98] Dies kann erst beantwortet werden, wenn ein Anspruch des Maklerkunden auf Schadensersatz gegen den beklagten Makler feststeht. Diese Provision muss zudem betragsmäßig nicht mit der vom Makler tatsächlich in Rechnung gestellten Vergütung übereinstimmen.[99]

d) Darlegungs- und Beweislast

Der Makler hat im Falle einer objektiven Pflichtwidrigkeit die mangelnde **35** Vorwerfbarkeit derselben zu beweisen.[100] Nichts anderes gilt, wenn der Makler für ein auf den ersten Blick in seinem Verantwortungsbereich liegendes Fehlverhalten einen Entlastungstatbestand anführt, der möglicherweise nicht erst sein Verschulden, sondern sogar – im Sinne einer ausnahmsweisen

---

94 OLG Schleswig, Urt. v. 2.6.2000 – 14 U 136/99, NJW-RR 2002, 419; *D. Fischer*, NJW 2016, 3220, 3223.
95 BGH, Urt. v. 16.12.1999 – III ZR 295/98, NJW-RR 2000, 432; *D. Fischer*, NJW 2016, 3220, 3223.
96 BGH, Beschl. v. 10.11.2016 – I ZR 235/15, WuM 2017, 48 Rn. 20.
97 BGH, Urt. v. 24.1.2019 – I ZR 160/17, NJW 2019, 1596 Rn. 65.
98 BGH, Urt. v. 24.1.2019 – I ZR 160/17, NJW 2019, 1596 Rn. 66.
99 BGH, Urt. v. 24.1.2019 – I ZR 160/17, NJW 2019, 1596 Rn. 66.
100 BGH, Urt. v. 16.12.1999 – III ZR 295/98, NJW-RR 2000, 432.

Rechtfertigung – die objektive Pflichtwidrigkeit entfallen lässt.[101] Dies bedeutet, wenn ein Grundstück überteuert vom Verkaufsmakler angeboten wird und der Kunde einen Zinsschaden wegen eines verzögerlichen Verkaufs gegenüber dem Makler geltend macht, dass für den Einwand, den überhöhten Verkaufspreis habe der Kunde angeordnet, der Makler darlegungs- und beweispflichtig ist.[102]

e) Ursachenzusammenhang zwischen Pflichtverletzung und Schaden

36 Der haftungsausfüllende Ursachenzusammenhang zwischen der Pflichtverletzung des Maklers (Haftungsgrund) und dem Eintritt des geltend gemachten Schadens ist nach dem Beweismaß des § 287 Abs. 1 ZPO zu beurteilen.[103] Hierbei ist zu prüfen, welchen Verlauf die Dinge ohne die Pflichtverletzung genommen hätten und wie sich die Vermögenslage des Geschädigten ohne die Pflichtverletzung darstellen würde. Darlegungs- und beweisbelastet ist insoweit grundsätzlich der geschädigte Maklerkunde.[104] Allerdings kann er sich bei der Beurteilung, ob ein schuldhafter Verstoß des Maklers gegen Hinweis- oder Beratungspflichten einen wirtschaftlichen Nachteil verursacht hat, auf die Vermutung aufklärungsrichtigen Verhaltens stützen.[105] Danach trifft den Makler die Darlegungs- und Beweislast dafür, dass der Geschädigte sich über die aus der Aufklärung und Beratung folgenden Verhaltensempfehlungen hinweggesetzt hätte und deshalb der Schaden auch bei vertragsgerechter und pflichtgemäßer Aufklärung und Beratung eingetreten wäre.[106]

37 Auch für die Kosten eines vom Maklerkunden erfolglos geführten Vorprozesses gegen den Erwerber hat der Makler aufzukommen. Dass pflichtwidri-

---

101 BGH, Urt. v. 16.12.1999 – III ZR 295/98, NJW-RR 2000, 432.
102 BGH, Urt. v. 16.12.1999 – III ZR 295/98, NJW-RR 2000, 432.
103 BGH, Urt. v. 23.10.2014 – III ZR 82/13, NJW-RR 2015, 158 Rn. 9 (Versicherungsmakler).
104 BGH, Urt. v. 23.10.2014 – III ZR 82/13, NJW-RR 2015, 158 Rn. 9 (Versicherungsmakler) unter Bezugnahme auf BGH, Urt. v. 22.5.1985 – IVa ZR 190/83, BGHZ 94, 356, 362 (Versicherungsmakler); Urt. v. 30.9.1993 – IX ZR 73/93, BGHZ 123, 311, 313; Urt. v. 12.12.1996 – IX ZR 214/95, BGHZ 134, 212, 214 (jeweils Steuerberater); Urt. v. 23.11.2006 – IX ZR 21/03, VersR 2007, 393 Rn. 21 (Rechtsanwalt).
105 BGH, Urt. v. 23.10.2014 – III ZR 82/13, NJW-RR 2015, 158 Rn. 9 (Versicherungsmakler).
106 BGH, Urt. v. 23.10.2014 – III ZR 82/13, NJW-RR 2015, 158 Rn. 9 (Versicherungsmakler) unter Bezugnahme auf BGH, Urt. v. 22.5.1985 – IVa ZR 190/83, BGHZ 94, 356, 363 (Versicherungsmakler).

ge Angaben in einem Exposé einen Rechtstreit nach sich ziehen können, ist keine ungewöhnliche Folge und nicht geeignet, den haftungsrechtlichen Zurechnungszusammenhang zwischen der Pflichtverletzung des Maklers und den entstandenen Prozesskosten zu unterbrechen.[107] Bestand für die Zweithandlung des Geschädigten ein rechtfertigender Anlass oder wurde sie durch das haftungsbegründende Ereignis herausgefordert und erweist sich die Reaktion auch nicht als ungewöhnlich oder gänzlich unangemessen, so bleibt der Zurechnungszusammenhang mit dem Verhalten des Schädigers bestehen.[108]

f) Pflichtwidrige Verkehrswerteinschätzung

Bei der Haftung des Maklers wegen pflichtwidriger Fehleinschätzung des Verkehrswerts ist bei der Schadensberechnung (§ 287 ZPO) der Betrag anzusetzen, um den der Maklerkunde den Grundstückskaufvertrag im Vertrauen auf die Richtigkeit der fehlerhaften Angaben zu teuer erworben oder zu billig abgegeben hat.[109] Auf eine bei Schätzungen hinzunehmende Toleranzschwelle kommt es hierbei nicht an.[110] In dieser Weise kann der Schaden zwar nicht ohne Weiteres berechnet werden, wenn der Makler dem Verkäufer pflichtwidrig ein konkretes Kaufangebot verschweigt, das für den Verkäufer günstiger ist als dasjenige, das letztlich zum Abschluss des Hauptvertrages führt. Ergibt sich jedoch aus dem Verhalten des Maklers, dass dieser insgesamt pflichtwidrig nicht in ausreichendem Maße Anstrengungen unternommen hat, für den an ihn durch einen Alleinauftrag gebundenen Kunden Kaufinteressenten zu finden oder steht fest, dass durch überhöhte Kaufpreisangaben des Maklers Kaufinteressenten von der Abgabe von Angeboten abgehalten worden sind, kann der Schaden in entsprechender Weise berechnet werden.[111]

38

---

107 OLG Düsseldorf, Urt. v. 9.9.2016 – 7 U 82/15, BeckRS 2016, 21373.
108 Vgl. BGH, Urt. v. 8.9.2016 – IX ZR 255/13, NJW-RR 2017, 566 = DB 2016, 2955 Rn. 24 unter Bezugnahme auf BGH, Urt. v. 14.6.2012 – IX ZR 145/11, BGHZ 193, 297 Rn. 44 (jeweils Rechtsberaterhaftungssenat); *D. Fischer*, NJW 2017, 3278, 3281.
109 BGH, Beschl. v. 2.12.2015 – I ZR 47/15, NJW-RR 2016, 374 Rn. 10; Urt. v. 24.1.2019 – I ZR 160/17, NJW 2019, 1596 Rn. 86; *D. Fischer*, NJW 2016, 3281, 3284.
110 BGH, Beschl. v. 2.12.2015 – I ZR 47/15, NJW-RR 2016, 374 Rn. 10; Urt. v. 24.1.2019 – I ZR 160/17, NJW 2019, 1596 Rn. 86; *D. Fischer*, NJW 2016, 3281, 3284.
111 BGH, Urt. v. 24.1.2019 – I ZR 160/17, NJW 2019, 1596 Rn. 86.

7. Der Mitverschuldenseinwand gegenüber dem Maklerkunden[112]

39 In der maklerrechtlichen Rechtsprechung des Bundesgerichtshofs wurde bereits früh anerkannt, dass bei Aufklärungs- und Beratungspflichtverstößen des Maklers, die zu dessen Schadensersatzpflicht führen, auch Raum für die Anwendung der Bestimmung des § 254 BGB ist, während dies für die Provisionsverwirkung nicht gilt.[113] Damit wurde grundsätzlich für den Makler die Möglichkeit eröffnet, bei Schadensersatzansprüchen des Maklerkunden durch Anwendung der Grundsätze des Mitverschuldens die Haftung einzuschränken. Welche Konturen im Einzelnen für den Mitverschuldenseinwand bei der Maklerhaftung zu gelten haben, blieb lange offen.

40 In einer Entscheidung aus dem Jahre 2007 vermerkte der Maklerrechtssenat[114] in einer knapp gehaltenen Formulierung, eine Einstandspflicht des Maklers bei fehlerhaften Auskünften dürfe (jedenfalls nicht vollständig, vgl. § 254 BGB) mit dem Argument verneint werden, dem Maklerkunden hätten aufgrund der vorhandenen Informationen selbst Zweifel kommen müssen und es wäre seine Sache gewesen, sich Gewissheit zu verschaffen. In einer zum Versicherungsmaklerrecht ergangenen Entscheidung wurde ein Mitverschulden des Versicherungsnehmers verneint, wenn der Makler im Rahmen der ihm obliegenden Aufgabe, den Versicherungsbedarf zu ermitteln, nicht beim Versicherungsnehmer nachgefragt hat, welche konkreten Tätigkeiten dieser im Rahmen seines Betriebs tatsächlich ausübte.[115] In einer weiteren zu diesem Rechtsgebiet ergangenen Urteil heißt es, die Annahme eines jeweils hälftigen Mitverschuldens bei einer vom Versicherungsnehmer verspäteten Mitteilung der mangelnden Regulierung und eines Schreibens der Versicherung hinsichtlich der Ergänzung der Unfall-Schaden-Anzeige sei rechtsfehlerfrei.[116]

---

112 Hierzu *D. Fischer*, NZM 2019, 201–206.
113 BGH, Urt. v. 5.2.1962 – VII ZR 248/60, BGHZ 36, 323, 329.
114 BGH, Urt. v. 18.1.2007 – III ZR 146/06, NJW-RR 2007, 711 Rn. 20.
115 BGH, Urt. v. 26.3.2014 – IV ZR 422/12, NJW 2014, 2038 Rn. 24 ff., 28; ähnlich bereits BGH, Urt. v. 22.5.1985 – IVa ZR 190/83, BGHZ 94, 356, 361 (Versicherungsmakler) sowie OLG Düsseldorf, Urt. v. 10.11.1995 – 7 U 81/94, VersR 1996, 1104, 1105; Urt. v. 30.4.1999 – 7 U 201/98, VersR 2000, 54, 55.
116 BGH, Urt. v. 16.7.2009 – III ZR 21/09, NJW-RR 2009, 1688 Rn. 15 bis 17.

a) Grundsätze zum Versicherungsmaklerrecht

Mit Grundsatzentscheidung vom 30.11.2017[117] befasste sich der Bundesge-   **41** richtshof erstmals eingehend mit der Problematik des § 254 BGB. Für den Versicherungsmaklervertrag ist es kennzeichnend, dass die vertraglichen Pflichten des Maklers besonders weit gefasst sind.[118] Wegen seiner umfassenden Pflichten wird der Versicherungsmakler nach gefestigter höchstrichterlicher Judikatur als treuhänderischer Sachwalter des Versicherungsnehmers bezeichnet und insoweit mit sonstigen Beratern verglichen.[119] In der angeführten Entscheidung sprach der Maklerrechtssenat erstmals aus, dass die zur Rechtsanwalts- und Steuerberaterberaterhaftung entwickelten Grundsätze über das Mitverschulden des Mandanten[120] in entsprechender Anwendung auch regelmäßig für die Frage eines anspruchsmindernden Mitverschuldens des Versicherungsnehmers bei Beratungspflichtverletzungen des Maklers anwendbar sind.[121]

Bei einem Beratungsvertrag kann der zu beratenden Person regelmäßig nicht   **42** als mitwirkendes Verschulden vorgehalten werden, sie hätte das, worüber sie ihr Berater hätte aufklären oder unterrichten sollen, bei entsprechenden Bemühungen ohne fremde Hilfe selbst erkennen können.[122] Das gilt auch für rechtlich und wirtschaftlich erfahrene Personen.[123] Selbst wenn eine zu beratende Person über einschlägige Kenntnisse verfügt, muss sie darauf vertrauen können, dass der von ihr beauftragte Berater die anstehenden Fragen fehlerfrei bearbeitet, ohne dass eine Überprüfung notwendig ist.[124] Der Berater, der seine Vertragspflicht zur sachgerechten Beratung verletzt hat, kann des-

---

117 BGH, Urt. v. 30.11.2017 – I ZR 143/16, NJW 2018, 1160 Rn. 13.
118 BGH, Urt. v. 10.3.2016 – I ZR 147/14, BGHZ 209, 256 Rn. 18.
119 BGH, Urt. v. 22.5.1985 – IVa ZR 190/83, BGHZ 94, 356, 359; Urt. v. 20.1.2005 – III ZR 251/04, BGHZ 162, 67, 78; Urt. v. 14.6.2007 – III ZR 269/06, NJW-RR 2007, 1503 Rn. 10; Urt. v. 16.7.2009 – III ZR 21/09, VersR 2009, 1495 Rn. 8; Urt. v. 26.3.2014 – IV ZR 422/12, NJW 2014, 2038 Rn. 25.
120 BGH, Urt. v. 15.4.2010 – IX ZR 189/09, WM 2010, 993 Rn. 14; Urt. v. 17.3.2011 – IX ZR 162/08, WM 2011, 1529 Rn. 12; Urt. v. 14.6.2012 – IX ZR 145/11, BGHZ 193, 297 Rn. 37; *D. Fischer*, in: G. Fischer/Vill/D. Fischer/Pape/Chab, Handbuch der Anwaltshaftung, 5. Aufl. 2020, § 6 Rn. 17 ff.
121 BGH, Urt. v. 30.11.2017 – I ZR 143/16, NJW 2018, 1160 Rn. 22.
122 BGH, Urt. v. 30.11.2017 – I ZR 143/16, NJW 2018, 1160 Rn. 20 (Versicherungsmakler) unter Bezugnahme auf BGH, Urt. v. 15.4.2010 – IX ZR 189/09, WM 2010, 993 Rn. 14; Urt. v. 17.3.2011 – IX ZR 162/08, WM 2011, 1529 Rn. 12; Urt. v. 14.6.2012 – IX ZR 145/11, BGHZ 193, 297 Rn. 37 (jeweils Steuerberater).
123 BGH, Urt. v. 30.11.2017 – I ZR 143/16, NJW 2018, 1160 Rn. 20 unter Bezugnahme auf BGH, Urt. v. 14.6.2012 – IX ZR 145/11, BGHZ 193, 297 Rn. 37.
124 BGH, Urt. v. 30.11.2017 – I ZR 143/16, NJW 2018, 1160 Rn. 20 unter Bezugnahme auf BGH, Urt. v. 15.4.2010 – IX ZR 189/09, WM 2010, 993 Rn. 14; Urt. v. 17.3.2011

halb gegenüber dem Schadensersatzanspruch des geschädigten Mandanten nach Treu und Glauben regelmäßig nicht geltend machen, diesen treffe ein Mitverschulden, weil er sich auf die Beratung verlassen und dadurch einen Mangel an Sorgfalt gezeigt habe.[125]

43 Unter besonderen Umständen kann ausnahmsweise auch im Rahmen eines Beratungsfehlers ein Mitverschulden des Mandanten in Erwägung zu ziehen sein.[126] Dies kann etwa gelten, wenn der Mandant Warnungen oder ohne Weiteres erkennbare Umstände, die gegen die Richtigkeit des vom Berater eingenommenen Standpunkts sprechen, nicht genügend beachtet oder den Berater nicht über eine fundierte abweichende Auskunft unterrichtet, die er von einer sachkundigen Person erhalten hat.[127] Eine Obliegenheit zur Schadensabwehr kommt auch in Betracht, wenn der Mandant von der Gefährdung seiner Interessen Kenntnis hat.[128]

44 Der Maklerrechtssenat des Bundesgerichtshofs betont, dass die vorgenannten Grundsätze der Rechtsberaterhaftung regelmäßig entsprechend für die Frage eines anspruchsmindernden Mitverschuldens des Versicherungsnehmers bei Beratungspflichtverletzungen des Versicherungsmaklers zu gelten haben. Dies bedeutet, dass der zu beratenden Person – mithin dem Versicherungsnehmer – regelmäßig nicht als mitwirkendes Verschulden vorgehalten werden kann, sie hätte das, worüber sie ihr Berater hätte aufklären oder unterrichten müssen, bei entsprechenden Bemühungen ohne fremde Hilfe selbst erkennen und abwenden können.

b) Übertragbarkeit der Grundsätze auf den Immobilienmaklervertrag

45 Entscheidungen zum Versicherungsmaklerrecht können auch für das Immobilienmaklerrecht von Bedeutung sein, wenn sie allgemeinmaklerrechtliche

---

– IX ZR 162/08, WM 2011, 1529 Rn. 12; Urt. v. 14.6.2012 – IX ZR 145/11, BGHZ 193, 297 Rn. 37.

125 BGH, Urt. v. 30.11.2017 – I ZR 143/16, NJW 2018, 1160 Rn. 20 unter Bezugnahme auf BGH, Urt. v. 15.4.2010 – IX ZR 189/09, WM 2010, 993 Rn. 14; Urt. v. 17.3.2011 – IX ZR 162/08, WM 2011, 1529 Rn. 12.

126 BGH, Urt. v. 17.3.2011 – IX ZR 162/08, WM 2011, 1529 Rn. 12 unter Bezugnahme auf BGH, Urt. v. 4.3.1987 – IVa ZR 122/85, BGHZ 100, 117, 125; Urt. v. 8.7.2010 – III ZR 249/09, BGHZ 186, 152 = WM 2010, 1493 Rn. 21.

127 BGH, Urt. v. 30.11.2017 – I ZR 143/16, NJW 2018, 1160 Rn. 21 unter Bezugnahme auf BGH, Urt. v. 17.3.2011 – IX ZR 162/08, WM 2011, 1529 Rn. 13.

128 BGH, Urt. v. 30.11.2017 – I ZR 143/16, NJW 2018, 1160 Rn. 21 unter Bezugnahme auf BGH, Urt. v. 14.10.2010 – I ZR 212/08, NJW 2011, 2138 Rn. 19 – Mega-Kasten-Gewinnspiel.

Fragen betreffen und die entwickelten Grundsätze auch auf andere Bereiche des Maklerrechts übertragbar sind.[129] So haben etwa die Grundsatzentscheidungen zur Höhe des bei Widerruf des Maklervertrages geschuldeten Wertersatzes[130] und zur Frage der Verwirkung des Maklerlohns bei Verwendung unzulässiger AGB[131] zur Fortentwicklung des gesamten Maklerrechts beigetragen.[132]

Dies gilt auch für die Entscheidung vom 30.11.2017. Wie die vorstehend **46** aufgeführten Aufklärungs- und Beratungspflichten belegen, weist auch der Immobilienmaklervertrag vielseitige beratungsrelevante Bezüge auf. Derartige Bezüge sind ferner gegeben, wenn der Makler als Immobilienberater auftritt oder sich als solchen ausgibt sowie dann, wenn er im Rahmen eines Alleinauftrags als Vertrauensmakler tätig ist.[133] Daher sind die versicherungsmaklerrechtlichen Grundsätze zum Mitverschuldenseinwand auch für das Immobilienmaklerrecht heranzuziehen.[134]

c) Auswirkungen der Rechtsprechungsgrundsätze

Werden die Grundsätze über den Mitverschuldenseinwand in der Berater- **47** haftung auf die Haftung des Immobilienmaklers übertragen, hat dies weitreichende Auswirkungen.

aa) Haftung bei fehlerhaftem Exposé

Die Erstellung eines fehlerfreien Objektexposés gehört zum vertraglichen **48** Aufgabenbereich des Immobilienmaklers.[135] Eine Garantiehaftung des Maklers ist damit nicht verbunden. Der Makler muss nur für diejenigen Fehler einstehen, die er aufgrund seiner Sachkunde erkennen und sie deshalb auch vermeiden kann.[136] Dem Auftraggeber obliegt es nicht, den von ihm beauftragten Makler bei der Erledigung der von ihm übernommenen Aufgaben zu überprüfen oder zu überwachen. Hierauf hat zu Recht bereits das OLG

129 *D. Fischer*, NJW 2012, 3283, 3284.
130 BGH, Urt. v. 19.7.2012 – III ZR 252/11, BGHZ 194, 150 Rn. 19 = NJW 2012, 3428, hierzu *Schlick*, FS Detlev Fischer, 2018, S. 449, 455 ff.
131 BGH, Urt. v. 19.5.2005 – III ZR 322/04, NJW-RR 2005, 1423, 1424 (keine Verwirkung).
132 *D. Fischer*, WM 2016, Sonderbeilage Nr. 1, S. 3.
133 Vgl. BGH, Urt. v. 12.7.2018 – I ZR 152/17, NJW 2019, 1223 Rn. 14.
134 *D. Fischer*, NJW 2018, 1145, 1148.
135 OLG Düsseldorf, Urt. v. 9.9.2016 – 7 U 82/15, BeckRS 2016, 21373.
136 BGH, Urt. v. 18.1.2007 – III ZR 146/06, NJW-RR 2007, 711 Rn. 12.

Hamm[137] hingewiesen. Dies gilt selbst dann, wenn der Auftraggeber über einschlägige Fachkenntnisse verfügen sollte,[138] wie etwa, wenn der Auftraggeber selbst anderweitig als Makler tätig ist. Daher kann dem Auftraggeber nicht angelastet werden, er hätte das Exposé, bevor es zur Gewinnung von Kaufinteressenten vom Makler verwendet wird, auf seine sachliche Richtigkeit überprüfen müssen.[139]

49   Der gegenteilige Standpunkt des OLG Düsseldorf[140] lässt sich mit den höchstrichterlichen Grundsätzen zum Mitverschuldenseinwand nicht in Einklang bringen. Ein Mitverschulden des Auftraggebers scheidet mithin aus. Anderes kann aber gelten, falls der Auftraggeber die Unrichtigkeit erkennt und durch Unterlassen eines entsprechenden Hinweises an den Makler sich diesen Fehler, etwa, um den Immobilienverkauf zu beschleunigen, selbst zu eigen macht.[141]

bb) Haftung bei fehlerhaften Behördenanfragen

50   Wird der Makler vom Kaufinteressenten beauftragt bei der zuständigen Denkmalschutzbehörde abzuklären, ob für das in Betracht gezogene Objekt keine Denkmalschutzauflagen bestehen,[142] und wird dies vom Makler wegen fehlerhafter Einschätzung der gegenteiligen Auskunft der zuständigen Behörde bejaht, kann dem Auftraggeber nicht als Mitverschulden angelastet werden, dass er sich nicht selbst mit dieser Frage an die zuständige Behörde gewendet hat.[143]

cc) Pflicht des Auftraggebers zur wahrheitsgemäßen Unterrichtung des Maklers

51   In der Rechtsberaterhaftung ist anerkannt, dass der Auftraggeber vertraglich verpflichtet ist, seinen Berater über den maßgeblichen Sachverhalt, auf den

---

137 OLG Hamm, Beschl. v. 27.6.2011 – 18 W 11/11, IVD-Rspr. A 115 Bl. 49 = BeckRS 2011, 24528.

138 BGH, Urt. v. 30.11.2017 – I ZR 143/16, NJW 2018, 1160 Rn. 20, 22 unter Bezugnahme auf BGH, Urt. v. 15.4.2010 – IX ZR 189/09, WM 2010, 993 Rn. 14; Urt. v. 17.3.2011 – IX ZR 162/08, WM 2011, 1529 Rn. 12; Urt. v. 14.6.2012 – IX ZR 145/11, BGHZ 193, 297 Rn. 37.

139 *D. Fischer*, NZM 2019, 201, 205.

140 OLG Düsseldorf, Urt. v. 9.9.2016 – 7 U 82/15, BeckRS 2016, 21373.

141 *D. Fischer*, NZM 2019, 201, 205.

142 Vgl. zu einer ähnlich gelagerten Fallgestaltung OLG Oldenburg, Beschl. v. 10.7.2014 – 4 U 24/14, BeckRS 2014, 15156.

143 Vgl. BGH, Beschl. v. 24.9.2015 – IX ZR 266/14, BeckRS 2015, 17442 Rn. 9 (Rechtsanwalt); *D. Fischer*, VersR 2016, 700, 706.

sich die Beratung bezieht, wahrheitsgemäß und vollständig zu unterrichten.[144] Diese Nebenpflicht des Auftraggebers ist das Gegenstück zur Grundpflicht des Beraters, den maßgeblichen Sachverhalt zu klären und ermöglicht erst eine einwandfreie Erfüllung dieser Pflicht.[145] Dieses Pflichtenprogramm lässt sich auch auf den Maklervertrag übertragen.[146] Teilt der Auftraggeber dem Makler unzutreffende Angaben über die Nutzungs- und Verwendungsmöglichkeiten der zu vermittelnden Immobilie mit, deren Unrichtigkeit der Makler aufgrund seiner Sachkunde hätte erkennen müssen,[147] und werden diese Angaben vom Makler pflichtwidrig an den Kaufinteressenten weitergegeben, so trifft dem Auftraggeber an einem hieraus sich ergebenden Schaden, der etwa in einer Rückabwicklung des vermittelten Hauptvertrages liegen kann, ein anrechenbares Mitverschulden.[148]

d) Darlegungs- und Beweislast

Die Darlegungs- und Beweislast für den Einwand des Mitverschuldens trägt **52** nach allgemeinen Grundsätzen der Schädiger, der damit seine Ersatzpflicht mindern oder beseitigen will.[149] In der hier in Rede stehenden Konstellation mithin der Makler.[150] Die Beweislastregel des § 280 Abs. 1 Satz 2 BGB ist im Rahmen der Abwägung nach § 254 BGB nicht anzuwenden.[151] Dies bedeutet, dass der Geschädigte gegebenenfalls auch den Vorsatz des Schädigers nachzuweisen hat.[152]

---

144 BGH, Urt. v. 13.3.1997 – IX ZR 81/96, NJW 1997, 2168, 2170 (Rechtsanwalt); Urt. v. 12.2.2004 – IX ZR 246/02, WM 2004, 2034, 2036 (Steuerberater); *D. Fischer*, DB 2010, 2600, 2601.

145 *D. Fischer*, DB 2010, 2600, 2601.

146 *D. Fischer*, NZM 2019, 201, 205.

147 Zum Haftungsmaßstab BGH, Urt. v. 18.1.2007 – III ZR 146/06, NJW-RR 2007, 711 Rn. 12: Unrichtig, nicht plausibel oder sonst bedenklich.

148 *D. Fischer*, NZM 2019, 201, 205.

149 BGH, Urt. v. 22.5.1984 – III ZR 18/83, BGHZ 91, 243, 260; BGH, Urt. v. 20.6.2006 – IX ZR 94/03, BGHZ 168, 352 Rn. 34.

150 *D. Fischer*, NZM 2019, 201, 206.

151 BGH, Urt. v. 23.12.1966 – V ZR 26/64, BGHZ 46, 260, 268 = NJW 1967, 622 zu § 282 BGB a. F.; BGH, Urt. v. 19.4.2012 – III ZR 224/10, WM 2012, 954 Rn. 30 (Wirtschaftsprüfer).

152 BGH, Urt. v. 19.4.2012 – III ZR 224/10, WM 2012, 954 Rn. 30 (Wirtschaftsprüfer); *D. Fischer*, WM 2014, Sonderbeilage Nr. 1, S. 25.

8. Beratungsfehler des Maklers im Rahmen eines selbstständigen Beratungsvertrages zwischen Käufer und Verkäufer

53 Nach der höchstrichterlichen Rechtsprechung kommt zwischen Verkäufer und Käufer neben dem Kaufvertrag ein zusätzlicher Beratungsvertrag zustande, wenn der Verkäufer im Zuge eingehender Vertragsverhandlungen, insbesondere auf Befragen, einen ausdrücklichen Rat erteilt; Gleiches gilt, wenn der Verkäufer dem Käufer als Ergebnis der Verhandlungen ein Berechnungsbeispiel über Kosten und finanzielle Vorteile des Erwerbs vorlegt, welches der Herbeiführung des Geschäftsabschlusses dienen soll.[153] Stellt sich bei der Vermittlung des Kaufvertrages die Aufgabe der Beratung des Kaufinteressenten und ist sie von dem Verkäufer einem Makler oder sonstigen Vermittler überlassen worden, kann sich dessen stillschweigende Bevollmächtigung zum Abschluss des Beratungsvertrages zwischen Verkäufer und Käufer aus den Umständen ergeben (§ 167 BGB). Dabei sind für die Annahme einer stillschweigenden Bevollmächtigung und an die Kundgabe des Willens, die Beratung für den Verkäufer zu übernehmen und auszuführen (§ 164 BGB), keine zu strengen Anforderungen zu stellen, wenn der Käufer dem Vermittler seinerseits keinen Maklerauftrag erteilt. Es reicht dann aus, dass die individuelle Beratung des Kaufinteressenten eine wesentliche Voraussetzung für den erfolgreichen Abschluss der Verkaufsbemühungen war.[154]

54 Ein Beratungsvertrag des Käufers mit dem Verkäufer kann kraft konkludent erteilter Vollmacht auch dann zustande kommen, wenn unmittelbare Rechtsbeziehungen zwischen dem Vermittler und dem Kaufinteressenten bestehen. Es kommt stets in Betracht, dass ein Makler oder Anlagevermittler bei der Vertragsanbahnung – ohne äußeren Einschnitt in seinem Auftreten – auch für den Verkäufer, also in doppelter Funktion tätig wird; daher kann eine Haftung aus beiden Rechtsverhältnissen entstehen.[155]

---

153 BGH, Urt. v. 31.10.2003 – V ZR 423/02, BGHZ 156, 371, 374; Urt. v. 7.2.2013 – III ZR 121/12, BGHZ 196, 166 = WM 2014, 226 Rn. 28; Urt. v. 1.3.2013 – V ZR 279/11, NJW 2013, 1873; Urt. v. 12.7.2013 – V ZR 4/12, GE 2013, 1452 Rn. 6; Urt. v. 19.12.2014 – V ZR 194/13, WM 2015, 528 Rn. 8; Urt. v. 15.7.2016 – V ZR 168/15, WM 2016, 2344 Rn. 28; Bamberger/Roth/*D. Fischer*, BGB, § 675 Rn. 95.

154 BGH, Urt. v. 14.3.2003 – V ZR 308/02, NJW 2003, 1811, 1812 f.; Urt. v. 13.10.2006 – V ZR 66/06, NJW 2007, 1874 Rn. 16; Urt. v. 1.3.2013 – V ZR 279/11, NJW 2013, 1873; Urt. v. 12.7.2013 – V ZR 4/12, GE 2013, 1452 Rn. 6; Urt. v. 19.12.2014 – V ZR 194/13, WM 2015, 528 Rn. 9.

155 BGH, Urt. v. 1.3.2013 – V ZR 279/11, NJW 2013, 1873; Urt. v. 12.7.2013 – V ZR 4/12, GE 2013, 1452 Rn. 7; Urt. v. 19.12.2014 – V ZR 194/13, WM 2015, 528 Rn. 10.

Im Hinblick auf eine Haftung des Verkäufers machen Rechtsbeziehungen 55
zwischen dem Kaufinteressenten und dem Vermittler lediglich nähere Feststellungen dazu erforderlich, ob die – auf das Objekt des Verkäufers bezogene – Beratung des Interessenten dessen Kaufentschluss fördern sollte, ob der
Vermittler dabei (auch) namens des Verkäufers handeln konnte und gehandelt hat und ob der Kaufentschluss (auch) auf der Beratung in Vertretung des
Verkäufers beruhte.[156] Ausreichend für die Annahme einer konkludenten
Bevollmächtigung des Vermittlers zum Abschluss eines Beratungsvertrages
ist die Feststellung, dass der Verkäufer den Vermittler mit dem Vertrieb der
Immobilie beauftragt hat und dabei wusste oder jedenfalls nicht ausschließen konnte, dass dieser gegenüber Interessenten die finanziellen Vorteile
eines Kaufs herausstellen würde. Von Letzterem ist stets auszugehen, wenn
sich bereits nach dem Vertriebskonzept des Verkäufers die Aufgabe stellt,
den Kaufinteressenten über die finanziellen Vorteile eines Erwerbs der angebotenen Immobilie zu beraten. Dass die Beratung nach den Umständen
(auch) im Namen des Verkäufers erfolgt ist, kann sich beispielsweise daraus
ergeben, dass der Berater in den verwendeten Prospekten als Vertriebspart-
ner des Verkäufers genannt ist, er von dem Verkäufer zur Verfügung gestellte
Berechnungsbeispiele verwendet oder der Verkäufer auf einen Kontakt mit
dem Kaufinteressenten verzichtet und es dem mit dem Vertrieb beauftragten
Berater überlässt, die Vertragsverhandlungen bis zur Abschlussreife zu führen.[157]

Liegt nach diesen Grundsätzen eine fehlerhafte Beratung des Maklers vor 56
und beruht diese nicht auf den Auftraggeber zuzurechnenden Umständen,
dann haftet der Makler gegenüber seinem Auftraggeber im Regressfall aus
dieser fehlerhaften Beratung.[158]

9. Deliktische Haftung des Maklers

Macht der Verkäufermakler im Exposé unzutreffende Objektangaben, wie 57
etwa hinsichtlich der Genehmigungsfähigkeit von noch zu erstellenden Zu-
satzbauten, so kommt nicht nur eine vertragliche Haftung gegenüber dem
Verkäufer wegen Verstoßes gegen den Grundsatz der Exposé-Wahrheit in

---

156 BGH, Urt. v. 1.3.2013 – V ZR 279/11, NJW 2013, 1873 Rn. 11 f.; Urt. v. 25.10.2013 –
   V ZR 9/13, HFR 2014, 560 Rn. 8; Urt. v. 19.12.2014 – V ZR 194/13, WM 2015, 528
   Rn. 10.
157 BGH, Urt. v. 1.3.2013 – V ZR 279/11, NJW 2013, 1873; Urt. v. 12.7.2013 – V ZR 4/
   12, GE 2013, 1452 Rn. 8.
158 *D. Fischer*, WM 2016, Sonderbeilage Nr. 1, S. 28.

Betracht.[159] Eine deliktische Haftung des Maklers (§ 823 Abs. 2 BGB i.V.m. § 263 StGB) gegenüber dem Käufer ist dann anzunehmen, wenn der Makler es unterlässt, den Käufer auf die Unrichtigkeit der in Rede stehenden Angaben hinzuweisen.[160] Eine im Verkaufsexposé „ins Blaue hinein" aufgestellte Behauptung, eine Baugenehmigung sei erteilt, begründet den Vorwurf des bedingten Vorsatzes.[161]

---

159 *D. Fischer*, NZM 2019, 201, 202.
160 BGH, Urt. v. 25.1.2019 – V ZR 38/18, NJW 2019, 2380 Rn. 32 (Grundstücksrechtssenat).
161 BGH, Urt. v. 25.1.2019 – V ZR 38/18, NJW 2019, 2380 Rn. 33 (Grundstücksrechtssenat).

X. Nebenpflichten des Maklerkunden

1. Überblick

Den Maklerkunden treffen verschiedene Nebenpflichten. Vielfach sind Auskunfts- und Verschwiegenheitspflichten prozessrelevant. Der Kunde wird durch die Einschaltung des Maklers nicht in seiner Entschließungs- oder Abschlussfreiheit beschränkt.[1] Er ist daher gegenüber dem Makler nicht verpflichtet, bei Abschlussreife den vermittelten oder nachgewiesenen Hauptvertrag abzuschließen.[2]

1

2. Unterrichtungspflichten

Der Maklerkunde ist verpflichtet, den Makler von bedeutsamen Änderungen zu unterrichten. Dies gilt insbesondere dann, wenn der Kunde seine Erwerbs- oder Veräußerungsabsicht aufgibt.[3] Bei Verletzung der Unterrichtungspflicht hat der Kunde dem Makler die Aufwendungen zu ersetzen, die dieser in Kenntnis der geänderten Umstände nicht mehr gemacht hätte.[4] Dies gilt etwa für Anzeigenkosten oder für das Abhalten von Besichtigungsterminen.

2

3. Unterlassungspflichten

Auch ohne gesonderte Abrede ist der Kunde verpflichtet, den Nachweis des Maklers, *vertraulich* zu behandeln. Dies folgt unmittelbar aus dem Wesen des Maklervertrages und der gegenseitigen vertraglichen Treuepflicht.[5] Insbesondere darf er die erlangten Kenntnisse und Unterlagen nicht an unbefugte Dritte weitergeben. Ob der Maklerkunde den Nachweis des Maklers vor jedermann geheim halten muss, insbesondere auch vor mit ihm in Hausgemeinschaft zusammen lebenden Familienangehörigen, erscheint zweifel-

3

---

1 BGH, Urt. v. 9.11.1967 – VIII ZR 170/64, NJW 1967, 198, 199; Urt. v. 28.5.2020 – I ZR 40/19, WM 2020, 1356 Rn. 20; OLG Koblenz, Beschl. v. 23.5.2012 – 2 U 644/11, MDR 2012, 1396.

2 BGH, Urt. v. 28.5.2020 – I ZR 40/19, WM 2020, 1356 Rn. 20; OLG Koblenz, Beschl. v. 23.5.2012 – 2 U 644/11, MDR 2012, 1396.

3 BGH, Urt. v. 19.1.1972 – IV ZR 79/70, WM 1972, 444, 445; Palandt/*Sprau*, § 652 Rn. 20.

4 Palandt/*Sprau*, § 652 Rn. 62; *Hamm/Schwerdtner*, Maklerrecht, Rn. 393.

5 BGH, Urt. v. 14.1.1987 – IVa ZR 130/85, NJW 1987, 2431, 2432; Urt. v. 17.10.2018 – I ZR 154/17, NJW 2019, 1226 Rn. 38; *Thomale*, JZ 2012, 716, 718.

haft.[6] Der am Erwerb einer Immobilie interessierte Maklerkunde wird – insbesondere wenn seine Familienangehörigen die Folgen der Entscheidung für den Kauf mittragen müssen – im Regelfall ein schützenswertes Interesse daran haben, diese Entscheidung in ihrem Einvernehmen zu treffen. Der Bundesgerichtshof hat bislang die Frage offengelassen, ob eine Verletzung der Pflicht zur Vertraulichkeit vorliegt, wenn der Maklerkunde zum Besichtigungstermin einen nahen Familienangehörigen mitbringt.[7] Es kommt in Betracht, dass der Makler sich mit einer Weitergabe der erteilten Informationen an einen Familienangehörigen des Kunden dadurch konkludent einverstanden erklärt, dass er der Teilnahme des Angehörigen am Besichtigungstermin nicht widerspricht und mit ihm über den Ankauf des Objekts verhandelt.[8]

4   Bei Verletzung der Unterlassungsverpflichtung macht sich der Kunde grundsätzlich schadensersatzpflichtig.[9] An die Darlegung eines entsprechenden Schadens – nämlich des entgangenen Provisionsverdienstes – stellt allerdings die Rechtsprechung erhöhte Anforderungen. So bedarf es konkreter Umstände, dass der Dritte sich bei ordnungsgemäßem Verhalten tatsächlich an den Makler gewandt hätte,[10] was kaum nachzuweisen ist. Auch die Aufwendungen, die dem Makler durch Betreuung des sich vertragswidrig verhaltenden Kunden entstanden sind, sind regelmäßig nicht ersatzfähig.[11] Ein hinreichender Schutz des Maklers gegen derartige Zuwiderhandlungen kann nur durch Vereinbarung einer erfolgsunabhängigen Provision gewährleistet werden. Im Rahmen von Allgemeinen Geschäftsbedingungen ist dies allerdings nur beschränkt für den Fall zulässig, dass der Dritte tatsächlich erwirbt.[12] Der Sache nach handelt es sich hierbei um ein Vertragsstrafeversprechen.[13]

---

6 BGH, Urt. v. 17.10.2018 – I ZR 154/17, NJW 2019, 1226 Rn. 39.

7 BGH, Urt. v. 17.10.2018 – I ZR 154/17, NJW 2019, 1226 Rn. 38 unter Bezugnahme auf BGH, Urt. v. 14.1.1987 – IVa ZR 130/85, NJW 1987, 2431, 2432.

8 Vgl. BGH, Urt. v. 17.10.2018 – I ZR 154/17, NJW 2019, 1226 Rn. 39.

9 BGH, Urt. v. 17.10.2018 – I ZR 154/17, NJW 2019, 1226 Rn. 38.

10 BGH, Urt. v. 14.1.1987 – IVa ZR 130/85, NJW 1987, 2431, 2432; Urt. v. 17.10.2018 – I ZR 154/17, NJW 2019, 1226 Rn. 40.

11 Im Hinblick auf § 652 Abs. 2 Satz 2 BGB, BGH, Urt. v. 14.1.1987 – IVa ZR 130/85, NJW 1987, 2431, 2432.

12 BGH, Urt. v. 14.1.1987 – IVa ZR 130/85, NJW 1987, 2431, 2432; Palandt/*Sprau*, § 652 Rn. 69.

13 Hierzu vorstehendes Kap. VII Rn. 47 ff.

4. Auskunftspflichten

Nach Abschluss des Hauptvertrages trifft den Kunden gegenüber dem Mak- 5
ler eine Auskunftspflicht hinsichtlich aller Angaben, die dieser benötigt, um
feststellen zu können, ob ein provisionspflichtiges Geschäft vorliegt, und
um die Höhe der Provision berechnen zu können. Nach der höchstrichterlichen Rechtsprechung handelt es sich hierbei nicht um einen vertraglichen
Auskunftsanspruch, sondern um eine sich aus § 242 BGB abzuleitende Befugnis innerhalb bestehender vertraglicher Beziehungen.[14] Danach darf bei
nicht verschuldeter Unkenntnis Auskunft verlangt werden, wenn der Aus-
kunftspflichtige die zur Beseitigung der Ungewissheit erforderliche Auskunft unschwer erteilen kann. Eine Auskunftspflicht ist aber nur dann anzu-
erkennen, wenn der Provisionsanspruch dem Grunde nach besteht.[15] Der
Auskunftsschuldner ist auch gehalten, seine rechtlichen und tatsächlichen
Möglichkeiten zur Erfüllung seiner Verpflichtung auszuschöpfen und sich
notfalls bei Dritten kundig zu machen.[16]

Eine Auskunftspflicht wird auch dann angenommen, wenn der Makler sei- 6
nen Provisionszahlungsanspruch nicht auf ein Provisionsversprechen, sondern auf einen Schadensersatzanspruch stützt, der ihn so stellt, als wäre aufgrund seiner Maklertätigkeit ein bestimmter Hauptvertrag zustande
gekommen.[17]

Der Makler ist ferner gemäß § 12 GBO berechtigt, Grundbucheinsicht zu be- 7
gehren, wenn ihm sein Auftraggeber Angaben über Käufer und Kaufpreis
verweigert.[18] Das erforderliche berechtigte Interesse hinsichtlich einer Einsichtnahme in die Grundakten (Kaufvertrag, sogenannte erweiterte Grundbucheinsicht) liegt allerdings erst dann vor, wenn eine beträchtliche Wahrscheinlichkeit für die behauptete Entstehung eines nach der Kaufpreishöhe

---

14 BGH, Urt. v. 8.10.1986 – IVa ZR 20/85, NJW-RR 1987, 173; Urt. v. 7.2.1990 – IV ZR
   314/88, NJW-RR 1990, 1370 f.; OLG Düsseldorf, Urt. v. 30.4.1999 – 7 U 179/98, IVD-
   Rspr. A 133 Bl. 47. Die bloße Bitte eines Maklers um Grundbucheinsicht berechtigt
   den Notar ohne nähere Prüfung eines berechtigten Interesses nicht zur Einholung eines
   Grundbuchauszugs im automatisierten Abrufverfahren, OLG Celle, Urt. v. 15.7.2011 –
   Not 7/11, ZfIR 2011, 732.
15 BGH, Beschl. v. 27.7.2000 – III ZR 279/99, NJW-RR 2001, 705; Urt. v. 6.7.2006 –
   III ZR 379/04, NJW 2006, 3062, 3063; OLG Naumburg, Urt. v. 29.10.2010 – 10 U 14/
   10, ZfIR 2011, 97, 99.
16 BGH, Urt. v. 21.12.2005 – III ZR 451/04, NJW-RR 2006, 496 Rn. 16.
17 BGH, Beschl. v. 27.7.2000 – III ZR 279/99, NJW-RR 2001, 705.
18 OLG Karlsruhe, Beschl. v. 13.8.1963 – 3 W 48/63, Justiz 1964, 43, 44; vgl. auch OLG
   Stuttgart, Beschl. v. 17.1.1983 – 8 W 452/82, Rpfleger 1983, 272.

zu berechnenden Provisionsanspruchs spricht.[19] Hieraus folgt, dass ein Makler, der Veräußerer und Erwerber eines Grundstücks jeweils auf Zahlung einer Provision in Anspruch nehmen will, nicht zum Zwecke der Überprüfung der Frage der Kongruenz des Hauptvertrages und des Ursachenzusammenhangs zwischen Maklerleistung und diesem Vertragsabschluss Einsicht in die Kaufvertragsunterlagen beanspruchen darf.[20]

5. Pflichtenverstoß im Alleinauftrag

8 Der Maklerkunde verstößt gegen die ihn obliegenden Pflichten, wenn er noch vor Ende der vereinbarten Laufzeit eines erteilten Allein- und Festauftrags einen anderen Makler beauftragt und auf Grund von dessen Nachweistätigkeit das gewünschte Geschäft ohne Einschaltung des Erstmaklers abschließt.[21] Gibt der Auftraggeber, der einem Makler einen Alleinauftrag für eine bestimmte Zeit erteilt hat, das Objekt einem anderen Makler an die Hand, verstößt er gegen seine Pflichten aus dem Maklervertrag und ist, wenn er das Objekt mit Hilfe des anderen Maklers verkauft, dem Erstmakler gemäß § 280 BGB zum Schadensersatz verpflichtet.[22] Der Schadensersatzanspruch kann auf Ersatz der vergeblichen Aufwendungen des Maklers und auch auf entgangenen Gewinn gemäß § 252 BGB gerichtet sein.[23] Macht der Makler geltend, sein Schaden liege in der ihm entgangenen Provision, muss er darlegen, dass es ihm gelungen wäre, innerhalb der Bindungsfrist einen zum Abschluss unter den vertragsgemäßen Bedingungen bereiten und fähigen Interessenten zu stellen,[24] und – soweit es um die Provision der Gegenseite geht – auch, dass dieser Interessent dem Makler eine Provision gezahlt hätte.[25]

---

19 OLG Dresden, Beschl. v. 3.12.2009 – 3 W 1228/09, NJW-RR 2010, 1175; OLG Stuttgart, Beschl. v. 28.9.2010 – 8 W 412/10, FGPrax 2010, 324; OLG Düsseldorf, Beschl. v. 6.1.2017 – 3 Wx 270/16, NZM 2017, 265, 266.

20 OLG Düsseldorf, Beschl. v. 6.1.2017 – 3 Wx 270/16, NZM 2017, 256, 257; *D. Fischer*, NJW 2017, 1219, 1222.

21 BGH, Urt. v. 28.5.2020 – I ZR 40/19, WM 2020, 1356 Rn. 29.

22 BGH, Urt. v. 28.5.2020 – I ZR 40/19, WM 2020, 1356 Rn. 30 unter Bezugnahme auf BGH, Urt. v. 22.2.1967 – VIII ZR 215/64, NJW 1967, 1225, 1226.

23 BGH, Urt. v. 28.5.2020 – I ZR 40/19, WM 2020, 1356 Rn. 30 unter Bezugnahme auf BGH, Urt. v. 8.5.1973 – IV ZR 158/71, BGHZ 60, 377, 381.

24 BGH, Urt. v. 28.5.2020 – I ZR 40/19, WM 2020, 1356 Rn. 30 unter Bezugnahme auf OLG Dresden, NJW-RR 1999, 846.

25 BGH, Urt. v. 28.5.2020 – I ZR 40/19, WM 2020, 1356 Rn. 30 unter Bezugnahme auf BGH, Urt. v. 26.3.1969 – IV ZR 779/68, AIZ 1969, 220.

Wenn sich der spätere Käufer als Interessent bei dem Erstmakler während **9** der Laufzeit des Alleinauftrags gemeldet und dem anderen Makler eine Provision gezahlt hat, ist davon auszugehen, dass der Erstmakler nach dem gewöhnlichen Verlauf der Dinge nicht nur eine Verkäufer-, sondern auch eine Käuferprovision erhalten hätte.[26] Der Anspruch des Erstmaklers auf Ersatz des entgangenen Gewinns gemäß § 252 BGB erfasst mithin bei einer derartigen Fallgestaltung auch die Käuferprovision.

6. Rechtsfolgen einer Pflichtverletzung

Pflichtverletzungen des Kunden begründen für sich genommen mangels **10** einer § 654 BGB entsprechenden Vorschrift keinen Provisionsanspruch.[27] In Betracht kommen nur Schadensersatzansprüche nach den allgemeinen Regelungen, insbesondere ein Anspruch auf Ersatz nutzloser Aufwendungen.[28]

---

26 BGH, Urt. v. 28.5.2020 – I ZR 40/19, WM 2020, 1356 Rn. 31.
27 BGH, Urt. v. 6.12.1967 – VIII ZR 289/64, LM § 652 Nr. 28.
28 Palandt/*Sprau*, § 652 Rn. 21.

XI. Besonderheiten des Vermittlungsrechts beim Erwerb von Wohnimmobilien

1. Überblick

Das Gesetz zur Verteilung der Maklerkosten vom 12.6.2020[1] fügt einen neu- **1** en Untertitel 4 „Vermittlung von Kaufverträgen über Wohnungen und Ein- familienhäuser" mit vier Bestimmungen (§ 656a bis § 656d BGB) in das Maklerrecht des BGB ein. Es tritt am 23.12.2020 in Kraft. Es handelt sich hierbei um die erste Reform des Immobilienmaklerrechts seit Inkrafttreten des BGB. Die Gesetzesreform bezweckt, durch bundesweit einheitliche, zwingende Regelungen die Transparenz und die Rechtssicherheit bei der Vermittlung von Kaufverträgen über Wohnungen und Einfamilienhäuser zu erhöhen und die Käufer vor der Ausnutzung einer faktischen Zwangslage zu schützen. So soll unterbunden werden, dass Maklerkosten, die der Verkäufer verursacht hat und vor allem in seinem Interesse anfallen, im Kaufvertrag vollständig oder zu einem überwiegenden Anteil auf den Käufer abgewälzt werden.[2] Durch die damit verbundene Kostenreduzierung soll gleichzeitig der Erwerb von Wohnimmobilien gefördert werden.[3]

Die bisherige Praxis in bestimmten Bundesländern, den Verkäufer von der **2** Provision freizustellen und sie insgesamt auf den Käufer abzuwälzen, führt dazu, dass der Verkäufer bei der Auswahl des Maklers kein Interesse hat, über die Höhe der Provision zu verhandeln. Auch wird er möglicherweise davon absehen, sich über die Qualifizierung und Eignung des Maklers ge- nauer zu informieren.[4] Eine Preisfindung nach Marktgrundsätzen wird da- durch erheblich erschwert, wenn nicht gar unterbunden.[5] Der Verkäufer, der vielfach als erster einen Makler einschaltet, soll deshalb durch die Neurege- lung wieder auf die Preisgestaltung, was die Maklerkosten angeht, im Eigen- interesse achten und hierdurch auch zu einer Reduzierung der Maklerkosten beitragen.[6]

---

1 BGBl. I, S. 1245; Materialien: BT-Drucks. 19/15827, abgedruckt auch in ZfIR 2020, 486–488; BT-Drucks. 19/19203.
2 BT-Drucks. 19/15827, S. 1f.
3 BT-Drucks. 19/15827, S. 9.
4 BT-Drucks. 19/15827, S. 8.
5 BT-Drucks. 19/15827, S. 1, 8.
6 BT-Drucks. 19/15827, S. 9.

3 Die Weitergabe von Maklerkosten wird aber im Hinblick darauf, dass regelmäßig auch der Käufer von der Maklertätigkeit begünstigt wird, nicht gänzlich ausgeschlossen; vielmehr gilt insoweit eine maximale Obergrenze von 50 Prozent der insgesamt zu zahlenden Maklerprovision (§ 656c, § 656d BGB). Zudem wird der Käufer zur Zahlung erst verpflichtet sein, wenn der Verkäufer oder der Makler nachweist, dass der Verkäufer seinen Anteil an der Maklerprovision gezahlt hat (§ 656d Abs. 1 Satz 2 BGB). Ist dagegen der Käufer, wie etwa bei einem Suchauftrag, alleiniger Vertragspartner des Maklers, gelten diese Grundsätze mit Blick auf die Verursachung der Maklerkosten entsprechend, das heißt auch in diesen Fällen bleibt es bei dem Grundsatz, dass in erster Linie der Auftraggeber zahlungspflichtig ist und höchstens eine 50:50-Kostenteilung erwirken kann. Wird der Makler im Rahmen einer Doppeltätigkeit von beiden Seiten beauftragt, wird der Halbteilungsgrundsatz für die Tragung der Maklerprovision verbindlich festgelegt (§ 656c BGB).[7] Damit wird die in den norddeutschen Ländern Berlin, Brandenburg, Bremen, Hamburg[8], Schleswig-Holstein[9] sowie im Land Hessen, insbesondere in den dortigen Ballungszentren, praktizierte Verlagerung der Maklerkosten allein auf den Käufer beseitigt und zur hälftigen Tragung der Kosten, wie es auch im übrigen Bundesgebiet bislang ganz überwiegend üblich ist und dem gesetzlichen Leitbild des Doppelmaklers entspricht,[10] zurückgefunden.[11] Die hälftige Zuweisung der insgesamt entstehenden Maklerkosten auf die Parteien des Hauptvertrages wird als Halbteilungsprinzip[12] oder Halbteilungsgrundsatz[13] bezeichnet.

2. Der sachliche Anwendungsbereich des Untertitels 4

4 Die Bestimmungen des Untertitel 4 sind, wie dessen Überschrift ausweist, auf Maklerverträge beschränkt, die sich auf den Nachweis oder die Vermittlung von Kaufverträgen über Wohnungen und Einfamilienhäuser beziehen. Ist eine Gewerbeimmobilie oder ein an eine Vielzahl von Parteien vermietetes Wohnhaus Gegenstand des Kaufvertrags, liegt nicht eine vergleichbare Zwangslage des Kaufinteressenten vor.[14] Kaufverträge über Grundstücke,

---

7 BT-Drucks. 19/15827, S. 2.
8 BT-Drucks. 19/15827, S. 1.
9 Vgl. hierzu OLG Schleswig, Urt. v. 22.1.2015 – 16 U 89/14, ZMR 2016, 4129.
10 Vgl. Baumbach/Hopt/*M. Roth*, HGB, § 93 Rn. 32f.
11 *D. Fischer*, NJW 2020, 1268, 1269.
12 BT-Drucks. 19/15827, S. 2.
13 *D. Fischer*, NJW 2020, 1268, 1269.
14 BT-Drucks. 19/15827, S. 17.

die lediglich zur Wohnbebauung vorgesehen sind, werden gleichfalls nicht vom sachlichen Anwendungsbereich erfasst.[15]

Die Begriffe Wohnung und Einfamilienhaus sind hinreichend konkret, so **5** dass der Gesetzgeber davon absehen konnte, hierzu Legaldefinitionen aufzustellen. Eine Wohnung i. S. d. Untertitels ist jede Zusammenfassung von Räumen, die zu Wohnzwecken genutzt wird.[16] Der Begriff Einfamilienhaus erfasst jedes Gebäude, das in erster Linie den Wohnzwecken der Mitglieder eines einzelnen Haushalts dient.[17] Erwirbt eine alleinstehende Person ein Einfamilienhaus, gilt nicht anderes. Unschädlich ist eine weitere Wohnung von untergeordneter Bedeutung, wie etwa eine Einliegerwohnung.[18] Diese weitere Wohnung kann auch als Praxis oder Kanzlei genutzt werden.

Die Begriffe Einfamilienhaus und Eigentumswohnung erschließen sich **6** durch den Erwerbszweck. Wird etwa für eine kinderreiche Familie ein bislang als Zweifamilien- oder Mehrfamilienhaus dienendes Gebäude erworben, um es als Einfamilienhaus zu nutzen, handelt es sich um ein Einfamilienhaus i. S. d. Unterabschnitts. Gleiches gilt beim Erwerb mehrerer Eigentumswohnungen, um diese zu einer Wohnungseinheit zusammenzufügen.

Auf die rechtliche Ausgestaltung kommt es nicht an. Der Begriff Wohnung **7** erfasst deshalb neben Wohnungseigentum im Sinne des § 1 Abs. 2 WEG beispielsweise auch Wohnungserbbaurechte (§ 30 WEG), Dauerwohnrechte (§ 31 Absatz 1 Satz 1 WEG) und Miteigentumsanteile an einem Grundstück in Verbindung mit einer Regelung zur Nutzung von Wohnräumen (vgl. § 1010 BGB). Ebenso liegt es beim Begriff Einfamilienhaus. Er erfasst neben dem klassischen Grundstückseigentum (vgl. § 93 BGB) auch Erbbaurechte nach dem Gesetz über das Erbbaurecht.[19]

3. Form des Vermittlungsvertrages

Die erste Bestimmung (§ 656a BGB) betrifft die Abkehr von der Formfrei- **8** heit des Maklervertrages. Zukünftig sind mündliche Vertragsabschlüsse nicht mehr zulässig. Erforderlich ist, dass der Maklervertrag über die Vermittlung von Wohnimmobilien die Textform (§ 126b BGB) aufweist.

---

15 Vgl. hierzu die im weiteren Gesetzgebungsverlauf nicht aufgegriffene Änderungsanregung des Bundesrats, BT-Drucks. 19/15827, S. 27.
16 BT-Drucks. 19/15827, S. 17.
17 BT-Drucks. 19/15827, S. 17.
18 BT-Drucks. 19/15827, S. 17.
19 BT-Drucks. 19/15827, S. 17.

9 Im Gegensatz zu den nachfolgenden Bestimmungen ist der persönliche Anwendungsbereich der Formvorschrift nicht auf Verbraucher beschränkt. Auch dann, wenn juristische Personen Wohnimmobilien erwerben, unterliegen sie dem Formerfordernis des § 656a BGB. Gleiches gilt für die Veräußerung von Wohnimmobilien durch juristische Personen.[20]

a) Normzweck

10 In § 656a BGB wird, um die Transparenz und Rechtsklarheit im Wohnimmobilienvermittlungsgeschäft zu erhöhen, die Textform für alle Nachweis- und Vermittlungsverträge verbindlich vorgegeben. Die Regelung bezweckt, dass sowohl für den Kaufinteressenten als auch für den Verkäufer der Inhalt des Maklervertrags dokumentiert wird. Auf diese Weise sollen Unklarheiten über in der Praxis häufig strittige Fragen hinsichtlich des Inhalts eines Maklervertrags vermieden werden.[21]

b) Anforderungen an die Textform

11 Um der Textform zu genügen, muss die Erklärung in einer Urkunde oder in einer anderen zur dauerhaften Wiedergabe in Schriftzeichen geeigneten Weise abgegeben werden. Danach reichen Verkörperungen auf Papier, USB-Stick, Diskette, CD-Rom, ferner E-Mail oder ein Computerfax aus.[22] Anders als bei der Schriftform (§ 126 Abs. 1 BGB), bei welcher die Unterschrift den räumlichen Abschluss der Urkunde bildet, kennt die Textform keine starre Regelung für die Kenntlichmachung des Dokumentenendes. Es bedarf jedenfalls eines eindeutig wahrnehmbaren Hinweises, der sich räumlich am Ende befindet und inhaltlich das Ende der Erklärung verlautbart. Zur Erfüllung dieses Zwecks kommt neben der Namensunterschrift ein Zusatz wie „diese Erklärung ist nicht unterschrieben", ein Faksimile, eine eingescannte Unterschrift, eine Datierung oder Grußformel in Betracht.[23] Durch den räumlichen Abschluss der Erklärung muss die Ernstlichkeit des Textes in Abgrenzung eines keine rechtliche Bindung auslösenden Entwurfs deutlich gemacht werden.[24] Der Textform ist nicht genügt, wenn es infolge

---

20 BT-Drucks. 19/15827, S. 17.
21 BT-Drucks. 19/15827, S. 16f.
22 Palandt/*Ellenberger*, § 126b Rn. 3.
23 BGH, Urt. v. 3.11.2011 – IX ZR 47/11, WM 2012, 760 Rn. 20; OLG Hamm, Urt. v. 8.8.2006 – 19 U 2/06, NJW-RR 2007, 852.
24 BGH, Urt. v. 3.11.2011 – IX ZR 47/11, WM 2012, 760 Rn. 20 unter Bezugnahme auf BT-Drucks. 14/4987, S. 20.

nachträglicher, handschriftlicher Ergänzungen an einem räumlichen Abschluss der Vereinbarung fehlt[25]. Diese höchstrichterlichen Grundsätze gelten auch für die ab 13.6.2014 maßgebliche Neufassung des § 126b BGB, auch wenn dort der Abschluss der Erklärung nicht mehr aufgeführt wird.[26]

Die strengen Grundsätze des Bundesgerichtshofs zum konkludenten Abschluss eines Maklervertrages[27] bleiben weiterhin anwendbar. Notwendig ist aber, dass die vertragsrelevanten konkludenten Äußerungen jeweils in Textform erklärt werden. So kann das unter Bezugnahme auf ein entsprechendes Objektinserat per E-Mail erklärte Verlangen eines Kaufinteressenten auf Zusendung eines Objektexposés dann einen Antrag auf Abschluss eines Maklervertrages darstellen, wenn das Objektinserat ein ausdrückliches Provisionsbegehren enthielt.[28] Diesen Antrag kann der Makler etwa dadurch annehmen, in dem er dem Interessenten das betreffende Exposé per E-Mail oder durch eine Postsendung zuleitet oder per Email einen Besichtigungstermin vereinbart.[29] Eine (Annahme-)Erklärung des Maklers nach § 151 BGB, wie etwa durch Aufnahme der Tätigkeit,[30] dürfte im Hinblick auf die Informations- und Dokumentationsfunktion der Textform dem Textformerfordernis nicht entsprechen.[31]

12

c) Rechtsfolgen bei Nichtbeachtung des Formzwanges

Maklerverträge, die sich auf den Nachweis oder die Vermittlung von Wohnimmobilien beziehen, müssen den Anforderungen der Textform genügen. Bleibt das Formerfordernis unbeachtet, ist der Maklervertrag nach § 125 BGB nichtig.[32] Der Vergütungsanspruch des Maklers setzt mithin den Abschluss eines wirksamen Wohnungsimmobilienvermittlungsvertrags voraus.[33]

13

---

25 BGH, Urt. v. 3.11.2011 – IX ZR 47/11, WM 2012, 760 Rn. 22.

26 Palandt/*Ellenberger*, § 126b Rn. 5; MünchKomm-BGB/*Einsele*, 7. Aufl. 2015, § 126b Rn. 8; a. A. Erman/*Arnold*, § 126b Rn. 8; PWW/*Ahrens*, § 126b Rn. 11.

27 Zuletzt BGH, Urt. v. 13.12.2018 – I ZR 51/17, WM 2019, 1985 Rn. 12.

28 BGH, Urt. v. 7.7.2016 – I ZR 30/15, NJW 2017, 1024 Rn. 17; Urt. v. 13.12.2018 – I ZR 51/17, WM 2019, 1985 Rn. 10, 12, 14.

29 BGH, Urt. v. 13.12.2018 – I ZR 51/17, WM 2019, 1985 Rn. 14.

30 BGH, Beschl. v. 24.9.2009 – III ZR 96/09, NJW-RR 2010, 257 Rn. 3.

31 Vgl. Bamberger/Roth/*Eckert*, § 151 Rn. 2.

32 BT-Drucks. 19/15827, S. 17; *D. Fischer*, NJW 2020, 1268.

33 Vgl. BGH, Urt. v. 14.3.2019 – I ZR 134/18, BGHZ 221, 266 = NJW 2019, 3231 Rn. 11 zu § 2 Abs. 1 WoVermittG.

4. Anwendungsbereich des Halbteilungsgrundsatzes

14 Der persönliche Anwendungsbereich des Halbteilungsgrundsatzes wird in § 656b BGB geregelt.

a) Persönlicher Anwendungsbereich bezogen auf den Makler

15 Während der Regierungsentwurf den persönlichen Anwendungsbereich nur auf Makler beschränkte, die als Unternehmer handeln, ist der Rechtsausschuss zu Recht von dieser Konzeption abgegangen. Der persönliche Anwendungsbereich betrifft auch Makler, die tätig sind, ohne den Status des Unternehmers zu haben. Damit werden auch Gelegenheitsmakler erfasst, die keinen kaufmännischen Geschäftsbetrieb unterhalten. Die zunächst vorgesehene Differenzierung zwischen unternehmerisch tätigen Maklern und Gelegenheitsmakler ist sachlich nicht gerechtfertigt. Die Zwangslage des Käufers ist bei Maklerverträgen mit Gelegenheitsmaklern ebenso vorhanden wie bei Vertragsverhältnissen mit Maklern, die einen Geschäftsbetrieb unterhalten.[34] Hinzu kommt, dass bei einem Nichteinbezug der Gelegenheitsmakler die Gefahr besteht, dass Makler, die einen Geschäftsbetrieb unterhalten, durch Zwischenschaltung von Gelegenheitsmaklern, die zwingende Regelung des Halbteilungsgrundsatzes unterlaufen.

b) Persönlicher Anwendungsbereich bezogen auf den Maklerkunden

16 Der Regierungsentwurf sah ferner vor, dass die Bestimmungen des Halbteilungsgrundsatzes (§§ 656c–656d BGB) immer dann eingreifen, wenn es sich beim Käufer um eine natürliche Person handelt.[35] Auch diese Regelung hat der Rechtsausschuss zu Recht abgeändert und den Anwendungsbereich auf Verbraucher beschränkt. Damit wird unterstrichen, dass es sich bei den in Rede stehenden Vorschriften um Verbraucherschutzbestimmungen handelt.[36] Natürliche Personen, die im Rahmen ihrer gewerblichen Tätigkeit eine Immobilie erwerben, fallen mangels Schutzbedürftigkeit nicht in den Anwendungsbereich der gesetzlichen Regelungen des Halbteilungsgrundsatzes.[37]

---

34 So die Stellungnahme des Bundesrats, BT-Drucks. 19/15827, S. 27.
35 BT-Drucks. 19/15827, S. 17.
36 BT-Drucks. 19/19203, S. 20.
37 BT-Drucks. 19/19203, S. 20.

Die Verbrauchereigenschaft trifft nicht nur für Personen zu, die die Woh- **17** nung oder das Einfamilienhaus selbst nutzen oder einem Angehörigen zur Verfügung stellen möchten, sondern auch dann, wenn der Wohnimmobilienerwerb einer sicheren Altersvorsorge dienen soll.[38] Nach der höchstrichterlichen Rechtsprechung ist eine Verbrauchereigenschaft auch bei der Verwaltung eines eigenen Vermögens anzunehmen.[39] Hierzu gehört generell auch der Erwerb oder die Verwaltung einer Immobilie.[40] Das ausschlaggebende Kriterium für die Abgrenzung der privaten von einer berufsmäßig betriebenen Vermögensverwaltung ist hierbei der Umfang der mit ihr verbundenen Geschäfte. Erfordern diese einen planmäßigen Geschäftsbetrieb, wie etwa die Unterhaltung eines Büros oder einer Organisation, so liegt eine gewerbliche Betätigung vor und die Verbrauchereigenschaft ist zu verneinen.[41] Ist streitig, ob ein planmäßiger Geschäftsbetrieb erforderlich ist, hat der Verbraucher darzulegen und erforderlichenfalls zu beweisen, dass es für die Verwaltung seines Immobilienvermögens keines planmäßigen Geschäftsbetriebs bedarf. Bleiben insoweit Zweifel, ist die geltend gemachte Verbrauchereigenschaft nicht nachgewiesen.[42]

Vom persönlichen Anwendungsbereich ist auch der Erwerb durch eine aus- **18** schließlich aus Verbrauchern bestehende Gesellschaft bürgerlichen Rechts erfasst, wenn der Kauf allein zu privaten Zwecken erfolgt.[43] Auch wenn die Legaldefinition des § 13 BGB den Verbraucherbegriff an die natürliche Person anknüpft, kann auch die BGB-Gesellschaft als teilrechtsfähige Personengesellschaft Verbraucher iSd § 13 BGB sein. Dies allerdings nur unter bestimmten Voraussetzungen. So muss es sich bei der Gesellschaft bürgerlichen Rechts um einen Zusammenschluss von natürlichen Personen han-

---

38 BT-Drucks. 19/15827, S. 17.
39 BGH, Urt. v. 23.10.2001 – XI ZR 63/01, BGHZ 149, 80, 86; Urt. v. 25.1.2011 – XI ZR 350/08, WM 2011, 548 Rn. 25; Urt. v. 20.2.2018 – XI ZR 445/17, WM 2018, 782 Rn. 21; Urt. v. 3.3.2020 – XI ZR 461/18, WM 2020, 781 Rn. 12; Urt. v. 28.5.2020 – III ZR 58/19, WM 2020, 1247 Rn. 19 zVb in BGHZ.
40 BGH, Urt. v. 23.10.2001 – XI ZR 63/01, BGHZ 149, 80, 86 = NJW 2002. 368; Urt. v. 3.3.2020 – XI ZR 461/18, WM 2020, 781 Rn. 12; Urt. v. 28.5.2020 – III ZR 58/19, WM 2020, 1247 Rn. 19.
41 BGH, Urt. v. 23.10.2001 – XI ZR 63/01, BGHZ 149, 80, 86; Urt. v. 28.5.2020 – III ZR 58/19, WM 2020, 1247 Rn. 20; ferner OLG Hamm, Urt. v. 20.10.2016 – 18 U 152/15, BeckRS 2016, 20371; OLG Frankfurt a. M., Beschl. v. 4.6.2018 – 19 U 191/17, BeckRS 2018, 14374 i.V. m. Beschl. v. 22.3.2018 – 19 U 191/17, IBRS 2018, 2256.
42 OLG Frankfurt a. M., Beschl. v. 4.6.2018 – 19 U 191/17, BeckRS 2018, 14374, im Streitfall ging es um 14 Wohn- und Gewerbeeinheiten; hierzu D. *Fischer*, NJW 2018, 3287 f.
43 BT-Drucks. 19/19203, S. 20.

deln.[44] Setzt sich die Gesellschaft teilweise aus natürlichen und auch aus juristischen Personen zusammen, fällt dieses Gebilde nicht mehr unter den Verbraucherbegriff des § 13 BGB.[45] Ferner darf das Handeln der Gesellschaft keine unternehmerischen Ziele verfolgen.[46]

19 Ob der Verkäufer als natürliche oder als juristische Person handelt, ist für die Anwendung dieser Vorschriften ohne Belang. Die faktische Zwangslage der Kaufinteressenten, der die Bestimmungen der §§ 656c und 656d BGB entgegenwirken sollen, ergibt sich aus der eingetretenen Marktentwicklung und den als üblich vorgegebenen Vertragsgestaltungen und Provisionssätzen, welche nicht auf Verkäufe von Unternehmern an natürliche Personen beschränkt sind. Ist dagegen der Käufer eine juristische Person, liegt eine vergleichbare Zwangslage des Kaufinteressenten nicht vor; mithin ist es nicht geboten die Vertragsfreiheit der Parteien zu beschränken.[47]

5. Normzweck des Halbteilungsgrundsatzes

20 Die zwingende Einführung des Halbteilungsgrundsatzes soll das soziale Gleichgewicht auf den Immobilienmarkt sichern und gewährleisten, dass nicht unter Ausnutzung einer aufgrund der Marktsituation geschwächten Verhandlungsposition eine unbillige Abwälzung der Maklerkosten erfolgt.[48] Insbesondere soll der Käufer vor der Ausnutzung einer faktischen Zwangslage geschützt werden.[49] Durch bundesweit einheitliche, zwingende Regelungen wird die Transparenz und die Rechtssicherheit bei der Vermittlung von Kaufverträgen über Wohnungen und Einfamilienhäuser erhöht. Hierdurch soll unterbunden werden, dass Maklerkosten, die der Verkäufer verursacht hat und vor allem in seinem Interesse anfallen, im Kaufvertrag vollständig oder zu einem überwiegenden Anteil auf den Käufer abgewälzt werden.[50] Durch die damit verbundene Kostenreduzierung wird gleichzeitig der Erwerb von Wohnimmobilien gefördert.[51]

---

44 BGH, Urt. v. 23.10.2001 – XI ZR 63/01, BGHZ 149, 80, 86 = NJW 2002, 368.
45 BGH, Urt. v. 30.3.2017 – VII ZR 269/15, NJW 2017, 2752 Rn. 26 ff.
46 Bamberger/Roth/*Bamberger*, BGB, § 13 Rn. 22.
47 BT-Drucks. 19/15827, S. 17.
48 BT-Drucks. 19/15827, S. 12.
49 BT-Drucks. 19/15827, S. 1.
50 BT-Drucks. 19/15827, S. 1 f.
51 BT-Drucks. 19/15827, S. 9.

6. Regelung des § 656c BGB

a) Halbteilungsgrundsatz bei Doppeltätigkeit

Die Provisionszahlungspflicht der Beteiligten richtet sich nicht danach, welche Partei aufgrund der örtlichen Gegebenheiten und der allgemeinen Marktlage in der Lage ist, eine Abwälzung der Maklerkosten auf die andere Partei durchzusetzen. Sie soll sich in Ansehung der tatsächlichen Gegebenheiten beim Immobilienkauf vielmehr daran orientieren, dass der Makler in vielen Fällen den legitimen Interessen beider Parteien dient und eine hälftige Teilung der Provision daher grundsätzlich angemessen ist. Dies gilt namentlich dann, wenn der Makler sowohl mit dem Verkäufer als auch mit dem Käufer über einen Maklervertrag verbunden ist und mithin als Doppelmakler tätig wird.[52] Für die einvernehmliche Doppeltätigkeit, die bei Immobiliengeschäften weitgehend üblich ist,[53] ist kennzeichnend, dass sie von strengen Neutralitätspflichten des Maklers geprägt ist, so dass keine Gründe für eine abweichende Verteilung der Kosten bestehen. Damit sich auch unter dem Eindruck einer angespannten Marktlage von vornherein keine Partei veranlasst sieht, hinsichtlich der Maklerkosten eine anderweitige Vereinbarung abzuschließen, ist die hälftige Teilung der Provision in diesen Fällen gemäß § 656c Abs. 1 Satz 1 BGB zwingend vorgesehen.

21

Hiervon abweichende Vereinbarungen sind nicht nur unwirksam,[54] sondern führen nach § 656 Abs. 2 BGB zur Unwirksamkeit des gesamten Maklervertrages. Vereinbart etwa der Doppelmakler, dass der Käufer 70 % und der Verkäufer 30 % der Maklerkosten zu tragen hat, kann diese unzulässige Regelung nicht etwa im Rahmen einer geltungserhaltenen Reduktion auf den Halbteilungsgrundsatz zurückgeführt werden, dass mithin beide Teile jeweils 50 % der Vergütung zu entrichten haben, sondern beide Verträge sind nichtig, so dass der Vergütungsanspruch gegenüber beiden Kunden entfällt. Wird zunächst mit dem Verkäufer ein höherer Provisionssatz vereinbart, den aber der Käufer als Verbraucher nicht akzeptiert, so dass nur ein niedriger Provisionssatz mit ihm auszuhandeln ist, dann muss der Makler auch diesen niedrigeren Provisionssatz dem Verkäufer einräumen und den mit ihm abgeschlossenen Maklervertrag darauf umstellen. Geschieht dies nicht, sind beide Maklerverträge nichtig. Es ist daher im eigenen Provisionsinteresse des

22

---

52 BT-Drucks. 19/15827, S. 18.
53 BT-Drucks. 19/15827, S. 10.
54 BT-Drucks. 19/15827, S. 18.

Maklers, dass er bei der Ausgestaltung der jeweiligen Provisionsabreden strikt auf die Einhaltung des Halbteilungsgrundsatzes achtet.[55]

23   Nach § 656c Abs. 1 Satz 1 BGB gilt der Halbteilungsgrundsatz als zwingende Regelung, wenn sich der Makler von beiden Parteien des Kaufvertrages einen Maklerlohn versprechen lässt. Der Wortlaut der Regelung erfasst damit als mögliche Auftraggeber lediglich die Parteien des Hauptvertrages (Kaufvertrag). Nach herkömmlichem Maklerrecht muss ein Immobilienmaklervertrag nicht zwingend nur vom Veräußerer oder Erwerber abgeschlossen werden. Auftraggeber eines Maklervertrages kann auch eine andere Person sein, etwa ein Familienangehöriger[56] oder ein Grundschuldgläubiger.[57] Diese erweiternde Sichtweise, was die Partner eines Maklervertrags angeht, ist auch im Rahmen des § 656c BGB zu beachten. Trägt ein Dritter die Maklerkosten, so hat er gegenüber dem Käufer vielfach ein Rückgriffsrecht, was unmittelbar zu einer erhöhten Provisionslast des Käufers führen würde.[58] Der Normzweck der genannten Bestimmung zielt auf eine Entlastung des Käufers von den Maklerkosten.[59] Der Sinn und Zweck des § 656c BGB als Verbraucherschutzbestimmung[60] lässt sich nur erreichen, wenn auch Vertragsgestaltungen, bei denen nicht der Käufer, sondern eine andere Person als Auftraggeber handelt, dem Halbteilungsgrundsatz unterliegen.

b) Unentgeltlichkeitsabreden

24   Vom Anwendungsbereich des § 656c BGB nicht erfasst sind Fallgestaltungen, in denen eine Kaufvertragspartei den Makler unter Ausschluss der Doppeltätigkeit allein mit der Wahrnehmung ihrer Anliegen beauftragt. Dies ist weiterhin zulässig. Im Fall eines ausschließlichen Suchauftrags des Kaufinteressenten oder eines alleinigen Vermittlungsauftrags des Verkäufers besteht nur zwischen jeweils einer Partei und dem Makler eine vertragliche Beziehung, so dass auch zunächst nur der Auftraggeber die vereinbarte Provision schuldet.

25   Dieser Grundsatz kann auch nicht dadurch umgangen werden, dass der Makler, wie es in den Fällen des sogenannten „An-die-Hand-Gebens" häufig erfolgt, mit dem ersten Auftraggeber – in der Regel der Verkäufer – die Unent-

---

55 *D. Fischer*, NJW 2020, 3289, 3293.
56 Vgl. BGH, Urt. v. 17.10.2018 – I ZR 154/17, NJW 2019, 1226 Rn. 36 mit der Möglichkeit auch eines Vertrages zugunsten Dritter.
57 OLG Saarbrücken, Urt. v. 17.9.2015 – 4 U 131/14, NJW-RR 2016, 58.
58 Vgl. die ähnlichen Erwägungen zum Bestellerprinzip, nachstehendes Kap. XII Rn. 39.
59 BT-Drucks. 19/15827, S. 10.
60 BT-Drucks. 19/19203, S. 20.

geltlichkeit seiner Tätigkeit vereinbart und sich anschließend nur von dem Käufer eine Provision versprechen lässt. Selbst wenn in diesen Fällen aufgrund der negativen Provisionsabrede sowie gegebenenfalls der fehlenden Textform nicht von einem Maklervertrag im Sinne der §§ 652 BGB und 656a BGB auszugehen sein sollte, wird der Makler tatsächlich dennoch für diese Partei tätig. In diesen Fällen darf der Makler auch mit der anderen Partei des Kaufvertrages keine Provisionsabrede mehr abschließen. Andernfalls bestünde die Gefahr, dass die Regelung des § 656c BGB dadurch umgangen wird, dass der Makler für den Verkäufer unentgeltlich tätig wird und mit dem Käufer unter Ausnutzung einer faktischen Zwangslage eine unangemessen hohe Provision vereinbart. Aus diesem Grund ist auch unerheblich, ob die Unentgeltlichkeit bereits von Anfang an vereinbart wird oder sich erst aus einem späteren Erlass (§ 397 BGB), der keiner besonderen Form bedarf und auch durch schlüssiges Verhalten zustande kommen kann, ergibt.

Ein nachträglicher Wegfall oder eine Herabsetzung des Provisionsanspruchs gegen eine Partei wirkt sich auch zugunsten der anderen Partei aus.[61] Dies betrifft aber nur entsprechende Absprachen der Parteien. Wird etwa dem Verkäufermakler wegen einer schwerwiegenden Treuepflichtverletzung nach § 654 BGB die Provision aberkannt, so betrifft dies, soweit keine Pflichtverletzung auch gegenüber dem Kaufinteressenten vorliegt, nicht die Käuferprovision. Diese ist mithin weiterhin bestandswirksam. **26**

c) § 656c Abs. 2 Satz 2 BGB

Der Gesetzgeber hat im Hinblick darauf, dass die Voraussetzungen der zulässigen Doppeltätigkeit des Maklers aufgrund der in Rechtsprechung und Literatur entwickelten Grundsätze geklärt sind, eine nähere Regelung hierzu mit Recht für nicht geboten angesehen. Der in § 656c Abs. 2 Satz 2 BGB aufgenommene Zusatz *§ 654 BGB bleibt unberührt*, ist allerdings ebenfalls entbehrlich, weil nach der höchstrichterlichen Rechtsprechung ohnehin jede schwerwiegende Pflichtverletzung des Maklers zur Provisionsverwirkung führen kann. **27**

7. Regelung des § 656d BGB

a) Übernahme der Maklerkosten des anderen Teils

Die beteiligten Parteien können nach § 656d Abs. 1 Satz 1 BGB Vereinbarungen zur anteiligen Übernahme der Maklerkosten durch die Partei treffen, **28**

---

61 BT-Drucks. 19/15827, S. 18.

die in keinem Vertragsverhältnis zu dem Makler steht, soweit kein Fall des § 656c Abs. 1 Satz 2 BGB vorliegt. Dies betrifft zum einen Vereinbarungen der Parteien des Kaufvertrages untereinander, aus denen sich ein unmittelbarer oder mittelbarer Anspruch des Maklers ergibt. Derartige Regelungen können im Rahmen eines Vertrages zugunsten Dritter oder einer Erfüllungsübernahme sowie einer Freistellung getroffen werden. Zum anderen sind auch Vereinbarungen des Maklers mit der Partei, die nicht sein Vertragspartner ist, zulässig, wie etwa im Wege der Schuldübernahme. Voraussetzung ist aber jeweils, dass der Vertragspartner des Maklers zur Zahlung einer Provision mindestens in gleicher Höhe verpflichtet bleibt; mithin darf die andere Partei allenfalls die Begleichung der hälftigen Gesamtkosten übernehmen.[62] Auch bei diesen Fallgestaltungen ist der Halbteilungsgrundsatz zwingendes Recht, hiergegen verstoßende Abreden sind unwirksam (§ 656d Abs. 1 Satz 1 BGB).

b) Weitere Konsequenzen des Halbteilungsgrundsatzes

29   Ein Schuldbeitritt der nicht am Maklervertrag beteiligten Partei kommt damit zukünftig nicht mehr in Betracht, weil dieser zur Entstehung einer Gesamtschuld führt. Der Makler soll jedoch gerade nicht in die Lage versetzt werden, von einer anderen Partei als seinem Vertragspartner die Maklerprovision in voller Höhe (§ 421 Satz 1 BGB) verlangen zu können. Ähnlich wie im Rahmen des § 656c BGB wirkt sich zum Schutz vor Umgehungen eine nachträgliche Herabsetzung oder ein Wegfall des Provisionsanspruchs gegen den Vertragspartner auch zugunsten der anderen Partei aus (§ 656d Abs. 2 BGB).[63]

c) Fälligkeit des Kostenübernahmeanspruchs

30   Dem Schutz vor Umgehungen dient schließlich auch die Regelung des § 656d Abs. 1 Satz 2 BGB, wonach der Anspruch aus einer Vereinbarung nach § 656d Abs. 1 Satz 1 BGB erst fällig wird, wenn nachgewiesen wird, dass der ursprüngliche Vertragspartner des Maklers seine Provisionsverpflichtung erfüllt beziehungsweise seinen Provisionsanteil erbracht hat. Hiermit soll unterbunden werden, dass die andere Partei vorrangig in Anspruch genommen wird und der Makler seinen Anspruch gegenüber dem eigentlichen Auftraggeber nicht geltend macht. Zwar hätte dies nach § 656d Abs. 2 BGB regelmäßig auch Auswirkungen auf die Vereinbarung nach

---

62 BT-Drucks. 19/15827, S. 18.
63 BT-Drucks. 19/15827, S. 18.

§ 656d Abs. 1 Satz 1 BGB, allerdings wäre der Käufer in diesen Fällen mit der Durchsetzung eines bereicherungsrechtlichen Rückzahlungsanspruchs belastet.[64]

Den Zahlungsnachweis kann nicht nur der andere Teil des Hauptvertrages **31** erbringen. Der Rechtsausschuss hat auch hier aus Praktikabilitätsgründen zu Recht die Möglichkeit eröffnet, dass der Makler selbst die Provisionszahlung des anderen Teils nachweisen kann.[65] Die Form des Nachweises bleibt grundsätzlich dem jeweiligen Einzelfall vorbehalten, in Betracht kommt hier aber jedenfalls die Vorlage eines Kontoauszugs oder eines Überweisungsbelegs. Die Vorschriften über die Erfüllung (§§ 362 ff. BGB) bleiben unberührt.

Die Ausgestaltung des Zahlungsnachweises als Fälligkeitsregel hat zur Fol- **32** ge, dass bei Insolvenz derjenigen Partei, die den Maklervertrag abgeschlossen hat, der Makler auch den Anspruch gegenüber dem anderen Teil des Hauptvertrags verliert. Wegen dauerhaft ausbleibender Fälligkeit ist dem Makler in diesen Fällen die Geltendmachung des Anspruchs gegenüber der letztgenannten Partei verwehrt.[66] Der Anregung des Bundesrats, den Fall der Insolvenz gesondert zu regeln und insoweit eine Zahlungspflicht der anderen Partei des Hauptvertrages zu begründen,[67] hat sich die Bundesregierung nicht angeschlossen und darauf verwiesen, dass der Makler, wie jeder Unternehmer, grundsächlich das Risiko der Insolvenz seines Auftraggebers zu tragen habe.[68] Auch weitere hierzu vorgetragene Erwägungen bei der Sachverständigenanhörung vor dem Rechtsausschuss wurden nicht aufgegriffen. Im Hinblick darauf, dass im weiteren Gesetzgebungsverlauf von der Einfügung eines eigenständigen Insolvenzausnahmetatbestands abgesehen wurde, ist davon auszugehen, dass in derartigen Fällen dem Makler kein Kostenübernahmeanspruch gegenüber dem anderen Teil zusteht. Sollte der insolvente Vertragspartner seinen Provisionsanteil noch beglichen haben und diese Zahlung der Insolvenzanfechtung (§§ 129 ff. InsO) unterliegen, müsste der Makler nach Rückführung des Betrages an die Insolvenzmasse, auch den auf den anderen Teil des Hauptvertrages entfallenden Betrag an diesen auskehren.

---

64 BT-Drucks. 19/15827, S. 18 f.
65 BT-Drucks. 19/19203, S. 21.
66 Vgl. Stellungnahme des Bundesrats, BT-Drucks. 19/15827, S. 33.
67 Stellungnahme des Bundesrats, BT-Drucks. 19/15827, S. 33.
68 BT-Drucks. 19/15827, S. 38.

8. Übergangsregelungen

a) Temporärer Anwendungsbereich der Reformregelungen

33 Gemäß Artikel 229 EGBGB sind die neuen Vorschriften erst auf Maklerverträge anwendbar, die abgeschlossen werden, nachdem die Vorschriften in Kraft getreten sind.[69]

34 Hierbei ist zu beachten, dass bezogen auf ein Vermittlungs- oder Nachweisobjekt strikt zwischen den einzelnen Maklerverträgen zu unterscheiden ist. Wird etwa in einem Verkäufermaklervertrag vereinbart, dass der Makler vom Verkäufer keine Provision erhält, ihm es aber freigestellt wird, als Doppelmakler eine Provision mit dem Kaufinteressenten zu vereinbaren, so kann die damit verbundene Überwälzung der Provision nur dann erzielt werden, wenn nicht nur der Verkäufermaklervertrag vor dem Stichtag (23.12.2020) abgeschlossen wird, sondern auch der Käufermaklervertrag. Der Umstand, dass der Hauptvertrag erst nach dem Stichtag zustande kommt, steht der Anwendung des alten Rechts nicht entgegen; maßgeblich allein ist der Zeitpunkt des Abschlusses des Maklervertrages. Wird allerdings nur der Maklervertrag mit dem Verkäufer vor dem Stichtag abgeschlossen, der Maklervertrag mit dem Käufer erst danach, kann eine völlige Provisionsüberwälzung auf den Käufer nicht mehr erfolgen. Insoweit greift unmittelbar der Halbteilungsgrundsatz, so dass allenfalls eine hälftige Provisionsteilung in Betracht kommen kann. Ist der Verkäufer nicht bereit zur Provisionsteilung, kann der Makler auch vom Käufer keine Provision verlangen. Entsprechendes gilt für reine Provisionsüberwälzungsabreden.

b) Inkrafttreten des Gesetzes

35 Die neuen Vorschriften treten sechs Monate nach Verkündung des Gesetzes in Kraft; dies ist der 23.11.2020. Durch eine halbjährige Übergangsfrist soll den betroffenen Verkehrskreises, insbesondere den Maklern, die Möglichkeit gegeben werden, ihre Geschäftspraktiken der neuen Rechtslage anzupassen.[70]

---

69 BT-Drucks. 19/15827, S. 19.
70 BT-Drucks. 19/15827, S. 19.

XII. Besonderheiten des Wohnungsvermittlungsrechts

1. Überblick

Die Sonderbestimmungen des Gesetzes zur Regelung der Wohnungsvermittlung vom 4.11.1971 i.d.F. v. 21.4.2015 (WoVermittG) richten sich nur an Makler, die den Abschluss von Mietverträgen über Wohnräume vermitteln oder nachweisen. Eine analoge Anwendung dieser Vorschriften auf die Vermittlung oder den Nachweis zum Abschluss von Kaufverträgen über Wohnhäuser oder Eigentumswohnungen kommt nicht in Betracht.[1] Zuvor war das Wohnungsvermittlungsrecht in der Verordnung zur Regelung der Entgelte der Wohnungsvermittler v. 19.10.1942 geregelt, die im Hinblick auf die kriegsbedingte Zerstörung von Wohnraum erging und in der Nachkriegszeit weitergalt.[2]

1

Eine tiefgreifende Veränderung erfuhr das Wohnungsvermittlungsrecht durch die zum 1.6.2015 in Kraft getretene Novellierung des WoVermittG. Die Textform ist nunmehr für alle Wohnraummaklerverträge zwingend; die Einführung des Bestellerprinzips gestattet eine Provisionspflicht des Wohnungsuchenden nur noch dann, wenn er dem Makler einen eigenständigen Suchauftrag erteilt und dieser für den Kunden nach außen suchend tätig wird. In seinem Anwendungsbereich bedeutet das Bestellerprinzip ein faktisches Verbot der Doppeltätigkeit des Maklers.[3] Im Gegensatz zum allgemeinen Immobilienmaklerrecht, bei dem das Tätigwerden des Maklers für beide Seiten des nachzuweisenden oder zu vermittelten Hauptvertrages weitgehend üblich ist,[4] gilt nunmehr für das Wohnungsvermittlungsrecht ein Sonderrecht, das zwar kein ausdrückliches Vertragsverbot zwischen Makler und Wohnungsuchenden begründet, aber dem Makler in weiten Teilen seiner bisherigen Tätigkeit ein Entgeltverbot auferlegt.[5]

2

---

1 BGH, Beschl. v. 28.4.2005 – III ZR 387/04, NJW-RR 2005, 1033; *Schultz*, WoVermittG, § 1 Rn. 7; *D. Fischer*, NJW 2015, 1560.

2 *Baader/Gehle*, WoVermittG, Einleitung Rn. 1–3.

3 *D. Fischer*, WuM 2016, 391, 392.

4 BGH, Beschl. v. 30.4.2003 – III ZR 318/02, NJW-RR 2003, 991; OLG Hamm, Urt. v. 5.7.1993 – 18 U 258/92, NJW-RR 1994, 125; OLG Rostock, Urt. v. 1.10.2008 – 1 U 98/08, MDR 2009, 194; OLG München, Urt. v. 16.5.2012 – 20 U 245/12, NJOZ 2013, 974.

5 Vgl. *Hufen*, NZM 2014, 663, 664; *D. Fischer*, NJW 2015, 1560.

2. Allgemeine Grundsätze

3 Die Regelungen des WoVermittG beinhalten zahlreiche Abweichungen vom Maklerrecht des BGB durch zwingende Rechtsnormen zugunsten des Maklerkunden.

a) Gesetzeszweck

4 Das Gesetz bezweckt allgemein die Wohnungssuchenden vor ungerechtfertigten wirtschaftlichen Belastungen zu schützen, die sich häufig aus missbräuchlichen Vertragsgestaltungen oder unlauteren Geschäftsmethoden für sie ergeben.[6] Zudem soll die Markttransparenz auf dem Gebiet der Wohnungsvermittlung verbessert werden.[7] Durch die Reform des Revisionsrechts von 2002 wurde sichergestellt, dass die Bestimmungen des WoVermittG einheitlich durch den Bundesgerichtshof ausgelegt werden können, was zu mehreren Grundsatzentscheidungen auf diesem Rechtsgebiet geführt hat. Ob der Makler seine Tätigkeit gewerbsmäßig ausübt, ist für die Anwendbarkeit der Bestimmungen des WoVermittG ohne Belang.[8] Nur § 3 Abs. 1 und § 6 WoVermittG wenden sich nicht an Gelegenheitsmakler.

b) Legaldefinition

5 Nach § 1 Abs. 1 WoVermittG ist Wohnungsvermittler, wer den Abschluss von Mietverträgen über Wohnräume vermittelt oder die Gelegenheit zum Abschluss von Mietverträgen über Wohnräume nachweist. Diese Begriffsbestimmung lehnt sich bewusst an die Tätigkeitsmerkmale des § 652 BGB an und entspricht inhaltlich dem sich aus dieser Vorschrift ergebenden gesetzlichen Leitbild des Nachweis- und Vermittlungsmaklers, wenn auch gegenständlich auf Mietverträge über Wohnräume beschränkt.[9] Die begriffliche Unschärfe der Legaldefinition[10] ist allerdings zu bedauern. Sie weist

---

6 BGH, Urt. v. 13.3.2003 – III ZR 299/02, NJW 2003, 1393, 1394; Urt. v. 2.10.2003 – III ZR 5/03, NJW 2004, 286, 287; KG, Urt. v. 15.12.2003 – 23 U 98/03, NJW-RR 2004, 1239.

7 BGH, Urt. v. 13.3.2003 – III ZR 299/02, NJW 2003, 1393, 1394; Urt. v. 2.10.2003 – III ZR 5/03, NJW 2004, 286, 287.

8 *Baader/Gehle*, § 1 WoVermittG Rn. 2.

9 BGH, Beschl. v. 9.3.1995 – I ZR 85/94, NJW-RR 1995, 880; Urt. v. 15.4.2010 – III ZR 153/09, NJW-RR 2010, 1385 Rn. 8.

10 *Schulz*, WoVermG, § 1 Rn. 1; MünchKomm-BGB/*H. Roth*, § 652 Rn. 139 (gesetzestechnisch unsauberer Begriff).

dem Begriff Wohnungsvermittler die Funktion eines Oberbegriffes zu,[11] der beide Tätigkeitsbereiche umfasst. Sie findet sich auch beim Darlehensvermittlungsvertrag (§ 655a BGB) und bei der Heiratsvermittlung (§ 656 BGB)[12] sowie neuerdings bei der Teilzeit-Wohnrechtevermittlung (§ 481b Abs. 1 BGB). An diese Legaldefinition schließen sich die mit der Novellierung des WoVermittG zum 1.6.2015 in das Gesetz eingefügten Rechtsbegriffe des Vermittlungsvertrages (§ 2 Abs. 1 Satz 2, § 2 Abs. 1a WoVermittG) sowie des Vermittlungsentgelts (§ 2 Abs. 5 Nr. 2 WoVermittG) unmittelbar an.

c) Anwendungsbereich

Nach § 1 Abs. 3 WoVermittG gelten die Vorschriften dieses Gesetzes nicht **6** für die Vermittlung von Mietverträgen über Wohnräume im Fremdenverkehr. Nach Ansicht des AG Lichtenberg[13] trifft dies auch zu bei der Anmietung einer Ferienwohnung durch einen Rechtsreferendar, der eine dreimonatige, auswärtige Wahlstation absolviert, wenn die Wohnung als Ferienwohnung angeboten und der Vertrag mit „Mietvertrag über eine Ferienwohnung" überschrieben ist.

3. Form des Wohnungsmaklervertrages

Nach bisherigem Recht konnte der Wohnungsmaklervertrag durch mündli- **7** che oder auch konkludente Erklärungen der Vertragsbeteiligten wirksam zustande kommen.[14] Mit Wirkung zum 1.6.2015 müssen Maklerverträge über den Nachweis oder die Vermittlung von Wohnungsmietverträgen die Textform aufweisen (§ 2 Abs. 1 Satz 2 WoVermittG). Der Gesetzeswortlaut spricht zwar von Vermittlungsvertrag. Dieser Begriff ist aber entsprechend der Legaldefinition in § 1 Abs. 1 WoVermittG als Oberbegriff zu verstehen und erfasst mithin nicht nur Vermittlungsverträge im engeren Sinne, sondern auch Verträge über den Nachweis von Wohnungsmietraum.[15]

---

11 *D. Fischer*, NJW 2011, 3277, 3281; ebenso *Schulz*, WoVermG, § 1 Rn. 2; ähnlich Bamberger/Roth/*Kotzian-Marggraf*, § 652 Rn. 2, der in diesem Zusammenhang von einem Vermittlungsvertrag im weiteren Sinne spricht; ferner *Dehner*, Maklerrecht Rn. 3.

12 Sowie der dazugehörende Untertitel 3 Ehevermittlung, ferner § 35 SGB III (private Arbeitsvermittlung), vgl. auch § 59 VVG (Versicherungsvermittlung, Versicherungsmakler).

13 AG Lichtenberg, Urt. v. 10.1.2017 – C 488/15, ZMR 2017, 404, 405.

14 BGH, Urt. v. 13.12.2018 – I ZR 51/17, WM 2019, 1985 Rn. 13; *Schulz*, § 2 WoVermG Rn. 4.

15 *D. Fischer*, NJW 2015, 1560, 1561.

a) Normzweck

8 Mit dem Formzwang soll sowohl dem Wohnungssuchenden als auch dem Vermieter deutlich gemacht werden, dass ein Vertrag zustande kommt und im Erfolgsfalle eine Vergütung zu entrichten sein kann.[16] Hierdurch können auch Unklarheiten über die Frage, mit welchem Inhalt der Maklervertrag abgeschlossen wurde, vermieden werden.[17] Der Normzweck besteht mithin darin, Rechtssicherheit und Rechtsklarheit zu schaffen.[18] Mit dieser Regelung wird die in der Gerichtspraxis beweisintensive Problematik eines mündlichen, insbesondere konkludenten Vertragsabschlusses für das Wohnungsvermittlungsrecht beseitigt.[19]

b) Anforderungen an die Textform

9 Um der Textform zu genügen, muss die Erklärung in einer Urkunde oder in einer anderen zur dauerhaften Wiedergabe in Schriftzeichen geeigneten Weise abgegeben werden. Wesentlicher Aufwand für die Beteiligten entsteht hierdurch nicht, weil beispielsweise bereits der Austausch der Vertragserklärungen in E-Mails genügt, wenn beide Vertragsparteien über entsprechende Sende- und Empfangseinrichtungen verfügen.[20] Ferner reichen Verkörperungen auf Papier, USB-Stick, Diskette, CD-Rom oder ein Computerfax aus.[21]

c) Rechtsfolgen bei Nichteinhaltung des Formzwangs

10 Wohnungsmaklerverträge, welche nicht den Anforderungen der Textform (§ 126b BGB) genügen, sind gemäß § 125 Satz 1 BGB unwirksam.[22] Dies trifft auch dann zu, wenn nur einseitig der Wohnungssuchende oder der Wohnungsmakler die Vertragserklärung in Textform abgeben.[23] Ist der Mak-

---

16 BT-Drucks. 18/3121, S. 36.

17 BT-Drucks. 18/3121, S. 36.

18 *Bethge*, ZMR 2014, 931; *D. Fischer*, NJW 2015, 1560, 1561; *Duchstein*, NZM 2015, 417, 419.

19 *D. Fischer*, NJW 2013, 3410.

20 BT-Drucks. 18/3121, S. 36.

21 Palandt/*Ellenberger*, § 126b Rn. 3. Zu den weiteren Einzelheiten vgl. Kap. XI Rn. 11.

22 BT-Drucks. 18/3121, S. 36; AG Dülmen, Urt. v. 22.3.2016 – 3 C 348/15, WuM 2016, 374; *D. Fischer*, NJW 2015, 1560, 1562; *Wiek*, WuM 2015, 327; vgl. zu den allgemeinen Grundsätzen Palandt/*Ellenberger*, § 125 Rn. 12.

23 *Wiek*, WuM 2015, 327; *D. Fischer*, WuM 2016, 391, 394.

lervertrag unwirksam, entsteht für den Wohnungsmakler kein Entgeltanspruch nach § 2 Abs. 1 Satz 1 WoVermittG.[24]

aa) Weigerung des Wohnungssuchenden, eine textformgemäße Erklärung abzugeben

Weigert sich der Wohnungssuchende, einen Maklervertrag in Textform abzuschließen und erbringt gleichwohl der Makler eine Nachweis- oder Vermittlungsleistung, so ist im Erfolgsfalle der Makler nicht befugt, eine Provision zu verlangen.[25] Auch insoweit gilt der allgemeine Grundsatz, dass es zum Risikobereich des Maklers gehört, wenn er vor Abschluss eines wirksamen Vertrages bereits seine Maklerdienste erbringt.[26] Ein Rückgriff auf § 242 BGB zugunsten des Maklers kommt nicht in Betracht.[27] Gesetzliche Ansprüche, wie etwa aus Bereicherungsrecht oder aus § 354 HGB, scheiden im Hinblick auf den gebotenen Gleichlauf der rechtlichen Bewertung ebenfalls aus.[28]

11

bb) Nachträglicher formwirksamer Vertragsabschluss

Im allgemeinen Immobilienmaklerrecht ist anerkannt, dass ein wirksamer provisionspflichtiger Maklervertrag auch dann noch abgeschlossen werden kann, wenn der Makler seine Nachweis- oder Vermittlungsleistung bereits erbracht hat.[29] Dies gilt nicht im Verhältnis zwischen Wohnungssuchenden und Makler.[30] Verhält sich der Makler ordnungsgemäß, muss er vor Erbringung der Maklerleistung an den Vermieter herantreten, um dessen Zustimmung nach § 6 Abs. 1 WoVermittG zu erhalten. Für diesen Fall greift das Bestellerprinzip ein,[31] so dass ein provisionspflichtiger Maklervertrag nicht

12

---

24 BGH, Urt. v. 14.3.2019 – I ZR 134/18, BGHZ 221, 226 = NJW 2019, 3231 Rn. 11.

25 *Duchstein*, NZM 2015, 417, 419; *D. Fischer*, WuM 2016, 391, 394, tendenziell a. A.: *Derleder*, NZM 2014, 263, 264 zu § 2 Abs. 1a Nr. 1 WoVermittGRefE, wonach eine treuwidrige Berufung des Mieters auf die Formvorschrift in Betracht gezogen werden könne.

26 Vgl. BGH, Urt. v. 11.4.2002 – III ZR 37/01, NJW 2002, 1945 f.

27 *Grams*, ZfIR 2015, 512, 513; *D. Fischer*, WuM 2016, 391, 394.

28 *D. Fischer*, NJW 2015, 1560, 1562; *Wiek*, WuM 2015, 327; ferner *Klenner*, ZRP 2013, 98, 99.

29 BGH, Urt. v. 12.10.2006 – III ZR 331/04, NJW-RR 2007, 55 Rn. 12; Urt. v. 3.7.2014 – III ZR 530/13, NJW-RR 2014, 1272 Rn. 14; OLG Koblenz, Beschl. v. 19.12.2013 – 5 U 950/13, BeckRS 2014, 12970; vgl. Kap. III Ziff. 9.

30 *Wiek*, WuM 2015, 327; *D. Fischer*, WuM 2016, 391, 394; ebenso im Ergebnis *Derleder*, NZM 2014, 263, 269.

31 Einzelheiten hierzu nachfolgend unter Rn. 21 ff.

mehr zustande kommen kann. Hat der Makler entgegen § 6 Abs. 1 WoVermittG ohne Einverständnis des Vermieters gehandelt, kann zwar nach h. M.[32] zum bisherigen Wohnungsvermittlungsrecht ein wirksamer Maklervertrag zustande kommen; ein Provisionsanspruch scheitert aber wiederum an § 2 Abs. 1a WoVermittG, weil nur bei Einhaltung des § 6 Abs. 1 WoVermittG ein Provisionsanspruch begründet wird.[33] Insoweit kommt dem in § 2 Abs. 1a WoVermittG enthaltenen Bezug auf § 6 Abs. 1 WoVermittG eine provisionsbegründende Bedeutung zu.[34]

13 Hat der Makler seine Leistung noch nicht erbracht, kann der Abschluss eines Maklervertrages mit dem Wohnungssuchenden formwirksam nachgeholt werden.[35] Insoweit kommt auch eine textformgemäße Bestätigung nach § 141 Abs. 2 BGB in Betracht.[36]

4. Nachweis oder Vermittlung nur bei Auftrag

14 Eine Abweichung vom herkömmlichen Maklerrecht liegt auch darin, dass der gewerbsmäßige Makler Wohnräume nur dann anbieten darf, wenn er, so der Wortlaut des § 6 Abs. 1 WoVermittG, dazu einen Auftrag von dem Vermieter oder einer anderen berechtigten Person erhalten hat.[37] Unter Auftrag im Sinne dieser Bestimmung ist allerdings weder ein Auftrag nach § 662 BGB[38] noch ein Maklervertrag[39] zu verstehen, sondern es genügt jede ausdrücklich oder konkludent, schriftlich oder mündlich erklärte Zustimmung des Berechtigten zur Vermittlung der betreffenden Wohnung durch einen be-

---

32 BGH, Urt. v. 25.7.2002 – III ZR 113/02, BGHZ 152, 10, 11; *Schulz*, § 6 Rn. 34; Münch-Komm-BGB/*H. Roth*, 7. Aufl. 2017, § 652 Rn. 75; Palandt/*Sprau*, § 652 Rn. 8; a. A. (Nichtigkeit) *D. Fischer*, NZM 2005, 731, 733; *Hamm/Schwerdtner*, Maklerrecht, Rn. 195.

33 *D. Fischer*, NJW 1560, 1562; *Wiek*, WuM 2015, 327, 329.

34 *D. Fischer*, WuM 2016, 391, 395.

35 A. A. offensichtlich *Wiek*, WuM 2015, 327: Die Nichtigkeit ist irreparabel. Ebenso *Grams*, ZfIR 2015, 512, 513; *Derleder*, NZM 2014, 264.

36 *Duchstein*, NZM 2015, 417, 419. Nach *Duchstein* kommt – entgegen der hier vertretenen Ansicht – ohne jede Einschränkung eine Heilung durch nachträgliche Bestätigung in Betracht. Die dort gebildete Fallgestaltung des Abschlusses eines schriftlichen Maklervertrages anlässlich der Wohnungsbesichtigung führt im Hinblick auf das Bestellerprinzip nicht mehr zur Provisionspflichtigkeit des Wohnungssuchenden.

37 Zur Frage, ob eine reine Zustimmung des Vermieters ausreichend ist oder hierfür eine vertragliche Beauftragung notwendig ist, im Einzelnen *Windisch*, WuM 1999, 265, 268.

38 BT-Drucks. 18/3121, S. 36.

39 *D. Fischer*, NZM 2005, 731, 732; *Schulz*, WoVermittG, § 6 Rn. 7.

stimmten Makler.[40] Praktische Konsequenz dieser Regelung war bis zur Novellierung des Wohnungsvermittlungsrechts durch das Bestellerprinzip aber vielmals, dass der Wohnraummakler – abweichend von § 654 BGB – kraft Gesetzes regelmäßig als Doppelmakler tätig wurde.[41]

Ein „anderer Berechtigter" i. S. v. § 6 Abs. 1 WoVermittG ist neben den mit **15** der Vermietung betrauten Verwalter auch ein Hauptmieter, der zur Untervermietung befugt ist.[42] Zu den sonstigen Berechtigten im vorgenannten Sinne gehört aber auch ein Mieter, der gegenüber seinem Vermieter berechtigt ist, einen Nachmieter zu stellen.[43] Eine solche Erlaubnis bedeutet zugleich, dass sich der Mieter bei der Suche nach einem Nachfolgemieter der Hilfe eines Maklers bedienen darf. Anderenfalls würde das dem Mieter eingeräumte Recht, einen Ersatzmieter zu stellen, unzumutbar eingeschränkt sein, weil der Suche ohne Makler oft schwerwiegende Hindernisse – etwa mangelnde Zeit, hohe Arbeitsbelastung, Ungewandtheit, Unkenntnis des Marktes – im Wege stehen.[44]

Schuldhafte Verstöße gegen § 6 WoVermittG werden nach § 8 Abs. 1 Nr. 3 **16** Abs. 2 WoVermittG als Ordnungswidrigkeit mit einer Geldbuße bis zu 2.500 € geahndet. Nach der höchstrichterlichen Rechtsprechung führt ein Verstoß gegen § 6 Abs. 1 WoVermittG allerdings nicht zur Unwirksamkeit des Provisionsversprechens nach § 134 BGB.[45]

5. Provision nur im Erfolgsfalle

§ 2 Abs. 1, Abs. 5 WoVermittG ordnen an, dass das gesetzliche Leitbild des **17** § 652 Abs. 1 BGB, wonach Provision nur im Erfolgsfalle geschuldet wird, im Bereich der Wohnungsvermittlung zwingendes Recht ist. Demnach ist mit Rücksicht auf die in § 2 Abs. 5 WoVermittG angeordnete Unabdingbar-

---

40 BGH, Urt. v. 14.3.2019 – I ZR 134/18, BGHZ 221, 226 = NJW 2019, 3231 Rn. 19; *Baader/Gehle*, § 6 WoVermittG Rn. 6; *Schulz*, WoVermG, § 6 Rn. 7; *Siegel*, WuM 1999, 263, 264; *D. Fischer*, NZM 2005, 731, 732; anders dagegen *Windisch*, WuM 1999, 265, 268, der einen Maklervertrag für erforderlich hält.

41 *Seydel/Heinbuch*, Maklerrecht, Rn. 315.

42 *Baader/Gehle*, § 6 WoVermittG Rn. 7; ähnlich *Schulz*, WoVermG, § 6 Rn. 8.

43 BGH, Urt. v. 14.3.2019 – I ZR 134/18, BGHZ 221, 226 = NJW 2019, 3231 Rn. 19; OLG Hamburg, Beschl. v. 20.10.1976 – 2 Ss 270/76, BB 1976, 1532; *Baader/Gehle*, § 6 WoVermittG Rn. 7; *Brandt*, Das Recht des Immobilienmaklers, S. 69; *Seydel/Heinbuch*, Maklerrecht, Rn. 315.

44 OLG Hamburg, Beschl. v. 20.10.1976 – 2 Ss 270/76, BB 1976, 1532; *D. Fischer*, NZM 2005, 731, 732.

45 BGH, Urt. v. 25.7.2002 – III ZR 113/02, BGHZ 152, 10, 11. Einzelheiten hierzu vorstehend Kap. II Rn. 50 ff.

keit jegliche Vereinbarung einer erfolgsunabhängigen Provision ausnahmslos unzulässig und nichtig. Auch im Wege einer Individualabrede sind derartige Absprachen unzulässig.

18   Insbesondere ist eine Abrede, nach der bereits die Dienstleistung des Maklers ohne Rücksicht auf ihren Erfolg im Wege eines Maklerdienstvertrages
vergütet werden soll, unwirksam.[46] Im Übrigen können Wohnungsvermittler,
die in ihrer Vermittlungstätigkeit erfolglos bleiben, auch keinen Anspruch
auf Vorschuss oder sonstige Entgelte gegenüber dem Wohnungssuchenden
geltend machen.[47] Dies gilt erst recht für Personen, die selbst keinen Wohnraum nachweisen können, sondern lediglich auf der Vorstufe tätig werden, in
dem sie sich darauf beschränken, Möglichkeiten aufzuzeigen, die die Woh-
nungsbeschaffung erleichtern können.[48]

19   Das Entgelt für die Nutzung einer Wohnungsdatenbank darf der Datenbank-
betreiber nach Ansicht des LG Berlin nicht erfolgsunabhängig, im Voraus
und ohne Orientierung an der Miethöhe eines nachgesuchten Objektes vom
Wohnungssuchenden verlangen, weil der Datenbankbetreiber insoweit dem
Nachweismakler gleichstehe.[49] Dies ist nicht zutreffend; das in Rede stehen-
de Nutzungsentgelt ist keine Nachweisprovision i. S. d § 2 WoVermittG.[50]
Die Unwirksamkeit der Abrede könnte sich aber aus § 3 Abs. 3 Satz 1 Wo-
VermittG ergeben.[51]

20   Im Hinblick auf die Zielsetzung des WoVermittG können allerdings, was tatsächlich aber nur den Vertrag des Maklers mit dem Vermieter betreffen dürfte, die Anspruchsvoraussetzungen abweichend von § 2 Abs. 1 WoVermittG
zulasten des Maklers durch Vertrag wirksam eingeschränkt werden. Dies
gilt etwa für Abreden, wonach Provision nur bei Solvenz des Mieters bzw.
nach Eingang mehrerer Monatsmieten zu entrichten ist.[52]

---

46 AG Bergheim, Urt. v. 15.3.1972 – 3 C 295/71, WuM 1972, 111; *Baader/Gehle*, § 2 Wo-
VermittG Rn. 4.
47 KG, Urt. v. 15.12.2003 – 23 U 98/03, NJW-RR 2004, 1239.
48 KG, Urt. v. 15.12.2003 – 23 U 98/03, NJW-RR 2004, 1239, 1240.
49 LG Berlin, Urt. v. 13.9.2004 – 52 S 341/03, IVD-Rspr. A 105 Bl. 17.
50 BGH, Urt. 15.4.2010 – III ZR 153/09, NJW-RR 2010, 1385 Rn. 15.
51 BGH, Urt. 15.4.2010 – III ZR 153/09, NJW-RR 2010, 1385 Rn. 15; *D. Fischer*, NJW
2011, 3277, 3281 f.
52 *Baader/Gehle*, § 2 WoVermittG Rn. 5.

6. Provisionspflicht des Wohnungssuchenden nur bei Erteilung eines originären Suchauftrags (Bestellerprinzip)

Die Einführung des Bestellerprinzips[53] mit Wirkung zum 1.6.2015 gestattet **21** eine Provisionspflicht des Wohnungssuchenden nur noch dann, wenn er dem Makler einen eigenständigen Suchauftrag erteilt und dieser für den Kunden nach außen suchend tätig wird.[54] In seinem Anwendungsbereich bedeutet das Bestellerprinzip ein faktisches Verbot der Doppeltätigkeit des Maklers.[55] Mit zügig ergangenem Beschluss vom 29.6.2016 hat das Bundesverfassungsgericht[56] das Bestellerprinzip für verfassungsgemäß erklärt.

Die strengen Anforderungen an einen Vertragsschluss durch schlüssiges **22** Verhalten[57] galten vor Einführung des Bestellerprinzips am 1.6.2015 auch für den Nachweis und die Vermittlung von Mietwohnungen. Seither darf der Wohnungsvermittler von Wohnungssuchenden für die Vermittlung oder den Nachweis der Gelegenheit zum Abschluss von Mietverträgen über Wohnräume nach § 2 Abs. 1a WoVermittG kein Entgelt fordern, sich versprechen lassen oder annehmen, es sei denn, er holt gemäß § 6 Abs. 1 WoVermittG ausschließlich wegen des Vermittlungsvertrags mit dem Wohnungssuchenden vom Vermieter oder von einem anderen Berechtigten den Auftrag zum Anbieten der Wohnung ein. Deshalb kann nach der seit dem 1.6.2015 geltenden Rechtslage in der Bezugnahme eines Mietinteressenten auf ein Zeitungs- oder Internetinserat, mit dem ein Makler eine Mietwohnung anbietet, kein Angebot des Interessenten auf Abschluss eines Maklervertrags mehr gesehen werden, der eine eigene Provisionspflicht des Interessenten begründet.[58]

---

53 Hierzu allgemein *Klenner*, ZRP 2013, 98; *Derleder*, NZM 2014, 263; *D. Fischer*, NJW 2014, 3281, 3282; vgl. auch *Hufen*, NZM 2014, 663.

54 Hierzu im Einzelnen *D. Fischer*, NJW 2015, 1560; *ders.*, WuM 2016, 391; *Duchstein*, NZM 2015, 417; *Grams*, ZfIR 2015, 512; *Wiek*, WuM 2015, 327; *Magnus/Wais*, JZ 2016, 183. Mit Beschluss vom 13.5.2015 – 1 BvQ 9/15, NJW 2015, 1815 hat das Bundesverfassungsgericht Anträge auf Erlass einer einstweiligen Anordnung auf Aussetzung des Inkrafttretens des Bestellerprinzips zurückgewiesen.

55 *D. Fischer*, NJW 2015, 1560.

56 BVerfG, Beschl. v. 29.6.2016 – 1 BvR 1015/15, BVerfGE 142, 268 = NJW-RR 2016, 1349.

57 BGH, Urt. v. 7.7.2016 – I ZR 30/15, NJW 2017, 1024 Rn. 17; Urt. v. 13.12.2018 – I ZR 51/17, WM 2019, 1985 Rn. 12.

58 BGH, Urt. v. 13.12.2018 – I ZR 51/17, WM 2019, 1985 Rn. 13.

a) Temporärer Anwendungsbereich

23   Auf einen bereits vor dem 1.6.2015 abgeschlossenen Maklervertrag des Wohnungssuchenden findet das Bestellerprinzip mangels einer Rückwirkungsregelung keine Anwendung.[59] Maßgeblich ist der in Art. 170 EGBGB zum Ausdruck gekommene allgemeine Rechtsgrundsatz, dass die Schuldverhältnisse in ihrem Inhalt und in ihrer Wirkung dem Recht unterstehen, das zur Zeit des Entstehungstatbestands galt.[60] Danach muss der Entstehungstatbestand des Schuldverhältnisses unter der alten Rechtsordnung vollständig erfüllt sein. Dies bedeutet bei rechtsgeschäftlichen Schuldverhältnissen, dass es ausschließlich auf den Vertragsabschluss ankommt; dieser muss wirksam nach altem Recht entstanden sein.[61] Für das Bestellerprinzip wurde diese Ansicht vom Bundesverfassungsgericht in seiner Entscheidung zur Verfassungsgemäßheit des § 2 Abs. 1a WoVermittG ausdrücklich zugrunde gelegt.[62] Es hat zutreffend hervorgehoben, Vermittlungsverträge, die vor dem 1.6.2015 ordnungsgemäß abgeschlossen wurden, bleiben weiterhin wirksam und hinsichtlich etwaiger Provisionsforderungen uneingeschränkt erfüllbar.[63] Daher ist die Ansicht des LG Düsseldorf,[64] dass sämtliche Voraussetzungen für die Entstehung des Provisionsanspruches – insbesondere die Maklerleistung und der Abschluss des Hauptvertrages – vor dem 1.6.2015 vorgelegen haben müssen, unzutreffend.[65] Der im Streitfall vor dem 1.6.2015 abgeschlossene Maklervertrag unterlag nicht dem Bestellerprinzip; der Provisionsanspruch hätte mithin nach altem Recht beurteilt werden müssen. Er war im Hinblick auf die von der Klägerin erbrachte Nachweisleistung und deren Mitursächlichkeit zum Abschluss des Mietvertrages auch begründet.[66]

---

59 BVerfG, Beschl. v. 29.6.2016 – 1 BvR 1015/15, BVerfGE 142, 268 = NJW-RR 2016, 1349 Rn. 93; ebenso bereits *D. Fischer*, NJW 2015, 1560, 1562; *Wiek*, WuM 2015, 327.

60 Vgl. BGH, Urt. v. 22.1.1987 – IX ZR 100/86, BGHZ 99, 363, 369; Beschl. v. 21.2.2013 – VII ZA 14/12, BeckRS 2013, 04616 Rn. 2.

61 Staudinger/*Hönle*, 2012, Art. 170 EGBGB Rn. 7; MünchKomm-BGB/*Krüger*, 5. Aufl., Art. 170 EGBGB Rn. 4.

62 BVerfG, Beschl. v. 29.6.2016 – 1 BvR 1015/15, BVerfGE 142, 268 = NJW-RR 2016, 1349 Rn. 93; ebenso bereits *D. Fischer*, NJW 2015, 1560, 1562; *Wiek*, WuM 2015, 327.

63 BVerfG, Beschl. v. 29.6.2016 – 1 BvR 1015/15, BVerfGE 142, 268 = NJW-RR 2016, 1349 Rn. 93.

64 LG Düsseldorf, Urt. v. 6.6.2017 – 11 S 3/16, NZM 2017, 737.

65 *D. Fischer*, NZM 2017, 738.

66 *D. Fischer*, NZM 2017, 738, 739 auch zu den verfahrensrechtlichen und anwaltshaftungsrechtlichen Problembereichen dieser Entscheidung.

b) Normzweck

Die Neuregelung verfolgt das Ziel, Wohnungssuchende vor der Ausnutzung **24** faktischer Zwangslagen zu schützen, indem die eingetretene Marktentwicklung bei der Vermittlung von Mietwohnungen verändert wird. Es soll insbesondere verhindert werden, dass bei Mietwohnungsmärkten mit einem Nachfrageüberhang, wie bisher, der Wohnungssuchende die Maklerprovision, sei es durch direkte Kostenübernahme, sei es durch Abschluss eines Maklervertrages mit dem vom Vermieter bereits eingeschalteten Makler zu tragen hat.[67] Dem Wohnungssuchenden soll mithin dann keine Zahlungspflicht auferlegt werden, wenn der Vermieter von sich aus einen Maklerauftrag erteilt hat oder an den Makler selbst herangetreten ist.[68] Zusätzlich soll sichergestellt werden, dass die beim Vermieter anfallenden Kosten nicht auf den in der Verhandlungsposition wesentlich schwächeren Wohnungssuchenden abgewälzt werden.[69]

c) Regelungsinhalt

§ 2 Abs. 1a WoVermG bestimmt, dass der Wohnungsmakler vom Woh- **25** nungssuchenden – sofern ein Mietvertrag zustande kommt – nur dann die Zahlung eines Entgelts verlangen darf, wenn ein Wohnungsvermittlungsvertrag zwischen ihm und dem Wohnungssuchenden besteht und der Vermittler nur zu dessen Erfüllung Wohnungsangebote einholt. Der Wohnungssuchende, der sich auf eine Wohnungsvermittlungsanzeige hin an den Makler wendet, darf mithin nicht mehr zur Zahlung verpflichtet werden.[70] Die Formulierung „kein Entgelt fordern, sich versprechen lassen oder annehmen" dient dazu, das in § 8 WoVermittG niedergelegte bußgeldbewehrte Handlungsverbot rechtswirksam zu umschreiben.[71]

Auch dann, wenn der Makler im Hinblick auf eine konkrete Suchanfrage hin **26** dem Wohnungssuchenden ein Objekt vorstellen will, muss er hierfür nach der allgemeinen Regelung des § 6 Abs. 1 WoVermG einen „Auftrag" zum Angebot vom Vermieter oder einem anderen Berechtigten erhalten haben. Es genügt auch insoweit die Zustimmung des Vermieters oder einer anderen nach § 6 Abs. 1 WoVermittG berechtigten Person. Die Zustimmung kann

---

67 BT-Drucks. 18/3121, S. 19.
68 BT-Drucks. 18/3121, S. 36
69 BT-Drucks. 18/3121, S. 19.
70 BT-Drucks. 18/3121, S. 36.
71 BT-Drucks. 18/3121, S. 36.

formlos erteilt werden und ist unabhängig davon, ob der Vermieter einen Maklervertrag abschließt.[72]

aa) Ausschließlichkeitsprinzip

27   Ausdrücklich erforderlich ist darüber hinaus, dass der Wohnungsmakler die als Auftrag bezeichnete Zustimmung vom Vermieter (oder von einem anderen Berechtigten) *ausschließlich* zu dem Zweck einholt, dem Wohnungssuchenden die Wohnung anzubieten.[73] Diese Regelung, die als Ausschließlichkeitsprinzip umschrieben werden kann,[74] dient zur Durchsetzung eines materiell verstandenen „Bestellerprinzips".[75] Das Kriterium der Ausschließlichkeit der Vermittlertätigkeit für die Interessen des Wohnungssuchenden ist entscheidend für die Grenzziehung zwischen einer Provisionsverpflichtung des Vermieters einerseits und des Wohnungssuchenden andererseits.[76] Eine Provisionspflicht des Wohnungssuchenden ist danach nur noch zulässig, wenn der Makler ausschließlich im Interesse des Mieters tätig wird.[77] In wessen wirtschaftlichen Interesse der Wohnungsmakler seine Leistungen erbringt, ist mithin das maßgebliche Kriterium, um das Ausschließlichkeitsprinzip im konkreten Einzelfall umzusetzen.[78]

28   Handelt der Wohnungsmakler nicht ausschließlich im Interesse des Wohnungssuchenden, sondern zumindest auch im Vermieterinteresse, schließt die Systematik der gesetzlichen Regelung des materiellen Bestellerprinzips eine Provisionspflicht des Wohnungssuchenden aus.[79] Der in § 1 Abs. 1a WoVermittG verankerte Bestellergrundsatz wird auch als *Exklusivprinzip* bezeichnet[80] und besagt, dass der Wohnungsmakler zeitlich erst nach dem vom Wohnungssuchenden erteilten Maklerauftrag die nach § 6 Abs. 1 Wo-

---

72 BT-Drucks. 18/3121, S. 36.
73 BT-Drucks. 18/3121, S. 36; *D. Fischer*, WuM 2016, 391, 396; ebenso BGH, Urt. v. 14.3.2019 – I ZR 134/18, BGHZ 221, 226 = NJW 2019, 3231 Rn. 21.
74 BVerfG, Beschl. v. 29.6.2016 – 1 BvR 1015/15, NJW-RR 2016, 1349; *D. Fischer*, IMR 2016, 446, 448.
75 BT-Drucks. 18/3121, S. 36; ebenso BGH, Urt. v. 14.3.2019 – I ZR 134/18, BGHZ 221, 226 = NJW 2019, 3231 Rn. 21.
76 BVerfG, Beschl. v. 29.6.2016 – 1 BvR 1015/15, BVerfGE 142, 268 = NJW-RR 2016, 1349 Rn. 79; ebenso BGH, Urt. v. 14.3.2019 – I ZR 134/18, BGHZ 221, 226 = NJW 2019, 3231 Rn. 21.
77 BT-Drucks. 18/3121, S. 17; *Magnus/Weis*, JZ 2016, 183, 185 ff.; *D. Fischer*, WuM 2016, 391, 396.
78 *D. Fischer*, IMR 2016, 446, 448.
79 BVerfG, Beschl. v. 29.6.2016 – 1 BvR 1015/15, BVerfGE 142, 268 = NJW-RR 2016, 1349 Rn. 78; *D. Fischer*, IMR 2016, 446, 448.
80 *Drasdo*, NJW-Spezial 2015, 481; *D. Fischer*, WuM 2016, 391, 396.

VermittG gebotene Zustimmung des Berechtigten zum Anbieten der Wohnung einholen darf.[81]

In welcher Weise der Wohnungsvermittler die Wohnung auf Veranlassung **29** des Wohnungssuchenden sucht, steht ihm frei. Provisionspflichtig ist der Wohnungssuchende etwa dann, wenn der Makler eine Anzeige schaltet und sich ein Vermieter – direkt oder durch einen Vermietermakler – daraufhin mit einer entsprechenden Mietwohnung meldet. In diesem Fall wird der Makler „auf Bestellung" des Wohnungssuchenden tätig. In der Praxis allerdings geht gerade auf angespannten Wohnungsmärkten die Initiative regelmäßig vom Vermieter aus. Gibt er dem Vermittler eine Wohnung an die Hand, um einen Mieter zu finden, kommt die wirksame Verpflichtung eines Wohnungssuchenden zur Zahlung der Provision nicht mehr in Betracht: Nur der Vermieter ist dann „Besteller". Das gilt ausnahmslos dann, wenn der künftige Mieter sich nach diesem Kontakt zwischen Vermieter und Wohnungsvermittler meldet.[82] Es verhält sich jedoch ebenso, wenn der Wohnungssuchende einen Maklervertrag geschlossen hat, und sich danach ein Vermieter – unabhängig von den Suchaktivitäten des beauftragten Maklers – zwecks Mietersuche an diesen Wohnungsmakler wendet: Auch in diesem Fall ist nach der Neuregelung der Mieter nicht provisionspflichtig, weil der Wohnungsmakler nicht ausschließlich wegen des Vermittlungsvertrages mit dem künftigen Mieter tätig geworden ist, sondern auch im Interesse des Vermieters.[83] Aus dem *Kriterium des wirtschaftlichen Interesses* folgt zudem, dass der Makler auch mit einem von ihm ausfindig gemachten Vermieter keinen gesonderten Maklervertrag eingehen darf.[84]

Im Hinblick auf den Sinn und Zweck der Regelung des § 2 Abs. 1a WoVer- **30** mittG kommt es allein darauf an, ob das Tätigwerden des Wohnungsmaklers ausschließlich im Interesse des Wohnungssuchenden oder aber auch im Interesse des Vermieters gelegen hat.[85] Ist ein Vormieter vom Vermieter berechtigt, sich selbst um einen Nachmieter zu kümmern, so ist der Vormieter auch befugt, einen Makler hiermit zu betrauen (§ 6 Abs. 1 WoVermittG).[86] Wird hierauf die Wohnung von einem Makler einem Wohnungssuchenden angeboten, so kann der Wohnungssuchende dem Vergütungsanspruch des

---

81 *Drasdo*, NJW-Spezial 2015, 481; *D. Fischer*, WuM 2016, 391, 396.
82 Vgl. auch AG Freiburg i. Br., Urt. v. 31.3.2017 – 5 C 1869/16, WuM 2017, 220.
83 BT-Drucks. 18/3121, S. 36.
84 *D. Fischer*, IMR 2016, 446, 448.
85 BGH, Urt. v. 14.3.2019 – I ZR 134/18, BGHZ 221, 226 = NJW 2019, 3231 Rn. 22.
86 BGH, Urt. v. 14.3.2019 – I ZR 134/18, BGHZ 221, 226 = NJW 2019, 3231 Rn. 19; ebenso *D. Fischer*, WuM 2016, 391, 395 f.

Maklers nicht entgegenhalten, die Vermittlungtätigkeit sei sehr stark im Interesse des Vormieters erfolgt, der ein sehr hohes eigenes Interesse an der baldigen Vermietung der Wohnung an einen Nachmieter gehabt habe. Den Interessen des Vormieters kommt im Rahmen des Ausschließlichkeitsprinzips keine Bedeutung zu.[87]

bb) Einschränkende Auslegung des Merkmals der Ausschließlichkeit

31 Das für das Bestellerprinzip kennzeichnende Merkmal der Ausschließlichkeit hat aber, worauf der Bundesrat im Gesetzgebungsverfahren[88] zu Recht hingewiesen hat, einen den Normzweck überschießenden Inhalt.[89] Dann nämlich, wenn mehrere Wohnungssuchende den Makler mit der Suche nach vergleichbaren Räumlichkeiten innerhalb kurzer Zeit beauftragen, der Makler anschließend einen geeigneten Vermieter ausfindig macht und der Mietvertrag nicht von dem ersten Wohnungsinteressenten, sondern von einem zweiten oder einem anderen Interessenten des Maklers, der wiederum einen gleichartigen Vermittlungsauftrag vor Einholung der Zustimmung nach § 6 Abs. 1 WoVermittG erteilt hat, abgeschlossen wird, darf der Makler nach dem Wortlaut der Bestimmung *ausschließlich wegen des Vermittlungsvertrages* von seinem Zweitkunden keine Provision verlangen.[90] Der Bundesrat spricht in seiner fundierten Stellungnahme anschaulich davon, das Mietobjekt sei für die Provision „verbrannt",[91] sobald nicht der Erstinteressent, sondern einer der anderen Interessenten die Wohnung aufgrund der Vermittlungstätigkeit des Wohnungsmaklers anmietet.[92] Da der Normzweck des Bestellerprinzips im Verbot der Doppeltätigkeit gesehen werden kann,[93] ist für die angeführte Fallgestaltung, in welcher lediglich eine Maklerprovision

---

87 BGH, Urt. v. 14.3.2019 – I ZR 134/18, BGHZ 221, 226 = NJW 2019, 3231 Rn. 22.

88 BR-Drucks. 447/14 (Beschluss), S. 6 f.

89 *D. Fischer*, NJW 2015, 1560, 1563.

90 BR-Drucks. 447/14 (Beschluss), S. 6 f.

91 Ebenso *Hufen*, NZM 2014, 663, 664 („verbraucht").

92 BR-Drucks. 447/14 (Beschluss), S. 7 f. Die Bundesregierung hat in ihrer Erwiderung hierzu ausdrücklich erklärt, sie trete entsprechenden Regelungen nicht entgegen (BT-Drucks. 18/3250, S. 2). Der Rechtsausschuss des Bundestages sah sich trotz eingehender Erörterung der Problematik im Rahmen der Sachverständigenanhörung (vgl. dazu Protokoll der 34. Sitzung vom 3.12.2014, S. 44 ff.) offensichtlich nicht in der Lage, die vom Bundesrat gewünschten Ergänzungsregelungen zu erstellen. Der Bundesrat selbst bestand nach der dritten Lesung im Bundestag, in welcher der Regierungsentwurf unverändert die Zustimmung erhalten hatte, nicht mehr auf der von ihm angemahnten Klarstellung.

93 *D. Fischer*, NJW 2015, 1560, 1563; *Ibold*, Maklerrecht, Rn. 185c; vgl. auch BT-Drucks. 18/3121, S. 36.

für den Zweitkunden im Raum steht, ein Provisionsverbot nicht erforderlich. Hinzukommt, dass es gerade auch im Interesse der übrigen Wohnungssuchenden liegt, dass die Wohnung durch den Makler weiterangeboten wird. Dies dient nicht zuletzt der Verbesserung der Markttransparenz auf dem Gebiet der Wohnungsvermittlung, eines der maßgeblichen Ziele des Wohnungsvermittlungsrechts.[94] Im Rahmen einer teleologischen Auslegung ist demnach das Merkmal der Ausschließlichkeit auf das Verbot der Doppeltätigkeit zu beziehen, so dass ein Provisionsanspruch des Maklers gegenüber dem Zweit- oder weiteren Interessenten bei Abschluss eines Mietvertrages nicht ausgeschlossen ist.[95]

Das Bundesverfassungsgericht hat die Notwendigkeit der hier befürworteten **32** restriktiven Auslegung aus verfassungsrechtlichen Gründen ausdrücklich verworfen. Ob sie aus einfachrechtlichen Gründen geboten ist, bleibt aber grundsätzlich einer Klärung durch die fachgerichtliche Judikatur, mithin der zivilgerichtlichen Rechtsprechung, überlassen.[96]

cc) Begriff des Wohnungssuchenden

Unter den Begriff des Wohnungssuchenden fällt nicht nur der Mieterinteressent, der für sich selbst eine Wohnung anmieten will. Der Schutzzweck der Norm gebietet es, das Bestellerprinzip auch auf denjenigen anzuwenden, der für einen Dritten eine Wohnung sucht. Daher gilt die Bestimmung des § 2 Abs. 1a WoVermittG auch zugunsten von Unternehmen, die für ihre Arbeitnehmer eine Wohnung suchen. Gleiches gilt für Familienangehörige.[97] Erforderlich ist insoweit ein gewisses Näheverhältnis zwischen dem Suchenden und dem zukünftigen Mieter. **33**

---

94 BGH, Urt. v. 13.3.2003 – III ZR 299/02, NJW 2003, 1393, 1394; Urt. v. 2.10.2003 – III ZR 5/03, NJW 2004, 286, 287.

95 *D. Fischer*, NJW 2015, 1560, 1563; ders., WuM 2016, 391, 396 f.; *Grams*, ZfIR 2015, 512, 514; Palandt/*Sprau*, § 652 Rn. 59; *Ibold*, Maklerrecht, Rn. 185c; *Mäschle*, Maklerrecht, S. 30; *Magnus/Wais*, JZ 2016, 183, 187; MünchKomm-BGB/*H. Roth*, § 652 Rn. 15; a.A. *Duchstein*, NZM 2015, 417, 420; *Lipinski-Miessner*, GE 2015, 1072, 1073; *Hamm/Schwerdtner*, Maklerrecht, Rn. 297; wohl auch LG Stuttgart, Urt. v. 30.9.2015 – 40 O 76/15 KfH, ZfIR 2015, 889.

96 BVerfG, Beschl. v. 29.6.2016 – 1 BvR 1015/15, BVerfGE 142, 268 = NJW-RR 2016, 1349 Rn. 75 ff.; BGH, Urt. v. 14.3.2019 – I ZR 134/18, BGHZ 221, 226 = NJW 2019, 3231 Rn. 21.

97 *D. Fischer*, NJW 2015, 3278; vgl. auch *Schulz*, WoVermG, § 3 Rn. 22 zum Anwendungsbereich des § 3 Abs. 1 WoVermittG; mittelbar auch BGH, Urt. v. 14.3.2019 – I ZR 134/18, BGHZ 221, 226 = NJW 2019, 3231 Rn. 22.

34   Sucht ein bisheriger Wohnungsmieter einen Nachmieter und beauftragt hierfür einen Wohnungsmakler, dann findet auf diese Fallgestaltung das Bestellerprinzip keine Anwendung.[98] Der bisherige Mieter ist in der gegebenen Konstellation kein Wohnungssuchender; er will keine Wohnung ausfindig machen, sondern, um eine vorzeitige Beendigung seines Mietvertrages zu erreichen, eine andere Person als Nachmieter präsentieren.[99] Eine Verwirkung des Provisionsanspruchs nach § 654 BGB kommt aber bei dieser Fallgestaltung in Betracht, wenn ein Wohnungsmakler dem (bisherigen) Mieter vorspiegelt, er sei der einzige Auftraggeber, während sich der Makler auch vom Vermieter eine weitere Provision versprechen lässt.[100]

d) Verbot abweichender Vereinbarungen

35   § 2 Abs. 5 WoVermittG enthält einen Verbotskatalog unzulässiger Provisionsabreden, wonach entgegenstehende vertragliche Abreden unwirksam sind.[101] Während in § 2 Abs. 5 Nr. 1 WoVermittG das Verbot der Doppeltätigkeit bezogen auf den Wohnungssuchenden ausgesprochen ist, erfasst Nr. 2 dieser Regelung das Verbot der Übernahme fremder Provisionen zulasten des Wohnungssuchenden. Danach darf der Wohnungsinteressent nicht verpflichtet werden, ein vom Vermieter oder Dritten geschuldetes Vermittlungsentgelt zu zahlen. Eine derartige Zahlungspflicht kann gegenüber dem Wohnungsmakler weder unmittelbar noch durch einen Vertrag zugunsten Dritter – hier zugunsten des Maklers – begründet werden.[102]

36   Unabhängig vom Verbotskatalog des § 2 Abs. 5 WoVermittG gilt der allgemeine Grundsatz, dass Rechtsgeschäfte, welche den vom Verbotsgesetz missbilligten Erfolg auf einen Weg zu erreichen suchen, den der Wortlaut nicht erfasst, ebenfalls untersagt sind.[103]

---

98 *D. Fischer*, NJW 2017, 1219, 1222; ebenso, ohne dies ausdrücklich anzusprechen, AG Wiesbaden, Urt. v. 25.11.2016 – 91 C 2307/16, WuM 2017, 47; bestätigend nunmehr BGH, Urt. v. 14.3.2019 – I ZR 134/18, BGHZ 221, 226 = NJW 2019, 3231 Rn. 22, hierzu vorstehend unter Rn. 30.

99 *D. Fischer*, NJW 2017, 1219, 1222; a. A. *Breyer*, WuM 2017, 48.

100 AG Wiesbaden, Urt. v. 25.11.2016 – 91 C 2307/16, WuM 2017, 47, 48.

101 *Schulz*, § 2 WoVermG Rn. 183; *D. Fischer*, WuM 2016, 391, 397.

102 BT-Drucks. 18/3121, S. 37; *D. Fischer*, WuM 2016, 391, 397.

103 Vgl. BGH, Urt. v. 23.9.1982 – VII ZR 183/80, BGHZ 85, 39, 46; Erman/*Arnold*, § 134 Rn. 23; Palandt/*Ellenberger*, § 134 Rn. 28; zum Bestellerprinzip *Duchstein*, NZM 2015, 417, 422; *D. Fischer*, WuM 2016, 391, 397 f.

aa) Besichtigungsgebühren

Die Durchführung eines Besichtigungstermins für einen Wohnungssuchen- **37**
den ist eine typische Maklerleistung.[104] Sie ist aber nach dem Leitbild des
§ 652 BGB noch nicht provisionsauslösend, weil hierfür eine Nachweis- oder
Vermittlungsleistung erforderlich ist.[105] Der damit verbundene Aufwand
wird regelmäßig im Erfolgsfall durch die Maklerprovision abgegolten.[106] Im
Anwendungsbereich des Bestellerprinzips ist der Aufwand für die Durchführung von Besichtigungsterminen dem Besteller, also dem jeweiligen provisionspflichtigen Maklerkunden, zuzuordnen. Ist der Wohnungssuchende kein
Besteller, darf ihm mithin kein Besichtigungsentgelt abverlangt werden. Ein
separates Besichtigungsentgelt kann nicht Gegenstand einer von den Schutz-
vorschriften des § 2 Abs. 1a, Abs. 5 WoVermittG abweichenden Vertragsgestaltung zulasten des Wohnungssuchenden sein.[107] Ist der Wohnungssuchende der Besteller, gilt grundsätzlich nach § 3 Abs. 3 Satz 1 WoVermittG das
allgemeine Verbot, von ihm Nebenvergütungen zu fordern.[108]

bb) Änderung der Vertragsbezeichnung oder des Vertragstyps

Mit einer Änderung der Vertragsbezeichnung vermag der Wohnungsmakler **38**
den Anwendungsbereich des Bestellerprinzips nicht zu entgehen. Eine Bezeichnung des Maklervertrages als Dienstleistungssuchauftrag, als Gesell-
schaftsvertrag oder Wohnungsbesorgungsvertrag sowie das Tätigwerden als
Dienstleister ist im Hinblick auf die Legaldefinition des § 1 Abs. 1 Satz 1
WoVermittG rechtlich ohne Belang.[109] Für eine Änderung des Vertragstyps
gelten die entsprechenden Erwägungen.[110]

---

104 *Grams*, ZfIR 2015, 512, 513; *D. Fischer*, WuM 2016, 391, 3979.
105 BGH, Urt. v. 4.6.2009 – III ZR 82/07, NJW-RR 2009, 1282 Rn. 9.
106 Zum Wohnungsvermittlungsrecht vgl. die Regelung des § 3 Abs. 3 WoVermittG, dem
     diese Erwägung ersichtlich zugrunde liegt; hierzu *Schulz*, WoVermG, § 3 Rn. 39. Hin-
     sichtlich des allgemeinen Immobilienmaklerrechts vgl. BGH, Urt. v. 13.1.2011 –
     III ZR 78/10, NJW 2011, 1726 Rn. 20.
107 *Nippe*, NJW-aktuell 10/2016, S. 14; *D. Fischer*, WuM 2016, 391, 398; im Ergebnis
     ebenso LG Stuttgart, Urt. v. 15.6.2016 – 38 O 73/15 KfH, NZM 2016, 902; Urt. v.
     15.6.2016 – 38 O 10/16, GRUR-RR 2017, 153.
108 Vgl. BGH, Urt. v. v. 15.4.2010 – III ZR 153/09, NJW-RR 2010, 1385 Rn. 15; *Schulz*,
     WoVermG, § 3 Rn. 39. Kommt kein Mietvertrag zustande, so kann der Woh-
     nungsmakler, wenn dies ausdrücklich vereinbart ist, die in Erfüllung des Vertrages
     nachweisbar entstandenen Auslagen geltend machen, § 3 Abs. 3 Satz 3 WoVermittG.
109 Vgl. LG Stuttgart, Urt. v. 15.6.2016 – 38 O 73/15 KfH, NZM 2016, 902; Urt. v.
     15.6.2016 – 38 O 10/16, GRUR-RR 2017, 153; *Duchstein*, NZM 2015, 417, 422;
     D. Fischer, WuM 2016, 391, 398.
110 *D. Fischer*, WuM 2016, 391, 398.

cc) Abwälzen der Vermieterprovision auf im Lager
   des Wohnungssuchenden stehende Dritte

39   Das unmittelbare Abwälzen der Vermieterprovision auf den Wohnungssuchenden ist durch § 2 Abs. 5 Nr. 2 WoVermittG untersagt. Denkbar sind aber Fallgestaltungen, bei denen der Abschluss des Mietvertrages davon abhängig gemacht wird, dass ein Familienangehöriger des Wohnungssuchenden oder ein von ihm anderweit gestellter Dritter sich bereit erklären, die Vermieterprovision zu übernehmen. Auch ein derartiges Übernahmeverlangen wird vom Schutzzweck des § 2 Abs. 5 Nr. 2 WoVermittG erfasst und ist daher unzulässig.[111] Hierfür spricht auch, dass in derartigen Fällen der Dritte vielfach ein Rückgriffsrecht auf den Wohnungssuchenden haben wird und hierdurch wiederum der Wohnungssuchende die Provision tragen müsste, was § 2 Abs. 5 Nr. 2 WoVermittG verhindern will.[112] Vom Dritten entrichtete Beträge können nach Bereicherungsrecht zurückgefordert werden.[113]

dd) Institutionalisierte Gemeinschaftsgeschäfte

40   Von einem Gemeinschaftsgeschäft wird gesprochen, wenn mehrere Makler bei einem konkreten Geschäft auf entgegengesetzter Seite zusammenarbeiten und eine Provisionsteilungsabsprache treffen.[114] Wird zwischen Vermieter- und Mietermakler eine konkrete, auf dauerhafte Zusammenarbeit ausgerichtete Abrede getroffen und in diesem Zusammenhang auch eine Provisionsverteilung einvernehmlich vorgenommen, könnte hierin ein Innengesellschaftsvertrag gesehen werden, so dass der Mietermakler am Erstauftrag des Vermietermaklers beteiligt wäre. Eine derartige Handhabung steht mit dem Bestellerprinzip nicht in Einklang.[115] Eine lose Zusammenarbeit dürfte aber zulässig sein.[116]

e) Ordnungswidrigkeit

41   Schuldhafte Verstöße des Maklers gegen § 2 Abs. 1a WoVermittG werden nach § 8 Abs. 1 Nr. 1, Abs. 2 WoVermittG als Ordnungswidrigkeit mit einer Geldbuße bis zu 25.000,– € geahndet. Bereits das Verlangen einer Provision

---

111 *Duchstein*, NZM 2015, 417, 423; *D. Fischer*, WuM 2016, 391, 398.
112 *Duchstein*, NZM 2015, 417, 423.
113 Vgl. hierzu im Einzelnen nachstehende Rn. 68 ff.
114 Vgl. hierzu im Einzelnen Kap. II Rn. 24 ff.
115 *D. Fischer*, IMR 2016, 446, 450.
116 *Duchstein*, NZM 2015, 417, 423; *D. Fischer*, IMR 2016, 446, 450.

durch den Wohnungsmakler kann einen Ordnungswidrigkeitenverstoß darstellen.[117]

f) Darlegungs- und Beweislast

Mit der Formulierung „es sei denn" wird sichergestellt, dass der Makler die **42** Darlegungs- und Beweislast für die anspruchsbegründenden Tatsachen einer Zahlungsforderung gegen den Wohnungssuchenden trägt.[118] Dies gilt nicht nur für die allgemeinen Voraussetzungen eines Vertragsabschlusses,[119] sondern insbesondere für das Merkmal der Ausschließlichkeit.[120] Dass der Makler den Auftrag, die Wohnung anzubieten, ausschließlich wegen des Vermittlungsvertrages mit dem Wohnungssuchenden eingeholt hat, kann beispielsweise durch Zeugnis des Vermieters, von Mitarbeitern des Maklers oder durch Würdigung einer persönlichen Anhörung des Maklers selbst nachgewiesen werden.[121] Im Eigeninteresse des Wohnungsmaklers ist auch in diesem Zusammenhang eine sorgfältige Dokumentation des Geschäftablaufs zu empfehlen.

7. Weitere Sonderregelungen für den Provisionsanspruch

Das WoVermittG weist in Abkehr vom Maklerrecht des BGB eine Reihe **43** weiterer Vorschriften auf, die sich mit der Entstehung, der Einforderung sowie Berechnung der Maklerprovision befassen. § 2 Abs. 2 WoVermittG enthält einen zwingenden Verbots-Katalog für Fallgestaltungen, in denen der Makler von seinem Kunden keine Provision beanspruchen kann.

Dem Wortlaut des § 2 Abs. 2 WoVermittG ist nicht unmittelbar zu entneh- **44** men, ob die dort aufgeführten Verbotstatbestände nur im Verhältnis zwischen Wohnungssuchenden und Makler gelten. Aus dem Schutzzweck des WoVermittG, den Wohnungssuchenden vor ungerechtfertigten wirtschaftlichen Belastungen zu schützen, hat das OLG Naumburg[122] abgeleitet, dass diese Regelungen nicht gegenüber dem Vermieter gelten und ein Verstoß ge-

---

117 *Duchstein*, NZM 2015, 417, 421.
118 BT-Drucks. 18/3121, S. 36.
119 Das ergibt sich bereits aus den allgemeinen maklerrechtlichen Grundsätzen, wonach der Makler die Tatbestandsmerkmale des Vertragsabschlusses nachzuweisen hat; vgl. BGH, Urt. v. 25.9.1985 – IVa ZR 22/84, BGHZ 95, 393, 401.
120 *D. Fischer*, NJW 2015, 1560, 1563; *Wiek*, WuM 2015, 327, 330. Es handelt sich hierbei keineswegs um eine Einwendung des Maklerkunden, so aber *Derleder*, NZM 2014, 263, 264.
121 BT-Drucks. 18/3121, S. 36.
122 OLG Naumburg, Urt. v. 19.10.2004 – 9 U 83/04, NZM 2005, 151.

gen § 2 Abs. 2 Nr. 2 WoVermittG diesen nicht zur Rückforderung der Provision berechtigt.[123] Angesichts der Systematik der Verbotstatbestände in § 2 WoVermittG – Abs. 2 einerseits und der nur in Abs. 3 ausdrücklich erwähnten Beschränkung auf den Wohnungssuchenden andererseits[124] – ist dies unzutreffend.[125] Die Verbotstatbestände des § 2 Abs. 2 WoVermittG sind daher entgegen dem angeführten Schutzzweck des WoVermittG nicht nur auf Wohnungssuchende bzw. Mieter, sondern auch auf Vermieter anwendbar.[126] Mit dieser Bestimmung soll verhindert werden, dass Makler Entgelte fordern, obwohl eine echte Nachweis- oder Vermittlungsleistung nicht vorliegt.[127]

a) Kein Provisionsanspruch für Folgeverträge

45 Kein Provisionsanspruch besteht nach § 2 Abs. 2 Nr. 1 WoVermittG für Fortsetzungs-, Verlängerungs- oder Erneuerungsverträge. Ferner darf keine Provision für Optionen oder die Ausübung einer Option auf derartige Verträge beansprucht werden.[128]

b) Kein Provisionsanspruch bei Identität

46 § 2 Abs. 2 Nr. 2 WoVermittG regelt Fälle der Identität zwischen Makler und Partei des Mietvertrages, wie etwa bei Personengleichheit zwischen Eigentümer, Verwalter, Mieter oder Vermieter.

47 Als *Wohnungsverwalter* im vorgenannten Sinn kommt eine Person in Betracht, die in Bezug auf das zu vermietende Objekt Tätigkeiten vornimmt, die dem Vermieter obliegen.[129] Sie muss hierbei als Repräsentant des Vermieters in Erscheinung treten und diesem die Sorge und die Obhut für das Objekt ganz oder teilweise abnehmen. Dies ist der Fall, wenn sich seine Tä-

---

123 Ebenso MünchKomm-BGB/*H. Roth*, § 652 Rn. 139; Palandt/*Sprau*, § 652 Rn. 59; *D. Fischer*, NJW 2007, 3107, 3112; ferner OLG Dresden, Urt. v. 2.4.1996 – 16 U 1840/95, WuM 1997, 223 zu § 4a WoVermittG.

124 Nach Einführung des Bestellerprinzips in § 2 Abs. 1a WoVermittG auch in dieser Vorschrift.

125 AG München, Urt. v. 18.8.2004 – 282 C 6866/04, WuM 2004, 619; *Baader/Gehle*, § 2 WoVermittG Rn. 26; *Schulz*, WoVermG, § 2 Rn. 16; *Dehner*, Maklerrecht, Rn. 344; *Frahnert*, WuM 2004, 619; jeweils im Hinblick auf die unterschiedliche Ausgestaltung der Abs. 2 und Abs. 3 in § 2 WoVermittG.

126 *Dehner*, Maklerrecht, Rn. 344.

127 BGH, Urt. v. 2.10.2003 – III ZR 5/03, NJW 2004, 286, 287.

128 *Seydel/Heinbuch*, Maklerrecht, Rn. 317.

129 *Dehner*, Maklerrecht, Rn. 186.

tigkeit über einen längeren Zeitraum erstreckt und einen Umfang hat, dass weder von einer maklertypischen Dienstleistung noch von einer gelegentlich ausgeführten Gefälligkeit gesprochen werden kann.[130] Dafür genügt es etwa, wenn der Wohnungsvermittler über mehrere Monate hinweg ausdrücklich als ausschließlicher Ansprechpartner auf Vermieterseite aufgetreten ist, in dieser Zeit mit den Mietern über Instandsetzungsmaßnahmen gesprochen und deren Mängelrügen entgegengenommen und bearbeitet hat, dazu Mängellisten weitergeleitet oder an Ort und Stelle aufgenommen hat oder für den Vermieter bei Terminen mit Handwerkern zugegen war. Entsprechendes gilt, wenn der Wohnungsvermittler den Mietern bei der Vermietung und Übergabe der Wohnung mitteilt, sie sollten sich bei Fragen oder Problemen hinsichtlich der Wohnung ausschließlich an ihn wenden, und er zu diesem Zweck ausschließlich in seinem Büro erreichbar ist.[131] Unerheblich ist es, ob diese nach Umfang und Dauer nicht unwesentliche Tätigkeit entgeltlich oder ohne vertragliche Bindung geschieht.[132]

Kleinere Nebentätigkeiten, wie etwa die Vertretung des Vermieters beim **48** Abschluss des Mietvertrages oder die Wohnungsübergabe sind keine Verwaltertätigkeiten, sondern Dienstleistungen, die der Maklertätigkeit zugeordnet werden können.[133] Gleiches gilt für die gelegentliche Organisation von Renovierungsarbeiten.[134] Auch die Wohnungsübergabe einschließlich der Unterzeichnung des Übergabeprotokolls sowie eine Adressierung einer Rechnung über eine gelieferte Einbauküche an den Verwalter, sind Tätigkeiten, die als branchenübliche Dienstleistungen eines Maklers anzusehen sind.[135]

---

130 BGH, Urt. v. 2.10.2003 – III ZR 5/03, NJW 2004, 286, 287; Urt. v. 22.2.2018 – I ZR 38/17, WM 2018, 1568 = BeckRS 2018, 13004 Rn. 22; AG Münster, Urt. v. 24.10.2016 – 6 C 2745/16, ZMR 2017, 287, 288; *Baader/Gehle*, § 2 WoVermittG Rn. 64; *Schulz*, WoVermG, § 2 Rn. 46; *Joussen*, NZM 2004, 761, 762.
131 BGH, Urt. v. 22.2.2018 – I ZR 38/17, WM 2018, 1568 = BeckRS 2018, 13004 Rn. 22 unter Bezugnahme auf BGH, Urt. v. 2.10.2003 – III ZR 5/03, NJW 2004, 286, 287; *Baader/Gehle*, § 2 WoVermittG Rn. 64; *Schulz*, WoVermG, § 2 Rn. 46; *Joussen*, NZM 2004, 761, 762.
132 BGH, Urt. v. 2.10.2003 – III ZR 5/03, NJW 2004, 286, 287; *Joussen*, NZM 2004, 761, 762.
133 LG Düsseldorf, Urt. v. 18.3.2005 – 20 S 167/04, NJW-RR 2006, 235; AG Münster, Urt. v. 24.10.2016 – 6 C 2745/16, ZMR 2017, 287, 288; *Schulz*, WoVermG, § 2 Rn. 46.
134 LG Düsseldorf, Urt. v. 18.3.2005 – 20 S 167/04, NJW-RR 2006, 235: Auswahl des neu zu verlegenden Teppichbodens in Absprache mit dem Mieter; Auswahl und Beauftragung der Handwerker für Rechnung des Vermieters.
135 BGH, Urt. v. 22.2.2018 – I ZR 38/17, WM 2018, 1568 = BeckRS 2018, 13004 Rn. 25.

49   Ein Verwalter einer Wohnungseigentumsanlage i. S. v. § 20 Abs. 1 WEG ist kein Wohnungsverwalter im vorgenannten Sinn, weil sich diese Verwaltung nur auf das Grundstück sowie auf die Teile, Anlagen und Einrichtungen des Gebäudes erstreckt, die nicht im Sondereigentum oder im Eigentum eines Dritten stehen.[136] Anderes gilt, wenn der WEG-Verwalter zusätzlich im Auftrag des Wohnungseigentümers erhebliche Verwaltungsleistungen für die konkrete Eigentumswohnung erbringt und deshalb als dessen Repräsentant auftritt.[137]

50   Dem Wohnungsvermittler steht ein Anspruch auf Provision auch dann nicht zu, wenn für ihn beim Nachweis oder der Vermittlung des Mietvertrages an den Wohnungssuchenden als Mitarbeiter oder Gehilfe der bisherige Mieter der Wohnung tätig wird, der einen Nachmieter sucht.[138] Der Mieter einer Wohnung steht jedenfalls dann, wenn er aus seinem Mietvertrag vorzeitig entlassen werden will, als vom wohnungssuchenden Mietinteressenten beauftragter Makler typischerweise in einem Interessenkonflikt. Statt nämlich, wozu ihn der Maklervertrag verpflichtet, seine Mittlertätigkeit im Interesse seines wohnungssuchenden Kunden auszuüben, wird er sein Augenmerk in erster Linie darauf richten, einen ihm und vor allem dem Vermieter genehmen Nachmieter aus einem meist größeren Bewerberkreis herauszusuchen und dementsprechend, soweit erforderlich, auch auf den Willen des eigenen Kunden einwirken, um seine oder des Vermieters Bedingungen zur Gestaltung des Mietvertrages durchzusetzen – etwa einen schnellen Vertragsabschluss oder die erwünschte Übernahme von Wohnungsinventar durch den Nachmieter.[139] Eine Provisionszusage des Mieters an den Wohnungsvermittler soll demgegenüber nicht schon deshalb unwirksam sein, weil dieser gegenüber dem Eigentümer oder Vermieter eine Mietgarantie übernommen hatte,[140] aus der er in Anspruch genommen wird.

51   Die vom Gesetzgeber im Interesse der Wohnungssuchenden und der Transparenz angestrebte Trennung von Wohnungsvermittlung und -verwaltung wird aber nur dann zuverlässig erreicht, wenn über die Fälle der rechtlichen

---

136 BGH, Urt. v. 13.3.2003 – III ZR 299/02, NJW 2003, 1393, 1394; OLG München, Urt. v. 18.2.1975 – 9 U 4328/74, MDR 1975, 931; LG Lüneburg, Urt. v. 6.11.2001 – 9 S 44/01, ZMR 2002, 280; *Dehner*, Maklerrecht, Rn. 186; *Joussen*, NZM 2004, 761, 765; MünchKomm-BGB/*H. Roth*, § 652 Rn. 132; *Schulz*, WoVermG, § 2 Rn. 50; a. A. LG Bonn, Urt. v. 7.12.1995 – 8 S 122/95, NJW-RR 1996, 1524; LG Berlin, Urt. v. 8.11.2001 – 51 S 300/01, WuM 2002, 234.
137 LG Hamburg, Urt. v. 23.2.1996 – 317 S 321/95, NJW 1997, 2827; LG Paderborn, Urt. v. 15.6.2000 – 1 S 57/00, NJW-RR 2000, 1611; Palandt/*Sprau*, § 652 Rn. 59.
138 BGH, Urt. v. 9.3.2006 – III ZR 235/05, NJW-RR 2006, 729.
139 BGH, Urt. v. 9.3.2006 – III ZR 235/05, NJW-RR 2006, 729, 730.
140 BGH, Urt. v. 9.3.2006 – III ZR 151/05, NJW-RR 2006, 728.

und wirtschaftlichen Beteiligung hinaus die Wohnungsvermittlung durch den Gehilfen des Wohnungsvermittlers grundsätzlich genauso provisionsschädlich ist, wie die Verwaltung durch den Wohnungsvermittler selbst.[141] Dem ist der Fall gleichzustellen, dass der Wohnungsvermittler selbst oder – wenn es sich bei ihm um eine juristische Person handelt – sein Organ Gehilfe des Verwalters der vermittelten Wohnung ist. Maßgeblich sind dabei die Verhältnisse zum Zeitpunkt der Vermittlung oder des Nachweises der Gelegenheit zum Abschluss des Mietvertrags[142] oder aber beim Abschluss des Mietvertrags.[143]

Ist der Makler mit dem Eigentümer, Verwalter oder Vermieter verheiratet, soll dies ohne konkrete Anhaltspunkte für Parteilichkeit oder für fehlende Aufwendungen bei der Beschaffung der Kenntnis von der vermittelten Wohnung nicht den Ausschluss der Provision nach § 2 Abs. 2 WoVermittG rechtfertigen.[144] Gleiches soll auch bei Verwandtschaft gelten.[145] **52**

c) Kein Provisionsanspruch bei Verflechtung

Nach § 2 Abs. 2 Nr. 3 WoVermittG besteht für die Fallgruppe der wirtschaftlichen Verflechtung gleichfalls ein Provisionsverbot. **53**

Der als Wohnungsvermittler tätigen juristischen Person steht nach § 2 Abs. 2 Nr. 3 Satz 2 WoVermittG ein Anspruch auf Vermittlungsprovision nicht zu, wenn eine an ihr rechtlich oder wirtschaftlich beteiligte – natürliche oder juristische – Person Eigentümerin der vermittelten Wohnung ist. Rechtlich beteiligt ist an einer juristischen Person nur, wer aufgrund seiner mitgliedschaftlichen Rechtsstellung auf deren Willensbildung unmittelbar Einfluss nehmen kann. Bei einer Gesellschaft mit beschränkter Haftung sind das die Gesellschafter, nicht aber Prokuristen oder sonstige Bevollmächtigte.[146] **54**

---

141 BGH, Urt. v. 2.10.2003 – III ZR 5/03, NJW 2004, 286, 287; Urt. v. 22.2.2018 – I ZR 38/17, WM 2018, 1568 = BeckRS 2018, 13004 Rn. 21.

142 BGH, Urt. v. 23.10.2003 – III ZR 41/03, NJW 2003, 3768; Urt. v. 22.2.2018 – I ZR 38/17, WM 2018, 1568 = BeckRS 2018, 13004 Rn. 21.

143 BGH, Urt. v. 22.2.2018 – I ZR 38/17, WM 2018, 1568 = BeckRS 2018, 13004 Rn. 21; *Schulz*, WoVermG, § 2 Rn. 61; *D. Fischer*, NJW 2018, 3287, 3291.

144 BVerfG, Beschl. v. 30.6.1987 – 1 BvR 1187/86, NJW 1987, 2733. Allerdings nur für den Fall, dass der Wohnungssuchende Kenntnis von der Ehe des Maklers hatte.

145 Palandt/*Sprau*, § 652 Rn. 59; a. A. AG München, Beschl. v. 19.7.2000 – 453 C 6804/99, NJW-RR 2002, 305: Schwester.

146 BGH, Urt. v. 22.2.2018 – I ZR 38/17, WM 2018, 1568 = BeckRS 2018, 13004 Rn. 28; *D. Fischer*, NJW 2018, 3287, 3291.

55 Maßgeblich ist alleine die aus dem Grundbuch ersichtliche Rechtslage. Auf eine wirtschaftliche Betrachtungsweise i. S. d. „wirtschaftlichen Eigentums" zugunsten des Wohnungsvermittlers darf nicht abgestellt werden.[147] Eine provisionsschädliche Verflechtung im vorgenannten Sinne kann auch dann vorliegen, wenn zwischen Verwaltung und Vermittler eine enge bürotechnische Verbindung besteht und hierdurch der Anschein eines Interessenkonflikts hervorgerufen wird.[148] Dies ist etwa dann anzunehmen, wenn der Wohnungsvermittler und die Hausverwaltung ihre Geschäftsräume in demselben Gebäude haben, bürotechnische Geräte gemeinsam nutzen und eine gegenseitige Vertretung im Fall von Urlaub oder Krankheit stattfindet.[149]

56 Entgegenstehende vertragliche Abreden sind nach § 2 Abs. 5 WoVermittG unwirksam. Dies gilt auch dann, wenn in einer vertraglichen Abrede festgehalten wird, der Kunde habe sowohl Kenntnis von der persönlichen und wirtschaftlichen Verflechtung zwischen Makler und Vermieter als auch davon, dass gemäß § 2 WoVermittG keine Provisionszahlungsverpflichtung bestehe, er sich aber gleichwohl bereit erkläre, die vereinbarte Provision zu zahlen.[150] Eine Offenlegung der provisionsschädlichen Verflechtung kann das Verbot abweichender Vereinbarungen nicht durchbrechen.[151]

57 Die von der Judikatur für das bürgerliche Maklerrecht entwickelten Grundsätze zur provisionsschädlichen Verflechtung (echte und unechte Verflechtung) sind in entsprechender Anwendung des § 2 Abs. 2 WoVermittG auch im Rahmen des Wohnungsvermittlungsrechts zu berücksichtigen.[152] Dies bedeutet, dass für das Wohnungsvermittlungsrecht nicht nur die kodifizierte Regelung der in § 2 Abs. 2 WoVermittG niedergelegten Anwendungsbereiche maßgeblich ist, sondern auch die weitergefassten Grundsätze der Judikatur zur Verflechtungsproblematik, die jeden Fall des institutionalisierten Interessengegensatzes erfassen.[153]

---

147 BGH, Urt. v. 23.10.2003 – III ZR 41/03, NJW 2003, 3768.

148 AG Wismar, Urt. v. 20.6.2012 – 12 C 347/11, WuM 2012, 567.

149 AG Wismar, Urt. v. 20.6.2012 – 12 C 347/11, WuM 2012, 567; *D. Fischer*, NJW 2013, 3410, 3412.

150 LG Hamburg, Beschl. v. 5.11.2013 – 318 S 38/13, ZMR 2014, 498, 499.

151 LG Hamburg, Beschl. v. 5.11.2013 – 318 S 38/13, ZMR 2014, 498, 499; *D. Fischer*, NJW 2014, 3281, 3286.

152 BGH, Urt. v. 22.2.2018 – I ZR 38/17, WM 2018, 1568 = BeckRS 2018, 13004 Rn. 18.

153 *D. Fischer*, NJW 2018, 3287, 3291. Zu den einzelnen Fallgruppen vgl. Kap. V Rn. 47–66.

d) Kein Provisionsanspruch bei Vermittlung von öffentlich gefördertem oder preisgebundenem Wohnraum

Nach § 2 Abs. 3 WoVermittG ist es ferner unzulässig, von einem Woh- **58** nungssuchenden für den Nachweis oder die Vermittlung öffentlich geförderten oder preisgebundenen Wohnraums bis zur Beendigung dieser Eigenschaft (§ 15 WoBindG) Provision zu verlangen.

8. Unwirksame Abreden im Zusammenhang mit der Wohnungsübernahme

Nach § 4a Abs. 1 WoVermittG sind Abreden, wonach der Wohnungssuchen- **59** de Räumungsentgelte für den Auszug des bisherigen Mieters zu zahlen hat, unwirksam. Entsprechendes gilt nach § 4a Abs. 2 WoVermittG für Vereinbarungen, nach denen der Mieter Einrichtungsgegenstände vom Vermieter oder Vormieter gegen ein Entgelt zu übernehmen hat, welches in einem auffälligen Missverhältnis zum Wert der Gegenstände steht. Nach Ansicht des Bundesgerichtshofs führt ein Verstoß hiergegen nicht zur völligen Unwirksamkeit der Abrede, sondern nur insoweit, als für das Entgelt ein auffälliges Missverhältnis zum Wert der Einrichtung oder des Inventars festzustellen ist.[154] Diese Bestimmung wird an Bedeutung gewinnen,[155] falls Vermieter im Zusammenhang mit dem Bestellerprinzip versuchen sollten, im Wege einer Mobiliarerwerbsabrede vom Vormieter gegen ein geringes Entgelt übernommene Gegenstände an den Wohnungssuchenden überteuert weiterzuveräußern, um auf diese Weise die Maklerprovision auf den Mieter abzuwälzen.[156]

9. Berechnung und Höhe der Provision

Hinsichtlich des Provisionsbetrages ordnet § 3 Abs. 1 WoVermittG für ge- **60** werbsmäßige Makler an, dass dieser stets ein Bruchteil oder ein Vielfaches der Monatsmiete ausmachen muss, wobei als Bezugspunkt nur die Nettomiete in Betracht kommt. Die Höchstgrenze des Maklerlohns ist für den Wohnungssuchenden auf zwei Monatsmieten zuzüglich gesetzlicher Umsatzsteuer (§ 3 Abs. 2 Satz 1 WoVermittG) begrenzt.[157]

---

154 BGH, Urt. v. 23.4.1997 – VIII ZR 212/96, BGHZ 135, 269, 275; a.A. zu Recht *Schulz*, WoVermittG, § 4a Rn. 19; *Teichmann*, JZ 1998, 102, 103.
155 Vgl. auch BT-Drucks. 18/3121, S. 17, wonach der Vorschrift des § 4a Abs. 2 Satz 2 WoVermittG im Rahmen des Bestellerprinzips eine ergänzende Funktion zukommt.
156 Vgl. hierzu *Derleder*, NZM 2014, 263, 266, der allerdings § 4a Abs. 2 WoVermittG unerwähnt lässt.
157 LG Osnabrück, Urt. v. 22.11.2000 – 6 S 836/00, ZMR 2002, 208, 209.

61 Vereinbart der Makler eine darüber hinaus gehende Provision, so soll dies nicht zur Nichtigkeit des Maklervertrages führen. Nach h. M. ist lediglich der die Höchstgrenze übersteigende Provisionsanteil nach § 134 BGB als nichtig anzusehen.[158] Nach der höchstrichterlichen Rechtsprechung führt ein Preisverstoß gemäß § 134 BGB nur zur Herabsetzung der Vergütung auf das gesetzlich zulässige Maß; auf die übliche Vergütung dürfe nicht abgestellt werden.[159]

10. Aufwendungsersatz

62 Auch das Recht des maklerrechtlichen Aufwendungsersatzes unterliegt besonderen Einschränkungen. Gemäß § 3 Abs. 3 WoVermittG darf der Makler neben der Provision grundsätzlich keinen Auslagen- oder Aufwendungsersatz beanspruchen. Nach § 3 Abs. 3 Satz 2 WoVermittG gilt allerdings die Ausnahme, dass bei nachgewiesenen Auslagen, die mehr als eine Monatsmiete ausmachen, Auslagenersatz vereinbart werden darf. Um diese Ausnahmeregelung als Makler beanspruchen zu können, bedarf es eindeutiger Abreden.[160]

63 Für den Fall des Nichtzustandekommens eines Mietvertrages, mithin bei erfolgloser Tätigkeit, kann gemäß § 3 Abs. 3 Satz 3 WoVermittG nur der Ersatz nachgewiesener Auslagen verlangt werden. Eine Pauschalierung ist insoweit unzulässig.[161] Eine Klausel in einem Mieterselbstauskunftsbogen, nach der bei Nichtzustandekommen des Mietvertrages zugunsten des Wohnungsvermittlers eine Bearbeitungsgebühr zu entrichten ist, verstößt gegen § 3 Abs. 3 Satz 3 WoVermittG.[162] Die in der Mieterselbstauskunft enthaltene Vereinbarung regelt lediglich pauschal eine „Bearbeitungsgebühr" für die Anfertigung des Mietvertrages. Eine solche Möglichkeit zur Pauschalierung

---

158 *Baader/Gehle*, § 3 WoVermittG Rn. 25; *Schulz*, WoVermG, § 3 Rn. 33; MünchKomm-BGB/*H. Roth*, § 652 Rn. 85; Palandt/*Sprau*, § 652 Rn. 61.

159 BGH, Urt. v. 5.12.1968 – VII ZR 92/66, BGHZ 51, 174, 181; Urt. v. 11.1.1984 – VIII ARZ 13/83, BGHZ 89, 316, 319 f.; Urt. v. 23.6.1989 – V ZR 289/87, 108, 147, 150; Urt. v. 4.8.2000 – III ZR 158/99, BGHZ 145, 66, 76 f.; Urt. v. 11.10.2007 – VII ZR 25/06, NJW 2008, 55 Rn. 14.

160 Es empfiehlt sich folgende Formulierung: „*Neben der vereinbarten Provision verpflichtet sich der Auftraggeber zur Zahlung eines Aufwendungsersatzes an den Wohnungsvermittler, sofern die gesetzlichen Voraussetzungen (nachgewiesene Auslagen höher als eine Nettomonatsmiete) vorliegen sollten*", vgl. *Seydel/Heinbuch*, Maklerrecht, Rn. 321.

161 OLG Köln, Urt. v. 11.2.1994 – 6 U 133/93, ZMR 1995, 27, 29; *Seydel/Heinbuch*, Maklerrecht, Rn. 322; *D. Fischer*, NJW 2014, 3281, 3286.

162 LG Bonn, Urt. v. 5.12.2013 – 8 S 192/13, BeckRS 2014, 00575.

der Auslagen besteht nach dem eindeutigen Wortlaut des § 3 Abs. 3 Satz 3 WoVermittG nicht.[163] Als Formularklausel verstößt die Regelung zudem gegen § 305c und § 307 Abs. 1 Satz 1 BGB.[164]

Fordert ein Wohnungsvermittler ein von einem späteren Mietvertragsabschluss unabhängiges „Service-Entgelt" für die Zurverfügungstellung von Objektlisten, so kann hierin ein Verstoß gegen § 3 Abs. 3 Satz 1 WoVermittG liegen.[165] **64**

Mit Urteil vom 15.4.2010 hat sich der Bundesgerichtshof[166] im Rahmen einer vom Landgericht zugelassenen Revision mit der Frage befasst, ob das gewerbliche Anbieten von Mietobjektlisten unter die Vorschriften des Wohnungsvermittlungsgesetzes fällt. Die Leistung des Unternehmens, eine „Immobilien Publikation für courtagefreie Mietobjekte", d. h., nämlich für Mietinteressenten ein persönliches Profil für den gewünschten Wohnraum gegen Zahlung eines jährlichen Service-Entgelts in Höhe von 179 € zur Verfügung zu stellen, wurde als Nachweistätigkeit im Sinne des § 1 Abs. 1 WoVermittG qualifiziert. Allerdings sind die zugrunde liegenden Vereinbarungen zwischen den Parteien nicht nach § 2 Abs. 5 WoVermittG unwirksam; die geleisteten Zahlungen stellen keinen Vorschuss im Sinne des § 2 Abs. 4 WoVermittG dar. Diese Vorschrift ist nur auf den in ihrem Absatz 1 geregelten und vom Abschluss eines Mietvertrags abhängigen Entgeltanspruch bezogen; um ein solches Entgelt (Provision) und einen darauf etwa gezahlten Vorschuss geht es, so der Bundesgerichtshof, im Streitfall nicht. Der Rückzahlungsanspruch ergibt sich jedoch aus § 5 Abs. 1 Satz 1, § 3 Abs. 3 Satz 1 WoVermittG i.V.m. § 812 Abs. 1 Satz 1 Fall 1 BGB.[167] **65**

Außer einem stets erfolgsabhängigen Entgelt dürfen nach § 3 Abs. 3 Satz 1 WoVermittG für Tätigkeiten, die mit der Vermittlung oder dem Nachweis der Gelegenheit zum Abschluss von Mietverträgen über Wohnräume zusammenhängen, sowie für etwaige Nebenleistungen keine Vergütungen irgendwelcher Art, insbesondere keine Einschreibgebühren, Schreibgebühren oder Auslagenerstattungen vereinbart oder angenommen werden. Dieser Vorschrift handelt das Unternehmen zuwider, wenn es ein von einem späteren Mietvertragsabschluss unabhängiges „Service-Entgelt" für die Zurverfü- **66**

---

163 OLG Köln, Urt. v. 11.2.1994 – 6 U 133/93, ZMR 1995, 27, 29; LG Bonn, Urt. v. 5.12.2013 – 8 S 192/13, BeckRS 2014, 00575; *Drasdo*, NJW-Spezial 2014, 98, 99; *D. Fischer*, NJW 2014, 3281, 3287.
164 LG Bonn, Urt. v. 5.12.2013 – 8 S 192/13, n. v.
165 BGH, Urt. v. 15.4.2010 – III ZR 153/09, NJW-RR 2010, 1385 Rn. 15.
166 BGH, Urt. v. 15.4.2010 – III ZR 153/09, NJW-RR 2010, 1385.
167 BGH, Urt. v. 15.4.2010 – III ZR 153/09, NJW-RR 2010, 1385 Rn. 13f.

gungstellung der fraglichen Objektlisten von seinen Vertragspartnern fordert. Dass vorliegend die Ausnahmeregelungen des § 3 Abs. 3 Satz 2 oder 3 WoVermittG, wonach unter bestimmten Voraussetzungen der Wohnungsvermittler Erstattung nachgewiesener Auslagen verlangen kann, eingreifen könnten, war für die hier maßgebliche Fallgestaltung nicht ersichtlich.[168]

11. Rückforderung unzulässiger Zahlungen des Wohnungssuchenden

67 Hat der Maklerkunde entgegen den Verbotstatbeständen des WoVermittG oder aufgrund unwirksamer Vereinbarungen eine Maklerprovision, einen Aufwendungsersatz oder eine den Höchstsatz von § 4 WoVermittG (25,– €) übersteigende Vertragsstrafe entrichtet, können diese Beträge gemäß § 5 Abs. 1 WoVermittG nach den Bestimmungen der ungerechtfertigten Bereicherung vom Makler zurückgefordert werden.[169] Diese Regelung gilt auch für Provisionen, die der Wohnungssuchende entgegen § 2 Abs. 1a WoVermittG an den Makler zahlt.[170]

68 § 5 Abs. 2 WoVermittG nimmt Bezug auf das in § 2 Abs. 5 Nr. 2 WoVermittG verankerte Verbot der Übernahme fremder Provisionspflichten zulasten des Wohnungssuchenden und begründet auch insoweit einen Rückforderungsanspruch nach Bereicherungsrecht.[171]

69 Die verschärfte Haftung des § 819 Abs. 1, Abs. 2 BGB mit Ausschluss der Entreicherungseinrede greift dann ein, wenn der Makler positive Kenntnis von der Unzulässigkeit der Provisions- oder Zahlungsabrede nach den Bestimmungen des WoVermittG hat.[172] Kenntnis liegt allerdings bereits dann vor, wenn sich der Makler der Einsicht in die Nichtigkeit des Rechtsgeschäfts, gemessen an dem normativen Maßstab redlich Denkender, bewusst verschließt.[173] Bei gewerblichen Maklern ist daher eine entsprechende

---

168 BGH, Urt. v. 15.4.2010 – III ZR 153/09, NJW-RR 2010, 1385 Rn. 15.

169 BGH, Urt. v. 15.4.2010 – III ZR 153/09, NJW-RR 2010, 1385 Rn. 15; *Schulz*, WoVermittG, § 5 Rn. 1.

170 BT-Drucks. 18/3121, S. 37; AG Freiburg i. Br., Urt. v. 31.1.2017 – 5 C 1869/16, WuM 2017, 220.

171 BT-Drucks. 18/3121, S. 37.

172 *Baader/Gehle*, § 3 WoVermittG Rn. 25; *Schulz*, WoVermG, § 5 Rn. 18 ff.

173 Vgl. BGH, Urt. v. 12.7.1996 – V ZR 117/95, BGHZ 133, 246, 250 f. (Übervorteilung des Verkäufers beim Grundstücksgeschäft); Palandt/*Sprau*, § 819 Rn. 2.

Kenntnis regelmäßig anzunehmen.[174] Gemäß § 5 Abs. 1 WoVermittG gilt § 817 Satz 2 BGB nicht zulasten des Maklerkunden.[175]

Macht der Wohnungssuchende einen Rückforderungsanspruch geltend, so **70** wird mitunter geprüft, ob dem Rückzahlungsbegehren die Kenntnis der Nichtschuld (§ 814 Fall 1 BGB) entgegensteht.[176] Nach herrschender Ansicht genügt es aber nicht, dass dem Maklerkunden die Tatsachen bekannt sind, aus denen sich das Fehlen einer rechtlichen Verpflichtung ergibt. Der Rückforderungsanspruch ist vielmehr nur dann ausgeschlossen, wenn der Kunde als Leistender aus diesen Tatsachen auch eine im Ergebnis zutreffende rechtliche Schlussfolgerung gezogen hat.[177] Verwendet der Makler eine Provisions- und Kenntnisklausel, mit der die erforderlichen Rechtskenntnisse vermittelt werden,[178] könnte bei isolierter Betrachtung die Kondiktionssperre des § 814 BGB greifen. Dies ist aber nicht der Fall. Auch § 814 BGB schließt eine Rückforderung unzulässiger Provisionen oder sonstiger Beträge nicht aus, weil der Kondiktionsausschluss nach dieser Vorschrift den Anwendungsbereich des § 817 BGB nicht erfasst[179] und demzufolge auf Fallgestaltungen der vorliegenden Art nicht anwendbar ist.[180] Eine Anwendung von § 814 BGB würde zudem gegen Sinn und Zweck von § 5 WoVermittG verstoßen, der durch den Ausschluss von § 817 Satz 2 BGB die Kondiktion nach § 812 Abs. 1 Satz 1, § 817 Satz 1 BGB gerade eröffnen will. Dieses erklärte Ziel würde verfehlt, wenn der Leistungsempfänger dem Bereicherungsanspruch statt des Kondiktionsausschlusses nach § 817 Satz 2 BGB mit gleichem Ergebnis § 814 BGB entgegenhalten dürfte.[181]

---

174 *Baader/Gehle*, § 5 WoVermittG Rn. 17; *D. Fischer*, NJW 2015, 1560, 1564; a. A. *Schulz*, WoVermG, § 5 Rn. 19, wonach positive Kenntnis des Maklers erforderlich ist, welche der Wohnungssuchende nachzuweisen hat.

175 *Schulz*, WoVermittG, § 5 Rn. 1 ff.; *D. Fischer*, NJW 2015, 1560, 1564.

176 Vgl. LG Hamburg, Beschl. v. 5.11.2013 – 318 S 38/13, ZMR 2014, 498, 499; hierzu *D. Fischer*, NJW 2014, 3281, 3286; ferner AG Hamburg-Blankenese, Urt. v. 11.11.2014 – 532 C 237/14, WuM 2015, 444.

177 BGH, Urt. v. 23.10.1980 – IVa ZR 45/80, NJW 1981, 277, 278, im Falle einer nicht wirksam entstandenen Provisionsverpflichtung.

178 Vgl. zu einer entsprechenden Klausel im Rahmen des Verflechtungsverbots nach § 2 Abs. 2 Nr. 3 WoVermittG, LG Hamburg, Beschl. v. 5.11.2013 – 318 S 38/13, ZMR 2014, 498, 499.

179 BGH, Urt. v. 14.12.2000 – I ZR 213/98, NJW-RR 2001, 1044, 1046 unter Bezugnahme auf BGH, Urt. v. 9.2.1961 – VII ZR 183/59, WM 1961, 530, 531; BAG, Urt. v. 28.7.1982 – 5 AZR 46/81, NJW 1983, 783.

180 *Schulz*, WoVermittG, § 5 Rn. 1.

181 AG Freiburg i. Br., Urt. v. 31.1.2017 – 5 C 1869/16, WuM 2017, 220; ebenso bereits *D. Fischer*, NJW 2015, 1560, 1564 unter Bezugnahme auf BGH, Urt. v. 14.12.2000 – I ZR 213/98, NJW-RR 2001, 1044, 1046; *Magnus/Wais*, JZ 2016, 183, 189.

12. Sonstiges

71 Die Vorschriften des WoVermittG erstrecken sich ferner auf Fälle, in denen –
wie beispielsweise von den sog. Location Services[182] – Wohnungsvermittlung im Rahmen umfassender Dienstleistungstätigkeiten betrieben wird.

---

182 Hierzu *Dehner*, NJW 1993, 3236, 3237; ferner Staudinger/*Arnold*, §§ 652, 653 Rn. 49.

XIII. Besonderheiten des Versicherungsmaklerrechts

1. Überblick

Der Versicherungsmakler (§ 59 Abs. 3 VVG) wird im Unterschied zum Ver- **1** sicherungsvertreter regelmäßig vom Versicherungsnehmer beauftragt. Er hat als Vertrauter und Berater des Versicherungsnehmers individuellen, für das betreffende Objekt passenden Versicherungsschutz oft kurzfristig zu besorgen. Deshalb ist er anders als sonst der Handels- oder Zivilmakler dem ihm durch einen Geschäftsbesorgungsvertrag verbundenen Versicherungsnehmer gegenüber üblicherweise sogar zur Tätigkeit, meist zum Abschluss des gewünschten Versicherungsvertrages verpflichtet.[1]

2. Inhalt und Gegenstand des Versicherungsmaklervertrags

Das Geschäft des Versicherungsmaklers besteht in der Hauptsache in der **2** Vermittlung und dem Abschluss von Versicherungsverträgen. Es kann zwar auch die versicherungstechnische Betreuung der Verträge umfassen und daher als Dauerschuldverhältnis fortbestehen.[2] Das Fehlen einer Vereinbarung über eine dauernde Betreuung in einem Versicherungsmaklervertrag führt aber nicht dazu, dass damit kein solcher Vertrag vorliegt.[3] Unschädlich ist es für eine Einordnung als Versicherungsmaklervertrag ferner, wenn die Tätigkeit des Maklers nicht auf den Abschluss eines neuen Versicherungsvertrages gerichtet ist, sondern ein bisheriger Versicherungsvertrag unter Wechsel des Tarifs fortgesetzt werden soll.[4]

Zu dem Aufgabenkreis des Versicherungsmaklers gehört es, dem Kunden **3** eine auf seine individuellen Wünsche und Bedürfnisse zugeschnittene „passende" Versicherung anzuempfehlen[5] und aufgrund einer sachgerechten Risikoprüfung für einen den Bedürfnissen des Versicherungsnehmers entsprechenden Versicherungsschutz zu sorgen.[6] In diesem Rahmen hat er auch die

---

1 BGH, Urt. v. 10.3.2016 – I ZR 147/14, BGHZ 209, 256 Rn. 18.
2 BGH, Urt. v. 28.6.2018 – I ZR 77/17, NJW 2018, 3715 Rn. 17 unter Bezugnahme auf BGH, Urt. v. 10.3.2016 – I ZR 147/14, BGHZ 209, 256 Rn. 39.
3 BGH, Urt. v. 28.6.2018 – I ZR 77/17, NJW 2018, 3715 Rn. 17.
4 BGH, Urt. v. 28.6.2018 – I ZR 77/17, NJW 2018, 3715 Rn. 16; ebenso BGH, Beschl. v. 16.10.2018 – I ZR 38/18, BeckRS 2018, 35339 Rn. 5.
5 BGH, Urt. v. 1.3.2012 – III ZR 213/11, NJW 2012, 1504 Rn. 12.
6 BGH, Urt. v. 26.3.2014 – IV ZR 422/12, WM 2014, 851 Rn. 50.

Bedingungen der von ihm empfohlenen Versicherung in den Blick zu nehmen, insbesondere soweit diese von anderen marktüblichen Bedingungen abweichen.[7]

4 Zu den Aufgaben des Versicherungsmaklers gegenüber dem Versicherungsnehmer kann es ferner gehören, den Versicherungsvertrag nach Abschluss weiter zu betreuen, indem er den Vertrag ungefragt auf etwaigen Anpassungsbedarf sowie Verlängerungen hin überprüft und den Versicherungsnehmer rechtzeitig darauf hinweist sowie den Zahlungsverkehr fördert.[8] Im Schadensfall hat er den Versicherungsnehmer sachkundig zu beraten, für sachgerechte Schadensanzeigen zu sorgen sowie sonstige Hilfestellungen bei der Regulierung eines Versicherungsschadens zu geben.[9] Diese Regulierungstätigkeit darf der Makler für den Versicherungsnehmer im Rahmen einer gemäß § 5 Abs. 1 RDG erlaubten Nebenleistung erbringen; nicht dagegen – wegen des damit verbundenen Interessenkonflikts – für den Versicherer.[10]

5 Die Annahme, die Prüfung der Höhe des Schadensersatzanspruchs gegen den Versicherungsnehmer, entspreche sowohl dessen Interesse als auch demjenigen des Versicherers, verkennt, dass sich der Versicherungsmakler in einen Interessenkonflikt begibt, wenn er vom Versicherer mit der Schadensregulierung beauftragt wird.[11] Die Erfüllung dieser Dienstleistung gegenüber dem Versicherer verlangt, dass dieser eine möglichst niedrige Schadenssumme zahlt, während das vom Versicherungsmakler aufgrund seiner Haupttätigkeit zu wahrende Interesse des Versicherungsnehmers, etwa die Vermeidung eines Rechtsstreits oder einer weiteren Belastung der Kundenbeziehung mit dem Anspruchsteller, durchaus auf schnelle Zahlung einer deutlich höheren Schadenssumme gerichtet sein kann. Zudem gehört es zu den Pflichten des Versicherungsmaklers, dem Versicherungsnehmer gegebenenfalls wegen einer unbefriedigenden Schadensregulierung zu einem Wechsel des Versicherers (Umdeckung) zu raten, was dem Interesse des Versicherers entgegengesetzt ist.[12]

---

7 BGH, Urt. v. 26.3.2014 – IV ZR 422/12, WM 2014, 851 Rn. 50.

8 BGH, Urt. v. 14.1.2016 – I ZR 107/14, NJW-RR 2016, 1056 Rn. 19 unter Bezugnahme auf BGH, Urt. v. 22.5.1985 – IVa ZR 190/83, BGHZ 94, 356, 359.

9 BGH, Urt. v. 22.5.1985 – IVa ZR 190/83, BGHZ 94, 356, 359; Urt. v. 16.7.2009 – III ZR 21/09, WM 2009, 1753 Rn. 8; Urt. v. 14.1.2016 – I ZR 107/14, NJW-RR 2016, 1056 Rn. 19; BGH, Urt. v. 30.11.2017 – I ZR 143/16, NJW 2018, 1160 Rn. 13; OLG Hamm, Urt. v. 19.6.2000 – 18 U 7/00, NJW-RR 2001, 602, 603.

10 BGH, Urt. v. 14.1.2016 – I ZR 107/14, DB 2016, 1432 = NJW-RR 2016, 1056 Rn. 19.

11 BGH, Urt. v. 14.1.2016 – I ZR 107/14, DB 2016, 1432 Rn. 33.

12 BGH, Urt. v. 14.1.2016 – I ZR 107/14, DB 2016, 1432 Rn. 33.

Eine für den Versicherer erbrachte Schadensregulierung hat damit unmittel- 6
baren Einfluss auf die Erfüllung der dem Versicherungsmakler gegenüber
dem Versicherungsnehmer obliegenden Pflicht, diesen ebenfalls bei der
Schadensregulierung zu unterstützen. Aufgrund seiner Pflicht zur Interessenwahrung ist der Versicherungsmakler gegenüber dem Versicherungsnehmer verpflichtet, dessen Interessen auch bei einer Schadensregulierung für
den Versicherer zu berücksichtigen. Das kann die ordnungsgemäße Erbringung der Rechtsdienstleistung gegenüber dem Versicherer gefährden, weil
der Versicherungsmakler den Versicherer etwa dazu veranlassen kann, einen
höheren als den gesetzlich geschuldeten Ersatzbetrag an den Geschädigten
zu entrichten.[13]

3. Vertragspflichten des Versicherungsmaklers

a) Allgemeine Grundsätze

Die vertraglichen Pflichten des Versicherungsmaklers sind wesentlich wei- 7
ter gefasst als die des Handels- oder Zivilmaklers.[14] Der Versicherungsmakler wird deshalb als Interessen- oder sogar Abschlussvertreter des Versicherungsnehmers angesehen.[15] Wegen seiner umfassenden Pflichten, die
teilweise in § 60 (Beratungsgrundlagen) und § 61 VVG (Beratungs- und Dokumentationspflichten) eine Kodifizierung erfahren haben, kann der Versicherungsmakler für den Bereich des Versicherungsverhältnisses des von
ihm betreuten Versicherungsnehmers nach gefestigter Rechtsprechung des
Bundesgerichtshofs[16] als dessen treuhänderischer Sachwalter bezeichnet
und insoweit mit sonstigen Beratern verglichen werden.

Den Versicherungsmakler treffen bei seiner Tätigkeit für seinen Auftragge- 8
ber allgemeine Pflichten, vor allem die Interessenwahrnehmungspflicht sowie die Aufklärungs- und Beratungspflicht.[17] Der Umfang der Beratungs-

---

13 BGH, Urt. v. 14.1.2016 – I ZR 107/14, DB 2016, 1432 Rn. 34.
14 BGH, Urt. v. 26.7.2018 – I ZR 274/16, WM 2018, 1591 Rn. 11.
15 BGH, Urt. v. 20.1.2005 – III ZR 251/04, BGHZ 162, 67, 78; Urt. v. 12.12.2013 – III ZR
    124/13, NJW 2014, 1655 Rn. 13; Urt. v. 26.3.2014 – IV ZR 422/12, WM 2014, 851
    Rn. 25; Urt. v. 10.3.2016 – I ZR 147/14, BGHZ 209, 256 Rn. 18.
16 BGH, Urt. v. 22.5.1985 – IVa ZR 190/83, BGHZ 94, 356, 359; Urt. v. 20.1.2005 – III ZR
    251/04, BGHZ 162, 67, 78; Urt. v. 14.6.2007 – III ZR 269/06, NJW-RR 2007, 1503
    Rn. 10; Urt. v. 26.3.2014 – IV ZR 422/12, WM 2014, 851 Rn. 25; Urt. v. 10.3.2016 –
    I ZR 147/14, BGHZ 209, 256 Rn. 18.
17 BGH, Urt. v. 10.3.2016 – I ZR 147/14, BGHZ 209, 256 Rn. 25 unter Bezugnahme auf
    BGH, Urt. v. 22.5.1985 – IVa ZR 190/83, BGHZ 94, 356, 359.

pflicht ist zwar abhängig vom Beratungsbedarf des Versicherungsnehmers;[18] allgemein wird aber davon gesprochen, dass der Versicherungsmakler eine umfassende Beratung schuldet.[19]

9 Diese zentralen Beratungsleistungen kann ein Versicherungsmakler allerdings nur erbringen, wenn er seine Empfehlungen auf eine hinreichende Zahl von auf dem Markt angebotenen Versicherungsverträgen und von Versicherern zu stützen vermag.[20] Im Hinblick hierauf spricht für eine unechte Verflechtung zwischen einem Versicherungsmakler und dem Partner des vermittelten Hauptvertrages, eines Lebensversicherers, wenn der – mit der Konzernmutter des Versicherers langfristig zusammenarbeitende – Makler Fondspolicen und Anlagestrategien des Versicherers allgemein mit seinem Firmennamen versieht und die so gekennzeichneten Produkte besonders bewirbt.[21]

10 Gehört zum Inhalt des Versicherungsmaklervertrages auch die versicherungstechnische Betreuung der vermittelten Verträge und ist mithin der Maklervertrag als Dauerschuldverhältnis ausgestaltet,[22] so ist der Makler zur Erteilung von Hinweisen für die risikogerechte Anpassung des vermittelten Versicherungsvertrags verpflichtet.[23] Im Rahmen der laufenden Betreuung des Versicherungsverhältnisses hat der Versicherungsmakler daher das versicherte Risiko zu überwachen, bei Risikoveränderungen den Versicherungsnehmer hierauf ungefragt hinzuweisen und auf eine Anpassung hinzuwirken. Insgesamt ist der Versicherungsmakler zur fortlaufenden und ständigen Betreuung des Versicherungsnehmers verpflichtet. Er muss umgehend und unaufgefordert prüfen, ob der bestehende Vertrag den Bedürfnissen des Kunden noch entspricht. Etwaigen Veränderungen des versicherten Risikos muss er durch entsprechende Beratung Rechnung tragen.[24]

---

18 BGH, Urt. v. 10.3.2016 – I ZR 147/14, BGHZ 209, 256 Rn. 25 unter Bezugnahme auf BGH, Urt. v. 5.5.1971 – IV ZR 40/70, WM 1971, 966

19 BGH, Urt. v. 22.5.1985 – IVa ZR 190/83, BGHZ 94, 356, 359; Urt. v. 20.1.2005 – III ZR 251/04, BGHZ 162, 67, 78; Urt. v. 26.3.2014 – IV ZR 422/12, WM 2014, 851 = NJW 2014, 2038 Rn. 25; Urt. v. 26.7.2018 – I ZR 274/16, WM 2018, 1591 = NJW 2019, 935 Rn. 11.

20 BGH, Urt. v. 1.3.2012 – III ZR 213/11, NJW 2012, 1504 Rn. 12 unter Hinweis auf die jetzige Regelung in § 60 Abs. 1 Satz 1 VVG n. F.

21 BGH, Urt. v. 1.3.2012 – III ZR 213/11, NJW 2012, 1504 Rn. 11.

22 BGH, Urt. v. 28.6.2018 – I ZR 77/17, NJW 2018, 3715 = WM 2018, 2049 Rn. 17 unter Bezugnahme auf BGH, Urt. v. 10.3.2016 – I ZR 147/14, BGHZ 209, 256 = WM 2016, 1632 Rn. 39.

23 BGH, Urt. v. 10.3.2016 – I ZR 147/14, BGHZ 209, 256 = WM 2016, 1632 Rn. 39.

24 BGH, Urt. v. 10.3.2016 – I ZR 147/14, BGHZ 209, 256 = WM 2016, 1632 Rn. 39.

Hat der Versicherungsmakler seine Prüfungs- und Beratungspflichten um- **11** fassend erfüllt und hat sich der Versicherungsnehmer gegen die ihm vorge- schlagene, sach- und interessengerechte Vorgehensweise entschieden, kann der Makler für einen unzureichenden Versicherungsschutz des Versiche- rungsnehmers nicht verantwortlich gemacht werden.[25] Er ist dann nicht ver- pflichtet, seine Empfehlung zu wiederholen und den Versicherungsnehmer gegen dessen erklärten Willen erneut zu beraten.[26] Ist dagegen der Versiche- rungsnehmer noch nicht oder nicht ausreichend beraten worden, darf der Versicherungsmakler keine sachwidrigen Weisungen hinnehmen und hat zu- nächst dafür zu sorgen, dass der Versicherungsnehmer eine für eine sach- und interessengerechte Entscheidung geeignete Entscheidungsgrundlage er- hält.[27]

b) Einzelfragen

In einer Nichtzulassungsbeschwerde-Entscheidung vom 27.5.2009 hat sich **12** der Bundesgerichtshof[28] mit dem Umfang der Betreuungs- und Beratungs- pflichten eines Versicherungsmaklers befasst. Danach war ein Versiche- rungsmakler, der sich einem privat krankenversicherten Kunden gegenüber verpflichtet hatte, die Zweckmäßigkeit seines Versicherungsschutzes und die Prämiengestaltung zu überprüfen, im Jahr 2002 noch nicht gehalten, bei seiner Prüfung eine etwaige künftige Rechtsänderung zu berücksichtigen, durch die Alterungsrückstellungen beim Wechsel des Krankenversiche- rungsunternehmens übertragbar wurden.[29]

Ein Versicherungsmakler, der beauftragt ist, eine private Vorsorgeversiche- **13** rung zu vermitteln, ist im Hinblick auf das Rechtsdienstleistungsgesetz be- fugt, die Notwendigkeit und die Angemessenheit der jeweiligen Verträge für den Kunden zu prüfen.[30] Hierzu gehört auch, zu untersuchen, ob und inwie- weit ein Kunde bereits in der Sozialversicherung abgesichert ist. Nur auf die- ser Grundlage kann ein Versicherungsmakler einen Kunden sachgerecht über den Abschluss privater Vorsorgeverträge beraten.[31] Wenn der Versicherungs- makler bei einem vorgesehenen Tarifwechsel auch die in Betracht kommen- den Tarife in rechtlicher Hinsicht überprüft, ist eine derartige Tätigkeit nach

---

25 BGH, Urt. v. 10.3.2016 – I ZR 147/14, BGHZ 209, 256 Rn. 33.
26 BGH, Urt. v. 10.3.2016 – I ZR 147/14, BGHZ 209, 256 Rn. 33.
27 BGH, Urt. v. 10.3.2016 – I ZR 147/14, BGHZ 209, 256 Rn. 34.
28 BGH, Beschl. v. 27.5.2009 – III ZR 231/08, WM 2009, 1435.
29 BGH, Beschl. v. 27.5.2009 – III ZR 231/08, WM 2009, 1436 Rn. 8.
30 OLG Karlsruhe (4. ZS in Freiburg i. Br.), NJW-RR 2010, 994, 995.
31 OLG Karlsruhe (4. ZS in Freiburg i. Br.), NJW-RR 2010, 994, 995.

§ 5 Abs. 1 RDG erlaubt, weil es sich dabei im Verhältnis zu der Maklerleistung als Hauptleistung dem Inhalt und Umfang nach nur um eine Nebenleistung handelt, die zum Berufsbild des Versicherungsmaklers gehört.[32]

14   Der in die Abwicklung eines Unfallschadens eingeschaltete Versicherungsmakler muss den Versicherungsnehmer regelmäßig auf die Frist zur ärztli-
chen Feststellung einer Invalidität und ihrer Geltendmachung gegenüber
dem Versicherer nach § 7 Abs. 1 (1) AUB (1994) hinweisen, wenn für ihn erkennbar ist, dass Ansprüche wegen Invalidität gegen den Unfallversicherer
ernsthaft in Betracht kommen.[33] Hierbei handelt es sich um eine Hinweispflicht als Nebenpflicht des Versicherungsmaklervertrages, der auch die
Wertungen des Rechtsdienstleistungsgesetzes nicht entgegenstehen.[34]

15   Der Versicherungsmakler ist regelmäßig nicht verpflichtet, von sich aus zu
überprüfen, ob die vermittelten Versicherungen den Bedürfnissen und Verhältnissen des Versicherungsnehmers weiterhin entsprechen. Ergeben sich
im Bereich des Versicherungsnehmers Veränderungen, wie etwa Neuan-
schaffungen, Werterhöhungen oder neue Gefahrenpotenziale, so hat der
Makler nur dann tätig zu werden, wenn ihn hiervon der Kunde unterrichtet.
Anderes gilt etwa bei einer Veränderung der Rechtslage.[35]

4. Besonderheiten hinsichtlich des Maklervertrags-
abschlusses

16   Die weit gespannten Betreuungs- und Beratungspflichten des Versicherungsmaklers betreffen allerdings nur das von ihm zu vermittelnde Versiche-
rungsverhältnis, nicht hingegen den Abschluss des vorgelagerten Maklervertrages, bei dem sich der Versicherungsmakler und sein Kunde wie bei
anderen Verträgen mit entgegengesetzten Interessen selbstständig gegen-
überstehen.[36] In derartigen Fällen besteht keine regelmäßige Pflicht einer
Partei, von sich aus – ungefragt – den anderen vor oder bei Vertragsschluss
über die damit verbundenen Risiken zu unterrichten.[37] Jedermann darf

---

32 BGH, Urt. v. 28.6.2018 – I ZR 77/17, NJW 2018, 3715 Rn. 20 unter Hinweis auf OLG
    Karlsruhe, Urt. v. 13.6.2018 – 6 U 122/17, BeckRS 2018, 14373 Rn. 58; ebenso BGH,
    Beschl. v. 16.10.2018 – I ZR 38/18, BeckRS 2018, 35339 Rn. 5.
33 BGH, Urt. v. 16.7.2009 – III ZR 21/09, WM 2009, 1753 Rn. 10.
34 BGH, Urt. v. 16.7.2009 – III ZR 21/09, WM 2009, 1753 Rn. 11.
35 OLG Hamburg, Urt. v. 27.9.2018 – 1 U 2/18, MDR 2019, 64; *D. Fischer*, NJW 2019,
    1182, 1187.
36 BGH, Urt. v. 14.6.2007 – III ZR 269/06, NJW-RR 2007, 1503 Rn. 11; Urt. v.
    18.10.2012 – III ZR 106/11, NJW 2012, 3718 Rn. 17.
37 BGH, Urt. v. 14.6.2007 – III ZR 269/06, NJW-RR 2007, 1503 Rn. 11.

grundsätzlich davon ausgehen, dass sich sein künftiger Vertragspartner selbst über die Umstände, die für dessen Vertragsentscheidung maßgeblich sind, sowie über Art und Umfang seiner Vertragspflichten im eigenen Interesse Klarheit verschafft hat. Es ist im Allgemeinen nicht Aufgabe des Vertragsgegners, gegenüber dem anderen Teil die Nachteile und Gefahren zu verdeutlichen, die mit den Pflichten aus dem beabsichtigten Vertrag verbunden sind, und diese gegen die Vorteile abzuwägen. Nur ausnahmsweise kann eine Aufklärungspflicht nach Treu und Glauben (§ 242 BGB) bestehen, wenn wegen besonderer Umstände des Einzelfalls davon ausgegangen werden muss, dass der künftige Vertragspartner nicht hinreichend unterrichtet ist und die Verhältnisse nicht durchschaut.[38]

5. Verbot der Doppeltätigkeit

Eine Doppeltätigkeit des Versicherungsmaklers sowohl für den Versicherer **17** als auch für den Versicherungsnehmer bei der Vermittlung von Versicherungsverträgen entspricht nicht dem gesetzlichen Leitbild des § 59 Abs. 3 VVG. Damit unterscheidet sich das Berufsbild des Versicherungsmaklers grundlegend von dem des Handelsmaklers nach § 98 HGB, der grundsätzlich von beiden Parteien beauftragt wird, und von demjenigen anderer Makler im Sinne von § 652 BGB, die unter bestimmten Voraussetzungen – etwa als Immobilienmakler – ebenfalls für beide Parteien der von ihnen vermittelten Verträge tätig werden dürfen.[39] Trotz seiner Nähe zum Versicherungsnehmer steht der Versicherungsmakler in einem Doppelrechtsverhältnis zum Versicherungsnehmer einerseits und zum Versicherer andererseits.[40]

6. Provisionsanspruch

Der Provisionsanspruch des Versicherungsmaklers richtet sich vielfach nur **18** gegen den Versicherer und hängt von der Aufnahme der Prämienzahlungen ab.[41] In diesem Fall enthält die Prämie des Versicherers mit einem anfangs regelmäßig beträchtlichen Anteil die an den Makler zu entrichtende Courtage (sogenannte Bruttopolice).[42] Für diese Zahlung gilt der sogenannte

---

38 BGH, Urt. v. 14.6.2007 – III ZR 269/06, NJW-RR 2007, 1503 Rn. 11.
39 BGH, Urt. v. 14.1.2016 – I ZR 107/14, NJW-RR 2016, 1056 Rn. 17 unter Bezugnahme auf BGH, Beschl. v. 30.4.2003 – III 318/02, NJW-RR 2003, 991.
40 BGH, Urt. v. 1.6.2016 – IV ZR 80/15, VersR 2016, 1099 Rn. 30 (Versicherungsrechtssenat).
41 BGH, Urt. v. 20.1.2005 – III ZR 251/04, BGHZ 162, 67, 72; OLG Hamm, Urt. v. 28.11.1996 – 18 U 82/96, NJW-RR 1997, 1482.
42 BGH, Urt. v. 20.1.2005 – III ZR 251/04, BGHZ 162, 67, 72.

„Schicksalsteilungsgrundsatz": Die Courtage teilt das Schicksal der Versicherungsprämie im Guten wie im Schlechten.[43] Kündigt daher der Versicherungsnehmer den Versicherungsvertrag vor dessen Ablauf, so entfällt mit der weiteren Prämienzahlung auch der in den künftigen Prämien enthaltene Anteil der Maklerprovision.[44] Demgegenüber kann hinsichtlich der Provisionspflicht auch eine tatsächlich vorgenommene Trennung zwischen Maklervertrag und Versicherungsvertrag vereinbart werden (sogenannte Nettopolice). Bei einer derartigen Abrede soll der Anspruch auf den Maklerlohn unabhängig von dem späteren Schicksal des wirksam geschlossenen Versicherungsvertrages sein, eine vorzeitige Kündigung der Versicherung also die Verpflichtung zur Fortzahlung der Courtageraten nicht berühren. Zumindest bei kurzer Laufzeit des Versicherungsvertrages führt diese Provisionsregelung zu einer Schlechterstellung des Versicherungsnehmers. Gleichwohl bejaht die inzwischen ganz überwiegende Meinung auch unter solchen Umständen die Wirksamkeit einer besonderen Provisionsvereinbarung mit dem Versicherungsnehmer.[45] Dies gilt auch für eine formularmäßige Provisionsabrede.[46]

19 Eine Provisionsklausel, wonach der Versicherungsnehmer dem Makler eine Vergütung in Höhe des zwölffachen Betrages der monatlichen Einsparung zuzüglich Umsatzsteuer bei einem erfolgreich vermittelten Tarifwechsel zu zahlen hat, unterliegt als unmittelbare Preisabrede nicht der Inhaltskontrolle (§ 307 Abs. 3 Satz 1 BGB). Vertragliche Regelungen, die unmittelbar den Umfang der vertraglichen Hauptleistungspflicht bestimmen, gehören nach ständiger höchstrichterlicher Rechtsprechung zum Kernbereich privatautonomer Vertragsgestaltung. Sie sind deshalb regelmäßig der Inhaltskontrolle gemäß §§ 307 ff. BGB entzogen.[47] Die Vergütungsklausel verstößt auch nicht gegen das Transparenzgebot des § 307 Abs. 1 Satz 2 BGB, das gemäß

---

43 BGH, Urt. v. 20.1.2005 – III ZR 251/04, BGHZ 162, 67, 72; OLG Hamm, Urt. v. 9.5.1994 – 18 U 64/93, NJW-RR 1994, 1306; OLG Saarbrücken, Urt. v. 9.7.1997 – 1 U 355/96-61, OLG-Report 1997, 334, 335.
44 BGH, Urt. v. 20.1.2005 – III ZR 251/04, BGHZ 162, 67, 72.
45 BGH, Urt. v. 20.1.2005 – III ZR 251/04, BGHZ 162, 67, 73; Urt. v. 18.10.2012 – III ZR 106/11, NJW 2012, 3718 Rn. 13; OLG Frankfurt a. M., VersR 2003, 1571; OLG Karlsruhe, VersR 2004, 999; OLG Nürnberg, Urt. v. 24.4.2001 – 3 U 4515/00, VersR 2003, 1574; a. A. LG Karlsruhe, Urt. v. 3.7.2003 – 5 S 25/03, NJW-RR 2003, 1470.
46 BGH, Urt. v. 20.1.2005 – III ZR 251/04, BGHZ 162, 67, 73.
47 BGH, Beschl. v. 16.10.2018 – I ZR 38/18, BeckRS 2018, 35339 Rn. 10 unter Bezugnahme auf BGH, Urt. v. 24.3.2010 – VIII ZR 178/08, BGHZ 185, 96 Rn. 19; Urt. v. 6.7.2011 – VIII ZR 293/10, NJW 2011, 3510 Rn. 10, 16; Urt. v. 31.5.2012 – I ZR 73/10, BGHZ 193, 268 Rn. 18 – Honorarbedingungen Freie Journalisten.

§ 307 Abs. 3 Satz 2 BGB auf unmittelbare Preisabreden anwendbar bleibt.[48]
Die Klausel regelt die Vergütungspflicht klar und verständlich.[49]

7. Schaden des Versicherungsmaklers

Mit Urteil vom 24.6.2009 hat der für das Handelsvertreterrecht zuständige **20**
VIII. Zivilsenat des Bundesgerichtshofs[50] zur Schätzung der Höhe des einem
Versicherungsmakler – infolge unerlaubter Konkurrenztätigkeit des für ihn
tätigen Versicherungsvertreters – entgangenen Gewinns Stellung genommen. Steht der geltend gemachte Anspruch auf Schadensersatz dem Grunde
nach fest und bedarf es lediglich der Ausfüllung zur Höhe, darf die Klage
grundsätzlich nicht vollständig abgewiesen werden, sondern der Tatrichter
muss im Rahmen des Möglichen den Schaden nach § 287 ZPO schätzen.
Enthält der diesbezügliche Vortrag Lücken oder Unklarheiten, so ist es in
der Regel nicht gerechtfertigt, dem jedenfalls in irgendeiner Höhe Geschädigten jeden Ersatz zu versagen. Der Tatrichter muss vielmehr nach pflichtgemäßem Ermessen beurteilen, ob nach § 287 ZPO nicht wenigstens die
Schätzung eines Mindestschadens möglich ist.[51]

8. Schaden des Versicherungsnehmers

Beruht der Schaden des Versicherungsnehmers auf einer Pflichtverletzung **21**
des Versicherungsmaklers bei einer Vertragsanbahnung, richtet sich der
Schadensersatzanspruch nach den §§ 60 ff., 63 VVG. Ist der Schaden dagegen durch eine Pflichtverletzung des Maklers bei der Abwicklung eines Versicherungsfalls entstanden, kommt als Schadensersatzanspruch die allgemeine Vorschrift des § 280 Abs. 1 BGB in Betracht.[52] Grundsätzlich hat der
den Schadensersatz begehrende Versicherungsnehmer darzulegen und zu
beweisen, dass der Versicherungsmakler seine Beratungspflicht verletzt hat,
wobei den Makler in dieser Hinsicht eine sekundäre Darlegungslast trifft.[53]

Die Vermutung beratungsgerechten Verhaltens des Versicherungsnehmers **22**
gilt ohne Einschränkungen, wenn die zu beratende Person bei ordnungsge-

---

48 BGH, Beschl. v. 16.10.2018 – I ZR 38/18, BeckRS 2018, 35339 Rn. 10 unter Bezugnahme auf BGH, Urt. v. 28.5.2014 – VIII ZR 179/13, NJW 2014, 2940 Rn. 26.
49 BGH, Beschl. v. 16.10.2018 – I ZR 38/18, BeckRS 2018, 35339 Rn. 11.
50 BGH, Urt. v. 24.6.2009 – VIII ZR 332/07, WM 2009, 1811.
51 BGH, Urt. v. 24.6.2009 – VIII ZR 332/07, WM 2009, 1811 Rn. 16.
52 BGH, Urt. v. 30.11.2017 – I ZR 143/16, WM 2018, 542 Rn. 11.
53 BGH, Urt. v. 10.3.2016 – I ZR 147/14, BGHZ 209, 256 = WM 2016, 1632 Rn. 24 unter Bezugnahme auf BGH, Urt. v. 25.9.2014 – III ZR 440/13, VersR 2014, 1328 Rn. 34.

mäßer Beratung nur eine einzige verständige Entschlussmöglichkeit bestanden hätte.[54] Besteht der Beratungsfehler in einem Unterlassen, wie etwa im Unterlassen der erforderlichen Vergleichsberechnung oder jedenfalls des erforderlichen Hinweises auf die Möglichkeit einer solchen Vergleichsberechnung bei einer beabsichtigten Vermögensumschichtung durch ein neues Anlagemodell, ist nach dem Grundsatz des beratungsgerechten Verhaltens zu vermuten, dass sich der Versicherungsnehmer ohne eine solche Berechnung nicht zu einer Umschichtung entschlossen hätte.[55] Die Vermutungswirkung hat der Versicherungsmakler zu entkräften.[56]

9. Abreden zwischen Versicherungsmaklern

23 Wenn es unter Versicherungsmaklern, die in enger Geschäftsbeziehungen zueinander stehen, üblich ist, sich gegenseitig bereits bei der Herstellung von Geschäftskontakten an anfallenden Provisionen finanziell zu beteiligen, kann der Begriff Provision für ein vermitteltes Geschäft in einer Provisionsabrede auch eine über § 652 BGB hinausgehende Bedeutung aufweisen, selbst wenn die Beteiligten über den Begriff der Vermittlung in der Provisionsvereinbarung nicht geredet haben sollten.[57] Der Schluss, es sei nichts anderes vereinbart worden als sich bei – im Sinne des § 652 BGB „maklerrechtskonformer" – Auslegung des Vertrages anhand seines Wortlauts und seiner Regelungssystematik ergebe, ist unter diesen Umständen nicht zulässig.[58] Eine ausdrückliche Verständigung der Parteien über den Begriff der Vermittlung ist dann nicht erforderlich, wenn diese aufgrund der gängigen Praxis in ihren Verkehrskreisen ein übereinstimmendes Verständnis darüber haben, welche Anforderungen an eine provisionsauslösende Vermittlung zu stellen sind. Vielmehr müsste der entsprechende Handelsbrauch (§ 346 HGB) oder die insoweit bestehende Verkehrssitte in den beteiligten Geschäftskreisen gemäß § 157 BGB schon bei der Auslegung des Vertrages berücksichtigt werden.[59]

---

54 BGH, Urt. v. 30.11.2017 – I ZR 143/16, WM 2018, 542 Rn. 17.
55 BGH, Urt. v. 26.7.2018 – I ZR 274/16, WM 2018, 1591 Rn. 29.
56 BGH, Urt. v. 26.7.2018 – I ZR 274/16, WM 2018, 1591 Rn. 29.
57 BGH, Urt. v. 3.3.2011 – III ZR 330/09, BeckRS 2011, 06091.
58 BGH, Urt. v. 3.3.2011 – III ZR 330/09, BeckRS 2011, 06091.
59 BGH, Urt. v. 3.3.2011 – III ZR 330/09, BeckRS 2011, 06091 unter Bezugnahme auf BGH, Urt. v. 12.12.2000 – XI ZR 72/00, WM 2001, 350, 351; Urt. v. 23.11.1994 – VIII ZR 133/93, NJW-RR 1995, 364 f.

XIV. Weitere besondere Vermittlungsverträge

1. Überblick

Neben dem Immobilienmaklervertrag und dem Versicherungsmaklervertrag **1** haben sich für verschiedene Lebens- und Wirtschaftsbereiche eigenständige Vermittlungsverträge herausgebildet, die zwar als Maklerverträge zu qualifizieren sind, aber durchaus eigenständige Konturen aufweisen können. Die wichtigsten Vertragsarten werden im Nachfolgenden angesprochen. Darüber hinaus gibt es weitere Vermittlungsverträge, wie etwa für die Vermittlung von Bauverträgen[1] oder von Mietfahrzeugen.[2]

2. Ehe- und Partnerschaftsvermittlung

Der Ehemaklervertrag ist ein Unterfall des allgemeinen Maklervertrages. **2** Die Vorschriften der §§ 652–654 finden Anwendung, soweit § 656 BGB keine Sonderbestimmungen enthält.[3] § 656 entspricht dem Wortlaut des § 762 BGB. Der herbeizuführende Erfolg besteht in der Eheschließung mit einem vom Makler nachgewiesenen oder vermittelten Partner.[4] Durch das Versprechen eines Lohnes für den Nachweis der Gelegenheit zum Eingehen einer Ehe oder für die Vermittlung des Zustandekommens einer Ehe wird nach § 656 Abs. 1 BGB eine Verbindlichkeit nicht begründet. Eine Rückforderung der im Voraus entrichteten Vergütung kann nach § 656 Abs. 1 Satz 2 BGB nicht deshalb erfolgen, weil eine Verbindlichkeit nicht bestanden hat. Dies steht einem auf andere Gründe, wie etwa Sittenwidrigkeit oder Anfechtung, gestützten Rückforderungsanspruch nicht entgegen.[5]

Der Bundesgerichtshof hat den Anwendungsbereich des § 656 BGB auf ähn- **3** liche Vertragsverhältnisse wie Eheanbahnungsdienstverträge[6] und Partner-

---

1 Zum Bauvermittlungsvertrag vgl. *Popescu*, NJW 2012, 3687.
2 Hierzu BGH, Urt. v. 23.11.2016 – IV ZR 50/16, NJW 2017, 393 Rn. 14.
3 OLG Karlsruhe, Urt. v. 13.7.1978 – 9 U 185/77, OLGZ 1979, 67, 68 f.; Erman/*D. Fischer*, § 656 Rn. 1; MünchKomm-BGB/*H. Roth*, § 656 Rn. 4; NK-BGB/*Wichert*, § 656 Rn. 16.
4 OLG Karlsruhe, Urt. v. 13.7.1978 – 9 U 185/77, OLGZ 1979, 67, 68; Erman/*D. Fischer*, § 656 Rn. 1.
5 OLG Nürnberg, Urt. v. 13.6.2018 – 12 U 1919/16, NJW-RR 2018, 1390, 1392 (Partnerschaftsvermittlung); Erman/*D. Fischer*, BGB, § 656 Rn. 12, 7.
6 BGH, Urt. v. 25.5.1983 – IVa ZR 182/81, BGHZ 87, 309, 312 ff.

schaftsvermittlungs-Dienstverträge[7] erstreckt. Dem lag nicht zuletzt die Vorstellung zugrunde, wie bei der Ehevermittlung und Eheanbahnung, bestehe hier ein schützenswertes Diskretionsbedürfnis des Kunden. Ein Partnervermittlungsvertrag ist nicht nur bei geschuldeter Vermittlungstätigkeit als Dienstvertrag zu qualifizieren, sondern auch dann, wenn sich der Vermittler ohne Tätigwerden für eine unmittelbare Zusammenführung der Interessenten dazu verpflichtet, nach den Wünschen des Auftraggebers eine bestimmte Anzahl von individuell abgestimmten Partneranschriften zu erstellen und zu übersenden oder bereitzustellen.[8] Vertragsgegenstand sind dabei Dienste höherer Art i. S. d. § 627 BGB. Die Qualifizierung als Dienste höherer Art beruht darauf, dass das Vertragsverhältnis in besonderem Maße die Privat- und Intimsphäre des Auftraggebers berührt; er muss dem Vermittler Auskünfte über seine eigene Person und die des gewünschten Partners geben.[9] Verträge dieser Art können gemäß § 627 Abs. 1 BGB auch ohne die in § 626 BGB genannten Voraussetzungen gekündigt werden.[10] Nach der Rechtsprechung des Bundesgerichtshofs ist ein aufgrund des Inserats eines Vermittlungsinstituts mit einer tatsächlich nicht vermittlungsbereiten Person (Lockvogelangebot) zustande gekommener Partnervermittlungsvertrag grundsätzlich nicht sittenwidrig im Sinne des § 138 BGB.[11] Bei Vorliegen einer arglistigen Täuschung kommt aber eine Anfechtung nach § 123 BGB in Betracht.[12] Der aus § 656 BGB folgende Ausschluss der Klagbarkeit des Maklerlohnanspruchs bei den vorgenannten Vertragsverhältnissen ist aber nicht ohne Weiteres analogiefähig. Streiten die Parteien um andere Sach- oder Rechtsfragen, wie etwa um den Vorwurf der arglistigen Täuschung, ist für eine analoge Anwendung des § 656 Abs. 1 BGB und die dort normierte Rechtsfolge – unvollkommene Verbindlichkeit – trotz möglicherweise ähnlicher Schutzbedürftigkeit einzelner Prozessbeteiligter kein Raum. Damit verbietet sich zugleich ein darauf gegründetes Beweiserhebungsverbot im Widerspruch zu dem aus dem Rechtsstaatsprinzip folgenden grundsätzlichen Anspruch der Parteien auf Berücksichtigung erheblicher Beweisanträge. Die gegenteilige, auf einen anderweitigen Rechtsstreit bezogene Auffas-

---

7 BGH, Urt. v. 11.7.1990 – IV ZR 160/89, BGHZ 112, 122, 124 ff.; Urt. v. 4.3.2004 – III ZR 124/03, NJW-RR 2004, 778, 779.
8 OLG Nürnberg, Urt. v. 13.6.2018 – 12 U 1919/16, NJW-RR 2018, 1390, 1392.
9 BGH, Urt. v. 8.10.2009 – III ZR 93/09, NJW 2010, 150 Rn. 19; OLG Nürnberg, Urt. v. 13.6.2018 – 12 U 1919/16, NJW-RR 2018, 1390, 1392.
10 BGH, Urt. v. 8.10.2009 – III ZR 93/09, NJW 2010, 150 Rn. 19.
11 BGH, Urt. v. 17.1.2008 – III ZR 239/06, NJW 2008, 982 Rn. 11.
12 BGH, Urt. v. 17.1.2008 – III ZR 239/06, NJW 2008, 982 Rn. 14.

sung des OLG Koblenz[13] hat der Bundesgerichtshof als ohne gesetzliche Grundlage bezeichnet und verworfen.[14]

Meldet sich ein Kunde auf eine konkrete Partnerschaftsvermittlungsanzeige 4 beim Vermittler, um Kontakt zur dort konkret beschriebenen Person aufnehmen zu können, und wird anschließend in der Wohnung des Kunden ein von diesem konkreten Partnerwunsch gelöster allgemeiner Partnervermittlungsvertrages abgeschlossen, liegt keine „vorhergehende Bestellung" im Sinne von § 312 Abs. 3 Nr. 1 BGB vor. Das in der „Haustürsituation" unterbreitete und zum Vertragsschluss führende Angebot des Unternehmers weicht von dem Gegenstand der Einladung des Verbrauchers unter diesen Umständen nicht unerheblich voneinander ab, womit der Kunde nicht rechnen muss. Der Ausschlusstatbestand des § 312 Abs. 3 Nr. 1 BGB greift daher nicht ein;[15] der Kunde kann das Widerrufsrecht ausüben.

Eine Sittenwidrigkeit des Partnervermittlungsvertrags kommt in Betracht, 5 wenn ein besonders grobes Missverhältnis zwischen der Vermittlungsleistung und der vereinbarten Vergütung besteht; Ausgangspunkt für die hierbei anzustellende Überprüfung ist die übliche Vergütung für derartige Vermittlungsdienste.[16] Für das Vorliegen eines besonders groben Missverhältnisses trägt der Auftraggeber die Darlegungs- und Beweislast. Er ist zu substantiiertem Vortrag verpflichtet, fehlt es hieran, weil keine konkreten Unternehmen mit den geltend gemachten Vergütungssätzen angeführt werden, erweist sich ein Antrag auf Einholung eines Sachverständigengutachtens als ins Blaue hinein gestellter Ausforschungsbeweisantrag und ist deswegen unbeachtlich.[17] Bei Partnervermittlungsverträgen steht die Mitteilung von Adressen „passender" und „vermittlungsbereiter" Partner im Vordergrund. Derartige Informationen entfalten, ähnlich einem Maklernachweis,[18] nur im Erfolgsfall ihren vollen Wert, während sie bei Nichtgefallen eigentlich wertlos sind. Sie haben deshalb für sich genommen einen kaum oder nur unter großen Schwierigkeiten festzustellenden Marktwert. Für die Übermittlung zweier Partnervorschläge hat der Bundesgerichtshof einen Betrag von 300,– € als ausreichend angesehen.[19] Ein Entgelt von knapp 1000,– € für einen erfolglosen Partnervorschlag ist dagegen sittenwidrig. Es kann als völlig außer Verhältnis zum Wert der Gegenleistung des Vermittlers angesehen

---

13 OLG Koblenz, Urt. v. 17.10.2003 – 10 U 1136/02, NJW-RR 2004, 268, 269 f.
14 BGH, Urt. v. 17.1.2008 – III ZR 239/06, NJW 2008, 982 Rn. 22.
15 BGH, Urt. v. 15.4.2010 – III ZR 218/09, BGHZ 185, 192 Rn. 15.
16 OLG Nürnberg, Urt. v. 13.6.2018 – 12 U 1919/16, NJW-RR 2018, 1390, 1393.
17 OLG Nürnberg, Urt. v. 13.6.2018 – 12 U 1919/16, NJW-RR 2018, 1390, 1393.
18 Vgl. hierzu BGH, Urt. v. 7.7.2005 – III ZR 397/04, BGHZ 163, 332, 336.
19 BGH, Urt. v. 15.4.2010 – III ZR 218/09, BGHZ 185, 192 Rn. 31.

werden, weil Partnervorschläge bei Nichtgefallen kaum ein Wert zukommt.[20] Eine auf arglistige Täuschung gestützte Anfechtung des Partnervermittlungsvertrages ist etwa gerechtfertigt, wenn der Partnervermittler
den Vertragsabschluss mit der Werbung einer nichtexistenten Person, eines
sogenannten Lockvogelangebots, betreibt.[21]

3. Private Arbeitsvermittlung

6 Mit Gesetz vom 23.3.2002[22] wurde das Recht der privaten Arbeitsvermittlung mit Neufassung der §§ 291 ff. SGB III und Einführung des Vermitt-
lungsgutscheins (§ 421g SGB III) grundlegend umgestaltet. Seither besteht
für die private Arbeitsvermittlung kein präventives Verbot mehr, die Vermittlungsunternehmen unterliegen der allgemeinen Gewerbefreiheit und
den hierzu ergangenen Regelungen. Zivilrechtlich gilt für das Verhältnis
zwischen dem Arbeitssuchenden und dem Arbeitsvermittler der Grundsatz
der Vertragsfreiheit, modifiziert durch die Regelungen des SGB III. Der Vertrag, nach dem sich der Vermittler gemäß § 296 Abs. 1 Satz 1 SGB III verpflichtet, einem Arbeitssuchenden eine Arbeitsstelle zu vermitteln, ist ein
privatrechtlicher Vertrag, der den Bestimmungen der §§ 652 ff. BGB – unter
Berücksichtigung der diese überlagernden Sonderregelungen des Dritten
Buches Sozialgesetzbuch – unterliegt.[23]

7 Die Stundungsregelung des § 296 Abs. 4 Satz 2 SGB III ist eine Schutznorm
zugunsten des Arbeitnehmers. Danach wird der Vergütungsanspruch des
Maklers gegen den Arbeitnehmer bei Vorlage eines gültigen Vermittlungs-
gutscheines auf Dauer gestundet. Das Vermittlungsgutscheinverfahren tritt
an die Stelle der ansonsten kostenfreien Vermittlung durch die Agentur für
Arbeit; der Vermittlungsgutschein dient dazu, den Arbeitssuchenden von
einem Zahlungsrisiko hinsichtlich des Maklerlohns zu befreien.[24]

8 Gemäß § 297 Nr. 1 SGB III sind Vereinbarungen zwischen einem Vermittler
und einem Arbeitssuchenden über die Zahlung der Vergütung unter anderem
dann unwirksam, wenn deren Höhe die nach § 296 Abs. 3 SGB III zulässige

---

20 BGH, Beschl. v. 14.6.2017 – III ZR 487/16, NJW-RR 2017, 1261 Rn. 13, 15.

21 OLG Nürnberg, Urt. v. 13.6.2018 – 12 U 1919/16, NJW-RR 2018, 1390, 1393.

22 BGBl. I 2002, 1130 ff., in Kraft seit 27.3.2002.

23 BGH, Urt. v. 18.3.2010 – III ZR 254/09, NJW 2010, 3222 Rn. 13; ferner BSG, Urt. v.
6.4.2006 – B 7a AL 56/05 R, NJW 2007, 1902, 1903; MünchKomm-BGB/*H. Roth*,
§ 655 Rn. 2; Bamberger/Roth/*Kotzian-Marggraf*, BGB, § 655 Rn. 3, 5; *D. Fischer*, NJW
2007, 3107.

24 Vgl. BSG, Urt. v. 6.4.2006 – B 7a AL 56/05 R, BSGE 96, 190, 196; LSG Nordrhein-
Westfalen, Urt. v. 13.6.2013 – L 9 AL 36/12, NZS 2013, 835, 837.

Höchstgrenze überschreitet oder wenn die erforderliche Schriftform nicht eingehalten wird. Diese Regelung bezweckt den Schutz der Arbeitsuchenden vor Übervorteilung und erleichtert es, Vergütungen zurückzufordern, die entgegen den genannten Bestimmungen geleistet wurden.[25]

Die Vereinbarung eines die nach § 296 Abs. 3 i.V.m. § 421g Abs. 2 SGB III **9** geltende Höchstgrenze überschreitenden Vermittlungsentgelts führt gemäß § 297 Nr. 1 Fall 1 SGB III zur Unwirksamkeit der Vergütungsvereinbarung insgesamt und somit nicht lediglich zu einer Reduzierung der vereinbarten Vergütung auf den höchstzulässigen Umfang (im Sinne einer „geltungserhaltenden Reduktion"). Rechtsfolge des Verstoßes ist mithin der Verlust des gesamten Vergütungsanspruchs des Vermittlers.[26] Zwar hat der Verstoß gegen ein preisrechtliches Verbotsgesetz nach der ständigen Rechtsprechung des Bundesgerichtshofs gemäß § 134 BGB im Allgemeinen die Nichtigkeit der Entgeltregelung nur in dem Umfang zur Folge, als der zulässige Preis überschritten wird; im Übrigen bleibt der zulässige Preis geschuldet.[27] Dieser Grundsatz kommt für die Nichtigkeitsanordnung nach § 297 Nr. 1 SGB III jedoch nicht zum Zuge. Dies folgt aus dem Wortlaut von § 297 Nr. 1 SGB III – der von „wenn" und nicht von „soweit" spricht – sowie aus dem Zweck und dem Gesamtzusammenhang dieser Gesetzesbestimmung. Der vom Gesetzgeber beabsichtigte Schutz des Arbeitsuchenden vor Übervorteilung durch eine die genannten Höchstgrenzen übersteigende Vergütungsverpflichtung erweist sich nur dann als wirkungsvoll, wenn der Vermittler in einem solchen Falle Gefahr läuft, seinen gesamten Vergütungsanspruch zu verlieren. Könnte der Vermittler sicher sein, in jedem Falle eine Vergütung im Umfang des höchstzulässigen Betrags zu erhalten, so wäre die gesetzwidrige Vereinbarung einer diesen Betrag übersteigenden Vergütung für ihn weitestgehend risiko- und folgenlos, wohingegen der Arbeitsuchende einseitig mit der Gefahr belastet bliebe, in Unkenntnis der gesetzlichen Regelung eine unzulässig hohe Vergütung zu entrichten.[28]

Gemäß § 655 Satz 1 BGB kann der für die Vermittlung eines Dienstvertrages **10** vereinbarte Maklerlohn, der sich im Einzelfall als unverhältnismäßig hoch

---

25 BGH, Urt. v. 18.3.2010 – III ZR 254/09, NJW 2010, 3222 Rn. 15, unter Bezugnahme auf BT-Drucks. 14/8546, S. 6.

26 BGH, Urt. v. 18.3.2010 – III ZR 254/09, NJW 2010, 3222 Rn. 16; a. A. MünchKomm-BGB/*H. Roth*, § 655 Rn. 7; Bamberger/Roth/*Kotzian-Marggraf*, BGB, § 655 Rn. 6.

27 BGH, Urt. v. 5.12.1968 – VII ZR 92/66, BGHZ 51, 174, 181; Urt. v. 11.1.1984 – VIII ARZ 13/83, BGHZ 89, 316, 319 f.; Urt. v. 23.6.1989 – V ZR 289/87, BGHZ 108, 147, 150; Urt. v. 4.8.2000 – III ZR 158/99, BGHZ 145, 66, 76 f.; Urt. v. 11.10.2007 – VII ZR 25/06, NJW 2008, 55 Rn. 14.

28 BGH, Urt. v. 18.3.2010 – III ZR 254/09, NJW 2010, 3222 Rn. 16.

erweist, auf Antrag des Schuldners durch Urteil auf den angemessenen Betrag herabgesetzt werden. Diese Regelung findet auch dann Anwendung, wenn die Maklerprovision durch gesetzliche Regelung – wie hier gemäß § 296 Abs. 3 Satz 1 i.V.m. § 421g Abs. 2 Satz 1 SGB III – auf einen Höchstbetrag begrenzt ist.[29]

11 Bei der Prüfung einer Herabsetzung des verlangten Maklerlohns gemäß § 655 Satz 1 BGB, die dem tatrichterlichen Ermessen unterliegt,[30] ist nicht allein auf die Verhältnisse bei Vertragsabschluss, sondern auch auf die nachfolgend eingetretenen Umstände abzustellen, weil es sich nach dem Vorbild von § 343 BGB auch bei § 655 Satz 1 BGB im Schwerpunkt um eine richterliche Rechtsausübungskontrolle handelt. Neben dem Aufwand, den der Makler für die Erbringung der von ihm geschuldeten Vermittlungsleistung zu tragen hatte, ist auch der wirtschaftliche Nutzen des Auftraggebers (Arbeitnehmers) aus dem vermittelten Dienstvertrag (Arbeitsverhältnis) zu berücksichtigen. Letzterer wird vor allem von der arbeitsvertraglich vereinbarten Laufzeit, aber auch von der tatsächlichen Dauer des vermittelten Arbeitsverhältnisses beeinflusst. Dabei ist bei der anzustellenden Abwägung in den Blick zu nehmen, ob und inwieweit eine frühzeitige Beendigung des Arbeitsverhältnisses der Verantwortungssphäre des Auftraggebers (Arbeitnehmers) oder seines Arbeitgebers – oder des Vermittlers selbst – zuzurechnen ist. Die Darlegungs- und Beweislast für die Tatsachen, aus denen die Unverhältnismäßigkeit der Vergütung hergeleitet werden soll, trifft den Schuldner.[31]

12 Die richterliche Herabsetzung des Maklerlohnanspruchs setzt voraus, dass der Schuldner den nach § 655 Satz 1 BGB erforderlichen Antrag stellt. Für die Frage der Wahrung dieses Antragserfordernisses ist auf die von der Rechtsprechung entwickelten Grundsätze zu § 343 BGB zurückzugreifen, dem § 655 BGB nachgebildet worden ist.[32] Danach kann der Herabsetzungsantrag des Schuldners auch konkludent, unbeziffert und im Wege der Einrede gegen die Zahlungsklage angebracht werden; es genügt jede Anregung oder Äußerung, die den Willen des Schuldners erkennen lässt, eine Herabsetzung zu erreichen, weil er den geforderten Betrag als unangemessen hoch und drückend empfindet.[33] Der Schuldner muss dementsprechend zum Aus-

---

29 BGH, Urt. v. 18.3.2010 – III ZR 254/09, NJW 2010, 3222 Rn. 28; *Rieble*, DB 1994, 1776, 1778.
30 BGH, Urt. v. 18.3.2010 – III ZR 254/09, NJW 2010, 3222 Rn. 29; *Rieble*, DB 1994, 1776, 1780.
31 BGH, Urt. v. 18.3.2010 – III ZR 254/09, NJW 2010, 3222 Rn. 29.
32 BGH, Urt. v. 18.3.2010 – III ZR 254/09, NJW 2010, 3222 Rn. 32; Palandt/*Sprau*, § 655 Rn. 1.
33 BGH, Urt. v. 18.3.2010 – III ZR 254/09, NJW 2010, 3222 Rn. 32.

druck bringen, dass er nicht lediglich die rechtliche Wirksamkeit der Klageforderung bekämpfen, sondern – gegebenenfalls hilfsweise – auch eine auf Billigkeitserwägungen zurückgehende richterliche Gestaltungsmacht in Anspruch nehmen will.[34] Beruft sich der Schuldner im Prozess allein auf die Nichtigkeit der Vergütungsvereinbarung und spricht § 655 Satz 1 BGB nicht an, ist für eine Herabsetzung kein Raum.[35]

4. Anlagevermittlung

Der Anlagevermittlungsvertrag ist nach der Rechtsprechung des Bundesgerichtshofs regelmäßig kein Maklervertrag.[36] Es handelt sich vielmehr um einen Auskunftsvertrag zwischen dem Vermittler und dem Anlageinteressenten, der im Rahmen der Anlagevermittlung zumindest stillschweigend dann zustande kommt, wenn der Interessent deutlich macht, dass er, auf eine bestimmte Anlageentscheidung bezogen, die besonderen Kenntnisse und Verbindungen des Vermittlers in Anspruch nehmen will und der Anlagevermittler die gewünschte Tätigkeit beginnt.[37] **13**

Ein solcher Vertrag verpflichtet den Vermittler zu richtiger und vollständiger Information über diejenigen tatsächlichen Umstände, die für den Anlageentschluss des Interessenten von besonderer Bedeutung sind.[38] Hierbei muss ein Vermittler das Anlagekonzept, bezüglich dessen er Auskunft erteilt, wenigstens auf Plausibilität hin überprüfen. Ansonsten kann er keine sachgerechten Auskünfte erteilen. Unterlässt er diese Prüfung, hat er den Interes- **14**

---

34 BGH, Urt. v. 18.3.2010 – III ZR 254/09, NJW 2010, 3222 Rn. 32.
35 BGH, Urt. v. 18.3.2010 – III ZR 254/09, NJW 2010, 3222 Rn. 33.
36 BGH, Urt. v. 19.10.2006 – III ZR 122/05, NJW-RR 2007, 348 Rn. 9; Urt. v. 22.3.2007 – III ZR 218/06, NJW-RR 2007, 925 Rn. 4; Urt. v. 12.7.2007 – III ZR 83/06, WM 2007, 1606 Rn. 8; Urt. v. 5.3.2009 – III ZR 17/08, WM 2009, 739 Rn. 11; *D. Fischer*, WM 2019, Sonderbeilage Nr. 1, S. 38; Palandt/*Sprau*, § 675 Rn. 48; a. A. *Dehner*, Maklerrecht, Rn. 246; *Benedict*, ZIP 2005, 2129, 2133; *Schnauder*, JZ 2013, 120, 128: Vermittlungsmaklervertrag.
37 BGH, Urt. v. 19.10.2006 – III ZR 122/05, NJW-RR 2007, 348 Rn. 9; Urt. v. 22.3.2007 – III ZR 218/06, NJW-RR 2007, 925 Rn. 4; Urt. v. 12.7.2007 – III ZR 83/06, WM 2007, 1606 Rn. 8; Urt. v. 5.3.2009 – III ZR 17/08, VersR 2010, 112 Rn. 11; Urt. v. 15.3.2012 – III ZR 148/11, WM 2012, 837 Rn. 12; Bamberger/Roth/*D. Fischer*, BGB, § 675 Rn. 96.
38 BGH, Urt. v. 13.5.1993 – III ZR 25/92, NJW-RR 1993, 1114 f.; Urt. v. 13.1.2000 – III ZR 62/99, NJW-RR 2000, 998; Urt. v. 11.9.2003 – III ZR 381/02, NJW-RR 2003, 1690; Urt. v. 19.10.2006 – III ZR 122/05, NJW-RR 2007, 348 Rn. 9; Urt. v. 22.3.2007 – III ZR 218/06, NJW-RR 2007, 925 Rn. 4; Urt. v. 12.7.2007 – III ZR 83/06, WM 2007, 1606 Rn. 8; Urt. v. 5.3.2009 – III ZR 17/08, VersR 2010, 112 Rn. 11; Urt. v. 1.12.2011 – III ZR 56/11, NJW 2012, 380 Rn. 9.

senten hierauf hinzuweisen.[39] Vertreibt der Vermittler die Anlage anhand eines Prospekts, muss er im Rahmen der geschuldeten Plausibilitätsprüfung den Prospekt darauf kontrollieren, ob dieser ein in sich schlüssiges Gesamtbild über das Beteiligungsobjekt gibt und ob die darin enthaltenen Informationen, soweit er das mit zumutbarem Aufwand zu überprüfen in der Lage ist, sachlich vollständig und richtig sind.[40]

15 Unterlässt der Vermittler schuldhaft sowohl die Plausibilitätsprüfung des Emissionsprospekts als auch die Aufklärung des Interessenten über diesen Umstand, verstößt er damit gegen seine vertraglichen Pflichten. Dies genügt jedoch noch nicht, um eine Schadensersatzverpflichtung des Vermittlers zu begründen.[41] Der Schutzzweck der Prüfungs- oder Offenbarungspflicht des Anlagevermittlers ist nicht betroffen, wenn der Prospekt einer Plausibilitätsprüfung in den für die Anlageentscheidung wesentlichen Punkten standgehalten hätte.[42] Hiernach ist jeweils festzustellen, ob eine (hypothetische) Untersuchung des Prospekts auf Plausibilität durch den Anlagevermittler Anlass zu Beanstandungen gegeben hätte.[43] Ist der Emissionsprospekt fehlerhaft, stellt sich die weitere Frage, ob der Vermittler die Mängel bei einer Plausibilitätsprüfung hätte erkennen müssen. Insoweit obliegt ihm die Darlegungs- und Beweislast, wenn er die gebotene Prüfung unterließ und er damit seine Pflichten gegenüber dem Interessenten verletzte.[44] Will er einwenden, die (etwaigen) Fehler des Prospekts seien für ihn auch bei der hypothetischen Plausibilitätsprüfung nicht zu entdecken gewesen, ist dies nicht mehr eine Frage des Schutzzwecks der Prüfungs- und Offenbarungspflicht, weil dieser gerade bei Vorliegen von Prospektmängeln eingreift.[45] Vielmehr würde der Vermittler den Einwand des rechtmäßigen Alternativverhaltens erhe-

---

39 BGH, Urt. v. 13.1.2000 – III ZR 62/99, NJW-RR 2000, 998; Urt. v. 12.5.2005 – III ZR 413/04, WM 2005, 1219, 1220; Urt. v. 5.3.2009 – III ZR 17/08, VersR 2010, 112 Rn. 11; Beschl. v. 21.5.2008 – III ZR 230/07 Rn. 5, n. v.; Urt. v. 1.12.2011 – III ZR 56/11, NJW 2012, 380 Rn. 9.

40 BGH, Urt. v. 22.3.2007 – III ZR 218/06, NJW-RR 2007, 925 Rn. 4; Urt. v. 5.3.2009 – III ZR 17/08, VersR 2010, 112 Rn. 12; Beschl. v. 21.5.2008 – III ZR 230/07 Rn. 5, n. v.; Urt. v. 1.12.2011 – III ZR 56/11, NJW 2012, 380 Rn. 9.

41 BGH, Urt. v. 5.3.2009 – III ZR 17/08, WM 2009, 739 Rn. 13.

42 BGH, Urt. v. 12.7.2007– III ZR 83/06, WM 2007, 1606 Rn. 14; Urt. v. 5.3.2009 – III ZR 17/08, WM 2009, 739 Rn. 13; vgl. ferner BGH, Urt. v. 7.10.2008 – XI ZR 89/07, NJW 2008, 3700 Rn. 14; *Eiben/Boesenberg*, NJW 2013, 1398, 1400.

43 BGH, Urt. v. 5.3.2009 – III ZR 17/08, WM 2009, 739 Rn. 14.

44 BGH, Urt. v. 5.3.2009 – III ZR 17/08, WM 2009, 739 Rn. 14.

45 BGH, Urt. v. 5.3.2009 – III ZR 17/08, WM 2009, 739 Rn. 14.

ben. Für dessen tatsächliche Voraussetzungen ist derjenige darlegungs- und beweisbelastet, der ihn geltend macht.[46]

Einem Anlagevermittlungsunternehmen obliegt zum Schutz der Rechtsgüter **16** seiner Kunden gemäß § 241 Abs. 2, § 311 Abs. 2 Nr. 2 BGB grundsätzlich die Pflicht, nur solche Vermittler mit der Anlagevermittlung zu betrauen, von deren Zuverlässigkeit es sich auf der Grundlage eines polizeilichen Führungszeugnisses überzeugt hat.[47] Diese Pflicht umfasst auch den Schutz der Kunden vor solchen Schäden, die ihnen von dem einschlägig wegen Betrugs vorbestraften Vermittler durch den Abschluss von kriminellen Eigengeschäften zugefügt werden.[48] Eine Vertriebsorganisation, die sich mit Anlagevermittlung befasst, kann für das strafbare Verhalten ihres Untervermittlers, der die Fondsanlage eines Kunden nach Beendigung der eigentlichen Vermittlungsleistung aufgelöst und den hierbei erzielten Erlös veruntreut hat, gemäß § 278 BGB haften.[49]

Derjenige, der einen Anlagevermittler als Sachkundigen hinzuzieht, gibt zu **17** erkennen, dass er auf dem betreffenden Fachgebiet nicht die erforderlichen Kenntnisse hat und auf fremde Hilfe angewiesen ist. Daher verdient sein Vertrauen besonderen Schutz. Dennoch kann unter besonderen Umständen der Einwand des Mitverschuldens begründet sein.[50] Anhaltspunkt hierfür könnte beispielsweise das Versprechen einer auch für Unkundige auffällig hohen Rendite sein.[51]

5. Fahrzeug-Vermittlungsvertrag

Beauftragt ein Fahrzeugeigentümer einen gewerblichen Autohändler gegen **18** Entgelt (Provision) damit, sein Fahrzeug auf dessen Betriebsgelände anzubieten und im Namen und für Rechnung des Auftraggebers zu verkaufen (Vermittlungsvertrag), so ist das damit verbundene Vertragsverhältnis regelmäßig als *entgeltliche Geschäftsbesorgung mit Dienstvertragscharakter* einzuordnen.[52] Hierbei ist eine Nähe sowohl zum Maklerdienstvertrag als auch

---

46 BGH, Urt. v. 5.3.2009 – III ZR 17/08, WM 2009, 739 Rn. 14 unter Bezugnahme auf BGH, Urt. v. 25.11.1992 – VIII ZR 170/91, NJW 1993, 520, 521.
47 BGH, Urt. v. 14.3.2013 – III ZR 296/11, BGHZ 196, 340 Rn. 31, 32 = NJW 2013, 3366.
48 BGH, Urt. v. 14.3.2013 – III ZR 296/11, BGHZ 196, 340 Rn. 31, 32 = NJW 2013, 3366.
49 BGH, Urt. v. 15.3.2012 – III ZR 148/11, WM 2012, 837 Rn. 19 f.
50 BGH, Urt. v. 13.5.1993 – III ZR 25/92, NJW-RR 1993, 1114 f.; Urt. v. 13.1.2000 – III ZR 62/99, NJW-RR 2000, 998.
51 BGH, Urt. v. 13.1.2000 – III ZR 62/99, NJW-RR 2000, 998.
52 BGH, Urt. v. 13.1.2011 – III ZR 78/10, NJW 2011, 1726 Rn. 11; ferner Urt. v. 24.11.1980 – VIII ZR 339/79, NJW 1981, 388, 389; Urt. v. 14.7.1982 – VIII ZR 161/81, BGHZ 85, 11, 13.

zum Kommissionsgeschäft nicht von der Hand zu weisen.[53] Vom Makler-dienstvertrag unterscheidet sich der Vermittlungsvertrag allerdings durch Art und Reichweite der dem beauftragten Autohändler obliegenden Pflichten; dieser ist neben einem Tätigwerden im Sinne eines aktiven Bemühens um den erfolgreichen Verkauf des Fahrzeugs (vergleichbar dem Makler-dienstvertrag) auch gehalten, das Auto auf seinem Betriebsgelände für Interessenten bereit zu stellen und vorzuführen, es sicher aufzubewahren und zu pflegen[54] und gegebenenfalls auch zu versichern.[55] Vom Kommissionsge-schäft (§§ 383 ff. HGB) unterscheidet sich der Vermittlungsauftrag vor allem darin, dass der Verkauf im Namen und für Rechnung des Auftraggebers er-folgt und der Beauftragte hierbei nicht – als mittelbarer Stellvertreter – im eigenen Namen handelt.[56]

19 Als vertragliche Hauptleistungspflichten stehen sich einerseits die Pflicht des beauftragten Autohändlers, sachgerechte Bemühungen zum auftragsge-mäßen Verkauf des ihm überlassenen Fahrzeugs zu entfalten, und anderer-seits die Pflicht des Auftraggebers (Fahrzeugeigentümers) zur Zahlung einer erfolgsabhängigen Provision gegenüber.[57] Mit der Provisionszahlung, deren Höhe sich üblicherweise am erzielten Verkaufspreis ausrichtet, ist aus dem Blickwinkel der Verkehrserwartung – insofern nicht wesentlich anders als beim Makler(dienst-)vertrag – das vom Auftraggeber geschuldete Entgelt vollständig erbracht und die Leistung des Beauftragten insgesamt abgegol-ten. Hiernach zählt der Aufwand, der für die Erfolg versprechende Präsenta-tion des Fahrzeugs auf dem Betriebsgelände des Beauftragten anfällt, zu dessen Gemeinkosten, die nicht selbstständig erstattungsfähig und üblicher-weise bei der Provision mit eingerechnet sind.[58]

20 Eine als Werbemittel- und Platzmietpauschale ausgestaltete Regelung in einem vorformulierten Fahrzeug-Vermittlungsvertrag, wonach dem Auto-händler ein monatliches Entgelt zusteht, kann eine unangemessene Benach-teiligung des Kunden im Sinne des § 307 BGB bedeuten und daher unwirk-sam sein.[59] Ist die Pauschale auch im Erfolgsfalle zu entrichten, kann dies dazu führen, dass eine nach der Rechtsnatur des Vertragsverhältnisses be-reits vollständig abgegoltene Leistung aufgrund der AGB-Klausel nochmals

---

53 BGH, Urt. v. 13.1.2011 – III ZR 78/10, NJW 2011, 1726 Rn. 11.
54 BGH, Urt. v. 13.1.2011 – III ZR 78/10, NJW 2011, 1726 Rn. 11.
55 BGH, Urt. v. 8.1.1986 – VIII ZR 8/85, NJW 1986, 1099 f.; Urt. v. 13.1.2011 – III ZR 78/10, NJW 2011, 1726 Rn. 11.
56 BGH, Urt. v. 13.1.2011 – III ZR 78/10, NJW 2011, 1726 Rn. 11.
57 BGH, Urt. v. 13.1.2011 – III ZR 78/10, NJW 2011, 1726 Rn. 20.
58 BGH, Urt. v. 13.1.2011 – III ZR 78/10, NJW 2011, 1726 Rn. 20.
59 BGH, Urt. v. 13.1.2011 – III ZR 78/10, NJW 2011, 1726 Rn. 23.

(mithin „doppelt") vergütet werden muss.[60] Ist die Pauschale nur im Misser-
folgsfalle zu entrichten, könnte es für einen Autohändler wirtschaftlich sinnvoll sein, zu einem bestimmten Zeitpunkt die Verkaufsbemühungen einzu-
stellen und sich mit dem angefallenen „Standgeld" zu begnügen. Hierin läge
eine Vertragszweckgefährdung gemäß § 307 Abs. 2 Nr. 2 BGB.[61]

---

60 BGH, Urt. v. 13.1.2011 – III ZR 78/10, NJW 2011, 1726 Rn. 20.
61 Vgl. BGH, Urt. v. 13.1.2011 – III ZR 78/10, NJW 2011, 1726 Rn. 30.

XV. Prozessuale Problembereiche

1. Überblick

Der Maklerprovisionsprozess zwingt die Prozessbeteiligten zur Beachtung **1** prozessualer Besonderheiten, die leicht übersehen werden können. Dies zeigt auch das Fallmaterial der jüngsten höchstrichterlichen Rechtsprechung. Es bestätigt zugleich, dass der Provisionsprozess für den Rechtsanwalt des Maklers sowie den Anwalt des Maklerkunden nicht unerhebliche Haftungsrisiken mit sich bringen kann.[1]

2. Rechtsweg

Nach der höchstrichterlichen Rechtsprechung[2] handelt es sich bei dem ge- **2** gen den Arbeitssuchenden gerichteten Vergütungsanspruch des Arbeitsvermittlers um einen privatrechtlichen Makleranspruch gemäß § 652 BGB, der durch öffentlich-rechtliche Normen (SGB III) modifiziert wird. Zuständig sind daher die Spruchkörper der ordentlichen Gerichtsbarkeit. Dies hat der für die Gerichtsstandsbestimmung zuständige X. Zivilsenat des Bundesgerichtshofs[3] mit Beschluss vom 23.6.2014 erneut bekräftigt.

3. Zuständigkeit

a) Sachliche Zuständigkeit

Für das Makler(provisions)recht gibt es keine streitwertunabhängige Zustän- **3** digkeit. Demnach ist bei Streitwerten bis 5.000 € das Amtsgericht und im Übrigen das Landgericht sachlich zuständig (§ 1 ZPO i.V.m. § 23 Nr. 1, § 71 Abs. 1 GVG).

b) Örtliche Zuständigkeit

Der allgemeine Wohnsitz befindet sich am Wohnsitz oder Geschäftssitz des **4** Beklagten (§§ 12, 13 ZPO). Unter dem Gesichtspunkt des besonderen Ge-

---

1 *D. Fischer*, NZM 2016, 478, 479 zur Geltendmachung von mehreren Provisionen verschiedener Beteiligter aus einem Geschäft.
2 BGH, Urt. v. 18.3.2010 – III ZR 254/09, NJW 2010, 3222 Rn. 13; ferner BSG, Urt. v. 6.4.2006 – B 7a AL 56/05 R, BSGE 96, 190 = NJW 2007, 1902 Rn. 14 f.
3 BGH, Beschl. v. 23.6.2014 – X ARZ 146/14, NZS 2014, 675 Rn. 13.

richtsstands des Erfüllungsorts gilt nichts anderes; der Provisionsanspruch ist nach der allgemeinen Regel des § 269 Abs. 1 Satz 1 BGB am Wohn- oder Geschäftssitz des Maklerkunden zu erfüllen.[4] Maßgeblich ist der Wohnsitz zum Zeitpunkt des Abschlusses des Maklervertrages.[5]

c) Örtliche Zuständigkeit für die Provisionsklage des Doppelmaklers

5 Für die Klage auf Maklerlohn des Doppelmaklers ist ein gemeinschaftlicher allgemeiner oder besonderer Gerichtsstand nicht begründet. In Betracht kommt aber ein Gerichtsstandsbestimmungsverfahren (§ 36 Abs. 1 Nr. 3 ZPO) für eine beabsichtigte gemeinsame Provisionsklage gegen die jeweiligen Maklerkunden, wenn diese ihren Gerichtsstand in unterschiedlichen Gerichtsbezirken haben.[6]

6 Die Provisionsschuldner sind Streitgenossen i. S. des § 60 ZPO. Gegenstand des Provisionsprozesses bilden gleichartige und auf einem im Wesentlichen gleichartigen tatsächlichen und rechtlichen Grunde beruhende Ansprüche und Verpflichtungen. Dem steht nicht entgegen, dass der Makler mit jedem der beiden Kunden einen selbstständigen Maklervertrag geschlossen hat. Als eine weitgehend auf Zweckmäßigkeitserwägungen beruhende Vorschrift ist § 60 ZPO weit auszulegen. Dies gestattet es, auch ohne Identität oder Gleichheit des tatsächlichen und rechtlichen Grundes der geltend zu machenden Ansprüche Streitgenossenschaft anzunehmen, wenn diese Ansprüche in einem inneren sachlichen Zusammenhang stehen, der sie ihrem Wesen nach als gleichartig erscheinen lässt. So liegt es gerade bei der Geltendmachung von Maklerprovisionsansprüchen gegen die Parteien eines Kaufvertrages, die einen Makler jeweils gesondert beauftragt haben.[7] Insoweit ist entscheidend, dass die Makleraufträge und die daraus hergeleiteten Provisionsansprüche tatsächlich und rechtlich eng miteinander verknüpft sind. Diese Ansprüche entstehen nur, wenn der Kaufvertrag, auf dessen Abschluss sich die Maklertätigkeit richtet, rechtswirksam zustande kommt.

---

4 BayObLG, Beschl. v. 28.10.1997 – 1 Z AR 74–97, NJW-RR 1998, 1291.

5 OLG Stuttgart, Urt. v. 13.2.1987 – 2 U 53/86, NJW-RR 1987, 1076; Beck Prozessformularbuch/*D. Fischer*, 14. Aufl. 2019, Form II. B. 15, Anm. 2.

6 BGH, Beschl. v. 23.5.1990 – I ARZ 186/90, NJW-RR 1991, 381. Dies gilt aber nicht bei der Vermittlung unterschiedlicher Kapitalanlagen an verschiedene Anleger durch denselben Anlagevermittler, OLG Hamm, Beschl. v. 18.5.2015 – 32 SA 13/15, ZIP 2015, 2247.

7 BGH, Beschl. v. 23.5.1990 – I ARZ 186/90, NJW-RR 1991, 381; Musielak/Voit/*Weth*, ZPO, 17. Aufl. 2020, § 60 Rn. 10; Zöller/*Althammer*, ZPO, 33. Aufl. 2020, §§ 59, 60 Rn. 7; a. A. OLG Zweibrücken, Beschl. v. 3.2.1983 – 2 AR 3/83, MDR 1983, 495.

Darüber hinaus ist zu berücksichtigen, dass die tatsächliche und rechtliche **7** Verknüpfung der erteilten Makleraufträge und der sich daraus ergebenden Forderungen im Rechtsstreit regelmäßig zum Streit um den Kausalzusammenhang zwischen der Tätigkeit des Maklers und dem Abschluss des Kaufvertrages oder über die Angemessenheit und Üblichkeit des beanspruchten Maklerlohns führen. Ferner können sich Fragen der wirtschaftlichen Identität des abgeschlossenen mit dem vermittelten Hauptvertrages ergeben. Prozessökonomisch ist es daher sinnvoll, dass die auf Zahlung von Maklerlohn in Anspruch Genommenen als Streitgenossen gemeinschaftlich verklagt werden können.[8] Als zu bestimmendes Gericht kommt das Eingangsgericht in Betracht, in dessen Bezirk das Kaufgrundstück belegen ist.[9]

d) Internationale Zuständigkeit

aa) Allgemeine Grundsätze

Mit Urteil vom 15.1.2015 hat sich der Bundesgerichtshof[10] mit Zuständig- **8** keitsfragen der bis 9.1.2015 anwendbaren Brüssel-I-Verordnung befasst. Für eine Klage auf Zahlung von Maklerlohn ist eine internationale Zuständigkeit deutscher Gerichte gemäß Art. 5 Nr. 1 Brüssel-I-VO unter dem Gesichtspunkt des Erfüllungsortes gegeben, wenn der Makler seine Leistungen in Deutschland erbracht hat.[11] Der autonom auszulegende Begriff der Dienstleistungen i. S. v. Art. 5 Nr. 1 Brüssel-I-VO erfasst sämtliche tätigkeitsbezogenen entgeltlichen Leistungen, insbesondere solche gewerblicher, kaufmännischer, handwerklicher oder freiberuflicher Art. In den Anwendungsbereich dieser Bestimmung fallen auch Maklerverträge.[12]

Beruft sich der Kunde des Maklers darauf, der Maklervertrag stelle eine Ver- **9** brauchersache im Sinne von Art. 15 Abs. 1 Buchst. c Brüssel-I-VO dar, so dass eine ausschließliche Zuständigkeit der Gerichte seines Wohnsitzlandes nach Art. 16 Abs. 2 Brüssel-I-VO in Betracht kommt, ist er dafür darlegungs- und beweispflichtig, dass der Makler bei Abschluss des Maklervertrages seine Tätigkeit auf Verbraucher in seinem Wohnsitzland ausgerichtet hat.[13] Hat der Verbraucher zuständigkeitsleugnende Tatsachen zum Zeitpunkt der Einleitung des Klageverfahrens im Einzelnen dargelegt und be-

---

8 BGH, Beschl. v. 23.5.1990 – I ARZ 186/90, NJW-RR 1991, 381.
9 BGH, Beschl. v. 23.5.1990 – I ARZ 186/90, NJW-RR 1991, 381.
10 BGH, Urt. v. 15.1.2015 – I ZR 88/14, NJW 2015, 2339.
11 BGH, Urt. v. 15.1.2015 – I ZR 88/14, NJW 2015, 2339 Rn. 11.
12 Österr. OGH, Beschl. v. 17.2.2005 – 6 Ob 148/04i, IPrax 2006, 608, 610; BGH, Urt. v. 15.1.2015 – I ZR 88/14, NJW 2015, 2339 Rn. 11; *Kienle*, IPrax 2006, 614, 615 f.
13 BGH, Urt. v. 15.1.2015 – I ZR 88/14, NJW 2015, 2339 Rn. 13, 26.

wiesen und hatte er bei Abschluss des Vertrages mit dem Makler keinen Anlass, Beweise hierfür zu sichern, obliegt es dem Makler, diesen Vortrag mit
detailliertem Vorbringen zu bestreiten, wenn er sich auf in seiner Sphäre liegende zuständigkeitsbegründende Vorgänge beruft.[14]

bb) Schwerpunkt der bilateralen Maklertätigkeit

10 Zur Frage der internationalen Zuständigkeit deutscher Gerichte für die Provisionsklage eines deutschen Nachweismaklers beim Erwerb eines in Öster-
reich gelegenen Gewerbegrundstücks hat sich das OLG München[15] geäußert. Maßgeblich ist Art. 7 Nr. 1b EuGVVO, wonach sich der internationale
Gerichtsstand nach dem Erfüllungsort der vertragscharakteristischen Leistung richtet. Dies gilt auch für die Provisionsklage.[16] Ist die Dienstleistung
in mehreren Mitgliedstaaten zu erbringen, ist als einziger Erfüllungsort der
Ort zu bestimmen, an dem der Schwerpunkt der Tätigkeit des Maklers liegt.

11 Im Wege tatrichterlicher Würdigung wurde der zu ermittelnde Schwerpunkt
für den Streitfall im Rahmen der erforderlichen Gesamtschau in Deutschland festgestellt. Dem österreichischen Belegenheitsort des vermittelten Hotelobjekts kam im Hinblick auf durchzuführende Besichtigungstermine und
den Beurkundungstermin zwar erhebliches Gewicht zu, für die tatrichterliche Schwerpunktbetrachtung war aber von maßgeblicher Bedeutung, dass
zum Zeitpunkt der Erbringung der einzelnen Maklerleistungen sowohl der
Makler als auch der Erwerbsinteressent seinen Geschäftssitz in Deutschland
hatten und die zahlreichen Aktivitäten des Maklers, wie Zusendung des Objektexposés, mehrfache Übersendung von Objekt- und Vertragsunterlagen
sowie die Abstimmung der Besichtigungsterminen, von seinem Geschäftssitz aus veranlasst wurden.[17]

4. Auskunftsklage

12 Der Makler kann den Auskunftsanspruch hinsichtlich der Höhe des Kaufpreises oder hinsichtlich sonstiger provisionsmaßgeblicher Einzelheiten mit

---

14 BGH, Urt. v. 15.1.2015 – I ZR 88/14, NJW 2015, 2339 Rn. 19, 28.
15 OLG München, Urt. v. 26.2.2020 – 15 U 4202/19, IWRZ 2020, 143 = BeckRS 2020,
    2231.
16 Ebenso BGH, Urt. v. 15.1.2015 – I ZR 88/14, NJW 2015, 2339 Rn. 11 zu Art. 5 Nr. 1
    EuGVVO a. F.
17 OLG München, Urt. v. 26.2.2020 – 15 U 4202/19, IWRZ 2020, 143 = BeckRS 2020,
    2231.

dem Provisionsanspruch in einer Stufenklage verbinden.[18] Sind mehrere Provisionsansprüche geltend zu machen, so kann aus Kostengründen auch eine Teilstufenklage in Betracht kommen.[19] Wird im Prozess der Auskunftsanspruch vom Maklerkunden freiwillig erfüllt, hat der Kläger die Auskunftsstufe für erledigt zu erklären. Das LG Potsdam hat im Rahmen einer Teilkostenentscheidung nach § 91a ZPO die Kosten der Auskunftsstufe zu Recht dem Maklerkunden auferlegt, weil er zur begehrten Auskunft verpflichtet gewesen war.[20] Hierbei handelt es sich aber entgegen der Ansicht des Landgerichts nicht um eine vertragliche Auskunftspflicht, sondern um eine sich unmittelbar aus § 242 BGB abzuleitende Verpflichtung des Maklerkunden.[21]

Wird über den im Wege der Stufenklage geltend gemachten Auskunftsanspruch des Maklers in der ersten Instanz durch Teilurteil entschieden, so kann das Berufungsgericht, soweit es den Hauptanspruch für unbegründet erachtet, durch einheitliches Endurteil entscheiden und die Stufenklage insgesamt abweisen. Das Beharren auf eine erstinstanzliche Entscheidung wäre eine prozessunwirtschaftliche bloße Förmelei, auf die das Berufungsgericht, so das OLG Naumburg,[22] verzichten kann. **13**

Der Beschwerdewert für das Rechtsmittel einer zur Auskunftserteilung verurteilten Partei bemisst sich nach ständiger höchstrichterlicher Rechtsprechung[23] nach ihrem Interesse, die Auskunft nicht erteilen zu müssen. Dabei ist im Wesentlichen darauf abzustellen, welchen Aufwand an Zeit und Kosten die Erteilung der Auskunft erfordert und ob die verurteilte Partei ein schützenswertes Interesse daran hat, bestimmte Tatsachen vor dem Gegner geheim zu halten. Dies hat der Bundesgerichtshof[24] mit Beschluss vom 28.10.2010 bestätigt und ausgeführt, dass auch das Geheimhaltungsinteresse des Maklers, eine Innenprovision gegenüber seinem Maklerkunden nicht aufdecken zu müssen, nicht werterhöhend zu berücksichtigen ist.[25] **14**

---

18 BGH, Urt. v. 9.11.1983 – IVa ZR 60/82, WM 1984, 62; Urt. v. 8.10.1986 – IVa ZR 20/85, NJW-RR 1987, 173; OLG Naumburg, Urt. v. 29.10.2010 – 10 U 14/10, ZfIR 2011, 97, 101; Beck-Prozessformularbuch/*D. Fischer*, 14. Aufl. 2019, Form II. B. 16, Anm. 4.
19 Vgl. BGH, Beschl. v. 1.6.2017 – I ZR 140/16, BeckRS 2017, 126756 Rn. 1.
20 LG Potsdam, Urt. v. 7.4.2017, BeckRS 2017, 127979.
21 BGH, NJW-RR 2006, 496 Rn. 16; *D. Fischer*, NJW 2018, 1145, 1148.
22 OLG Naumburg, Urt. v. 29.10.2010 – 10 U 14/10, ZfIR 2011, 97, 101.
23 BGH, Beschl. v. 24.11.1994 – GSZ 1/94, BGHZ 128, 85, 87 (GSZ); Beschl. v. 10.8.2005 – XII ZR 63/05, BGHZ 164, 63, 66 (XII. ZS).
24 BGH, Beschl. v. 28.10.2010 – III ZB 28/10, AGS 2011, 34, 35.
25 Die materiell-rechtliche Frage, ob dem Maklerkunden ein entsprechender Auskunftsanspruch zusteht, entzog sich der Beurteilung des Bundesgerichtshofs, weil der Wertansatz des Berufungsgerichts, die Beschwer des Auskunftspflichtigen übersteige 600 €

5. Feststellungsklage

15 Die Zulässigkeit der auf den Ausgleich eines durch einen Beratungsfehler verursachten Vermögenschadens gerichteten Feststellungsklage eines Maklerkunden setzt die Darlegung von Tatsachen voraus, aus denen sich die Wahrscheinlichkeit eines auf die Verletzungshandlung zurückzuführenden Schadens ergibt. Dazu muss nicht dargelegt werden, dass zu einem bestimmten Zeitpunkt eine Vermögensdifferenz besteht.[26] Wäre eine rechnerische Gegenüberstellung der hypothetischen und der tatsächlichen Gesamtvermögenslage notwendig, führte dies dazu, dass es keinen Unterschied zwischen der Darlegung einer Schadenswahrscheinlichkeit und der Berechnung des vollen Schadens gäbe, obwohl die Feststellungsklage gerade dazu dient, die gerichtliche Vorklärung der Ansprüche dann zu ermöglichen, wenn der Schaden ganz oder teilweise noch nicht berechnet werden kann. Hinzu kommt, dass die Feststellungsklage dem Geschädigten auch die Möglichkeit eröffnen soll, die drohende Verjährung des Ersatzanspruches zu hemmen, wenn der endgültige Schaden erst viele Jahre später berechnet werden kann.[27]

6. Bestreiten mit Nichtwissen im Provisionsprozess

16 Sind geltend gemachte Vermittlungsbemühungen des Maklers weder eigene Handlungen des Maklerkunden noch Gegenstand eigener Wahrnehmung des Kunden, steht im Provisionsprozess die Erklärung mit Nichtwissen in ihrer Wirkung dem schlichten Bestreiten gleich. Die Zulässigkeit einer solchen Erklärung schließt die Verpflichtung des beklagten Kunden zu einem substantiierten Bestreiten aus. Unternimmt diese Partei gleichwohl – wie etwa, wenn sie vorbringt, von einer aktiven Mitwirkung des Maklers sei bereits im verfahrensgegenständlichen Zeitraum wenig zu spüren gewesen – den Versuch, ihr Bestreiten näher zu begründen, führt das auch dann nicht zur Unbeachtlichkeit ihrer Erklärung mit Nichtwissen, wenn sie dabei eine Behauptung ins Blaue hinein aufstellt.[28] Werden diese Grundsätze verkannt und damit die Substantiierungsanforderungen an ein wirksames Bestreiten

---

nicht, im Rechtsbeschwerdeverfahren unter Zulässigkeitsgesichtspunkten beanstandungsfrei war.

26 BGH, Urt. v. 26.7.2018 – I ZR 274/16, WM 2018, 1591 = NJW 2019, 935 Rn. 23 (Versicherungsmakler).

27 BGH, Urt. v. 26.7.2018 – I ZR 274/16, WM 2018, 1591 = NJW 2019, 935 Rn. 26 (Versicherungsmakler).

28 BGH, Beschl. v. 29.11.2018 – I ZR 5/18, BeckRS 2018, 34954 Rn. 10 unter Bezugnahme auf BGH, Urt. v. 7.7.1988 – III ZR 111/87, NJW-RR 1989, 41, 43.

überspannt, liegt eine eindeutig falsche Anwendung des § 138 Abs. 4 ZPO vor. Dies führt dazu, dass ein nach § 138 Abs. 3 ZPO wirksames Bestreiten unberücksichtigt bleibt, was zugleich eine Gehörsverletzung darstellt.[29]

7. Beweisaufnahme im Provisionsprozess

Immer wieder kommt es vor, dass im Provisionsprozess der Tatrichter Be- **17** weisanträgen des Maklers zur Frage des Zustandekommens eines Maklervertrages nicht nachgeht, weil er sie für unsubstantiiert hält. Hierin kann eine Gehörsverletzung (Art. 103 Abs. 1 GG) liegen.

Mit Beschluss vom 9.5.2018[30] hat der Bundesgerichtshof die maßgeblichen **18** Grundsätze wie folgt zusammengefasst: Eine Partei genügt ihrer Darlegungslast bei einem Beweisantritt, wenn sie Tatsachen vorträgt, die in Verbindung mit einem Rechtssatz geeignet sind, das geltend gemachte Recht als in ihrer Person entstanden erscheinen zu lassen. Die Angabe näherer Einzelheiten ist nicht erforderlich, soweit diese Einzelheiten für die Rechtsfolgen ohne Bedeutung sind. Das Gericht muss nur in die Lage versetzt werden, aufgrund des Tatsachenvortrags der Partei zu entscheiden, ob die gesetzlichen Voraussetzungen für das Bestehen des geltend gemachten Rechts vorliegen. Wenn das Parteivorbringen diesen Anforderungen genügt, kann der Vortrag weiterer Einzelheiten nicht verlangt werden. Dabei ist unerheblich, wie wahrscheinlich die Darstellung der Partei ist und ob sie auf eigenem Wissen oder einer Schlussfolgerung aus Indizien besteht. Das Tatgericht muss dann in die Beweisaufnahme eintreten, um dort gegebenenfalls weitere Einzelheiten zu ermitteln.[31] Der Pflicht zur Substantiierung ist mithin nur dann nicht genügt, wenn das Gericht aufgrund der Darstellung nicht beurteilen kann, ob die gesetzlichen Voraussetzungen der an eine Behauptung geknüpften Rechtsfolgen erfüllt sind.[32]

Nach diesen Maßstäben genügt es, wenn der Makler unter Benennung von **19** Zeugen etwa vorträgt, er habe sich mit der beklagten Prozesspartei am 15.8.2008 geeinigt, für sie entgeltliche Maklerdienste zu erbringen. Diese Einigung sei im November 2008 lediglich schriftlich festgehalten worden. Damit ist das für den geltend gemachten Vergütungsanspruch Erhebliche

---

29 BGH, Beschl. v. 29.11.2018 – I ZR 5/18, BeckRS 2018, 34954 Rn. 10 unter Bezugnahme auf BVerfG, Besch. v. 29.11.1991 – 1 BvR 729/91, iuris; BVerfG, NJW 2001, 1565, 1655; BGH, Beschl. v. 21.1.2013 – XI ZR 471/11, NJW-RR 2013, 948 Rn. 7.
30 BGH, Beschl. v. 9.5.2018 – I ZR 68/17, BeckRS 2018, 13890 Rn. 16.
31 BGH, Beschl. v. 9.5.2018 – I ZR 68/17, BeckRS 2018, 13890 Rn. 16 unter Bezugnahme auf BGH, Beschl. v. 7.4.2016 – I ZR 168/15, MDR 2016, 1073 Rn. 16.
32 BGH, Beschl. v. 9.5.2018 – I ZR 68/17, BeckRS 2018, 13890 Rn. 16.

vorgetragen.[33] Im konkreten Streitfall war dies deshalb von maßgeblicher Bedeutung, weil der Makler zugleich vorgetragen hatte, im genannten Termin vom 15.8.2008 habe er die erforderliche Nachweisleistung durch die Benennung des Insolvenzverwalters als Ansprechpartner für die Verkäuferin erbracht.

20 Das Berufungsgericht muss im Maklerprovisionsprozess einen in erster Instanz vernommenen Zeugen gemäß § 393 Abs. 1 ZPO grundsätzlich nochmals vernehmen, wenn es dessen Aussage eine andere Tragweite oder ein anderes Gewicht beimessen möchte.[34] Wird hiergegen verstoßen, liegt eine Verfahrensgrundrechtsverletzung (Gehörsverletzung nach Art. 103 Abs. 1 GG) vor, die im Revisionsverfahren nach § 544 Abs. 7 ZPO zur Aufhebung eines hierauf beruhenden Berufungsurteils und zur Zurückweisung des Rechtsstreits an das Berufungsgericht führen kann.[35]

21 Der rechtliche Unterschied zwischen einem Alleinauftrag und einem qualifizierten Alleinauftrag ist mitunter Zeugen und auch Prozessbeteiligten nicht hinreichend bekannt. Bei Beweisaufnahmen hinsichtlich des Inhalts eines vereinbarten Maklerauftrags ist hierauf besonders zu achten; dies kann gegebenenfalls auch zur Notwendigkeit einer Wiederholung der Beweisaufnahme in zweiter Instanz führen.[36]

8. Streitgegenstand

22 Im Verhältnis zwischen einem Anspruch auf Maklerprovision zum Schadensersatzanspruch wegen entgangener Maklerprovision handelt es sich um zwei verschiedene Streitgegenstände.[37]

23 Stützt der Makler seinen Klageantrag gleichrangig auf Ansprüche aus abgetretenem Recht zweier anderer Makler, handelt es sich trotz einheitlichen Klageziels um unterschiedliche Streitgegenstände.[38] Diese können nicht im Wege einer alternativen Klagehäufung derart geltend gemacht werden, dass zwar nur einer der Ansprüche tenoriert, die Auswahl aber dem Gericht überlassen werden soll. Eine derartige Klage ist mangels hinreichender Be-

---

33 BGH, Beschl. v. 9.5.2018 – I ZR 68/17, BeckRS 2018, 13890 Rn. 17.
34 BGH, Beschl. v. 30.11.2011 – III ZR 165/11, GuT 2012, 486, 487; Beschl. v. 11.6.2015 – I ZR 217/14, NJW-RR 2016, 175 Rn. 9.
35 BGH, Beschl. v. 11.6.2015 – I ZR 217/14, NJW-RR 2016, 175 Rn. 6, 13.
36 BGH, Urt. v. 26.1.1994 – IV ZR 39/93, NJW-RR 1994, 511; vgl. auch BGH, Beschl. v. 11.6.2015 – I ZR 217/14, NJW-RR 2016, 175 Rn. 9 f.
37 BGH, Urt. v. 13.6.1996 – III ZR 40/96, NJW-RR 1996, 1276, 1277; Beschl. v. 3.3.2016 – IX ZB 33/14, WM 2016, 792 Rn. 28 (Insolvenzrechtssenat).
38 BGH, Urt. v. 17.12.2015 – I ZR 172/14, NJW 2016, 2317 Rn. 31.

stimmtheit des Streitgegenstandes gemäß § 253 Abs. 2 Nr. 2 ZPO unzuläs-sig.[39] Vielmehr ist es Sache der klagenden Partei, die Streitgegenstände in ein Eventualverhältnis zu stellen.[40] Dies kann noch in der Revisionsinstanz geschehen.[41]

9. Hilfsweises Vorbringen

Der Entscheidungserheblichkeit des Vorbringens einer Partei im Provisions-prozess steht nicht entgegen, dass diese hilfsweise die Möglichkeit einer ab-weichenden Tatsache in den Raum stellt. Eine Partei ist nicht gehindert, ihr Vorbringen im Laufe des Rechtsstreits zu ändern, insbesondere zu präzisie-ren, zu ergänzen oder zu berichtigen. Aus diesem Grund können für einen Klageantrag, sofern nicht eine bewusste Verletzung der Wahrheitspflicht ge-mäß § 138 Abs. 1 ZPO vorliegt, in tatsächlicher Hinsicht widersprechende Begründungen gegeben werden, wenn das Verhältnis dieser Begründungen zueinander klargestellt ist, sie also nicht als ein einheitliches Vorbringen gel-tend gemacht werden.[42] **24**

10. Verspätetes Vorbringen

Wenn geltend gemacht werden soll, das Berufungsgericht habe Sachvortrag des Maklers in den Tatsacheninstanzen übergangen, etwa das Vorbringen, bei einem Erbteilskaufvertrag sei eine höhere Maklerprovision gerechtfer-tigt, als sie bei einem Grundstückskaufvertrag beansprucht werden könne, so muss dies in einer innerhalb der Frist gemäß § 551 Abs. 2 Satz 2 bis 6 ZPO einzureichenden schriftlichen Revisionsbegründung in einer den Erfor-dernissen des § 551 Abs. 3 Satz 1 Nr. 2 lit. a) u. b) ZPO entsprechenden Wei-se dargelegt werden. In der mündlichen Revisionsverhandlung kann dies nicht mehr nachgeholt werden.[43] **25**

39 BGH, Urt. v. 17.12.2015 – I ZR 172/14, NJW 2016, 2317 Rn. 31 unter Bezugnahme auf BGH, Beschl. v. 24.3.2011 – I ZR 108/09, BGHZ 189, 56 Rn. 8.
40 BGH, Urt. v. 17.12.2015 – I ZR 172/14, NJW 2016, 2317 Rn. 31.
41 BGH, Urt. v. 17.12.2015 – I ZR 172/14, NJW 2016, 2317 Rn. 31 unter Bezugnahme auf BGH, Beschl. v. 24.3.2011 – I ZR 108/09, BGHZ 189, 56 Rn. 8.
42 BGH, Beschl. v. 1.6.2017 – I ZR 140/16, BeckRS 2017, 126757 Rn. 4 (Windenergie-branchen-Maklervertrag) unter Bezugnahme auf BGH, Beschl. v. 16.4.2015 – IX ZR 195/14, NJW-RR 2015, 829 Rn. 9, 15 f.
43 BGH, Urt. v. 12.5.2016 – I ZR 5/15, NJW 2016, 2317 Rn. 17.

11. Prüfungsmaßstab in der Revisionsinstanz

a) Auslegung von Individualvereinbarungen

26   Die Auslegung von Individualvereinbarungen, wie etwa eine Provisionsverpflichtung oder die Abrede über eine Abwälzung der Provisionsverpflichtung auf den anderen Teil des Hauptvertrages,[44] ist grundsätzlich Sache des
Tatrichters. Dessen Auslegung unterliegt im Revisionsverfahren nur einer
eingeschränkten Überprüfung im Hinblick darauf, ob gesetzliche Ausle-
gungsgrundsätze, Denkgesetze oder Erfahrungssätze verletzt sind oder ob
die Auslegung auf Verfahrensfehlern beruht, etwa weil wesentliches Ausle-
gungsmaterial unter Verstoß gegen Verfahrensvorschriften unberücksichtigt
gelassen worden ist. Bei der Auslegung sind in erster Linie der von den Parteien gewählte Wortlaut und der dem Wortlaut zu entnehmende objektiv erklärte Parteiwille zu berücksichtigen. Weiter gilt das Gebot der nach beiden
Seiten hin interessengerechten Auslegung und der Berücksichtigung des
durch die Parteien beabsichtigten Zwecks des Vertrags.[45]

b) Sonstige tatrichterliche Beurteilungen

27   Auf tatrichterlichem Gebiet liegende sonstige Beurteilungen im Makler(provisions)prozess, wie etwa die Frage einer wirtschaftlichen Identität bei einer
Preisabweichung zwischen 15 % und 50 %[46] oder die Frage, ob ein bestimmter Provisionssatz als übliche Provision anzusehen ist,[47] können gleichfalls
in der Revisionsinstanz nur darauf überprüft werden, ob sie gegen gesetzliche Auslegungsregeln oder die Denkgesetze verstoßen, erfahrungswidrig
sind oder wesentlichen Tatsachenstoff außer Acht gelassen haben.[48]

12. Prozesskostentragungspflicht

28   Schließen die Parteien in einem Termin zur mündlichen Verhandlung einen
umfassenden Vergleich, der bisher nicht rechtshängige Provisionsansprüche
einbezieht, ist eine Kostenregelung, wonach eine Partei die Kosten des
Rechtsstreits zu tragen hat und die Kosten des Vergleichs gegeneinander aufgehoben werden, regelmäßig dahin auszulegen, dass die nur durch die Ein-

---

44 BGH, Urt. v. 21.11.2018 – I ZR 10/18, NJW 2019, 1803 Rn. 15, 16.
45 BGH, Urt. v. 21.11.2018 – I ZR 10/18, NJW 2019, 1803 Rn. 16.
46 BGH, Urt. v. 3.7.2014 – III ZR 530/13, NJW-RR 2014, 1272 Rn. 22.
47 BGH, Urt. v. 12.5.2016 – I ZR 5/15, NJW 2016, 3233 Rn. 11.
48 BGH, Urt. v. 12.5.2016 – I ZR 5/15, NJW 2016, 3233 Rn. 11.

beziehung nicht rechtshängiger Provisionsansprüche in den Vergleich entstehenden Teile der Termingebühr zu den Kosten des Vergleichs gehören.[49]

13. Bindungswirkung eines Vorprozesses im Provisionsprozess

Ein Urteil, das im Verhältnis der Hauptvertragsparteien die Wirksamkeit der **29** Anfechtung ausspricht, muss sich der Makler nur unter den Voraussetzungen der §§ 68, 74 ZPO entgegenhalten lassen.[50] Dass der Anfechtungsgegner die Berechtigung der Anfechtung anerkannt hat, genügt nicht. Dies trifft auch dann zu, wenn das Anerkenntnis im Rahmen eines Prozessvergleichs abgegeben wird.[51]

14. Einwand des Mitverschuldens

a) Allgemeine Grundsätze

Prozessual ist der Einwand des Mitverschuldens keine Einrede, die für ihre **30** Wirksamkeit erst erhoben werden müsste, sondern nach einhelliger Ansicht eine von Amts wegen zu beachtende Einwendung, sofern sich die entsprechenden Tatsachen aus dem Vortrag auch nur einer Prozesspartei ergeben.[52] Aus dem Charakter als Rechtsvorschrift (§ 254 BGB) ist ferner abzuleiten, dass es auch nicht erforderlich ist, hierzu Rechtsausführungen zu machen. Es genügt, dass Umstände tatsächlicher Art vorgetragen werden, die in rechtlicher Hinsicht das Mitverschulden begründen.[53] Bei Säumnis der beklagten Partei ist daher das Mitverschulden des Klägers auch dann im Versäumnisurteil zu berücksichtigen, wenn es sich aus dem Sachvortrag des klagenden Geschädigten ergibt.[54]

---

49 BGH, Beschl. v. 14.6.2017 – I ZB 1/17, BeckRS 2017, 126756 Rn. 12.

50 *Dehner*, Maklerrecht, Rn. 131; *D. Fischer*, IMR 2016, 255.

51 OLG Oldenburg, RDM-Slg. A 121 Bl. 49; *Dehner*, Maklerrecht, Rn. 131; *D. Fischer*, IMR 2016, 255.

52 BGH, 20.7.1999 – X ZR 139/96, NJW 2000, 217, 219; Urt. v. 15.4.2010 – IX ZR 189/09, WM 2010, 993 Rn. 13; *D. Fischer*, NZM 2019, 201, 205.

53 *D. Fischer*, NZM 2019, 201, 205.

54 *D. Fischer*, NZM 2019, 201, 205.

b) Revisionsrechtliche Überprüfung des Mitverschuldenseinwands

31   Die Frage des mitwirkenden Verschuldens ist von Amts wegen auch noch in der Revisionsinstanz zu prüfen.[55] Grundsätzlich kann die Entscheidung des Tatrichters über eine Haftungsverteilung im Rahmen des § 254 BGB revisionsrechtlich nur dahingehend überprüft werden, ob alle in Betracht kommenden Umstände vollständig und richtig berücksichtigt und der Abwägung rechtlich zulässige Erwägungen zugrunde gelegt worden sind,[56] hierbei insbesondere nicht gegen Denkgesetze und Erfahrungssätze verstoßen worden ist.[57] Unterlässt es jedoch das Berufungsgericht, sämtliche wechselseitigen Schadensbeiträge der Parteien festzustellen und aufgrund der konkreten Umstände des Einzelfalls gegeneinander abzuwägen, so hält dies der revisionsrechtlichen Nachprüfung nicht stand.[58]

15. Prozessualvertragsrechtliche Verpflichtungen des Rechtsanwalts im Provisionsprozess

32   Der Anwalt ist gegenüber seinem Mandanten vertraglich verpflichtet, einer gerichtlichen Fehlentscheidung entgegenzuwirken. Er muss alles, einschließlich Rechtsausführungen, vorbringen, was die Entscheidung günstig beeinflussen kann. Insbesondere muss er auf die höchstrichterliche Judikatur hinweisen.[59] So war der Anwalt der Maklerin im Verfahren vor dem Landgericht Düsseldorf[60] verpflichtet, dafür Sorge zu tragen, dass die verfassungsrechtlichen Argumente zum Bestandschutz, die zugleich den zeitlichen Anwendungsbereich des Bestellerprinzips betrafen,[61] bei der Entschei-

---

55 BGH, 15.4.2010 – IX ZR 189/09, WM 2010, 993 Rn. 13; *D. Fischer*, in: G. Fischer/Vill/D. Fischer/Pape/Chab, Handbuch der Anwaltshaftung, 5. Aufl. 2020, § 6 Rn. 12.

56 BGH, Urt. v. 8.9.2016 – IX ZR 255/13, DB 2016, 2955 Rn. 27 unter Bezugnahme auf BGH, Urt. v. 20.6.2013 – VII ZR 4/12, NJW 2013, 3442 Rn. 28; v. 17.6.2014 – VI ZR 281/13, NJW 2014, 2493 Rn. 6; ebenso BGH, Urt. v. 15.4.2010 – IX ZR 189/09, WM 2010, 993 Rn. 14.

57 BGH, Urt. v. 16.7.2009 – III ZR 21/09, NJW-RR 2009, 1688 Rn. 16 (Versicherungsmakler); Urt. v. 10.11.2016 – III 235/15, BGHZ 213, 1 Rn. 31 (Notar); Urt. v. 24.1.2019 – IX ZR 233/17, NJW 2019, 1219 Rn. 21; *D. Fischer*, in: G. Fischer/Vill/D. Fischer/Pape/Chab, Handbuch der Anwaltshaftung, 5. Aufl. 2020, § 6 Rn. 13.

58 BGH, Urt. v. 8.9.2016 – IX ZR 255/13, DB 2016, 2955 Rn. 27.

59 BGH, Urt. v. 18.12.2008 – IX ZR 179/07, NJW 2009, 987 Rn. 13 = WM 2009, 324; Urt. v. 11.4.2013 – IX ZR 94/10, NJW 2013, 2036 Rn. 4 = WM 2013, 1426; Urt. v. 13.10.2016 – IX ZR 214/15, NJW-RR 2017, 540 Rn. 23 = WM 2017, 678.

60 LG Düsseldorf, Urt. v. 6.6.2017 – 11 S 3/16, NZM 2017, 737.

61 BVerfG, Beschl. v. 29.6.2016 – 1 BvR 1015/15, BVerfGE 142, 268 Rn. 93.

dungsfindung hätten berücksichtigt werden können.[62] Allgemein gilt, der Anwalt sollte im Provisionsprozess das einschlägige Schrifttum gut aufbereiten; die einschlägige Judikatur aufzuzeigen und gegebenenfalls auch Rechtsprechungshinweise des Gerichts zu überprüfen,[63] ist aber zwingend geboten.[64]

---

62 *D. Fischer*, NZM 2017, 738, 739.
63 BGH, Urt. v. 13.10.2016 – IX ZR 214/15, NJW-RR 2017, 540 Rn. 23 = WM 2017, 678.
64 *D. Fischer*, NZM 2017, 738, 739.

Anhang

Anhang 1: Auszug aus dem Bürgerlichen Gesetzbuch (BGB)

Titel 10 Maklervertrag

Untertitel 1
Allgemeine Vorschriften

§ 652 Entstehung des Lohnanspruchs

(1) ¹Wer für den Nachweis der Gelegenheit zum Abschluss eines Vertrags oder für die Vermittlung eines Vertrags einen Maklerlohn verspricht, ist zur Entrichtung des Lohnes nur verpflichtet, wenn der Vertrag infolge des Nachweises oder infolge der Vermittlung des Maklers zustande kommt. ²Wird der Vertrag unter einer aufschiebenden Bedingung geschlossen, so kann der Maklerlohn erst verlangt werden, wenn die Bedingung eintritt.

(2) ¹Aufwendungen sind dem Makler nur zu ersetzen, wenn es vereinbart ist. ²Dies gilt auch dann, wenn ein Vertrag nicht zustande kommt.

§ 653 Maklerlohn

(1) Ein Maklerlohn gilt als stillschweigend vereinbart, wenn die dem Makler übertragene Leistung den Umständen nach nur gegen eine Vergütung zu erwarten ist.

(2) Ist die Höhe der Vergütung nicht bestimmt, so ist bei dem Bestehen einer Taxe der taxmäßige Lohn, in Ermangelung einer Taxe der übliche Lohn als vereinbart anzusehen.

§ 654 Verwirkung des Lohnanspruchs

Der Anspruch auf den Maklerlohn und den Ersatz von Aufwendungen ist ausgeschlossen, wenn der Makler dem Inhalt des Vertrags zuwider auch für den anderen Teil tätig gewesen ist.

§ 655 Herabsetzung des Maklerlohns

¹Ist für den Nachweis der Gelegenheit zum Abschluss eines Dienstvertrags oder für die Vermittlung eines solchen Vertrags ein unverhältnismäßig hoher Maklerlohn vereinbart worden, so kann er auf Antrag des Schuldners durch Urteil auf den angemessenen Betrag herabgesetzt werden. ²Nach der Entrichtung des Lohnes ist die Herabsetzung ausgeschlossen.

Anhang 1   Auszug aus dem BGB

Untertitel 2
Vermittlung von Verbraucherdarlehensverträgen und entgeltlichen Finanzierungsleistungen

§ 655a Darlehensvermittlungsvertrag

(1) Für einen Vertrag, nach dem es ein Unternehmer unternimmt, einem Verbraucher

1. gegen eine vom Verbraucher oder einem Dritten zu leistende Vergütung einen Verbraucherdarlehensvertrag oder eine entgeltliche Finanzierungshilfe zu vermitteln,

2. die Gelegenheit zum Abschluss eines Vertrags nach Nummer 1 nachzuweisen oder

3. auf andere Weise beim Abschluss eines Vertrags nach Nummer 1 behilflich zu sein,

gelten vorbehaltlich des Satzes 2 die folgenden Vorschriften dieses Untertitels. Bei entgeltlichen Finanzierungshilfen, die den Ausnahmen des § 491 Absatz 2 Satz 2 Nummer 1 bis 5 und Absatz 3 Satz 2 entsprechen, gelten die Vorschriften dieses Untertitels nicht.

(2) Der Darlehensvermittler ist verpflichtet, den Verbraucher nach Maßgabe des Artikels 247 § 13 Absatz 2 und § 13b Absatz 1 des Einführungsgesetzes zum Bürgerlichen Gesetzbuche zu informieren. Der Darlehensvermittler ist gegenüber dem Verbraucher zusätzlich wie ein Darlehensgeber gemäß § 491a verpflichtet. Satz 2 gilt nicht für Warenlieferanten oder Dienstleistungserbringer, die in lediglich untergeordneter Funktion als Darlehensvermittler von Allgemein-Verbraucherdarlehen oder von entsprechenden entgeltlichen Finanzierungshilfen tätig werden, etwa indem sie als Nebenleistung den Abschluss eines verbundenen Verbraucherdarlehensvertrags vermitteln.

(3) Bietet der Darlehensvermittler im Zusammenhang mit der Vermittlung eines Immobiliar-Verbraucherdarlehensvertrags oder entsprechender entgeltlicher Finanzierungshilfen Beratungsleistungen gemäß § 511 Absatz 1 an, so gilt § 511 entsprechend. § 511 Absatz 2 Satz 2 gilt entsprechend mit der Maßgabe, dass der Darlehensvermittler eine ausreichende Zahl von am Markt verfügbaren Darlehensverträgen zu prüfen hat. Ist der Darlehensvermittler nur im Namen und unter der unbeschränkten und vorbehaltlosen Verantwortung nur eines Darlehensgebers oder einer begrenzten Zahl von Darlehensgebern tätig, die am Markt keine Mehrheit darstellt, so braucht der Darlehensvermittler abweichend von Satz 2 nur Darlehensverträge aus der Produktpalette dieser Darlehensgeber zu berücksichtigen.

§ 655b Schriftform bei einem Vertrag mit einem Verbraucher

(1) Der Darlehensvermittlungsvertrag mit einem Verbraucher bedarf der schriftlichen Form. Der Vertrag darf nicht mit dem Antrag auf Hingabe des Darlehens verbunden werden. Der Darlehensvermittler hat dem Verbraucher den Vertragsinhalt in Textform mitzuteilen.

(2) Ein Darlehensvermittlungsvertrag mit einem Verbraucher, der den Anforderungen des Absatzes 1 Satz 1 und 2 nicht genügt oder vor dessen Abschluss die Pflichten aus Artikel 247 § 13 Abs. 2 sowie § 13b Absatz 1 und 3 des Einführungsgesetzes zum Bürgerlichen Gesetzbuche nicht erfüllt worden sind, ist nichtig.

§ 655c Vergütung

Der Verbraucher ist zur Zahlung der Vergütung für die Tätigkeiten nach § 655a Absatz 1 nur verpflichtet, wenn infolge der Vermittlung, des Nachweises oder auf Grund der sonstigen Tätigkeit des Darlehensvermittlers das Darlehen an den Verbraucher geleistet wird und ein Widerruf des Verbrauchers nach § 355 nicht mehr möglich ist. Soweit der Verbraucherdarlehensvertrag mit Wissen des Darlehensvermittlers der vorzeitigen Ablösung eines anderen Darlehens (Umschuldung) dient, entsteht ein Anspruch auf die Vergütung nur, wenn sich der effektive Jahreszins nicht erhöht; bei der Berechnung des effektiven Jahreszinses für das abzulösende Darlehen bleiben etwaige Vermittlungskosten außer Betracht.

§ 655d Nebenentgelte

Der Darlehensvermittler darf für Leistungen, die mit der Vermittlung des Verbraucherdarlehensvertrags oder dem Nachweis der Gelegenheit zum Abschluss eines Verbraucherdarlehensvertrags zusammenhängen, außer der Vergütung nach § 655c Satz 1 sowie eines gegebenenfalls vereinbarten Entgelts für Beratungsleistungen ein Entgelt nicht vereinbaren. Jedoch kann vereinbart werden, dass dem Darlehensvermittler entstandene, erforderliche Auslagen zu erstatten sind. Dieser Anspruch darf die Höhe oder die Höchstbeträge, die der Darlehensvermittler dem Verbraucher gemäß Artikel 247 § 13 Absatz 2 Satz 1 Nummer 4 des Einführungsgesetzes zum Bürgerlichen Gesetzbuche mitgeteilt hat, nicht übersteigen.

§ 655e Abweichende Vereinbarungen, Anwendung auf Existenzgründer

(1) Von den Vorschriften dieses Untertitels darf nicht zum Nachteil des Verbrauchers abgewichen werden. Die Vorschriften dieses Untertitels finden auch Anwendung, wenn sie durch anderweitige Gestaltungen umgangen werden.

(2) Existenzgründer im Sinne des § 513 stehen Verbrauchern in diesem Untertitel gleich.

Anhang 1   Auszug aus dem BGB

Untertitel 3
Ehevermittlung

§ 656 Heiratsvermittlung

(1) Durch das Versprechen eines Lohnes für den Nachweis der Gelegenheit zur Eingehung einer Ehe oder für die Vermittlung des Zustandekommens einer Ehe wird eine Verbindlichkeit nicht begründet. Das auf Grund des Versprechens Geleistete kann nicht deshalb zurückgefordert werden, weil eine Verbindlichkeit nicht bestanden hat.

(2) Diese Vorschriften gelten auch für eine Vereinbarung, durch die der andere Teil zum Zwecke der Erfüllung des Versprechens dem Makler gegenüber eine Verbindlichkeit eingeht, insbesondere für ein Schuldanerkenntnis.

Untertitel 4
Vermittlung von Kaufverträgen über Wohnungen und Einfamilienhäuser

§ 656a Textform

Ein Maklervertrag, der den Nachweis der Gelegenheit zum Abschluss eines Kaufvertrags über eine Wohnung oder ein Einfamilienhaus oder die Vermittlung eines solchen Vertrags zum Gegenstand hat, bedarf der Textform.

§ 656b Persönlicher Anwendungsbereich der §§ 656c und 656d

Die §§ 656c und 656d gelten nur, wenn der Käufer ein Verbraucher ist.

§ 656c Lohnanspruch bei Tätigkeit für beide Parteien

(1) Lässt sich der Makler von beiden Parteien des Kaufvertrags über eine Wohnung oder ein Einfamilienhaus einen Maklerlohn versprechen, so kann dies nur in der Weise erfolgen, dass sich die Parteien in gleicher Höhe verpflichten. Vereinbart der Makler mit einer Partei des Kaufvertrags, dass er für diese unentgeltlich tätig wird, kann er sich auch von der anderen Partei keinen Maklerlohn versprechen lassen. Ein Erlass wirkt auch zugunsten des jeweils anderen Vertragspartners des Maklers. Von Satz 3 kann durch Vertrag nicht abgewichen werden.

(2) Ein Maklervertrag, der von Absatz 1 Satz 1 und 2 abweicht, ist unwirksam. § 654 bleibt unberührt.

§ 656d Vereinbarungen über die Maklerkosten

(1) Hat nur eine Partei des Kaufvertrags über eine Wohnung oder ein Einfamilienhaus einen Maklervertrag abgeschlossen, ist eine Vereinbarung, die die andere Par-

tei zur Zahlung oder Erstattung von Maklerlohn verpflichtet, nur wirksam, wenn die Partei, die den Maklervertrag abgeschlossen hat, zur Zahlung des Maklerlohns mindestens in gleicher Höhe verpflichtet bleibt. Der Anspruch gegen die andere Partei wird erst fällig, wenn die Partei, die den Maklervertrag abgeschlossen hat, ihrer Verpflichtung zur Zahlung des Maklerlohns nachgekommen ist, und sie oder der Makler einen Nachweis hierüber erbringt.

(2) § 656c Absatz 1 Satz 3 und 4 gilt entsprechend.

Weitere Vorschriften aus dem BGB

§ 13 Verbraucher

Verbraucher ist jede natürliche Person, die ein Rechtsgeschäft zu Zwecken abschließt, die überwiegend weder ihrer gewerblichen noch ihrer selbständigen beruflichen Tätigkeit zugerechnet werden können.

§ 14 Unternehmer

(1) Unternehmer ist eine natürliche oder juristische Person oder eine rechtsfähige Personengesellschaft, die bei Abschluss eines Rechtsgeschäfts in Ausübung ihrer gewerblichen oder selbständigen beruflichen Tätigkeit handelt.

(2) Eine rechtsfähige Personengesellschaft ist eine Personengesellschaft, die mit der Fähigkeit ausgestattet ist, Rechte zu erwerben und Verbindlichkeiten einzugehen.

§ 312b Außerhalb von Geschäftsräumen geschlossene Verträge

(1) ¹Außerhalb von Geschäftsräumen geschlossene Verträge sind Verträge,

1. die bei gleichzeitiger körperlicher Anwesenheit des Verbrauchers und des Unternehmers an einem Ort geschlossen werden, der kein Geschäftsraum des Unternehmers ist,

2. für die der Verbraucher unter den in Nummer 1 genannten Umständen ein Angebot abgegeben hat,

3. die in den Geschäftsräumen des Unternehmers oder durch Fernkommunikationsmittel geschlossen werden, bei denen der Verbraucher jedoch unmittelbar zuvor außerhalb der Geschäftsräume des Unternehmers bei gleichzeitiger körperlicher Anwesenheit des Verbrauchers und des Unternehmers persönlich und individuell angesprochen wurde, oder

4. die auf einem Ausflug geschlossen werden, der von dem Unternehmer oder mit seiner Hilfe organisiert wurde, um beim Verbraucher für den Verkauf von Waren oder die Erbringung von Dienstleistungen zu werben und mit ihm entsprechende Verträge abzuschließen.

[2]Dem Unternehmer stehen Personen gleich, die in seinem Namen oder Auftrag handeln.

(2) [1]Geschäftsräume im Sinne des Absatzes 1 sind unbewegliche Gewerberäume, in denen der Unternehmer seine Tätigkeit dauerhaft ausübt, und bewegliche Gewerberäume, in denen der Unternehmer seine Tätigkeit für gewöhnlich ausübt. [2]Gewerberäume, in denen die Person, die im Namen oder Auftrag des Unternehmers handelt, ihre Tätigkeit dauerhaft oder für gewöhnlich ausübt, stehen Räumen des Unternehmers gleich.

§ 312c Fernabsatzverträge

(1) Fernabsatzverträge sind Verträge, bei denen der Unternehmer oder eine in seinem Namen oder Auftrag handelnde Person und der Verbraucher für die Vertragsverhandlungen und den Vertragsschluss ausschließlich Fernkommunikationsmittel verwenden, es sei denn, dass der Vertragsschluss nicht im Rahmen eines für den Fernabsatz organisierten Vertriebs- oder Dienstleistungssystems erfolgt.

(2) Fernkommunikationsmittel im Sinne dieses Gesetzes sind alle Kommunikationsmittel, die zur Anbahnung oder zum Abschluss eines Vertrags eingesetzt werden können, ohne dass die Vertragsparteien gleichzeitig körperlich anwesend sind, wie Briefe, Kataloge, Telefonanrufe, Telekopien, E-Mails, über den Mobilfunkdienst versendete Nachrichten (SMS) sowie Rundfunk und Telemedien.

§ 312g Widerrufsrecht

(1) Dem Verbraucher steht bei außerhalb von Geschäftsräumen geschlossenen Verträgen und bei Fernabsatzverträgen ein Widerrufsrecht gemäß § 355 zu.

(2) [...]

§ 355 Widerrufsrecht bei Verbraucherverträgen

(1) [1]Wird einem Verbraucher durch Gesetz ein Widerrufsrecht nach dieser Vorschrift eingeräumt, so sind der Verbraucher und der Unternehmer an ihre auf den Abschluss des Vertrags gerichteten Willenserklärungen nicht mehr gebunden, wenn der Verbraucher seine Willenserklärung fristgerecht widerrufen hat. [2]Der Widerruf erfolgt durch Erklärung gegenüber dem Unternehmer. [3]Aus der Erklärung muss der Entschluss des Verbrauchers zum Widerruf des Vertrags eindeutig hervorgehen. [4]Der Widerruf muss keine Begründung enthalten. [5]Zur Fristwahrung genügt die rechtzeitige Absendung des Widerrufs.

(2) [1]Die Widerrufsfrist beträgt 14 Tage. [2]Sie beginnt mit Vertragsschluss, soweit nichts anderes bestimmt ist.

(3) [1]Im Falle des Widerrufs sind die empfangenen Leistungen unverzüglich zurückzugewähren. [2]Bestimmt das Gesetz eine Höchstfrist für die Rückgewähr, so beginnt diese für den Unternehmer mit dem Zugang und für den Verbraucher mit der Abga-

be der Widerrufserklärung. [3]Ein Verbraucher wahrt diese Frist durch die rechtzeitige Absendung der Waren. [4]Der Unternehmer trägt bei Widerruf die Gefahr der Rücksendung der Waren.

§ 356 Widerrufsrecht bei außerhalb von Geschäftsräumen geschlossenen Verträgen und Fernabsatzverträgen

(1) [1]Der Unternehmer kann dem Verbraucher die Möglichkeit einräumen, das Muster-Widerrufsformular nach Anlage 2 zu Artikel 246a § 1 Absatz 2 Satz 1 Nummer 1 des Einführungsgesetzes zum Bürgerlichen Gesetzbuche oder eine andere eindeutige Widerrufserklärung auf der Webseite des Unternehmers auszufüllen und zu übermitteln. [2]Macht der Verbraucher von dieser Möglichkeit Gebrauch, muss der Unternehmer dem Verbraucher den Zugang des Widerrufs unverzüglich auf einem dauerhaften Datenträger bestätigen.

(2) Die Widerrufsfrist beginnt

1. bei einem Verbrauchsgüterkauf,
   a) der nicht unter die Buchstaben b bis d fällt, sobald der Verbraucher oder ein von ihm benannter Dritter, der nicht Frachtführer ist, die Waren erhalten hat,
   b) bei dem der Verbraucher mehrere Waren im Rahmen einer einheitlichen Bestellung bestellt hat und die Waren getrennt geliefert werden, sobald der Verbraucher oder ein von ihm benannter Dritter, der nicht Frachtführer ist, die letzte Ware erhalten hat,
   c) bei dem die Ware in mehreren Teilsendungen oder Stücken geliefert wird, sobald der Verbraucher oder ein vom Verbraucher benannter Dritter, der nicht Frachtführer ist, die letzte Teilsendung oder das letzte Stück erhalten hat,
   d) der auf die regelmäßige Lieferung von Waren über einen festgelegten Zeitraum gerichtet ist, sobald der Verbraucher oder ein von ihm benannter Dritter, der nicht Frachtführer ist, die erste Ware erhalten hat,

2. bei einem Vertrag, der die nicht in einem begrenzten Volumen oder in einer bestimmten Menge angebotene Lieferung von Wasser, Gas oder Strom, die Lieferung von Fernwärme oder die Lieferung von nicht auf einem körperlichen Datenträger befindlichen digitalen Inhalten zum Gegenstand hat, mit Vertragsschluss.

(3) [1]Die Widerrufsfrist beginnt nicht, bevor der Unternehmer den Verbraucher entsprechend den Anforderungen des Artikels 246a § 1 Absatz 2 Satz 1 Nummer 1 oder des Artikels 246b § 2 Absatz 1 des Einführungsgesetzes zum Bürgerlichen Gesetzbuche unterrichtet hat. [2]Das Widerrufsrecht erlischt spätestens zwölf Monate und 14 Tage nach dem in Absatz 2 oder § 355 Absatz 2 Satz 2 genannten Zeitpunkt. [3]Satz 2 ist auf Verträge über Finanzdienstleistungen nicht anwendbar.

(4) [1]Das Widerrufsrecht erlischt bei einem Vertrag zur Erbringung von Dienstleistungen auch dann, wenn der Unternehmer die Dienstleistung vollständig erbracht hat und mit der Ausführung der Dienstleistung erst begonnen hat, nachdem der Verbraucher dazu seine ausdrückliche Zustimmung gegeben hat und gleichzeitig seine

Kenntnis davon bestätigt hat, dass er sein Widerrufsrecht bei vollständiger Vertragserfüllung durch den Unternehmer verliert. [2]Bei einem Vertrag über die Erbringung von Finanzdienstleistungen erlischt das Widerrufsrecht abweichend von Satz 1, wenn der Vertrag von beiden Seiten auf ausdrücklichen Wunsch des Verbrauchers vollständig erfüllt ist, bevor der Verbraucher sein Widerrufsrecht ausübt.

(5) Das Widerrufsrecht erlischt bei einem Vertrag über die Lieferung von nicht auf einem körperlichen Datenträger befindlichen digitalen Inhalten auch dann, wenn der Unternehmer mit der Ausführung des Vertrags begonnen hat, nachdem der Verbraucher

1. ausdrücklich zugestimmt hat, dass der Unternehmer mit der Ausführung des Vertrags vor Ablauf der Widerrufsfrist beginnt, und

2. seine Kenntnis davon bestätigt hat, dass er durch seine Zustimmung mit Beginn der Ausführung des Vertrags sein Widerrufsrecht verliert.

§ 357 Rechtsfolgen des Widerrufs von außerhalb von Geschäftsräumen geschlossenen Verträgen und Fernabsatzverträgen mit Ausnahme von Verträgen über Finanzdienstleistungen

(1) Die empfangenen Leistungen sind spätestens nach 14 Tagen zurückzugewähren.

(2) [1]Der Unternehmer muss auch etwaige Zahlungen des Verbrauchers für die Lieferung zurückgewähren. [2]Dies gilt nicht, soweit dem Verbraucher zusätzliche Kosten entstanden sind, weil er sich für eine andere Art der Lieferung als die vom Unternehmer angebotene günstigste Standardlieferung entschieden hat.

(3) [1]Für die Rückzahlung muss der Unternehmer dasselbe Zahlungsmittel verwenden, das der Verbraucher bei der Zahlung verwendet hat. [2]Satz 1 gilt nicht, wenn ausdrücklich etwas anderes vereinbart worden ist und dem Verbraucher dadurch keine Kosten entstehen.

(4) [1]Bei einem Verbrauchsgüterkauf kann der Unternehmer die Rückzahlung verweigern, bis er die Waren zurückerhalten hat oder der Verbraucher den Nachweis erbracht hat, dass er die Waren abgesandt hat. [2]Dies gilt nicht, wenn der Unternehmer angeboten hat, die Waren abzuholen.

(5) Der Verbraucher ist nicht verpflichtet, die empfangenen Waren zurückzusenden, wenn der Unternehmer angeboten hat, die Waren abzuholen.

(6) [1]Der Verbraucher trägt die unmittelbaren Kosten der Rücksendung der Waren, wenn der Unternehmer den Verbraucher nach Artikel 246a § 1 Absatz 2 Satz 1 Nummer 2 des Einführungsgesetzes zum Bürgerlichen Gesetzbuche von dieser Pflicht unterrichtet hat. [2]Satz 1 gilt nicht, wenn der Unternehmer sich bereit erklärt hat, diese Kosten zu tragen. [3]Bei außerhalb von Geschäftsräumen geschlossenen Verträgen, bei denen die Waren zum Zeitpunkt des Vertragsschlusses zur Wohnung des Verbrauchers geliefert worden sind, ist der Unternehmer verpflichtet, die Waren

auf eigene Kosten abzuholen, wenn die Waren so beschaffen sind, dass sie nicht per Post zurückgesandt werden können.

(7) Der Verbraucher hat Wertersatz für einen Wertverlust der Ware zu leisten, wenn

1. der Wertverlust auf einen Umgang mit den Waren zurückzuführen ist, der zur Prüfung der Beschaffenheit, der Eigenschaften und der Funktionsweise der Waren nicht notwendig war, und

2. der Unternehmer den Verbraucher nach Artikel 246a § 1 Absatz 2 Satz 1 Nummer 1 des Einführungsgesetzes zum Bürgerlichen Gesetzbuche über sein Widerrufsrecht unterrichtet hat.

(8) [1]Widerruft der Verbraucher einen Vertrag über die Erbringung von Dienstleistungen oder über die Lieferung von Wasser, Gas oder Strom in nicht bestimmten Mengen oder nicht begrenztem Volumen oder über die Lieferung von Fernwärme, so schuldet der Verbraucher dem Unternehmer Wertersatz für die bis zum Widerruf erbrachte Leistung, wenn der Verbraucher von dem Unternehmer ausdrücklich verlangt hat, dass dieser mit der Leistung vor Ablauf der Widerrufsfrist beginnt. [2]Der Anspruch aus Satz 1 besteht nur, wenn der Unternehmer den Verbraucher nach Artikel 246a § 1 Absatz 2 Satz 1 Nummer 1 und 3 des Einführungsgesetzes zum Bürgerlichen Gesetzbuche ordnungsgemäß informiert hat. [3]Bei außerhalb von Geschäftsräumen geschlossenen Verträgen besteht der Anspruch nach Satz 1 nur dann, wenn der Verbraucher sein Verlangen nach Satz 1 auf einem dauerhaften Datenträger übermittelt hat. [4]Bei der Berechnung des Wertersatzes ist der vereinbarte Gesamtpreis zu Grunde zu legen. [5]Ist der vereinbarte Gesamtpreis unverhältnismäßig hoch, ist der Wertersatz auf der Grundlage des Marktwerts der erbrachten Leistung zu berechnen.

(9) Widerruft der Verbraucher einen Vertrag über die Lieferung von nicht auf einem körperlichen Datenträger befindlichen digitalen Inhalten, so hat er keinen Wertersatz zu leisten.

Anhang 2: Gesetz zur Regelung der Wohnungsvermittlung (WoVermittG)

§ 1

(1) Wohnungsvermittler im Sinne dieses Gesetzes ist, wer den Abschluß von Mietverträgen über Wohnräume vermittelt oder die Gelegenheit zum Abschluß von Mietverträgen über Wohnräume nachweist.

(2) Zu den Wohnräumen im Sinne dieses Gesetzes gehören auch solche Geschäftsräume, die wegen ihres räumlichen oder wirtschaftlichen Zusammenhangs mit Wohnräumen mit diesen zusammen vermietet werden.

(3) Die Vorschriften dieses Gesetzes gelten nicht für die Vermittlung oder den Nachweis der Gelegenheit zum Abschluß von Mietverträgen über Wohnräume im Fremdenverkehr.

§ 2

(1) Ein Anspruch auf Entgelt für die Vermittlung oder den Nachweis der Gelegenheit zum Abschluß von Mietverträgen über Wohnräume steht dem Wohnungsvermittler nur zu, wenn infolge seiner Vermittlung oder infolge seines Nachweises ein Mietvertrag zustande kommt. Der Vermittlungsvertrag bedarf der Textform.

(1a) Der Wohnungsvermittler darf vom Wohnungssuchenden für die Vermittlung oder den Nachweis der Gelegenheit zum Abschluss von Mietverträgen über Wohnräume kein Entgelt fordern, sich versprechen lassen oder annehmen, es sei denn, der Wohnungsvermittler holt ausschließlich wegen des Vermittlungsvertrags mit dem Wohnungssuchenden vom Vermieter oder von einem anderen Berechtigten den Auftrag ein, die Wohnung anzubieten (§ 6 Absatz 1).

(2) Ein Anspruch nach Absatz 1 Satz 1 steht dem Wohnungsvermittler nicht zu, wenn

1. durch den Mietvertrag ein Mietverhältnis über dieselben Wohnräume fortgesetzt, verlängert oder erneuert wird,

2. der Mietvertrag über Wohnräume abgeschlossen wird, deren Eigentümer, Verwalter, Mieter oder Vermieter der Wohnungsvermittler ist, oder

3. der Mietvertrag über Wohnräume abgeschlossen wird, deren Eigentümer, Verwalter oder Vermieter eine juristische Person ist, an der der Wohnungsvermittler rechtlich oder wirtschaftlich beteiligt ist. [2]Das gleiche gilt, wenn eine natürliche oder juristische Person Eigentümer, Verwalter oder Vermieter von Wohnräumen ist und ihrerseits an einer juristischen Person, die sich als Wohnungsvermittler betätigt, rechtlich oder wirtschaftlich beteiligt ist.

(3) [1]Ein Anspruch nach Absatz 1 Satz 1 steht dem Wohnungsvermittler gegenüber dem Wohnungssuchenden nicht zu, wenn der Mietvertrag über öffentlich geförderte

Wohnungen oder über sonstige preisgebundene Wohnungen abgeschlossen wird, die nach dem 20. Juni 1948 bezugsfertig geworden sind oder bezugsfertig werden. [2]Satz 1 gilt auch für die Wohnungen, die nach den § 88d und 88e des Zweiten Wohnungsbaugesetzes, nach dem Wohnraumförderungsgesetz oder nach entsprechenden landesrechtlichen Vorschriften gefördert werden, solange das Belegungsrecht besteht. [3]Das gleiche gilt für die Vermittlung einzelner Wohnräume der in den Sätzen 1 und 2 genannten Wohnungen.

(4) Vorschüsse dürfen nicht gefordert, vereinbart oder angenommen werden.

(5) Eine Vereinbarung ist unwirksam, wenn

1. sie von den Absätzen 1 bis 4 abweicht oder

2. durch sie der Wohnungssuchende verpflichtet wird, ein vom Vermieter oder einem Dritten geschuldetes Vermittlungsentgelt zu zahlen.

§ 3

(1) Das Entgelt nach § 2 Abs. 1 Satz 1 ist in einem Bruchteil oder Vielfachen der Monatsmiete anzugeben.

(2) [1]Der Wohnungsvermittler darf vom Wohnungssuchenden für die Vermittlung oder den Nachweis der Gelegenheit zum Abschluß von Mietverträgen über Wohnräume kein Entgelt fordern, sich versprechen lassen oder annehmen, das zwei Monatsmieten zuzüglich der gesetzlichen Umsatzsteuer übersteigt. [3]Nebenkosten, über die gesondert abzurechnen ist, bleiben bei der Berechnung der Monatsmiete unberücksichtigt.

(3) [1]Außer dem Entgelt nach § 2 Abs. 1 Satz 1 dürfen für Tätigkeiten, die mit der Vermittlung oder dem Nachweis der Gelegenheit zum Abschluß von Mietverträgen über Wohnräume zusammenhängen, sowie für etwaige Nebenleistungen keine Vergütungen irgendwelcher Art, insbesondere keine Einschreibgebühren, Schreibgebühren oder Auslagenerstattungen, vereinbart oder angenommen werden. [2]Dies gilt nicht, soweit die nachgewiesenen Auslagen eine Monatsmiete übersteigen. [3]Es kann jedoch vereinbart werden, daß bei Nichtzustandekommen eines Mietvertrages die in Erfüllung des Auftrages nachweisbar entstandenen Auslagen zu erstatten sind.

(4) [1]Eine Vereinbarung, durch die der Auftraggeber sich im Zusammenhang mit dem Auftrag verpflichtet, Waren zu beziehen oder Dienst- oder Werkleistungen in Anspruch zu nehmen, ist unwirksam. [2]Die Wirksamkeit des Vermittlungsvertrags bleibt unberührt. [3]Satz 1 gilt nicht, wenn die Verpflichtung die Übernahme von Einrichtungs- oder Ausstattungsgegenständen des bisherigen Inhabers der Wohnräume zum Gegenstand hat.

§ 4

[1]Der Wohnungsvermittler und der Auftraggeber können vereinbaren, daß bei Nichterfüllung von vertraglichen Verpflichtungen eine Vertragsstrafe zu zahlen ist. [2]Die

Vertragsstrafe darf 10 Prozent des gemäß § 2 Abs. 1 Satz 1 vereinbarten Entgelts, höchstens jedoch 25 Euro nicht übersteigen.

§ 4a

(1) [1]Eine Vereinbarung, die den Wohnungssuchenden oder für ihn einen Dritten verpflichtet, ein Entgelt dafür zu leisten, daß der bisherige Mieter die gemieteten Wohnräume räumt, ist unwirksam. [2]Die Erstattung von Kosten, die dem bisherigen Mieter nachweislich für den Umzug entstehen, ist davon ausgenommen.

(2) [1]Ein Vertrag, durch den der Wohnungssuchende sich im Zusammenhang mit dem Abschluß eines Mietvertrages über Wohnräume verpflichtet, von dem Vermieter oder dem bisherigen Mieter eine Einrichtung oder ein Inventarstück zu erwerben, ist im Zweifel unter der aufschiebenden Bedingung geschlossen, daß der Mietvertrag zustande kommt. [2]Die Vereinbarung über das Entgelt ist unwirksam, soweit dieses in einem auffälligen Mißverhältnis zum Wert der Einrichtung oder des Inventarstücks steht.

§ 5

(1) Soweit an den Wohnungsvermittler ein ihm nach diesem Gesetz nicht zustehendes Entgelt, eine Vergütung anderer Art, eine Auslagenerstattung, ein Vorschuß oder eine Vertragsstrafe, die den in § 4 genannten Satz übersteigt, geleistet worden ist, kann die Leistung nach den allgemeinen Vorschriften des bürgerlichen Rechts zurückgefordert werden; die Vorschrift des § 817 Satz 2 des Bürgerlichen Gesetzbuchs ist nicht anzuwenden.

(2) Soweit Leistungen auf Grund von Vereinbarungen erbracht worden sind, die nach § 2 Abs. 5 Nummer 2 oder § 4a unwirksam oder nicht wirksam geworden sind, ist Absatz 1 entsprechend anzuwenden.

§ 6

(1) Der Wohnungsvermittler darf Wohnräume nur anbieten, wenn er dazu einen Auftrag von dem Vermieter oder einem anderen Berechtigten hat.

(2) Der Wohnungsvermittler darf öffentlich, insbesondere in Zeitungsanzeigen, auf Aushängetafeln und dergleichen, nur unter Angabe seines Namens und der Bezeichnung als Wohnungsvermittler Wohnräume anbieten oder suchen; bietet er Wohnräume an, so hat er auch den Mietpreis der Wohnräume anzugeben und darauf hinzuweisen, ob Nebenleistungen besonders zu vergüten sind.

§ 7

Die Vorschriften des § 3 Abs. 1 und des § 6 gelten nur, soweit der Wohnungsvermittler die in § 1 Abs. 1 bezeichnete Tätigkeit gewerbsmäßig ausübt.

§ 8

(1) Ordnungswidrig handelt, wer als Wohnungsvermittler vorsätzlich oder fahrlässig

1. entgegen § 2 Absatz 1a vom Wohnungssuchenden ein Entgelt fordert, sich versprechen lässt oder annimmt,

1a. entgegen § 3 Abs. 1 das Entgelt nicht in einem Bruchteil oder Vielfachen der Monatsmiete angibt,

2. entgegen § 3 Abs. 2 ein Entgelt fordert, sich versprechen läßt oder annimmt, das den dort genannten Betrag übersteigt,

3. entgegen § 6 Abs. 1 ohne Auftrag Wohnräume anbietet oder

4. entgegen § 6 Abs. 2 seinen Namen, die Bezeichnung als Wohnungsvermittler oder den Mietpreis nicht angibt oder auf Nebenkosten nicht hinweist.

(2) Die Ordnungswidrigkeit nach Absatz 1 Nr. 1 und 2 kann mit einer Geldbuße bis zu 25.000 Euro, die Ordnungswidrigkeit nach Absatz 1 Nr. 1a, 3 und 4 mit einer Geldbuße bis zu 2.500 Euro geahndet werden.

§ 9

(1)

(2)

(3) § 2 gilt für das Land Berlin und für das Saarland mit der Maßgabe, daß das Datum „20. Juni 1948" für das Land Berlin durch das Datum „24. Juni 1948", für das Saarland durch das Datum „1. April 1948" zu ersetzen ist.

Rechtsprechungsübersichten

Dehner	NJW 1991, 3254–3262
ders.	NJW 1993, 3236–3244
ders.	NJW 1997, 18–29
ders.	NJW 2000, 1986–1995
ders.	NJW 2002, 3747–3754
Fischer, D.	NJW 2007, 3107–3112
ders.	NJW 2009, 3210–3216
ders.	NJW 2011, 3277–3282
ders.	NJW 2012, 3283–3287
ders.	NJW 2013, 3410–3414
ders.	NJW 2014, 3281–3287
ders.	NJW 2015, 3278–3283
ders.	NJW 2016, 3281–3286
ders.	NJW 2017, 1216–1222
ders.	NJW 2017, 3278–3282
ders.	NJW 2018, 1145–1148
ders.	NJW 2018, 3287–3291
ders.	NJW 2019, 1182–1187
ders.	NJW 2019, 3277–3282
ders.	NJW 2020, 1268–1272
ders.	NJW 2020, 3289–3293
ders.	NZM 2011, 529–537
ders.	WM 2016, Sonderbeilage Nr. 1, 1–40.
ders.	WM 2020, Sonderbeilage Nr. 2, 1–36.
Hogenschurz	ZfIR 2011, 77–83
ders.	ZfIR 2019, 329–333
Knackstedt	NZM 2017, 537–545
Moraht	DWW 2005, 400–407
dies.	DWW 2007, 56–62
dies.	DWW 2008, 127–133
dies.	DWW 2009, 162–173
dies.	DWW 2010, 162–171
dies.	DWW 2011, 162–169
dies.	DWW 2012, 203–210
Schulz	ZMR 2002, 11–16
ders.	ZMR 2002, 102–107
Wichert	MDR 2020, 6–10.

Bd. Literaturverzeichnis

Literaturverzeichnis

Althammer	Die Maklerklausel im notariellen Grundstückskauf, 2004
Baader/Gehle	Wohnungsvermittlungsgesetz, 1993
Bamberger/Roth/ *Hau/Poseck*	Kommentar zum Bürgerlichen Gesetzbuch, Band 2, 4. Aufl. 2019 (zit. Bamberger/Roth/*Bearbeiter*)
Baumbach/Hopt	Handelsgesetzbuch, Kommentar, 39. Aufl. 2020 (zit. Baumbach/Hopt/*Bearbeiter*, HGB)
Baumgärtel/Laumen/ *Prütting*	Handbuch der Beweislast, Band 2, §§ 1–811 BGB, 4. Aufl. 2019
Brandt	Das Recht des Immobilienmaklers, 11. Aufl. 2003
Dehner	Das Maklerrecht – Leitfaden für die Praxis, 2001
Erman	BGB, Handkommentar, 16. Aufl. 2020 (zit. Erman/*Bearbeiter*, BGB)
Geser	RechtsABC für Immobilienmakler, 10. Aufl. 2016
Hamm/Schwerdtner	Maklerrecht, 7. Aufl. 2016 (5. Aufl. erschienen als Schwerdtner/Hamm)
Harke	Besonderes Schuldrecht, 2011
Heymann	Handelsgesetzbuch, 2. Aufl. 2004
Ibold	Maklerrecht, 3. Aufl. 2015
Jauernig	Bürgerliches Gesetzbuch, 17. Aufl. 2018 (zit. Jauernig/*Bearbeiter*)
Joerss	Maklerverträge, 2004
Koch	Der Provisionsanspruch des Immobilienmaklers, 2. Aufl. 2014
Krehl	Die Pflichtverletzung des Maklers, 1989 (zit. *Krehl*, Pflichtverletzung)
Mäschle	Maklerrecht, 3. Aufl. 2017
Mäschle/Mäschle	Immobilien-Maklervertrag, 3. Aufl. 2011
Münchener Kommentar *zum BGB*	Münchener Kommentar zum Bürgerlichen Gesetzbuch, Band 6, 8. Aufl. 2020 (zit. MünchKomm-BGB/ *Bearbeiter*)
Mutschler	Maklerrecht, Leitfaden des Immobilienmaklers für Studium und Praxis, 2013

Literaturverzeichnis

NomosKommentar BGB	NomosKommentar zum Bürgerlichen Gesetzbuch, Band 2/2, 3. Aufl. 2016 (zit. NK-BGB/*Bearbeiter*)
Oechsler	Vertragliche Schuldverhältnisse, 2. Aufl. 2017
Palandt	Bürgerliches Gesetzbuch: BGB, 79. Aufl. 2020 (zit. Palandt/*Bearbeiter*)
Petri/Wieseler	Handbuch des Maklerrechts, 1998
Prütting/Wegen/ Weinreich	BGB, Kommentar, 15. Aufl. 2020 (zit. PWW/*Bearbeiter*)
Reichel	Die Mäklerprovision, 1913
RGRK	Das Bürgerliche Gesetzbuch mit besonderer Berücksichtigung der Rechtsprechung des Reichsgerichts und des Bundesgerichtshofes, 12. Aufl. 1978 (zit.: RGRK-BGB/ *Bearbeiter*)
Sailer/Kippes/Rehkugler	Handbuch für Immobilienmakler und Immobilienberater, 3. Aufl. 2017
Schreiber/Ruge	Handbuch Immobilienrecht, 4. Aufl. 2020 (zit.: Schreiber/ Ruge/*Bearbeiter*)
Schulz	Gesetz zur Regelung der Wohnungsvermittlung, 2010
Seydel/Heinbuch	Maklerrecht, Ein Leitfaden für Makler und ihre Kunden, 4. Aufl. 2005
Soergel	Bürgerliches Gesetzbuch mit Einführungsgesetz und Nebengesetzen, 11. Aufl. 1980, 12. Aufl. 1999, 13. Aufl. 2012 (zit. Soergel/*Bearbeiter*, BGB, bzw. Soergel/*Bearbeiter*, BGB, 11. Aufl.)
Staudinger	J. v. Staudingers Kommentar zum Bürgerlichen Gesetzbuch – Buch II: Recht der Schuldverhältnisse, §§ 652–656, Neubearb. 2010, Neubearb. 2016 (zit. Staudinger/*Bearbeiter*)
Ulmer/Brandner/Hensen	AGB-Recht, 12. Aufl. 2016 (zit. Ulmer/Brandner/Hensen/ *Bearbeiter*, AGB-Recht)
Würdinger	Allgemeine Rechtsgeschäftslehre und Unvollkommenheit des Hauptvertrages im Immobilienmaklerrecht, 2005
Zopfs	Das Maklerrecht in der neueren höchstrichterlichen Rechtsprechung, 3. Aufl. 1996
Zopfs	Maklerrecht, 2000

Sachregister

Fettgedruckte römische Zahlen verweisen auf die Kapitel,
magere kennzeichnen die Randnummer.

Sachregister